Une vérité contestée

HANS KÜNG

Une vérité contestée

Mémoires

II

1968-1980

Traduit de l'allemand par
JEAN-PIERRE BAGOT

Théologies

LES ÉDITIONS DU CERF
PARIS

NOVALIS
MONTRÉAL

2010

Imprimé en France

www.editionsducerf.fr
29, boulevard La Tour-Maubourg,
75340 Paris Cedex 07

ISBN : 978-2-204-08855-8
ISSN : 0761-4330

www.editions-novalis.com
4475, rue Frontenac, Montréal (Québec) H2H2 2S2
C.P. 990, succursale Delorimier, Montréal (Québec) H2H 2T1

ISBN : 978-2-89646-166-0

Prologue

> *« Nous considérons tous les deux les différences entre nos positions théologiques comme légitimes et nécessaires au progrès de la pensée, et elles n'entravent en rien notre sympathie mutuelle et notre capacité de collaborer à travers elles. »*
>
> Cardinal Joseph RATZINGER[1]

Qu'il me soit permis de savoir qui sera le pape qui succédera à Jean-Paul II, avais-je jadis espéré. Ce vœu a été exaucé, mais tout autrement que nous ne l'avions pensé, moi-même et tous ceux qui attendaient et souhaitaient un pape dans la lignée de Jean XXIII et du deuxième concile du Vatican.

Il n'y a aucun doute, l'élection papale de 2005 a considérablement renforcé l'importance de ces *Mémoires*, mais aussi ma responsabilité d'auteur. Depuis l'époque du concile, presque tous mes compagnons de combat en faveur du renouveau de la théologie et de l'Église sont morts ou ont été réduits à l'inactivité, mais l'un d'eux est devenu pape : Joseph Ratzinger, Benoît XVI.

Pour des raisons tant personnelles qu'objectives, une comparaison de nos deux parcours devrait permettre une analyse extrêmement précieuse non seulement du développement de la théologie catholique et de l'Église au cours de la seconde moitié du XXe siècle, mais aussi de la société en général. Il y a longtemps que je l'observe : nos réactions fort différentes aux « signes des temps » me semblent offrir le reflet parfait de ce qui se passe dans le monde. Le lecteur ne sera donc pas étonné de constater nos nombreux points communs, en dépit de nos divergences. C'est évident, je n'entends pas donner l'impression que ma vie est enchaînée à celle de Joseph Ratzinger ni que je ne comprends

1. Sur sa collaboration avec H. Küng, son collègue de Tübingen, 1998.

la mienne que dans son miroir. Non ! Chacun a sa vie personnelle. Mais je ne saurais oublier que pendant en gros quatre décennies nos chemins ont été parallèles, qu'ils se sont intensivement recoupés, puis séparés pour se recouper à nouveau.

Théologiens catholiques, nous sommes et nous restons au service de la communauté ecclésiale catholique. Mais, dans les années 1960, à la différence de Joseph Ratzinger, je me suis progressivement dégagé du système hiérarchique romain tel qu'il s'est constitué au cours de deux millénaires. J'ai pris mes distances d'une Église universelle de plus en plus centralisée et cléricalisée que je sentais me couper du monde. En tant que chrétien catholique et théologien imprégné par l'Évangile, j'entendais me mettre au service de l'homme aussi bien à l'extérieur qu'à l'intérieur du catholicisme et, *hominum confusione et Dei providentia* – pour la confusion des hommes et par la providence de Dieu –, je me suis trouvé libéré et poussé à me consacrer totalement aux thèmes les plus essentiels de la société. Sans jamais renoncer à mon enracinement dans la foi chrétienne, j'ai mené une vie qui allait en s'élargissant comme des ondes autour d'un point central. Mes soucis devenaient l'unité des Églises, la paix entre les religions, la communauté des nations.

Plus que des « Mémoires ».

Ma vie n'a bien sûr rien eu d'un long fleuve tranquille. Elle a plutôt été un chemin constamment jalonné de défis et de risques, parsemé de crises et de trous, d'espoirs et de déceptions, de succès et d'échecs. Mon récit est un récit de combats, d'engagements en paroles et en actes. C'est aussi une histoire faite de regrets, quand je repense à tout ce qui aurait été possible mais qu'on a étouffé au lendemain du concile Vatican II. Je compte donc raconter ce qui s'est passé, sur la scène et en coulisses.

Le lecteur comprendra pourquoi il serait faux de faire de cette vie un exemple : ce que je raconte n'a rien d'un roman édifiant centré sur mon évolution intérieure ou ma vie spirituelle : rien à voir ici avec le témoignage édifiant d'un pieux théologien. Ce que je cherche, face au risque de rupture de la continuité entre les générations chrétiennes, c'est à rappeler certaines expériences précises dans lesquelles plus d'un lecteur pourra se reconnaître ; un aperçu de ce que peut avoir été une existence dont il se sentira partie prenante et d'où il pourra puiser une certaine sagesse. Mais, pour ce faire, j'entends dépasser les simples souvenirs subjectifs : je veux parler de ma vie au sens le plus universel. C'est en ce sens que je confère à cet ouvrage les dimensions de Mémoires. Ce travail recoupe plusieurs genres littéraires et cette diversité même explique son ampleur.

Les Américains qualifieraient sans doute une telle entreprise de « biographie intellectuelle », tellement l'histoire de la personne et celle des idées sont étroitement imbriquées. Pourtant, dans mes souvenirs, il ne s'agit pas d'« idées » purement « intellectuelles », mais d'événements historiquement vécus, de telle sorte que l'histoire de ma vie, celle de la théologie, de l'Église et de l'époque se fondent l'une dans l'autre, tout comme le rappel de mes écrits et de leur réception, de mes chroniques et de mes voyages.

La connaissance de l'histoire de la société aide à mieux comprendre le contexte, les processus et les structures d'une personne donnée, de sorte que les méthodes socio-historiques et biographiques se complètent. Dans ce second volume de mes *Mémoires*, je me distancierai donc d'un structuralisme unilatéral étroit qui ne montre que scepticisme à l'égard des biographies personnelles, et j'entends faire voir clairement combien des individus (et non le pape seul) peuvent exercer une influence directrice sur le cours du temps. Finalement, il n'est d'élection papale qui ne montre comment les structures et les personnes, les institutions et les mentalités s'interpénètrent dialectiquement. Le regard sans cesse renouvelé sur l'évolution de l'Église et de la société m'aide moi-même, comme tout écrivain parlant en son nom propre, à éviter le danger, toujours menaçant, d'un narcissisme qui conduit à tourner en rond autour de soi-même (je considère comme nécessaire le fait que nombre de données concernant mes interventions officielles soient tirées de fonds documentaires auxquels je renvoie souvent dans les notes).

En fait, en dépit des forces sociales qui déterminent son cours, l'histoire reste le drame de personnes qui n'agissent pas toujours de façon rationnelle. La trame de ce drame est tissée par les événements politiques contemporains vécus en commun, mais c'est finalement aussi celui des existences et des crises personnelles. Seul ce rappel permet de corriger ces historiographes de l'Église, de la théologie ou des conciles qui veulent harmoniser des conflits qu'ils n'ont pas eux-mêmes vécus et qui, par ignorance ou par conformisme, ne cessent d'affadir les faits et les documents en les interprétant de façon partisane au bénéfice de l'autorité. Pour ma part, j'aurai parfois à m'exprimer de façon critique sur les protagonistes des événements. Il ne faudra surtout pas y voir une « vendetta » personnelle. Je peux fort bien comprendre des options et des positions différentes des miennes. Cependant, une fois de plus, l'essentiel, ce n'est pas la sensibilité des personnes, mais le combat pour la liberté et la vérité, ces deux valeurs fondamentales de mon existence. Lors de mes grandes controverses avec Rome, j'ai constamment eu à me défendre contre des adversaires tentés de restreindre la part de la liberté des autres du fait que leur reviendrait celle de la vérité. Il est vrai que, au cours de la seconde moitié de mon existence, et à l'inverse des quatre premières décennies de la première moitié de ma vie où j'ai insisté sur « mon combat pour la liberté » (t. I de mes *Mémoires*), j'ai déplacé l'accent au profit d'une « vérité en discussion » dans l'Église (t. II), une vérité qui, j'en suis convaincu, ne se manifeste, ne se défend, ne doit se vivre que dans la véracité. Je n'ai jamais été de ces *beati possidentes*, heureux et fiers, qui croient posséder cette vérité. J'ai au contraire toujours été un de ces « chercheurs de vérité » bien conscients que savants, philosophes et théologiens doivent avant tout se soucier d'elle sans tenir compte des modes et des tendances, et cela avec tous les risques que comporte leur quête.

Nos souvenirs sont naturellement subjectifs et notre mémoire est sélective. D'où le besoin de les corriger. Dans ce livre, conscient de ma nature faillible, je me suis donné beaucoup de mal pour éviter autant que faire se peut mes manques et mes déformations des choses en recourant aux sources susceptibles de justifier mes dires. Nombre de mes propos se fondent sur des documents publics ou privés que, si nécessaire, je cite à la lettre. J'ai fait relire certains chapitres par plusieurs témoins contemporains des événements. Je suis particulièrement heureux d'avoir trouvé à Tübingen beaucoup d'amis fort compétents qui ont revu tout mon manuscrit. Je les remercierai dans la postface.

Reconnaissance : c'est dans cet esprit que je présente aussi cette seconde partie de mes *Mémoires*. C'est aussi elle qui me permet de poursuivre peut-être encore un moment ma route avec courage et sérénité.

L'horizon de l'histoire du monde.

Le cours du monde et celui de la vie personnelle ne font qu'un. Ceux qui, comme moi, sont nés en 1928, ou un an plus tôt comme Joseph Ratzinger, ont connu à peu près tous les tournants de l'histoire qui ont suivi la Première Guerre mondiale, celle qui a en fait mis fin au XIXe siècle. Je rappellerai quelques dates de cette « chronique mondiale », qui n'ont pas été sans effet sur la « chronique de ma vie ».

1928 : L'année de ma naissance est la dernière « année d'or » tranquille des années 1920 marquées par l'appétit de vivre, la recherche du plaisir, la créativité culturelle, la productivité avec sa prodigalité et ses sombres côtés de misère. Un an plus tard survient brutalement « le jour noir de Wall Street ». Ce krach provoque une crise économique de plusieurs années. Celle-ci frappe certes la Suisse, ma patrie, mais tout particulièrement l'Allemagne, politiquement fragile. L'accroissement galopant du chômage, provoquant la misère sociale, constitue une des raisons essentielles de l'arrivée au pouvoir du national-socialisme.

1933 : En Allemagne, Adolf Hitler accède au gouvernement de l'Allemagne avec pour conséquences immédiates une série d'emprisonnements, la création des camps de concentration, les persécutions antisémites et la naissance d'une dictature totalitaire qui met tout le monde au pas. En Suisse, les émissions radio de l'Autriche, notre voisine, nous mettent très vite au courant de la menace nazie contre toute l'Europe : putsch de Vienne, assassinat du chancelier Engelbert Dollfuss le 25 juillet 1934, chose qui me choque profondément à six ans. Plus inquiétante encore, l'entrée menaçante de Hitler en Autriche au milieu d'une foule jubilante le 12 mars 1938. Six jours avant mes dix ans, cela m'incite à lire quotidiennement et avec passion les journaux pour savoir ce qui se passe dans le monde. Une presse libre, chose impensable dans une Allemagne totalitaire !

1939 : La catastrophe de la Seconde Guerre mondiale. L'Allemagne envahit la Pologne, puis, l'année suivante, s'empare du Danemark et de la Norvège avant de lancer une « guerre éclair » contre la Belgique, les Pays-Bas, le Luxembourg et finalement contre l'« ennemi héréditaire », la France. C'est le sommet du triomphe de Hitler et de la menace contre mon pays, « îlot de liberté » enserré de tous côtés et soumis au chantage politique.

Je devins patriote actif et, un an plus tard, je suis un des plus jeunes soldats de la Défense nationale. Mais Hitler épargne la Suisse et n'ose finalement pas attaquer l'Angleterre. Au lieu de quoi, en 1941, il envahit l'URSS. L'attaque de Pearl Harbor par les Japonais entraîne la déclaration de guerre des États-Unis au Japon et celle de l'Allemagne aux États-Unis. Mais 1942 marque déjà le tournant de la guerre : Stalingrad et le débarquement des Alliés en Afrique, suivi de celui en Sicile et le début des préparatifs du débarquement anglo-américain sur les côtes de l'Atlantique. En Suisse, on se réjouit déjà de voir approcher le terme du conflit.

1945 : Fin de la Seconde Guerre mondiale, avec au bilan quelque 50 millions de morts et quelque 15 millions de réfugiés. Dès avant la réforme électorale de 1948, je réponds avec un groupe de lycéens de Lucerne à l'invitation du gouvernement militaire britannique à venir passer deux ou trois semaines dans le Nord d'un pays totalement dévasté, pour collaborer à la démocratisation du pays en partageant la vie de privation des jeunes Allemands. Le sort du nazisme et du fascisme est maintenant réglé, mais, du fait de la politique de Staline, le communisme soviétique semble désormais plus fort que jamais, et l'Allemagne est en pleine crise politique, économique et sociale. Dans le monde, on jette les fondements d'un ordre mondial nouveau plein de promesses : fondation des Nations unies à San Francisco, accords de Bretton Woods et plan Marshall pour aider l'Europe. Mais celui-ci se heurte à l'opposition de Staline qui tient à sa zone d'influence. D'où le rideau de fer et la séparation du monde en deux blocs, l'Est et l'Ouest. En 1948, proclamation de la Déclaration universelle des droits de l'homme. Cette année-là, j'ai vingt ans, je passe mon habitur au lycée de Lucerne, et j'entre au Collegium Germanicum de Rome pour y étudier pendant sept ans la philosophie et la théologie afin de me préparer à devenir prêtre.

En Allemagne, après les dures privations des années 1950 et 1960, c'est le temps de la reconstruction, du progrès social, de la croissance, du bien-être et de la consommation. À partir de 1960, je suis professeur à Tübingen et en 1966 je prends part au concile Vatican II comme expert *(peritus)*.

1968 : Révolution culturelle des étudiants. Elle est fortement politisée. Intellectuels et hommes politiques réclament émancipation, développement des Lumières, réformes, transparence et tolérance. Dans le premier volume de mes *Mémoires* j'ai déjà analysé les grandes lignes et le détail de ma vie précédant ce tournant. C'est ici que je reprends mon récit.

Des témoins de première main : Ratzinger-Küng.

Durant et après le conclave de l'élection papale de 2005, il n'est guère de question que je me sois autant posée, en privé et en public, que celle de savoir comment, au fil du temps, les itinéraires de deux collègues de même tendance, J. Ratzinger et moi-même, ont pu autant diverger l'un de l'autre. Dans mon premier volume, j'ai déjà noté les parallélismes et les divergences de nos cheminements théologiques. Mais l'expérience des toutes dernières années et surtout l'étude attentive du *Ma vie*, le petit livre bref mais précis que J. Ratzinger a publié en 1998, m'ont permis de mieux comprendre les choses.

Dans ce prologue, je ne puis qu'esquisser ces deux itinéraires. On ne peut évidemment les saisir que dans le cadre des mouvements contemporains et de certains événements, mais sans pouvoir pour autant les réduire à eux, car ils ne sont pas que les purs produits d'une couche sociale donnée. Dans les deux cas, il s'agit de vies que l'on peut comparer à partir de l'autotémoignage des deux protagonistes. Qui veut en savoir plus sur J. Ratzinger pourra lire *Ma vie. Souvenirs (1927-1977)*[1]. Sur ma propre vie, qu'on reprenne le premier volume de l'ouvrage présent, *Mon combat pour la liberté*, auquel j'ai déjà souvent renvoyé.

Tout comme les souvenirs de Joseph Ratzinger, les miens ont évidemment une teinte subjective : marqués par ma vision des choses, ils sont partiaux. Il n'existe pas d'histoire, à plus forte raison pas d'autobiographie qui ne soit interprétation. Mais, racontée par celui qui l'a vécue, elle a un caractère d'authenticité irremplaçable : c'est un témoignage de première main. Tout comme Joseph Ratzinger, je cherche fondamentalement à être objectif ; mais cela n'exclut pas la passion. Chez lui, elle est masquée, chez moi elle est manifeste. Le 24 septembre 2005, j'ai revu pour la première fois depuis vingt-deux ans mon ancien

1. J. RATZINGER, *Ma vie. Souvenirs (1927-1977)*, tr. fse M. Huguet et J. Laffitte, Paris, Fayard, 1998, p. 137.

collègue de Tübingen devenu le pape Benoît XVI. Le lecteur doit savoir que j'avais projeté et rédigé mon prologue bien avant cette rencontre de Castel Gandolfo, de sorte que sa première rédaction, à l'origine beaucoup plus longue, avait été tout naturellement comme une préparation intellectuelle de notre entretien.

Sur la même longueur d'onde ?

« À Rome, j'ai très vite perçu que nous étions sur la même longueur d'onde, et c'était là l'essentiel », avais-je écrit au printemps 1963 au sujet de mon éventuelle nomination à Münster où enseignait déjà Joseph Ratzinger. M'étais-je trompé ? Non. Ce que nous avions en commun était sûrement plus fort que ce qui nous séparait car cela se fondait sur les conditions structurellement similaires de nos origines. Personne ne peut échapper à son appartenance sociale, car celle-ci nous marque pour la vie.

Nous venions tous deux d'une famille catholique conservatrice, d'une région alpine : lui de Bavière, moi de Suisse centrale. Nous aimions tous deux la montagne et les lacs. Nous sommes du même âge, presque de la même année : Ratzinger est né le 16 avril 1927, moi le 19 mars 1928. Mais il est évident que nous n'avons pas grandi dans le même cadre : lui était fils de fonctionnaire et a vécu d'abord dans une gendarmerie, puis, quand son père prit sa retraite, dans une simple ferme, enfin à partir de douze ans dans un petit séminaire, alors que j'étais moi-même fils d'un commerçant et habitais une accueillante maison bourgeoise, sur la place de la mairie, rendez-vous de toute une parenté disséminée, donc une demeure imprégnée d'une atmosphère vivante et ouverte, sans rien à voir avec une résidence sévèrement gardée de gendarmes ou d'ecclésiastiques.

Dès le départ, nous avons également profité d'une formation humaniste que nous considérions comme idéale, celle d'un lycée où le latin et le grec étaient à la base des études. Mais, au petit séminaire, simple préparation du séminaire sacerdotal proprement dit, la vie se déroulait selon une règle stricte et était évidemment totalement coupée de celle des filles. Pour ma part, j'ai passé mes classes supérieures au lycée de Lucerne, un établissement relativement libéral, dans une ambiance extrêmement positive de coéducation et de joie de vivre (ce que réprouvaient nombre de catholiques). Ratzinger eut très vite droit à une nouvelle génération d'enseignants résolument pro-nazis, alors que mes professeurs et mes camarades d'école étaient dans l'ensemble des patriotes fermement anti-nazis. Lui ne put découvrir que beaucoup plus tard ce qu'était une démocratie libérale, expérience fort différente de celle qu'il menait sous la coupe de l'Église hiérarchique.

Nous avons tous deux été profondément marqués par les mouvements de jeunesse. Mes plus précieux souvenirs sont ceux d'excursions en montagne, de jeux de foulard, de concours, le tout accompagné de prières et de messes adaptées aux jeunes, donc dans un cadre de mouvement chrétien très libre, fort éloigné de tout idéal nazi. Mais lui ne pouvait évidemment rien faire d'autre que d'entrer dans la jeunesse hitlérienne où tout le monde devait marcher au pas. Ses tristes expériences des derniers mois de la guerre, service du travail, embrigadement dans l'armée, défense aérienne (Flak), puis captivité chez les Américains, avaient été celles de mes collègues étudiants des classes 27/28 du Collegium Germanicum. Moi, j'avais passé toute ma jeunesse en Suisse, dans un îlot de paix.

Tout au long de ces sombres années d'idéologies totalitaires, nous avions l'un et l'autre bénéficié de notre enracinement dans l'Église catholique, de son ouverture sur le monde, de son soutien moral. Nous avons l'un et l'autre été d'enthousiastes enfants de chœur. Mais, pour lui, son Église était celle du lieu, régie par un curé traditionnel, dirigée par l'archevêque de Munich. Pour moi, elle était celle d'un aumônier de jeunes qui n'avait rien de conventionnel, ni son vêtement, ni sa démarche, ni sa mentalité, bref, un convaincant apôtre de la bonne nouvelle de l'Évangile sans lequel une douzaine d'entre nous ne seraient jamais devenus prêtres. Mon Église était une Église de jeunes plus que de vieux. Si lui s'était décidé à devenir prêtre, il n'avait pas eu d'aumônier de ce genre, et son image sacerdotale idéale était donc celle d'une hiérarchie traditionnelle, figée, hiératique. Impressionné par un cardinal vêtu de pourpre, il s'était demandé : Pourquoi pas moi ?

Nous avons tous les deux participé de tout cœur à la liturgie préconciliaire et nous avons été très tôt en contact avec le mouvement liturgique alors débutant. Cependant, pour lui, cette liturgie était pleine de mystères insondables, construction aux multiples recoins dans laquelle il n'était pas toujours facile de se retrouver, mais qui n'en était que plus admirable et qui constituait sa patrie. Quant à moi, j'ai profité à l'Université grégorienne d'un cours de liturgie où on nous initiait aux recherches du plus éminent spécialiste de l'époque, Joseph Andreas Jungmann, dont jamais Ratzinger n'a mentionné l'ouvrage fondamental, *Missarum Solemnia*. Cet historien rigoureux, avocat d'une liturgie populaire, lui aurait expliqué ce qu'était originellement la célébration eucharistique, une fête simple et compréhensible, mais il lui aurait aussi fait voir tout ce qu'on y avait surajouté, formes et contenus gratuits, des nouveautés si problématiques qu'elles tournaient parfois à la mystification.

Nous avons tous deux plongé dans la philosophie. Nous avons été également séduits par les *Confessions* d'Augustin. Mais ce personnage restera pour lui la figure dominante, et il ne réussira pas autant que moi à s'acclimater à la pensée rationnelle et systématique de Thomas d'Aquin. Ce qui m'impressionnait chez ce dernier, c'est la façon dont il se tourne vers la réalité empirique, vers la créature, en la soumettant à l'analyse rationnelle et à l'examen scientifique. À côté des philosophes, nous lisons tous les deux bien d'autres choses : les romans de Gertrud von Le Fort, d'Elisabeth Langgässer, de Georges Bernanos, de Fiodor M. Dostoïevski, et, dans un registre philosophico-théologique, Romano Guardini, Josef Pieper, Theodor Häcker, Peter Wust et Theodor Steinbüchel. Mais en même temps je m'intéresse énormément à la psychologie des profondeurs de C. G. Jung, ainsi qu'à l'art moderne, au marxisme-léninisme et à l'humanisme existentialiste de Jean-Paul Sartre.

Finalement, nous avons tous deux étudié intensivement la théologie, lui pendant trois ans, moi pendant cinq ans. Mais, dès le début de ses études universitaires, il songe à se consacrer à la théologie savante, car il doute de son aptitude au ministère pastoral, en particulier auprès des jeunes. Moi, j'entends entrer dans la pastorale, si possible des jeunes et en ville, ce pourquoi il me paraît dès le départ important d'acquérir une formation moderne universelle couronnée par un doctorat de théologie. Lui soutient sa thèse en 1953, à Munich, sur l'ecclésiologie d'Augustin (L'Église « peuple et maison de Dieu ») ; moi en 1957, à Paris, sur la doctrine de la « justification » de mon célèbre compatriote, Karl Barth, théologien réformé. Parmi les plus récents théologiens catholiques, je suis particulièrement impressionné par Henri de Lubac, Yves Congar et Karl Rahner.

Bien entendu nous nous intéressons tous deux particulièrement à l'exégèse de l'Ancien Testament et du Nouveau Testament.

Mais tandis que, étudiant à Rome, je fuis les exégètes rétrogrades de la Grégorienne pour me tourner vers l'Institut biblique pontifical, tout proche, où les professeurs osent s'appuyer sur l'Écriture pour corriger et interpréter le dogme (ce pourquoi ils seront par la suite sanctionnés par le Saint-Office), Ratzinger, qui entend aussi à Munich des exégètes historico-critiques, fuit une exégèse à ses yeux trop « libérale » et recherche la sécurité. Tandis que je tente d'échapper à une dogmatique néoscolastique pétrifiée en me mettant en quête de la fraîcheur et de l'immédiateté de la Bonne Nouvelle chrétienne originelle telle qu'en témoigne le Nouveau Testament, lui cherche au contraire à se protéger de la critique exégétique par l'obéissance au dogme. Pour ma part, je puise directement ma force dans le message biblique ; lui la trouve dans la doctrine.

C'est sur ce point que, théologiens catholiques, nous divergeons. La théologie de Ratzinger entend maintenir la critique biblique historique dans d'étroites limites : elle reste périphérique par rapport à la « construction » dogmatique. Pour ma théologie systématique, cette critique est fondamentale, car elle touche à la *vérité historique* de notre foi chrétienne. Nous ne voulions certes ni l'un ni l'autre en revenir à l'ancien libéralisme, mais je n'entendais pas non plus retourner à l'ancien dogmatisme. C'est bien là que se pose à nous le problème fondamental, celui du *critère* de base : la Bible ou le dogme ? Est-ce que le dogme se situe au-dessus ou en dessous de l'Écriture ? Est-ce qu'il faut comprendre le Christ du dogme à partir du Christ de l'histoire, ou le contraire ?

Deux itinéraires se recoupent.

Étonnant hasard : le 21 février 1957, le jour même où Ratzinger obtient son doctorat à Munich, je soutiens à l'Institut catholique de Paris ma leçon doctorale puis ma soutenance de thèse sur « La justification du pécheur. La doctrine de Karl Barth et la réflexion catholique ». Tout cela se passe en français, et la discussion est pour moi difficile. J'en ai déjà brièvement parlé dans le chapitre IV du premier volume de mes *Mémoires* : « Une soutenance et un petit mensonge », car il y a là le professeur Henri Bouillard, s.j., un spécialiste de Karl Barth qui n'a pas fini sa propre thèse, mais qui se montre assez jaloux de la jeune génération de savants : son interprétation va à l'encontre de la mienne, et j'ai entendu dire qu'il comptait soulever une bonne douzaine d'objections à mon exposé. Pour ma part, je m'y suis préparé et je dispose d'une lettre personnelle de Karl Barth (qui fera par la suite sensation chez les théologiens), où celui-ci me dit son accord avec ma thèse. Je peux donc mener le combat au fleuret, et Bouillard ne peut aller plus loin que sa seconde objection. Si ma promotion ne fut pas un drame, ce fut sûrement une « bataille victorieuse ».

Mais il y eut bien un « drame de l'habilitation[1] », celle de Joseph Ratzinger, car, contre toute attente, le deuxième expert de sa soutenance, Michael Schmaus, le célèbre professeur de dogmatique de Munich, la refuse « parce qu'elle ne répondait pas suffisamment aux critères scientifiques alors valables ». Ratzinger fut comme « frappé par la foudre » (p. 82), car cela semblait remettre en question tous ses plans d'avenir. Schmaus contestait le texte de sa thèse (encore contestable aujourd'hui) sur Bonaventure, théologien du Moyen Âge : Ratzinger diagnostiquait chez ce docteur de l'Église une vision de la révélation dangereusement subjectiviste. Devant l'opposition à laquelle il se heurte, il eut alors subitement une « idée salvatrice » (p. 87) qui lui permettrait de se sortir avec élégance de cette situation dangereuse en contournant tous les blâmes : en un tour de main, il envoya promener sa principale partie de thèse sur la révélation chez Bonaventure et bâtit sa dernière partie sur la théologie de l'histoire chez ce théologien, ce à quoi Schmaus n'avait plus rien à objecter, même si cette dissertation avait été rédigée à la hâte.

Pour ma part, je ne songe pas à l'habilitation que j'obtiens en même temps que mon titre de docteur en théologie *summa cum laude* le même jour que Ratzinger, mais à un doctorat de philosophie en Sorbonne (docteur ès lettres) sur la christologie du philosophe allemand Hegel. C'était un thème qui m'avait fasciné depuis Rome. Ma soutenance eut lieu en présence de deux éminents professeurs, Maurice de Gandillac et Jean Wahl, ainsi que de Hans Urs von Balthasar dont j'avais obtenu le « patronage » et qui était venu de Bâle. Après en avoir fini de ma thèse de théologie, j'avais intensément travaillé le sujet.

Mais en même temps je profitai des deux années que m'avait *a priori* accordées mon évêque pour finir ma thèse. Je ne les

1. J. RATZINGER, *Ma vie*.

avais pas utilisées, et j'en usai pour de longs séjours d'étude à Madrid, Londres et Amsterdam, ce qui me permit d'élargir mon horizon intellectuel et d'améliorer ma connaissance des langues. Après l'Allemagne, l'Italie et la France, je voulais connaître l'Espagne et les Pays-Bas, mais aussi parfaire mon anglais. Là encore, cela marque une différence considérable entre Ratzinger et moi. Tandis que lui est resté toute sa vie attaché à l'atmosphère bavaroise et n'a passé les premières années de sa carrière que dans les limites de l'Allemagne (de l'Ouest), moi-même, bien que toujours enraciné dans ma patrie suisse, j'ai respiré « l'air du vaste monde », du « grand large », pour reprendre le beau titre des *Souvenirs* de mon collègue et ami protestant, Jürgen Moltmann que je cite ici : « Respecte la patrie de chacun, mais aime la tienne » : cette sentence de Gottfried Keller, poète national suisse, est un de mes adages préférés. Pour beaucoup d'Allemands, au lendemain du national-socialisme, de la guerre mondiale et de l'holocauste, c'était évidemment un problème et il aura fallu la coupe de football de 2006 pour qu'ils en arrivent à un patriotisme joyeux et débarrassé de toute agressivité.

Cependant, muni de mon doctorat de philosophie en Sorbonne, j'entends me consacrer à la pratique pastorale et je passe deux années heureuses (1957-1959) au cœur de la Suisse, comme vicaire à la Hofkirche de Lucerne, paroisse où le renouveau de la liturgie, de la prédication, de la pastorale et de l'œcuménisme est en plein essor, ce que vient puissamment renforcer l'annonce du concile. Mon expérience des gens et de leurs besoins, de leurs problèmes et de leurs espoirs ne fut sûrement pas celle de Joseph Ratzinger lors de son année de vicariat dans une paroisse traditionnelle, puis à la faculté de Freising : encore une différence importante.

Mais, alors que je venais à peine de m'acclimater à Lucerne, je reçus une invitation de Karl Rahner à la prochaine réunion du groupe de travail des théologiens de langue allemande, donc des professeurs de dogmatique ou de théologie fondamentale, à Innsbruck, en octobre 1957. Et là, pour la première fois, je rencontrai non seulement Michael Schmaus, mais aussi mon contemporain, Joseph Ratzinger – donc non pas au concile, comme je l'ai dit dans le premier tome de mes *Mémoires*. Il est alors professeur de dogmatique à Freising et a déjà rédigé une recension intelligente, clairvoyante et favorable de ma thèse. « Pour ce cadeau, Hans Küng mérite les remerciements de tous ceux qui prient et travaillent à l'unité de la chrétienté séparée.» Nous éprouvons immédiatement de la sympathie l'un pour l'autre, comme en témoigne le texte datant de 1998 mis en exergue de ce chapitre. À Innsbruck, je ne puis cependant discuter beaucoup avec lui, car je me trouve brusquement devoir prendre une décision capitale pour mon avenir : pastorale pratique ou carrière universitaire ?

Au cours de cette conférence de théologiens, le professeur Heinrich Fries, jusque-là professeur de théologie fondamentale à Tübingen, mais maintenant à Munich, m'explique que, après mon doctorat de philosophie à Paris, je n'ai plus besoin d'une licence de philosophie en Allemagne et que je dois préférer une habilitation de théologien. En matière de dogme, je devrais me tourner vers Rahner, Schmaus ou Volk. Il n'est pas question de Schmaus, étant donné son «cercle de piété» dont me parle Rahner. Je ne veux pas non plus de Rahner, car il enseigne à Innsbrück, et je veux un doctorat allemand, et non pas autrichien. Reste Hermann Volk, alors éminent professeur de dogmatique à Münster, à l'époque la plus importante faculté de théologie allemande. Volk deviendra par la suite évêque de Mayence et cardinal. Je lui pose la question et il m'accepte. Pour pouvoir vivre et travailler, j'obtiens un poste d'assistant scientifique. Je remanie mon manuscrit sur Hegel en thèse de doctorat et je reprends mon exposé de Bâle sur *«Ecclesia semper reformanda»* pour en faire un livre en vue du concile désormais imminent.

Ensemble au concile, 1962-1965.

Cette période münsteroise est pour moi une époque heureuse, ainsi que je l'ai déjà écrit dans le premier tome de ces *Mémoires* (chap. V : «Le chemin vers la science»). Mais à peine un an après mon arrivée, tout comme en son temps Karl Barth, mais lui sans doctorat préalable, j'obtiens une habilitation honoraire en raison de ma thèse sur la justification et des 400 pages manuscrites sur «Le Dieu qui devient homme. La christologie de Hegel», et je suis appelé à la chaire de théologie fondamentale de Tübingen. Fin mai 1960, trois ans après ma promotion et après une courte préparation, j'y accède comme professeur titulaire. Je peux désormais publier mon livre : *Le Concile et la Réunification. Le renouveau, appel à l'unité*, ouvrage que j'avais déjà déposé à la faculté, mais en le mettant en réserve par crainte justifiée d'une intervention romaine contre ma nomination. Ce livre reprend un thème de Jean XXIII, le grand pape conciliaire, celui qui, à mes yeux, reste le plus grand pape du XXe siècle. Joseph Ratzinger a pour sa part été nommé professeur titulaire de théologie fondamentale à l'université de Bonn.

Nous nous revoyons à Rome. En 1962, tous deux professeurs de théologie fondamentale, nous y arrivons comme *periti* (experts), lui en tant que conseiller du cardinal Frings, archevêque de Cologne, moi en tant que conseiller de Mgr Carl-Joseph Leiprecht, évêque de Rottenburg-Stuttgart. Nous sommes les deux plus jeunes théologiens du concile à être nommés par Jean XXIII. Le professeur Schmaus, également conseiller, est furieux contre ces deux « adolescents » qui se font mieux entendre que lui, et il s'en va. Le concile n'a pas besoin de la néoscolastique, même modérée. Je me suis déjà longuement exprimé sur notre expérience de Vatican II de 1962 à 1965 (t. I, chap. VII-IX).

La nomination de Ratzinger à Tübingen, 1966.

Déjà pendant le concile, Joseph Ratzinger est muté de sa chaire bonnoise à celle de dogmatique de Münster, en Westphalie. Soutenu par lui, je reçois moi-même une proposition de cette université. Mais, ayant accepté de fonder un Institut de recherches œcuméniques à Tübingen, je suis lié à ma nouvelle chaire de théologie dogmatique et œcuménique, et je refuse en avançant à ma place le nom du Dr Walter Kasper : il a été mon assistant ; c'est un théologien solide et prometteur, et il a obtenu son doctorat. Il est effectivement nommé.

Deux ans plus tard, en tant que doyen et titulaire de la chaire parallèle de dogmatique, c'est à mon tour de m'engager de toutes mes forces pour faire venir le professeur Joseph Ratzinger à Tübingen. Entre-temps, mon collègue en dogmatique, Leo Scheffczyk, est parti à Munich. Il y succède à Schmaus, son patron, maintenant en retraite, mais qui a gagné son chapeau de cardinal et qui se déchaîne publiquement contre moi. Si je soutiens Ratzinger, c'est parce qu'il est le seul germanophone qui répond à tous les critères que j'ai fixés pour cette chaire de dogmatique et d'histoire des dogmes, et, étant le seul candidat, on peut le présenter comme l'unique possible *(unico loco)* au sénat et au ministère au lieu de proposer une liste de trois noms *(terna)*.

En mai 1965, avant d'entreprendre cette démarche exceptionnelle, je l'avais confidentiellement interrogé sur son éventuelle nomination (je l'ai raconté dans le premier tome de mes *Mémoires*), et j'en avais discuté avec plusieurs collègues de Tübingen. Le 11 mai, pour lui faciliter ses adieux à Münster, je lui écris que nous avons besoin de savoir exactement ce qu'il en est, « afin de ne pas rester avec le moineau dans la main, mais sans le pigeon sur le toit ». Quatre jours plus tard, il me demande si on peut repousser sa nomination à Pâques 1966, « moyennant quoi [il se] livrerai[t] volontiers comme moineau à la faculté de Tübingen ». Après une brève discussion, la faculté accepte à l'unanimité, et le Grand Sénat de l'université ratifie le vote.

> L'œuvre extrêmement riche de cet érudit de trente-huit ans, l'ampleur, la profondeur et la continuité de son activité qui laissent espérer beaucoup de l'avenir, l'originalité et l'orientation d'une recherche qui vient heureusement compléter le travail du second professeur de dogmatique, son grand succès comme professeur à Bonn et à Münster tout comme ses agréables qualités humaines qui laissent augurer une fructueuse collaboration avec ses collègues, constituent une bonne raison de le proposer *unico loco* au Grand Sénat comme titulaire de la chaire de dogmatique. Sa nomination à Tübingen sera à tous points de vue grandement bénéficiaire pour l'Université.

Aujourd'hui encore, je peux ratifier ces mots.

Une collaboration collégiale.

C'est ainsi que, en 1966, Ratzinger reçoit sa nomination du ministère des Cultes, et il l'accepte. Je lui procure en location une maison avec jardin pour lui et pour sa sœur. Nous collaborons très bien. Pendant un semestre, il tient le grand cours de dogmatique tandis que je fais un cours spécial, et le semestre suivant nous inversons. Nous nous rencontrons régulièrement lors des sessions de la faculté, nous discutons des problèmes d'examen et nous examinons alternativement nos étudiants, le tout sans problème. Nous nous invitons également à déjeuner.

Je le prends volontiers en auto, car, selon son propre aveu, il est peu doué pour la technique et n'a pas passé son permis de conduire : il préfère aller à l'université à vélo plutôt que de faire le long trajet à pied. Mon auto n'est pas une voiture de sport, mais, par préférence technique et par sécurité, une petite Alfa Romeo Giulia, bientôt remplacée par une BMW correspondante : contraste qui fournira aux journalistes l'occasion de métaphores apparemment profondes. Après l'élection papale, Freddy Derwahl, un Belge, fera même de ce cliché un livre (malheureusement très partial et théologiquement fort déficient) sous le titre *Celui qui allait à vélo et celui qui allait en Alfa* (Munich, 2006). Aussi longtemps que ce journaliste s'en tient à mes *Mémoires* et à celles de Ratzinger ainsi qu'à nos premiers ouvrages, il reste supportable et est même amusant, en dépit de nombreuses erreurs. Mais plus il s'efforce d'aller au cœur de mon œuvre théologique, plus il manifeste son ignorance, et il ne semble pas avoir la moindre idée de mes livres des 25 dernières années. Au lieu du double portrait impartial qu'il annonce, il ne propose alors plus qu'une caricature qui idéalise le « cycliste » et dénature le « chauffeur d'Alfa » : oppositions trompeuses, comparaisons tordues, insinuations méchantes ! L'auteur va jusqu'à faire un méli-mélo à vous en faire dresser les cheveux sur la tête en combinant la mort en croix de Jésus et celle de mon pauvre frère, décédé à vingt-trois ans d'une tumeur au cerveau, pour opposer ma vision de la souffrance et de la mort à celle de Ratzinger. L'introduction du rédacteur suffit à trahir ses préjugés : Celui qui *a priori* ne voit en moi que l'homme de « l'intelligence technique moderne » « fasciné par la machine », « l'homme du progrès explosif des sciences de la nature » et du « glamour » ne comprend rien à ma personne. Et lorsqu'il réserve au seul Ratzinger les traits d'un personnage « spirituel, amoureux de la nature, intellectuellement rayonnant », ce qu'il raconte ne correspond ni à lui ni à moi.

Mais qu'importe ! À l'époque, Ratzinger, le cycliste, est tout content de ne pas habiter comme moi là-haut, sur la colline de Tübingen, mais en bas, dans la vallée, et il apprécie que je puisse le prendre dans mon Alfa sur une route toute en montées et en descentes. Nous travaillons trois ans ensemble, collégialement, comme il le dit lui-même dans ses *Souvenirs* et moi dans le premier tome de mes *Mémoires*, *Mon combat pour la liberté*. Il n'y eut qu'un cas où il se distancia non seulement de moi, mais de la faculté : le 13 décembre 1968, l'ordre du jour de celle-ci portait sur « l'affaire Halbfas ». Il s'agissait d'une proposition des assistants d'intervenir en faveur de Hubertus Halbfas, professeur de pédagogie religieuse à l'Institut de pédagogie de Reutlingen, ville voisine de Tübingen, pour protéger cet homme de mérite, mais très contesté et fort attaqué, contre l'évêque de Rottenburg qui pensait lui retirer sans plus d'examen sa licence ecclésiastique d'enseignement.

Tous les professeurs s'étaient déclarés en faveur de cette démarche sauf Ratzinger, alors doyen. La discussion dura beaucoup plus que d'habitude, car celui-ci récusait tous les arguments favorables à Halbfas, même si ses réflexions se contredisaient souvent. J'étais très étonné de son opposition politico-dogmatique déclarée à cette intervention collégiale. Cependant notre intervention auprès de l'évêque se révéla sans objet, car Halbfas nous annonça son mariage, ce qui, en raison du concordat, le privait quasi automatiquement de sa chaire. Toutefois, lors d'un autre conflit – et je ne peux pas ne pas le mentionner – il manifestera une tout autre attitude, cette fois très amicale.

La tolérance de Ratzinger.

Parmi ses étudiants, chaque professeur a ses pupilles. Pour ma part, comme par la suite pour Ratzinger, j'en ai un, candidat au doctorat, que j'ai accepté en dépit des résultats assez moyens à ses examens de théologie, à cause de son importance à l'Institut de recherches œcuméniques. Il a choisi de faire sa thèse sur le dogme et le dogmatisme, thème fort actuel à mes yeux vu l'état de la discussion théologique. Il est toujours prêt à nous donner un coup de main, de sorte que je le sollicite pour toutes sortes de choses, y compris pour la correction de mes manuscrits, et que je l'emmène aux colloques scientifiques. Fort bon critique, polémiste enragé opposé à tout dogmatisme, il dispose de tout un « arsenal » de mots et de formules frappantes. Mais, n'ayant pas de bases historiques solides, il tend à se lancer dans des spéculations sans frein à partir de ses lectures, et ses idées ne sont ni solidement construites ni élaborées de façon cohérente. Même si ses critiques du dogmatisme sont justes, il lui manque donc de savoir souligner la fonction positive d'un dogme que, nous, théologiens catholiques, nous devons certes chercher à interpréter en fonction de son époque et à critiquer en fonction de la nôtre, mais sans pour autant le jeter *a priori* à la ferraille comme quelque chose d'inutile.

Au bout de quatre ans, après nombre de vaines démarches et quantité de corrections, ce candidat au doctorat parvient enfin à son but : je considère sa dure critique du dogmatisme comme fort justifiée, et son interprétation fondamentale du dogme au moins comme suffisante. Mais je ne saurais reprocher à Joseph Ratzinger, mon collègue en dogmatique que la faculté avait comme on s'y attendait nommé second expert, de m'envoyer le 3 avril 1969 une lettre amicale où il me fait savoir que, à son grand regret, il ne peut en conscience consentir à la recommandation d'acceptation de la thèse que j'envoie à la faculté. Il préfère renoncer à sa charge de coexaminateur.

Nous discutons collégialement de ce cas difficile. Ratzinger est d'accord pour que notre collègue, Günter Biemer, théologien pastoral que j'ai sollicité pour cela, prenne sa place de coexaminateur. Comme moi, celui-ci a droit à huit pages d'objections critiques de sa part. Mais je mets ma main au feu que mon candidat au doctorat n'eut par la suite rien d'un chrétien timide. Toujours est-il que j'appréciai la tolérance de Ratzinger : pour ne pas mettre en danger la majorité nécessaire à mon candidat, il resta à l'écart de la session décisive de la faculté. La douloureuse expérience qu'il avait faite lors de sa propre habilitation joua certainement un rôle en le conduisant à « ne pas se joindre à la légère à un refus de thèse ou d'habilitation, mais à prendre le plus possible le parti du faible » (*Souvenirs*, p. 89).

C'est ainsi que Josef Nolte, tel est son nom, fut promu docteur en théologie, et je veillai à ce que sa thèse parût dans notre collection « Recherches œcuméniques » sous le titre *Le Dogme dans l'histoire*, avec mon avant-propos et l'« épilégomène » exigé par ses deux examinateurs et destiné à expliquer son intention constructive. Joseph Ratzinger peut aussi être cela. Mais, après coup, une décennie plus tard, ses réflexions se révéleront malheureusement justifiées : au sommet de mon conflit avec Rome au sujet de l'infaillibilité, mon candidat tirera dans le dos de son patron de doctorat dans un article du *Spiegel*.

Deux façons différentes d'être catholique.

Qui sait ce qu'il en serait advenu de Joseph Ratzinger si, après trois années fructueuses, il n'avait quitté Tübingen. Jusque-là, nos deux parcours s'étaient déroulés de façon largement parallèle, et nous avions vraiment cheminé ensemble. Cependant, en dépit de la similitude de notre origine familiale et nationale, nous étions structurellement de mentalité très différente. Très différente aussi était notre façon de comprendre la liturgie catholique, la théologie, la hiérarchie, en particulier l'exégèse biblique, ainsi que finalement la révélation et le dogme. En dépit ou à cause de ces différences, nous nous respections et nous estimions en tant que théologiens, nous reconnaissions la valeur mutuelle de notre foi et de notre vie intellectuelle. Nous admettions en somme qu'il peut y avoir deux façons, deux formes, deux styles, disons *deux voies différentes de vivre le catholicisme*.

À l'époque, cela ne nous était naturellement pas du tout aussi clair que ce l'est devenu par la suite. Cela n'aurait d'ailleurs absolument pas dû nous conduire à la rupture. Lui-même et Karl Rahner ne vivaient-ils pas sur deux planètes différentes, ainsi que cela fut manifeste durant le concile, et cela en dépit de leur « accord fondamental sur nombre de données et de souhaits » (p. 131) : à Ratzinger comme à moi-même, Rahner était apparu très vite comme dépassé, avec sa philosophie spéculative néoscolastique marquée par l'idéalisme allemand et par Heidegger, une philosophie où « l'Écriture et les Pères ne jouaient finalement pas grand rôle et où la dimension historique n'avait guère d'importance » (p. 131).

Face à Rahner, Ratzinger et moi-même étions par principe les représentants d'une théologie « entièrement définie par l'Écriture et les Pères, et d'une pensée essentiellement historique » (p. 131) ; mais avec une différence de plus en plus manifeste : Ratzinger défendait une théologie *historico-organique* qui ne tenait guère compte des ruptures et des déviations présentes dès l'origine ; il n'admettait de critique que dans le cadre hellénistique du dogme et il acceptait donc comme révélation divine « une tradition orale qui se déroulait à côté de l'Écriture » (p. 106). Inversement, je demandais que, tout comme la Bible, on soumette l'histoire des dogmes à la critique historique, et je défendais donc une théologie historico-critique mesurée à l'aune du message originel, du personnage et de la destinée de Jésus. Pour Ratzinger, le christianisme n'a vraiment commencé qu'avec la rencontre de l'Évangile et de la philosophie grecque. À ses yeux, une fois purifié par la critique, l'héritage grec constitue une partie essentielle de la foi chrétienne, ainsi que, devenu pape, il l'affirmera en 2006 lors de sa conférence de Ratisbonne. Ce n'est pas l'Église du Nouveau

Testament qui l'intéresse au premier chef; mais celle des Pères (évidemment sans Mères). Son souci théologique ne porte pas sur le Jésus de *l'histoire* – son livre *Jésus de Nazareth* le prouve surabondamment –, sur celui à partir duquel nous devons interpréter pour aujourd'hui les dogmes de l'Église. Il porte avant tout sur le *Christ des conciles hellénistiques*, et c'est à partir d'eux qu'il ne cesse d'interpréter les écrits néotestamentaires[1].

C'est ainsi que, désormais, tout en se recroisant sur certaines affaires importantes, nos itinéraires divergeront de plus en plus. Pour lui, l'année 1968 à Tübingen sera une année cruciale, comme d'ailleurs aussi pour moi, mais d'une tout autre façon. C'est là un nouveau chapitre qui me conduit à mettre fin à ce prologue pour jeter un premier regard sur l'évolution de la société et de l'Église catholique au lendemain du deuxième concile du Vatican et pour aborder les événements de cette année-là.

1. Si la révélation vue par Joseph Ratzinger dépasse ce qui a été simplement écrit et que sa vérité se « dévoile progressivement », on peut justifier les révélations apocalyptiques gnostiques. Joseph Ratzinger renonce pratiquement à la primauté canonique de l'Écriture et place la tradition au-dessus d'elle. On confère à « l'intelligence de l'Église » (pratiquement au magistère) la possibilité et le pouvoir de « développer » ou de « sanctionner » au nom du Saint-Esprit, de nouvelles révélations, même si elles sont restées inconnues pendant des siècles, ainsi l'Immaculée Conception (1854) ou l'Assomption de Marie au ciel (1950), définition qui s'était au départ heurtée à la violente opposition de la Faculté de théologie de Munich. Théologien au concile, Joseph Ratzinger avait tenté avec l'aide de K. Rahner de faire intégrer dans la Constitution sur la révélation son brouillon rejeté par la faculté de Munich sur la primauté de la révélation sur l'Écriture, mais s'était heurté à une « réaction amère » (J. RATZINGER, *Ma Vie*, p. 130), ce qui l'avait conduit à se séparer de K. Rahner.

I

Provocations romaines

« Ce n'est pas l'autorité du pape qui est mise en question, mais bien le système qui le tient prisonnier... Ce que nous souhaitons, c'est la dissolution de ce système dont on se plaint depuis des siècles sans jamais réussir vraiment à s'en débarrasser ni à le réformer. Car même si les papes se relayent les uns les autres, la curie reste. »

Cardinal Léon-Joseph SUENENS[1]

Qu'en serait-il si, au lendemain du concile Vatican II (1962-1965), on avait résolu les problèmes brûlants de la réforme intérieure de l'Église catholique au lieu de les refouler ? Cela m'éviterait d'avoir encore à en analyser le détail, car ce sont bien eux qui ont conduit à la situation actuelle dont se plaignent aujourd'hui beaucoup de fidèles et qui ont aussi de profondes répercussions sur l'ensemble de la société. Devant ce blocage, je me dois de dénoncer les principes qu'on a mis en œuvre, ainsi que les personnes, les cercles, et les institutions responsables de l'état présent des choses. En dépit des efforts et des succès de Vatican II, on a maintenu, ou plutôt restauré ce système qui tient prisonnier le pape (et par là toute l'Église). C'est ainsi qu'il faut comprendre ma modeste contribution à la culture du souvenir dans mon Église, l'Église catholique.

En avant-garde du renouveau conciliaire : le cardinal Suenens.

Le 8 décembre 1965, au terme de sa quatrième session, le concile Vatican II se termine. Il s'agit maintenant de mettre les décrets en pratique. Je suis profondément convaincu qu'une direction

1. L. J. SUENENS, *Théologie de l'apostolat,* Paris, Desclée de Brouwer, 1951.

constructive, allant de l'avant, comme celle de Jean XXIII, aurait maintenu la cohésion de l'Église et évité de graves tensions. Mais telle n'était pas la vision de la curie romaine. On allait au contraire assister à une série de démarches, de provocations, qui contrecarreraient l'application du concile. Les souvenirs de Joseph Ratzinger n'en disent pas un mot. Raison de plus pour en parler clairement.

J'ai déjà abordé ce sujet dans le premier volume de mes *Mémoires*, *Mon combat pour la liberté*. On pouvait déjà observer ces provocations de Paul VI et de la curie dès le concile. Que ceux qui ont participé à celui-ci se souviennent : l'intervention du pape sur la déclaration sur les juifs, celle sur la liberté religieuse, sur le décret sur l'œcuménisme qu'on venait pourtant d'approuver, l'interdiction faite à l'assemblée de discuter de la question du célibat et de la régulation des naissances, ainsi que l'interprétation absolutiste et non collégiale de la primauté papale donnée dans une *nota explicativa* imposée sur l'initiative du pape, la proclamation de Marie Mère de l'Église, alors que la commission théologique l'avait exclue, enfin l'encyclique *Mysterium fidei* de style traditionaliste qui passa sous le nez de l'assemblée générale. Il faudrait aussi parler de toutes les manipulations des ordres du jour ou des intrigues de la curie concernant la conduite du concile ou les différentes commissions.

Bien sûr, nombreux furent les évêques à revenir du concile bien décidés à appliquer les réformes dans leur diocèse. Mais il y en avait d'autres qui ne rêvaient que de rétablir le régime d'avant le concile, et ils avaient le soutien de la curie. La personnalité la plus puissante à réagir contre ces efforts de restauration fut sans aucun doute Léon-Joseph Suenens, cardinal primat de Malines-Bruxelles, celui qui avait été le modérateur le plus influent du concile. Bien des évêques et des théologiens auraient bien aimé voir cet homme clairvoyant, intelligent et courageux devenir secrétaire d'État. Mais Paul VI n'avait guère envie d'avoir à son côté un défenseur aussi vigoureux du renouveau conciliaire.

Suenens fut le stratège et le porte-parole le plus important de la majorité conciliaire. Ce fut évident lors de son célèbre discours vers la fin de la première session, le 4 décembre 1962 : il y développait une vision globale du concile en distinguant les tâches de l'Église *ad intra* et *ad extra*. Il n'était pas spécialiste de théologie et il connaissait ses limites. Mais il disposait d'un petit groupe d'experts extrêmement efficace de l'université de Louvain, bien qu'ils aient sûrement été les responsables du « compromis désastreux » sur la constitution de l'Église, celui que j'ai déjà analysé dans mon premier volume, entre une vision de l'Église fondée sur le modèle biblique de la communion (chap. I et II) et celle qui, en dépit de toutes les concessions, reste bâtie sur le modèle pyramidal du Moyen Âge (chap. III).

Le 15 octobre 1963, durant la seconde session du concile, le cardinal Suenens m'invite à sa résidence et me demande sur quel thème il doit parler. Parmi ceux que je lui propose, il retient celui des « charismes dans l'Église », et il me demande de lui faire un brouillon en latin. Il le reprend à peu près tel quel devant l'assemblée générale, en y ajoutant toutefois la demande d'inviter des femmes au concile. On l'applaudit vigoureusement. Le 25 octobre, sur son invitation, je fais une conférence au collège belge et nous parlons entre nous de la limite d'âge du pape (thème structurellement révolutionnaire), puis de la régulation des naissances par des moyens « artificiels ». Il fait montre de beaucoup de compréhension.

Le cardinal n'a rien d'un homme à l'allure efféminée, ce que l'on ne saurait dire de toutes ces éminences, avec leurs vêtements liturgiques pleins de broderies. Il se tient droit, a une démarche décidée, une voix sonore qui saisit tout de suite son auditoire (son latin a un peu l'accent français). Il a une pensée claire et nette, et un flair politique sûr. En fait, il ose dire ce que beaucoup pensent tout bas et il n'hésite pas à prendre la parole en premier.

Je ne dois pas le cacher : au départ, je me méfiais un peu de lui. Comme professeur puis comme évêque il était engagé à fond dans la Légion de Marie, une organisation de laïcs fondée en 1921 à Dublin par Frank Duff. Celui-ci entendait se mettre au service des évêques, promouvoir la sanctification personnelle et l'engagement dans l'apostolat sur la base d'un « don total à Marie ». C'était exactement la forme de piété forcée à laquelle, étudiant à Rome, je m'étais de plus en plus opposé, théologiquement et pratiquement (voir t. I, chap. III). Mais au concile, on assistait à une réaction contre ce « marianisme » qui avait atteint son point culminant avec la « définition » infaillible du dogme de l'assomption de Marie au ciel. Au terme d'un vote très disputé, le concile avait refusé de faire un texte particulier sur la Vierge et n'avait consenti à la mentionner que dans le chapitre sur la constitution de l'Église. Or le cardinal Suenens avait vivement appuyé cette correction. Pour lui, le problème n'était pas celui de la dévotion mariale, mais celui de l'apostolat pratique, d'une prise en charge pastorale de tous les hommes, en particulier des nécessiteux et des personnes isolées.

Après le concile, j'ai continué à garder d'étroites relations avec lui. Il avait 24 ans de plus que moi, mais avait grande confiance dans mes capacités théologiques. Je lui rendis plusieurs fois visite à Bruxelles. Comparée à son palais de primat de Malines, sa résidence de Bruxelles n'était pas grande. Elle était située au milieu de grands immeubles. Un bel atrium clair, bien adapté aux réceptions, avec un large et élégant escalier qui conduisait au premier étage où se trouvaient les espaces privés reliés par une galerie ouverte : c'est là que j'avais ma chambre. Dans la journée, nous nous tenions dans une grande salle du rez-de-chaussée, lui en veste de laine noire sans aucun signe hiérarchique. Parfois, nous allions marcher dans son parc rectangulaire où un préau nous mettait à l'abri des regards curieux des habitants des hautes maisons voisines, de telle sorte que nous pouvions aller et venir en discutant en toute tranquillité. C'était un plaisir que de pouvoir parler ainsi en toute liberté pendant des heures, et jusque tard dans la nuit, avec cet homme de bonne formation théologique, fin, courageux, plein d'humour. Nous pouvions traiter de tous les problèmes brûlants en pesant le pour et le contre de toutes les solutions envisageables, depuis la réforme de la curie jusqu'à la question du célibat que posaient alors avec force nos voisins hollandais, en passant par la question de l'avortement.

La critique du système romain.

Suenens est un des rares évêques catholiques à avoir maintenu et exprimé sa critique du système romain pendant et après le concile. Dès 1968, il plaide pour une coresponsabilité dans l'Église[1]. Ce que le public ne sait pas, c'est qu'il a plusieurs fois tenté de pousser le pape à modifier le cours des choses, en particulier au printemps 1968, au moment où il voyait pointer l'encyclique *Humanae vitae* (elle n'en parut pas moins à la fin juillet), puis au printemps 1969 à propos de l'ordre du jour du synode « extraordinaire » des évêques prévu pour octobre 1969.

1. L. J. SUENENS, *La Coresponsabilité dans l'Église d'aujourd'hui*, Paris, Desclée de Brouwer, 1968.

En vain. Le cardinal est maintenant persuadé que seule une nouvelle stratégie audacieuse peut porter du fruit. Il veut avant tout mobiliser les évêques. Ses conseillers proches le mettent en garde contre une intervention publique contre la curie juste après le concile. Mais il maintient sa position : il faut pousser d'urgence cette réforme nécessaire.

C'est pourquoi, le 25 avril 1969, quelques semaines avant le second synode des évêques européens et quelques mois seulement avant le synode extraordinaire de Rome, il lance son *manifeste de programme de réforme* : une interview soigneusement réfléchie accordée aux *Informations catholiques internationales*, et, suivant une stratégie bien réfléchie, retransmise ensuite à plusieurs revues catholiques bien connues en Occident et dans plusieurs pays communistes. Sur plusieurs pages, il soumet la pratique de gouvernement et d'administration ecclésiastique à une critique franche, à la fois systématique et précise. Son texte a un tel retentissement que la presse séculière en reprend des paragraphes entiers.

Le cardinal met carrément en cause le système romain, comme le montre bien l'épigraphe que j'ai mise en tête de ce chapitre. Il distingue nettement deux images contradictoires de l'Église, et il critique en l'analysant la vision romaine qui part du centre vers les Églises particulières qu'on dirige « par un réseau serré de prescriptions détaillées »... Une « tendance centralisatrice donc, juridique, statique, bureaucratique et essentialiste par nature ». Elle est encline à considérer les Églises locales comme des départements administratifs, les évêques comme de simples délégués et des exécutants du pouvoir central ; la décentralisation des pouvoirs est perçue comme un danger qui prélude à quelque schisme latent. Il y oppose une « approche qui va de la périphérie vers le centre. Celle-ci perçoit d'abord l'Église comme une réalité évangélique, dans son mystère spirituel et sacramentel profond. » « On perçoit la structure de l'Église comme une communion d'Églises particulières rattachées à un centre d'unité, l'Église de Rome et son chef. » Son unité est une communion fraternelle régie par le principe de collégialité et de subsidiarité, et « elle inclut les domaines spirituels, liturgiques, théologiques, canoniques, pastoraux ». C'est là que Suenens situe « le nœud de la controverse ». Selon lui, la grande carence de l'ecclésiologie de Vatican II tient à ce que le concile n'a pas prolongé sa doctrine de la collégialité par une réflexion sur le rôle du pape. Il avance alors des propositions concrètes : une revalorisation des conférences épiscopales nationales et une nouvelle façon de comprendre le rôle du nonce (qui cesse d'être un simple dénonciateur) ; il plaide aussi pour une participation active du clergé et du laïcat à l'élection de l'évêque, pour un exercice moins autoritaire de l'autorité, et il se dresse finalement contre la répression théologique et contre le monopole romain de l'orthodoxie, en réclamant donc plus de liberté pour la recherche théologique.

Ces prises de position fondamentales de celui qui avait été le principal porte-parole de la majorité progressiste du concile ne visent pas seulement à attirer l'attention de Rome sur la crise de confiance postconciliaire. Elles sont particulièrement nécessaires au moment du synode extraordinaire des évêques, car, du fait de la réorganisation tendancieuse mise en œuvre par le Vatican, les évêques soucieux de réforme ne sont plus qu'une minorité. Or les conférences d'Amérique latine, Medellin en 1968, et d'Afrique, prévue à Kampala pour 1970, donc de régions où on n'a pas encore pris la mesure de ces problèmes de fond, ont un autre agenda.

L'écho de l'interview de Suenens dans le public est extrêmement positif. La seule opposition est celle des groupes traditionalistes. Dans le cadre de la stratégie globale du cardinal j'approuve de tout cœur sa déclaration : il s'agit bien d'une démarche capitale à laquelle les évêques ne sont pas habitués. Les cardinaux de curie (Felici, Tisserant, Villot et d'autres) réagissent avec fureur. Le pape lui-même commence par se taire. Naturellement l'épiscopat observe avec attention la chose, souvent en l'approuvant. Mais seuls les évêques hollandais et quelques Canadiens osent le dire[1]. Ce qui est particulièrement dramatique, c'est qu'aucun des évêques influents de France ou d'Allemagne ne vient soutenir publiquement le cardinal belge. Le silence opportuniste et craintif de beaucoup d'évêques et même leur attitude franchement hostile envers les réformistes hollandais sont responsables du fait que l'avant-garde réformatrice qui subsistait encore en Europe centrale après le concile s'effondre. Nous verrons par la suite que le pape Paul VI réagira contre la critique de Suenens et le tournant que prendra alors le cardinal lui-même.

1. L. J. SUENENS, « L'unité de l'Église dans la logique de Vatican II », dans : *Informations catholiques internationales* du 25 avril 1969.

Des organes de curie progressistes.

Certains organes de curie nés du concile ont cependant gardé l'esprit de renouveau. Le plus efficace a été le Conseil de la liturgie qui, comme déjà la Commission liturgique du concile, fut constitué d'éminents spécialistes sous la direction de Mgr Annibale Bugnini : ce conseil a su donner vie à une constitution liturgique qui, au départ, n'était guère favorable à l'emploi de la langue vernaculaire ; il ne l'avait prévue que pour la liturgie de la parole. Mais Bugnini finit par obtenir de Paul VI la permission d'user des langues maternelles pour la prière d'action de grâce (le « canon »), et donc finalement pour la totalité de la messe. Dans le premier volume de mes *Mémoires*, j'ai déjà décrit le choc que cela provoqua chez Laupheimer, le curé archi-conservateur de Tübingen.

Le Conseil de la liturgie épura beaucoup de textes liturgiques, en élimina certains qui étaient devenus totalement anachroniques, mit fin à certains rites incohérents, introduisit un nouvel ordo qui comportait une extension des lectures, et appuya la réforme de la dispensation des sacrements. Cela ne plut pas du tout aux autorités curiales (ni non plus à Joseph Ratzinger). Celles-ci finirent par obtenir que, au lieu de devenir cardinal comme il l'aurait amplement mérité, Bugnini, ce prélat fort méritant qui était entre-temps devenu secrétaire de la Congrégation du culte, fut exilé par Paul VI comme nonce à Téhéran, « par-delà la mer Noire », comme il le fera remarquer à des amis en faisant ainsi allusion à Ovide, le plus célèbre des poètes romains que l'empereur avait exilé là-bas. Il mourra à Rome en 1982.

Il aurait cependant fallu pousser encore plus loin la réforme liturgique, car, comme le dira le cardinal Suenens dans une interview, il ne suffit pas de la langue de la messe pour la rendre accessible aux chrétiens de 1969. Il faut la faire fonctionner d'une autre façon en la transposant d'une culture dans une autre.

Le Secrétariat pour l'unité, placé sous la direction de mon ami hollandais le cardinal Johannes Willebrands, s'est également montré très constructif. Il a beaucoup contribué au rapprochement des Églises chrétiennes. « Tu en ferais certainement beaucoup plus si tu le pouvais », lui avais-je dit un jour où, pendant le concile, il m'avait invité à déjeuner. Il me remercia pour ma compréhension. Mais, concrètement, que pouvait-il obtenir ?

Toutes les discussions importantes du Secrétariat pour l'unité devaient plus que jamais obtenir la bénédiction de la nouvelle Congrégation pour la doctrine de la foi qui gardait tout autant que l'ancienne Sacrée Congrégation du Saint-Office la haute main sur la doctrine. Et à Rome, qu'est-ce qui ne relève pas de la doctrine de la foi, de la sainte doctrine ? C'est ainsi que mon cardinal Willebrands ne fut sans doute pas domestiqué, comme les autres évêques de mentalité oppositionnelle, ni même exilé, comme Bugnini, mais curialisé, comme les autres dignitaires romains non italiens. Trois méthodes pour ramener les novateurs conciliaires sous le contrôle de la curie : la domestication, l'exil ou la curialisation. Quelle idée leur passera encore par la tête ? En tout cas aucune susceptible de domestiquer un théologien gênant. Qu'est-ce qu'ils croient ?

Pour les grandes discussions et les visites œcuméniques, on dispose donc maintenant d'un Secrétariat pour l'unité. Mais on ne fait pas pour autant un pas en avant sur les problèmes centraux de l'œcuménisme, la reconnaissance mutuelle des ministères et le partage eucharistique ! Je suis donc heureux de n'avoir été invité à aucune de ces commissions : je passe pour trop « radical », trop « dangereux », parce que j'ose aller à la racine (en latin *radix*) des véritables questions, les formuler en toute clarté et ne pas m'en laisser conter. Travailler dans ces conditions, sous ce régime autoritaire de la curie, c'est perdre son temps, comme me le dira un jour mon ami américain John Courtney Murray, inspirateur du décret conciliaire sur la liberté religieuse : « Hans, le monde n'a pas été racheté par des commissions. »

En attendant, que faire face aux provocations toujours nouvelles de Rome ?

Première provocation : durcissement de la structure de pouvoir.

Cela me paraît un des premiers ratés du concile : en dépit de toutes ses impulsions positives, il n'a pas réussi à changer radicalement la structure du pouvoir centralisé, personnel ou institutionnel, dans le sens de l'esprit évangélique. Malgré tous les changements incontournables qu'il a provoqués, ni le pape, ni les organes de la curie, ni la plupart des évêques n'en ont appris grand-chose : ils sont le plus souvent restés préconciliaires. À Rome, dans les nonciatures et dans beaucoup de pays chrétiens, les leviers du pouvoir sont encore entre les mains de personnes plus intéressées au maintien de leur statut que par un véritable renouveau. « Internationalisation » : ce mot d'ordre du concile n'a pas servi à grand-chose. Nombre de Français, d'Allemands ou de Latino-Américains nommés à la curie sont devenus des Romains plus enragés que les autres.

Au Vatican, la Commission du code travaille en toute tranquillité. Elle est chargée de la réforme du droit canon, du *Codex Iuris Canonici*. Elle est dirigée par Pericle Felici. Comme déjà au cours du concile, celui-ci veille avant tout à ce que la commission ne prenne aucune décision essentielle susceptible de minimiser l'influence de la curie romaine. En dépit des simplifications et des explications qu'on en propose, le code reste fondamentalement l'ancien. Il sert toujours à conforter la structure du pouvoir. Et cela de façon très pratique : Rome a toujours le droit de son côté, c'est important à noter pour mes conflits à venir. Du simple fait que, dans beaucoup d'États, le code trouve l'appui du droit public, il empêche tout renouveau de l'Église sur les problèmes brûlants qui touchent de larges cercles du clergé et du laïcat, par exemple la relève du clergé et le mariage des prêtres.

Cela deviendra pour moi de plus en plus évident : même à notre époque de démocratie, le « nouveau » droit canonique traduit une vision médiévale et absolutiste de l'Église qui confère à Rome toute latitude pour gérer sans entrave les Églises du monde entier. Il ne fait que maintenir la domination romaine, quand ce ne serait qu'à travers les *nominations d'évêques*. La curie garde la haute main et utilise de façon très sélective l'obligation faite aux évêques par le concile de donner leur démission à soixante-quinze ans : elle accepte tout de suite celle des évêques de mentalité progressiste, allant parfois jusqu'à la provoquer, mais elle refuse celle des évêques influents de tendance curiale en invoquant « le souhait tout particulier du Saint-Père ».

Le vieux système romain des dispenses et des privilèges princiers fonctionne à nouveau sous forme de favoritisme. Car on ne nomme pas d'évêques et on ne crée pas de nouveaux cardinaux sans que la nonciature ait d'abord soumis les candidats à un interrogatoire serré et ait vérifié leur fidélité totale à la ligne romaine sur toutes les questions litigieuses, que ce soit la régulation des naissances, l'organisation de l'Église ou l'œcuménisme. Je connais beaucoup de ces élus qui sont certes pleins de bonne volonté, mais qui n'ont ni audace ni vision lointaine ; ce sont finalement de bons fonctionnaires de la centrale romaine; sûrement pas des évêques du genre que souhaitait le concile en remettant en valeur l'onction sacramentelle: des chefs indépendants (des « pasteurs ») qui entendent mener leur diocèse, en accord bien sûr avec le pape, mais aussi avec leur temps.

Comme après le concile beaucoup d'évêques avaient atteint la limite d'âge prescrite, la curie saisit l'occasion pour, en quelques années, modifier du tout au tout et en sa faveur le rapport des forces dans les conférences épiscopales nationales (par exemple en Hollande ou en Allemagne) ou continentales (par exemple en Amérique du Sud): celles-ci comportent désormais toutes au moins une « cinquième colonne » qui bloque toute décision qui irait à l'encontre de celles du Vatican, et qui détermine en même temps l'orientation de la conférence. Il ne reste désormais plus grand-chose de l'ancienne collaboration héritée du concile entre les évêques et les théologiens critiques: on ne fait plus appel qu'aux théologiens de cour. Du reste, on préfère même rester entre soi: une intelligence critique ne peut être que gênante. Pour moi, cela présente au moins l'avantage inestimable que je n'ai plus à perdre mon temps dans d'irréalistes palabres de réforme et que je peux me concentrer totalement sur la recherche théologique, sur mon enseignement et sur mes publications.

En tout cela, on ignore superbement le *combat pour la collégialité* de la direction de l'Église, donc la responsabilité collégiale du pape et des évêques sur l'ensemble de l'Église: tout ça, c'est de la « théorie » dépassée. Cette responsabilité, qui se fonde sur la Bible et sur la tradition, celle que réclame la situation présente, est celle que le concile a acclamée par 1 808 voix contre 336 en y voyant une de ses grandes victoires! Mais, dès le lendemain, la curie a repris son travail comme s'il ne s'était rien passé, comme s'il n'avait jamais été question de collégialité. Et le Conseil des évêques institué par le pape sans consultation du concile est dépourvu de tout pouvoir de décision, et il tournera bien vite à de la pure parlote. À notre époque de démocratie, on ne peut considérer que comme une farce le fait que ce soit la curie qui collecte, trie et interprète les résultats des débats avant de les faire finalement proclamer par le pape.

Je n'ai jamais vu aucun résultat marquant de ce Conseil épiscopal. Dans ces conditions, il n'est naturellement pas question de la réforme que réclament pourtant tant de clercs et de laïcs, celle de leur participation à l'élection de leurs évêques. Ce serait pourtant chose facile à travers les conseils presbytéraux et pastoraux. Quant à l'*élection du pape*, chose totalement dépassée depuis le Moyen Âge ce que personne n'a osé formuler même au concile, inutile d'en parler. Le système romain s'autoreproduit tout seul de génération en génération. Le pape choisit à son gré les électeurs de son successeur, et ce n'est pas pour rien qu'il s'adresse aux cardinaux comme à ses « fils », et non pas comme à ses « frères », les autres évêques, car c'est uniquement lui qui les a créés. C'est pourquoi on les déclare officiellement « créatures du pape », et c'est tout naturellement qu'ils choisiront parmi eux le prochain pape, même si le droit canon admet que tout catholique baptisé de sexe masculin est éligible.

C'est ainsi que, en cette époque postconciliaire, le Collège des cardinaux se trouve à nouveau totalement sous la mouvance de l'esprit romain, même si de plus en plus nombreux sont ses membres qui proviennent d'une autre nation que l'Italie. On barre systématiquement l'accès au cardinalat à ceux qui s'écartent le moindrement de la ligne romaine – qu'on songe à Helder Camara, le charismatique archevêque brésilien, ou au Belge Jean Jadot, l'éminent délégué apostolique à Washington, responsable de plusieurs douzaines de nominations épiscopales aux États-Unis, ou à Karl Lehmann, longtemps président de la Conférence épiscopale allemande, à qui on a longtemps fait attendre son chapeau. Comment des cardinaux, conformes au système, tournés vers le passé, pourraient-ils élire un pape désireux de renouveau ? Mauvais augures pour les futures élections papales. Mais aussi pour les prochaines élections épiscopales.

Un exemple de liberté : les élections épiscopales suisses.

Ma patrie suisse est à la fois conservatrice et démocratique. Dans la confédération, on peut voter à tous les niveaux, communal, cantonal ou national, sur tous les projets de loi importants. Ce processus prend évidemment du temps. Ce fut seulement le 2 février 1971 qu'on décida enfin à la majorité des deux tiers que les femmes auraient le droit de vote et seraient éligibles dans toute la Suisse. Mais une fois ce référendum terminé, la question est réglée une fois pour toutes, et on n'en rediscute plus sans fin, comme c'est souvent le cas en République fédérale allemande. Les Suisses sont si intéressés par ces élections démocratiques libres que, dans certains cantons, on élit même les curés et les instituteurs.

Le 13 février 1967, à l'université de Fribourg, je fais une conférence devant une salle bourrée à craquer sur la vertu d'authenticité dans l'Église. L'accord est unanime, le commentaire du journal catholique *Freiburger Nachrichten* est si négatif que je fais imprimer la dernière partie de mon texte afin de fournir une information objective à mes lecteurs, ce qui a pour effet que l'évêque du lieu, Mgr François Charrière, m'attaque encore plus violemment dans son sermon de la Pentecôte. Je le sens : le vent commence à tourner, ici aussi.

Cependant, le lendemain, je suis invité à prendre le petit déjeuner chez Eugen Isele, professeur de droit à la faculté, le plus important juriste catholique de Suisse. Cet homme déjà âgé se montre très amical et compréhensif. Il partage en principe ma vision des choses. Mais, à la différence de sa fille, il pense (et il me le redira le 21 mars 1967 dans une longue lettre) que, en cette période de bouleversement de l'Église, et devant le risque de voir la paix et l'unité rompues, l'authenticité doit s'accompagner de sagesse. Je n'ai rien contre la sagesse ni contre l'adage *« fortiter in re, suaviter in modo »*. Mais il y a ici beaucoup en jeu. Le professeur me fait en effet part de tractations secrètes avec la curie romaine au sujet du chapitre de la cathédrale de Bâle. Il y a longtemps que Rome ressent comme une épine dans le pied la liberté accordée aux chapitres des cathédrales d'élire eux-mêmes leurs évêques : cela ne colle pas avec la conduite centralisatrice de l'Église.

Par de subtils moyens, la curie a réussi à avoir de l'influence sur le choix des évêques de Sion, de Coire et de Saint-Gall, sièges épiscopaux qui remontent au premier millénaire. Maintenant, du fait du départ de Mgr Franz von Streng, un départ que Rome n'a intentionnellement pas encore entériné, on voudrait bien profiter de la situation pour mettre fin à cette liberté par un geste accompli. À l'avenir, Rome interviendrait dès le début de la sélection des candidats, afin de s'assurer que ceux-ci lui conviendront.

Cette information que me donne le professeur Isele m'inquiète énormément, en tant que chrétien libre et en tant que patriote. Car, à la différence de ce juriste conservateur encore marqué par la problématique du XIXe siècle, j'y vois un danger pour la liberté du choix de l'évêque : le risque ne vient plus du côté d'un État libéral libre-penseur, mais du côté d'une curie autoritaire qui, non sans similitude avec le Kremlin, entend bien mettre au pas l'épiscopat du monde entier. Dès mon retour à ma Seehaus de Sempach, je me renseigne exactement sur la question juridique et je me mets tout de suite au travail : j'écris un article intitulé : « Menace sur la liberté de l'élection de l'évêque de Bâle ? » Il peut paraître dès mars 1967 dans *Civitas*, mensuel bien connu de l'Union des étudiants suisses dont le rédacteur en chef, le Dr Walter Gut, un cousin courageux, est pleinement d'accord avec moi. J'écris sous le pseudonyme Helveticus, non pas par manque de courage civique, ce qu'on ne saurait guère me reprocher, mais pour centrer le débat, non pas sur l'auteur, mais sur le sujet.

Mon article commence par rappeler que le mode d'élection de l'évêque de Bâle repose sur le concordat de 1928-1929 conclu entre les cantons concernés et le nonce pontifical agissant au nom du pape. Tout changement unilatéral d'une de ses clauses constituerait une inacceptable rupture de cet accord. Or, selon ce traité, le droit d'élire l'évêque de Bâle revient exclusivement au chapitre de la cathédrale. Celui-ci peut donc imposer son candidat sans avoir préalablement à consulter ou à informer Rome. Bien sûr, cela ne permet pas d'élire un candidat qui déplairait au gouvernement cantonal, mais, dans les conditions actuelles, c'est ce gouvernement qui est le seul représentant du peuple chrétien concerné. Une fois le vote terminé, on doit aussitôt proclamer le nom de l'élu. Sa consécration solennelle peut alors avoir lieu dès que l'on a obtenu la ratification papale.

Mon argument consiste alors à dire que toute prétention de Rome d'intervenir *avant* le vote et de le confirmer immédiatement *après*, donc *avant* la proclamation publique du résultat signifie qu'on lui concède de fait la possibilité d'un veto contre tout candidat indésirable à ses yeux. Or si, suivant nos traditions politiques extrêmement anciennes, l'évêque doit être élu par des représentants du clergé démocratiquement choisis par les gens, c'est parce que ces électeurs connaissent de l'intérieur leurs besoins : ils n'ont donc rien à voir avec des employés anonymes qui se prononcent sur les informations fournies par un nonce étranger (qui bien souvent ne parle même pas notre langue) ou par quelques autres « informateurs » secrets, mais souvent d'un grand poids. S'ajoute à cela le fait que, en rognant ainsi la liberté de l'élection de l'évêque de Bâle, on va directement à l'encontre de Vatican II : le concile entendait revaloriser les patriarcats et les Églises locales, les diocèses et les paroisses. Il réclamait la décentralisation et la réforme de la curie ainsi que la limitation du pouvoir des nonces.

L'élection de l'évêque de Bâle est un cas exemplaire, et je suis bien décidé à le mettre en valeur. Je renvoie ici à l'histoire des élections épiscopales. Dans l'Antiquité chrétienne, il allait de soi que l'évêque était élu par le clergé *et* par le peuple. Ce ne fut pas au siège romain que le premier concile de Nicée, en 325, confia le droit de confirmer l'élection du nouvel évêque et de le consacrer, mais au métropolite de la province concernée. Mais au Moyen Âge, on assista de plus en plus à une cléricalisation du processus : vers la fin du XIIe siècle, on attribua le droit d'élire l'évêque au chapitre de la cathédrale, ce que Innocent III rendit obligatoire pour toutes les Églises. Mais Rome usa de plus en plus de son droit de confirmation de l'élection pour influencer directement le choix du candidat.

L'histoire le montre bien : dans l'Église catholique d'Occident, le mode d'élection de l'évêque de Bâle présente un exemple pratiquement unique de la liberté d'une Église de choisir son évêque, liberté qui était jadis celle de toutes les Églises, mais donne aussi une idée de celle que, au lendemain du concile, on peut souhaiter dans tous les diocèses. Il est désormais possible de penser que l'élection de l'évêque ne sera pas réservée au seul chapitre de la cathédrale, mais qu'elle sera remise entre les mains de représentants élus du clergé et du laïcat des différents doyennés, ou éventuellement confiée à un conseil diocésain de clercs et de laïcs.

Une résistance efficace.

Le rédacteur en chef, le Dr Gut, envoie tout de suite les épreuves d'article de Helveticus au doyen du chapitre de la cathédrale et au gouvernement cantonal afin de les pousser à l'action. Les réactions sont rapides et parfois violentes. Mgr von Streng, à qui je voulais initialement épargner un départ sous des auspices difficiles, est furieux. Partant en voyage, c'est au buffet de la gare même qu'il convoque Walter Gut. Dans sa colère, il a lui-même corrigé le texte. Le titre ne doit plus être « Menace sur la liberté de l'élection de l'évêque de Bâle ? », mais « Pas de risque pour l'élection de l'évêque de Bâle ». Et là-dessus, traits de plume sur de nombreux passages et modifications de l'article. Comme s'il était le censeur de la revue. Mais nous avons prévu les choses : le Dr Gut lui explique que ses corrections viennent trop tard, et que malheureusement le numéro est déjà imprimé. Effectivement il paraît en gros caractères dans *Civitas*, mais en même temps dans le *Luzerner Neuesten Nachrichten* du 11 mars 1967. Les autorités cantonales sont désormais en état d'alerte et elles brandissent leurs droits. L'ordinariat épiscopal de Bâle cherche à démentir. Mais Helveticus récidive : le 17 mars paraît dans le *Väterland* de Zurich un court article : « Questions laissées sans réponse sur l'élection de l'évêque de Bâle », qui est cette fois envoyé directement à la nonciature de Berne.

Karl Barth, le théologien réformé très célèbre à Bâle, se réjouit tout particulièrement de mon intervention. Je lui avais rendu visite le 20 février précédent, et il s'intéressait beaucoup à la politique interne de l'Église. Cela ne fut pas le cas de Hans Urs von Balthasar, le théologien catholique que j'étais allé voir dans la foulée. Il n'avait aucun sens des problèmes politiques et juridiques. Devenu de plus en plus anticonciliaire, lui qui avait jadis réclamé qu'on « rasât le bastion », il se retournait maintenant vers le système romain. Entre-temps, conjointement avec Henri de Lubac et Joseph Ratzinger et avec le soutien du mouvement conservateur Communione et liberazione, il avait lancé *Communio*, une revue qui devait faire pièce à *Concilium*, mais qui était fort peu portée sur les problèmes de réforme. Pour ma part, si j'avais déjà remis aux archives le thème « Église et liberté, » je continuais à me soucier de sa mise en pratique, ce qui ressortait clairement d'une conférence que je fis au Centre catholique des intellectuels français, couplée avec une intervention à la radio et à la télévision.

Remarque amusante : chez moi, à Seehaus, pendant que je travaillais à mon article de Helveticus, j'entendis soudain un bruit violent sous la plaque de béton de mon sol qui reposait sur des piliers de chêne de huit mètres de hauteur : un blaireau qui traînait quelque chose, tout en répandant une odeur de plus en plus épouvantable. J'étais en train de boire un verre de fendant, le vin du Valais, avec trois membres de la société de chasse que j'avais invités. Ils envoyèrent leurs chiens à la cave, et nous entendîmes courir et aboyer. Mais le blaireau, acculé contre le mur, se défendit bec et ongles. Nous vîmes les chiens ressortir, l'un avec une griffure sanglante au milieu du museau, le second avec l'oreille fendue, le troisième intact, mais tremblant de peur. Un peu éméchés par le fendant, les chasseurs repartirent avec leurs chiens la queue basse. Mais mon blaireau cessa de jouer au fantôme et, la nuit suivante, il quitta sa belle niche sous ma Seehaus. Comme quoi un seul combattant bien équipé peut l'emporter sur trois superpuissances !

Pour une fois, nous pûmes enregistrer un succès, car, pour l'essentiel, nous imposâmes notre point de vue : l'évêque de Bâle sera élu par le chapitre de la cathédrale sans que Rome en soit préalablement informée et sans qu'elle intervienne dans la décision. Malgré la mise en garde de Helveticus, on céda cependant sur un point apparemment accessoire : l'annonce du nom de l'évêque élu ne serait plus faite tout de suite, suivant la tradition démocratique, mais seulement *après* la réception de l'agrément de Rome. Les chanoines de la cathédrale se laissèrent aussi embobiner dans un micmac secret peu démocratique. Lors de l'élection de l'évêque suivant, de Mgr Anton Hänggi, puis de Mgr Otto Wüst, la confirmation de Rome vint relativement vite ; mais dans le cas de Mgr Kurt Koch, en 1996, elle se fera attendre près de six mois. Celui-ci avait obtenu son habilitation ecclésiastique d'enseignement des mains de Mgr Wüst sans qu'elle soit suivie de l'approbation de Rome, comme me le racontera ce dernier, car il s'était permis quelques audaces de publication en me dédiant une belle *laudatio* à l'occasion de ma réception d'un prix de la culture suisse et en réclamant ma réhabilitation. Cependant, au cours des six mois qui s'écoulèrent entre cette élection d'un théologien progressiste et l'agrément de Rome, on s'accorda pour que la consécration de l'évêque redevenu entre-temps fidèle à la ligne romaine (comme toujours) ait lieu dans la basilique Saint-Pierre, et non dans sa cathédrale de Solothurn, au grand mécontentement du clergé et des fidèles du diocèse. Le nouvel évêque défendra désormais les positions romaines à travers la banque et l'Opus Dei, et il se croira bientôt obligé de dénoncer du haut de la chaire des théologiens tels que Herbert Haag et moi-même. Mais il aura aussi la prétention d'être le « torcol » de l'Église. Au bout de dix ans d'épiscopat (2006), l'ensemble de la presse jugera son bilan parfaitement négatif : « profond fossé entre l'évêque et les gens ». Malheureusement un autre genre de cas « exemplaire ».

Une réponse radicale : Charles Davis quitte l'Église.

La crédibilité de l'Église catholique avait atteint son sommet sous Jean XXIII, mais est mise à rude épreuve sous Paul VI : elle perd peu à peu le capital de confiance et d'espérance qu'elle s'était acquis. Le pape lui-même est un homme intègre Dans mon premier volume de *Mémoires*, j'en ai tracé un portrait que j'espère juste. Mais je dois malheureusement aussi noter comment, après la troisième session du concile, confronté à la situation confuse de sa patrie italienne, il s'est soudain senti saisi de crainte et d'incertitude théologique et en est de plus en plus revenu à la tradition curiale. Cela explique pourquoi tant de catholiques que le concile avait enthousiasmés ont vu progressivement s'éteindre leurs espoirs de renouveau. Que faire ? Résister ? Se résigner ? Partir ?

Bien sûr, beaucoup de paroisses du monde entier font de leur mieux pour appliquer les décrets conciliaires. Mais il y en avait où on n'avait guère apprécié le concile ; ainsi en Pologne, sous le régime du cardinal Stephan Wyszynski, primat de Pologne, ou dans l'archidiocèse de Cracovie, celui de Wojtyla. Soi-disant par crainte du communisme, on s'y défendait contre toute influence de l'Église et de la théologie occidentale.

Tout au long du concile et du processus de renouveau post-conciliaire, c'est surtout aux théologiens qu'on avait demandé le plus de travail intellectuel. En ce qui me concerne, j'aurais apprécié une période d'abstinence en matière de politique ecclésiastique pour pouvoir me consacrer totalement à mes cours et à mes projets de publications. Beaucoup de mes collègues s'étaient d'ailleurs retirés des débats et jouissaient de la vie tranquille à laquelle j'aspirais moi-même. Mais la résignation et la quiétude ne sont pas mon fort.

Pas plus d'ailleurs que l'exode hors du ministère et de l'Église. Aujourd'hui encore, je souffre d'un événement qui fut à cette époque un choc : le 1er janvier 1967, Charles Davis, mon ami, le théologien le plus influent d'Angleterre, au concile conseiller (rarement consulté) du cardinal John Heenan, archevêque conservateur de Westminster, annonce dans un article de l'hebdomadaire *Observer* non seulement qu'il quitte son poste de professeur de dogmatique au collège Heythrop et celui de rédacteur en chef de la célèbre *Clergy Review*, mais aussi qu'il renonce à son ministère et *sort de l'Église catholique*. Son article est bientôt suivi d'un livre, *A Question of Conscience*[1] où il explique les raisons de son départ. Bien sûr, on voit sûrement beaucoup de gens quitter l'Église pour des raisons intéressées (par exemple pour ne plus payer l'impôt d'Église). C'est chose douloureuse, mais politiquement sans conséquences. En revanche, le départ de Charles Davis, une des colonnes du renouveau ecclésial en Angleterre, ne peut manquer de susciter un large écho dans le monde.

La protestation de Charles Davis est avant tout dirigée contre le système romain, celui dont le cardinal Suenens avait comme tant d'autres fait la critique : Davis en dénonce le caractère écrasant, inhumain et mensonger. Il met particulièrement en cause un magistère qui prétend détenir la vérité, ce qui, bibliquement et historiquement, est absolument faux ; un système qui étouffe toute quête de vérité : il le sait de l'intérieur tout autant que moi. Sa protestation aurait sûrement été plus efficace s'il n'avait pas annoncé en même temps son mariage avec Florence, une étudiante américaine en théologie. Car, dans les milieux catholiques conservateurs, on se dépêche de brandir la formule facile : « Cherchez la femme... » Mais c'est un propos par trop facile et paresseux, car il évite de s'interroger sérieusement sur les raisons théologiques et ecclésiales du départ d'un théologien. Il faudrait bien souvent l'inverser : « Cherchez l'Église... » : le mariage ne fait que suivre le désenchantement.

Les questions que pose Charles Davis ne sont pas spécifiquement anglaises : ce sont celles de l'Église catholique tout entière. Elles ont toutefois pris une importance toute particulière pour lui : il était officiellement membre de la Commission d'études catholique-anglicane ainsi que du comité de direction de *Concilium*. L'Église institutionnelle actuelle respectait-elle vraiment le message biblique qu'elle prétendait annoncer et sur lequel elle disait s'appuyer ? Était-elle réellement ce que Jésus avait voulu ? Ou n'était-elle qu'une forme dégénérée d'une communauté jadis organisée d'une tout autre façon ? Qu'en était-il de la formation de sa doctrine ? Celle-ci était-elle véritablement le développement organique des dogmes primitifs ? N'en était-elle pas plutôt simple enjolivure historique venant souvent les contredire ? Comment fonder sur le message originel de Jésus les récents dogmes mariaux ou les prétentions papales à l'infaillibilité et à la

1. C. DAVIS, *A Question of Conscience*, Londres, 1967.

primauté ? Comment le magistère fonctionne-t-il pratiquement : aide-t-il les gens à vivre, ou bien ne les sacrifie-t-il pas, eux et leurs besoins concrets (contrôle des naissances, divorces...) à des principes qu'il définit lui-même ? Qu'en est-il de l'honnêteté et de la justice dans l'Église ? Dans l'Église telle qu'elle existe réellement, un théologien peut-il travailler librement en toute honnêteté intellectuelle ? Ces questions ne sont sûrement pas arbitraires : elles touchent le cœur du problème.

L'affaire Davis fait beaucoup de bruit, quand ce ne serait que parce qu'il dit tout haut ce que beaucoup de catholiques ont sur le bout de la langue, même s'ils n'osent pas le dire ni même se l'avouer. C'est aussi le cas de nombre de théologiens : ils se taisent et ils filent doux par lâcheté, par peur de perdre la faveur de l'autorité, ou tout simplement par manque de compétence exégétique et historique. Mais comment ne pas respecter Charles Davis, un homme sans prétention, toujours disponible. C'est un modéré, et non un extrémiste ; un théologien aux vues larges. Dans son métier, il reste indéfectiblement fidèle à la vérité.

Il n'y a qu'un point sur lequel je suis en désaccord avec mon ami : même si je ratifie sa critique, il n'est pas question pour moi de quitter l'Église. Je n'entends pas émigrer de ma patrie, même si je ne suis d'accord ni avec son gouvernement ni avec son système politique. J'entends y demeurer non pas à cause de, mais en dépit de sa hiérarchie. Davis aurait plus aidé sa communauté en y restant. C'est bien au milieu de l'ouragan, quand le bateau roule et tangue au milieu des déferlantes et que la situation semble désespérée, que les théologiens doivent être sur le pont en continuant à pousser à la réforme – il s'agit après tout des gens. Notre mot d'ordre ne doit pas être : « Sauve qui peut », mais : « Tiens bon. »

Mais tout cela remonte maintenant à presque quarante ans. Charles Davis s'est trompé en pensant que les structures de l'Église allaient s'effondrer et que l'avenir appartenait à des petites communautés nouvelles. Mais il a eu raison de penser que quantité de gens quitteraient cette Église autoritaire, sur la pointe des pieds ou en faisant du tapage ; il a aussi eu raison de penser que nombre de théologiens et de pasteurs abandonneraient leur ministère sacerdotal à cause du célibat obligatoire ou pour des questions de foi. Certains ont pu se « désaffilier » de façon créatrice : ils ont trouvé une nouvelle situation, dans les médias, dans l'enseignement, comme chefs de personnel de grandes entreprises, comme psychothérapeutes, bref dans des situations où ils ont pu réinvestir leur énergie spirituelle, souvent en partenariat avec une femme. Pour l'Église catholique, cela a été une perte incommensurable devant laquelle la hiérarchie est restée imperturbable en dépit des presbytères vides.

Par la suite, Charles Davis ne s'est pas agrégé à une autre Église, mais est resté chrétien convaincu. Engagé dans l'Université canadienne (Edmonton, Montréal), il s'est centré sur les relations de la foi chrétienne et de la pensée moderne ainsi que sur le caractère unique du christianisme par rapport aux autres religions. Mais ses nombreux ouvrages n'ont plus eu le même succès que ceux de son époque catholique. Curieusement, il ne mentionne plus ces derniers dans sa bibliographie. Beaucoup de ses lecteurs se sont détachés de lui, de telle sorte que ses publications n'ont presque plus aucun écho dans l'Église catholique.

Après avoir pris sa retraite en 1993 dans sa patrie anglaise bien-aimée, il est mort le 28 janvier 1999, le jour de la Saint-Thomas d'Aquin, au milieu de sa famille et de ses amis après avoir célébré une dernière fois l'eucharistie, ainsi que m'en a fait part sa fille Claire, théologienne patentée. Je continue à honorer sa mémoire. Les questions qu'il posait au système romain restent les mêmes. Ce sont aussi mes questions. Mais il me faut poursuivre ma propre route – dans l'Église catholique, mais dans une Église œcuméniquement ouverte.

Un semestre de recherches fructueuses.

Bien des invitations ont leur face cachée : c'est souvent une fois la rencontre commencée qu'on découvre ce à quoi on a consenti. C'est bien ce qui se produisit lors d'une semaine d'études à Montréal, apparemment facile à assurer. Elle avait pour titre « L'avenir de la théologie ». J'y étais invité par le Regis College. Du 27 au 30 juin, trois théologiens marquants devaient discuter librement devant 150 collègues, d'abord entre eux, puis en assemblée plénière, chaque jour sur un nouveau grand thème : l'importance du passé pour le travail théologique, raison et révélation, théologie et culture, nouveaux champs de la recherche théologique.

Les professeurs invités en même temps que moi étaient le professeur Martin Marty, un Américain bien connu, professeur de l'histoire de l'Église et de la théologie à l'université de Chicago, et le professeur Paul Tillich, éminent théologien systématique et philosophe de la religion, lui aussi de Chicago. Mais Tillich mourut quelques mois avant la conférence. Pour le remplacer, on invita Harvey Cox, professeur à la Divinity School de Harvard, lui aussi éminent théologien protestant, qui s'était fait mondialement connaître par son livre *La Cité séculière*. C'était sûrement une constellation extrêmement intéressante, mais fort exigeante.

Ce qui semblait simple au départ se révéla difficile. Nous devions tous les jours discuter pendant plusieurs heures, le matin et l'après-midi, de toute une série de problèmes, et cela pour moi dans une langue étrangère. Mais ce n'était pas facile non plus pour mes deux collègues, bientôt mes amis, et quelques semaines après la fin de cette manifestation, Marty pourra m'écrire : « Je commence tout juste à me remettre de cette semaine à Montréal. Je ne sais si tu as été aussi épuisé que moi par cette épreuve de force, émotionnellement, intellectuellement et physiquement – et peut-être même spirituellement ? » Mais ce que Marty dit de lui-même, je puis moi-même le dire de lui et de Harvey Cox : « Quoi qu'il en soit, cela a été pour moi une grande joie, et j'ai vraiment beaucoup appris de vous deux, en particulier les deux derniers jours. »

Effectivement, les deux derniers jours m'ont passablement fatigué, comme le constate Marty. Mais, me dit-il, j'ai *« admirably »* répondu. Il s'excuse par la suite de n'avoir cessé de me forcer à répondre, car la majorité de notre auditoire était constituée de collègues catholiques. C'est un fait que dès qu'il s'agissait de problèmes strictement dogmatiques – de la création à la conception virginale en passant par le ciel et l'enfer –, mes deux partenaires déclaraient presque toujours : *« That is up to Hans »*, « Ça, c'est pour Hans ». Mais c'étaient des thèmes sur lesquels je me sentais plus à l'aise que sur la société ou sur la culture américaine.

La discussion m'a définitivement dynamisé quand ils m'ont tous deux posé la question essentielle : « Pour vous, en quoi consiste le message chrétien ? » En fait, je n'ai jamais cessé de me référer à l'Évangile, mais je n'avais que peu réfléchi à la façon de répondre brièvement et instantanément à cette question. Par la suite, celle-ci me préoccupera tellement que j'y consacrerai tout un séminaire et que je la proposerai comme thème de notre congrès de *Concilium*, notre revue internationale de théologie, prévu à Bruxelles en 1970.

Après toute cette fatigue de Montréal, je n'en fus que plus heureux d'entamer enfin mon semestre de recherche. J'en passe les premières journées à écrire la conclusion de mon livre *L'Église* (j'ai déjà parlé de cette conclusion dans le premier volume de ces *Mémoires*). Car je me trouve une fois de plus sur le continent nord-américain pour répondre à toutes les invitations que j'en ai reçues. La première, celle qui constitue le coup d'envoi, m'est venue de Berkeley, en Californie, où la Pacific School of Religion veut me conférer un titre de *doctor of divinity*, autrement dit un doctorat honoraire de théologie protestante : une distinction tout à fait spéciale pour un théologien catholique. Je m'envole donc le 8 octobre 1966 pour San Francisco et je passe quelques jours fort animés à Berkeley.

L'arrêt suivant est San Francisco même. C'est là que je découvre comment, lentement mais sûrement, les États-Unis sont en train de dépasser œcuméniquement les universités allemandes, encore assez conservatrices en la matière. On s'y est montré capable de fusionner les diverses facultés de théologie en une seule grande unité : the Graduate Theological Union, où les étudiants catholiques et ceux des autres confessions chrétiennes peuvent suivre un cours commun. Je suis extrêmement heureux de me retrouver dans cette cité fascinante, mais tout autant d'avoir le temps de faire trois cours devant un imposant public à la chapelle de la Stanford University, un campus américain particulièrement beau. À la suite de quoi je suis reçu par le président de l'Université, ce qui me permet de rencontrer d'intéressantes personnalités de la science et de la culture. Ne devrais-je pas émigrer vers ce pays, ou tout au moins y consacrer une partie de mon activité (comme le fait un collègue de Germanicum) ?

À l'origine, après une conférence à l'université de Hawaï le 1er novembre 1966, j'avais l'intention de repartir de Honolulu avec Otto Wüst, mon ami de Sursee et du Germanicum, pour rentrer en Europe en finissant le tour du monde. Nos plans étaient déjà fort concrets. Mais j'appris à Tübingen que l'évêque de Bâle venait de nommer mon ami directeur du séminaire sacerdotal de Solothurn, et qu'il lui fallait rejoindre tout de suite son poste (il deviendra rapidement évêque auxiliaire avant de devenir ensuite évêque du diocèse). Notre projet tombait donc à l'eau. Je revins donc directement de Hawaï à Los Angeles et Mexico pour passer ma première semaine tranquille sous le soleil d'hiver d'Acapulco. Heureusement, Inka Klinckhard, ma vieille amie sculpteur d'Amsterdam, avait pu m'accompagner avec sa mère. Nous avions pris pension dans un hôtel tranquille d'Acapulco, le Pierre-Marquès, situé en dehors de la ville. Je pus me reposer sur la plage en y passant mes journées à lire. Car, tout en aspirant au repos, j'avais grand besoin de combler quelques lacunes héritées de ma formation romaine. C'est ainsi que je me forçais à lire de A à Z la douzième édition du grand traité classique d'histoire de l'Église de Karl Heussi, plus de 500 pages en caractères microscopiques, mais extrêmement instructif. Personne n'aurait pu penser que, dans cette ambiance détendue de plage, quelqu'un pouvait se pencher sur un tel matériau aussi fin et rocailleux que le sable. Mais, souvenir à la fois heureux et triste du jour où il m'avait reçu à la Maison Blanche en 1963, je lisais en même temps *Kennedy*, une magistrale biographie de 860 pages écrite par Ted Sorensen, conseiller personnel et rédacteur des discours du président assassiné.

Au cours de toutes les années fiévreuses que je venais de passer, ces cinq semaines sans téléphone, sans courrier, sous un soleil chaque jour aussi lumineux, furent pour moi un bain de jouvence physique et spirituel sans pareil. Je ne revins à Tübingen que le 13 décembre via New York et Amsterdam. Je passai les fêtes de Noël à Seehaus et les vacances avec ma famille.

Évidemment, je dus me replonger tout de suite dans le bain théologique. Le 29 janvier, après quelques corrections minimes, l'ordinariat épiscopal de Rottenburg m'avait fort heureusement communiqué l'imprimatur, à cette époque encore nécessaire, pour mon livre *L'Église*. À l'occasion du 150e anniversaire de la naissance de la faculté de théologie catholique de l'université de Tübingen, j'eus à écrire un important article où je prolongeais ma thèse de doctorat : « La prise de conscience de la doctrine luthérienne de la justification dans le catholicisme d'aujourd'hui ».

Puis un voyage de conférences au Portugal : d'abord à Lisbonne sur le thème « Église et liberté », puis à Coimbra et finalement à Porto. C'est ainsi que j'ai appris à faire des cours la nuit, car c'est à l'heure où ceux-ci se terminent en Europe centrale qu'on commence ici l'introduction, et la discussion dure jusque vers minuit. Puis suit le moment de détente autour d'un verre de vin et d'un casse-croûte, le tout au son d'un fado lancinant, c'est-à-dire de chants probablement d'origine afro-américaine accompagnés à la guitare.

Le 9 avril, je m'envole directement de Lisbonne pour Beyrouth. Arrivé là-bas, comme j'aime beaucoup prendre un bain de mer chaque fois que c'est possible, je commence par plonger dans la Méditerranée avant de me rendre à l'hôtel. Un second baigneur vient rapidement me rejoindre et me fait remarquer que, ici, l'eau est vraiment froide. « Hier, dans l'Atlantique, elle était encore plus froide ! – Ah, ah ! me réplique-t-il alors, je vois que vous êtes aussi pilote. – Oui, j'ai aussi à faire avec le ciel ; mais je suis théologien. » Mais comment penser qu'un théologien puisse passer d'un coup d'aile de Lisbonne à Beyrouth ?

Des événements clés pour le dialogue interreligieux : Beyrouth-Jérusalem.

Belle conclusion de mon semestre de recherche : pour le 100e anniversaire de la plus prestigieuse institution scientifique du Proche-Orient, l'université américaine de Beyrouth, je me trouve au Liban. Je dois y faire une conférence sur « Christianisme et islam ». Du côté chrétien mes invitants sont le secrétaire général du Conseil œcuménique des Églises, le Dr Willem Visser't Hooft et le cardinal Johannes Willebrands qui deviendra par la suite président du Secrétariat pour l'unité du Vatican. Beyrouth est bien au carrefour du christianisme et de l'islam, ce qui est une occasion unique, pour moi, le théologien benjamin, de discuter directement avec des théologiens musulmans. Mais les choses se passèrent tout autrement.

Étrange : à notre arrivée, pas de théologiens musulmans, et, au cours de notre séjour, aucun d'entre nous n'en rencontrera. Ceci parce que le programme avait prévu qu'ils se rencontreraient entre eux une semaine avant nous. Quand je demandai à Charles Malik, le président du congrès, à l'époque ministre des Affaires étrangères du Liban, comment il se faisait que, un an après le concile Vatican II et sa déclaration sur la liberté religieuse et sur les relations du christianisme avec le judaïsme et l'islam, on n'ait pas invité *ensemble* les théologiens des deux religions, il me répondit simplement en français : « Cher professeur, c'est trop tôt ! » Nous étions au printemps 1967. C'était plutôt trop tard.

Sans doute voyait-on dans le Liban « la Suisse du Proche-Orient », un îlot de paix au milieu d'une région de guerre entre pays. Mais j'appris à mots couverts que, au Liban aussi, la situation était explosive : l'équilibre politique et la prééminence chrétienne fondées sur l'égalité numérique des populations chrétienne et musulmane se trouvaient remis en question du fait de la forte croissance de cette dernière, de sorte que, à la longue, la constitution en devenait intenable. Pouvait-on pour autant s'attendre à ce qui allait arriver dans ce riche pays ? Non, personne n'aurait pu vraiment le penser.

Je n'ai jamais oublié cette expérience de Beyrouth. Par la suite, après une des guerres civiles les plus longues et les plus effroyables de l'histoire, j'acquis la conviction – et les Libanais intelligents me l'ont confirmée – que si, avec le soutien des communautés religieuses, on avait engagé trente ans, quarante ans plus tôt un sérieux dialogue interreligieux entre chrétiens et musulmans, le Liban n'aurait pas glissé dans une catastrophe aussi épouvantable. L'entente religieuse aurait pu servir de base à une solution politique sage et juste. Cela aurait adouci un fanatisme religieux porté à la violence destructrice et meurtrière. Si, dès les années 1970, les chrétiens, portés par un esprit de paix, avaient su renoncer à leur pouvoir dominateur et accepté d'eux-mêmes de faire aux musulmans les concessions que, forcé par les armes, le président Gemayel devra accepter dans les années 1980 sans pour autant rétablir la paix, on aurait pu éviter cette affreuse guerre civile et son horrible bain de sang. Au lieu de devenir un horrible chaos, le Liban serait aujourd'hui un modèle d'entente œcuménique.

Depuis ce voyage de 1967, je suis tout aussi persuadé que, si le Liban avait pu réussir cette entente, Israël et Jérusalem auraient aussi pu devenir des lieux de dialogue politique et religieux entre juifs et musulmans, entre Palestiniens et Israéliens, et cela aurait politiquement permis la paix et la stabilité. Immédiatement après notre congrès, je m'envolai de Beyrouth pour Damas, et je me rendis de là à Jérusalem. Je logeais à l'hôtel National. Je me rappelle très précisément l'endroit, car j'y eus un petit entretien lourd de conséquences : le lendemain de mon arrivée, une juive suisse venue de Berne m'aborda de façon un peu énervée : « Vous, théologien chrétien, vous pourrez sûrement me répondre. Ici, à Jérusalem, on entend constamment évoquer le nom de ce Jésus-Christ. Qu'est-ce qu'on en a à faire, de cet homme ? Pourquoi lui donnez-vous une telle importance ? »

Telle est bien la question centrale du dialogue entre le christianisme et le judaïsme. Si j'avais répondu que c'était parce qu'il n'était pas seulement un homme, mais le fils de Dieu, la seconde personne de la Sainte Trinité, l'entretien aurait tout de suite été terminé. Car ni les juifs ni les musulmans ne peuvent comprendre cette déclaration que mon interlocutrice avait d'ailleurs sûrement déjà entendue. Mais, comme ces derniers temps, je m'étais beaucoup penché sur la recherche néotestamentaire sur Jésus, je me lançai spontanément dans un récit partant « d'en bas », en expliquant comment les disciples juifs de ce Jésus de Nazareth l'avaient vu et compris, les querelles avec l'establishment religieux juif au sujet de la loi et du Temple, la façon dont ces conflits avaient débouché sur une mise en accusation devant le gouverneur romain Ponce Pilate, sur sa condamnation à mort et finalement sur sa mise en croix. Et comme les premiers chrétiens étaient convaincus qu'il n'était pas resté dans la mort...

Cet entretien est devenu pour moi un élément clé de mon livre à venir *Être chrétien*. J'aurais souhaité voir Joseph Ratzinger y participer. Il se serait peut-être alors rendu compte qu'une théologie partant « d'en haut », celle de l'incarnation du Logos, ne peut absolument pas constituer le point de départ d'un échange irénique sur Jésus avec des juifs ou des musulmans, mais que seule une théologie partant d'en bas nous en donne un. Je proposais une réponse pour ainsi dire narrative à la question qu'on m'avait posée à Montréal : « En quoi consiste le message chrétien ? » Celui-ci n'est ni une théorie ni un dogme ! C'est l'histoire très concrète du juif Jésus de Nazareth, celui qui est pour les chrétiens le « messie », l'« oint ». Trois ans plus tard, au congrès international de *Concilium* à Bruxelles, je résumerai cela dans une déclaration – j'aurai y revenir – que soutiendront, du côté américain Raymond Brown, l'exégète, et du côté allemand Karl Rahner, qui trouvera ce point de départ absolument convaincant. C'est pour moi le noyau de mon ouvrage *Être chrétien*.

En franchissant la porte Mandelbaum, qui marquait la frontière entre le territoire jordanien et le territoire israélien, je découvris la complexité des relations entre Israéliens et Arabes. On ne m'avait pas prévenu qu'il fallait encore un autre visa. Que faire ? Je dus rentrer de la porte Mandelbaum à mon hôtel et faire des courses inutiles en taxi avant d'obtenir mon certificat de santé. Mais cela ne servit à rien, et je ne pus passer en Israël que le lendemain, arrivant un jour trop tard à l'hôtel de Haïfa ou j'avais réservé une chambre. Il ne me fut pas moins désagréable de constater que, suite à une faute de mon agence de voyage, la réservation de mon vol de Tel Aviv à Zurich avait été décalée d'un jour. Il me fallut à contrecœur passer une nuit à Rome avant d'arriver enfin à Zurich le 21 avril 1967, bien heureux d'être rentré chez moi. Le 5 juin éclata la guerre des Six Jours entre Israël et les Arabes. Israël remporta la victoire militaire, mais perdit la paix. Sa décision d'occuper la Jordanie occidentale bloqua la situation politique jusqu'à aujourd'hui.

Deuxième provocation : l'encyclique sur le célibat.

Pericle Felici, le secrétaire général du concile, avait empêché Mgr Seguio Mendez Arceo, mon ami brésilien, mais aussi d'autres évêques, de soulever la question du célibat sacerdotal. Or elle ne concernait pas que l'Amérique latine, mais posait un problème de fond au clergé mondial. On n'entendait bien sûr pas toucher au célibat religieux, car on le choisissait en toute liberté et on le vivait en communauté. Mais, après le concile, la question du célibat obligatoire des prêtres séculiers resta un des grands problèmes qu'il fallait trancher de façon collégiale. Or que se passa-t-il ? Au Vatican, tout continuait comme avant : « Le concile et les papes passent, la curie romaine reste. » Le 24 juin 1967, sans aucune consultation des évêques, donc avec *un mépris crasse de la collégialité* solennellement proclamée par le concile, le pape Paul VI, qui avait désormais regagné le giron curial, publie une grande encyclique défendant le célibat sacerdotal, *Sacerdotalis caelibatus*[1].

Après le concile, fallait-il donc accepter cette décision personnelle style Ancien Régime en pleurant, en grondant ou en ravalant sa colère dans l'attente de jours meilleurs ? Non ! Le théologien a désormais un autre rôle qu'avant le concile. Il est responsable des personnes. Mais seule une prise de position publique peut avoir de l'effet. L'opinion publique chrétienne y a droit. Il faut en même temps signaler à Rome que tout retour à l'absolutisme préconciliaire portant atteinte au processus collégial n'ira pas sans résistance. Mais on ne peut guère s'attendre

1. Dans la plus récente édition de Denzinger, l'encyclique sur le célibat n'est pas parue, on ne sait pour quelle raison.

à une protestation d'une quelconque conférence épiscopale ou d'un évêque particulier, et il y a trop peu de temps pour battre le rappel d'un groupe de théologiens. C'est pourquoi, informé à l'avance de l'encyclique, je me décide très vite à prendre objectivement position et à la faire paraître dans les journaux en même temps que l'encyclique elle-même, en quelque sorte comme son commentaire[1].

Cela me vaut une convocation du cardinal Julius Döpfner, président de la Conférence épiscopale allemande, le 12 septembre 1967, à son palais épiscopal de Munich : « Pourquoi donc tiens-tu toujours à être le premier à commenter une encyclique ? Mes prêtres vont lire ta prise de position avant de la lire, elle », me dit d'un ton de reproche mon confrère du Germanicum. Je lui réponds en souriant : « Parce que tu n'aurais pas osé faire le pas le premier, ce qui aurait pourtant été le devoir du président de la Conférence épiscopale allemande. » Mon texte ne se contentait d'ailleurs pas d'une protestation solennelle, mais il appelait de toute urgence à une *contre-argumentation théologique* :

– tout d'abord, une reconnaissance fondamentale : cette encyclique a le mérite d'exprimer à voix haute les difficultés concernant le célibat ecclésiastique. En parlant ainsi, elle ne résout donc pas le problème, mais ne fait que l'aiguiser ;

– le contre-argument ? Avant tout et surtout la Bible. L'Évangile connaît certes une vocation personnelle à un célibat consenti pour le service de l'homme : Jésus et Paul en ont montré l'exemple, et celui-ci vaut encore aujourd'hui. Mais ils ont tous deux bien marqué qu'il restait l'objet d'un choix libre. Ainsi choisi, le célibat est un *charisme* dont on ne saurait faire une loi générale ;

– autre argument, celui de la tradition des premiers siècles : tout en s'étant totalement mis à la suite de Jésus, Pierre et les apôtres étaient mariés et le sont restés, comme l'ont été pendant des siècles les dirigeants des communautés. Ce fut seulement dans la suite des temps que, après avoir octroyé le célibat, on interdit explicitement le mariage à la totalité du clergé, en généralisant donc ce qui allait de soi dans des communautés monastiques librement constituées ;

– ensuite, les droits de l'homme : « À notre époque conciliaire et postconciliaire, on voit de plus en plus s'affirmer dans l'Église, dans le clergé et chez les laïcs, l'opinion que toute remise en

1. Texte dans la *Herder Korrespondenz* 22 (1968), p. 368-370.

question indue des droits de la personne ne va pas seulement à l'encontre de l'ordre ecclésial originel, mais à celle de la vision actuelle de la liberté de la personne » ;

– à la fin, je fais remarquer toutes les conséquences de cette loi non biblique, non catholique et parfaitement intempestive : la perte de prêtres qui s'en vont par dizaines de milliers et la diminution accélérée du nombre des candidatures au sacerdoce. Conclusions : face au terrible manque de prêtres et au vieillissement notoire du clergé, la question du clergé marié ou non est seconde par rapport au premier devoir de l'Église, celui de donner des dirigeants aux paroisses. Il faut que le synode des évêques qui doit se réunir à Rome en septembre 1967 traite du problème. On peut à tout instant mettre fin à cette loi du célibat, car elle est d'ordre purement ecclésiastique.

Il s'agit donc de rejeter, non pas un célibat librement consenti selon l'esprit de l'Évangile, mais une loi imposée au Moyen Âge : c'est là une demande claire et fort justifiée de la majorité des catholiques des pays démocratiques. Bien sûr, cela ne résoudrait pas d'un seul coup tous les problèmes de l'Église. Mais si l'Église avait gardé tous les prêtres qui sont partis, il y aurait incontestablement plus de prêtres disponibles pour le ministère, sans compter tous ceux qu'on pourrait ordonner (à commencer par les théologiens laïcs) s'ils ne se détournaient pas de cette voie. Ce n'est pas de prêtres qu'on manque mais de volontaires pour le célibat. Mais, déception ! Le pape, qui avait soustrait la question de l'ordre du jour du concile, continue à le faire au synode des évêques. Une fois de plus c'est un manquement à la collégialité.

Aucun évêque n'ose d'ailleurs se prononcer ouvertement sur ce problème : le 19 octobre 1969, au cours d'une discussion à la télévision ZIOF, Mgr Hermann Volk, évêque de Mayence (dont j'avais été l'assistant lors de mon époque münsteroise), me dira : « Je ne dis pas que le célibat doit perdurer, mais je ne dis pas non plus le contraire. » Ce sur quoi je lui répondrai : « Je n'ai encore jamais entendu un évêque me le dire aussi clairement. » Quelques jours plus tard, il démentira son propos : il n'a jamais lâché un mot, il n'a jamais eu la moindre idée remettant en question la loi du célibat. Hélas ! Telle est la pratique du mensonge.

Le 13 mai 1967, quelques semaines avant l'encyclique, alors même que le concile avait de façon clairement majoritaire rejeté tout document en l'honneur de Marie, Paul VI avait publié une *exhortatio apostolica* personnelle *Signum magnum* sur le culte marial. Cela à l'occasion du jubilé des apparitions de Marie à Fatima, au Portugal : à chaque treizième jour de mai, et cela jusqu'en 1917, trois bergers avaient vu des personnages célestes leur apparaître, en particulier la Vierge Marie. Comme à Lourdes, celle-ci était sans son enfant, mais parfois ici sous l'apparence de deux madones différentes (voir t. I, chap. IV, « Lourdes, la déconcertante [et Fatima] »). Le 13 mai, Paul VI s'envola pour passer une journée dans ce sanctuaire, lieu d'apparition mariale douteuse. Là encore, restauration antéconciliaire, ceci au mépris des femmes qu'on continue à maintenir en minorité : on exalte une femme asexuée, vierge et mère, en recommandant ainsi aux prêtres et aux séminaristes de sublimer leur sexualité. « Célibatisme » et « marianisme ». Dans les pays catholiques du Sud, la mère de Dieu devient souvent plus importante que Dieu ou que Jésus, son fils. *« Se non c'è Dio, c'è almeno la Madonna »* : « Si Dieu n'existe pas, il y a tout au moins la madone », disent souvent les clercs romains en plaisantant.

Mais que disent les théologiens à propos du célibat ?

Karl Rahner et le célibat.

Après les premiers commentaires (le plus souvent négatifs) sur l'encyclique sur le célibat, c'était maintenant aux théologiens d'analyser de plus près le document romain. Déjà pendant le concile Vatican II, en 1965, Michael Pflieger, courageux théologien pastoral viennois, avait publié dans ma collection « Méditations théologiques » un traité avant tout historique sur le sujet. D'autres publications tout aussi critiques avaient suivi, par exemple celle de Fritz Leist (1968) et de Anton Antweiler (1969), puis l'ouvrage standard de Georg Denzler, historien de l'Église, *La Papauté et le Célibat ministériel*, en deux volumes (1973 et 1976).

Tous ces livres établissaient que, à part quelques rares tentatives de l'Église primitive vouées à l'échec, l'imposition universelle du célibat remontait au XIe siècle : sous l'influence des ordres religieux et de Hildebrand, un moine qui devint plus tard pape sous le nom de Grégoire VII, Rome suscita une espèce d'idéologie monastique (le pan-monachisme) qui imposait au clergé une obéissance absolue, le refus du mariage et une vie de type monacal. Cinq ans après la rupture avec l'Église orientale, le concile du Latran de 1059 interdit le mariage des prêtres, ce qui ne fit que renforcer le schisme d'avec une Église d'Orient qui, elle, l'autorisait. Malgré la violente opposition du clergé, surtout en Italie et en Allemagne, le second concile du Latran de 1139 déclara que la réception des ordres majeurs (donc à partir du sous-diaconat) constituait un empêchement dirimant du mariage. Autrement dit le mariage des prêtres, qui était jusque-là interdit mais était valide, perdit toute valeur légale. Les épouses de prêtres devenaient des concubines et les enfants de prêtres devenaient des serfs à la disposition des autorités ecclésiastiques. N'est-il pas pourtant dit dans le Nouveau Testament : l'évêque doit n'avoir été l'époux que d'*une seule* (et non pas d'*aucune*) femme (1 Tm 3, 12) ? Mais qu'est-ce que l'idéologie du célibat a à voir avec la Bible ?

C'est donc à partir de ce moment que le célibat est devenu obligatoire pour tous les prêtres latins. En pratique, à Rome, les clercs, et même des papes ne l'appliquèrent que sous condition. Cela dura jusqu'à ce que la Réforme vienne le rejeter pour de fort justes raisons. Depuis Vatican II nombreux sont les fidèles de l'Église catholique qui le remettent en question. Mais l'encyclique reçut pourtant un appui qui vint d'un côté totalement inattendu : Karl Rahner, théologien du concile et professeur de théologie dogmatique, que le président de la Conférence épiscopale allemande Julius Döpfner avait réussi à persuader d'écrire un article favorable au célibat des prêtres séculiers sous forme de « Lettre à un cher confrère ». L'ordinariat épiscopal fit alors tirer le texte à plusieurs dizaines de milliers d'exemplaires et on l'envoya à tous les prêtres allemands et autrichiens.

Nombreux sont ceux qui en furent comme moi catastrophés, et cela pour plusieurs raisons : tout d'abord par son ton arrogant qui ne faisait montre d'aucune compréhension pour les souffrances des personnes concernées et qui ne cherchait qu'à donner mauvaise conscience à tous les « chers confrères » qui pensaient autrement. Mais, pour moi, la plus grande objection était que Rahner, membre d'un ordre religieux, ne tenait aucun compte de la différence capitale qui existe entre un célibat librement consenti, donc entre le célibat comme *charisme*, et un célibat obligatoire, imposé comme une *loi*, donc obligatoire sous peine de sanctions : une différence que m'avait fait découvrir en Suisse Franz Böckle, éminent moraliste bonnois, lorsque j'étais vicaire à la Hofkirche de Lucerne. Les autorités de l'Église n'ont donc pas le droit de faire d'un charisme (« qui peut comprendre, qu'il comprenne » [Mt 9, 13]) une règle (« celui qui ne peut comprendre doit comprendre »).

La voix de Karl Rahner était trop puissante pour qu'on puisse la négliger en passant à l'ordre du jour. Mais il était clair que tous les théologiens du concile allaient faire front commun contre lui. C'est pourquoi, avec mon ami hollandais Edward Schillebeeckx, nous nous décidons à prendre la parole. Ce dernier entend bien profiter de notre prochaine session de *Concilium* à Nimègue, le 27 avril 1968, pour « confesser » Rahner. L'entretien entre six yeux se passe de façon à la fois sérieuse et amicale. Rahner ne peut évidemment pas opposer grand-chose à l'argument touchant la différence entre charisme et loi, car il a lui-même publié très tôt un article tout à fait remarquable sur le sujet (« Das Dynamische in der Kirche », 1958, dans ses *Quaestiones disputatae*), même s'il ne s'agissait pas alors du problème du célibat.

Par la suite, je devrais confesser que cet entretien avec Karl Rahner, dont j'avais moi-même pris l'initiative, m'a davantage porté sur les nerfs que je ne le pensais alors. Il y avait d'abord l'écart d'âge entre deux générations, ce qui comptait peu pour moi, mais beaucoup pour lui (« Comment ce jeune blanc-bec peut-il... »). Mais je découvrirai aussi l'amitié, longtemps tenue strictement secrète, entre Rahner et Luise Rinser, la femme de lettres. J'eus un long entretien avec elle le 25 avril 1975 à Lucerne. À cette époque où la restauration romaine se renforçait de jour en jour, j'étais alors très soucieux de constituer un front uni de la théologie conciliaire. Or, cinq ans après le succès de notre congrès de Bruxelles, Rahner était en rogne contre moi ; à cause de mon livre *Infaillible ? Une interpellation*, mais aussi, semble-t-il, à cause de ma critique de sa défense de l'encyclique sur le célibat. Luise Rinser ne pourrait-elle pas le convaincre de prendre part active à notre prochain grand congrès de *Concilium*, à Munich, du 22 au 25 mai 1975 ? Profondément catholique, elle comprenait fort bien mon souci. « Tu penses pourtant la même chose que Küng », avait-elle d'ailleurs dit un jour à Rahner. « Oui, oui ! Bien sûr. Mais pas comme ça », avait-il répondu. Mais elle ne réussit malheureusement pas à le persuader : bien qu'il habitât Munich, il resta à l'écart du congrès. Mais je restais en lien avec elle et, en 1984, Walter Jens et moi-même l'inviterons à notre symposium de Tübingen, « Théologie et littérature. État du dialogue ».

C'est seulement après la mort de Rahner qu'on connaîtra publiquement le rôle central que Luise Rinser avait joué au cours des dernières années de la vie du jésuite. Car, n'étant elle-même plus guère à la mode et ayant dû subir de dures critiques à la suite d'un voyage dans la stalinienne Corée du Nord, elle ne sut pas résister à la tentation de publier sous forme de livre certaines des lettres qu'elle avait écrites à Rahner : *Promenades sur les crêtes : lettres d'une amitié avec Karl Rahner 1962-1984*. Effectivement, au cours de ces deux décennies, ils avaient échangé des centaines de lettres d'amour, des milliers de pages. Mais les jésuites ne permirent pas la publication de celles de Rahner, qui restent toutefois en la possession de Luise Rinser. Cependant la parution des siennes, lors du dixième anniversaire de la mort de Rahner, irrita et déstabilisa beaucoup d'admirateurs de celui-ci. Le respect que je lui porte n'en a pas été diminué. Mais on peut désormais mettre *ad acta*, au rancart, sa « Lettre à un cher confrère ».

Calomnies.

Les théologiens (pas seulement les catholiques) sont particulièrement objets de calomnies, le plus souvent inventées à partir de rien. Le 25 juin 1976, je fais parvenir à Karl Rahner une lettre manifestement de ce genre émanant d'« étudiants de Tübingen ». Comme me le fait savoir mon assistant, le Dr Karl Lehmann, elle a aussi été envoyée à toute la faculté de théologie de Munich, au doyen de la faculté de philosophie ainsi qu'à d'autres professeurs. Je peux consoler Rahner en lui disant que, trois mois plus tôt, il m'est arrivé quelque chose de semblable, probablement venant du même psychopathe.

Un matin, j'ai en effet reçu un coup de fil d'un juriste de mes amis me disant que lui et d'autres professeurs (de 60 à 70, s'avérera-t-il par la suite) ont reçu une missive de même tonalité où il était dit de moi : « Il a eu des attouchements indécents sur nous. Des étudiants de Tübingen. » De telles infamies, envoyées le même jour à plusieurs collègues ! Une affaire extrêmement désagréable ! Impossible de démentir dans les journaux. Mon collègue de la faculté de droit me pousse vivement à porter tout de suite plainte, de peur qu'on ne puisse dire par la suite : « Pourquoi donc ne l'a-t-il pas fait plus tôt ? » Même Walter Kasper, maintenant professeur à Münster, m'écrit le 16 février 1967 que lui-même et d'autres professeurs de la faculté ont reçu avec étonnement et dégoût des lettres similaires à mon sujet. Or j'ai la preuve de l'estime que la faculté de Münster me porte à moi-même et à mon école : la liste des candidats en lice pour la prochaine élection à la chaire de théologie œcuménique comporte deux de mes élèves, et en premier lieu mon étudiant et ami Peter Lengsfeld auquel il ne reste plus qu'à passer son examen d'orthodoxie devant Joseph Höffner, le nouvel évêque de Münster.

La police prend l'affaire très au sérieux. Elle fait examiner l'écriture à la machine à Stuttgart, d'où il ressort qu'il s'agit d'une machine portable de marque Olympia, modèle SM, Monica ou SF. Mais, entre 1959 et 1965, on a fabriqué des centaines de milliers de machines de ce type. Il faut donc commencer des recherches systématiques dans mon entourage. Les malfaiteurs sont en effet souvent des gens proches qui agissent pour des motifs personnels, jalousie, envie, vengeance ou même amour contrarié.

On commence donc par examiner toutes les machines de la faculté de théologie. Et comme un de mes collègues a le malheur d'habiter directement à côté du poste de police, un agent commence à fouiller sa maison, avec les meilleures intentions du monde, mais sans l'avoir prévenu et contre mon avis exprès. Cela se passe évidemment sans effusion de sang. Mais cela m'est encore plus pénible que la lettre elle-même. J'essaye d'expliquer à mon collègue que cela a eu lieu sans que je le sache, mais l'affaire s'ébruite parmi mes autres collègues et déchaîne des commentaires *ad hoc*. Les recherches s'amplifient. Mais, le 1er juin 1966, l'avocat général de Tübingen me fait savoir que, en dépit de l'étendue de l'enquête, on n'a pas retrouvé le rédacteur de ces lettres ordurières envoyées à plusieurs professeurs de l'Université. Si de nouveaux faits se produisent, il faudra reprendre les recherches.

Ce cas est donc resté irrésolu. Les menaces de mort que je reçois aussi sont évidemment plus sérieuses, mais je les prends rarement au sérieux : « On devrait vous tuer. Autrefois, on vous aurait fort justement fait brûler. » Mais il arrive parfois que l'affaire soit plus grave. J'ai reçu une lettre de ce genre que j'ai fait examiner par un psychologue. Quand elles voient que leurs lettres restent sans effet et que je continue mon enseignement comme avant, de telles personnes peuvent dans certains cas devenir physiquement violentes. Je dois faire attention, surtout quand je me promène dans mon jardin. Mais rien ne se passe.

Je ne saurais l'ignorer : plus je m'engage dans le conflit qui débute sur la forme de l'Église postconciliaire, plus je me heurte à l'opposition de l'establishment romain, et plus le « courrier de haine » se gonfle, souvent en provenance de clercs (y compris avec la formule finale : « On priera pour vous ») mais souvent anonyme. Pendant un moment, j'ai caressé l'idée de me faire plaisir en collectant toutes les injures et les qualificatifs méprisants dont j'ai ainsi bénéficié. Mais il n'y avait finalement pas de quoi s'exciter et surtout pas de temps à y perdre. Cela vient d'ailleurs le plus souvent de personnes qui n'ont pas lu un seul de mes livres et qui ne se réfèrent qu'à des articles de presse fréquemment coupés de leur contexte.

Au secrétariat, nous avons aussi une rubrique « cinglés » pour tous ces gens qui me font part de leurs belles idées et m'expliquent comment je devrais m'y prendre pour améliorer le monde. Quand ces lettres ne sont pas méchantes, je réponds en général. Mais quand il s'agit d'injures, cela ne vaut pas le prix du port. Cependant qu'on ne s'y trompe pas : le nombre de lettres d'approbation, certaines émouvantes, certaines même bouleversantes – un encouragement pour moi – est infiniment plus grand que celui des lettres négatives. Et, de façon générale, ces contestations ne me sont absolument pas préjudiciables auprès de mes amis de la faculté et de l'université, bien au contraire.

Amitiés.

Mes relations humaines prirent une dimension toute nouvelle le jour où je reçus la visite du Dr Norbert Kloten, un éminent collègue, professeur à la faculté d'économie populaire et président du Conseil des sages de la République fédérale, chargé d'observer le développement général de l'économie du pays. Au cours d'un long entretien, il chercha à me persuader de devenir membre fondateur d'un second Rotary club Reutlingen-Tübingen. Je lui objectai tout d'abord que je n'avais pas le temps de me rendre chaque semaine à une réunion dont je ne voyais pas le sens, le premier n'étant sûrement pas de prendre un repas ensemble. Il me fit cependant valoir qu'on admettrait sûrement qu'un professeur surchargé de travail ne puisse venir chaque fois, mais qu'on ressentait un besoin pressant d'un théologien même dans des domaines étrangers à la théologie, ainsi que celui de renforcer les liens d'amitié avec l'Université.

Norbert Kloten me rendra par la suite un grand service lors de la constitution et des délibérations du curatorium de notre fondation Weltethos. Atteint d'un cancer, il m'invitera à la fête privée qu'il donnera chez lui, le 14 mars 2006, à l'occasion de son 80e anniversaire, en me priant d'y faire une petite allocution ; mais il ne pourra y prendre part que de loin, de la clinique. Comme je le lui avais conseillé, il travaillera jusqu'au dernier moment à son testament spirituel que sa fille lira dans la grande salle de l'Université, lors de la célébration officielle de cet anniversaire. Il y sera présent sur une chaise roulante. Il mourra courageusement quelques semaines plus tard et nous l'enterrerons le 13 avril dans le cimetière de Tübingen.

Le 22 juin 1967, suivant le conseil de Kloten, je me rends donc à l'hôtel de la Couronne, où on discute de cette fondation. On m'y explique le sens du Rotary : c'est un cercle amical de personnes toujours prêtes à s'engager concrètement au service des autres, à se vouer aux principes éthiques tant de la vie privée que de la vie professionnelle et à participer aux activités d'intérêt général. Il s'agit de prendre ses responsabilités dans le monde des affaires ou de la politique, en œuvrant toujours en faveur de l'entente et de la paix entre les peuples. Bref, un idéal de service.

Je suis particulièrement impressionné par les quatre questions critiques que tout membre du Rotary doit toujours avoir à la pensée avant de parler et d'agir : Est-ce vrai ? Suis-je honnête ? Est-ce juste pour tous les protagonistes ? Cela fera-t-il avancer l'amitié et la paix ? Ce ne sont évidemment là que de grands principes. Mais tous les invités à cette séance de fondation me donnent l'impression de promoteurs du progrès, et certains d'entre eux deviendront effectivement des amis pour la vie. Je donne en tout cas mon accord et je ne l'ai jamais regretté.

Car que n'ai-je pas gagné durant les quatre décennies de mon appartenance au Rotary ! Tout d'abord, du fait que les membres de notre club provenaient de deux villes aussi opposées que Tübingen, ville universitaire, donc cité intellectuelle, et Reutlingen, ville industrielle, donc cité de l'argent. Cela m'a permis de me faire des amis dans l'industrie, mais aussi de professionnels de tous genres et de spécialistes d'autres domaines du savoir. Deuxièmement, du fait de nos réunions hebdomadaires qui comportaient chaque fois un exposé d'un membre d'une profession différente ou d'une autre spécialité, parfois d'hôtes de passage, j'y ai fait nombre de découvertes parfois très excitantes. Troisièmement, ces réunions du Rotary ont constitué un lieu test de mes idées théologiques nouvelles et originales : je pouvais les vérifier et voir comment elles étaient comprises. Du fait que justement chaque membre était de profession différente, les réactions étaient très diverses. Au cours de la discussion, chacun pouvait prendre la parole et, de façon générale, nous avions là ce que Habermas qualifie de « communication libre de toute contrainte ».

Je serai toujours très reconnaissant à mon club d'avoir tenu compte de la multiplicité et du poids de mes occupations, et d'avoir donc toujours évité de me choisir comme président, vice-président ou secrétaire. Mais en revanche, j'acceptais certaines tâches spéciales : le discours que nous devions faire au temps de l'avent, mais aussi celui du 7 juin 1975 à la mairie de Tübingen, pour la fête de la Rose des vents où nous recevions nos partenaires de Genève, Grenoble et Gênes. J'y parlai de la différence entre le catholicisme et le protestantisme en m'exprimant tour à tour en allemand, en français et en italien ce qui provoqua une grande attention de la part de ceux qui ne parlaient pas les trois langues. J'abordai même un jour le thème : « Quel est le message chrétien ? » Bien entendu, cet exposé n'avait rien d'un cours dogmatique sur le contenu de la foi, mais il reposait essentiellement sur le message chrétien originel fondé sur l'exégèse du Nouveau Testament.

N'est-ce pas ce qu'on pourrait attendre d'un pape ? Or...

Troisième provocation : un credo papal pour hier.

Suite positive du concile : le 9 avril 1966, le cardinal Ottaviani, chef de la Congrégation de la foi, annonce que l'*Index des livres interdits aux catholiques*, créé en 1557 pendant la Contre-Réforme, un traité de 492 pages qu'on nous infligeait encore au temps de mes études à Rome en 1948 mais qui n'avait pas été complété sous le pape Jean XXIII, disparaît de fait et n'a plus désormais que valeur de document historique. Mais le Vatican reste toujours extrêmement soucieux de la rectitude de la foi des fidèles, et donc de la réglementation des théologiens.

Le 30 juin 1968, le pape Paul VI publie une *Profession de foi* qui tombe toujours du haut du ciel romain : c'est en réalité un credo de Paul VI qu'on a intitulé « credo du peuple de Dieu », en utilisant ainsi de façon tendancieuse le terme auquel recourait le concile, donc un geste d'identification typiquement romain : on se qualifie peuple de Dieu sans même avoir consulté ni ce peuple ni les évêques : « L'Église, c'est moi[1] ! » Bien sûr, ce ne serait qu'à moitié grave si cette confession de foi était vraiment adaptée à la foi du peuple de Dieu et fondée sur la Bible et sur la grande tradition catholique. Mais on aurait déjà exactement pu dire il y a quatre cents ans ce que le pape dit maintenant (il n'y a pas que des théologiens à en faire la remarque), car ce texte ignore complètement les acquis de la pensée des années précédentes.

Dans son introduction, le pape affirme ne faire que reprendre le credo du concile de Nicée en l'adaptant à la situation spirituelle de notre époque. Il fait mention de la crise de la foi qui sévit dans « certains cercles modernes » et de la recherche de changement et de renouveau : il faudrait pouvoir exposer la foi d'une manière qui correspondrait à l'horizon intellectuel de l'homme moderne sans renoncer à rien de ce qui lui est essentiel. Et, pour ne citer que le seul paragraphe sur la Cène ou sur l'eucharistie, cela donne ce qui suit :

> Nous croyons que la messe célébrée par le prêtre représentant la personne du Christ en vertu du pouvoir reçu par le sacrement de l'ordre et offerte par lui au nom du Christ et des membres de son corps mystique, est le sacrifice du Calvaire rendu présent sur nos autels. Nous croyons que, comme le pain et le vin consacrés par le Seigneur à la Sainte Cène ont été changés en son Corps et en son Sang qui allaient être offerts pour nous sur la Croix, de même le pain et le vin consacrés par le prêtre sont changés en Corps et en Sang du Christ glorieux siégeant au ciel, et Nous croyons que la mystérieuse présence du Seigneur, sous ce qui continue d'apparaître à nos sens de la même façon qu'auparavant, est une présence vraie, réelle et substantielle.

Peut-on penser que de telles formulations, qu'elles portent sur la transsubstantiation, sur le péché originel d'Adam, sur la christologie « d'en haut » ou sur l'infaillibilité pontificale se situent sous l'horizon intellectuel de l'homme moderne ?

1. En français dans le texte *(NdT)*.

L'exigence d'un bond en avant.

« La vérité est permanente, mais non pas statique », commente la principale revue catholique des États-Unis, le *National Catholic Reporter*, le 10 juillet 1968 : « Nous croyons parfaitement qu'il est du devoir du pape de dire la vérité sur la vérité, mais nous ne pensons pas qu'il répond à ce devoir quand il suggère, comme ce credo le fait, que l'on peut maintenir des vérités utilisables, adaptées et vivantes dans une espèce de fort Knox en les entassant comme des lingots d'or pour les préserver de toute impureté. » C'est à mes amis que j'emprunte cette formulation à la fois originale et pleine d'esprit.

En tant que théologien du concile, je ne peux guère éviter de prendre position. En règle générale, dans des cas de ce genre, journaux et télévision vous sollicitent. Le plus souvent je ne réponds évidemment pas à tous ces appels dès lors que je n'ai pas étudié à fond la question ou que j'ai déjà traité du sujet à plusieurs reprises. Mais les médias ne sont vraiment intéressés que par les déclarations de gens compétents, faciles à comprendre, et surtout francs. Or c'est bien souvent ce qui cloche chez beaucoup de théologiens des deux confessions : ils fuient ou tournent autour du pot devant les questions gênantes. Quant aux évêques, la plupart font le dos rond chaque fois que cela sent le roussi et ils se taisent par crainte de Rome.

Dans mon cas, il ne s'agit pas de « fanatisme de l'émission » mais véritablement d'une conviction bien ancrée que le peuple de Dieu veut savoir à quoi s'en tenir en matière de foi. La critique me paraît nécessaire de deux points de vue :

1. Le décret du concile sur l'œcuménisme demande que l'on fasse le plus grand cas de la hiérarchie des vérités. On ne doit pas mettre au même niveau les croyances essentielles du christianisme et celles qui ne sont que secondaires.

2. Or c'est ce qui se passe pour certaines élaborations romaines traditionnelles fort problématiques que l'on présente comme des vérités de foi révélées. À commencer naturellement par les quatre nouveaux dogmes du Vatican qui n'ont aucun fondement dans l'Église : l'immaculée conception de la Vierge, l'assomption corporelle de Marie au ciel, la primauté juridique du pape et son infaillibilité.

En agissant comme il le fait, Paul VI va à l'encontre de l'avertissement de son prédécesseur Jean XXIII lorsqu'il déclarait à l'ouverture du concile : « Nous n'avons pas comme premier but de discuter de certains chapitres fondamentaux de la doctrine de l'Église... Cette doctrine, nous le pensons, vous ne l'ignorez pas et elle est gravée dans vos esprits. » L'essentiel, c'est une annonce de la foi « approfondie et présentée de la façon qui répond aux exigences de notre époque », et donc la sortie du ghetto intellectuel, terminologique et religieux, « un bond en avant » *(un balzo inannti)*, une intelligence de la foi et une formation de la conscience plus poussée – bien sûr, en restant fidèle à la doctrine authentique, mais en formulant celle-ci dans un cadre de pensée moderne ; donc une confession de foi qui ne trouble ni ne divise l'Église, mais qui l'éclaire ; qui ne vienne pas réglementer la théologie, mais qui la fonde et l'inspire. Un credo non pas pour hier, mais pour aujourd'hui et demain.

Mais comment la théologie doit-elle réagir devant la tentative de mise au pas doctrinale ?

Une démonstration mondiale en faveur de la liberté de la théologie.

À peine trois ans après la conclusion de Vatican II, il est devenu évident que la liberté de la théologie au service de l'Église retrouvée à travers le concile est de nouveau mise en danger. La *Profession de foi* « du peuple de Dieu » est d'abord pensée comme une mise au pas des théologiens. Une fois de plus, sous son nouveau nom de Congrégation de la foi, l'autorité inquisitoriale romaine se dresse contre les théologiens récalcitrants et entend les mettre en procès, même si le pape se refuse encore en 1965 à le faire officiellement : l'Inquisition craint la lumière.

Bien sûr, le pape a créé une Commission internationale de théologie. Mais, quant à moi, je pense qu'elle ne sert à rien. Le fait que Karl Rahner, ou Johannes Feiner, théologien suisse notoire de Coire, en démissionnent constitue un signal parfaitement clair. La curie ne prête aucune attention à la théologie conciliaire ou postconciliaire. Cette commission papale se révèle vite n'être qu'une prolongation du bras de la Congrégation romaine de la foi. Pour le moment, elle se contente d'accueillir les dénonciations des conservateurs néerlandais qui accusent d'hérésie le

Catéchisme hollandais. Or, alors que la première encyclique de Paul VI *Ecclesiam suam* (1963) n'avait suscité que peu d'enthousiasme, étant donné son manque de fondement biblique et son caractère romain peu œcuménique, voici que, immédiatement avant la quatrième session du concile, le pape récidive en publiant une nouvelle encyclique *Mysterium fidei* sur l'eucharistie, ceci au grand mécontentement de beaucoup d'évêques. C'est une déception : le pape reste toujours manifestement débiteur d'une école théologique particulière et il ne semble avoir rien perçu ni de l'exégèse néotestamentaire récente, ni de la recherche historique des dernières décennies sur les dogmes, ni des nouvelles problématiques de la théologie moderne.

Si on veut éviter un retour pur et simple à l'ancienne théologie néoscolastique traditionnelle, il faut réagir. Lors de notre session de *Concilium* à Paris, le 12 octobre 1968, sous la présidence d'Antoine van den Boogaard, un entrepreneur hollandais, je proposai à mes collègues, les professeurs Yves Congar, Karl Rahner et Edward Schillebeeckx – sûrement les meilleurs représentants de la théologie postconciliaire – de rédiger une déclaration « sur la liberté de la théologie » et des propositions concrètes de procédure régulière en cas de conflit avec le magistère. Nous discutâmes ardemment du sujet et nous nous mîmes d'accord. Je fus chargé d'élaborer un brouillon. À Tübingen, je m'aidai de certains textes de notre éminent spécialiste de droit canonique, Johannes Neumann, toujours fort soucieux de formulations précises. Le 24 octobre 1968, j'envoyai le projet à Congar, Rahner et Schillebeeckx. Ils le ratifièrent avec quelques amendements minimes. Je le retravaillai, puis le fis envoyer à tous les directeurs de section de *Concilium*. Tout le monde fut d'accord.

Les premiers paragraphes, les plus importants, sont un appel à la liberté, « un fruit et une exigence du message libérateur de Jésus lui-même », cette liberté des enfants de Dieu dans l'Église que Paul a proclamée et défendue, celle qui oblige les docteurs à « prêcher la parole *opportune et importune*, que cela nous convienne ou non ». Notre position est claire : nous sommes parfaitement conscients que, nous, les théologiens, nous pouvons nous tromper. Mais nous sommes convaincus qu'on ne peut éliminer les erreurs théologiques à coups de mesures répressives. Dans notre monde, seule une discussion scientifique, objective et sans contrainte peut y remédier efficacement, « car la vérité a le pouvoir de vaincre par sa propre force ». « Nous admettons avec conviction l'existence d'un magistère du pape et des évêques qui sous la parole de Dieu est au service de l'Église et de sa prédication. Mais nous savons en même temps que ce magistère pastoral de prédication ne peut ni supplanter ni entraver la mission d'enseignement scientifique. Toute forme d'inquisition, si subtile qu'elle puisse être, porte préjudice au développement d'une théologie saine et nuit grandement, au surplus, à la crédibilité de l'Église tout entière dans le monde d'aujourd'hui. »

Nous formulons aussi des exigences très concrètes qui pourraient certes se révéler gênantes pour la curie romaine, mais qui sont extrêmement importantes pour nous, les théologiens. À commencer par la première : même après leur internationalisation souhaitée par Paul VI, les autorités de la curie romaine, en particulier la Congrégation de la foi, n'échapperont à leur parti pris en faveur d'une orientation théologique précise que si elles prennent clairement en compte la diversité des écoles de théologie et des mentalités actuelles (point 2).

S'ensuivent des exigences précises : les consulteurs de la Congrégation de la foi doivent être « des spécialistes excellents et universellement reconnus comme tels ». Leur mandat ne devra jamais excéder la limite d'âge de soixante-quinze ans (point 3).

La commission internationale de théologie que souhaite le synode épiscopal doit elle aussi admettre dans de justes proportions des orientations théologiques et des mentalités différentes (point 4).

Conformément au droit, on devra aussi publier une procédure claire et obligatoire en cas de désaccord avec le magistère (point 5).

Pour cela, nous proposons que, « si... on estime nécessaire une discussion personnelle, il faudra auparavant et suffisamment tôt communiquer au théologien concerné le nom des participants à la discussion, le sujet de celle-ci et le texte complet de tous les avis, décrets, rapports, protocoles et actes importants. Le théologien pourra discuter dans la langue de son choix et se faire assister d'un spécialiste. Il n'existe pas d'obligation de secret. Le protocole de cette discussion signé par tous les participants sera remis à la Congrégation » (point 6).

La déclaration se termine par le point 7 : « Comme la foi n'est rien sans l'amour, toute préoccupation pour la vérité dans l'Église doit être guidée par les principes de la charité chrétienne. »

Après avoir obtenu l'accord de tout le comité de direction de *Concilium* – en gros une quarantaine de théologiens et de théologiennes de différentes nations et de disciplines différentes –, je fais publier le texte (j'en suis chargé) le 17 décembre dans le *Frankfurter Allgemeine Zeitung*, le *Neue Zürcher Zeitung*, le *New York Times* et dans quelques autres journaux. Il paraît en même temps dans les différentes éditions de la revue *Concilium* (allemande, française, anglaise, hollandaise, italienne, portugaise et espagnole). Des théologiens du monde entier nous envoient leur accord. Il se produit un petit miracle : la déclaration recueille la signature de 1 360 théologiens catholiques de 53 pays. Le conseil de la revue la transmet au secrétariat du pape.

Je ne saurais passer sous silence le fait que le professeur Joseph Ratzinger l'a lui-même signée et que, à la différence de la pétition sur la limite d'âge des évêques, il ne l'a jamais rétractée. Ce qu'il écrit dans ses *Souvenirs* au sujet des théologiens catholiques après le concile (p. 134) frise la calomnie. Vue dans son ensemble, cette déclaration constitue une véritable manifestation mondiale en faveur de la liberté de la théologie dans l'Église. Elle a tout au moins pour effet d'accélérer l'élaboration de la procédure que le pape a demandée à la Congrégation de la foi : elle sera publiée peu après.

Mais restent encore bien d'autres problèmes.

Quatrième provocation : le décret sur les mariages mixtes.

Au cours du concile, en novembre 1964, on avait posé la question des mariages mixtes. Leur nombre s'accroissait considérablement. C'était un problème pastoral brûlant auquel on ne voyait pas de solution.

Pourtant, aux applaudissements de l'assemblée générale, on avait fini par adopter une proposition venant en particulier des Églises orientales : l'Église latine d'Occident accepterait la pratique de tolérance des Églises uniates en admettant dans certaines conditions le remariage d'une personne délaissée par son conjoint. Pour les instances curiales intéressées au maintien du statu quo, c'était une proposition fort gênante. La commission théologique ne lui prêta pas l'oreille. Les modérateurs firent en sorte que la question soit renvoyée au pape. Une large majorité fut d'accord. Quant aux mariages mixtes, la question resta pendante. On la souleva cependant encore au synode de 1967, mais sans résultat.

Mais voici que, le 31 mars 1970, Paul VI publie un décret papal (un motu proprio, « de sa propre initiative ») sur le problème. Grande déception ! Je n'entends pas discuter des bonnes intentions du pape ni des petites améliorations du processus de dispense (on transfère ce pouvoir de Rome aux évêques). Mais une fois de plus Rome durcit des positions qui sont théologiquement et pratiquement largement dépassées dans l'Église catholique et qui ne sont pas tenables à la longue. Elles ne font que montrer au monde que, derrière de belles paroles et de grandes gesticulations, l'attitude de l'administration centrale romaine reste encore profondément anti-œcuménique, et que sa mentalité et son style ne font que trahir son arriération, ses vues bornées, son entêtement, ses prétentions et son arrogance.

Une lecture plus attentive du document fait voir en même temps qu'il s'agit en fait d'un *décret de blocage*, et ceci de trois points de vue : la pratique discriminatoire de dispense revient à refuser la reconnaissance générale de la validité des mariages mixtes ; elle nie l'égalité de droit des Églises en la matière ; elle méconnaît la responsabilité des couples mixtes concernant le baptême et l'éducation religieuse des enfants. Peut-on se satisfaire de tout cela ? Comme toujours, les apologètes se précipitent : ce décret romain représente un progrès formidable, et au diable la misère des couples mixtes. Une fois de plus se pose dans notre institut la question dont nous ne cessons de discuter : que faire ?

Un appel à se débrouiller tout seul.

Les couples de confessions différentes sont de plus en plus nombreux à se détourner de l'Église : quand on est coupé de l'eucharistie, pourquoi aller encore à la messe ? Sous le joug romain, nos pasteurs soupirent, car il leur faut bien affronter au jour le jour les problèmes que leur refile une bureaucratie ecclésiastique lointaine. Ils ne peuvent attendre aucune aide des évêques, tout au plus les discours habituels : « C'est une question qui concerne l'ensemble de l'Église, et, dans les autres pays, elle se pose de façon tout à fait différente. Il faut avoir de la patience et prier. » La plupart des théologiens se contentent de critiquer et de murmurer sans proposer aucune solution concrète.

C'est pourquoi, après mûre réflexion, je me décide à une prise de position publique que je crois théologiquement fondée, à une « invitation à se débrouiller tout seul ».

J'emprunte ce titre à la rédaction du magazine littéraire du *Frankfurter Allgemeine Zeitung*, journal libéral ouvert aux voix des catholiques critiques. À la question : « Que faire ? », je propose donc une réponse claire : « Agissez selon votre conscience, d'autant plus que cette loi attribue la plus grande importance à la responsabilité personnelle. » Pour le pasteur, cela signifie qu'il doit utiliser au mieux l'espace libre qui lui reste ouvert, et si, dans certains cas, cela ne lui suffit pas, qu'il aille aussi loin que possible à la rencontre des partenaires du couple, même si cela va contre les prescriptions de la loi (*Frankfurter Allgemeine Zeitung* du 9 mai 1970).

Mais je pousse plus loin encore : « Face à un problème de plus en plus brûlant, on pourrait en arriver dans l'espace linguistique germanique à ce qui se pratique déjà autre part, en particulier aux États-Unis : à ce que les curés ne se préoccupent plus de dispenses. Ainsi le problème sera-t-il résolu de fait, comme l'a été il y a quelques années celui du jeûne eucharistique qui est de fait tombé en désuétude. »

Pour être efficace, mon langage est clair et net. J'établis un parallèle avec la régulation des naissances : « Se débrouiller soi-même n'est pas la façon idéale de régler le problème, pas plus en ce qui concerne les couples mixtes responsables qu'en ce qui concerne la régulation des naissances. Mais devant l'incapacité de la direction de l'Église catholique de répondre aux problèmes actuels, il n'y a pas d'autre moyen d'aller de l'avant. »

L'appel se montre efficace.

L'excitation que provoque cette claire invitation à simplement ne plus tenir compte du décret romain est énorme. Mais l'opposition décidée de groupes de prêtres, de pasteurs isolés et de laïcs, la protestation des couples mixtes et des communautés étudiantes, le trouble des étudiants de théologie catholique et la solidarité croissante des fidèles et des paroisses catholiques et protestantes montrent bien le sérieux de la situation et l'inutilité probable de toute mesure disciplinaire visant à maintenir le statut quo.

Dans l'ensemble, l'accord sur mon article est considérable. S'ajoute à cela l'écho international : *Le Monde*, *The Tablet*, *L'Europe* et d'innombrables communiqués de presse le répercutent. Beaucoup d'évêques et leur entourage sont outrés. On parle de rébellion. Le professeur J. G. Gerhartz, jésuite et canoniste, engage une bataille de traduction qui ne fait que détourner du problème essentiel. Il s'agit à ses yeux de savoir s'il faut comprendre la première phrase de mon texte au sens de : « Conformément à sa mission, l'Église a depuis toujours *(semper)* montré la plus grande sollicitude *(sollicitudo)* envers les couples mixtes » (traduction que je justifierai dans une prise de position plus longue dans le *Frankfurter Allgemeine Zeitung* du 16 juin) ou seulement d'un passif : « l'Église s'est toujours souciée des... » (Gerhartz). Dans les deux cas, cette première phrase serait une « erreur historique ». C'est pourquoi je conclus : « Au lieu de se soucier du souci du pape, on ferait mieux de se soucier du souci des couples mixtes. » Un confrère religieux de Gerhartz, le professeur Heinrich Barth, rédige un remarquable appel à la compréhension de la part des évêques.

Au cours de sa prédication de la Pentecôte, Mgr Hermann Schäufele, archevêque de Fribourg, ancien du Germanicum, me reproche nommément ma « rébellion » contre la direction de l'Église, ma « désobéissance ouverte ». Comme si, dans des circonstances difficiles, la théologie morale catholique ne justifiait pas un appel à agir selon sa conscience ; fût-ce à l'encontre des prescriptions officielles de la loi ! Comme si cela ne devait pas être la recommandation de la Conférence épiscopale elle-même face à l'encyclique *Humanae vitae* encore à venir !

Mais voici que, le 19 mai 1970, le cardinal Döpfner, président de la Conférence épiscopale allemande, publie la bien inutile déclaration de blâme que souhaitait Rome, et il prend sans restriction la défense du document romain. Pas un mot de compréhension pour la souffrance et les besoins des couples mixtes ou les besoins des pasteurs concernés, ni bien entendu pour les théologiens qui se sont vraiment engagés dans l'affaire. Au lieu de quoi il m'attaque personnellement avec des mots très durs en m'ordonnant de m'en tenir strictement aux décisions officielles. Il en appelle aussi au synode des évêques de 1967, passant toutefois sous silence le fait qu'un tiers de ceux-ci, y compris le cardinal hollandais, Mgr Bernard Alfrink, ont demandé qu'on en finisse avec tous ces empêchements de mariage entre époux de confessions différentes et avec toutes les promesses exigées au sujet des enfants.

Ma réponse à la Conférence épiscopale est nette : « La Conférence épiscopale allemande doit-elle décider autrement qu'elle l'a fait récemment à propos de la question du célibat, quand elle a fait appel à la liberté de conscience de chacun en donnant une interprétation très large du décret romain (*secundum, praeter*, mais aussi, dans certaines circonstances, *contra legem*, "à l'encontre de la loi") ? » Ainsi mon article aura-t-il atteint son but, car je ne l'avais écrit en langage aussi dur, mais aussi objectif, que pour réveiller la hiérarchie. Il est superflu de dire que le rédacteur qui s'exprime de façon aussi critique ne manque pas par ailleurs de féliciter publiquement l'autorité chaque fois qu'elle se met vraiment au service des gens et « pose un acte courageux pour l'amour de Dieu » (Zwingli) [*Publik* du 5 juin 1970].

En France, toute lettre ouverte d'Yves Congar au quotidien catholique *La Croix* suscite toujours une large attention, surtout quand il s'adresse à un théologien précis (3 juin 1970). Or, en matière de mariages mixtes et de célibat, le dominicain défend Paul VI avec lequel il est en excellente relation : le pape ne saurait être à la pointe du renouveau, car il doit faire montre de prudence. Lui, Congar, m'avait dit un jour que ce problème du renouveau était celui du verre à moitié plein ou à moitié vide. C'était toute la différence entre un réformateur et un révolutionnaire ; je ne devrais pas être aussi assuré de mon charisme théologique.

Est-ce de son propre chef qu'il avait écrit cette lettre sur le motu proprio ? Avec tout le respect et l'amitié que je lui porte, je lui réponds le 7 août 1970 dans le même journal : il y a longtemps que l'on me l'a décrit, lui, mon ami, comme un révolutionnaire, parce qu'il ne se montrait pas satisfait devant un verre à moitié vide qu'il serait si facile de remplir. Mais ce n'est pas en cela que je vois la différence entre un réformateur et un révolutionnaire. Révolutionnaire est celui qui renverse le verre, et c'est ce que je n'entends pas plus faire que lui. S'il veut dire qu'il est *plus sensible au pape* que moi, je lui propose un autre point de vue : « Je n'ai pas vu que Jésus avait montré beaucoup de sensibilité pour les grands prêtres alors que ceux-ci défendaient non sans bonnes raisons leur loi et qu'ils auraient donc mérité un peu plus d'attention. La comparaison est boiteuse, je le sais. Mais vous vous rappelez l'essentiel, ce que je vous ai dit : *Jésus s'est montré sensible aux gens* ; *"Misereor super turbam !"* Vous savez, mon cher Congar, que je ne parle pas pour moi, mais pour “le peuple” qui n’a pas de voix. Vous savez aussi que, tout au moins dans les pays germaniques et anglo-saxons la plus grande partie de ce peuple et de l’Église attend une solution rapide de cette question des mariages mixtes, celle que je propose moi-même, et beaucoup d’autres. »

Tout cela accentue la pression sur les évêques. Le 23 septembre 1970, la Conférence épiscopale promulgue des « décisions détaillées » qui marquent vraiment un changement : il n’y a plus besoin de consulter les évêques pour demander une dispense : cela doit se régler au niveau local. En dépit de toutes les clauses restrictives, les époux peuvent choisir en toute conscience la forme de leur mariage et décider du baptême et de l’éducation religieuse de leurs enfants, de telle sorte que cela mettra fin à l’émigration des couples mixtes hors de toute Église. Une fois que les évêques ont permis à leurs pasteurs de se débrouiller eux-mêmes, mon appel est devenu sans objet.

J’exprime très formellement *le merci que j’avais promis* dans un grand article rétrospectif sur la controverse. « Les évêques méritent les remerciements de toutes les personnes concernées pour avoir fait leur la souffrance des couples mixtes et de leurs pasteurs ; pour avoir de façon pleinement responsable cherché la meilleure solution dans un esprit œcuménique, en union avec les Églises protestantes et pour s’être décidés à aller concrètement de l’avant en faisant une démarche qui va bien au-delà du décret romain et qui épargne désormais aux couples et aux pasteurs de se sentir mauvaise conscience vis-à-vis de la règle ecclésiastique » (*Publik* du 27 novembre 1970). Enfin une victoire des réformateurs !

Mais qu’en est-il donc d’une autre question, non moins importante ?

Cinquième provocation : « l’encyclique sur la pilule ».

On a peine à le croire : dans l’Église catholique, la question des méthodes de régulation des naissances mijote depuis 1930, date à laquelle la Lambeth Conference, la Conférence épiscopale des évêques anglicans du monde entier, s’est prononcée en faveur de leur licéité morale. Le Vatican, comme toujours convaincu d’être le seul détenteur de la vérité, ne soupçonne pas un instant qu'il y a là un deuxième cas Galilée. Pie XI publie donc alors l'encyclique *Casti connubii* (1930) qui proscrit comme péché mortel tout usage de moyen anticonceptionnel (mécanique ou par interruption du coït). S'ils ne désertent pas du coup l'Église, nombreux sont les fidèles à souffrir de ce sévère diktat moral qui les oblige à l'abstinence sexuelle, ou tout au moins au difficile recours à la méthode dite Ogino, basée sur le calcul des périodes d'infécondité de la femme. C'est là une chose que m'a bien apprise la pratique du confessionnal à Lucerne : des millions de catholiques attendaient de l'aide de Vatican II.

Effectivement, pendant la troisième session (1964), trois éminents pères du concile soulevèrent la question le même après-midi à Saint-Pierre : le patriarche Maximos, le cardinal Léger (Montréal) et le cardinal Suenens. Ce soir-là, je sortis de la cathédrale avec ce dernier. Il me confia alors que le pape entendait soumettre le problème à une commission et que l'on pouvait sûrement compter sur une solution positive.

Mais quelle duperie ! Sans doute le pape interdit-il la discussion du problème en réunion plénière en la confiant à une commission papale. Or il avait déjà été l'objet de violents échanges au sein de la commission théologique du concile : les quelques conservateurs regroupés autour du cardinal Ottaviani avaient combattu par tous les moyens toute théologie valorisant la responsabilité parentale. En dépit d'un vote de 2000 oui contre 91 non, mais grâce à une intervention papale, on déboucha sur un mauvais compromis. L'article 50 du document conciliaire sur l'Église dans le monde d'aujourd'hui *(Gaudium et spes)* affirme bien la responsabilité parentale, mais l'article 51 la conteste et renvoie à la malheureuse encyclique *Casti connubii* de 1930. En même temps une note renvoie la décision ultime au pape. S'ensuivra une encyclique qui constituera une provocation sans exemple débordant largement les frontières du peuple catholique.

Un pape qui doute.

Le 2 décembre 1965, à la fin du concile, au cours de la longue audience privée (voir t. I, chap. IX, « Une audience avec Paul VI ») où le pape me demande de me mettre « au service de l'Église », j'ai la possibilité de lui parler directement du problème. Je lui présente un petit mémorandum où je traite de la question en douze points, et je lui demande de le transmettre à la commission théologique chargée de l'affaire ; au cours de la conversation, je cherche avant tout à lui faire sentir combien de couples du monde entier attendent une prise de position pleine de compréhension sur ce problème vital.

Le pape écoute tranquillement mes arguments et me répond que la commission papale va maintenant délibérer de la question et – en faisant un geste vers la pile de dossiers qui attendent sur son bureau – ce sera alors à lui de décider, chose sûrement plus difficile que d'étudier le problème. Et quand je lui objecte : « *Finalemente, Santitá, non si tratta di una dottrina infaillibile* (finalement, il ne s'agit pas d'une doctrine infaillible) », il lève spontanément les deux bras au ciel, puis regarde à ses pieds, me regarde, et son visage dubitatif me fait comprendre qu'il n'est pas du tout aussi sûr que moi qu'il ne s'agit justement pas d'une doctrine infaillible. Sur l'instant, je suis aussi ahuri que le serait un savant essayant d'expliquer à un ignorant que la terre est ronde, en dépit de l'apparence plate de sa surface. Je lui dis juste – il ne me reste qu'un peu de temps – que tous les théologiens marquants partagent ma façon de voir, ce que le pape écoute en levant encore les bras d'un air désespéré.

J'ai déjà parlé du caractère amical de la fin de cette audience. Je ressens de la compassion pour ce pape : comment un individu, du seul fait qu'il se réclame d'un Pierre qui s'est si souvent trompé (qu'on lise l'altercation entre Paul et Pierre au second chapitre de l'épître aux Galates), peut-il décider seul d'une question vitale pour les gens ? Cela ne le rend pas plus compétent que sur le problème du célibat ! Le pape Montini est un intellectuel qui sait douter quand le doute est de mise. Mais j'entendrai dire par la suite qu'un membre de la commission qui n'a pas plus de doute sur ce sujet que sur les autres n'est jamais apparu à aucune session de la commission, ce qui ne l'a pas empêché d'envoyer des lettres à Rome en demandant dans le dos de la commission qu'on ne s'écarte surtout pas de la doctrine traditionnelle : il s'agit de Karol Wojtyla, archevêque de Cracovie.

Pour ma part, je devrai avouer par la suite que, au cours de cette audience, j'ignorais encore le point brûlant du problème. Pour cela, il m'aurait fallu connaître le rapport du groupe Ottaviani, ce que je ne découvris que par indiscrétion après le concile. Je comprendrai aussitôt pourquoi le pape n'a pu se laisser convaincre par la majorité progressiste de la commission de clercs et de laïcs qui avait résolument pris parti pour un changement de la doctrine, à commencer par son vice-président, le cardinal Döpfner.

Une encyclique qui se heurte à une résistance mondiale.

Quand, deux ans après le concile, on connaîtra le rapport, jusque-là tenu secret, de la minorité conservatrice de la commission papale sur la pilule – il a été publié (et on peut l'en remercier) dans le numéro 21 de la *Herder Korrespondenz* (1967, p. 429-439) –, on découvre qu'il ne s'agit pas à vrai dire de la régulation des naissances comme telle, mais du prestige du magistère ecclésiastique ; non pas de sexualité, mais de l'infaillibilité, de la continuité, de l'autorité, donc de la doctrine romaine selon laquelle le Saint-Esprit accorde au magistère de ne jamais se tromper.

Ce rapport arrive juste à temps pour que je puisse l'analyser sous le titre « Changement de cap dans la doctrine ? » dans mon ouvrage : *Être vrai. Sur l'avenir de l'Église*. Mais il arrive trop tard pour avoir la moindre influence sur l'encyclique *Humanae vitae* qui paraîtra l'année suivante, en 1968. Mais le problème est désormais clairement posé.

On a généralement interprété comme une tactique romaine destinée à minimiser la résistance le fait que cette encyclique soit parue en date du 25 juillet, donc au moment des vacances d'été qui commencent en août, et en plein milieu de la bataille du peuple tchèque pour la liberté. Mais ce fut probablement simplement dû au fait qu'on avait enfin mis au point le délicat document. Dans l'opinion publique, il fit en tout cas l'effet d'une bombe. Le pape avait manifestement sous-estimé la résistance contre sa doctrine. Alors que les statistiques de l'Unicef annonçaient le risque de voir des centaines de millions d'enfants mourir de faim dans les rues, le grand souci du Vatican était de renforcer rigoureusement son interdit de toute méthode artificielle de régulation des naissances.

En face de la tornade du refus, même à l'intérieur de l'Église catholique, le pape se vit dès le lendemain de la publication de l'encyclique forcé – événement unique – de justifier son texte en expliquant les motifs de sa décision. « Notre premier sentiment a été celui d'une responsabilité extrêmement lourde... Nous n'avons encore jamais autant ressenti que dans ce cas le poids de notre ministère. » Et pourquoi ? En premier lieu, le pape note : « Il nous fallait donner une réponse à l'Église, à l'humanité ; nous devions mettre en balance notre devoir, la liberté de notre ministère apostolique et une tradition doctrinale séculaire en tenant compte des prises de position de nos prédécesseurs immédiats. » Une tradition doctrinale qui ne saurait en aucun cas être erronée !

Pour ma part je reçus la nouvelle de la publication chez moi, à Seehaus, au bord du lac Sempach, le vendredi 2 août 1968, et l'écho des médias me donna tout de suite de percevoir l'irritation qu'elle provoqua en Suisse. Cela me conduisit à appeler dès le dimanche matin la direction de la télévision de Zurich et à me déclarer prêt à intervenir le samedi soir en mon nom propre au cours de l'émission très courue « Parole pour le dimanche ». Cela déclencha bien entendu des conciliabules intenses au niveau supérieur, mais on fut d'accord. Par la suite, Otto Wüst, évêque auxiliaire de Bâle et, comme je l'ai dit, citoyen de Sursee et mon ami d'enfance, me dira qu'il en avait eu froid dans le dos en prenant connaissance du changement de programme de l'émission. Il s'attendait à un discours incendiaire, mais il se trompait. Est-ce que je devais encore jeter de l'huile sur le feu ?

Non, ce qui m'importait, c'était de réagir raisonnablement, mais clairement, à un tel diktat doctrinal. Deux points comptaient avant tout pour moi, et c'est exactement ceux que je défendis à la télévision.

1. L'argument décisif du pape a été qu'il se sentait lié par la doctrine présentée comme définitive par ses prédécesseurs et par l'épiscopat de la première moitié du siècle. J'en conclus que notre Église serait mise à rude épreuve si elle devait maintenir ses idées de l'autorité et du magistère, ainsi que la formulation de sa doctrine et de ses dogmes, tout particulièrement celui de l'infaillibilité. Ne devrions-nous pas à l'avenir moins parler de l'infaillibilité de l'Église en termes de doctrine, de formules définies, et davantage en affirmant notre conviction que, malgré ou à travers les erreurs de ses papes, de ses évêques, de ses théologiens, de ses curés, de ses fidèles, hommes ou femmes, l'Église s'est maintenue, s'est même renouvelée grâce à *l'Esprit du Christ* ? Je formule déjà clairement là la solution théologique que je proposerai au difficile problème de l'infaillibilité, à l'époque sans que quiconque s'y opposât.

2. Nous devons prendre au sérieux la décision de conscience du pape et la respecter. Mais inversement cela signifie aussi que ceux d'entre nous qui, ayant mûrement réfléchi, en arrivent à penser devant leur partenaire et devant Dieu que, pour le bien de leur couple et le maintien de leur amour, ils doivent agir autrement que ne le dit l'encyclique, ceux-là sont tenus par la morale catholique elle-même d'agir selon leur conscience. Autrement dit, s'ils agissent ainsi en toute bonne conscience, ils n'ont pas à s'accuser de péché, et ils peuvent continuer à prendre part à la vie de l'Église et à ses sacrements.

Mais il est hors de doute que l'encyclique sur la pilule de l'année 1968 a plus qu'aucune autre contribué à pousser à son paroxysme la situation critique de l'Église. On a caricaturé Paul VI en en faisant « le pape de la pilule ». En fait, l'interdiction sans exception de tout recours à un moyen anticonceptionnel artificiel n'a pu s'imposer. L'autorité ecclésiale en matière de morale s'est autodétruite et, de façon inattendue, elle n'a fait qu'ouvrir dans l'Église un nouvel espace de liberté de conscience. Des pans entiers du peuple catholique se sont spontanément organisés, ce qu'on constatera bientôt : qu'on pense à des revues telles que *Publik*, ou à des mouvements comme L'Église d'en bas et Nous sommes aussi l'Église, mais également aux conseillères privées auprès des femmes enceintes. On voit se développer tout un courant chrétien de protestation que le mouvement étudiant ne fera que renforcer.

II

1968 : l'année critique

« Si nous l'engageons dans notre combat pour la vérité, la jeune génération vaincra, ni par la violence ni par une défensive hargneuse, mais ni non plus en se cramponnant obstinément à l'autorité et à la tradition. »

Ludwig RAISER[1]

L'Église n'est pas la seule à devoir cultiver le souvenir : c'est aussi le cas de toute société, de toute nation, chacune à sa manière, et chaque génération doit repartir à neuf. Or nous risquons tous de refouler les périodes sombres de notre histoire, que ce soit la Première ou la Seconde Guerre mondiale, la guerre du Viêtnam ou d'Irak, ou encore le passé brun rouge jaune de l'Europe. C'est pourquoi, que cela plaise ou non, nous devons consacrer les deux chapitres qui suivent à 1968. Je ne saurais m'en dispenser, et je vais donc tenter le bilan des conséquences de cette période de trouble.

Comment on en est arrivé à la révolution de 1968.

1968 : un signal ! Cette année marque la rupture décisive dans l'histoire européenne ou américaine de l'après-guerre du Viêtnam. La crise germait évidemment depuis longtemps mais elle a brusquement explosé à ce moment-là. Dans le monde entier, elle a culminé dans *le mouvement étudiant*, cri de révolte et de protestation, et elle a marqué un tournant, pour les étudiants et les professeurs bien sûr, mais aussi pour les intellectuels et les hommes politiques. Aujourd'hui encore, on n'a pas fini de penser les conséquences des courants sociaux qui se sont alors amorcés : appel à une démocratisation trop longtemps remise au

1. Recteur de l'université de Tübingen, 11 octobre 1968.

lendemain, processus de modernisation, crispations idéologiques ou affirmation débridée du moi, antiautoritarisme ou refus de toute discipline... Pour éclairer les choses, je commencerai par rappeler quelques racines idéologiques de l'explosion, quelques arrière-plans sociaux.

Au début, le mouvement n'a aucun programme politique : il s'agit seulement d'un sentiment diffus, d'un climat qui débouche progressivement sur des provocations, des remises en cause de tabous, quand ce ne serait que pour secouer la tranquillité des bourgeois. La contre-culture des jeunes des années 1960, marquée par l'apparition du rock et le jaillissement érotique, y est pour beaucoup. Mais, en prenant une teinte politique, la révolution culturelle des étudiants et des intellectuels vient ébranler une société centrée sur le travail et la productivité et remettre en question le mode de vie normal. Pour la nouvelle génération, ce qui compte, ce n'est plus le travail, la production, le revenu, le prestige social : rejetant les conventions sociales, elle se réclame de l'utopie et veut se défaire de toutes les contraintes. On assiste à une politisation et à une démocratisation de tous les secteurs de la société. On crie son dégoût de la poursuite de la guerre du Viêtnam. *« Make love, not war ! »* devient le slogan d'une culture hippie en quête d'un mode de vie alternatif.

Les analyses sociales de la nouvelle gauche avaient préparé le terrain, tant aux États-Unis qu'en Europe. Cette gauche se différenciait clairement de l'ancienne gauche communiste dont elle dénonçait les slogans, mais elle s'insurgeait tout autant contre les partis sociaux-démocrates embourgeoisés dont le réformisme rejoignait celui des syndicats. On en avait plus qu'assez tant de l'apathie politique liée à la guerre froide que de la bureaucratie des institutions sociales. Surchauffé par certains organes de presse ou des maisons d'édition idéologiques, le courant protestataire se fit tornade. En Allemagne, le silence prolongé sur ce qu'on avait subi ou fait du temps des nazis, puis le choc du procès d'Auschwitz (1963-1966) conduisent les soixante-huitards à exiger des comptes : ils se refusent à croire que les vieilles générations ne savaient rien et qu'elles sont aussi innocentes qu'elles le prétendent, et ils remettent donc en question l'autorité aussi bien de l'Église que de l'État.

Très vite, les étudiants rebelles ne se satisfirent plus de la « théorie critique » de l'école de Francfort, celle de Theodor Adorno ou de Max Horkheimer. Au départ, c'était d'eux qu'ils se réclamaient : ils reprenaient leur vision négative de la société économique bureaucratique et technocratique pour dénoncer radicalement le monde existant. Mais, se rebellant contre un establishment détesté qu'ils pensent voir aussi à l'œuvre dans les universités (sous les « millénaires toges miteuses »), ils refusent l'esthétisme dont Adorno et Horkheimer étaient partisans et ils réclament l'action politique. Au lieu de reconnaître dans les œuvres d'art authentiques des documents et des monuments aptes à servir la résistance et répondant à leur rigueur morale, donc fort différents des productions de l'industrie culturelle, les étudiants allemands, à l'instar des Américains, se réclament d'une « nouvelle sensualité ». Celle-ci doit abolir les frontières entre l'art et la vie, entre l'art et la banalité, entre la haute culture et la subculture telle que le pop art ; elle étend les canons littéraires aux westerns, à la science-fiction, à la littérature underground et, en matière d'art plastique, elle qualifie d'art tous les domaines de la vie quotidienne, y compris le happening.

Parmi les premières victimes de l'agressivité déchaînée, il y a Adorno lui-même. Au cours de la décennie d'après-guerre, ce penseur qui, dans les années 1920, avait lucidement opté pour la modernité en adhérant à la philosophie marxiste, à la psychanalyse et, en musique, à la seconde école de Vienne (Schönberg), dut vivre « l'âge fatal de la modernité ». Mais il se refusait à tirer de sa critique philosophique aucune conséquence sociale et politique immédiatement révolutionnaire. Foin donc de cet homme dépassé ! Pour les étudiants, le nouveau prophète, c'est sans contredit le philosophe de la culture, Herbert Marcuse : ce professeur allemand de San Diego, en Californie, crée le lien entre les étudiants et les intellectuels allemands et américains. Dès 1966, lors d'une assemblée d'étudiants à Francfort, il explique que l'opposition à la guerre du Viêtnam est un devoir moral. Il demande qu'on s'engage ici et maintenant afin que la jeune génération ne refasse pas la faute qu'avaient commise leurs parents au moment du national-socialisme. Il défend une nouvelle version du marxisme qui ne se contente pas de rejeter négativement sa forme communiste stalinienne, mais qui en appelle positivement à une nouvelle forme de sensibilité, à une nouvelle sensualité capable d'affirmer la primauté des pulsions vitales sur la culture de l'establishment fondée sur l'agressivité et la culpabilité.

Les étudiants, et en particulier les Students for a Democratic Society (SDS) aux États-Unis et l'Alliance des étudiants socialistes allemands (SDS), se considèrent désormais comme les catalyseurs de la mutation sociale, la « nouvelle conscience » de l'humanité. Aux États-Unis, ils soutiennent avant tout le Mouvement des droits civils (Civil Rights Movement) en s'opposant de plus en plus violemment aux bombardements massifs du Nord Viêtnam et à l'emploi des bombes au napalm. Car cette guerre oblige à renforcer toujours plus l'engagement militaire, y compris par des troupes au sol (en 1967, 525 000 hommes), donc à recruter les étudiants jusque-là épargnés. C'est ainsi que les démonstrations contre la guerre se muent de plus en plus en mouvement général antiautoritaire.

La radicalisation allemande.

En Allemagne, en décembre 1966, le chancelier Ludwig Erhard (qui s'était montré impuissant contre le risque de récession) dut se retirer et fut remplacé par Kurt Georg Kiesinger, que j'avais personnellement connu comme président du Bade-Wurtemberg et résident à Tübingen. Il réussit à former une grande coalition des démocrates chrétiens et des sociaux-démocrates. C'est alors que naît une opposition extraparlementaire (APO) contre un État extérieurement compétent mais qu'on dit intérieurement corrompu et contre ses représentants élus : conduite par le SDS et son président, Rudi Dutschke, elle est constituée d'étudiants et d'intellectuels. Elle s'oppose en particulier à l'état d'urgence projeté par le Parlement, mais où beaucoup d'étudiants voient une menace contre les droits démocratiques fondamentaux.

Entre le 27 mai et le 4 juin 1967, le shah d'Iran, Mohammad Reza Pahlavi, vint rendre une visite officielle en République fédérale. Dans les universités et dans beaucoup de villes, cela provoque des protestations contre son régime autoritaire. Le 2 juin, à Berlin, lors d'une manifestation contre le shah, Benno Ohnesorg, un étudiant, est tué d'un coup de feu. Le policier accusé de meurtre par imprudence est disculpé. L'événement, en lequel on voit un prodrome de l'état d'urgence en projet, déclenche une mobilisation générale de toutes les associations nationales d'étudiants, soutenue par l'intelligentsia de gauche. Même à Tübingen, les étudiants protestent en masse (j'en reparlerai plus loin). Peu auparavant, à Bruxelles, un attentat avait provoqué l'incendie d'un magasin et la mort de 251 personnes.

Quatre jours plus tard, on avait répandu dans Berlin des tracts d'une « Commune 1 » où on comparait l'incendie bruxellois et la mort par napalm au Viêtnam en demandant quand on verrait enfin des magasins brûler dans la ville. Le 22 mars, les membres de la « Commune », accusés d'instigation aux incendies, sont disculpés, car leurs tracts n'auraient été que « satiriques ». Mais, le 2 avril 1968, deux magasins de Francfort flambent effectivement : on emprisonne et on condamne pour incitation à la violence Andreas Baader et Gudrun Ensslin ainsi que deux autres camarades. À peine libérés, ils formèrent l'association terroriste Fraction Armée rouge (RAF), dont le but est de faire exploser l'ordre social et politique de la République fédérale en s'inspirant des méthodes de la guérilla urbaine d'Amérique latine. On les arrêtera et on les jugera en 1972.

Le 11 avril 1968, Rudi Dutschke, le leader étudiant, qui avait admis le recours aux armes dans certaines circonstances, est lui-même très grièvement blessé dans la rue par un jeune manœuvre. Cela déclenche des manifestations dans toute l'Allemagne, et même certains heurts sanglants avec la police (deux morts à Munich). Pour beaucoup d'étudiants, cet attentat est une conséquence d'une analyse tendancieuse des derniers mois de troubles de la jeunesse, dans le *Bild Zeitung*, l'organe de la fort conservatrice Springer Presse. Le 3 avril 1968, le Bundestag avait tenu une session spéciale sur le sujet. À peine un mois plus tard, et en dépit de l'opposition, il décide par une majorité des deux tiers un état d'urgence qui ne sera au reste jamais appliqué.

Au départ, et seulement dans les universités, les provocations de masse restent uniquement le fait de quelques minorités relativement réduites, mais elles débordent vite ce cadre restreint. Elles trouvent souvent le soutien des médias où nombre de journalistes et de rédacteurs sympathisent avec les protestataires, puis des partis, du monde culturel, et finalement même des Églises et de la théologie. On voit rapidement se répandre des formes totalement nouvelles de rapports entre les gens, des modes vestimentaires parfois surprenantes, de nouveaux modes d'action, sit-in, tech-in, love-in, bref une toute nouvelle manière de vivre et de s'organiser : communes, crèches d'enfants, séminaires critiques...

Globalement, ce fut une véritable révolution culturelle qui atteignit son apogée en 1968. Au Viêtnam, la victorieuse offensive du Têt du Front de libération communiste vint ébranler la confiance de beaucoup d'Américains dans la conduite militaire et politique du conflit. Les événements s'accélèrent : à Berlin, Congrès international du Viêtnam suivi par de grandes manifestations, à Londres campagne de solidarité avec le Viêtnam, à Rome fermeture de la Cità Universitaria et « bataille de la vallée Julia » ; puis, bien sûr, le révolutionnaire Printemps de Prague qui finit par prendre un tout autre caractère. S'ensuivent aux États-Unis des événements non moins dramatiques auxquels je ne fus pas moins mêlé qu'à la radicalisation allemande.

Professeur invité à New York.

Le 12 février 1968, je termine mes cours à Tübingen. Deux jours plus tard, le mercredi 14 février, j'entame un nouveau semestre à l'Union Theological Seminary comme professeur invité. J'avais déjà été invité en 1963, mais j'avais dû repousser l'offre jusque entre le semestre d'hiver et le semestre d'été de mon université. Maintenant, je reprends en anglais mes cours de théologie œcuménique de Tübingen sur les sacrements. J'entends avant tout analyser en les dépassant les points de rupture entre les Églises en particulier l'eucharistie et la pénitence. Je tiens également un séminaire sur la doctrine de la justification et j'anime un colloque sur l'entente entre les confessions chrétiennes.

Lors de ce colloque sur l'Église et sa véracité, j'attendais entre 100 et 200 participants. Heureuse et impressionnante surprise : il y en a 1 600, ce qui rend évidemment impossible le colloque. Je dois faire de véritables conférences que je mets sous le titre « Problèmes actuels de l'Église ? », et on doit les déplacer de l'Union Theological Seminary à la Riverside Church, un joyau d'art néogothique construit par John D. Rockefeller. Il ne me reste qu'à retravailler pièce par pièce mes cours ouverts aux étudiants de toutes les facultés de Tübingen sur l'Église et sur l'être vrai en les envoyant un par un à Londres à mon excellent traducteur anglais, Fr. Edward Quinn. C'est grâce à son engagement total que j'avais pu m'envoler le 13 février pour New York avec les manuscrits anglais de mes conférences. Le *New York Times* du 15 février 1968 avait salué mon arrivée dans la rubrique « Man in the News » sous le titre : « Un théologien de la réforme catholique », en souhaitant la bienvenue à un « idéaliste sans illusion ».

Mais cet Union Theological Seminary, situé à Manhattan, tout près de l'université Columbia et du séminaire théologique juif et à proximité du grand quartier général du National Council of Churches est lui aussi pris dans la tourmente. De grands théologiens tels que Reinhold Niebuhr et Paul Tillich y avaient eu leur chaire, et, sous la présidence de John Bennet, éminent professeur de morale sociale, il jouissait d'une grande réputation intellectuelle. Je n'ai vraiment pas à me plaindre de l'intérêt scientifique de mes étudiants, et les contacts avec mes collègues et leurs épouses sont des plus amicaux et cordiaux. Je dispose de deux assistants hautement qualifiés et fort sympathiques, Karl Peters et Wesley Poorman. Non seulement ils sont près de moi lors des séminaires, mais ils corrigent aussi mes comptes rendus et trient la masse de questions écrites que me valent mes cours à la Riverside Church.

Mais comment cacher que l'intérêt de mes étudiants, surtout ceux de couleur, se porte moins sur le savoir et la formation théologique que sur *l'action et l'agitation sociale de l'Église* (je n'ai qu'à repenser à tous les tracts et billets affichés dans les ascenseurs). En juillet 1967, l'Amérique avait connu de dures bagarres raciales : les coûts de plus en plus importants de la guerre du Viêtnam avaient rendu impossible la réalisation du programme « Grande Société » qu'avait annoncé le président Lyndon B. Johnson. Le 21 octobre 1967, il s'était ensuivi une véritable tempête à Washington. On avait attaqué la police, brisé les barrières de protection et hissé le drapeau du Mouvement de libération du Viêtnam (FNL) sur le mât du Pentagone avant que la manifestation ne soit dispersée. On en était arrivé à un refus du service militaire (des *draft cards*). Bon nombre de prêtres catholiques éminents, en particulier les deux frères Berrigan, jésuites, avaient pris part à l'affaire, avaient été arrêtés, jugés et emprisonnés. La grande majorité de nos étudiants n'est sûrement pas prête à aller aussi loin. La guerre américaine contre le Vietcong communiste avait longtemps été objet de discussions même dans le SDS américain, mais on avait donné la priorité au travail social et aux organisations d'aide au combat général contre le racisme et contre la discrimination raciale et la pauvreté. Cependant la victoire des États-Unis semble de plus en plus improbable. Il y a déjà 56 000 victimes américaines de la guerre et plus d'un million de Vietnamiens.

J'entends, je vois, j'apprends beaucoup de choses, lorsque, au cours de mes journées libres, je me rends dans d'autres villes, Pittsburgh, Louisville, Yale, Bâton Rouge, New Orleans,

Washington DC, Vassar, Marymount, Columbus, Talahassee. Dans le grand centre inter-Églises de New York, j'ai à parler du développement postconciliaire dans l'Église catholique ; au Goethe Institut de l'être vrai dans l'Église, enfin de la question brûlante : « Jésus ou Qûmran ? » devant quelque mille religieuses. Je plaide clairement contre la tendance à s'orienter sur les règles strictes du monachisme essénien de l'époque, et en faveur des règles très souples des disciples de Jésus. Tout cela ne m'empêche pas d'aller écouter l'*Œdipus Rex* de Stravinski ou les *Carmina Burana* de Carl Orff, ainsi que le *Lohengrin* de Wagner au Metropolitan Opera, la célèbre comédie musicale de Tom Stoppard *Rosencrantz et Guildenstern sont morts*, ou le Don Quichotte de la comédie musicale de Dale Wasserman : *L'Homme de la Manche*. Finalement, une vie très excitante.

Ma secrétaire new-yorkaise est surchargée de travail : des douzaines de refus à écrire. Ce ne sera que plus tard que je pourrais répondre à certaines invitations universitaires. Je suis cependant heureux de retrouver quelques amis de la Grégorienne ou du temps du concile, en particulier mon collègue étudiant romain, Robert Trisco, désormais historien de l'Église et vice-président de l'université catholique de Washington, celle dont j'avais été banni en 1963 en même temps que trois célèbres théologiens américains (voir t. I, chap. VII, « Un débat historique et une interdiction d'enseigner »). Mais maintenant on m'envoie une invitation formelle.

Je fais aussi connaissance de nombreux nouveaux amis. Je pense par exemple à William Sloane Coffin. Il a trois ans de plus que moi, est issu d'une riche famille WASP *(white Anglo-Saxon protestants)*, avait pris part à la Seconde Guerre mondiale et, encore très jeune, était devenu aumônier de la fort célèbre université Yale. Pour lui, le « cœur de l'Évangile », c'était la justice sociale. C'était une figure de proue du nouveau mouvement de jeunes étudiants et il avait mené campagne contre la guerre du Viêtnam et pour les droits civils des Noirs. Il avait pris part à la « marche de la liberté » sur Montgomery (Alabama), destinée à combattre la ségrégation raciale dans les bus. Pour l'heure, en 1968, il est mis en accusation par le ministère de la justice de l'administration Johnson pour incitation à la désobéissance civile aux ordres d'incorporation pour le Viêtnam. Il est condamné à une peine de prison, mais y échappe à la suite de la décision d'une instance supérieure. De 1977 à 1989, il sera un des « senior Munster » les plus actifs de la Riverside Church. En 1978 nous tiendrons là une grande *convocation* de plusieurs jours en l'honneur de Harry Emerson Fosdick (1878-1969), le célèbre prédicateur libéral, à qui on doit la construction de la Riverside Church.

En 2006, lors du jubilé de cette église, je serai invité avec William Sloane Coffin à tenir un discours de fête, mais nous ne pourrons les tenir ni l'un ni l'autre. Au lieu de quoi nous répondrons tous deux aux cinq questions retransmises par la télévision sur le passé, le présent et l'avenir du christianisme. C'est avec émotion que je verrai à l'écran mon ami, désormais très vieux, traiter des problèmes posés. Quelques jours plus tard, à Tübingen, après avoir moi-même entendu mes propres réponses à l'écran, j'apprendrai la triste nouvelle de sa mort le 12 avril 2006, dans sa propriété de Strafford (Vermont) à l'âge de quatre-vingt-un ans.

Le meurtre de Martin Luther King.

Lors de ce semestre d'invité à New York, il se produit deux événements dont je garde un souvenir tout particulier. Le premier est la visite de Helmut Gollwitzer, disciple de Barth, professeur à l'université libre de Berlin, célèbre pasteur protestant. Il fait une conférence sur « L'athéisme et l'Évangile du présent », et répond courageusement aux questions des étudiants. À la suite de cela, il publiera un livre extrêmement excitant, *La Question du sens de la vie*, où il se demande comment l'homme, ce bout de bois tordu (l'image réaliste de Kant parlant de l'homme) apprenait à « marcher debout[1] », expression pleine d'espérance du marxiste Ernst Bloch. Mais, à l'époque, Gollwitzer s'identifie totalement avec les étudiants berlinois en révolte et à leur meneur, Rudi Dutschke. Il est engagé dans le grand mouvement de protestation et défend de fait *une théologie de la révolution*.

Pas de problème : je fais aussi miennes bien des questions des étudiants concernant la réforme des universités et d'une société toujours à la traîne. Mais la « magie allemande des extrêmes » (Nietzsche), autrement dit l'idée de pousser une idée jusqu'à ses conséquences ultimes et sans issue, contredit ma

1. H. GOLLWITZER, *Krummes Holz – aufrechter Gang. Zur Frage nach dem Sinn des Lebens*, Munich, 1970.

vision de la politique marquée par mon calme et mon pragmatisme démocratique suisse. Et là, dans le cercle de discussion de trente à quarante étudiants de l'Union Theological Seminary, où Gollwitzer découvre encore davantage ses cartes, je suis dans une certaine mesure effaré par sa mentalité de missionnaire marxiste et par la conviction idéologique avec laquelle il parle de ses expériences berlinoises : là-bas, en dépit du caractère unilatéral de sa pensée, cela lui conférait néanmoins une certaine crédibilité. Mais ici, devant les étudiants américains, offrir le spectacle assez troublant de deux professeurs allemands qui se disputent sur l'interprétation du mouvement étudiant allemand ? Je préfère me taire. Je me refuse tout autant à démoniser Rudi Dutschke qu'à le glorifier.

Les mises au point suivent rapidement et sont plus cruelles que je ne le pensais. Le 1er août 1968, Gollwitzer m'écrit de Berlin qu'il a passé quatre semaines supplémentaires en Californie, puis est revenu par Atlanta et Washington dans un Berlin en pleine effervescence, et a lu que Rudi Dutschke avait été victime d'un attentat. Il mourra en 1979 des suites de l'affaire, et Gollwitzer présidera ses funérailles.

Le second événement est encore plus lourd de conséquences. À côté de mes cours sur les sacrements à l'Union Theological Seminary, je tiens aussi à la Riverside Church les conférences annoncées sur les problèmes actuels de l'Église. Nous sommes le 4 avril 1968 : je commence mon exposé à 9 h 30 devant 1 500 auditeurs, clercs et laïcs de différentes Églises. On me tend un billet, et je dois aussitôt faire part à mon auditoire de l'assassinat de Martin Luther King. Le grand combattant de la libération non violente des Noirs vient d'être abattu par un meurtrier blanc sur le balcon de son hôtel de Memphis (Tennessee), alors qu'il tenait un discours.

Je confesse que je reste là, en chaire, complètement décontenancé, incapable de commenter spontanément en anglais un tel événement dont les conséquences me semblent incalculables. Après un temps de silence, je finis par reprendre ma conférence que j'aurais peut-être dû abréger. Mais à ce moment, il me paraît tout aussi inapproprié de renvoyer chez eux des auditeurs qui étaient venus de loin que d'engager une discussion qui n'aurait pu que provoquer une vive controverse. Peu auparavant, le président Johnson avait nommé une commission chargée d'enquêter sur les causes et les arrière-plans des troubles raciaux, ce qui avait conduit à la publication du Kerner Report. Celui-ci concluait que la faute principale du problème, c'était le comportement politique, économique, social et humain de nombreux Blancs face aux gens de couleur. Il ne s'agissait donc pas d'une conjuration des Noirs, mais d'un mélange explosif de discrimination, de pauvreté, de situation de ghetto et de provocations de Blancs (en particulier de la police). Déjà, deux ans plus tôt, le groupe d'étudiants afro-américains SNCC avait rejeté la stratégie de l'action directe non violente de Martin Luther King et s'était prononcé en faveur de la stratégie et de la tactique du mouvement anticolonial de libération. Le rapport critiquait également le mouvement du Black Power qui appelait les Noirs à sortir de la société américaine et défendait le séparatisme. Le meurtre de Martin Luther King, comme quelques jours plus tard, le 3 juin, celui du sénateur Robert Kennedy, le frère du président John F. Kennedy, signifient en tout cas un rude coup pour le mouvement américain des droits des citoyens, jusque-là pacifiste.

Je le constate dès le lendemain. Je dois prendre très tôt un taxi à la 125e rue, pour me rendre à l'aéroport La Guardia. Nous devons traverser le quartier noir de Harlem. Tout est dévasté. Des dizaines de magasins ont été pillés et brûlés. L'assassinat de Martin Luther King a provoqué de violentes émeutes noires dans 76 villes : 46 morts, 45 millions de dollars de dégâts matériels.

N'est-ce pas là un exemple pour l'Allemagne où certains groupes d'étudiants espèrent des troubles et lorgnent vers une guérilla urbaine ?

Une eucharistie pentecostale charismatique à Paris : intercommunion.

En France aussi, l'année 1968 est marquée par de violents troubles étudiants et par une vague de grèves des travailleurs. La crise culmine avec les mouvements sociaux dans les usines et elle met le pays au bord du chaos. Après la fermeture de l'université de Nanterre et l'occupation de la Sorbonne, on en arrive dans le Quartier latin à de véritables combats de rue avec la police. Les jours suivants, il y a aussi de durs conflits dans d'autres villes universitaires. Le 13 mai, le comportement brutal de la police provoque une grève des syndicats qui se déclarent solidaires des étudiants. Le 20 mai, cinq millions de Français sont en grève.

Le 24 mai, le président Charles de Gaulle intervient enfin, et, à la télévision, il se déclare prêt à engager de vastes réformes et à créer un ordre nouveau dans les universités. Le 27 mai, les syndicats et le gouvernement se mettent d'accord. Le 30 mai, de Gaulle dissout le Parlement et annonce de nouvelles élections. Les troubles étudiants de Mai 68 sont restés une date cruciale et ont marqué un tournant de l'évolution politique et sociale du pays, et ils ont pris une importance toute particulière pour beaucoup de chrétiens, pour la théologie et pour l'Église.

Pentecôte, 2 juin 1968. Dans une maison proche de la Sorbonne, 70 chrétiens, catholiques et protestants, prêtres, pasteurs, laïcs, souvent des noms connus, se retrouvent pour célébrer ensemble l'eucharistie[1]. 61 d'entre eux participent ensemble à la Cène et signent un communiqué commun destiné à leurs Églises. Certains assistants ne voient dans cette célébration qu'un événement charismatique, et ils ne songent donc pas à l'institutionnaliser. Mais, par la suite, je verrai souvent des gens établir une relation entre la participation de catholiques à cette célébration eucharistique et ma vision de la succession apostolique, soit pour la louer, soit pour la blâmer : effectivement, à côté de l'ordination ministérielle par imposition des mains, la première épître aux Corinthiens connaît une célébration eucharistique sans présence d'apôtre et sans ministre institué.

Dès le 5 juin, le cardinal Marty, archevêque de Paris, réagit. Dans son communiqué, il fait certes montre de compréhension, mais il n'en déclare pas moins que c'est là un acte qu'il ne peut admettre. Ses raisons : l'eucharistie est le sacrement de l'unité, et la liturgie d'une Église universelle n'est pas un acte individuel ; il faut éviter tout risque de nouveau schisme. Mais il y a surtout le problème du « ministère du prêtre » : seul celui-ci a le pouvoir de consacrer l'eucharistie. « Ce pouvoir lui est conféré par les évêques en vertu de la succession apostolique. » Le cardinal Bea et Mgr Willebrands, du Secrétariat du Vatican pour l'unité, publient alors une lettre dans laquelle ils soutiennent

1. L'auteur se réfère souvent à une source documentaire classée comme suit : Dokumentation I : H. HÄRING - J. NOLTE (éd.), *Diskussion um Hans Küng « Die Kirche »*, Fribourg-en-Brisgau, 1971. Dokumentation II : W. JENS (éd.), *Um nichts als die Wahrheit. Deutsche Bischofskonferenz contra Hans Küng*, Munich, 1978. Dokumentation III : N. GREINACHER - H. HAAG, *Der Fall Küng. Eine Dokumentation*, Munich, 1980. Dans la suite du livre, on renverra simplement à Dokumentation I, II ou III. Ici, voir Dokumentation I : p. 293 *s*.

la position de l'archevêque de Paris. Dans un communiqué, le Conseil de la Fédération protestante de France – représentée par les pasteurs Westphal, G. Roux, Blanc, Bosc, Guiraud et Maury – déclare : « Une célébration commune de l'eucharistie ne pose pas à l'Alliance protestante française les mêmes problèmes qu'à l'Église catholique romaine », et il recommande d'étudier « les questions soulevées par cette affaire ».

En France, ces événements déclenchent des discussions sans fin dans un large public. On en trouve le témoignage dans de nombreux documents, et Rome suit la chose avec méfiance. En juillet 1968, à la demande de la revue *Christianisme social*, je prends finalement une position que de nombreux autres organes reproduiront[1]. Je pars du fait que ce n'est pas seulement à Paris, mais dans bien d'autres endroits, en Europe, en Amérique, au Proche-Orient, qu'on a assisté à de telles célébrations. Aux yeux de beaucoup de gens, elles semblent l'expression d'une unité retrouvée entre les chrétiens de différentes confessions.

Je ne pense pas qu'une théologie sérieuse puisse rien objecter à une célébration eucharistique commune entre chrétiens de différentes confessions ; ni non plus au chrétien individuel qui, pour des raisons importantes, par exemple lors d'un mariage mixte, participe dans certains cas à la célébration eucharistique d'une autre communauté ; ni même – et c'était ainsi que le comprenaient les participants de l'eucharistie parisienne – à des *communautés* qu'une situation extraordinaire pousse à une célébration commune dans laquelle elles voient un événement charismatique qu'elles ne prétendent pas pour autant institutionnaliser.

En ce qui concerne le refus d'une telle intercommunion sous prétexte qu'elle implique des pasteurs non catholiques dont l'ordination n'est pas reconnue comme canoniquement valide, je pense que ce déni de validité repose d'une part sur une vision mécaniciste trop étroite de la succession apostolique et d'autre part sur un contresens clérical du ministère de l'Église et de son pouvoir ministériel. Pour me justifier, j'en appelle à la section E de mon ouvrage *L'Église* (1967) (ainsi d'ailleurs qu'à *Structures de l'Église*, de 1962) où je traite sur plusieurs pages de ce problème en m'appuyant sur le dossier néotestamentaire.

J'ajoute en tout cas tout de suite une limite importante : « Dans la situation actuelle, il faut se prononcer sans hésitation contre

1. Dokumentation I, p. 294-297.

une intercommunion régulière *institutionnalisée* entre *Églises séparées*. Une telle intercommunion laisserait croire que ces Églises sont unies, ce qui n'est malheureusement pas encore le cas à l'heure présente. » Mais on ne peut se contenter de rappeler cet état de fait, car « si les pasteurs ne promeuvent pas plus énergiquement l'entente entre Églises qu'ils ne le font aujourd'hui, ils seront de plus en plus dépassés par le charismatisme. L'œcuménisme de la parole doit être suivi par un *œcuménisme de fait*. » En matière de culte, il faut multiplier des célébrations communes de la parole au lieu de toujours les considérer comme exceptionnelles, et il faut admettre beaucoup plus de liberté dans la participation aux célébrations eucharistiques d'autres confessions chrétiennes.

Le 13 janvier, Yves Congar, théologien dominicain auquel je suis profondément lié, m'écrit une lettre de critique : « Je puis vous dire que, en France, et sans aucun doute bien autre part, vous servez de référence à quantité d'initiatives aventureuses, comme par exemple la concélébration de la Pentecôte 1968. Je vois très bien qu'une telle situation peut donner lieu à des évaluations diverses. » Mais la phrase finale de Congar est la seule importante : « Les résultats d'une recherche intellectuelle sérieuse et honnête ont en elles-mêmes leur valeur, indépendamment de leur convenance ou de leurs inconvénients au niveau pratique. »

Je lui réponds le 14 février : « On ne mettra pas fin à la crise actuelle aussi longtemps que Rome en restera sur l'essentiel au passé, surtout en théologie. » Je trouve presque tragique que Henri de Lubac, jésuite extrêmement estimé, ait déclaré hérétiques ses collègues théologiens (et récemment moi-même) alors qu'il a lui-même souffert toute sa vie d'une telle accusation. Il s'est désormais adapté à Rome qui le nommera cardinal (comme son disciple, Urs von Balthasar), ce qui ne sera pas alors le cas de Congar. « Je ne verrais rien de mieux que votre nomination de cardinal *si* cela devait changer quelque chose de fondamental dans l'Église. Mais qu'est-ce que les cardinaux actuels ont jusqu'à présent changé d'essentiel sous le régime actuel ? Et si les Romains n'entendent vous utiliser que comme ornement de leur propre système, je vous estime trop pour vous offrir mes félicitations. Votre place comme théologien de ce siècle m'est trop chère pour cela. » Vingt-cinq ans plus tard, dans l'hôpital parisien des Invalides, où il sera allongé sur son lit de malade et où je lui rendrai une dernière visite six mois avant sa mort, le 26 juin 1995, Rome lui conférera pourtant cet honneur (Balthasar était mort à Bâle le 26 juin 1988, deux jours avant sa réception dans le collège cardinalice).

Par des critiques français et les agissements romains, je suis conduit à me rappeler quelque chose que je n'avais certes pas oublié en Amérique, mais que j'avais parfaitement repoussé en arrière-plan : Mon livre *L'Église*, qui avait suscité la célébration eucharistique, avait déclenché à Rome un procès d'inquisition qui avait suivi son chemin dans ce *piccolo mundo chiuso*, dans ce petit monde fermé, sans être en rien affecté par les grands événements du monde.

Le cheminement tranquille de l'Inquisition romaine.

À partir de mon doctorat en théologie, j'avais eu affaire à l'Inquisition. Cependant les moulins romains ne moulinent pas seulement lentement, mais aussi doucement. L'Inquisition craint la publicité. En 1957, je n'avais pas le moindre soupçon que ma thèse sur « La justification du pécheur. La doctrine de Karl Barth et la réflexion catholique » m'avait valu un dossier de l'Inquisition classé sous le n° 399/57/i (i = section de l'*Index des livres interdits*). Je fus cependant averti de la chose par mes maîtres romains et parisiens.

Car, à l'époque, c'était encore la règle : l'*Index des livres interdits*, publié pour la première fois en 1559 pour servir d'arme contre les Réformateurs et qu'on n'avait cessé depuis lors de remettre à jour, comportait à côté de quantité de théologiens protestants ou catholiques beaucoup de grands noms de la littérature et de la science européenne. Comme à Rome, au XIXe siècle il n'y avait à peu près personne à comprendre ces « langues barbares » qu'étaient l'anglais et l'allemand, les auteurs de ces deux pays n'étaient le plus souvent portés dans le répertoire que sur simple dénonciation et sans plus d'examen, ou simplement du fait qu'ils avaient été distingués par le catalogue de la Foire du livre de Francfort. De nos jours encore, les théologiens pouvaient fort bien découvrir leur condamnation un matin en lisant le journal, ce qui était un coup d'assommoir. L'historien qui étudie aujourd'hui les actes de l'Inquisition (ouverts aux chercheurs au moins jusqu'à 1939), expertises et contre-expertises, dénonciations et censures, ordres du jour et comptes rendus, oublie facilement les drames humains que cela cache et la façon dont des théologiens catholiques se sont trouvés blessés à vie par le mépris public dont ils ont alors été les victimes. Je l'ai personnellement découvert à travers mon professeur de morale de Münster, Helmut Dohm (dénoncé à cause de ses idées sur les fins du mariage, la reproduction et le don de la vie, celles que reprendra pourtant elle-même « l'encyclique de la pilule ») ou à travers Joseph Thomé, le remarquable curé d'Aix-la-Chapelle (condamné à cause d'un livret sur les laïcs). Qu'est-ce qui me pend donc au nez ?

À l'inverse de l'ouvrage sur le concile écrit par le père Riccardo Lombardi, jésuite attaché à la réforme de la curie, mon ouvrage *Concile et retour à l'unité* (1960, trad. fr. Paris, 1961), écrit en préparation du deuxième concile du Vatican, avait échappé aux sanctions surtout grâce à l'avant-propos protecteur du cardinal Franz König, archevêque de Vienne, et à celui du cardinal Liénart, archevêque de Lille, pour l'édition française. Mais mon autre livre, *Structures de l'Église* (1962), m'avait valu l'ouverture officielle d'un dossier, et, vers la fin de la deuxième session du concile, le 4 décembre 1962, j'avais été convoqué à une session présidée par le cardinal Auguste Bea, fort bien disposé envers moi, assisté par Mgr von Streng, évêque de Bâle, et Mgr Leiprecht, de Rottenburg, ainsi que par deux professeurs de théologie. La session se déroula sans heurt et se termina par huit réponses en latin, au départ orales, puis par la suite écrites, sur la constitution de l'Église et les ministères ecclésiastiques, le jugement en conscience et les formules de foi, la validité des définitions conciliaires polémiques. Le procès était suspendu.

Pourtant le 14 octobre 1965, au début de la quatrième session du concile, je fus très personnellement convoqué au palais de l'Inquisition, à côté de Saint-Pierre, cette fois par le chef du Saint-Office, le redouté cardinal Alfredo Ottaviani : il s'agissait de mon analyse extrêmement critique, bien que justifiée, *Bilan de la troisième session du concile*. Je fis front sans dommage, ainsi que je l'ai déjà raconté dans le premier tome de mes *Souvenirs* (chap. IX, « Convoqué chez le Grand Inquisiteur »).

C'est alors qu'un décret de la Congrégation de la foi des 14 et 15 novembre 1966 vint abolir l'index, chose que j'avais tant de fois réclamée dès avant le concile dans nombre de conférences et de publications. Mais cela ne signifiait en rien la suppression de l'Inquisition, ce qui fut manifeste lors de la parution de mon gros livre, *L'Église*, paru en allemand en avril 1967 et un peu plus tard en néerlandais, et qui, en dépit de son épaisseur (650 pages) fut un best-seller. Dès le 29 novembre 1967 se tint une session secrète de la Congrégation des cardinaux de curie où siégeaient les têtes du Saint-Office. La congrégation est inquiète de la publication de l'ouvrage et conclut par un décret qui blâme l'évêque de Rottenburg pour lui avoir accordé l'imprimatur : il doit inviter « avec autorité » l'auteur à ne plus diffuser le livre et à ne pas le laisser imprimer dans une autre langue « avant d'avoir tenu un colloque avec des personnes que nommerait la Sainte Congrégation, et auquel on l'inviterait bientôt » *(« antequam colloquium conseruerit cum viris ab hac sacra Congregatione diligendis, ad quod quidem mos invitabitur »).*

Le 19 décembre 1967, sans aucune raison objective, le cardinal Alfredo Ottaviani, pro-préfet de la congrégation (le préfet étant Paul VI en personne) envoie le décret à Mgr Leiprecht, à Rottenburg. Je le reçois de l'ordinariat épiscopal de Rottenburg le 27 décembre, à Sursee où je passe les fêtes de Noël avec ma famille. Il m'est adressé en sténographie à la fois à Tübingen et à Sursee. Je garde par-devers moi cette lettre inquiétante pour ne pas gâcher la fête familiale, mais je téléphone dès le lendemain à mes éditeurs de Paris, de Londres et de New York pour hâter la parution des éditions française, anglaise et américaine. À travers Herder Verlag de Fribourg, je préviens en même temps l'éditeur espagnol de Barcelone et j'insiste auprès de lui pour qu'il respecte les conditions du contrat même en cas de tentatives d'intimidation. Les éditions anglaise et américaine paraissent très vite.

Mais voici que maintenant, le 4 mai 1968, en plein milieu du semestre d'été à Tübingen, je reçois une invitation au Vatican, cela pour le 9 mai ! Mgr Paul Philippe, archevêque et secrétaire de la Congrégation de la foi, m'avait écrit le 30 avril sur un ton comminatoire : « La Congrégation de la foi examine votre livre *L'Église*, et, selon les normes du motu proprio *Integrae servandae*, un colloque doit avoir lieu avec l'auteur. Je vous prie, très honoré Professeur, de vous trouver le jeudi 9 mai à 9 heures 30 à ce colloque qui se tiendra au palais du Saint-Office, à Rome. Avec toute ma considération. Paul Philippe, Secrétaire[1]. »

1. *Ibid.*

Comment réagir ?

C'est le début d'un véritable pugilat épistolaire. En plein milieu du semestre, je ne peux pourtant pas mettre fin à mes cours et à mes séminaires du jour au lendemain. De plus, en tant que libre citoyen suisse et en tant que chrétien, je ne puis admettre de me trouver ainsi assigné à comparaître devant un régime autoritaire. Même les autorités de l'Inquisition doivent bien admettre des façons juridiques et humaines de se comporter avec les gens. J'envoie sur-le-champ un bref télégramme à Mgr Philippe, à la cité du Vatican : « Malheureusement indisponible le 9. Lettre suit. »

Exactement trente jours plus tard, après avoir bien réfléchi et pris conseil, j'envoie ma réponse à Mgr Philippe avec copie à l'évêque de Rottenburg et au doyen de la faculté de théologie catholique de l'université de Tübingen, le professeur Joseph Ratzinger.

Excellence,

Comme je vous l'ai fait savoir par mon télégramme du 5 mai, j'étais malheureusement empêché de paraître au colloque que vous aviez fixé le 9 mai. Entre-temps, je me suis efforcé de réfléchir exactement à la réponse que je vous envoie, et d'en discuter avec d'autres professeurs et des ecclésiastiques compétents.

Je dois tout de suite vous dire que je suis absolument disposé à un tel entretien. Je considère que cette invitation à un colloque marque un progrès capital par rapport à l'ancienne procédure. Je suis convaincu qu'un échange franc et compréhensif doit permettre de dissiper totalement des confusions et des difficultés éventuelles. En cette époque postconciliaire, le dialogue intra-catholique est tout aussi nécessaire que celui avec les autres Églises et avec le monde moderne. Rien ne doit donc faire défaut dans notre collaboration.

Mais je ne saurais non plus vous cacher ma surprise devant la forme dans laquelle m'est parvenue cette invitation. Indépendamment du fait que la date du rendez-vous pour un tel colloque doit être fixée par les deux intéressés, j'ai été étonné de la brièveté du délai que vous me fixez.

Je ne disposais en effet que de quatre jours pour me rendre à Rome, ce qui aurait été impossible du simple fait de ma charge de travail. À cette époque, mes obligations m'avaient déjà conduit à décliner l'invitation d'une université catholique des États-Unis à recevoir un titre de docteur *honoris causa*. Il était donc sûrement compréhensible que je ne puisse faire un voyage impromptu à Rome, sans compter la nécessité de fixer les conditions pour garantir la bonne tenue et le succès de cette rencontre. Six points me paraissent essentiels, le premier étant le plus important:

Dans votre lettre du 30 avril, et dans un écrit antérieur de la Congrégation, vous vous référez à un dossier *399/57/i* touchant ma personne. Pour que je puisse mener ce colloque de façon sensée, il m'est indispensable d'avoir accès à la totalité de ce dossier dont vous me dites qu'il a été déposé dans le département de l'index, et de pouvoir en user librement. Je ne puis reconnaître comme juste un échange où je n'aurais pas eu pleine connaissance et libre disposition de ces pièces. Je n'ai pas besoin de vous rappeler que, dans l'état actuel de notre culture occidentale, même les criminels ont droit d'accéder au dossier qui les concerne. C'est pourquoi je vous prie de me confirmer par écrit que je pourrai librement disposer de ces actes.

À côté de cette prise de connaissance des actes, je note les autres points: du fait que la Congrégation en est encore à «examiner» mon livre, je pense que «l'invitation autoritaire» déjà mentionnée à renoncer à diffuser mon livre est devenue sans objet. Il me faudrait de plus être exactement au courant des questions qui me sont posées et inviter à l'entretien des spécialistes compétents: étant donné que mon ouvrage *L'Église* suppose des connaissances précises en exégèse, en histoire et en dogmatique, il n'y aurait pas de sens à discuter de ces problèmes avec un canoniste qui n'y connaît rien, comme cela a parfois été le cas. Je vous demande donc de me communiquer les *questions écrites* et le nom de mes partenaires. De même, il serait approprié qu'un colloque qui porte sur un livre allemand d'un auteur germanophone se tienne en allemand. Enfin je vous demande qu'on ne m'impute pas les dépenses entraînées par ce colloque, et je demande l'assurance écrite que tous les frais de l'affaire seront payés par la Congrégation de la foi. Mais il serait aussi possible de tenir cette rencontre à Tübingen, ce pourquoi je mettrais volontiers ma maison à votre disposition.

Fin de ma longue lettre.

Pas d'accès aux pièces.

«Je dois dire que j'admire votre courage et la force que vous puisez dans le service de la vérité», m'écrira quelque temps plus tard (29 août 1968) Yves Congar, lui-même si longtemps poursuivi par l'Inquisition, quand il s'entendit raconter par Jacques

Dupuis, notre ami dominicain commun, les conditions que j'avais envoyées à la Congrégation de la foi. « Sous Pie XII, cela aurait été totalement impossible. Au bout de quinze jours, vous vous seriez retrouvé dans une impasse totale et vous auriez été forcé, soit de vous soumettre, soit de renoncer à votre sacerdoce. C'était un régime proche du stalinisme. »

Pourtant, dès le 3 juillet, on me notifie un nouveau décret des autorités de la Congrégation : il ne montre guère de progrès. On prie l'auteur de proposer une date à laquelle il pourrait venir à Rome et on l'assure qu'on le remboursera de tous ses frais, mais on se refuse obstinément à lui transmettre le dossier 399/57/i.

Dans une lettre du 27 juillet, je me déclare prêt à tenir le colloque dans une langue moderne. Mais je demande en même temps qu'on me fasse connaître les noms de mes partenaires et les thèmes exacts de l'échange. Je diffère ma demande de communication des pièces jusqu'au moment où on aura clarifié ce point, mais je réclame qu'on me signifie la nouvelle procédure de la Congrégation commandée par le pape. Le 31 août, Rome me communique les noms des trois protagonistes du colloque. On me fait bientôt savoir les thèmes de discussion. Quant à la procédure, on en élaborait certes une nouvelle, mais elle n'existait qu'à titre expérimental et elle n'avait encore aucune valeur juridique.

Entre-temps, mon livre *L'Église* fait de lui-même son chemin : entre 1968 et 1971, il paraît en français, en espagnol, en italien et en portugais, et il y en a déjà bientôt plusieurs éditions. Le 11 décembre 1968, un télégramme de Chicago m'apprend que l'association Thomas More me confère la médaille Thomas More pour *L'Église*, « éminente contribution à la littérature de l'année » (voir t. I, chap. V, « Liberté dans le monde »). C'est pour moi une grande joie, étant donné mon admiration pour l'ancien Lord chancelier de Henri VIII. L'année précédente, le prix avait été décerné au *Catéchisme hollandais*. J'étais donc en bonne compagnie. Les 4 et 5 juin, à Milan, je présente personnellement au public mon édition italienne, ce qui me permet un petit échange amical avec Mgr Carlo Colombo, le théologien de la cour papale. 1970 voit paraître une édition de poche abrégée hollandaise et allemande sous le titre : *Qu'est-ce que l'Église ?* Un peu plus tard, la même année, paraît aussi mon ouvrage *Infaillible ? Une interpellation.* Je continue à travailler intensément de telle sorte que j'ai toujours une longueur d'avance sur l'Inquisition.

En octobre 1968, Roger Schutz lui-même, le prieur de la communauté de Taizé, m'assure de sa sympathie. « En ce temps de difficultés pour vous, je voudrais vous assurer que je suis proche de vous. Le mois prochain, je dois me rendre à Rome. Souhaitez-vous que je parle de la reconnaissance que je vous porte, ou préférez-vous que je garde le silence ? Vous êtes mon ami, et le Christ nous invite à donner sa vie pour ses amis (c'est dire sa confiance). En profonde fraternité avec vous. Frère Roger Schutz. » Je lui répondis le 16 octobre que, à Rome, on ne comprend manifestement que peu de chose à mon affaire. « Il peut donc être utile que, au cours de ce séjour romain, vous tentiez d'expliquer aux gens ma véritable intention. »

En février 1971, on ne m'a toujours pas communiqué les thèmes du colloque. En février 1971, la Congrégation publie pourtant la nouvelle procédure (« la procédure pour l'examen de la doctrine ») signée par le nouveau président de la Congrégation, le cardinal Franz Šeper, auparavant archevêque de Zagreb, un germanophone, et par le secrétaire, Mgr Philippe. Cela répond aux exigences que je n'ai cessé de poser en matière de procédure correcte, mais non pas à toutes : et surtout, on ne me communique pas les pièces ! Mais on prévoit aussi une procédure extraordinaire selon laquelle les autorités de la foi peuvent constituer un tribunal expéditif en cas de soupçon d'hérésie : en somme une Inquisition d'ancien style. En même temps, la curie et les nonciatures font tout leur possible contre le livre. C'est ainsi que le nonce apostolique à Séoul réussit à barrer la publication de l'ouvrage en coréen. On a l'impression que le concile n'a pas changé grand-chose à l'appareil romain. Mais on ne peut vraiment évaluer correctement mon « procès » que dans le cadre de la politique ecclésiastique.

Crise de l'Église postconciliaire : un conflit de paradigmes.

Ce n'est pas le concile qui a provoqué la crise de l'Église, ainsi que l'affirment les traditionalistes, mais la trahison du concile. Les espoirs et les attentes justifiées de la plus grande partie du peuple catholique ont été déçus. À maints égards, le deuxième concile du Vatican avait préparé l'Église à la confrontation de 1968. Entre 1962 et 1965, elle avait connu un renouveau remarquable. Elle avait cherché à prendre au sérieux les problèmes posés par la Réforme : remise en valeur de la Bible, célébration du culte en langue vernaculaire, place accordée aux laïcs, réforme de la piété populaire. Elle avait adopté une nouvelle attitude vis-à-vis des autres Églises chrétiennes, du judaïsme et des autres religions universelles, mais même vis-à-vis du monde séculier. Elle avait promu la tolérance, la liberté religieuse, les droits de l'homme, ces grandes exigences des Lumières. L'encyclique *Pacem in terris* de Jean XXIII (1963) avait été un signal avertisseur et, en mars 1967, l'encyclique sociale *Populorum progressio* de Paul VI allait dans le même sens.

Cela signifiait une étonnante réorientation du catholicisme par rapport à la structure cléricale et absolutiste qui s'était affirmée à Rome surtout après la réforme grégorienne du XIe siècle, cette « révolution d'en haut » décidée par Grégoire VII. Il est important de se rappeler ici ce contexte historique. Le paradigme originel judéo-chrétien (paradigme I) s'était très vite trouvé supplanté par le paradigme hellénistique de l'Église primitive (paradigme II) qui liait l'Église d'Occident et celle d'Orient. Mais le XIe siècle avait vu définitivement s'imposer le paradigme romain catholique (paradigme III), déjà en germe chez Augustin et que les évêques romains avaient peu à peu promu, ce qui avait eu pour conséquence le schisme entre l'Église d'Occident et celle d'Orient. Partant de cette vision de l'évolution du christianisme, telle que je l'ai analysée dans mon ouvrage *Le Christianisme* (1994), le concile avait osé se lancer dans la fantastique opération consistant à intégrer à la fois le paradigme de la Réforme (paradigme IV) et celui de la modernité (paradigme V). Cela déplaisait évidemment fort à tous ceux qui entendaient conserver leur pouvoir et leur dignité, et qui voulaient donc en rester au paradigme romain catholique du Moyen Âge encore renforcé lors de la Contre-Réforme et de la crise moderniste du XXe siècle.

Mais, ainsi que j'ai déjà dû l'indiquer dans le premier volume de ces *Mémoires*, il n'y eut jamais lieu de se montrer euphorique, ni avant, ni pendant, ni après le concile. En dépit de mon engagement passionné dans l'affaire, je faisais moi-même plus partie des sceptiques que des enthousiastes. Car, dans la plus grande partie des domaines, on ne consentait qu'à contrecœur au renouveau, à vrai dire déjà considérable, et il fallait sans cesse admettre des compromis à propos des contradictions déjà évoquées au sujet de la constitution fondamentale de l'Église entre la nouvelle tendance orientée sur la Bible, celle qui visait une Église communauté et peuple de Dieu (chap. I et II), et celle d'une Église hiérarchique médiévale (chap. III) avec sa distinction excessive entre un clergé célibataire et un laïcat totalement soumis, et avec son absolutisme papal sans limites (fruit de la « réforme » grégorienne). Que de fois j'en avais éprouvé de l'inquiétude, dès le temps du concile : la majorité progressiste se laissait sans cesse manœuvrer par une petite minorité qui dominait totalement l'appareil de l'assemblée et reprenait peu à peu la main sur un Paul VI au départ très progressiste, mais peu à peu saisi de peur.

Cela ne me devenait que trop clair : le noyau dur des bureaux romains ne voulait pas de ce concile, faisait tout pour faire obstacle aux nouvelles orientations et, dès le lendemain du concile, il se mit à réparer les « dommages » que, selon eux, Jean XXIII avait provoqués pour des siècles avec son concile. Il faudrait pour cela cent ans, expliquait déjà la curie pendant le concile. En fait, il aura fallu à peine deux décennies. Alors qu'elle aurait pu être à l'avant-garde spirituelle du renouveau conciliaire, ce qui aurait été possible si on avait accordé à d'autres les positions clés de l'organisme, elle imposa peu à peu la restauration du système romain et le blocage de ce renouveau dans tous les domaines, ce qui dure jusqu'à maintenant.

De façon préconciliaire, on chercha bientôt à intervenir à nouveau contre les théologiens en recourant aux vieilles méthodes de l'Inquisition. Cela pouvait déboucher sur une sainte colère. Le 19 juin 1968, j'écrivis la réponse suivante (ici un peu résumée) au Dr Paulus Sladek, religieux augustin, qui avait parfois critiqué le caractère passionné de mon langage et déplorait mon manque d'« amour » et de « respect » pour l'Église :

> Il serait pourtant dommage qu'on puisse une fois de plus reprocher à la théologie d'avoir méconnu les « signes du temps » et d'avoir étouffé dans un petit cabinet ce qu'on aurait dû crier sur les toits. C'est à la théologie qu'il revient d'exprimer à voix haute et publiquement ce que tant de gens pensent et réclament sans arriver à se faire entendre, en le vérifiant et en le précisant critiquement à partir du message de Jésus-Christ. Ce n'est pas par « fanatisme missionnaire » théologique que j'interviens, comme le supposent certains, mais par simple sens du devoir théologique et, sans mettre sous ces mots la moindre sentimentalité, *par amour d'une Église*, peuple de Dieu : sur son chemin, elle a besoin d'un amour fort, passionné et plein d'espoir de tous ceux qui se sentent concernés par elle et coresponsables d'elle. Un amour qui ne doit pas s'excuser de dire la vérité, mais qui vit d'une vérité sans détour ; et, chose importante

pour moi, d'un amour qui n'exclut pas la colère – comme c'était déjà le cas chez Moïse et les prophètes, mais aussi chez Jésus et Paul. Après tant de propos mielleux et lénifiants de scribouillards qui n'en finissent pas de prêcher la douceur, l'Église doit aujourd'hui réhabiliter cette colère (quand elle est justifiée, mais non la colère injuste qui se fonde sur une sensibilité personnelle) sans jamais oublier celle qui emportait Jésus, non pas contre les pécheurs de ce monde, mais contre l'hypocrisie, la religiosité de façade, la morale légaliste, la lâcheté et l'endurcissement de l'establishment religieux de son temps. Et, dans la mesure où ils ne renoncent pas à tout caractère prophétique, les professeurs de théologie se doivent de s'adresser aux gens avec un amour qui comporte une double mission, positive et négative : « arracher et détruire, planter et construire » [Jr 1, 10].

Après un Printemps de Prague, une « Église hivernale ».

Durant l'automne 1968, mon éditeur (Pfeiffer) m'envoie des exemplaires d'auteur de l'édition tchèque de ma « Lettre à un jeune homme », texte paru en 1962 sous le titre *Pour que le monde croie*[1] et destiné à l'origine à une revue de jeunes. Il est étonnant de voir comment cet opuscule a plus vite fait le tour du monde que mes autres écrits : à cette époque, il existe déjà en anglais, en américain, en italien, en espagnol, en japonais, en danois et en portugais. Il va de soi que l'éditeur souhaite l'envoi d'un autre manuscrit sur « la situation spirituelle de l'époque », car les jeunes et les gens qui réfléchissent se demandent souvent « où on va ? », et s'interrogent sur le ministère et l'autorité, le courage et la désobéissance, c'est-à-dire sur la liberté des enfants de Dieu et sur leur droit à l'initiative : « Est-il permis à des jeunes, étudiants (y compris en théologie), à des vicaires, de se réunir et de se "rebeller" comme cela se produit en tant d'autres endroits » (lettre de A. Rost, mon éditeur, du 2 décembre 1968). En cet automne 1968 où mon livre paraît en tchèque, la question devient terriblement actuelle du fait d'une situation politique totalement inédite.

Comme je l'ai déjà dit, la « rébellion » tchèque a un tout autre arrière-plan et une tout autre orientation que les révoltes étudiantes des États-Unis ou d'Europe occidentale. En décembre 1962, au lendemain de la seconde vague de déstalinisation en URSS au

1. H. KÜNG, *Pour que le monde croie. Lettre à un jeune homme*, tr. fse H. M. Rochas et J. Évrard, Paris, Éd. du Cerf, 1964.

début des années 1960, lors du XIIe congrès du parti communiste tchèque (la première session de Vatican II tirait à sa fin), Antonin Novotny, le chef d'État, est contraint d'adopter un cours libéral. Cela conduit à réhabiliter et à réintégrer la plupart des victimes de la terreur stalinienne. Les discussions que les intellectuels ont alors sur « les violations de la légalité socialiste » font rapidement tache d'huile dans toute la population, et le 5 janvier 1968 on en arrive à ce que l'aile réformiste du Comité central du parti se mette d'accord pour élire Alexandre Dubček comme nouveau chef du parti. Même à l'intérieur du parti, on discute désormais du rôle de celui-ci dans l'État et dans la société, ainsi que de réformes concrètes et de concessions à l'opinion publique. Il faut créer un « socialisme à visage humain ». Mais à Moscou, centre du communisme mondial, on s'alarme. La séparation entre le parti et l'État et l'acceptation d'une opposition légale ne feraient pas que mettre en danger le rôle dirigeant du parti communiste tchèque, mais aussi la centrale du pouvoir moscovite. Le Kremlin met en garde les Tchèques contre le danger que constituait ce Printemps de Prague et se fait même menaçant.

En cette fin juillet et début août, de ma patrie suisse, et comme le monde entier, je suis avec inquiétude l'évolution de la situation. La pression militaire et diplomatique de Moscou donna lieu à de difficiles tractations. Dubček, le réformiste politique, dut accepter une invitation à des « entretiens bilatéraux amicaux » à la centrale de Moscou, avec Leonid Brejnev, le secrétaire général qui avait grandi sous Staline. Mais Brejnev ne réussit pas à le convaincre de mettre immédiatement fin aux réformes. C'est ainsi que, dans la nuit du 20 au 21 août 1968, l'armée soviétique, soutenue par les troupes de la DDR, de la Pologne, de la Bulgarie et de la Hongrie, intervient en Tchécoslovaquie pour en finir avec le Printemps de Prague, stopper la libéralisation politique, économique et culturelle, imposer une nouvelle direction fidèle à Moscou, purifier le parti et mettre en procès les critiques du régime. Mais, en dépit de la réintroduction et de la stricte mise au pas idéologique, les porte-parole politiques et intellectuels du Printemps de Prague réussirent à publier une déclaration des droits de l'homme, la Charte des 77, qui obtint le soutien de milliers d'artistes, de savants et d'anciens hommes politiques « pour le respect des droits de l'homme et du citoyen ». Les porte-parole en étaient l'ancien ministre des Affaires étrangères, Jiri Hájek, l'écrivain Váklav Havel et le sociologue Jan Patočka.

Un certain parallélisme entre ces événements et l'évolution de l'Église catholique et du Vatican s'impose d'autant plus que, au cours du même été 1968, l'encyclique de Paul VI sur la pilule, *Humanae vitae*, déclenchait partout des discussions dans le monde et entraînait des mesures disciplinaires. Naturellement, on ne peut comparer que de loin le Printemps de Prague et le « Printemps de Vatican II », même si c'est là l'expression qu'on a employée à propos du concile. Les différences sont essentielles : Rome n'est pas Moscou et le Vatican n'est pas le Kremlin. Comment pourrait-on comparer les cardinaux de curie avec les « tsars rouges » et leur nomenklatura ? Le système romain qui s'est imposé au XIe siècle est sans doute autoritaire, mais non totalitaire. On ne saurait imposer une encyclique papale, si contraignante qu'elle soit pour les fidèles, par les moyens de pression semblables à l'ultimatum soviétique adressé à la direction tchécoslovaque. Surtout le Vatican ne dispose plus d'aucune armée comme au Moyen Âge ou à l'époque de la Contre-Réforme. Et, grâce aux Lumières, on n'emprisonne plus les dissidents et on ne torture ni ne brûle (physiquement) plus les hérétiques.

À propos de la résistance du peuple catholique à l'encyclique *Humanae vitae*, le cardinal Ottaviani, le chef de l'ancien Saint-Office, a déclaré qu'on ne pouvait parler de réaction négative que « de la part de gens du type Küng » : « Hans Küng a proposé une idée parfaitement fausse de l'essence de l'Église. Il peut dire ce qu'il veut, mais il est en fait plus proche des protestants que des catholiques » (dépêche confidentielle de la KNA du 29 août 1968). Le cardinal qui s'était présenté avec pour devise : « *Semper idem* », « toujours le même », avait finalement survécu à lui-même et avait pris sa retraite. À sa place, on avait nommé le cardinal que j'ai déjà mentionné, Mgr Franjo Šeper, archevêque de Zagreb, conservateur modéré. Les choses devaient-elles aller mieux dans cette Inquisition désormais rebaptisée Congrégation pour la doctrine de la foi ? 1968 laissait en suspens bien des décisions.

En dépit de toutes ces différences, les deux systèmes sont cependant comparables. Et l'ancien recteur du collège pontifical russe, Gustav A. Wetter, sous la modération duquel j'avais en 1951 animé un séminaire sur le matérialisme dialectique soviétique, fit paraître au cours des années suivantes un ouvrage sur le « matérialisme dialectique » où il analysait avec acuité les innombrables « similitudes phénotypiques » entre eux[1]. Dans ma conférence « Église et Liberté » – le thème dont j'avais traité aux États-Unis en 1963 avant de le reprendre en allemand à Tübingen le 12 février 1964 dans mon discours de fondation de l'Institut pour la recherche œcuménique – j'ai résumé le propos comme suit : La doctrine officielle est

sauvegardée, protégée et interprétée par les bons soins du comité central du Saint-Office et de la personne même du premier et infaillible secrétaire du parti. Les philosophes ne sont chargés ni d'enrichir ni de multiplier ce trésor doctrinal, mais uniquement d'enseigner à tous les hommes son mode d'emploi dans tous les domaines de la vie et de veiller à le garder pur de toute démystification, de toute erreur ou hérésie, de toute déviation. Le magistère infaillible du parti condamne officiellement les hérésies. Quand il s'est exprimé, les déviants n'ont plus qu'à se soumettre et à abjurer leurs fautes. S'ils manquent à leur devoir, ils seront « excommuniés », exclus. C'est ainsi que le parti montre qu'il est « la colonne et le fondement de la vérité », le rempart à la fois défensif et offensif de l'orthodoxie. Dans sa défensive, le communisme est en même temps offensif et missionnaire. En tant qu'unique message authentique et bienfaisant, il tend naturellement à se répandre par tous les moyens dans le monde et, à partir de sa centrale de propagande, à envoyer partout ses missionnaires. Ce qu'il faut exiger, c'est une organisation stricte, une obéissance aveugle, une discipline de parti. Tous sous la conduite du grand chef auquel nous devons presque rendre un culte en lui témoignant notre dévouement, et en multipliant nos grands défilés, nos parades et nos pèlerinages à sa tombe !

Et si l'on compare l'efficacité de ce système communiste et celle de Rome, qu'on lise les souvenirs de l'éveil printanier de Prague, de Ota Šik[2], l'ancien prisonnier concentrationnaire tchèque, ensuite professeur d'économie politique, et enfin, d'avril à septembre 1968, représentant du ministre président chargé de la réforme économique (je l'inviterai par la suite à faire à Tübingen une série de conférences sur « L'Europe chrétienne ? »). On découvrira plus de parallèles qu'un théologien catholique ne l'aimerait. Dans l'Église catholique aussi, le pouvoir apparaît souvent soustrait au peuple ; la bureaucratie et la réglementation

1. Voir G. A. WETTER, *Dialektischer Materialismus*, Vienne, 1952, p 574-580.
2. Voir O. ŠIK, *Prager Frühlingserwachen. Erinnerungen*, Herford, 1988.

ont la haute main sur tout ; l'efficacité de l'organisation ecclésiastique laisse totalement à désirer, et l'organisation est incapable de faire face aux besoins des gens concernés ; l'absence d'élections et de contrôle démocratique permet à des gens incapables de monter dans l'appareil ; le nivellement de l'information officielle empêche aux gens tout accès à la vérité ; la science est tenue en laisse et ne peut se développer, et les discours de la direction sur l'avenir ne sont que des phrases creuses.

Le Printemps de Prague n'a-t-il été qu'un bref instant, même dans l'Église catholique ? On entendra bientôt partout courir le mot de Karl Rahner sur « l'Église hivernale ». Mais n'existe-t-il donc dans ce peuple chrétien aucune résistance capable de s'opposer à ces tendances restauratrices ? Si ! Dans des pays fort divers, de forces et de mentalités très différentes.

La vague de protestation du Katholikentag d'Allemagne.

Outre une prise de conscience critique de la société, une grande soif de dialogue et une solidarité nouvelle avec le tiers-monde, 1968 provoque dans la nouvelle génération de jeunes catholiques un appel à la démocratisation et à la politisation des réformes de l'Église, à la collaboration avec les autres chrétiens ou avec les non-chrétiens dans le domaine de la vie sociale. Désormais l'opposition Nord-Sud apparaît plus importante que celle Ouest-Est. Dans l'atmosphère encore imprégnée de l'odeur de la révolution, ce sont les seules questions dont on discute avec passion lors du 82e Katholikentag de Essen, du 4 au 8 septembre 1968.

Je n'y ai pas été invité. Cela n'a rien d'étonnant. Ni Rome ni l'épiscopat allemand ne me demanderont jamais de participer à une manifestation ou à une commission officielle. On ne conteste certes pas mes connaissances de spécialiste, mais mon argumentation gêne et on en a peur. Aussi n'aurais-je sûrement pas pu, comme le fait Karl Rahner lors du Priestertag, la veille du Katholikentag, parler de la vie sacerdotale devant des milliers de prêtres en excluant consciemment le problème du sacerdoce commun des chrétiens et en faisant de celui du célibat sacerdotal une simple question périphérique : c'est aussi cela, Karl Rahner. En signe d'œcuménisme, on n'en aura pas moins invité des théologiens protestants et orthodoxes, pourtant hérétiques au regard de la doctrine romaine officielle, mais surtout pas les théologiens catholiques qui expriment clairement et de façon conséquente leur critique du système romain.

Au reste, dès avant le Katholikentag de Essen, j'ai déjà eu sans cela assez de possibilités de prendre publiquement position sur certains problèmes. Le 3 septembre, la veille du Katholikentag, le *Frankfurter Allgemeine Zeitung* fait paraître mon article sur « La mise en œuvre du pouvoir spirituel selon l'Esprit. Propositions pour la réforme de l'Église ». En termes simples, je propose une orientation globale portant sur tout ce qui aurait dû se passer dans l'Église d'aujourd'hui, mais qui malheureusement ne se produit pas à cause de la pression romaine et de la défaillance des évêques.

J'aborde de façon détaillée quatre domaines de réformes :

1. Tirer les conséquences du concile : mise en œuvre des décrets conciliaires au niveau national ; renouveau général de la théologie ; application de la réforme liturgique ; réforme fondamentale du droit canon.

2. Élaborer une nouvelle constitution de l'Église comportant le droit d'expression de tous les membres de l'Église, au niveau local, diocésain, national, et international en matière d'élection de dirigeants correspondant à chaque niveau, grâce à une représentation des Églises concernées ; la révision de l'image traditionnelle du prêtre ; la publication des budgets et reddition des comptes sur l'emploi de l'argent de l'Église ; la mise en œuvre des réformes des structures et du personnel de la curie ; la décentralisation et le meilleur partage des diocèses et des charges paroissiales, et la pleine participation des femmes ; la réforme des communautés religieuses.

3. Poursuivre « l'entente œcuménique » : reconnaissance réciproque des baptêmes ; échange régulier de prédicateurs, de catéchètes et de professeurs de théologie ; célébrations œcuméniques de la parole plus fréquentes ; recherche des conditions de possibilité d'une eucharistie commune ; plus grande liberté de prendre part au culte des autres Églises ; utilisation et construction en commun des locaux : églises, presbytères ; règlement de la question des mariages mixtes ; promotion commune du travail biblique et intégration des facultés de théologie des différentes confessions ; examen des possibilités d'un cursus théologique et œcuménique commun ; collaboration dans le domaine public.

4. Finalement « le service du monde ». Au niveau régional et national, réflexion sur les engagements de l'Église dans le monde et actions réalistes et sans prétentions.

C'est avec nostalgie que je relis aujourd'hui cet agenda très concret de réformes dans l'esprit du concile. Près de quarante ans se sont passés depuis lors, et il n'en est que peu résulté. La rupture conciliaire – engendrée par l'élection de Jean XXIII en 1958 et la convocation du concile en 1959 – était en avance sur le mouvement de protestation étudiante. Mais désormais, en 1968, le trouble de ce mouvement s'étendait au domaine de l'Église. En septembre, au Katholikentag, les deux mouvements se rejoignent, ce qui met crûment en valeur la crise de l'Église catholique. C'est essentiellement une crise d'autorité. Désormais, il ne suffit plus de traiter du problème de celle-ci sur un plan théorique, mais de le régler en pratique.

Car il y a six semaines que le pape Paul VI a publié son « encyclique sur la pilule », et après celle sur le célibat (en parfait contraste avec l'encyclique fort constructrice *Populorum progressio*, « le développement des peuples »). Nous disposons donc d'un second document témoignant de la mentalité réactionnaire de l'Église. Mais un article de *L'Osservatore romano*, paru immédiatement avant le Katholikentag, cherche à faire des catholiques allemands adultes des mineurs acceptant les ordres sans rechigner, ce qui ne fait que mettre de l'huile sur le feu qui couvait.

C'est ainsi que, à Essen, la déception qui persiste depuis des années et l'amertume contre le blocage des réformes par Rome (abstraction faite de la liturgie) éclatent au grand jour. Pour la première fois dans un Katholikentag et dans ses différents forums, on assiste à une protestation publique contre le pape et les évêques. Cela marque en particulier le début du déclin de l'autorité papale, ainsi que l'écrit le théologien et sociologue américain Andrew Greeley en corroborant son propos par une enquête statistique aux États-Unis.

Car, comme je l'ai déjà rapporté dans le premier volume de mes *Mémoires*, le 30 août 1968, juste à temps avant le Katholikentag, la Conférence des évêques d'Allemagne a publié la déclaration de Königstein suivie le 3 septembre d'une lettre pastorale explicite. Les deux textes reconnaissaient clairement que la responsabilité de la décision de conscience relève des personnes et que l'obligation d'obéir au pape ne peut être la règle ultime en matière de régulation des naissances. Tout cela à la grande colère de la curie romaine qui voit ainsi son autorité remise en question. Au cours des années suivantes, elle ne cessera de réclamer une révision de la déclaration de Königstein. En 1987, encore, le pape Jean-Paul II « souhaitera » à nouveau son retrait, sans succès d'ailleurs.

Malgré tout, le cardinal Julius Döpfner, président de la Conférence épiscopale, qui, à l'opposé des cardinaux Bengsch (Berlin) et Jäger (Paderborn), s'est engagé à fond dans cette déclaration, connaît une situation difficile au Katholikentag. On peut penser qu'il y soupira plus d'une fois qu'un évêque devrait éviter de se faire voir dans une telle manifestation. Effectivement, du simple point de vue extérieur, le contraste entre la tenue dépenaillée des jeunes et la tenue anachronique des représentants de la hiérarchie était à lui seul frappant. Mais l'attitude de Döpfner ne laisse aucun doute : on reconnaissait sûrement sa volonté de réforme lors du concile ou dans la « commission de la pilule », et c'est pourquoi les congrégations romaines voyaient en lui « un grand protecteur des hérétiques » ; mais, par ailleurs, on voit en lui un opportuniste et on critique sa tactique dilatoire. Il est à la fois humainement sympathique et ouvert, mais il ne cesse d'envoyer à Rome des lettres assurant de sa soumission dévouée et de « son amour et de sa fidélité indéfectible pour le Saint-Père », et il repousse brusquement les demandes des étudiants en théologie. Par comparaison avec les cardinaux de curie, c'est un progressiste ; mais mesuré à l'aune des exigences des étudiants et de beaucoup d'autres laïcs, il reste le représentant de l'establishment restaurateur. J'en ferai moi-même l'expérience, une expérience ambiguë.

Représentant du juste milieu.

On ne peut vraiment pas me considérer comme de l'extrême gauche. Mon collègue et ami, Walter Jens, professeur de littérature, me demanda un jour pourquoi, moi qui étais ecclésiastiquement à gauche, je ne l'étais pas en politique. Ma réponse fut claire : « Je ne suis à gauche ni en politique ni dans l'Église. » C'est ainsi par exemple que je n'ai pas soutenu les groupes par trop bruyants du « catholicisme critique[1] » qui se manifestaient

1. Voir B. VAN ONNA - M. STANKOWSKI (éd.), *Kritischer Katholizismus. Argumente gegen die Kirchen-Gesellschaft*, Francfort-sur-le-Main, 1969.

par des déclarations confuses, des banderoles et des tracts en réclamant entre autres une démocratisation radicale même des communautés catholiques d'étudiants. Je m'opposais également à toute utilisation du christianisme à des fins politiques, à toute identification du message chrétien avec un programme de parti, que celui-ci soit de gauche, de droite ou du centre, ainsi qu'à toute instrumentalisation de la liturgie par une propagande politiquement discutable. Mais je m'élève en revanche contre une hiérarchie qui ne s'appuie plus sur l'Évangile.

C'est ainsi que je me considère comme le représentant du *juste milieu*, bien sûr, en mettant l'accent sur le renouveau et la réforme et à condition de ne pas comprendre cela comme un « centre gauche », comme on le fait en politique *(« centro sinistra »)*. Je soutiens la théologie politique d'un Johann Baptist Metz contre la privatisation de la foi chrétienne, mais demande en même temps plus fortement que Metz que l'Église en tire les conséquences en matière d'infaillibilité doctrinale et de célibat obligatoire. Je suis largement d'accord avec la « théologie de l'espérance » de Jürgen Moltmann, mais non pas avec le radicalisme d'une théologie de la révolution. Pratiquement, cela veut dire que je m'engage à fond pour les réformes de l'Église catholique et pour la réconciliation si urgente entre les Églises chrétiennes ainsi que pour la réforme des universités dont on discutait tant à ce moment, mais non pas en faveur d'un bouleversement révolutionnaire violent. Je tiens compte des critiques de la gauche et des tentatives isolationnistes de la droite.

Par la suite, j'aurai une autre preuve de mon exclusion par une Conférence de l'épiscopat allemand de plus en plus tournée vers la droite. En 1968, Action 365 (une pour chaque jour de l'année) lance de façon fort professionnelle, à l'intérieur et à l'extérieur de l'Église, une campagne d'interprétation populaire des déclarations du concile. Ce mouvement de renouveau remontait sans doute au père Johannes Leppich, prédicateur suisse populaire, jésuite assez conservateur, mais qui fait siennes mes idées forces. À la fin du concile, j'avais écrit dans la revue *Epoca* un texte documentaire de conclusion sous le titre : « Les seize nouvelles colonnes de Saint-Pierre ». Je reprenais en les résumant les seize décrets conciliaires en montrant comment ils marquaient la transition historique entre l'Église du passé et celle de l'avenir. Paul VI avait accepté avec bienveillance ce résumé tout en critiquant comme prématurée ma liste des demandes encore en attente (voir t. I, chap. IX, « Une surprise pour Pâques »).

Action 365 entend désormais diffuser chaque mois ce résumé sous forme de dizaines de milliers de tracts, avec réclame dans les journaux et commentaires rédactionnels, dans les Églises et dans le large public de la République fédérale allemande. Certains de ces tracts existent déjà, par exemple celui intitulé : « Il faut exiger la liberté religieuse ».

Et tout d'abord le « autrefois » :

On a stigmatisé la liberté et la tolérance comme les fruits pourris de l'esprit moderne : l'erreur n'a pas de droit ; il faut donc la réprimer partout où c'est possible. Tandis qu'on exigeait la liberté pour l'Église catholique, dans les pays catholiques on refusait cette même liberté pour les autres religions.

Inversement, « à l'avenir » :

1. Tout homme a droit à la liberté religieuse. Le propre de la dignité de l'homme, c'est de pouvoir refuser la contrainte religieuse, tant dans sa vie personnelle que dans sa vie publique. En privé comme en public, il doit pouvoir agir selon sa conscience.

2. Toute communauté religieuse a le droit d'exercer sa religion sans entraves et selon ses propres règles : elle doit être libre en tout ce qui concerne son culte, le choix, la formation et la nomination de ses pasteurs, sa relation avec la direction de son Église et avec les autres communautés du monde entier, l'érection de bâtiments, la possession de biens matériels, sa façon de porter témoignage de sa foi oralement ou par écrit (à moins que ce ne soit des moyens malsains), et son engagement dans la vie sociale.

3. La liberté religieuse doit être défendue et promue par l'État, la société et l'Église. Là où, pour des raisons historiques, une communauté religieuse particulière dispose d'un droit spécifique, on doit en même temps reconnaître et protéger le droit à la liberté religieuse de tous les citoyens et de toutes les communautés religieuses. Si le libre exercice de la religion trouve sa limite dans le droit des autres et dans le bien commun, cela n'autorise pas l'État à procéder de façon arbitraire ou partisane envers quelque religion que ce soit. La société doit avoir pour principe : « Autant de liberté que possible, autant de limites que nécessaires. » Si l'Église envisage aujourd'hui la liberté religieuse autrement que jadis, c'est sur la base de l'Évangile.

Beaucoup de ces tracts portent la photo des deux papes du concile et d'évêques qui y ont pris part.

Action 365 avait l'assurance de l'appui total de la Conférence de l'épiscopat allemand tant pour cette campagne que pour celles qui devaient suivre. Elle pouvait compter sur un budget de 5 millions de marks. Mais que se passa-t-il ? Quelques semaines plus tard, j'appris que tous ces préparatifs avaient été vains : l'épiscopat refusait la campagne.

C'est seulement vingt-cinq ans plus tard, le 21 juin 1994, qu'un des responsables d'Action 365 m'apprit ce qui s'était passé dans les coulisses. « Le cardinal Döpfner avait trouvé très bonne l'entreprise telle que je vous l'avais présentée. Suite à notre entretien, Mgr Tewes, son auxiliaire, vint chez nous, à Francfort, pour étudier sa mise en œuvre. Puis nous apprîmes que nous devions choisir un autre auteur. Après avoir discuté des détails, nous nous en tînmes au nom de Küng. La totalité du projet fut alors barrée. » Ainsi fut barré, par les évêques eux-mêmes, un projet apparemment très prometteur pour la diffusion des idées du concile... à cause de moi. C'était aussi cela, Döpfner.

Il en fut de même en Allemagne à propos d'un autre projet, fort discuté, d'*action pastorale* sur le modèle néerlandais. À peine un an après le Katholikentag critique de Essen, la Conférence épiscopale allemande avait décidé un synode général des évêchés allemands. Il se réunit finalement à Würzburg le 2 janvier 1971, cinq ans après le concile, afin de « mettre en œuvre le deuxième concile du Vatican ». Beaucoup de représentants du juste milieu y viennent. Le 3 juin 1971, le professeur Karl Lehmann, de Mayence, m'écrit que la commission I du synode souhaite ma présence et que lui-même est vigoureusement intervenu auprès des évêques pour soutenir ma candidature. Le 11 juin, le projet est soumis à la commission centrale des évêques sous la présidence du cardinal Döpfner, et elle est rejetée par huit voix contre huit. Dans la commission spéciale, on discuta encore de l'affaire pendant une heure. Mais la décision resta finalement négative.

En ce qui concerne Joseph Ratzinger ce fut le contraire. Il était invité au synode, mais il lui manqua d'être élu dans une commission, car on le considérait déjà comme un homme de l'aile droite. C'était pour lui chose douloureuse : fini le synode ! Rien d'étonnant que dans ses *Souvenirs* il ne dise pas un mot de cet important événement du catholicisme allemand (1971-1975).

Je me suis demandé pourquoi on avait eu si peur d'un *certain théologien réformateur*, et j'en suis arrivé à la conclusion que ce n'était pas une question de personne, mais d'idées. On avait peur que, une fois exprimées, certaines vérités puissent obtenir un large accord et que les arguments de leurs représentants puissent porter. C'est pourquoi, dans nombre de cas, on tenta d'en interdire la discussion et de rendre le plus « inoffensifs » possible leurs défenseurs. La même chose se produisit à propos d'une autre grande entreprise de publicité où les évêques allemands avaient investi espoirs et capital, mais qui fut bloquée quelques années plus tard.

Mort et résurrection du journal « Publik ».

En novembre 1968, au terme d'une longue préparation, paraît le premier numéro d'un hebdomadaire d'orientation réformiste que l'épiscopat allemand, encore sous l'influence du concile, soutient financièrement. Enfin une possibilité de critique interne ! Cela laisse espérer que le renouveau conciliaire sera durable. Abonné de l'hebdomadaire libéral de gauche, *Die Zeit*, je doutais au départ que la nouvelle publication catholique pût doubler ce journal, avec ses importantes sections économiques et culturelles. Il me semblait que lui manquaient pour cela une force rédactionnelle suffisante, et surtout une clientèle catholique assez large. Une certaine retenue me semblait plus prometteuse.

Je ne m'en abonne pas moins à *Publik*. Le 15 août 1969, à la suite d'une interview du cardinal Suenens, j'y publie un article : « Le service de Pierre dans l'Église » : un portrait du pape à partir de l'interview de Suenens. Il paraît en même temps dans *Le Monde* (« Portrait d'un pape ») et dans d'autres feuilles, et il soulève un vif intérêt international. Le 2 octobre 1970, en lien avec le troisième congrès international de la revue de théologie *Concilium*, je le fais suivre d'un article programme : « Quel est le message chrétien ? ». Par la suite, j'y publierai aussi mes thèses sur la revalorisation de la femme dans l'Église et la société.

Mais, aux yeux des évêques, le journal de la réforme catholique paraît très vite trop critique, trop gênant. Par la suite, on analysera comme suit le conflit entre les exigences d'un grand organisme du marché de l'opinion publique : d'une part, la garantie de principe d'un flot d'informations libres, d'autre part l'obligation de le maîtriser. Dans une communauté de foi, est-il possible d'atteindre ces deux objectifs en même temps ? J'en doute. Or, quand je veux répliquer de façon détaillée à un article comminatoire de Karl Lehmann sur l'infaillibilité (11 septembre 1970), je me heurte à une incompréhensible opposition de la direction du journal, telle que je n'en avais jamais connu dans les journaux ecclésiastiques. Mauvais augure !

L'élection du cardinal Joseph Höffner à la présidence de la Conférence épiscopale à la place du cardinal Döpfner changea complètement la donne. La majorité des évêques se rallient à l'objection du nouveau président : manque d'argent. Bref, *Publik* est mis en faillite. Le 15 octobre 1971, la Conférence épiscopale déclare la mise à mort de son propre enfant. Coût de la liquidation (personnel, contrats à longue échéance...) : neuf millions de marks. En même temps, ces mêmes évêques ont apparemment assez d'argent pour acheter le *Rheinisches Merkur*, journal libéral de droite, qui, au cours des années suivantes, leur coûtera des dizaines de millions de marks, mais qui ne se rendra coupable d'aucune critique trop marquante. Naturellement, l'hebdomadaire catholique conservateur, qui rachètera par la suite un journal protestant, ne représente plus qu'un petit secteur des catholiques et de façon générale du public allemand.

La quantité de protestations publiques contre la liquidation du journal surprend les évêques. Le mouvement se traduit par la reprise de l'hebdomadaire sous le nouveau titre *Publik-Forum*. Fondé sur l'initiative des lecteurs de *Publik*, il n'a au départ qu'un seul rédacteur, Harald Pawlowski, par la suite rédacteur en chef et finalement éditeur. Il restera la colonne de cette entreprise de presse qui sera couronnée de succès : « Un chemin qui part d'en bas » : financé sans le soutien d'aucune Église, d'aucun cartel industriel, d'aucun parti, d'aucune banque, mais avec l'apport de ses seuls abonnés, de ses ventes de livres, et de quelques rares annonces publicitaires, il gardera son indépendance. Je deviens volontiers membre de son comité de rédaction sous la présidence de Karl Rahner et aux côtés de Heinrich Fries, Oswald von Nell-Breuning, mais aussi de Walter Kasper et de Karl Lehmann, deux futurs évêques. Le 23 juin 1972, une édition de *Publik-Forum* sur 12 pages aura une vente de 25 000 exemplaires, et en 2007 de 40 000 exemplaires. En gros, le journal (de quelque 60 pages) aura quelque 100 000 lecteurs et lectrices, ce dont les évêques doivent tenir compte s'ils veulent savoir ce qui se passe dans le peuple chrétien.

La publication, bihebdomadaire, économiquement indépendante, prendra avec le temps une tournure de plus en plus œcuménique et on la considère aujourd'hui comme « le journal des chrétiens critiques ». Un tiers des lecteurs sont protestants. Le journal pose des questions critiques à tous ceux qui occupent une position dominante dans la société, sans tenir compte des pouvoirs qui se cachent derrière eux. Les critiques peuvent se retourner contre ses propres positions, de telle sorte qu'il se caractérise par la vivacité de ses discussions.

Mais le paysage de la presse nationale allemande commence lui-même à lentement changer. Le *Frankfurter Allgemeine Zeitung* à l'origine libéral, le journal qui avait publié la plupart de mes articles au cours des années 1960 et 1970, penche de plus en plus à droite, en politique comme en matière ecclésiastique. Il continue certes à se tourner vers les « têtes pensantes » de teinte nettement catholique conservatrice, mais ses pages culturelles tomberont sous l'influence de l'*Opus Dei*. Dans le monde catholique, la revue *Christ in der Gegenwart* (par la suite *Der christliche Sonntag*), d'orientation plus spirituelle, joue un rôle positif. En même temps la *Herder-Korrespondenz*, publication d'information intellectuelle des éditions Herder, se montre quelquefois critique par rapport aux positions officielles de l'Église, mais reste en général dans une ligne favorable à la hiérarchie. Elle tait toutefois de plus en plus mon nom et favorise les théologiens conformistes.

Personnellement, je suis les yeux grands ouverts les évolutions de la presse à l'étranger. J'apprécie tout particulièrement les *Informations catholiques internationales* françaises et, dans le monde du Commonwealth britannique, *The Tablet*. En ce qui concerne les États-Unis, à côté du quotidien *International Herald Tribune*, je dispose de l'hebdomadaire *National Catholic Reporter* (Kansas City). Les organes de presse d'orientation réformistes abordent souvent la question de l'adaptation du sacerdoce à notre temps.

Les prêtres entendent participer aux décisions.

Vatican II avait repris de façon positive le problème des évêques, mais avait totalement omis de repenser le rôle et la fonction des prêtres. Ceux-ci n'y avaient pas plus été représentés que les femmes. On avait insisté sur la collégialité du pape et des évêques, mais oublié celle des évêques et de leurs prêtres. 1968 électrise évidemment beaucoup de groupes de prêtres qui se sont constitués après le concile. En 1969, à l'annonce d'un symposium d'évêques européens à Chur et d'un synode épiscopal à Rome, beaucoup pensent juste et nécessaire de lancer une démarche publique marquante.

Le deuxième symposium des évêques européens se réunit donc du 7 au 10 juillet 1969 à Chur, en Suisse, sur le thème « Le prêtre dans le monde et dans l'Église d'aujourd'hui », sans prêtres... ! Bien entendu, certains représentants des groupes de prêtres s'y rendent même sans y avoir été invités. Le cardinal Léon Suenens qui, à la différence des autres évêques, a bien saisi le problème, avait eu le mérite de tenter à l'avance d'établir des ponts. Le samedi 6 juillet 1969, il s'était envolé pour Zurich et vient me voir à Seehaus. Nous passons la soirée à discuter. En fin de soirée, il me demande où nous pouvons célébrer ensemble l'eucharistie du lendemain : ai-je tout ce qu'il faut pour cela ? Je lui réponds que j'ai ce qu'avait jadis eu Jésus : le pain et le vin. Cela lui suffit, et, le lendemain, nous célébrons donc ensemble, suivant le rite habituel, sur la table de la salle à manger de ma petite maison. Il apprécie. Il me prie ensuite de lui écrire une lettre qu'il pourrait lire à l'assemblée[1]. Ce que je fais, évidemment. Après une introduction simple, comme cela se doit pour une *captatio benevolentiae*, je fais trois remarques aux évêques :

1. Il faut prendre très au sérieux la crise du clergé. Nombreux sont les prêtres qui, dans les conditions actuelles, ressentent comme difficile un dialogue franc et ouvert avec la direction actuelle de notre Église.

2. Il n'est plus possible d'engager ce processus de réflexion et de remise en question de la même manière qu'autrefois. Nous avons déjà et nous aurons rapidement un nombre croissant de prêtres qui renonceront à leur ministère.

3. Le véritable dilemme d'une grande partie du clergé me paraît être : est-ce que nous continuons à marcher sur le chemin du renouveau avec nos évêques, ou devons-nous le faire sans eux, donc contre eux ? La seconde solution serait la mauvaise.

D'où ma demande aux évêques : « Venez en aide à notre Église, et en particulier aux prêtres. Épargnez à notre Église de voir un

1. Lettre de H. Küng lue par le cardinal Suenens au cours de son compte rendu, dans *Publik*, n° 29/1969, p. 23.

nombre croissant de départs, de schismes psychologiques, de mouvements confus et arbitraires. Rappelez-vous ces années cruciales du début de la Réforme où les évêques, s'ils avaient eu le courage de prendre à temps leurs responsabilités de pasteurs, auraient encore pu épargner à l'Église ce que nous regrettons tant à présent... En ce qui concerne nos prêtres, je pense en particulier au problème du célibat, de la situation professionnelle et de l'engagement politique et social. »

Plus de 100 évêques de 19 pays sont venus, mais aussi le double de gens de la presse, de la radio et de la télévision, plus quelque 100 représentants de groupes de prêtres de 8 pays européens. Au début du symposium, le cardinal Döpfner parle de l'instabilité du clergé dans la société séculière. À la fin, le cardinal Suenens parle de la relation des prêtres et des évêques au peuple de Dieu, ce qui lui permet de lire ma lettre. Mais toutes les tentatives pour amener les évêques et les groupes de prêtres à débattre ensemble échouent. Le gros des évêques, tel le primat d'Espagne, le cardinal Tarancón de Tolède, trouve inacceptable l'attitude agressive des prêtres. Inversement ces groupes reprochent aux évêques leur dogmatisme, leur légalisme et leur formalisme. Sur proposition de Suenens, on obtient toutefois une rencontre informelle et peu satisfaisante entre les évêques et les prêtres en présence de la presse.

Le cardinal Suenens avait auparavant rendu visite au cardinal Döpfner, à Munich, mais avait dû constater au cours du repas à quel point celui-ci était entouré de prêtres d'esprit préconciliaire. Non, à courte échéance, on ne peut attendre de lui aucune initiative courageuse en vue de la poursuite des réformes conciliaires à Rome. Seul le pape le peut. Mais cela repose une fois de plus la question : qui peut réformer la papauté ?

Comment pourrait être le pape.

L'interview du cardinal Suenens juste avant le symposium des évêques comportait nombre de remarques si intéressantes à mes yeux que je m'efforçai de les systématiser pour me faire autant que possible une image de ce que le pape pourrait être. Il suffisait de relier tout ce qu'il m'avait dit pour en avoir une idée claire.

Ce pape serait marqué par une conception de l'Église authentiquement évangélique, donc totalement étrangère à toute vision statique, juridique, formaliste et bureaucratique. Il considérerait le mystère de l'Église à partir, non pas d'une unité administrative centralisée où les évêques ne sont que les organes de gouvernement délégués par le pape, mais de l'Évangile et du Nouveau Testament, par conséquent comme une Église qui se concrétise de façon authentique dans des communautés locales (paroisses, villes, diocèses, pays) se présentant partout comme une seule et même Église, donc en lien avec l'Église de Rome.

Ce pape n'aurait pas peur de la décentralisation, comme si elle était dangereuse et constituait un germe de schisme. Il ne s'opposerait pas à la diversité légitime, mais il la promouvrait au contraire : en spiritualité, en liturgie, en théologie, en droit canonique et en pastorale. Il ne chercherait pas à concentrer le pouvoir à Rome, mais se mettrait sans prétention au service de la diversité des Églises locales, avec toutes leurs richesses, au sein de la même Église. Finie la répression de la pluralité des théologies par des mesures inquisitoriales datant des siècles passés, mais promotion de leur liberté et du service qu'elles rendent à l'Église ! Une autorité qui ne consisterait pas à se targuer vaniteusement de ses prérogatives et de son pouvoir, comme sous l'Ancien Régime, mais une autorité dans le sens du Nouveau Testament, avant tout désireuse de favoriser tout ce qui répond aux besoins du monde actuel, donc soucieuse de collaboration et de partenariat sous toutes ses formes, de dialogue, de consultation entre les évêques et les théologiens de l'Église universelle, de mise dans le coup de toutes les personnes intéressées aux processus de décision et de coresponsabilité.

Ce pape comprendrait donc sa fonction comme une fonction d'Église : non pas un pape *au-dessus* ou *extérieur* à l'Église, mais *dans* l'Église, *avec* l'Église, *pour* l'Église. Pour tous les documents ou pour toutes les actions importantes, il s'assurerait de la collaboration des épiscopats, des théologiens les plus compétents et des laïcs sans ensuite venir les désavouer, reconstituer l'appareil administratif de la curie et se remettre à défendre son hégémonie. La collaboration jouerait selon le principe de subsidiarité et le système des visites *ad limina*, de ces visites où tous les cinq ans les évêques viennent rendre compte de leur travail, fonctionnerait tout autrement et beaucoup mieux.

Telle était l'esquisse de l'idée que le cardinal Suenens se faisait d'un pape. Et qui pourrait s'opposer à cette vision d'une papauté parfaitement catholique ? Mais comment faire, étant donné la dualité des deux conciles du Vatican ? Question intéressante ! Sa vision ne contredisait évidemment en rien le deuxième, car aucun concile n'avait autant poussé que celui-ci à la collégialité de l'épiscopat. Mais une des raisons intéressantes pour lesquelles le cardinal Suenens s'engageait ainsi en public, c'était que la curie entendait toujours en revenir à l'ancien style, celui de Vatican I, le concile qui avait affirmé la primauté absolue du pape. C'était ce style qui avait permis la *nota praevia* de la constitution sur l'Église que Paul VI avait « octroyée » ? Eh bien, si certains points de Vatican I étaient en contradiction avec Vatican II, il faudrait les compléter et les corriger à la lumière de l'Évangile. Les catégories juridiques de Vatican I ne suffisaient en tout cas plus pour définir le service pétrinien tel que l'Écriture elle-même permet de le comprendre.

Quoi qu'on doive penser du fondement exégétique et historique de la succession apostolique de l'évêque de Rome, j'avais souvent rappelé les points faibles de la preuve traditionnelle faisant remonter la papauté aux premiers siècles. Je reste pourtant persuadé du sens que peut avoir un service de l'Église universelle modelé sur le rôle de Pierre. On doit admettre une primauté de service au sens biblique du terme. D'ailleurs, depuis Grégoire le Grand, tous les papes n'ont cessé de se dire *« servus servorum »*. Mais que signifierait cette primauté de service si le mot « service » n'était qu'une expression pieuse ? Plus en tout cas qu'une « primauté d'honneur » : celle-ci ne serait qu'une simple forme de représentation qui ne pourrait aider personne ; plus aussi qu'un « primat de juridiction », donc un « pouvoir » qui serait un contresens total, car cela reviendrait justement à passer sous silence l'idée de service. Le service pétrinien ne peut être qu'un service *pastoral*, *un service pastoral de l'Église tout entière*. C'est celui qui ressort du Nouveau Testament et il pourrait être d'une grande utilité pour la totalité de la chrétienté. Avec son accentuation pratique, Jean XXIII avait tout au moins clairement esquissé ce que pourrait être un tel pape[1]. Mais cela sera-t-il jamais la réalité ?

1. *Publik*, n° 33/1969, p. 22.

Contre-offensive curiale.

Karl Rahner déclara que l'interview du cardinal Suenens fournissait le programme du synode des évêques et même de plusieurs synodes futurs. Mais quel était le plan de la curie ? Exactement l'inverse : ce synode devait servir à renforcer le système romain affaibli par l'encyclique *Humanae vitae* ou d'autres actions du même genre, en faisant croire à l'unité monolithique de l'épiscopat mondial. Certains y verront l'analogue de la réunion des communistes qui avait lieu à la même époque : au lendemain de l'intervention des troupes du pacte de Varsovie pour réprimer le Printemps de Prague, la centrale moscovite voulait remettre de l'ordre et refaire l'unité du bloc communiste.

Déjà abondaient les rapports de presse annonçant les procès engagés par la Congrégation de la foi contre les théologiens éminents, Chenu, Schillebeeckx et Küng. Les cercles informés croyaient y voir la confirmation d'un durcissement destiné à rendre à cette congrégation la « parfaite maîtrise » de la théologie.

Il est toutefois intéressant de voir comment l'épiscopat se laissa manipuler et rentra dans la ligne. Très astucieusement, mais sans aucune raison, on convoqua un *synode extraordinaire des évêques*, c'est-à-dire qu'on invita uniquement les présidents des conférences épiscopales. Conclusion : les quelques rares présidents progressistes des conférences épiscopales d'Europe centrale eurent à faire face non seulement aux représentants de la curie, largement surreprésentés, mais aussi à l'impressionnante majorité de présidents plus conservateurs. Le document secret préparé par la curie pour la discussion portait le titre ambigu : « Schéma élaboré d'après les remarques des conférences épiscopales ». Il tendait à « l'unité » et culminait dans l'exigence que « avant toute déclaration publique sur des sujets importants, les conférences épiscopales sollicitent à temps l'avis du Saint-Siège apostolique » *(« ut episcoporum conferentiae ante edendam declarationem de re gravi Apostolicae Sedis mentem opportuno tempore explorent »).* Si cette phrase était admise, ni le pape ni la curie n'auraient à l'avenir plus à craindre aucun commentaire critique tel que ceux émis par des conférences épiscopales d'Europe centrale à propos de l'encyclique sur la régulation des naissances. Les évêques consentiraient-ils à se laisser ainsi mettre une muselière ?

Le 9 octobre 1968, peu avant que le *Spiegel* m'accordât une courageuse interview, le jésuite zurichois Jakob David, expert réputé en justice sociale, m'écrit que je devrais ajouter aux causes du manque de crédibilité de l'Église déjà mentionnées dans mon livre *L'Église assurée de la vérité ?* le fait que « toute cour, tout dictateur, toute autorité qui tendent trop durement l'arc, tendent nécessairement au mensonge. Il est affreux de voir comment l'atmosphère romaine est de nouveau celle d'une cour. » Et, quelques semaines plus tard, il m'écrit encore au sujet de notre déclaration des théologiens : « Cela sert plus la cause de Dieu et de l'Église que ne le font toutes les courbettes des lâches pieux. Quand donc nos évêques voudront-ils le comprendre ? »

Heureusement il y a tout au moins un évêque à le faire : Mgr Anton Hänggi, mon évêque de Bâle. Le 8 novembre 1968, lorsque Una voce, une association de traditionalistes, m'attaque de façon blessante dans des comptes rendus en pleine page de plusieurs journaux suisses, il fait paraître une longue déclaration qui dit en substance : « L'évêque et son ordinariat se voient obligés de protéger l'honneur personnel du professeur Hans Küng, membre du clergé du diocèse, et de le défendre contre toutes les attaques injustifiées. » La réaction aux événements de 1968 est très différente selon les autres régions de l'Église catholique.

Répression aux États-Unis et en Angleterre.

Aux États-Unis aussi, les résultats d'enquêtes montrent que la plus grande partie de la population catholique – et d'autant plus qu'elle était jeune – refuse elle aussi l'encyclique *Humanae vitae*. En pratique, elle ne se réfère plus à la doctrine du pape, mais à sa seule conscience. Elle en vient souvent à la rébellion ouverte. Mais la majorité des évêques traditionnels d'origine irlandaise ou attachés à Rome ne montrent guère de compréhension ni de tolérance envers les prêtres protestataires. La disparition d'évêques tels que le cardinal Meyer de Chicago, si ouvert au monde, de Mgr Ritter, de Saint Louis, ainsi que du cardinal Dearden, de Detroit, depuis longtemps président de la Conférence épiscopale américaine, se faisait lourdement sentir. Rome les avait tous remplacés. Avant la dernière session du concile, le 15 mai 1965, Vincent A. Yzermans, directeur du bureau de l'information du National Catholic Welfare Conference, m'avait écrit de

Washington : « Les évêques américains laissent traîner le concile. Ils ne font rien, et la plupart d'entre eux ne semblent guère s'en soucier. On a l'impression qu'ils aimeraient mieux en avoir fini de façon à pouvoir se retirer dans le monde tranquille de leur ordinariat, de leur *chancery*. »

En Angleterre, 55 prêtres refusent publiquement l'encyclique et sont aussitôt suspendus (avec dix livres de traitement par semaine), et les autres sont menacés de renvoi. Ni la presse ni la radio ne s'opposent à l'encyclique, mais, suivant l'aveu même des évêques, on sent bien ce qu'ils pensent. Malgré tout, dans le diocèse de Londres, celui du cardinal Heenan, archevêque très pro-romain, certains prêtres protestent contre l'encyclique encore plus vivement qu'autre part. Le cas Charles Davis a encore de l'effet.

Aux États-Unis, le cardinal Patrick O'Boyle, archevêque de Washington DC, se montra brutal envers les prêtres opposés à l'encyclique. Il en suspend immédiatement six et prend des mesures disciplinaires sévères contre les autres. Les modérés demandent sa démission, mais même l'Association des conseils sacerdotaux se voit refuser par un évêque auxiliaire de Washington sa demande d'un arbitrage et la Conférence épiscopale n'en tient aucun compte. Des laïcs et des prêtres se lancent dans des manifestations communes de solidarité en faveur d'un règlement modéré : la veille du rassemblement de la réunion de la Conférence épiscopale, 3 500 fidèles se réunissent à Washington pour lancer un appel à la protestation et à la solidarité. Le principal orateur est Eugène McCarthy, le sénateur démocrate, un des catholiques les plus éminents des États-Unis. Pendant la conférence elle-même, 130 prêtres tiennent un sit-in dans l'hôtel de la conférence pour soutenir les prêtres censurés.

Même dans l'université catholique de Washington, où on espérait tout au moins voir respecter la liberté académique de doctrine et de recherche, la pression des évêques sur les autorités de surveillance débouche sur une politique répressive : parmi les victimes les plus marquantes, il y a le moraliste catholique le plus important d'Amérique, Charles Curran, élève de Bernhard Häring, rédemptoriste, moraliste fort estimé à Rome. En 1967, Curran s'était vu refuser sa *tenure* (son emploi durable) par le *Board of trustees* épiscopal de l'Université à cause de son enseignement sur la sexualité, mais une grève des professeurs et des étudiants avait eu lieu pour exiger qu'on la lui conférât. Un an plus tard, il n'en est pas moins suspendu par la direction de l'Université pour avoir pris la tête de l'opposition contre l'encyclique de la pilule de Paul VI. Désormais, il n'a plus guère de partisans, comme un an plus tôt. Au sommet de la crise, je me rends alors de Chicago à Washington pour manifester ma solidarité et pour discuter avec lui de la situation. Le tribunal appelé à juger de son cas tranche finalement en sa défaveur. Il doit quitter l'Université – une honte pour elle, et non pour lui. En 1981, il acceptera une chaire d'éthique chrétienne à l'université méthodiste du Sud (SMU). En 2006 paraîtront ses mémoires sous le titre *Loyal Dissent. Memoir of a Catholic Theologian*. Elles contiennent son histoire, triste mais courageuse, avec tous ses arrière-plans.

« Nous, catholiques, sommes-nous sortis du port tranquille de 1962 pour tomber dans la tempête de 1968 ? » se demande le journaliste George N. Shuster dans un article du *Catholic News* (New York) d'octobre 1968. Et il en arrive à la conclusion suivante : « Tout semble se passer comme si la visite du professeur Hans Küng aux États-Unis marquait le reflux. Le 25 mars 1963, il parlait à l'université Notre Dame, et il y avait soudain là des milliers d'auditeurs venus de loin pour l'écouter. À Notre Dame, comme dans les autres lieux où il prenait la parole, ses propos semblaient susciter un accord qui s'imposerait pratiquement sans difficultés[1]. »

En clair : le peuple catholique était prêt au renouveau, mais l'épiscopat d'orientation romaine le bloquait. Avec le temps, on verra les effets de la restauration de ce système, en particulier lors des scandales de la pédophilie, de la tentative des évêques et de la Congrégation de la foi pour l'étouffer et des millions de dollars à payer aux victimes, cela conduisant à la banqueroute de plusieurs diocèses.

Résistance aux Pays-Bas : le « Catéchisme hollandais ».

La situation de l'Église catholique aux Pays-Bas était totalement différente de celle des pays anglo-saxons. J'ai déjà raconté comment, dans les années 1950, cette Église était encore très conservatrice, mais comment, dès la convocation du concile, elle s'était portée à la pointe du renouveau catholique (voir t. I,

1. G. N. SHUSTER, « What Caused Today's Turbulent Waters ? », dans *The Catholic News* du 10 octobre 1968.

chap. IV, « Amsterdam : tradition catholique et renouvellement »). Dès avant le concile, le discours de Jan van Kilsdonk, l'aumônier des étudiants, avait servi de phare en critiquant violemment la politique de la curie romaine et en parlant de la « terreur » du Saint-Office. Rome voulait le chasser de son poste, mais tout en publiant un monitum (avertissement formel) l'évêque s'y opposa. Ces années-là, une répression dans ce pays qui avait résisté à la terreur nazie, et dont la florissante Église catholique était en plein élan conciliaire n'était pas pensable. En Allemagne, on racontait toutefois toutes sortes de bêtises sur les catholiques hollandais. On voyait en eux les enfants turbulents de l'Église universelle, ce en quoi on oubliait que les enfants sages ne font que rarement quelque chose d'original.

Comme en 1967 j'avais pu passer incognito deux semaines tranquilles dans une petite ville hollandaise à observer la vie paroissiale, je me sentis obligé de dire combien l'évolution postconciliaire me paraissait positive, tout d'abord dans le journal *De Volkskrant* du 2 novembre 1967, puis dans les journaux de langue allemande sous le titre « La Hollande sur la bonne voie » : des cultes dominicaux vivants avec des prières eucharistiques en hollandais compréhensible, une prédication solide, une participation presque unanime de la communauté à la table eucharistique, bien sûr avec disparition de la confession, volonté d'ignorer la régulation « artificielle » des naissances et oubli du jeûne, sans qu'on vît en cela un « péché mortel » ; en outre la mise en œuvre du renouveau conciliaire au niveau des paroisses, une grande efficience du travail dans les médias religieux, dans la recherche de sociologie religieuse, dans la construction d'églises et dans le travail social.

Je chantais en particulier les louanges du *Catéchisme hollandais*, paru en 1966, qui s'était déjà vendu à 400 000 exemplaires, succès que presque aucun livre n'avait eu dans le pays. Voir tant de gens s'intéresser au message chrétien et à une théologie adaptée à l'époque était vraiment un important signe de renouveau. Les difficultés que Rome avait opposées à cette publication ne faisaient que témoigner de son propre immobilisme néoscolastique. Les entraves mises aux traductions (« trop souvent tolérées ») en langue étrangère d'un ouvrage que l'épiscopat hollandais avait unanimement approuvé étaient fort regrettables.

La résistance contre le mouvement de restauration romaine avait donc de solides bases dans le pays. La Conférence des évêques hollandais était restreinte, mais unie. Elle avait à sa tête Mgr Willem M. Bekkers, de s'Hertogenbosch, homme intellectuellement ouvert, très influent. À l'invitation de Paul Brand (Hilversum), initiateur et éditeur de *Concilium*, la revue internationale de théologie, il avait pris part à la session de fondation de la revue et, en Hollande et dans d'autres pays, il s'était prononcé publiquement à la télévision en faveur de l'autorisation morale de la contraception. Malheureusement, à la fin du concile, il souffrait déjà d'un cancer qui l'emporta en mai 1966. Mais, dès le concile et après le concile, l'Église néerlandaise disposait d'une personnalité dont on reconnaissait bien au-delà des frontières la capacité de dirigeant, la hauteur de vue et le courage : le cardinal Bernard Alfrink, jadis professeur d'Ancien Testament et depuis 1955 archevêque d'Utrecht.

Le 24 septembre 1968, le « cas Schillebeeckx » fait la une du *Monde*. Ce journal répand la rumeur selon laquelle la Congrégation de la foi engagerait un procès contre ce dominicain flamand, depuis 1958 professeur à l'université catholique de Nimègue, dont j'ai souvent parlé à l'occasion du concile et de la fondation de *Concilium*. Il a manifestement été la victime de dénonciations. Dans une lettre au cardinal Alfrink et au cardinal Šeper, le préfet de la Congrégation, les étudiants en théologie de Nimègue protestent contre le secret d'une procédure fondée sur une dénonciation anonyme. En fait, on mettait en cause toute une série de thèses tirées de différentes publications de Schillebeeckx sur le péché originel et sur l'eucharistie (la transsubstantiation), le ministère ecclésiastique, le célibat, le magistère ecclésiastique.

Mais le procès n'en est encore qu'au stade préliminaire dans la Consulta du conseil de la Congrégation de la foi. Des théologiens à peu près inconnus internationalement, mais fidèles, ont donc à juger un autre théologien, lui de renommée internationale, un savant qui connaît aussi bien le thomisme classique que la théologie la plus récente, y compris protestante. Le Vatican introduit toutefois une nouveauté dans laquelle il voit un progrès considérable : le 8 octobre, bien que le père Rahner, s.j., ne soit pas un fidèle de la ligne romaine, on l'invite pour défendre les thèses du dominicain. Schillebeeckx lui-même n'est pas au courant. Il apprend finalement qu'il n'y aura pas de procès doctrinal contre lui – tout au moins pour le moment. Il n'en maintient pas moins sa critique du secret de la procédure : il aurait préféré un dialogue franc et ouvert. Naturellement, il ne peut absolument pas être sûr que la Congrégation de la foi ne relancera pas l'affaire à un moment ou à un autre.

Mais, à Rome, l'Inquisition se centre avant tout sur le *Catéchisme hollandais* dans lequel on soupçonne toutes sortes d'hérésies. Après l'échec de pourparlers en avril 1967, on nomme en automne une commission de cardinaux, puis un comité de théologiens. Le *Catéchisme hollandais* suit en effet une méthode totalement différente de celle du catéchisme du concile de Trente, celui de la Contre-Réforme, ou du *Catéchisme romain* du début du XXe siècle. Au lieu d'affirmer dogmatiquement d'en haut les vérités révélées à croire, il part des questions de l'homme moderne en cherchant à y répondre en s'appuyant avant tout sur l'Écriture sainte.

Un des auteurs de renom du catéchisme est le jésuite hollandais Piet Schoonenberg. On cherche à lui intenter un procès avant tout à cause de son livre sur le péché originel *(Théologie du péché)*: c'est le point névralgique du catéchisme. Mais on lui reproche aussi sa présentation de la naissance virginale, de l'eucharistie (présence réelle) et de la nature des anges. Les questions de dogmatique n'ont cependant pour but que de voiler ce dont il s'agit vraiment: c'est toute la théologie hollandaise qui déplaît, et Rome est furieuse de voir que le livre a un succès sensationnel, non seulement en Hollande, mais aussi et particulièrement en Allemagne. On ne pouvait plus simplement l'interdire, comme on le faisait jadis. Mais on pouvait tout au moins, et c'était la volonté de Rome, y apporter de sérieuses corrections. D'où des tractations sans fin entre Rome et les Hollandais. Finalement, le catéchisme n'en fut pas moins traduit en 34 langues. Mais l'Église hollandaise dut bientôt affronter un conflit plus important.

Un combat décisif autour du célibat sacerdotal : le synode pastoral.

La Hollande fut le premier pays à se donner un instrument de politique ecclésiastique destiné à mettre en œuvre les intentions du concile Vatican II : le synode pastoral. Les évêques entendaient user collégialement de leur charge de direction en engageant le dialogue avec leurs prêtres, leurs religieux et les représentants du laïcat. Entre 1968 et 1970, ils organisèrent six assemblées plénières auxquelles prit part une grande partie du public néerlandais et de la presse mondiale. Les discussions de fond portaient sur des projets, non seulement de prêtres et de théologiens, mais aussi de sociologues, de psychologues et d'autres experts, projets qu'on traduisit en résolutions pratiques. Tandis que les hautes autorités de l'Église allemande se demandaient : « Est-il permis de... ? », en Hollande on se demandait : « Quand commence-t-on ? »

À peine les évêques avaient-ils eu le temps de revoir la masse de décisions prises par la grande majorité du synode que Rome commença à s'alarmer. Dans la presse, on vit s'engager tout un débat international, dans les organes d'Église, mais aussi à travers des canaux diplomatiques, et on ne recula pas devant des calomnies. Les évêques allemands et français furent les premiers à s'en mêler. L'indignation se mua en panique quand, en présence de 150 représentants des médias, l'assemblée générale du 7 janvier 1970 demanda à Rome d'admettre des prêtres mariés, cela pour le bien de l'Église. Cette nouvelle fit aussitôt la une des journaux de New York et du *Monde*, à Paris. Les évêques hollandais avaient une position très forte, car une enquête menée en 1969 montrait que 88 % des catholiques du pays leur faisaient confiance. Cet accord sur une exigence aussi radicale se comprenait fort bien, car la question du recrutement sacerdotal se posait sous une forme dramatique. Les évêques entendaient donc défendre l'admission d'hommes mariés au sacerdoce, aussi bien face aux conférences épiscopales des autres pays que face à Rome, ainsi que le demandaient à l'unanimité les 148 prêtres du pays.

Le cardinal Léon Suenens, primat de Belgique, se joignit aux Hollandais. On avait tiré de son interview un mot de l'introduction du second chapitre : « Ce n'est pas l'autorité du pape qui est mise en question, c'est le "système" qui le tient prisonnier. » Mais il était toujours le seul à soutenir les Hollandais. Dès le 3 février 1971, en raison des nouvelles alarmantes venant de Rome (on parlait même d'une excommunication du cardinal Alfrink et des évêques hollandais), et après un échange téléphonique avec Edward Schillebeeckx et en accord avec mes collègues de Tübingen, Norbert Greinacher et Joseph Neumann, je fis une déclaration sur le célibat sacerdotal. Plusieurs théologiens (mais non pas Rahner avec qui je restais toujours en conflit sur ce point) se disaient disposés à signer publiquement le texte suivant :

Dans l'Église latine, la question du célibat des prêtres est devenue un problème extrêmement grave, non seulement en Hollande, mais dans tous nos pays, et il menace de déboucher sur un schisme de l'Église catholique. Nous ne devons pas et nous ne pouvons pas rester sans rien faire devant cette évolution. Même ceux qui ne renoncent pas *a priori* au célibat tiennent que l'unité de l'Église est un bien très supérieur au maintien d'une loi disciplinaire qui n'a pas toujours été de règle et qui n'a d'ailleurs pas actuellement de valeur universelle. Il n'y a aucune raison défendable de refuser un dialogue clarificateur. Nous appelons nos évêques, les Hollandais, mais aussi ceux du monde entier qui se trouvent affrontés aux mêmes difficultés, à ne pas laisser ceux-ci seuls à s'en soucier. Même en dehors des Pays-Bas, la situation a atteint un point beaucoup plus critique qu'on ne le pense au premier abord. C'est pourquoi nous demandons à nos évêques que, conformément à leur coresponsabilité avec les évêques du monde entier vis-à-vis de l'Église universelle, celle que leur a rappelée avec force Vatican II, ils exigent à travers leurs conférences que Rome ouvre un dialogue objectif sur la question, celui qui fait depuis longtemps défaut et qu'on a si souvent réclamé.

Cette lettre réunit finalement les signatures de 84 professeurs de théologie et fut transmise par la suite aux conférences épiscopales d'Allemagne, d'Autriche et de Suisse, puis aux médias le 13 février 1970.

Mais dès le 3 février 1970, le pape Paul VI avait fait savoir aux évêques hollandais qu'ils devaient revoir leur position sur ce sujet. Il avait malheureusement reçu l'appui du cardinal Höffner, président de la Conférence épiscopale d'Allemagne – étonnez-vous-en ! Contre tout fondement biblique, celui-ci déclara le célibat sacerdotal obligatoire parce que fondé sur la Bible. Au lieu de former avec les évêques hollandais et belges du deuxième concile du Vatican une avant-garde de la mise en œuvre du concile, les évêques allemands et français laissèrent tomber les évêques hollandais, et cela justement dans le premier conflit crucial tournant autour du recrutement sacerdotal, de la collégialité épiscopale et du centralisme romain. Ils portent donc la principale responsabilité du fait que le système curial autoritaire de Rome ait pu reprendre le pouvoir sans grande résistance. Parmi ceux qui ont soutenu cette restauration, il faut distinguer tout particulièrement Mgr Joseph Höffner, évêque de Münster, qui venait d'être nommé archevêque de Cologne et qui sera bientôt cardinal : il remplaçait Döpfner plus tôt que prévu.

Rome convoqua le cardinal Bernard Alfrink. Je m'interrogeais beaucoup pour savoir si, en raison de mon expérience, je ne devais pas téléphoner au primat de Hollande pour lui conseiller de rester à tout prix dans le pays et d'y tenir à la télévision un grand discours à la nation. Je n'avais aucun doute concernant sa loyauté personnelle et celle de l'Église hollandaise à l'égard du pape. Mais il demandait en même temps qu'on réexaminât la question du célibat sacerdotal. Je craignais toutefois qu'en l'appelant ainsi, lui que je ne connaissais pas aussi bien que Suenens, on puisse interpréter mon intervention comme abusive. Il se rendit à Rome et n'obtint rien de plus que l'assurance que le synode des évêques de 1971 aborderait la question des prêtres. Promesse vide, comme on le sait.

Comment Rome muselle une Église.

Dès le 31 novembre 1969, en dépit des propositions du chapitre de la cathédrale et de la violente opposition du diocèse, on nomma évêque de Rotterdam le Dr Adrianus J. Simonis, aumônier à La Haye. C'est un conservateur, porte-parole de la minorité conservatrice au synode pastoral. Pis encore, l'intronisation comme évêque de Roermond de Johannes Baptist Gijsen, un réactionnaire incapable, et cela malgré l'opposition acharnée du clergé et du peuple. Par la suite, en 1993, Rome devra le révoquer pour sa nullité totale lors d'un scandale sexuel dans son grand séminaire ultraconservateur. En Hollande, le grand « nettoyage » a commencé. Il atteindra son sommet en avril 1980. Cette année-là, les évêques néerlandais seront convoqués à un « synode spécial » à Rome, un acte de centralisme extraordinaire comme on n'en aura vu jusqu'alors qu'à Moscou. Là, on leur apprendra les *mores*, les bonnes mœurs, à savoir comment conduire l'Église hollandaise *modo romano*, à la mode romaine. Autrement dit on leur fera comprendre que les évêques sont sous la surveillance de Rome et qu'ils doivent reprendre eux-mêmes la situation en main, sans aucune interférence de prêtres ou de laïcs compétents : bref, suivre la ligne romaine. Rome avait déjà préalablement interdit tout conseil national et toute structure permanente.

Le Vatican ordonnera désormais la supervision et la révision de toute l'organisation de la formation théologique. Le nouvel ordre des choses servira pendant des décennies de moyen de pression sur les facultés de théologie et fournira en 2005 le prétexte pour supprimer les meilleures d'entre elles (Nimègue, Tilburg et Utrecht). Seule Nimègue osera résister de façon durable. En même temps le Vatican imposera sa politique du personnel. Le plus puissant instrument de pouvoir contre l'Église hollandaise sera évidemment le choix d'évêques élus en fonction de la politique ecclésiastique romaine, et non plus en fonction de la pastorale. Suivront d'autres nominations d'évêques réactionnaires : à Haarlem en 1983, à Deng Bosch en 1985, à Roermond en 1993 et à Groningen en 1999.

La vieille stratégie romaine, *« Divide et impera »*, « Diviser pour régner », conduit tout d'abord à l'isolement international des évêques néerlandais, puis, grâce aux nouvelles nominations, à la création à l'intérieur même de la Conférence épiscopale d'une « cinquième colonne » à la botte de Rome, et finalement à la prise totale du pouvoir. La façon dont on jugula ainsi l'Église des Pays-Bas devait servir de modèle dans toute l'Église catholique.

Ainsi la résistance de cette Église si courageuse se trouva-t-elle minée de l'intérieur. Beaucoup de catholiques hollandais cherchent en eux-mêmes la faute de ce développement catastrophique : ils sont retombés dans les vieux schémas dans lesquels ils ont été élevés. La plupart des intellectuels et des têtes créatrices ont quitté l'Église ou ont choisi l'émigration intérieure. Au fil des ans, la plupart des communautés de base qui avaient renouvelé la vie ecclésiale ont disparu. Cette ambiance a aussi débordé sur la vieille garde des évêques : ils sont résignés, malades. Erwin Kleine, un journaliste ami des rénovateurs hollandais, m'écrit le 20 octobre 1971 à leur propos : « Avec tout cela, il me semble que Rome a réussi à limer les dents de tous ces gens. Sans trouver beaucoup d'encouragement dans les faits, on ne peut que souhaiter de tout cœur voir l'Église néerlandaise continuer à jouer son rôle. Mais on doit plutôt attendre les conséquences du nouveau raté du synode de Rome (je n'attends plus rien, moi qui ai jadis tant attendu) contre la base progressiste. » Le professeur Walter Goddijn, sociologue de la religion et ancien secrétaire général du synode pastoral, tient pour très vraisemblable un prochain exode des catholiques de mentalité ouverte pour peu que le choix de deux nouveaux évêques fasse pencher la balance du côté conservateur, expliquait-il lors d'une conférence à Tübingen le 29 octobre 1975[1]. Une honte pour les épiscopats allemand et français qui ne sont pas venus à l'aide de l'épiscopat hollandais.

Quand, pour raison d'âge, le cardinal Alfrink offrira sa démission comme archevêque d'Utrecht, on l'acceptera aussitôt, comme Rome le fait toujours pour les évêques progressistes. Pour éviter de lui donner pour successeur Gijsen, le favori de Rome, on nommera à sa place Johannes Willebrands, le cardinal de curie. Fondateur du Secrétariat pour l'œcuménisme, puis très efficace secrétaire du Secrétariat romain pour l'unité sous le cardinal Bea, ce primat d'une Église terriblement endommagée par Rome n'aura que peu de rayonnement. Dès 1983 il sera remplacé par Mgr Adrianos Simonis, un fidèle de la ligne romaine bien vite nommé cardinal, mais il continuera à vivre presque un quart de siècle. J'aurai à revenir sur lui à propos de la grande bataille sur l'infaillibilité.

Dans l'Église hollandaise, on en arrive donc à un blocage total de tous les mouvements de renouveau, ce qui a eu des conséquences dévastatrices. Le nombre de prêtres décroît dramatiquement. En 1965, la dernière année du concile, 44 d'entre eux ont déjà quitté leur charge, mais ils seront 533 en 1968 et 1969. En 1964, il y a encore 301 nouveaux ordonnés, en 1968 139. En 1970 on comptait encore 700 séminaristes ; dix ans plus tard, ils ne seront que quelque 400. Sur les cinquante séminaires de prêtres à l'origine, on n'en comptera plus que cinq pour les cinq diocèses (y compris ceux des ordres religieux), et cela tombera à trois en 1991. Fin 1982, il y a 314 assistants paroissiaux et 51 assistantes, mais, en dépit de la dramatique diminution du clergé, la politique de certains évêques les empêchera de dépasser le total de 360. On dit tout bas d'eux qu'ils sont « les poux dans la fourrure : ils mettent la pagaille dans l'ordre sacramentel ». Les 77 diacres ne peuvent compenser le déficit de pasteurs (et de pasteures) qu'on prévoit pour 2004.

Tout cela ne constitue qu'un modèle et un prélude de tous les efforts similaires de restauration dans d'autres pays en vue de consolider, non pas le « Commonwealth catholique » que laissait espérer le concile, mais l'*imperium romanum* ecclésiastique

1. Voir la remarquable analyse de psychologie religieuse dans W. GODDIJN, *The Deferred Revolution. A Social Experiment in Church Innovation in Holland, 1960-1970*, Amsterdam, 1975.

médiéval. Ce n'est désormais plus une question, c'est un fait : la curie romaine l'a emporté sur l'Église catholique des Pays-Bas en même temps qu'elle a gagné le combat crucial sur le célibat dans l'Église universelle. Avec ses satellites, cette curie romaine porte la principale responsabilité du fait que des dizaines de milliers de prêtres n'ont pas été rappelés au service de l'Église, que finalement des dizaines de milliers de paroisses dans le monde entier restent sans pasteurs et que, justement en Amérique latine et en Afrique, des millions de catholiques se tournent vers des communautés pentecôtistes bien prises en charge. Une victoire romaine à la Pyrrhus.

Les voix du renouveau s'affaiblissent.

À la base de l'Église, le désir de communauté reste toujours très fort. C'est ainsi qu'à Tübingen, le 22 janvier 1970, jour de l'unité des chrétiens, quelque mille chrétiens, catholiques et protestants, se joignent à la prière œcuménique pour l'unité dans l'église catholique Saint-Jean, 200 de plus que je n'en avais eu l'année précédente dans l'église protestante ; je prêche sur le chapitre 3 de la première épître aux Corinthiens : les scissions dans l'Église, celle d'hier et celle d'aujourd'hui.

En théologie aussi, beaucoup de choses sont possibles, quand je pense par exemple à la collaboration des deux facultés de théologie ou à la discussion très constructive à la radio, le 17 avril 1970 au cours de laquelle des théologiens fort divers de Tübingen, Johannes Neumann, Joseph Ratzinger, Max Seckler et moi-même, discutent de quatre thèses de Schillebeeckx sur l'orthodoxie – les critères de la vérité et les incertitudes. Évidemment, je subis quelquefois des attaques venant « d'en bas », de catholiques ultraconservateurs qui, dans leurs feuilles me traitent de protestant et d'hérétique que l'on devrait arrêter. La meilleure réponse est le silence.

Comme cela se produit souvent en politique, le pape Paul VI affronte les difficultés en *politique intérieure* en redoublant d'activité en *politique extérieure* : voyage triomphal en Asie et en Océanie. Le 26 novembre 1970, il fait un arrêt à Téhéran pour un entretien avec Mohammad Reza Pahlavi, fils d'un général cosaque. Dans sa mégalomanie, celui-ci s'est autoproclamé *shah-en-shah* (roi des rois) et s'est fait couronner à la manière des rois achéménides de la Perse ancienne. Il a astucieusement remplacé le comput islamique des années par un autre, pseudo-achéménide. Ni lui (auquel des manifestations berlinoises auraient dû servir d'avertissement) ni le pape ne soupçonnent alors que, quelques années plus tard, l'ayatollah Ruhollah Khomeiny, alors en exil, viendra balayer ce paon de son trône.

Paul VI se rend ensuite aux Philippines où un peintre à l'esprit troublé l'attaque avec un poignard. Mais Mgr Marcinkus, son gigantesque camérier, dont nous aurons à reparler, le protège. Karl Rahner, bien qu'à l'époque apologiste de l'infaillibilité pontificale, opère une distinction parfaite entre le ministère pontifical et le ministre personnel quand, avec un sourire malicieux, il me dira plus tard qu'il n'aurait pas été mortellement touché si l'attentat avait réussi.

Dans la curie, on ose de moins en moins s'opposer à la restauration. Le 16 novembre 1968, l'initiateur et président du Secrétariat pour l'unité des chrétiens, le cardinal Augustin Bea, meurt à l'âge de quatre-vingt-sept ans. Il est enterré dans sa patrie de naissance, à Riedbohringen, à une heure d'auto de Tübingen. J'avais fait sa connaissance en 1948, lors de mes premières années au Germanicum dont il était devenu le visiteur, et je l'avais invité en 1962 à Tübingen. Il était le premier cardinal à se rendre dans cette université fortement marquée par le protestantisme (voir t. I, chap. VI, « Un cardinal de la curie à l'université : Augustin Bea »). Extrêmement estimé dans tout le monde chrétien pour sa modestie, son érudition et ses dispositions œcuméniques, il avait obtenu le prix de la paix des éditeurs allemands conjointement au pasteur œcuménique protestant, le Dr Willem Visser't Hooft, initiateur et premier secrétaire général du Conseil mondial des Églises. Je ne suis pas le seul à regretter que son successeur au Secrétariat pour l'unité, Johannes Willebrands, ne dispose pas du tout de la même audience que son prédécesseur.

Au terme de cette année 1968 si mouvementée, j'assiste encore à la disparition d'un autre théologien que je dois remercier plus que tout autre pour ma théologie, et en qui je n'ai cessé de voir au cours des quinze années précédentes mon ami et mon accompagnateur spirituel : Karl Barth. Il meurt le 10 décembre 1968 au terme d'une dure maladie.

Doublement docteur en théologie : Karl Barth.

Je lui avais encore rendu visite à Bâle le 7 août 1968. Quelques mois plus tôt, il avait écrit à un jeune théologien catholique : « Ce n'est pas pour rien que le professeur Küng, que vous avez fort justement défendu contre ceux qui parlent contre lui sans l'avoir lu, est un ami cher, théologiquement et humainement[1]. » Il avait même un jour déclaré qu'il me verrait bien lui succéder dans sa chaire de dogmatique.

Ce fut en fait un grand honneur pour moi d'avoir pu être présent à la célébration en souvenir de lui dans la cathédrale de Bâle, le samedi 14 décembre 1968, auprès du secrétaire général du Conseil mondial des Églises, le Dr Visser't Hooft, du président tchèque de la Conférence chrétienne de la paix, le professeur Josef Hromadka, et du professeur Helmut Gollwitzer (Berlin), qui rappela la participation de Barth à l'Église confessante allemande contre le régime hitlérien. Comme catholique, je pus moi-même lui rendre hommage pour les services qu'il avait rendus à l'œcuménisme. Il y eut un temps où l'on avait des docteurs *utriusque juris*, ès deux droits. Le nôtre aurait d'urgence besoin de docteurs *ès deux théologies*, la catholique et la protestante. Et s'il y a quelqu'un qui a incarné cela à notre époque, c'est bien Karl Barth.

Il est étonnant de penser qu'il n'y a pas de théologien important de notre siècle qui ait autant marqué que lui l'Église et la théologie catholique par ses colères et ses attaques provocantes, dans sa *Dogmatique chrétienne* ou à l'assemblée générale du Conseil mondial des Églises, à Amsterdam. C'est à bon droit qu'il nous a attaqués, nous sur la droite, tout autant que ses adversaires néo-protestants sur la gauche. Il ne le faisait pas toujours sur un air de Mozart dont, dans son amour pour la théologie, il rappelait avec nostalgie qu'il n'avait apparemment pas été un chrétien zélé, et surtout pas un catholique. Mais, en dépit de leur caractère polémique, ses provocations étaient marquées par ce qu'il appréciait tant chez Mozart, une objectivité passionnée, immense, libre. Et ce qu'il entendait et voulait faire entendre, c'était le message chrétien.

1. K. BARTH, *Offene Briefe 1945-1968*, éd. par Diether Koch, Zurich, 1984, p. 540.

C'est à partir de l'Évangile qu'il entendait parler fort, qu'il entendait *protester* contre nous. Et c'est pourquoi, pour nombre d'entre nous, il apparaissait comme le théologien protestant, simplement. Mais il était authentique parce qu'il protestait non seulement *contre* quelque chose, mais *pour* quelque chose pour lequel il vaut peut-être encore la peine de protester aujourd'hui : pour le Dieu vivant et tout autre, qu'une théologie catholique ou protestante superficielle pensait pouvoir intégrer dans son système humain ; pour la parole toujours vivante dans l'Écriture, celle qu'on ne peut que difficilement entendre résonner dans les propos sensés et intelligents, proférés ou écrits, mais par trop humains même de nos Églises ; *pour* le seul Jésus-Christ auquel nos Églises aimeraient tant accoler certains autres chefs politiques ou religieux, ou tout simplement l'homme ; *pour* la communauté des croyants qui, au cours de l'histoire de l'Église, s'est toujours trouvée menacée soit par une institution qui se veut toute-puissante, soit par des exaltés qui se sont arrogé le pouvoir.

Par sa protestation positive, les grandes visées évangéliques qui imprègnent sa systématique et que l'on doit maintenir, Karl Barth a réaffirmé l'importance de la théologie protestante même pour nous catholiques, dès lors que nous entendons discuter sérieusement de l'Évangile. Et il nous a en même temps réveillés en nous faisant entendre dans notre Église la parole prophétique de sa dogmatique. Il a lui-même été étonné de voir combien on l'y entendait. Il n'est pas exagéré de dire que, par son influence directe ou indirecte sur l'Église catholique, il a été *un des pères spirituels du renouveau catholique* lié au deuxième concile du Vatican, d'un renouveau qui, au cours de ses dernières années, le conduisait parfois à se demander à la fois avec joie et avec tristesse si aujourd'hui l'Esprit n'était pas plus vivant dans l'Église catholique que dans la sienne.

Maintenant c'était lui qui avait à produire une œuvre théologique incomparable : retourner à son Dieu. Et je me souvenais des heures émouvantes au cours desquelles il me disait que, quand il aurait à paraître devant Dieu, il ne renverrait pas à ses nombreux ouvrages, non pas même à sa « bonne foi », mais se contenterait de dire : « Seigneur, aie pitié de moi, pécheur. » Je ne doutais pas un instant qu'il serait accueilli dans la grâce.

Les derniers temps, il se souciait parfois que, dans mon combat en faveur de plus de *véracité* dans l'Église, je n'en arrive à délaisser la *vérité*. Je ne peux évidemment rien dire moi-même à ce sujet. Mais, comme catholique, donc à la différence d'un théologien protestant, j'ai affaire à une autorité qui prétend détenir infailliblement la vérité en matières importantes de foi et de morale. Le grand combat pour la vérité culminait donc manifestement dans la question : y a-t-il quelqu'un qui puisse prétendre posséder sans conteste la vérité en en appelant à Dieu ?

Des voyages en Alfa à cause du semestre sabbatique de Ratzinger.

Le 5 novembre 1968, quelques jours avant le décès du cardinal Bea, le gouvernement du canton de Bâle décida de confier au professeur Hans Küng la tenue de *la seconde chaire de théologie systématique de l'université protestante de Bâle* pendant le semestre d'été de 1969. Cette nouvelle suscita la joie de mes amis suisses, mais plutôt le trouble à Tübingen au point que le *Schwäbisches Tagblatt* dut publier un démenti sous le titre : « Küng reste ici ».

J'avais précédemment eu des pourparlers avec le doyen de la faculté, le professeur Max Geiger, dans ma Seehaus, sur le lac Sur. Le 25 novembre 1968, le directeur du département de l'éducation de Bâle écrivit alors au ministre des Cultes du Bade-Wurtemberg : « Demander à un prêtre catholique de collaborer à l'enseignement dans une faculté de théologie protestante est sûrement quelque chose de très nouveau en Europe. Mais nous pensons que c'est une grande chance que de pouvoir s'exprimer dans une faculté qui cherche à promouvoir l'œcuménisme dans son enseignement et dans sa recherche. Le public intéressé a réagi de façon attentive et positive à la proposition du conseil du gouvernement. Nous envoyons en même temps cette lettre au rectorat et au décanat de l'université de Tübingen. Nous prions les autorités de faire tout leur possible pour ce professeur invité. »

Mais la réalisation du projet se révéla plus difficile qu'on aurait pu le penser. Cela tint avant tout au doyen de la faculté catholique de Tübingen, qui était alors Joseph Ratzinger. Le 11 décembre 1968, celui-ci répondit aux professeurs des différentes facultés de Bâle qui avaient soutenu mon invitation et au groupe de théologiens spécialistes : « Comme je comprends très bien toutes vos raisons, il m'est particulièrement difficile de vous dire que la principale difficulté pour une solution positive consiste dans le cas présent en ma personne, autrement dit dans les accords que j'ai passés avec M. Küng au commencement de mon activité ici. »

En fait, quand, après mûres réflexions, on avait appelé Joseph Ratzinger à la faculté de Tübingen, il s'était trouvé prêt à ma demande à partager le semestre d'été entre Tübingen et Münster pour me faciliter la dernière mise au point de mon livre *L'Église*. Étant donné que le semestre suivant était celui de ma recherche libre, il avait eu en charge les deux chaires. En contrepartie, je lui avais garanti de tenir sa chaire pendant son semestre d'été 1969. Depuis avril 1968, il avait également eu la charge de doyen de la faculté de théologie catholique. Je comprenais fort bien la situation de mon collègue et je lui conseillai de s'en tenir à tout prix à son projet de semestre de recherche. Mais comment concilier mon poste de professeur à Tübingen et celui de professeur invité à Bâle ?

Il n'existe aucune bonne liaison ferroviaire entre Tübingen et Bâle. C'est pourquoi, dans son mot d'accueil lors de notre entretien de Castel Gandolfo en septembre 2005, mon ancien collègue, le pape actuel, commencera par me poser en souriant la question toute rhétorique de savoir si Tübingen était encore la seule ville universitaire allemande sans train rapide. À Bâle, on pensait à une liaison aérienne. Mais les avions taxis pour l'aéroport de Stuttgart coûtent cher, et, à Tübingen, le petit aéroport de la firme Braun und Kemmler n'est utilisable que de jour et par beau temps. Pour pouvoir répondre à ma charge de professeur invité à Bâle, il ne restait donc plus que l'auto.

« Celui qui allait à vélo » n'aurait pu faire le boulot (voir prologue). Mais « celui qui allait en Alfa » pouvait et entendait bien prendre sur lui les énormes fatigues de ces allers et retours sur des voies qui n'avaient rien d'autoroutes. J'étais bien content de pouvoir compter sur ma petite et modeste Alfa, très adhérente au sol et d'accélération rapide. À Bâle comme à Tübingen, le semestre d'été commence le 21 avril. Et mon plan de voyage et de cours fut désormais le suivant : vendredi soir, session à la faculté de Tübingen. Samedi à 4 h, le réveil sonne. 5 h, départ en auto pour Bâle. Arrivée à 7 h 15. 8 h 15 : deux heures de cours sur les sacrements, suivies de deux heures de colloque avec les professeurs Geiger et Heinrich Ott. Après quoi, le plus souvent départ pour Seehaus. Le lundi matin, encore deux heures de cours à Bâle et retour à Tübingen pour y accomplir mon devoir du mardi et du mercredi.

Le poids de ces allers et retours continuels me valut un jour quelques bons maux de tête au point que, repensant à la tumeur au cerveau de mon frère, j'allai consulter un neurologue, heureusement sans rien de grave, mais avec la seule obligation de prendre quelques jours de repos. Au début juillet, je fus bien content d'en avoir fini avec ce semestre, sans compter quelques conférences à Cologne, Amsterdam et Milan.

Pour moi, ce semestre bâlois fut à tous égards une expérience très heureuse. J'étais invité à tenir des entretiens et des conférences aussi bien par le conseil ecclésial protestant réformé que par le décanat et le conseil sacerdotal catholiques. J'étais en contact non seulement avec ma sœur Hildegarde et son mari, Willi Klarer, chez lesquels je pouvais me reposer, mais aussi avec des amis et des amies de lycée qui résidaient dans la ville et avec lesquels je suis resté en relation jusqu'à aujourd'hui. Dans cette cité helvétique, les contacts étaient infiniment plus pacifiques qu'en Allemagne, et surtout à Tübingen. Là-bas, la situation devenait critique.

III

Tübingen en des temps troublés

« J'ai vu se dévoiler le hideux visage de cette ferveur athée, la terreur psychologique, l'absence de tout complexe avec laquelle on sacrifiait toute réflexion morale comme un relent bourgeois, alors qu'il s'agissait d'objectifs idéologiques. Tout cela est assez choquant en soi, mais se transforme en défi impitoyable pour le théologien lorsque l'idéologie se réclame de la foi et utilise l'Église à ses propres fins. »

Cardinal Joseph RATZINGER[1]

Avec une moyenne d'âge de moins de quarante ans, Tübingen est aujourd'hui une des plus jeunes villes d'Allemagne. Cela tient à ce que, sur ses 83 000 habitants, 24 000 sont des étudiants. La vague de la révolte étudiante qui déferla des grandes écoles de Berkeley sur Paris et Berlin ne s'était naturellement pas apaisée devant les portes de cette tranquille petite ville universitaire. Sans doute cette université, vieille de cinq cents ans, n'avait-elle pas l'importance de celle de Berlin ou de Francfort, mais on n'en assista pas moins à de dures violences. Il n'y a pas de doute : 1968 fut pour Joseph Ratzinger comme pour moi une année cruciale.

Le calme avant la tempête.

Le 15 avril 1968, le lundi de Pâques, je suis tranquillement rentré d'un passionnant semestre de professeur invité à New York. À la faculté, la première séance du semestre d'été a lieu le 18 avril, et, après ma longue absence, je retrouve avec joie mes collègues.

1. J. RATZINGER, *Ma vie. Souvenirs (1927-1977)*, tr. fse M. Huguet et J. Laffitte, Paris, Fayard, 1998.

Le dimanche, je fais le sermon d'ouverture du semestre à Saint-Jean sous le signe de l'œcuménisme. La première lecture porte sur la doctrine de la foi et de la justification, et je propose un séminaire sur le *De captivitate babylonica Ecclesiae* de Luther, son fameux écrit polémique sur la papauté et sur les sept sacrements.

En même temps, avec le professeur Peter Beyerhaus, le nouveau directeur de l'Institut pour l'œcuménisme et la missiologie de la faculté protestante, j'organise une « société œcuménique », un groupe de travail qui se réunit une fois par semaine. C'est ma première tentative pour aborder avec un théologien luthérien notoirement conservateur la question qui me préoccupe depuis des années. C'est un ancien missionnaire, un protestant d'orientation haute-Église dont les idées sur la relation du christianisme avec les religions universelles m'intéressent. Le thème est « présence et dialogue ». Mais Beyerhaus n'est au fond guère l'homme qu'il faut pour un dialogue avec les religions : ce fut vite clair. Ses idées, comme celles de la plupart des théologiens protestants, correspondaient à celles du premier Karl Barth, lequel, avant le concile, partageait la vision des catholiques sur la « démonisation » des religions du monde. Par la suite, un de mes doctorants, Joachim Zehner, lui aussi théologien protestant, fera sa thèse sur la façon dont catholicisme et protestantisme voyaient ces religions.

Joseph Ratzinger est alors doyen de la faculté de théologie catholique et, au cours de ce semestre, il a seulement un cours spécial sur l'eschatologie, le seul thème sur lequel, après sa thèse de doctorat et son *Introduction au christianisme* de Tübingen, il publiera comme professeur et comme évêque un livre scientifique. Conjointement avec Heiko Oberman, un protestant hollandais historien de la Réforme, il tient un séminaire sur le thème de Luther et de la « Disputation de Leipzig » (1519). Il est lui-même en contact étroit avec le professeur Beyerhaus ainsi qu'avec Ulrich Wickert, mariologue et patrologue protestant de tendance catholique, et Scott Barchy, le directeur de l'Institut des disciples de Tübingen, venu d'Amérique. Le pape Benoît XVI s'en souviendra-t-il ? Il célébra en commun l'eucharistie avec ces protestants à l'Institut des disciples, dans la Wilhelmstrasse de Tübingen.

C'est bien sûr une autre question de savoir comment Ratzinger a vraiment fait sienne la problématique protestante. Thomas Riplinger, un de mes doctorants américains, à l'époque encore dominicain, prend part à son séminaire et fait un exposé d'introduction sur l'évolution de Luther depuis ses thèses sur les indulgences jusqu'à la Dispute de Leizpig et ses répercussions, surtout sur la bulle d'excommunication. Dans cet exposé, il critique durement l'attitude et la tactique des principaux adversaires de Luther, Prierias, Eck et Cajetan, de purs thomistes : ils n'auraient traité de problèmes existentiels qu'à un niveau scolastique purement rationnel, en ne tenant à peu près aucun compte des arguments de Luther, avant tout bibliques et historiques. En se targuant de l'autorité formelle des décisions magistérielles, en particulier à propos de Jean Hus, le réformateur de Bohême condamné et brûlé en dépit des garanties que lui avait données le concile de Constance, ils auraient conduit Luther à désespérer, à considérer tout le système papal comme parfaitement pourri et à voir dans la papauté l'Antéchrist prophétisé, idée devant laquelle il avait tout d'abord frémi.

Mais Ratzinger ne montre que peu d'intérêt pour cette analyse. Ce qui compte avant tout pour lui dans la dispute, c'est la doctrine intellectuelle en jeu. Or, sans être irrationnelle, la Réforme était avant tout une réaction existentielle et émotive à un système ecclésiastique pétrifié, étranger à la Bible, et à sa théologie scolastique coupée de la vie et de l'histoire. Qui ignore cela peut-il comprendre le problème de la théologie protestante ?

La pratique de la recherche œcuménique.

Notre Institut de recherches œcuméniques est évidemment totalement sous le signe du dialogue avec la théologie protestante. Depuis 1968, j'ai pour assistant un théologien protestant, le Dr Friedhelm Krüger. Toute une série de doctorants travaillent les thèmes classiques de l'œcuménisme, « sacrement et culte », « grâce et justification ». Je tiens régulièrement des colloques et des séminaires hebdomadaires.

Entre-temps, le travail de documentation de l'institut avance. Mes études à l'étranger m'ont convaincu que la théologie ne peut actuellement rester enfermée dans des frontières nationales et confessionnelles. Pour obtenir une vue globale de la recherche internationale supra-confessionnelle depuis 1945, je fonde un catalogue avec trois sections : Bible, histoire de l'Église et de la théologie, théologie systématique (y compris toutes les sections de la théologie pratique). J'aurais volontiers mis ce catalogue sur ordinateur, mais la technique de l'époque ne le permettait pas encore et nous nous contentons donc d'un fichier conventionnel. Pour le rendre systématique, je rédigeai un ennuyeux schéma de base de 60 pages susceptible de me servir aussi en théologie systématique.

Au cours de l'année, nous consacrons des forces importantes à tout ce catalogue de recherche sous la direction du Dr Hermann Häring, et à partir de 1980 sous celle du Dr Urs Baumann, avec le soutien de plus en plus grand de Thomas Riplinger devenu en 1975 docteur en théologie catholique, et en lien avec la bibliothèque universitaire. Au fil des ans, le catalogue atteindra 300 000 entrées, de telle sorte que dès la fin des années 1970 nous manquons de place. En 1981, pour sauver ce qui en fait le cœur, nous mettrons fin à la section des sciences bibliques – que celle de la systématique vient pour ainsi dire doubler – et nous réduisons la section historique, de plus en plus encombrante, à l'histoire de la théologie. Le schéma est sans cesse remis à jour et, grâce aux ordinateurs, le catalogue est désormais pourvu d'un index alphabétique destiné à faciliter la recherche sur les différents thèmes de la systématique. Un nouveau chapitre s'ouvrira en 1987 : comme le catalogue de la bibliothèque universitaire comportera de plus en plus d'ouvrages en la matière, nous nous contenterons des seuls articles pour lesquels il n'existe encore aucune documentation. Nous le ferons désormais par ordinateur en en tirant des fiches à insérer dans le catalogue.

C'est ainsi que ce catalogue durera au lendemain de ma prise de retraite, en 1996. Après que nous aurons quitté les locaux de la Nauklerstrasse, il deviendra enfin accessible à tous dans la bibliothèque commune de la faculté de théologie, et, sur la période de 1945 à 1995, il constituera dès lors un instrument de travail unique au monde. Entre-temps, l'Université aura pris la suite en adoptant la forme la plus moderne de banque de données accessible à tous et sans frais par internet. Les livres sont indiqués dans OPAC (Online Public Access Catalog) et un index théologique signale les articles tirés de revues ou d'œuvres collectives. Les deux formes de documentation comportent des mots repères d'usage courant dans l'espace linguistique germanique, et un index théologique avec traduction anglaise.

Depuis la fondation de l'Institut de recherches œcuméniques, je me suis donné pour principe de ne jamais devenir un manager, quelque nécessaire que soit le travail administratif, mais de participer activement à la recherche. Tous les collaborateurs scientifiques doivent consacrer au moins la moitié de leur temps de travail à un travail intellectuel (doctorat ou écrit d'habilitation). Toujours est-il que notre institut sera lui aussi entraîné dans les débats sur la réforme universitaire.

Une réforme universitaire contestée.

En 1968, personne ne pouvait discuter sérieusement le fait que l'Université allemande, dont on était si fier, avait sérieusement besoin de réformes. Celles-ci étaient d'autant plus nécessaires que le nombre d'étudiants ne cessait de croître. À Tübingen, les 3000 prévus au départ étaient déjà 8000 en 1960, lors de mon arrivée, et 12000 en 1968. En Allemagne, cette ville est celle qui a le plus fort pourcentage d'étudiants de la population. En 1964, le nouvel ordinarius de sociologie, Ralf Dahrendorf, qui m'avait succédé de près comme benjamin du Grand Sénat, avait tenu un discours extrêmement bien documenté et inquiétant sur la sous-représentation des enfants de travailleurs à l'université. Du coup on en avait facilité l'accès, mais on avait aussi répercuté le défi aux collèges. On ne pouvait cependant résoudre du jour au lendemain le problème du manque de salles de cours et de logements.

De plus en plus de professeurs se rendaient aussi compte de la nécessité de revoir les programmes, de raccourcir le temps d'étude et d'en finir avec la hiérarchie rigide de l'Université. Les quatre chaires de la clinique dentaire du professeur Eugen Fröhlich, le premier membre de la faculté de médecine de la ville avec lequel je m'étais lié d'amitié, avaient suscité l'envie de beaucoup de collègues qui, dans leur domaine, avaient aussi des chaires à pourvoir. Dans le grand Institut de sciences naturelles, physique, chimie et biologie, on songeait à une rotation des directeurs qui avaient avant tout une charge administrative. Dans notre faculté de théologie catholique, en raison de mon refus d'être nommé à Münster, on avait dû dédoubler la chaire de dogmatique (jusque-là honnie par les collègues à cause de la « séparation du pouvoir »), de telle sorte que Joseph Ratzinger et moi-même ne pouvions intervenir que successivement. En tant que doyen, j'avais proposé à la faculté un plan nouveau : au lieu de la faire éclater en quatre spécialités (missiologie, sciences caritatives, archéologie biblique, etc.) comme le faisaient déjà les autres facultés, on doublerait les branches essentielles (Ancien et Nouveau Testament, éthique, dogmatique, histoire de l'Église, théologie pratique).

Toujours est-il que, comme doyen, j'avais découvert combien il serait difficile de faire passer la réforme si on se contentait de remédier à l'état de fortune de quelques chaires. C'est ainsi que le raccourcissement du temps d'étude supposait une réduction des programmes surchargés. J'avais eu chez moi, chose rare, la visite d'un haut fonctionnaire ministériel de Stuttgart. Il me déclara que, comme jeune doyen, je devais faire preuve du courage nécessaire pour imposer le changement. Mais même le jeune représentant du droit canon, tout disposé à la réforme, se hérissait contre toute réduction des matières à examen « vraiment toutes aussi importantes ». Aussi, dans notre faculté, en étions-nous réduits à de lâches compromis : certaines matières ne seraient enseignées qu'« à grands traits », de telle sorte que les étudiants avaient encore plus de mal à savoir ce qu'on leur demanderait exactement à l'examen.

Je trouvais plus d'accord pour *une réforme du règlement des promotions*, ce qui devait faciliter aux étudiants étrangers et (après d'intenses débats) aux femmes la possibilité de passer un doctorat de théologie catholique à Tübingen. C'est ainsi que je pourrai conduire jusqu'à leur thèse, en 1965, Patrick Dias, le premier Indien (thèse sur la pluralité des Églises), en 1972, Jean Amougou-Atangana, le premier Africain (thèse sur l'Esprit et la confirmation), et, en 1971, Christa Hempel, la première femme, elle aussi avec une intéressante et solide thèse (« La discussion sur la justification »). Finalement, en 1992, Johannes Rehm, le premier théologien protestant à le faire, pourra même obtenir un doctorat de théologie catholique sous ma direction à l'Institut de recherches œcuméniques (thèse sur la possibilité actuelle de participation commune à la Cène). Tout cela aura été rendu possible grâce au changement du règlement des promotions.

De façon générale, la collaboration entre les facultés catholiques et protestantes se développait de façon heureuse. Déjà peu après le concile, le groupe de travail théologique de la faculté protestante avait engagé la discussion sur les questions actuelles de la théologie, ce à quoi jusque-là seuls Karl Hermann Schelkle, professeur de Nouveau Testament, et moi-même avions participé en tant que catholiques. Sur la proposition d'Ernst Käsemann, professeur protestant de Nouveau Testament, fondamentalement ouvert aux catholiques, on avait même constitué un groupe de travail œcuménique. Il faut surtout signaler la présence de Jürgen Moltmann, systématicien protestant, un homme humainement très sympathique en qui je trouvais un partenaire théologiquement très qualifié. Durant le semestre d'hiver 1968-1969, il dirigea avec moi une société théologique commune sur les questions christologiques actuelles, ainsi qu'une commission des deux facultés chargée de fondre nos deux grandes bibliothèques en un seul Theologicum et de mettre au point une reconnaissance réciproque de certains diplômes des facultés jumelles. À partir du 1er janvier 1971, je dirigerai pendant vingt-cinq ans avec lui le groupe de travail œcuménique des deux facultés de théologie : la collaboration avec lui sera toujours amicale et sans heurt.

Cependant tous ces efforts d'intégration sont malheureusement bloqués lorsque les troubles étudiants se déclenchent à Tübingen et que la gauche radicale se montre de plus en plus active, non seulement chez les politologues, les sociologues et les psychologues, mais aussi chez les théologiens protestants, ceci en raison d'une tradition plus ouverte que chez leurs condisciples catholiques, « chroniquement », traditionnellement plus conservateurs. Dans la faculté catholique, on a bien conscience qu'il ne suffit pas de quelques démagogues, assistants ou étudiants protestants pour remettre totalement en question la structure de la faculté. Je soutiens explicitement certaines de leurs exigences telles que la cessation du « mystère de la faculté » qui permet toutes les intrigues possibles, ainsi que l'amélioration des droits et de l'intégration des assistants et des enseignants. Mais il en va tout autrement quant à la suppression des instituts qui marchent ou de la politisation des sciences, ou même de la remise en question des institutions démocratiques.

En ce qui concerne le travail sur l'amer passé national-socialiste, Tübingen était en avance sur les autres universités. Dès le semestre d'hiver 1964-1965, les professeurs y avaient tenu un cercle de conférences intitulé « L'esprit allemand et le national-socialisme » où on traitait de la relation des différentes disciplines avec celui-ci. Étudiants et professeurs avaient passionnément discuté de la pièce de Rolf Hochhuth, *Le Vicaire* (1963), qui portait sur le silence de Pie XII devant l'holocauste, ainsi que du procès d'Auschwitz (1963-1965). Mais la situation tourna à la révolte étudiante.

La révolte étudiante.

Le 5 décembre 1966, le refus d'une salle de conférence pour Friedrich Karl Kaul, avocat communiste de Berlin-Est, conduit à une manifestation d'étudiants devant l'université et, le soir suivant, de 20 d'entre eux devant la maison de Gottfried Möllenstedt, le recteur. En 1968, la conférence a cependant lieu dans la salle des fêtes, mais elle déçoit même les sympathisants. Cependant sa conjonction avec l'instauration du régime des colonels en Grèce et surtout avec la visite du shah provoque chez les jeunes une sensibilisation croissante à la politique extérieure et un activisme internationaliste.

J'ai déjà parlé de l'explosion de démocratisme radical après le coup de feu mortel contre Benno Ohnesorg, l'étudiant berlinois, le 2 juin à Berlin. À Tübingen aussi, le cercle SDS de l'École de sciences politiques se transforme en organisation de masse. Le lundi suivant, 5 juin, quelque 2000 étudiants se rassemblent à midi devant les bâtiments de l'université. Le soir, dans une salle des fêtes bourrée de monde, un rassemblement pour information déclenche une controverse passionnée. Le vendredi, jour des funérailles de Benno Ohnesorg, une marche silencieuse de 2000 étudiants de Tübingen se déroule sous une pluie battante depuis l'université jusqu'à la cour du château. Ce jour-là, le recteur conseille de laisser tomber les cours. Seuls quelques rares professeurs participent à la marche en silence.

La *coalition entre enseignants et enseignés commence à éclater*, mais également le front commun entre les étudiants qui demandent une réforme des études et une démocratisation des études supérieures, et les radicaux, qui veulent une révolution dans la société et qui tentent continuellement de nouvelles formes d'action, tout d'abord des tech-in sans dommages, ou bien des sit-in précis, et finalement des go-in sans aucun ménagement. Durant l'automne 1967, on commence aussi à discuter un peu partout du « mandat politique » des étudiants, et, à l'université, le Sénat décide de les admettre comme membres actifs de ses différentes commissions. Une décision fort sage ! Le cours des études reprend dès lors sans entraves.

C'est ainsi que les 7 et 8 décembre 1967 la faculté de théologie catholique peut célébrer en toute tranquillité les cent cinquante ans de sa naissance (comme nouvelle fondation à côté de l'ancienne faculté qui devient de ce fait faculté de théologie protestante), avec festivités académiques et messe solennelle. On confère des doctorats *honoris causa* à Yves Congar, le plus éminent théologien français, à Otto Karrer, pionnier suisse de l'œcuménisme, et à Roger Aubert, l'historien de Louvain, auteur d'une histoire de Pie XI et du premier concile du Vatican. C'est celui-ci qui fait le discours : « Le difficile éveil de la théologie catholique au temps de la Restauration. En hommage à l'école de théologie de Tübingen ». Ce devait être la dernière fête académique de ce genre.

Ces jours-là sont aussi ceux de la publication de l'important livre hommage *Theologie im Wandel* (La Théologie en mutation) dont j'avais moi-même, comme doyen, proposé le titre et l'orientation. 35 théologiens liés à notre faculté par leur activité d'enseignants ou leur formation dans l'esprit de l'école catholique de Tübingen cherchent, sur fond d'histoire et dans la situation totalement nouvelle de l'Église et des chrétiens dans le monde, à rendre compte de l'état actuel de la théologie dans les différents domaines. C'est devenu un important ouvrage d'information dont, pour des raisons de temps (mon semestre de recherche), j'ai confié la direction littéraire à mes collègues Joseph Ratzinger et Johannes Neumann[1].

Joseph Ratzinger y joint sa leçon inaugurale de Tübingen, « Histoire du salut et eschatologie », et j'y traite moi-même de « la réflexion catholique actuelle sur la doctrine de la justification chez Luther ». Le mois précédent, le 11 novembre 1967, j'avais déjà parlé sur ce thème à Genève sur l'invitation du doyen de la faculté protestante. Là encore, un signe de la réelle transformation des théologies confessionnelles en un sens œcuménique : pour le 450e anniversaire de la Réforme, un théologien catholique parlait à l'université de Genève, fondée par Calvin, non pas de l'idée de justification chez Calvin, mais de celle de Luther, et ceci sous les applaudissements de l'auditoire. Un véritable défi face au monument genevois de la Réforme, avec ses quatre statues de réformateurs parmi lesquelles manquait justement celle de Luther : on ne peut lire que son nom, comme celui de Zwingli, sur une timide pierre commémorative.

1. *Theologie im Wandel. Festschrift zum 150 jährigen Bestehen der Katholisch-theologischen Fakultät an der Universität Tübingen 1817 bis 1967*, Munich - Fribourg-en-Brisgau, 1967.

Pour l'année académique 1967-1968, la faculté catholique devait assurer à son tour le rectorat, et nous étions unanimement d'accord sur la candidature du professeur Herbert Haag, professeur d'Ancien Testament. Son prestige était considérable au Sénat et il aurait sûrement été élu par un vote secret. Mais on savait que le gouvernement régional de Stuttgart entendait serrer les cordons de la bourse et voulait éviter toute dispute difficile avec le ministère des Cultes et celui des Finances. C'est pourquoi les professeurs de sciences naturelles et de médecine se mirent secrètement d'accord pour réélire Gottfried Möllenstedt, le précédent recteur, un chercheur en physique – la seule et parfaitement inutile intrigue menée au Sénat contre la faculté de théologie catholique – car celui-ci était plus susceptible d'imposer les exigences de l'Université face à Stuttgart que le tranquille Haag, dont on sous-estimait grandement la force de caractère et la capacité de s'imposer. Ce fut ainsi que Möllenstedt fut élu à sa place.

Si j'avais été à Tübingen en décembre 1966, et non pas de l'autre côté du globe, me dit-on à mon retour, il est probable que j'aurais moi-même été élu. Fort heureusement, cette coupe est passée loin de moi. Car le front sur lequel j'aurais eu à combattre comme recteur n'aurait pas été celui du ministère des Cultes de Stuttgart, mais celui des étudiants révolutionnaires. Et, sur celui-ci, Möllenstedt, le physicien, se montra désarmé et maladroit. Je cherchai à consoler Herbert Haag, mon ami suisse, en lui faisant valoir que, dans cette situation totalement inattendue, lui comme moi aurions eu du mal à affronter l'épreuve et à faire face à cette nouvelle forme de protestation. L'Université n'était absolument pas préparée à une contestation aussi violente venant de ses propres étudiants.

Actions violentes et surenchère idéologique.

Pour les étudiants en rébellion, une petite minorité extrêmement active d'orientation marxiste, il s'agissait désormais de bien plus que d'une simple réforme des études et de la structure du corps enseignant. Ils se heurtaient à la stagnation générale de la politique allemande (en particulier vis-à-vis de l'Est) et à la défaillance de l'opposition parlementaire durant la grande coalition – un climat favorable au succès des révolutionnaires et à l'opposition extraparlementaire (APO). Ce qu'ils voulaient, c'était faire de l'université un instrument de propagande et de combat politique.

Luttant contre une réorganisation technocratique de l'enseignement supérieur au service de l'industrie et en faveur d'une démocratisation et d'une participation sur un pied d'égalité des professeurs, des assistants et des étudiants, les étudiants radicaux se percevaient comme les alliés des mouvements de libération et des mouvements féministes, de telle sorte qu'ils se pensaient investis d'un mandat politique. C'est ainsi qu'ils en arrivèrent à des protestations violentes contre la guerre du Viêtnam, mais aussi contre la misère du tiers-monde en Afrique, en Amérique du Sud et en Amérique centrale. Ils se lancèrent en même temps dans des tentatives violentes pour changer les structures existantes de l'enseignement supérieur. Avec des slogans tels que : « Luttons contre les chaires universitaires », « À bas les structures autoritaires », « Finies les codécisions étudiantes, place à l'autodécision », on peut justifier bien des choses, en particulier en recourant à un vocabulaire marxiste. Les professeurs, la couche moyenne (assistants, conseillers académiques) et les étudiants formaient trois groupes dont les intérêts matériels étaient en conflit : presque une lutte des classes !

Dans tout cela, les radicaux entendent défendre l'idée d'une « politique scientifique » : les spécialistes scientifiques doivent cesser de s'enfermer dans la tour d'ivoire de leur savoir ; ils doivent rendre compte de la façon dont leurs connaissances contribuent à l'action politique et à la transformation de la société. C'est évidemment beaucoup plus difficile pour le spécialiste de la littérature médiévale allemande, le philologue iranien, l'égyptologue, le numismate ou n'importe quel « spécialiste des orchidées », comme on les appelle maintenant avec mépris, que pour les politologues, les sociologues et les psychologues. Mais finalement, et de façon générale, tout le monde se déclare prêt à lutter en faveur d'une éducation anti-autoritaire, et même à user de violence, sinon contre les personnes, au moins contre la chose. Les affiches et les banderoles dans les salles de cours tiennent souvent lieu d'arguments et d'informations. On trouble les cours tenus par des enseignants mal vus, on fait grève, on « conteste », on « perturbe ». Rien d'étonnant que la plupart des membres du corps enseignant gardent un souvenir « catastrophique » de cette situation. C'est un coup porté à toute leur activité, et beaucoup ne s'en remettront guère. Même les feuilles de gauche se plaignent de la « terreur étudiante[1] ».

L'agitation politique des étudiants en rébellion atteint son sommet en mai 1968, lors de la lutte contre l'état d'urgence, cet ensemble de mesures extraordinaires prises par les organes d'État pour venir à bout de la déliquescence non seulement extérieure, mais aussi intérieure. Ludwig Raiser succède à Möllenstedt comme recteur. C'est un juriste en droit civil rompu à la négociation. C'est aussi l'éminent président du Conseil scientifique allemand, le président de l'Église protestante d'Allemagne (son fils, Konrad, étudie la théologie à Tübingen et sera un jour le secrétaire général du Conseil mondial des Églises). Son bon sens lui vaudra de voir certains collègues le critiquer pour son excès de souplesse à l'égard des étudiants.

Mais la direction de l'université est sur la défensive. Dans sa crainte des manifestations et des ennuis de toutes sortes, le recteur et le Petit Sénat renoncent au *dies academicus* et aux festivités officielles prévues le 7 mai pour la passation du rectorat. L'université ne doit-elle pas elle-même repenser ses formes de représentation ? Pour cela, le recteur prendra publiquement la parole dans la salle des fêtes, et on discutera. En fait, dans ce genre de manifestation, il s'agit beaucoup moins d'une espèce de parlement démocratique que d'une assemblée révolutionnaire tumultueuse. Aucune trace de dialogue avec les adversaires. Le 16 mai 1968, au moment de la seconde lecture du décret d'état d'urgence au Parlement, Tübingen est le théâtre de violentes protestations d'étudiants, de troubles et d'occupation des établissements d'enseignement. Le 25 mai, 300 étudiants se pressent à la mairie afin d'obtenir pour leur agitation une voiture avec haut-parleur.

Pis encore le 29 mai, le jour de la troisième lecture du décret au Parlement : grève de plusieurs jours comme dans la plupart des autres établissements d'enseignement d'Allemagne. De fait, les cours sont boycottés. La totalité de l'institut et des facultés est paralysée. Les grévistes barrent souvent les entrées de l'université avec des chaînes et professeurs ou étudiants se voient interdire tout accès dans les bâtiments. Il n'est pas recommandé d'entrer dans la mêlée. Le 30 mai, nouvelle grande manifestation sur la place du marché, devant la mairie. C'est cependant ce même jour

1. *Die Zeit* du 26 décembre 1967.

que, en troisième lecture, le Parlement allemand adopte finalement l'état d'urgence. Le soir, 3000 étudiants se rassemblent dans la salle des fêtes et dans d'autres salles de cours. Mais, vers minuit, la fin de la grève est décidée.

Mais ce n'en est pas fini des go-in, des blocages de cours, du sabotage des assemblées générales et des sessions du Sénat. Par la suite, le 28 novembre 1968, on devra renoncer aux festivités officielles de remise du prix Montaigne à Raymond Aron, politologue et sociologue français, certes éminent, mais antimarxiste, parce que, dira le recteur Raiser, « on ne peut demander aux hôtes de l'Université de s'exposer au chahut devenu chose courante ». La remise du prix se fera en petit cercle et sous protection policière à l'Institut de biologie, loin du centre de l'université.

Go-in lourds de conséquences : Eschenburg et Adorno.

Germanistes, romanistes, politologues et sociologues font montre d'un zèle révolutionnaire tout particulier. Les rebelles, dont font partie beaucoup d'étudiants protestants en théologie, mais peu de catholiques, viennent troubler les assemblées de professeurs qui disposent d'une certaine prééminence et qui se signalent par une certaine bienveillance envers les étudiants. On les déclare « libéraux merdeux » et on entend les démasquer et les vilipender. En théologie catholique, moi-même et surtout Ratzinger sommes les premiers à en souffrir.

Mais les choses ne sont pas pires ni pour moi ni pour Ratzinger que pour notre collègue, Theodor Eschenburg, le Nestor des sciences politiques en Allemagne. Il avait eu la première chaire allemande en la matière, et il était le fondateur de l'Institut des sciences politiques de Tübingen. Entre les deux guerres, il avait été un étroit collaborateur de Gustav Stresemann, le ministre démocrate des Affaires étrangères d'Allemagne, prix Nobel de la paix. Il avait dû mettre en œuvre les nouvelles structures et institutions de la première République de Weimar, celles que renversèrent les extrémistes de droite et de gauche en ouvrant ainsi la route à Hitler. Recteur de l'université de 1961 à 1963, il avait soutenu avec enthousiasme, et en dépit des hésitations de ma faculté, l'invitation que j'avais adressée au cardinal Bea de venir faire une conférence à l'université. Malgré la résistance de professeurs conservateurs, il s'était aussi mis à « meubler » l'université en y nommant de façon inhabituelle professeur d'une nouvelle chaire Walter Jens, originellement philologue de l'Antiquité, mais qui s'était fait connaître comme critique et homme de lettres, ainsi qu'en accordant un statut de professeur invité permanent à Ernst Bloch, tombé en disgrâce en DDR à cause de son interprétation peu orthodoxe du marxisme, et cela alors que lui-même n'était pas du tout d'accord avec les idées politiques de ces deux personnages[1]. Homme de grande expérience politique (qui avait d'ailleurs pris part à la fondation de l'État du Bade-Wurtemberg), érudit au savoir historique considérable, commentateur permanent des événements politiques dans la jeune République fédérale, il était pour ainsi dire l'incarnation de l'institution dans la démocratie allemande.

Mais ce fut justement lui, le savant hautement considéré dans tout le pays, lui qui avait sans cesse lutté pour rendre vivantes les institutions démocratiques et pour énoncer clairement les règles d'un bon fonctionnement démocratique en vue d'une politique du bien commun, lui qui avait lutté pour un État fort capable de lutter contre les insatiables prétentions des partis et des groupes, qui devint en 1968 la bête noire de la gauche parce qu'il s'était exprimé contre la mission politique de la gent étudiante. On remit radicalement en question son intelligence de l'État et de l'autorité. On vint importuner ses auditeurs et on l'empêcha même de parler. Lui-même qualifiera ces sit-in de jeux de flagellation non sanglante. Les étudiants en révolte vinrent même un jour occuper son Institut des sciences politiques. Lui, le directeur, arrivant un jour dans son institut, le trouva fermé et dut s'en retourner chez lui.

C'était pourtant une destinée heureuse en comparaison de celle de Theodor Adorno, sociologue et philosophe, père spirituel de plusieurs générations d'étudiants de gauche, mais qui, comme je l'ai dit, se montrait peu enclin à l'action révolutionnaire immédiate. Au cours du semestre d'hiver 1968-1969, cela lui valut l'occupation de son Institut de recherches sociales, à Francfort. Il appela la police et mit en assignation Hans-Jürgen Krahl, le meneur des étudiants, son doctorant, pour cause de trouble à la paix de la maison. Au commencement du semestre d'été de 1969, des groupes de base de sociologie, dominés par les Étudiants allemands pour le socialisme (SDS), appelèrent à un sit-in où

1. Voir T. ESCHENBURG, *Erinnerungen*, Berlin, 2000, p. 221-227.

on voulut le forcer à l'autocritique. On avait écrit sur le tableau : « Celui qui laisse notre cher Adorno commander fait le lit du capitalisme. » À peine arrivé à son pupitre, Adorno, toujours très correctement vêtu, comme Eschenburg, se trouva harcelé par trois étudiantes barbouzes. Il dut quitter la salle presque en fuyant et dut renoncer à son poste d'enseignant. Psycho-somatiquement très atteint, il se retira en juillet à Zermatt, dans ses chères montagnes, mais eut une crise cardiaque et mourut d'un infarctus le 6 août à l'hôpital de Visp, à l'entrée de la Mattertal.

Après sa retraite en 1973, à soixante-huit ans, Theodor Eschenburg se vouera à des publications et surtout à ses Mémoires dans lesquels il ne sera d'ailleurs guère question de ces événements. Ses panégyriques n'évoqueront d'ailleurs jamais ces horribles scènes de la révolte étudiante de Tübingen, ni avant ni après sa mort. À l'heure de l'adieu, le 16 juillet 1999, sa fille me priera moi-même, bien que prêtre catholique, de prendre part à ses funérailles protestantes à cause de ma relation personnelle avec son père. J'évoquerai alors plutôt la pratique du pouvoir de celui qui avait été un véritable gardien du droit et de l'éthique. « Vous avez raison, me disait souvent cet homme aussi simple que noble, qui était souvent l'hôte de notre maison et avec lequel je discutais un jour d'éthique mondiale, un État de droit suppose aussi un minimum d'éthique. »

Des étudiants en théologie se rebellent.

La « démocratisation fondamentale » du mouvement étudiant visait à discréditer toute autorité, en particulier celle de la police et de la justice, mais aussi celle de la famille, de l'entreprise et de l'Église. En tant que professeur, je le sentis vite. Au cours de mon semestre de l'été 1968, dans mon Institut de recherches œcuméniques, les étudiants réclamèrent qu'on en finisse avec la « domination » des professeurs due à leur « avance dans l'information » et réclamèrent une conduite des séminaires par rotation.

Peut-être avais-je effectivement trop monologué au cours de la première séance en pensant que, au départ, les étudiants sont souvent d'abord plus intéressés par une information que par une discussion : comment mener intelligemment celle-ci sans savoir de quoi il s'agit ? Toujours est-il que, lors de la seconde session, un étudiant qui avait déjà connu l'expérience de 1968 à Bochum demanda carrément avec un de ses condisciples souabes de la faculté protestante que le séminaire soit dirigé à tour de rôle par les étudiants. Une « communication libre de toute domination » permettrait le développement d'une « dynamique de groupe où les idées pourraient bouillonner », s'imaginaient ces étudiants-professeurs, tenants de l'éducation anti-autoritaire. J'étais sceptique, mais je donnai mon accord tout en connaissant fort bien la difficulté de manier de solides connaissances scientifiques et de conduire efficacement un séminaire : les deux orateurs rebelles pouvaient donc commencer et diriger la réunion suivante. Ils se lancèrent donc, mais échouèrent lamentablement. Après une introduction, ils invitèrent leurs camarades à la « discussion », mais, en dépit de leurs objurgations, pas un d'eux ne prit la parole. Aucun des deux ne savait comment lancer le débat, et ils jetaient à la ronde des regards d'appel à l'aide, y compris à moi. Je les ignorai très intentionnellement. C'est seulement au terme d'un long et pénible silence que je posai finalement une question théologique à laquelle ni l'un ni l'autre des deux « présidents » ne savaient que répondre.

La suite : aucun étudiant ne se proposa pour diriger la troisième séance, et, pleins de repentir, les deux meneurs de la rébellion me demandèrent de la diriger moi-même, charge que j'acceptai avec une amicale réserve. Mais cela ne m'en conduisit pas moins à repenser moi-même ma pédagogie et une didactique trop centrées sur l'objectif et à donner aux étudiants plus de part à la discussion. Beaucoup d'étudiants changèrent aussi d'attitude. Le révolutionnaire de Bochum s'acclimata à notre institut, fit ses preuves, et il deviendra bientôt mon meilleur adjoint scientifique. Il s'appelle Karl-Josef Kuschel, et j'aurai bientôt à revenir sur son intéressante carrière. Sa « compagne », Christel Hilderbrand, deviendra une éminente pasteure et une publiciste protestante avec laquelle je suis encore lié aujourd'hui.

La situation est évidemment tout à fait différente avec des *étudiants étrangers à la faculté de théologie*. Contre tout droit, ils firent irruption dans la salle en prétendant nous forcer à une discussion, non pas sur la spécialité traitée, mais sur la politique. Même la Société œcuménique qui se réunissait de 20 h à 22 h dans une demeure privée louée à l'université se trouva le 26 juin 1969 en butte à une intrusion d'étudiants de la SDS. Elle dut se lancer dans une discussion politique sur les lois d'urgence. Mais, en accord avec Peter Beyerhaus, je mis fin au séminaire. Une des étudiantes révolutionnaires me demanda pourquoi moi qui passais pour ouvert, je ne me mettais pas dans le coup. « Étant donné que toute ma vie j'ai combattu le fascisme de droite, je dois aussi me défendre contre le fascisme de gauche. » Jürgen Habermas m'a emprunté ce mot comme bien d'autres quand Rudi Dutschke a proposé à Berlin de répliquer à l'interdit de démonstration par des actions directes.

Naturellement, j'avais aussi des collègues qui tentaient de s'arranger tranquillement avec les étudiants : dans notre faculté de théologie catholique, seul Norbert Greinacher, théologien pratique, ne faisait pas mystère de sa sympathie pour le socialisme. À la faculté de théologie protestante, Jürgen Moltmann, qui avait su tirer parti de la philosophie marxiste d'Ernst Bloch pour sa *Théologie de l'espérance* défendait maintenant de temps en temps la théologie de la révolution. Mais dans ses souvenirs, on ne trouve qu'étonnamment peu de chose sur les événements des années 1960, sinon le rappel d'un discours prononcé en 1969 sur la place du marché de Tübingen contre l'état d'urgence. Peut-être sa réflexion autocritique l'a-t-elle amené à penser que ses jugements et ses positions politiques et théologiques de l'époque n'intéressent pas ses lecteurs.

Ernst Käsemann, qui avait été emprisonné par la Gestapo au temps des nazis et avait eu affaire avec les pieux évêques luthériens mis en place par l'État, pensait que les grands cours de théologie de cette toute neuve université n'avaient plus de sens. La feuille étudiante intitulée « Des cours idiots » avait remis en question la forme classique de cours qu'il pratiquait lui-même de façon magistrale. Dans son collège, il laissa les étudiants interpréter eux-mêmes les passages de l'épître aux Romains de saint Paul, ce qui était peut-être trop leur demander. Jusqu'à la fin de sa vie, il regrettera la bonne vieille université désormais disparue. Moi-même, je ne réussirai jamais à l'engager dans un grand cours, par exemple au *Studium generale*. Ce sur quoi surviendra une tragédie personnelle : en mai 1977, sa fille Elisabeth partira pour Buenos Aires et, engagée socialement et politiquement au moment de la domination de la junte militaire, elle sera enlevée par des tenants de celle-ci, sauvagement torturée et exécutée.

L'euphorie des réformes et la confusion des facultés.

Il y eut alors déclenchement d'un zèle réformiste sans pareil, avec sessions sans fin, production de tonnes de papier, circulaires continuelles, projets. Nos archives enflaient tout comme l'administration de l'université, tout devenait compliqué et impersonnel. Les propositions à l'administration universitaire, au départ rédigées en double ou triple exemplaire devaient maintenant être tirées en huit ou même douze exemplaires, invraisemblable perte de temps au détriment de la recherche. La bureaucratie allait croissant alors que le niveau scientifique allait baissant.

Si l'on ne voulait pas passer pour réactionnaire, il valait mieux désormais ne même plus prononcer le mot « élite ». La masse prévalait sur la qualité, l'abaissement des exigences académiques, la nomination de gens « politiquement corrects » avaient plus d'importance que la compétence qualifiée. Que dire à l'encontre du politologue Eschenburg quand, dans un entretien, il déclarait qu'on pouvait comparer la qualité du personnel, que ce soit en sciences, en économie ou en politique, à une pyramide où rares étaient les personnes super-intelligentes et où on devait normalement se contenter de personnes moyennes ; l'élite devant être moins soucieuse de rendement que d'orientation (l'homme était certes éminent, mais il avait un jugement faux, c'est pourquoi il vaut mieux un plus faible dont l'orientation est juste) ?

L'animosité contre les élites ne se limitait pas à l'université. Même si celle de Tübingen avait cinq cents ans de réputation et était le plus grand employeur de la ville, un maire que l'on avait promu docteur en droit *honoris causa* aux cours des années 1980 ordonna par-derrière qu'on remplaçât son titre de « cité universitaire » par la simple mention « ville » de Tübingen et qu'on changeât à moindres frais les écussons de la ville et les en-tête de lettre. C'est seulement en 1998 que Brigitte Russ-Scherer, première bourgmestre amie de l'université, rendra à nouveau ses armes et son titre de « cité universitaire » à la ville, et, lors du nouveau millénaire, il sera de mode de se considérer comme « université d'élite » et de se vouloir « excellente ».

À grands frais, le Grand Sénat multiplia les élections de professeurs, d'assistants et d'étudiants ainsi que les « conférences de départements spécialisés », mais le nombre d'étudiants à y prendre activement part resta minime : ils ne se sentaient plus chez eux à l'université. Les appels à la participation et à la démocratisation portaient rarement des fruits. Beaucoup de journalistes et de politiciens, saisis par l'esprit du temps, proposaient des réformes idiotes telles que celle de la triple parité (professeurs, assistants et étudiants) dans les assemblées de toutes les commissions académiques – on introduira même au Bade-Wurtemberg une disposition législative selon laquelle les étudiants et les assistants, « la couche moyenne », devaient disposer de deux fois plus de voix que les professeurs.

Ce nouvel ordre des choses est ce qui permettra à la faculté de théologie catholique d'élire pour doyen de l'année 1973-1974 Gotthold Hasenhüttl, enseignant qui avait passé sa thèse en 1969, cela grâce à la voix prépondérante du doyen et contre l'avis de presque tous les professeurs, assistants et étudiants. Cela conduira à une polarisation et à une brouille durable entre le professeur Norbert Greinacher, qui avait voté avec les étudiants, et le reste des professeurs, y compris moi qui avais fortement contribué à sa nomination à la chaire de théologie pratique, tout comme à l'habilitation de Hasenhüttl. Lors du semestre d'été 1974, après quelques mois peu réconfortants, le doyen Hasenhüttl mettra les voiles, rendra la clé au secrétariat du doyenné, et, sans prendre congé de personne, partira de nuit pour l'université de Saarbrücken qui l'avait appelé chez elle.

La faculté ne retrouvera la paix que quelques années plus tard grâce au compromis que je proposerai concernant l'élection du doyen. Pour l'année 1975-1976, on élira à ce poste Norbert Greinacher qui, à la grande joie de tous, remplira sa tâche de façon extrêmement efficace et de façon collégiale, allant même jusqu'à organiser une excursion de la faculté en Hongrie. En 1976-1977, comme prévu, on aura Rudolf Reinhardt, historien de l'Église, considéré comme plutôt conservateur, mais qui fera bien son travail. Suite à un jugement du tribunal constitutionnel, on renoncera aussi à la parité du tiers et on limitera les dispositions légales des commissions étudiantes aux seules affaires étudiantes. On leur retirera en revanche tout « mandat politique direct » en matière de politique intérieure et extérieure.

Menaces sur l'Institut de recherches œcuméniques.

À partir du début des années 1970, on assiste dans les commissions de l'université à une lutte pour le pouvoir surtout à propos de la mise au point du « règlement fondamental ». Cédant à la pression en faveur de la mise de tous sur le même pied, la faculté de théologie protestante a rétrogradé en totalité ses instituts (administrativement et financièrement indépendants) au rang de départements de séminaires (« domaines de travail particulier »), ceci de façon justifiée pour certains instituts assez peu efficaces, mais à tort pour certains autres tels que le célèbre Institutum judaicum ou celui du Moyen Âge tardif et de la Réforme.

À la faculté de théologie catholique, nous n'avons que l'Institut de recherches œcuméniques, depuis longtemps de réputation internationale. Il se trouve désormais entraîné dans le tourbillon universitaire réformateur. Le 20 mai 1971, jour de l'Ascension, au cours d'une séance de plusieurs heures chez Haag, le titulaire, on tente par tous les moyens de me persuader de renoncer à son statut. Dans cette configuration de tous contre un, je me trouve évidemment dans une situation difficile. Et cela après toutes les incontestables réussites de notre institut ? Il n'en est pas question.

Le 24 mai, je me rends avec tous les professeurs à une « audition » de la commission sénatoriale (de professeurs, d'assistants et d'étudiants) chargée du changement du règlement fondamental. Elle est conduite, non pas par un unique professeur (il pourrait être de parti pris), mais aussi par un représentant de la couche moyenne (conseiller académique). Temps perdu. Je dois vigoureusement me défendre contre la prétention de soumettre notre institut à une rotation annuelle de son directeur, car cela reviendrait littéralement à lui couper la tête, alors qu'une tête est nécessaire dans ce genre de recherche. Bien sûr, certains collègues de la faculté, qui ne se signalent pas par leurs travaux œcuméniques, se verraient volontiers nommés une fois directeur (en se défaisant de moi). Bien qu'inexprimé, le facteur envie n'y est pas pour rien.

Mais je rends les choses claires : il se peut qu'un changement de direction ait du sens dans l'administration, dans un institut de sciences naturelles ou dans une clinique médicale avec des douzaines d'employés, mais dans un petit institut de recherches intensives où le « chef » doit porter le plus grand poids du travail, c'est absurde. Notre institut, où le directeur est en même temps le directeur de la recherche, a atteint une efficacité reconnue. Ses structures sont transparentes, son organisation administrative est simple, les dépenses personnelles et financières sont minimes. Directeur, je suis aussi le « contremaître » qui ne s'épargne pas, et je dois aussi beaucoup exiger de mes collaborateurs et de mes collaboratrices. Quand, au cours de cette « audition », le grand appariteur qui y est le représentant des employés de l'université et qui se présente volontiers comme l'avocat du « peuple » (les étudiants) demande avec impertinence ce qui se passera « si un professeur devient un jour sénile », je lui réponds sur-le-champ qu'il se passera la même chose que quand un grand appariteur devient « sénile ». Rires, et fin du débat.

Mais mes arguments convaincants seront-ils retransmis aux commissions compétentes ? Je tiens en tout cas pour nécessaire de rédiger un mémorandum détaillé (daté du 9 juin 1971) afin de garantir l'autonomie de l'institut dans le cadre de la théologie catholique et d'assurer la continuité de sa direction ainsi que les moyens nécessaires en matériel et en personnel : la formation de doctorants telle qu'on l'a assurée jusque-là, la poursuite du travail, la garantie du nom (la « valeur de la marque ») et finalement les relations internationales qui se sont peu à peu multipliées. Nous nous défendons tous ensemble : mon mémorandum est signé par mes collaborateurs, le Dr Hermann Häring, le Dr Friedhelm Krüger, la Dr Margret Gentner et la secrétaire de l'institut, Annegret Dinkel.

Ce sera aussi chose importante pour mes conflits à venir (avec l'Église). Indépendamment de ma compétence, mon atout majeur sera le statut juridique de l'institut. Quand j'avais refusé en 1963 la proposition de l'université de Münster, j'avais passé avec le Land du Bade-Wurtemberg un contrat *ad personam* qui érigeait une nouvelle chaire de dogmatique et de théologie œcuménique. Juridiquement, cela portait sur ma charge de fondateur et de directeur de l'institut. La garantie que m'offrait ce contrat était ce qui me garantissait de rester à Tübingen. Ma conclusion était donc claire : « Le directeur de l'institut devrait considérer toute modification unilatérale du statut juridique de celui-ci comme une simple rupture de contrat, ce qui pèserait particulièrement lourd sur un citoyen helvétique et ce à quoi il n'est pas disposé. »

Il était cependant clair qu'on ne voulait pas se risquer dans un tel conflit. Dans une lettre du 16 juillet 1971 au ministère des Cultes du Bade-Wurtemberg, j'émets clairement mon objection à une telle rupture de contrat. Bien sûr, je serai par la suite une fois de plus interrogé par un représentant de mes collègues de faculté venu me sonder pour savoir si je ne veux pourtant pas adhérer au « nouveau règlement ». Je refuserai une fois de plus, et, depuis lors, personne n'a plus jamais osé toucher à l'autonomie de notre institut. Et comme tout s'y passe de façon très collégiale, que nous y célébrons régulièrement de joyeuses fêtes et que nous organisons des excursions (à Strasbourg, à Colmar et à l'autel d'Isenheim, à Ronchamp ou à Bâle, à une exposition de Chagall à Zurich, au Zugspitze ou à la Wieskirche...), mes collaborateurs et collaboratrices n'ont pas la moindre envie de se coltiner un nouveau « règlement de l'institut » parfaitement inutile et de gâcher leur temps dans des réunions sans objet comme cela se passe désormais à longueur d'année dans l'Institut de la réforme de la faculté de théologie protestante, sous la direction de Heiko Oberman, un professeur hollandais. La même année, le Dr Krüger, nommé à l'université de Münster, m'écrira : « Il ne m'a pas été facile de m'habituer à ma nouvelle installation, car, venant d'un institut où la direction était très personnalisée, je dois m'insérer dans un département spécialisé anonyme » (7 décembre 1971).

Les jours et les semaines qui suivront seront désagréables et sans profit, du temps vraiment gaspillé. Dans ces circonstances, j'apprécie de pouvoir me rendre un peu plus tard à Glasgow, la plus grande ville industrielle et commerciale de l'Écosse : le 23 avril 1971, la ville m'y confère le grade de docteur en théologie *honoris causa* et me remet une barrette du style de celle du réformateur John Knox, un disciple de Calvin. Je suis très reconnaissant à Allan Galloway, le doyen de cette faculté, de mettre en valeur dans son discours d'hommage les services que j'ai rendus comme théologien : « Hans Küng est trouble-fête en Israël. Mais un théologien qui ne déclenche pas de temps en temps des controverses est soit idiot, soit incompétent. Hans Küng n'est aucun des deux... Les médias ne sont intéressés que par ceux qui font enrager (ce que le Dr Küng ne fait pas que peu). Mais les experts ne s'intéressent à lui que dans la mesure où il apporte de la lumière (ce qu'il fait largement). » Le fait que l'archevêque catholique ait dû quitter la salle peu avant ma promotion honorifique lui a causé plus de tort qu'à moi. Mon commentaire se résume à dire que je suis heureux que le premier catholique britannique à recevoir le titre de docteur en théologie de l'université de Glasgow ait été l'archevêque de Glasgow et que je sois aujourd'hui en sa compagnie.

Le soir, je participe à une fête qui réunit quelque deux cents personnes au château de Glasgow. À la fin, les Écossais dansent des danses écossaises entraînantes, tous ensemble, hommes et femmes, jusque tard dans la nuit. Ce qui ne m'empêche pas le jour suivant de faire une grande excursion tranquille sur les hautes terres du pays, un pays de collines dénudées coupées de *loch* (lacs) et de *glen* (vallées), avec l'impressionnant château de Blair.

Ce n'est pas à Tübingen qu'on aurait pu imaginer une telle fête : par peur de manifestations étudiantes, on y avait supprimé la fête du semestre d'hiver dans la nouvelle grande salle, et celle du semestre d'été au château, si appréciée par le corps professoral des facultés parce qu'elle permettait une communication interpersonnelle bien plus large qu'à l'université. Impensable aussi là-bas la séance de questions et de réponses que j'ai ici avec les quelque 600 membres des mouvements catholiques de renouveau. Il semble qu'on n'avait nulle part sacrifié les bonnes vieilles traditions académiques avec autant de zèle qu'en République fédérale allemande. Je devais cependant y repartir le lendemain pour une conférence à l'Académie catholique de Munich sur « Le ministère de direction dans l'Église : constantes et variables ». Mais, entre-temps, les professeurs de Tübingen ne s'étaient toujours pas accordés sur l'attitude à adopter vis-à-vis des étudiants.

Collaborer, fuir ou tenir bon ?

En ce qui concernait les réformes de l'Université, il était souvent difficile de décider si, selon les cas, on devait entrer dans le jeu ou s'y refuser. Pour ma part, je n'étais absolument pas disposé à admettre quoi que ce soit venant de rebelles marxistes intolérants. La structure même de mon caractère helvétique m'opposait instinctivement à eux, et je refusai de me laisser intimider, humilier ou contraindre par la violence. Au moment du paroxysme du conflit, lors du semestre d'été de 1968 et des lois d'urgence, un groupe d'étudiants et d'étudiantes (le plus souvent non théologiens) firent irruption dans mon cours, pipe au bec, en hurlant et en sifflant, en exigeant une discussion sur les nouveaux décrets. Je repoussai la jeune activiste qui s'était emparée du micro, repris celui-ci et demandai : « Avez-vous lu tout haut le projet de loi ? – Non. » Je demandai encore plus fort : « Qui l'a lu ? » Grand silence. « Il ne nous reste donc qu'à lire les paragraphes en question avant d'en discuter. » Je tire le texte de ma poche et tends le micro à la camarade. Elle commence à le lire sans conviction, d'un ton monotone et ennuyeux, et elle s'interrompt au bout de quelques minutes. « C'est idiot », déclare-t-elle. « Alors c'est idiot d'en discuter ici », et, comme les révolutionnaires ne veulent pas quitter la salle, je mets fin au cours.

Ce qui me navrait, c'était que presque aucun de mes étudiants ne me soutenait. Ils étaient là, assis sur leur banc, les yeux vides, comme les anciens Romains devant l'arène en attendant de voir quelle tournure prendrait le combat des gladiateurs. J'étais furieux de voir comment, à Tübingen, on foulait aux pieds la liberté académique et comment les anti-autoritaires accaparaient l'autorité. Je renonçai donc à tenir quelque cours que ce soit d'ici à la fin du semestre – tant que la liberté ne serait pas garantie. Je partirais finir le semestre en Suisse, et si les conditions démocratiques n'étaient pas rétablies en automne, je ne reviendrais jamais à Tübingen.

Joseph Ratzinger eut à faire quelques expériences similaires et il était encore plus furieux que moi. Pourtant, tandis que « Hans Küng faisait face aux obstacles avec l'ardeur d'un torero et cherchait la discussion de fond », écrit un témoin oculaire, le Dr Hermann Häring que nous connaissons bien, celui qui deviendra mon assistant, puis professeur de dogmatique à l'université de Nimègue, les troubles avaient un tout autre effet sur mon collègue. « Ce professeur, gentil et plutôt timide, incapable de se défendre, souffrit beaucoup de tous ces troubles. Il a dû percevoir les coups de sifflet qui interrompaient son cours comme des flèches qui lui perçaient la peau et les sens. Nous éprouvions bien sûr de la compassion pour lui, mais aussi parfois une certaine *Schadenfreude*, un certain plaisir sadique, mais sans savoir ce qui se passait en lui. Il se retirait, discutait le problème en petits cercles et, comme se le doit tout théologien, cherchait des réponses profondes dans la théologie. À ses yeux, ce qui se jouait ressortissait à l'esprit de ce monde, à la fin de l'Occident et au déclin de la foi. Il n'a par exemple jamais compris que, en matière de révolution étudiante, Küng était de son côté[1]. »

Tentative de démocratisation de la communauté étudiante.

Pour comprendre les choses, il faut ajouter que, en ces temps de turbulence, Joseph Ratzinger était alors le premier à me succéder au poste fort incommode de doyen. Il devait donc assister à beaucoup plus de séances et d'assemblées que moi, autrement dit subir plus d'agressions, de provocations et de chahuts que moi. Durant le semestre d'été, en tant que doyen, il s'était engagé en même temps que son assistant contre un gros groupe d'étudiants qui cherchaient à tout prix à imposer à la communauté catholique étudiante un règlement fondamentalement démocratique, avec une assemblée générale qui déciderait de tout. L'aumônier n'aurait désormais plus qu'une fonction consultative et n'aurait de droit de veto qu'en matière liturgique et pastorale.

Le 25 juin 1968, l'organe officiel d'information de la structure communautaire du cercle de travail me transmet un compte rendu d'un processus non officiel sur lequel n'existe rien de complet ni d'ailleurs rien d'écrit[2]. Il n'est pas facile d'y deviner ce que l'assemblée générale va proposer à Ratzinger et à son assistant. Une seule chose est sûre, c'est que les étudiants ne vont plus s'appuyer sur des arguments marxistes pour le nouveau règlement de la communauté, mais bien sur mon livre *L'Église* que beaucoup d'entre eux considèrent comme une libération. Il est aussi certain que je n'y cherchais pas du tout à fonder la communauté sur une base purement sociologique, mais bien sur le message évangélique et sur la consommation de l'eucharistie. Et, à la différence d'Ernst Käsemann, l'exégète protestant, je ne me contentais pas de déclarer encore valable aujourd'hui l'ordre charismatique, à la manière de la communauté de Corinthe, mais j'y réfléchissais aussi explicitement sur le rôle des ministres

1. H. HÄRING, *Theologie und Ideologie bei Joseph Ratzinger*, Düsseldorf, 2001, p. 25 s.

2. Sur ma demande, le Dr Achim Battke, alors membre du groupe de travail politique de la faculté catholique de Tübingen, puis aumônier de l'Académie du diocèse Rottenburg-Stuttgart, a revu les actes des discussions à la faculté catholique de Tübingen en 1968-1969 et m'en a donné un rapport précis le 23 mars 2004. Il mourut malheureusement un an plus tard d'une grave maladie.

institués et de la « succession apostolique ». Mon souci était celui de la collaboration entre ministres et laïcs, quelque chose du genre *checks and balances*, ce qui impliquait aussi un droit de regard des laïcs dans le choix des pasteurs et des évêques.

Toujours est-il que, au cours de cette manifestation de quelque cent personnes, le professeur Ratzinger, que des étudiants avaient dès le début questionné sur ses intentions, expliqua aux étudiants que leurs propres intentions s'écartaient de ce que Küng avait écrit. Elles ne s'en couvraient que de façon formelle. J'aurais moi-même été d'accord avec ce que Ratzinger dit ce jour-là de la nature et des fonctions de l'Église. Il insistait simplement plus que je ne l'aurais fait sur le pouvoir ministériel alors que je soulignais davantage les éléments démocratiques du Nouveau Testament. Mais sur ce point aussi, nous aurions pu nous retrouver. Cependant la réunion, à laquelle je n'avais pas été invité, tourna apparemment à la confusion, et ce fut finalement l'ordinariat épiscopal de Rottenburg qui eut le dernier mot. Ratzinger ne s'était absolument pas prononcé contre moi. Mais les étudiants d'alors qu'on peut encore entendre aujourd'hui sont tous d'avis que c'en était déjà fini du Ratzinger libéral.

On peut comprendre que tous ces événements l'aient usé. Au cours d'une invasion violente de sa salle, il entassa ses affaires dans sa serviette et quitta la place, ce en quoi des collègues d'autres facultés ont vu une capitulation. Mais sa mentalité était d'un tout autre genre. C'est seulement des années plus tard qu'un de mes doctorants, à l'époque adversaire déclaré de ces extrémistes, m'apprendra que Ratzinger m'avait alors soupçonné, moi et mon ecclésiologie, d'être le parrain secret de ces gens.

Ratzinger ne surmonte pas son traumatisme.

Je me demande parfois si ces violences de Tübingen n'ont pas été pour lui un choc similaire à celui que connut en novembre 1918 Eugenio Pacelli, alors nonce apostolique à Munich, lors de l'irruption à la nonciature de révolutionnaires de la République des soviets de Bavière. À partir de ce moment-là, celui qui deviendra le pape Pie XII ne pourra plus supporter aucun contact physique et il sera désormais profondément autoritaire, antidémocratique, viscéralement anticommuniste, et pratiquement prêt à faire alliance contre le communisme avec tous les gouvernements autoritaires.

Les Mémoires de Ratzinger, qui se montrera par la suite l'adversaire déclaré de la démocratisation de l'Église et de la théologie de la libération, montrent bien la profondeur des blessures psychiques qu'il avait endurées à Tübingen. Trois décennies plus tard, ils témoignent encore de son angoisse quasi apocalyptique. Il généralise des événements isolés. « J'ai vu se dévoiler le hideux visage de cette ferveur athée, la terreur psychologique, le déchaînement par lequel on peut sacrifier toute supériorité morale comme morale bourgeoise dès qu'il est question d'un but idéologique. Tout cela est assez choquant en soi, mais se transforme en défi impitoyable pour le théologien lorsque l'idéologie se réclame de la foi et utilise l'Église à ses propres fins. » J'ai mis ces mots en exergue de ce troisième chapitre. Mais Ratzinger ajoute en plus : « La manière blasphématoire avec laquelle la croix a été bafouée, accusée de sadomasochisme, l'hypocrisie avec laquelle on continuait à se faire passer pour croyant, si nécessaire, pour ne pas compromettre les moyens menant à ses propres objectifs : on ne pouvait ni ne devait minimiser cela, ni le réduire à une querelle universitaire comme une autre. Au point culminant de ces controverses, j'étais le doyen de ma faculté, membre du Grand et Petit Sénat académique et membre de la commission chargée de réviser la charte de l'université. J'ai donc vécu tout cela de très près[1]. »

Bien sûr, ceux qui entendent améliorer critiquement la société sont sans aucun doute enclins à la terreur spirituelle, et je dois leur résister. Il y avait alors une horrible feuille qui, dans son « anti-autoritarisme », qualifiait de « sadomasochiste » la provocante théologie de la croix de Moltmann et de Käsemann. Elle était rédigée par un rejeton d'un institut de professeurs de Bonn, un ancien assistant scientifique de Moltmann qui était passé de la théologie au travail social et avait quitté son presbytère pour un bureau de service social ; sa renommée n'avait été que fort brève. Il y eut aussi quelques rares théologiens qui adhérèrent au marxisme athée, et la fondation protestante des étudiants de théologie protestante se transforma à l'époque en centre d'activités politiques d'orientation gauchiste avant d'être par la suite déclarée « zone libérée de toute arme atomique ». Le calme n'y

1. J. RATZINGER, *Ma vie*, p. 150.

sera rétabli que quand Eberhard Jüngel, nommé à Tübingen un an après le départ de Ratzinger, reprendra la charge d'*ephorus*, inspecteur, et fera montre tout à la fois d'une cordialité et d'une hargne souveraines.

Mais on ne peut certainement pas juger de la totalité du mouvement étudiant de 1969 sous la seule lumière blafarde dans laquelle, dans une crise d'angoisse pessimiste, Ratzinger le perçoit : il est sans doute encore marqué par la vision dualiste du monde d'Augustin, son maître à penser : à la suite du choc culturel éprouvé en apprenant en 410 la prise et le pillage par les Goths d'une Rome qu'il croyait « éternelle », celui-ci avait entrepris son œuvre magistrale, *De civitate Dei*, où il proposait une vision de la totalité de l'histoire du monde sous forme de combat entre « la cité de Dieu » et « la cité du monde », entre la foi et l'incroyance, entre la violence et l'amour.

Un combat pour la vérité.

Mais qui aurait encore eu des raisons de se plaindre d'un déchaînement de terreur psychologique, quand Ludwig Raiser, protestant convaincu, devint le recteur de l'université du turbulent semestre 1968 ? Le 13 janvier 1969, pendant trois heures, il fait face à une occupation de son rectorat sans céder ni faire appel à la police, et il engage ensuite un débat public dans la grande salle. Dans une lettre qu'il envoie à la fin du semestre d'été aux membres du corps enseignant, il fait une sorte de bilan provisoire : « Presque du jour au lendemain, nous avons eu à faire face à un système néo-marxiste, à une vision politisée de la science, à une conception syndicaliste et plébiscitaire de la démocratie. » Il parle aussi des « formes choquantes sous lesquelles certains avaient alors présenté les thèses et les exigences qui en découlaient ». Mais il ajoute aussitôt : même si nous tenons l'interprétation des événements par les étudiants pour fausse et déformée, leurs attentes du futur pour utopiques, « nous devons chercher à comprendre comment, à travers le trouble de la jeunesse, s'annonce un monde nouveau dans lequel les formes traditionnelles de vie et de comportement ne sont plus adaptées ».

Telle est bien la différence entre Joseph Ratzinger et moi-même. Il s'est détourné avec horreur et terreur du mouvement étudiant et il s'est dès le départ interdit d'admettre la confrontation intellectuelle. Dans cette mesure, je ne puis qu'être d'accord avec Ludwig Raiser : « Il nous faut absolument repenser ensemble notre responsabilité de savants et de maîtres. Si des minorités idéologiques bien affirmées réclament la discussion en n'y cherchant que l'occasion de propager leurs préjugés, nous n'en avons pas moins le devoir d'aider la grande majorité, celle de la critique hésitante, mais non endurcie, à se former un jugement juste. En effet si nous l'engageons dans notre combat pour la vérité, la jeune génération vaincra, ni par la violence ni par une défensive hargneuse, mais ni non plus *en se cramponnant obstinément à l'autorité et à la tradition* » (c'est moi qui souligne). En disant cela, Raiser pensait-il à Ratzinger ?

Pour ma part, je pense ici à un autre adjoint scientifique que j'ai déjà mentionné : Karl-Josef Kuschel, le révolutionnaire de Bonn, à qui je confierai la continuation du « combat pour la vérité » en l'aidant à se faire un jugement fondé. Il travaille remarquablement bien dans notre institut, passera en 1972 un éminent doctorat d'État de théologie et de germanisme. Je l'accepterai en même temps que Walter Jens comme doctorant, et, lors de l'élaboration de mon livre *Être chrétien* (dont nous aurons à reparler), il deviendra mon collaborateur aussi compétent que loyal aux côtés du Dr Hermann Häring, chargé pour sa part de l'administration de l'institut. Tout cela est à la base d'une indéfectible amitié qui dure encore aujourd'hui, au bout de trente ans. À la fin de l'année 1975, il m'écrira : « Vous me disiez hier, lors de vos adieux au Wilhelmsstift, que cela a été une bonne année. Je dois confesser franchement que cela m'a beaucoup touché et je dois tout spécialement vous en remercier. Cela a effectivement été une très bonne année de collaboration avec vous ; je m'y suis toujours mis au travail avec enthousiasme et je n'aurais pas voulu la manquer. Je dois vous dire tout simplement que je me sens très bien chez vous, à la maison, au travail, dans tout ce que nous faisons en commun, lecture, écriture, écoute. Je reconnais que je vous aime beaucoup, vous et tous ceux qui travaillent avec moi, Mme Gentner, Mme Renemann, Mme Dinkel, et surtout le Dr Häring. Voilà ce que je voulais vous dire. Vous savez combien le travail sur mon nouveau livre me plaît » (13 décembre 1975).

Il est manifeste que Joseph Ratzinger n'a pas fait ce genre d'expérience positive, ni avec les « révolutionnaires », ni avec la grande majorité des « critiques hésitants, mais non endurcis ». Ses Mémoires montrent bien que, des décennies plus tard, le traumatisme subi à Tübingen lors du mouvement étudiant continue à peser sur lui et l'induit toujours à recourir à « l'autorité et à la tradition » dans toutes les contestations. Cela explique suffisamment pourquoi, pour lui, l'heure des adieux avait sonné.

Les adieux de Ratzinger en 1969.

Même au cours de la difficile année 1968, nous étions restés en étroit contact. C'est ainsi que le 25 mai 1968, nous nous rendîmes ensemble et avec sa sœur Maria à l'opéra de Stuttgart pour assister joyeusement au brillant ballet *Giselle* mis en scène par Adolphe Adam et au concerto de Mozart pour flûte et harpe. Au cours du même été, nous avions même envisagé de passer deux ou trois jours de vacances ensemble dans ma maison du lac de Sempach. Toujours est-il que, en novembre 1968, à la fin de la session de la faculté, nous avons chez lui une rencontre collégiale de professeurs, puis le 12 décembre chez moi. Nos relations personnelles ont donc toujours été bonnes.

Mais, ébranlé par ses expériences négatives du mouvement étudiant, Ratzinger prend sa décision : il va quitter Tübingen. Cela ne présente pas de difficulté : il a déjà dans sa poche une proposition de Ratisbonne, en Bavière, où son frère est maître de chapelle à la cathédrale et où le trio familial peut habiter ensemble. L'enseignement théologique supérieur y est donné dans le couvent des dominicains que je connais bien : j'avais eu l'honneur et la joie d'y faire mon tout premier cours (sur la justification) dans une institution allemande. En 1967, c'était devenu la grande école théologique de l'université de Ratisbonne – qu'on ne pouvait certes pas comparer avec l'université de Tübingen, déjà vieille de cinq cents ans (aux États-Unis, on aurait comparé la démarche de Ratzinger à un départ de Harvard pour une université de l'Idaho). Quand j'entends parler de cette proposition, je lui explique l'avantage qu'il a à rester à Tübingen ; il nous faut simplement discuter et voir ce qu'on peut obtenir pour lui du ministère de Stuttgart, un troisième assistant par exemple. Il me promet de venir chez moi.

Mais, chose caractéristique chez lui, il évite la discussion et se contente de m'écrire une lettre dans laquelle il me demande de le comprendre. Peut-être a-t-il eu peur que je fasse pression sur lui pour qu'il reste encore au moins un semestre. Après la double tâche que je venais d'assumer entre Bâle et Tübingen au profit de son propre semestre de recherche, je lui aurais effectivement fait valoir qu'il me serait difficile de prendre seul en charge le département de dogmatique. Mais il ne voulait plus rester, et il entendait commencer le semestre suivant à Ratisbonne. Dommage ! me disais-je. « Ratzinger change de chaire comme de chemise, entendait-on susurrer dans les facultés allemandes, et, avec son quatrième changement de poste à quarante-deux ans, il brigue sans doute le prix du théologien allemand itinérant. » « C'est bien fait pour Küng, pensaient certains de mes collègues ; pourquoi tenait-il tant à le faire venir à Tübingen ? » Mais je reste persuadé que, durant ces trois années dramatiques, ce fut le meilleur collègue possible.

Quoi qu'il en soit, pour ma part, et à l'inverse de mon collègue qui se retirait dans son idylle bavaroise, je ne regrette pas d'être resté à Tübingen et d'avoir pu ainsi travailler de façon constructive à partir des événements de 1968. Je n'avais personnellement pas subi grand dommage, en tout cas aucun traumatisme à traîner dans ma carrière. De même ne m'étais-je pas allié ni lié d'amitié avec Peter Beyerhaus, le théologien protestant réactionnaire dont j'aurai encore à reparler. À la faculté de théologie protestante, à côté d'Eberhard Jüngel qui y sera nommé par la suite, j'avais pour ami le systématicien Jürgen Moltmann. Je me disais aussi que les générations d'étudiants changent tous les deux ou trois ans, et que bientôt c'en serait fini de ce « fantôme ». Mais n'était-ce qu'un « fantôme » ?

La fin de la décennie pourrie.

Il y eut encore un peu d'agitation dans les groupes d'étudiants dominés par les marxistes, ainsi que quelques « grèves » avec tracts, banderoles et haut-parleurs : contre les mesures d'économie, contre les suppressions de poste, les règlements d'horaires ou la taxation des études. Les activités révolutionnaires provoquèrent une coupure de plus en plus grande entre les étudiants et la population de la ville. Les gagnants des combats de position entre professeurs, assistants et étudiants furent les instances de la cité qui restreignirent de plus en plus les libertés des écoles supérieures.

Mais il fut très vite fort clair que, en fin de compte, les absurdes programmes de la révolte, le bouleversement total de la société tout entière avaient totalement échoué. Fin mai 1968, les grandes décisions politiques tombent. Le 30 mai, à la radio française, Charles de Gaulle annonce de nouvelles élections et met fin aux conflits de rue et à la grève générale. La contre-manifestation à laquelle il a appelé les Parisiens marque sa reprise en main de la société civile, et la remise en marche des institutions. À la fin juin, les électeurs se prononcent massivement contre le chaos de mai. Le 28 avril 1969, il n'en devra pas moins se retirer de son poste de chef d'État après l'échec de son référendum sur la réforme régionale.

Le 29 mai 1968, en dépit des protestations, le Bundestag ratifie les lois de l'état d'urgence, ce qui marque le déclin de l'opposition extraparlementaire. L'alliance entre les étudiants, les intellectuels et les travailleurs est un échec. L'Alliance des étudiants allemands pour le socialisme n'a pas réussi à transformer l'opposition aux décrets en mouvement d'opposition durable. Dès août 1968, les différences d'évaluation de l'entrée des troupes du pacte de Varsovie en Tchécoslovaquie et de la répression violente du Printemps de Prague conduisent à une escalade du conflit entre la vieille gauche et la nouvelle. La SDS allemande se dissout officiellement le 21 mars 1970 à cause de divergences insurmontables. Même le SDS américain (Students for a Democratic Society) est à bout, incapable de s'entendre sur les buts, les formes et les destinataires du combat.

Même pour la plupart des étudiants marxistes, les actions terroristes des groupes de guérilla (RAF en Allemagne, Brigades rouges en Italie) sont inacceptables, car elles ont abandonné toute la base morale des mouvements de 1968. Nous avons déjà raconté comment Andreas Baader, un homme sans aucun diplôme de fin d'études, Gudrun Ensslin, une étudiante de Tübingen, fille d'un pasteur, et Ulrike Meinhof, fondateurs de la RAF, avaient mis le feu à deux magasins de Francfort pour protester contre la guerre du Viêtnam. Arrêtés, ils avaient été condamnés à trois ans de prison pour tentative d'incendie mettant en danger les personnes. Libérés, ils se radicalisent et déclarent la guerre à l'État, avec à leurs côtés deux douzaines de combattants. S'ensuivront des attaques de banque et des attentats jusqu'à l'arrestation du groupe Baader-Meinhof, en mai 1972.

Mais la deuxième génération a désormais grandi. Le paroxysme est atteint en 1977 avec l'assassinat de Siegfried Buback, le procureur général de la République, et de ses accompagnateurs, puis celui en pleine rue de Jürgen Ponto, directeur général de la Banque de Dresde, et l'enlèvement de Hanns-Martin Schleyer, président du patronat. Même à Tübingen, on trouve des étudiants qui sympathisent avec les terroristes. On le constate le 16 mai 1977, lorsque l'Association professionnelle des étudiants en théologie protestante envoie un bouquet et une déclaration de sympathie au « cher Günther Sonnenberg », qui avait été grièvement blessé lors d'un échange de coups de feu avec la police après l'assassinat de Buback et qui avait été transféré à la clinique chirurgicale universitaire de Tübingen.

Après le meurtre de représentants de l'État et de l'industrie, beaucoup craignent une crise de l'État et une guerre civile. Mais le chancelier, Helmut Schmidt, éminent homme d'État, ne déclare pas la « guerre » au réseau terroriste, n'envoie pas de troupes et ne déclenche aucune hystérie de la terreur, comme le fera George Bush le 11 novembre 2001. En détournant un avion de la Lufthansa, la RAF tente d'obtenir la libération de prison de la bande à Baader et de ses complices. Helmut Schmidt réagit de façon sensée et modérée, mais admet clairement le dilemme moral : l'État doit sauver les otages, mais sans se soumettre au chantage, sinon il y aura des morts et on n'évitera pas les fautes. Le détournement de l'avion prend fin à Mogadiscio avec la mort de trois terroristes et la libération des 86 passagers par une unité allemande spéciale. Quelques heures seulement après l'annonce de cette libération, Schleyer est assassiné, mais Baader, Ensslin, Raspe, Möller, le noyau de la bande, se suicident dans la prison de Stuttgart-Stammheim (18 janvier 1977). Ulrike Meinhof l'avait déjà fait en mai 1976.

Ainsi la grande « décennie rouge » (1967-1977) de « la petite révolution culturelle allemande », comme la qualifie Gerd Koenen, président de l'Union des étudiants humanistes de Tübingen, celle qui avait commencé dans la violence avec la mort de l'étudiant Ohnesorg, finit elle aussi dans la violence. La même année, le 4 août 1977, meurt à Tübingen le philosophe Ernst Bloch, le fondateur d'un « marxisme créatif » qui avait reconstruit spirituellement la tradition philosophique sur la base du « principe universel espérance » et qui avait soutenu les étudiants dans la salle des fêtes de l'université en levant le poing de la révolution. Dans sa *Théologie de l'espérance*, Jürgen Moltmann lui donne un vigoureux écho, ce qui ne sera pas le cas de la philosophie. L'héritage de Theodor Adorno, décédé très prématurément, apparaît contradictoire et dans l'ensemble peu porteur d'avenir, ce que montreront les articles et les biographies parus à l'occasion du centième anniversaire de sa naissance, le 14 septembre 2003. Pour ma part, je suis heureux de ce que m'ont appris Bloch, au cours d'entretiens très animés et de colloques, et Adorno (ainsi que les livres de Horkheimer), mais ma théologie ne sera marquée ni par l'un (la musique de Bloch) ni par l'autre (l'école de Francfort).

Par la suite, nombre des soixante-huitards et de leurs sympathisants s'embourgeoiseront carrément. Certains disparaîtront et ne feront plus jamais parler d'eux. D'autres feront carrière dans les institutions et auront parfois des positions importantes dans les médias, l'éducation, l'industrie, les syndicats ou en politique, certains devenant même ministres. Quand on les interroge sur leur passé révolutionnaire, ils répondent le plus souvent qu'ils avaient eu raison à cette époque-là, mais que les circonstances ont changé ; eux étaient restés les mêmes. Ils ne s'aperçoivent guère qu'ils mettent en route les mêmes mécanismes de refoulement et de camouflage que les ex-nazis : le manque de disposition au repentir peut aussi bien se cacher sous une chemise rouge que sous une brune ou une noire !

Il faudra encore trois décennies pour se défaire du mythe de la « décennie rouge » : il y aura encore une troisième génération, 1984-1999, qui sera marquée par une série de meurtres et même par une conjuration du silence pour entraver la justice. La discussion qui se déclenchera en 2007 autour de la libération anticipée ou même de la grâce des derniers membres de la RAF emprisonnés pour meurtre, mais qui ne donnent aucun signe de regret, oscillera entre diabolisation et minimisation. L'appréciation nuancée des événements de jadis, de leur déroulement, des attitudes adoptées et de leurs conséquences ne semble pas facile. Même aux théologiens.

Si j'ai partagé beaucoup d'expériences heureuses avec Joseph Ratzinger cette année-là, je me suis efforcé d'en tirer parti pour ma théologie, ma vision du monde et ma connaissance de l'homme. Si on fait abstraction de l'absurdité des idées qui guidaient les leaders révolutionnaires, du caractère chimérique de leur projet de révolution mondiale et de leurs illusions de pouvoir, « l'irruption d'une jeune intelligence » (Michael Schmidtke) et son appel à une révolution culturelle n'en ont pas moins provoqué un profond changement de mentalité. Je ne saurais pas plus que d'autres le regretter, alors que Joseph Ratzinger n'en a tiré aucun profit. Je retiens :

– une nouvelle façon d'envisager l'autorité, la tradition et le pouvoir institué ;

– une insistance sur l'autodétermination, la participation politique et le dialogue ;

– un abord autocritique de l'Allemagne et de son histoire, plus de tolérance envers les autres et un intérêt jusque-là inconnu pour le tiers-monde ;

– un nouveau rapport à la nature et aux autres domaines de la vie, une relation plus libre entre les sexes.

Dans cette mesure, nous sommes tous marqués par 1968, que ce soit positivement ou négativement. Cette année-là a de fait accentué la modernisation, en particulier à travers les mouvements féministes, mais à travers les mouvements écologistes (les futurs « Verts »), les mouvements pacifistes et ceux de solidarité avec le tiers-monde. En quittant Tübingen pour la bonne quiétude bavaroise, Joseph Ratzinger n'a-t-il pas été trop vite ? Mais beaucoup d'observateurs de la scène théologique osent une tout autre question.

Ne me suis-je pas trompé sur son compte ?

Dans ses Mémoires écrits en 1998, Joseph Ratzinger fait preuve à mon égard d'une ouverture sympathique et d'une grande simplicité en rappelant notre bonne relation personnelle au temps de Tübingen. « Je dois dire que j'étais plus proche de ses travaux à cette époque que de ceux de Johann Baptist Metz qui avait été nommé à mon instigation à la chaire de théologie fondamentale de Münster[1]. »

Le départ de Ratzinger reste pourtant pour moi entaché de mystère. Le 26 octobre 1969, à l'hôtel de la Couronne, à Tübingen, alors qu'il est déjà professeur à Ratisbonne, il donne une soirée d'adieux à sa vieille faculté dans une excellente ambiance. Il me remercie personnellement pour notre collaboration. C'est seulement des années plus tard que je lirai une lettre du Dr Karel Floss, sénateur, mon traducteur tchèque, un

1. *Ma vie*, p. 137 s.

philosophe catholique que j'estime énormément, qui s'intéresse à la théologie et à l'Église, qui, après le tournant de 1968, restera toujours en contact avec moi, même sous le régime communiste, et à qui je ferai passer beaucoup de livres. À la fin juillet ou au début d'août 1968, il avait aussi rendu visite à Joseph Ratzinger qui l'avait reçu courtoisement, mais le refila bientôt à son assistant, Martin Trimpe. Il passa donc la soirée avec celui-ci. Selon son récit, peu après minuit, au terme d'une tournée de Tübingen *by night*, il eut avec son hôte un curieux entretien au cours duquel celui-ci lui dit qu'il en avait assez de la collaboration entre Ratzinger et Küng. Il leur fallait trouver de bonnes raisons de se séparer sans heurt, car il était impossible à Ratzinger de continuer à travailler avec un homme comme Küng s'il ne voulait pas devenir enragé avec ses assistants. Küng voulait toujours jouer au journaliste avisé, et dans vingt ou trente ans, personne ne voudrait plus rien savoir de lui. À la question de Floss qui lui demandait à quoi il voulait en venir, Trimpe répondit que Ratzinger allait partir pour Ratisbonne où l'évêque, Mgr Graber, faisait tout son possible pour lui garantir un travail tranquille et vraiment scientifique. Ce fut pour Floss un second choc. Il le savait : cet évêque accueillait tous les conservateurs, même tchèques, paniqués devant les conséquences du concile et qui se refusaient en particulier à renoncer au thomisme strict. Cette nouvelle, Karel Floss me l'a confirmée dans une lettre toute récente, du 31 mai 2006[1] : « Chaque mot de cette nuit de Tübingen est resté profondément gravé dans mon âme. »

Je suis certain que Floss a bien pesé les mots de cette déclaration nocturne d'un assistant sur son professeur. Et ce reproche de « journalisme », que je n'ai jamais pris au sérieux, venait le plus souvent de collègues qui auraient bien aimé écrire et être lus davantage, mais qui sont peu doués pour cela ou dont le style est déficient. Mon gros livre *L'Église*, paru deux ans plus tôt, avait généralement été salué comme un ouvrage objectivement scientifique, et nous l'avions publié, Ratzinger et moi-même, dans notre série de « Recherches œcuméniques » (Éd. Herder). Sur mon influence « dévastatrice » sur les plus proches collaborateurs de Ratzinger, je n'en sais rien et ne suis pas curieux de le savoir.

1. H. HÄRING, *Theologie und Ideologie bei Joseph Ratzinger*, Düsseldorf, 2001, p. 22 s.

Quant à l'impossibilité de Ratzinger de continuer à collaborer avec moi, son assistant peut avoir exagéré ou même déformé les propos de son maître – qu'en sais-je ? Une seule chose est sûre, c'est que Ratzinger, qui était sans aucun doute intellectuellement en première ligne sur le front de Tübingen, s'était retiré à Ratisbonne, ville théologiquement fort sage, dans la province de l'évêque le plus réactionnaire d'Allemagne, le représentant du marianisme et du curialisme.

Mais je n'ai pris connaissance de cet entretien que des années plus tard. Et on doit se poser la question qu'un autre témoin de l'époque se pose, Hermann Häring, justement bientôt promu docteur en théologie, conseiller œcuménique dans notre Institut de recherches œcuméniques, qui prendra en 1980 la succession de Schillebeeckx comme professeur de dogmatique à l'université de Nimègue. Dans ses publications pénétrantes, il s'est montré le meilleur connaisseur et le meilleur interprète critique de la théologie de Ratzinger[1]. Il pense que je me suis profondément trompé sur celui-ci : non seulement il a trop peu compris que, face à la révolte des étudiants, j'avais été de son côté, mais surtout il s'était déjà nettement séparé de moi sur l'interprétation à donner au deuxième concile du Vatican. Sans doute avait-il signé avec les 1 360 théologiens et théologiennes du monde entier la déclaration sur la liberté de la théologie ainsi qu'une autre déclaration sur l'élection des évêques et la limitation de leur temps de ministère, un texte qui ne venait pas de moi, mais de Neumann, le canoniste, et d'autres collègues. Mais à peine avait-il quitté Tübingen qu'il retira sa signature du second texte sous prétexte qu'il ne l'avait donnée que sous la pression de ses collègues. Se savait-il déjà destiné à devenir évêque ? Il ne pouvait certainement pas prévoir que, dans son vieil âge, tous les autres évêques de l'Église catholique auraient déjà proposé leur démission, mais que lui, élu évêque de Rome, serait le seul à ne plus être lié par aucune limite d'âge.

Toujours est-il que, dès le début de notre travail commun à Tübingen, j'en étais conscient : il occupait la chaire de dogmatique et d'histoire des dogmes, et moi celle de dogmatique et de théologie œcuménique, mais nous pratiquions tous deux la théologie dogmatique à partir d'un arrière-plan différent :

1. Voir *Ibid.*

Ratzinger à partir du Moyen Âge latin (Augustin, Bonaventure) et moi, à partir du Moyen Âge (Thomas d'Aquin), mais aussi de la Réforme (Luther), de la modernité (Hegel) et de la post-modernité (Barth). J'espérais, non seulement que nous nous compléterions bien, mais que nous nous enrichirions mutuellement et que, tout comme je me mettais à la théologie patristique et médiévale, il s'intéresserait à la théologie des Réformateurs et à l'exégèse historico-critique actuelle. Finalement, nous devions et nous voulions tous les deux transmettre le message chrétien aux hommes d'aujourd'hui. Or ceux-ci, suivant aussi sa façon de voir, n'étaient plus ceux du Moyen Âge.

Je suis donc convaincu, et je me rappelle mon entretien à Jérusalem avec une juive, qu'on ne doit pas seulement développer une christologie « d'en haut », en partant de l'incarnation du Fils de Dieu, mais aussi une christologie « d'en bas », en partant de Jésus de Nazareth. C'est ainsi que ses disciples l'ont perçu et c'est aussi comme cela que nous devons le découvrir aujourd'hui. « Qui est donc celui-là ? » Oui, je fus très heureux quand au cours d'un long entretien dans mon auto, en 1968 ou 1969, Ratzinger me dit son accord sur la possibilité fondamentale d'une christologie d'en bas.

Mais c'est là que je me suis trompé, me dira Häring. Sans doute Ratzinger pensait-il que ma tentative de christologie d'en bas aboutirait à l'échec. Je fus effectivement effrayé quand je découvris sous forme de livre le cours « Introduction au christianisme » qu'il avait tenu durant le semestre d'été 1967 devant un auditoire suspendu à ses lèvres, dans le grand auditorium comble : non seulement il découvrait déjà nombre d'articles de foi dans le cadre de l'Église du haut Moyen Âge, mais il n'avait manifestement pas accepté la recherche moderne sur Jésus qu'il caricaturait jusqu'à l'ignorance, sans la connaître, ce qui le conduisait à se montrer profondément injuste envers des exégètes comme Bultmann ou Käsemann, sans même les mentionner. Lui, qui peut pourtant penser de façon précise, écrit ici avec une parfaite indifférence, manifestement à partir de ses émotions profondes. Moi-même avais déjà dû modifier le plan originel de mon livre *L'Église* pour parler du Royaume de Dieu à travers le message du Jésus de l'histoire et j'avais tracé le portrait de celui-ci en m'aidant d'une part de Bultmann, de l'autre de Rudolf Schnackenburg, exégète catholique vraiment orthodoxe, et j'avais constaté entre les deux un accord fondamental (voir t. I, chap. VIII, « La naissance d'un livre »). Comment, lorsqu'il s'agit d'interpréter le Nouveau Testament, Ratzinger pouvait-il se fourvoyer dans de telles erreurs d'interprétation et dans de telles hypothèses, me demandai-je alors ? Après coup, cela m'est devenu clair : notre abord de la Bible était totalement différent.

Comprendre la Bible : critique moderne ou dogmatique traditionnelle ?

Cette différence entre mon abord de la Bible et celui de Ratzinger était déjà manifeste dans nos cours de Tübingen, même si je n'en pris conscience que plus tard. J'en trouve la confirmation dans son *Jésus* de l'année 2007, construit sur ses précédents travaux. Tandis que, en matière exégétique, je cherche toujours à me mettre d'accord avec les spécialistes et que je garde en général de la retenue sur les questions discutées, Joseph Ratzinger ose carrément interpréter maints passages de la Bible en dogmaticien et il n'utilise les apports des spécialistes que de façon sélective et arbitraire. Sans doute admet-il fondamentalement la méthode historico-critique, mais il est plus hésitant sur son emploi. Au fond, il pratique une exégèse dogmatiquement définie.

Déjà comme étudiant, il avait montré une attitude ambiguë envers son professeur d'exégèse néotestamentaire pour lequel il avait de manière générale de l'admiration, raconte-t-il lui-même dans ses *Souvenirs* (p. 60 s.). Victime de la chasse au modernisme sous Pie X, ce Friedrich Wilhelm Maier avait été chassé de sa chaire à cause de son recours à la méthode historico-critique et il avait passé plusieurs années comme aumônier de l'armée, puis aumônier de prison, et c'est seulement sous Benoît XV, pape plus modéré, qu'il avait pu redevenir professeur. Ratzinger s'était souvent étonné de voir que ce prêtre extrêmement tranquille n'avait jamais pu surmonter totalement le traumatisme de son éviction et qu'il ressentait toujours de l'« amertume » (p. 63) envers Rome où personne n'avait jamais ni regretté les décisions erronées ni corrigé officiellement et honnêtement les idées fausses sur la Bible. Est-ce que lui qui jugeait aussi froidement les choses un demi-siècle plus tard pourra jamais comprendre ce que peut signifier une mesure aussi injuste pour quelqu'un qui, avec une conviction totale, a mis en jeu toute sa vie spirituelle et professionnelle[1]?

Comme il le note déjà dans son *Introduction au christianisme* (1998), il avait préalablement tracé un sombre portrait de la méthode historico-critique dans sa contribution à un livre (dont il était l'éditeur), *L'Interprétation biblique en discussion* (1989)[2]: «La foi n'est pas une composante de la méthode et Dieu n'est pas un facteur du déroulement de l'histoire avec lequel on doit compter.» Derrière l'Histoire *(Geschichte)* biblique de l'action divine, elle cherche à «reconstruire» l'histoire *(Historie)* humaine, et c'est celle-là qui doit alors servir de mesure pour l'interprétation. «Personne ne doit alors s'étonner que cette façon de faire conduise à des hypothèses de plus en plus divergentes et pleines de contradictions. À la fin, on ne sait plus du tout ce que le texte dit, mais seulement ce qu'il doit dire et à quels passages on doit renvoyer» (p. 16). L'exégèse critique ne connaît «ni l'*analogia fidei*, c'est-à-dire une compréhension du texte à partir de son ensemble», ni le rôle de la tradition ecclésiale et du magistère de l'Église «à qui il appartient de dire le dernier mot». Elle bâtit une fausse opposition: «Ou bien, doit-on dire en partant d'elle, l'interprétation vient de la critique, ou bien de l'autorité, mais pas des deux ensemble. Interpréter critiquement la Bible signifie renoncer à l'instance de l'interprétation autoritaire... En aucun cas la "tradition" ne pourrait être un étalon de l'interprétation. Vue dans son ensemble, l'interprétation traditionnelle apparaîtrait comme préscientifique et naïve. Seule l'interprétation historico-critique apparaîtrait comme une véritable ouverture du texte» (p. 20). Il n'est donc pas douteux que, en matière d'interprétation de l'Écriture, Ratzinger a tranché en faveur de la «tradition» et qu'il accorde concrètement «le dernier mot à l'autorité».

1. Johannes Kurka, un autre étudiant de Friedrich Wilhelm Maier, me manifesta au contraire beaucoup de sympathie. Le 13 décembre 1977, il m'écrivit que, du fait de sa mise à l'index en 1934, Maier était un homme brisé. Il déplorait aussi la mise à l'index de Schmidke, exégète de l'Ancien Testament condamné en même temps que l'ouvrage du théoricien du nazisme, *Le Mythe du 20e siècle*, de A. Rosenberg, comme si les deux étaient pareillement ennemis de l'Église.

2. J. RATZINGER, «Schriftauslegung im Widerstreit: Zur Frage nach Grundlagen und Weg der Exegese heute», dans *Schriftauslegung im Widerstreit* (Quaestiones disputatae 117; Fribourg-en-Brisgau, 1989), p. 15-44; cit. p. 16, 20, 24-34, 36, 40.

Il accuse l'exégèse historico-critique de préjugé philosophique et il réclame une critique de la critique (p. 24-34). Il pense que cette exégèse critique met en relief de fausses discontinuités en se conformant au « diktat d'une image du monde soi-disant moderne façonnée par les sciences de la nature, donc qui fixe ce qui doit exister et ce qui ne doit pas exister » (p. 36). Tout au contraire, selon lui, une exégèse d'orientation chrétienne doit être ouverte à l'action de Dieu dans l'histoire.

Mais, chose fort instructive, dans le même ouvrage, Raymond Brown, l'exégète néotestamentaire catholique le plus important des États-Unis, trace une tout autre image de l'exégèse historico-critique et de sa relation avec la tradition chrétienne. Selon lui, elle n'est ni athée ni destructrice, et elle n'est absolument pas fermée à la tradition. Il montre par de nombreux exemples comment la perception critique de la pluralité historique des interprétations bibliques peut contribuer au dialogue œcuménique, aider à casser les vieilles oppositions et à retrouver les lignées bibliques qui lui ont donné naissance, par exemple en matière de mariologie et de culte marial.

Je pars de la voie moyenne que présente Brown, entre le traditionalisme non critique de Ratzinger et un biblicisme protestant non critique[1]. C'est pour cette raison que je m'efforce de construire ma théologie sur l'accord des spécialistes en exégèse. On m'a reproché de me faire le défenseur de l'autorité normative, non de l'Écriture, mais de cette exégèse. À tort. Je suis très conscient que les opinions des exégètes peuvent varier. Même les spécialistes ne sont pas infaillibles, et on doit donc examiner leurs résultats avec prudence. On n'en peut pas moins reconnaître leur accord sur beaucoup de points, un accord convaincant parce que méthodologiquement fondé. Même si cet accord n'est pas irrévocable, les théologiens systématiques doivent en tenir compte : ils ne peuvent s'en écarter que pour des raisons historico-critiquement bien fondées et avec énormément de prudence. Le fait que la tradition postbiblique et le magistère aient pris une autre position peut conduire à s'interroger critiquement, mais ne justifie pas un rejet de l'état présent de la recherche historico-critique. Mais cela suffit en ce qui concerne la différence de nos positions.

1. R. E. BROWN, « Der Beitrag der historischen Bibelkritik zum ökumenischen Austausch zwischen den Kirchen », dans : *Schriftauslegung im Widerstreit*, J. Ratzinger éd. (Quaestiones disputatae 117 ; Fribourg-en-Brisgau, 1989), p. 81-97.

Cependant désormais Ratzinger est à Ratisbonne, et, à Tübingen, nous n'avons jamais eu de débat ouvert sur ce point, pas plus qu'il n'en a eu avec Jürgen Moltmann, Ernst Käsemann ou Ernst Bloch. Il préférait avoir affaire avec le professeur Beyerhaus, un marginal de la faculté protestante, ou avec Wickert, un enseignant protestant, patrologue prudent, systématicien catholicisant qui entendait m'infliger sa mariologie peu biblique sans réussir à me convaincre.

Quand, dans son *Introduction au christianisme*, Ratzinger parle de « Hans le sot » qui échange son lingot d'or pour des choses sans valeur (un cheval, une vache, un cochon, une oie, une pierre à aiguiser) et qui tombe finalement dans un puits, est-ce vraiment de moi qu'il parle, comme beaucoup le pensent avec Hermann Häring ? Passons ! Ratzinger l'a énergiquement démenti. Toujours est-il que je ne me suis pas senti concerné et que je n'ai alors jamais eu l'occasion de protester contre la caricature d'une théologie qui, soi-disant, réinterprète progressivement les prétentions de la foi dès lors qu'on les ressent comme oppressives.

Mais peut-être aurais-je dû prendre au sérieux le fait qu'un collègue de faculté, pour lequel je n'éprouvais que de l'amitié, travaillait avec une technique de sous-entendus et de polémique qui ne lui permettait plus de reconnaître la *vérité* d'une position autre que la sienne ? La question se repose en tout cas sans cesse : Ratzinger a-t-il fondamentalement changé ?

Qui a changé ?

Ratzinger s'est toujours violemment défendu contre les critiques qui lui reprochaient d'être un « torcol », et, dans son autobiographie, il insiste sur sa continuité. Je pense à assez juste titre. D'une certaine façon, on peut dire : tout comme le professeur est passé de Tübingen à Ratisbonne, le pape de 2006 y est revenu donner un cours.

Dès le début et jusqu'à maintenant, comme l'a clairement montré au monde en 2006 Benoît XVI, le pape bavarois, il se sent « vraiment chez lui » dans cette Bavière au catholicisme traditionnel, un pays où la culture quotidienne est profondément intriquée dans l'histoire[1]. Il se voyait et se voit comme le

1. J. RATZINGER, *Le Sel de la terre*, Paris, Éd. du Cerf, coll. « L'histoire à vif », 2005.

théologien d'une tradition qui en reste pour l'essentiel au cadre d'Augustin ou de Bonaventure. Pour lui, « la vieille Église », celle des Pères, reste la mesure de toutes choses.

La vieille Église telle qu'il la comprend. Jésus de Nazareth ne la voyait pas comme cela, pas plus que ses disciples ou l'Église primitive. C'est celle que les conciles hellénistiques des IVe et Ve siècles ont définie dogmatiquement, celle d'une chrétienté qui s'est plus scindée qu'unifiée, et qui ne s'est guère souciée du dogme judéo-chrétien de départ. D'où son désintérêt presque total pour un islam qui est pourtant très marqué par ce christianisme originel. Elle ne prête également pas beaucoup d'attention aux structures charismatiques fort diverses des communautés musulmanes et aux potentialités de la succession apostolique, pas plus qu'aux « prophètes » ou aux « docteurs ». Ce n'est pas l'Église du Nouveau Testament qui intéresse Ratzinger, mais l'Église des Pères (naturellement sans Mères).

Pour lui, la vieille Église, c'est donc celle des Pères, et, à y regarder de près, moins celle des Grecs que celle des Latins. Et non pas celle d'*avant* le concile de Nicée de 325, celle qui subordonnait Jésus, fils, à un Dieu Père encore clairement unique (l'hérésie du « subordinatianisme »), celle qui ne connaissait pas non plus de « péché originel » lié à l'acte sexuel. Lui entend la relation du Père, du Fils et de l'Esprit, non pas même à la façon des Pères grecs qui partent d'un seul Dieu et Père (et c'est pourquoi les Orientaux considèrent encore aujourd'hui comme une hérésie le *filioque* introduit dans le Credo), mais plutôt à la façon d'Augustin, le Latin, que les Grecs prisaient peu, mais qui part de la « nature » divine commune aux « trois personnes », est responsable de la doctrine occidentale du péché originel et fonde ainsi théologiquement le Moyen Âge catholique romain.

Tout le confirme donc : Ratzinger est dès le départ un théologien du paradigme médiéval catholique romain, et, devenu pape, il le reste. Il se situe sur beaucoup de points en opposition au paradigme hellénistique, mais qui, comme je l'ai déjà dit, n'en a pas moins atteint son sommet au cours des premiers siècles du deuxième millénaire sous la conduite des papes romains. À Tübingen, Ratzinger prend pourtant encore très au sérieux la raison essentielle de la poursuite du schisme entre l'Église orientale grecque et l'Église occidentale latine : la prétention romaine à la primauté absolue telle que l'ont défendue au XIe siècle les papes de la réforme grégorienne. Il cite volontiers le pape

Grégoire le Grand qui repousse avec violence « le titre ampoulé de pape universel », parce que ce titre attribue l'univers à l'évêque romain aux dépens des autres évêques ; sur ce point, il déclare : « Le dialogue avec l'Église orientale ne doit-il pas atteindre un tout autre stade, dès lors qu'on prend au sérieux ce texte en en faisant le point de départ d'une nouvelle façon de dialoguer[1] ? »

Dans son dernier cours d'ecclésiologie à Tübingen, il a même pris position sur le fait que les Églises orientales ne peuvent se sentir engagées que par les conciles auxquels elles ont participé. Elles n'auraient même à reconnaître la primauté papale que sous sa forme du premier millénaire, donc sans l'absolutisme romain du XIe siècle qui a conduit à la division des Églises d'Orient et d'Occident. Et, en 1982, il laissera imprimer : « Rome ne doit plus imposer à l'Orient la doctrine de la primauté telle qu'elle fut formulée et vécue durant le premier millénaire[2]. » Ah, si seulement il avait dit cela en 2006, lors de sa visite au patriarche œcuménique Bartholomée Ier à Istanbul ! Au lieu de quoi, il défend à nouveau (de façon courtoisement voilée), et naturellement sans succès, l'idéal médiéval d'une Église papale qui, grâce à son monopole de la vérité, domine le monde, tout au moins spirituellement, ce qui, selon Vatican I, implique la soumission du christianisme oriental à la primauté juridictionnelle du pape (que celle-ci a toujours refusée) et à son magistère infaillible. Il aurait pu aller plus loin ! Il ne l'a pas voulu. Pourquoi ?

Immobile ou en marche ?

Quand il se penche sur l'histoire postmédiévale, Joseph Ratzinger s'intéresse beaucoup moins à ses heureuses innovations qu'à ses rejets fanés et à ses aspects négatifs dans lesquels il diagnostique le déclin de l'Occident. Pour lui, la Réforme protestante marque le début de la pente descendante du vrai « christianisme des Pères », et, en 2006, dans sa conférence de Ratisbonne, il qualifie élégamment de « déshellénisation » ce qui

1. J. RATZINGER, *Le Nouveau Peuple de Dieu,* tr. fse R. Givord et H. Bourboulon, Paris, Aubier-Montaigne, 1971, p. 141.

2. J. RATZINGER, « Die ökumenische Situation – Orthodoxie, Katholizismus und Reformation », dans *Theologische Prinzipienlehre. Bausteine zur Fundamental-theologie*, Munich, 1982, p. 314-327 ; cit. p. 209.

était à la fois une réforme rendue nécessaire par la décadence de l'Église médiévale papale et un retour à l'Évangile.

Et son attitude vis-à-vis de la philosophie actuelle, de la conception séculière de l'État et de la société est particulièrement significative de sa vision du monde : elle est foncièrement polémique. Pour lui, la seule « lumière » acceptable, c'est celle de la pensée grecque. Il voit une disposition divine toute spéciale dans le fait que le message biblique, né dans un espace sémitique, se soit coulé dans un vêtement grec, et il pense donc qu'il n'en faut pas d'autre, qu'un autre serait même illégitime. Les lumières séculières des XVIIe et XVIIIe siècles, que l'immobilisme des Églises a en partie lui-même provoquées, sont pour lui inacceptables, et dans sa conférence de Ratisbonne, il les a critiquées en les qualifiant de « déshellénisation ». Même pape, il reste pour l'essentiel le théologien de l'Église ancienne qui considère avec effroi une modernité née après la soi-disant Réforme de l'Église. Selon lui, c'est celle-ci qui a conduit au rejet du Christ, et même de Dieu, et finalement au déclin de l'homme, ce dont il pense trouver la preuve dans les catastrophes de notre temps.

C'est aussi avec effroi qu'il considère pour ainsi dire comme une conséquence de cette évolution la révolte des étudiants de Tübingen à laquelle il s'est heurté : elle ne fait que confirmer sa vision pessimiste du monde. Ainsi qu'il l'a écrit en février 1977 (on peut trouver le texte dans la documentation de la faculté de théologie catholique de Ratisbonne disponible sur Internet), il a vécu aux premières loges cet effondrement de la vie sociale avec tout ce que cela a entraîné dans l'Église.

Non, en ce sens, Joseph Ratzinger n'a pas changé. On a parfaitement raison de déclarer qu'il est tout simplement resté immobile. *Il voulait en rester là*, à l'Église et à la théologie du Moyen Âge latin telles qu'il les avait découvertes à travers son étude d'Augustin et de Bonaventure, celles dont les hiérarques tirent leur pouvoir, celles qu'ils ont appris à aimer. Même dans son livre sur Jésus, Ratzinger, le théologien, n'a guère fourni d'apports nouveaux au développement de la théologie. Ce n'était d'ailleurs pas sa prétention. Dans cette mesure, il a naturellement raison quand il déclare que ce n'est pas lui, mais moi qui ai changé. Je n'entendais effectivement pas rester immobile, mais aller de l'avant.

Dans la logique de Vatican II.

Non, je ne le conteste pas : j'ai changé. Je ne me suis pas contenté de travailler à fond les conciles de l'Église ancienne, la doctrine de la Trinité ou de la grâce chez Augustin et Thomas d'Aquin, mais, dès mes années d'étude, j'ai plongé dans la théologie protestante de Karl Barth, ce personnage centenaire. À cela s'ajoute le fait que la Grégorienne et la Sorbonne m'ont sans doute initié de façon plus constructive à la philosophie moderne, en particulier à Descartes, Kant, Hegel et Sartre que Ratzinger ne l'a été à Munich, au point que je me suis risqué à un petit essai sur l'humanisme de Sartre et à un gros travail sur la théologie de Hegel. J'ai donc découvert que la pensée moderne pouvait être tout autre chose que le diable. Des « Lumières » qui peuvent être une « disposition » divine, tout comme la pensée de l'Antiquité grecque (qui n'était pas si pieuse que cela), mais que la théologie doit en tout cas prendre aussi au sérieux que la pensée médiévale ou celle de la Réforme. Toujours est-il que j'ai aussi eu à découvrir les limites inhumaines de la modernité, puis la post-modernité née de la mutation paradigmatique qui s'est produite après la Première et la Seconde Guerre mondiale.

Hermann Häring, mon ancien étudiant, puis assistant, celui dont nous avons tous deux été professeurs, Ratzinger et moi-même, et qui a mieux analysé nos théologies que tout autre[1], a raison quand il déclare que les réformateurs conciliaires, et en particulier moi, n'en sont pas restés simplement à Vatican II, mais qu'ils ont poursuivi leur route. C'est effectivement ce à quoi nous obligeait le concile, avec ses compromis, ses demi-mesures, ses ambiguïtés. C'est bien dans cette perspective critique et constructrice d'une continuation du concile que j'ai rédigé mes ouvrages *L'Église* (1967), *Être chrétien* (1974), *Dieu existe-t-il ?* (1978) et *Vie éternelle* (1982). Dans ma trilogie suivante, *Le Judaïsme* (1991), *Le Christianisme* (1994) et *L'Islam* (2004)[2], j'ai brièvement repris les paradigmes du christianisme (qui ne sont pas une décadence) dans le cadre des autres religions abrahamiques en analysant en particulier de très près le paradigme chrétien

1. Voir H. HÄRING, *Hans Küng. Grenzen durchbrechen*, Mayence, 1998 ; *Theologie und Ideologie bei Joseph Ratzinger*.

2. Les 3 volumes ont donné lieu à une édition spéciale en 2007 (Piper Verlag).

originel du judéo-christianisme, dont Ratzinger n'a guère pris conscience.

Tout cela m'a naturellement demandé des décennies de fatigue, de recherches historiques et de réflexion autocritique. Pour sa part, Joseph Ratzinger s'était mis dès 1958 à écrire une dogmatique. Mais il en est resté à quelques brouillons en espérant en faire un jour la synthèse. En 1977, quand il fut nommé archevêque de Munich, il ne lui avait pas encore donné forme, sinon celle d'un petit traité, *Sur les fins dernières*, thème de ses cours de Tübingen, qu'il avait achevé à Ratisbonne et fait éditer au printemps 1977. En dehors de cela, il n'a publié que de courts travaux, en particulier des recensions et des conférences, des essais et des prédications. Par la suite, se plaindra-t-il, il ne pourra plus produire aucune œuvre scientifique du fait de son ministère (thèses de doctorat et d'habilitation). À quatre-vingts ans, il est très heureux de pouvoir proposer la première partie d'une méditation spirituelle sur *Jésus de Nazareth*. Il aurait déjà pu l'écrire telle quelle à Tübingen.

Oui, j'avoue que j'ai changé, et je ressens comme un honneur que Hermann Häring puisse reprendre à mon propos la célèbre histoire de Bertolt Brecht, celle de ses retrouvailles avec Monsieur Keuner : « Quelqu'un, que ce M. K. n'avait pas vu depuis longtemps, le salua en lui disant : "Vous n'avez pas changé." – "Oh !" dit simplement M. Keuner en blêmissant. » J'ai moi-même sûrement changé. Pour être plus précis, non pas au sens d'une « logique d'évolution » intérieure de ma conscience et de mon savoir social, comme on le montre dans les romans sur l'évolution, la formation ou l'éducation, mais, si on veut prendre un point de comparaison, à la façon des romans sur l'époque, l'État ou la société, où on réagit avant tout aux développements et aux ruptures politiques du monde extérieur et à l'évolution interne de l'Église et de la société. C'est tout d'abord cela qui m'a fait bouger – comme bien sûr aussi le progrès de la recherche théologique – et je répondais ainsi aux impulsions du deuxième concile du Vatican. Ou, comme avait coutume de le dire le cardinal Suenens, un des quatre modérateurs du concile, « dans la logique de Vatican II » ! Mais aussi toujours du fait des contre-expériences de la communauté catholique liées aux provocations de la curie romaine d'après le concile (ou plutôt préconciliaire). Et cela vaut surtout pour le grand litige sur l'infaillibilité déclenché par l'encyclique papale de 1968 sur la régulation des naissances.

Bien sûr, dans la vie d'un professeur de théologie comme dans celle de tout le monde, il n'y a pas qu'à traiter des grandes « questions », mais aussi, et fort heureusement, des « petits » problèmes quotidiens. En 1968, je ne manquais pas de décisions relativement importantes à prendre. Il me faut en parler avant d'aborder le grand débat sur l'infaillibilité.

Problèmes de ménage et de secrétariat.

Dans ma jolie maison de Tübingen, dans une rue qui est désormais une grande avenue, je me sens de plus en plus mal à l'aise. Plus de trafic, plus de bruit, et surtout, étant à proximité du Neckar, plus de brume que là-haut, sur les collines. Et voilà qu'on installe juste en dessous de chez moi le court de tennis de la ville. J'y prends bien quelques semaines de leçons, mais je ne me sens jamais si léger qu'après un bon bain, quand je me retrouve tout frais à ma table de travail. Surtout, moi qui travaille si volontiers sur la terrasse, je suis gêné par le bruit des balles. Et pourquoi me faut-il payer pendant des décennies des milliers de marks de location au lieu d'investir dans une maison privée, même si c'est en m'endettant au départ ?

Un jour, je trouve dans le journal de Souabe une offre d'une jolie maison de campagne dans le meilleur site de Tübingen. Tout en sachant bien que cela va intéresser des douzaines de gens, j'écris sur l'enveloppe : « Comme je dois partir en voyage jeudi, réponse rapide souhaitée S.V.P. » Elle arrive comme prévue. Mon enveloppe a frappé son destinataire, il a regardé le nom de l'expéditeur et il m'invite à visiter la maison le mercredi. Une magnifique maison qui répond parfaitement à mes besoins. Le jeudi, il me faut de toute façon me rendre en Suisse où mes parents me consentent un prêt sans intérêt, et je puis donc conclure l'achat dès mon retour, le 13 décembre 1967. La semaine de Pâques, en avril 1968, tout heureux, j'emménage Waldhäuserstrasse, à cette époque une rue encore étroite et pleine de buissons. C'est pour moi un style de vie tout à fait nouveau, avec un jardin, des pièces lumineuses, et une terrasse au sud. Mon adresse reste encore la même aujourd'hui.

Mais cela nécessite un changement dans mon aménagement. Il m'apparaît de plus en plus impossible de ne recourir qu'à une seule et même personne pour tenir ma maison et mon secrétariat.

Du fait de mon intense activité intellectuelle et journalistique, qui déborde largement les frontières de l'Allemagne, j'ai de plus en plus de courrier, et cela exige de plus en plus de compétence linguistique. Même une personne aussi capable et d'aussi bonne volonté que Odette Zurmühle ne peut plus y suffire. Ayant souffert de tuberculose durant son enfance, elle rechute. Le 1er novembre 1967, elle repart dans sa Suisse natale où elle reprend son ancien travail d'institutrice. Je ne saurais oublier les services qu'elle m'a rendus au cours de ma période tübingoise.

À ma demande, une vieille amie hollandaise avec laquelle je suis régulièrement resté en contact, Inka Klinckhard, me permet une transition sans heurt. Avec sa mère, elle passe quelques semaines à Tübingen et organise mon déménagement. C'est Margret Gentner, docteur en philosophie, qui assume le secrétariat. Par la suite mon ménage est assuré par une femme d'âge moyen de Tübingen, une frustrée de la vie dont les plaintes continuelles, les soupirs et les traits tirés me deviendront insupportables et dont je me déferai au bout d'un an, en dépit de son zèle au jardin et dans ma maison. Je la remplacerai le 10 mars 1969 par Charlotte Renemann, une personne de soixante-sept ans à l'esprit jeune et ouvert, venue de Wilhelmshaven, mère de trois enfants qui ont bien réussi. Elle a le sens du travail intellectuel et, jusqu'à sa mort, le 26 février 1979, elle m'aidera à faire de ma maison un foyer joyeux et accueillant tel que je l'aime.

Le fait d'avoir désormais chez moi mon secrétariat personnel est un grand soulagement. Outre le conseiller académique Hermann Häring, l'administration de l'Institut de recherches œcuméniques est assurée depuis 1965 par Annegret Dinkel, la secrétaire. Habitant tout près de chez moi, elle fait le va-et-vient du courrier quotidien. Tous mes collaborateurs de l'institut gardent sûrement le meilleur souvenir de nos joyeuses fêtes, chez moi ou à l'institut, mais aussi des excursions dont j'ai déjà parlé. Une année sans fêtes, disait Démocrite, le philosophe grec, c'est comme un voyage sans auberge.

Je ne serai jamais assez reconnaissant envers toutes les femmes qui ont été près de moi, aux heures heureuses ou aux heures difficiles, et qui m'ont soutenu dans mes travaux si divers. Elles devaient chacune à sa manière assurer le caractère amical de mes « relations extérieures », aussi bien auprès de mes assistants ou de mes collaborateurs intellectuels que des visiteurs venant du pays ou de l'étranger, y compris des postiers ou des ouvriers. J'ai en particulier dédicacé mon livre *La Femme dans le christianisme* à ma secrétaire que je tenais à remercier.

En 1968, mon emménagement dans ma belle maison de campagne et ma nouvelle organisation du travail m'avaient semblé de bon augure. Je ne pouvais alors soupçonner à quel point mon combat pour la vérité allait m'accaparer les années suivantes.

IV

Infaillible ?

« Jésus n'y aurait rien compris. »

Karl RAHNER[1]

C'est évident : dans la société moderne, le combat pour la vérité ne peut que redoubler si une instance officielle prétend par principe pouvoir, au moins dans certains cas, formuler la vérité infailliblement, sans risque d'erreur : ce qu'elle dit ne peut être faux et on ne peut donc pas le corriger. Or, en dépit de l'opposition de nombre d'importants évêques, c'est exactement ce que déclare solennellement le concile Vatican I en 1870 : en raison de son autorité apostolique suprême, donc en tant que docteur du christianisme, l'évêque de Rome est de soi *(ex sese)* infaillible du fait, non pas de l'accord de l'Église, mais de l'assistance divine. C'est à lui de trancher de façon définitive de tout ce qui concerne la doctrine ou la morale, de telle sorte que l'Église tout entière doit adhérer à son enseignement : celui-ci est immuable, irréformable.

Voilà donc une décision infaillible du pape « en raison de sa plus haute autorité » ! Aucune instance de ce monde ne s'est jamais attribué une telle *suprema auctoritas*, pas même la Cour suprême des États-Unis. Quel immense défi lancé au monde moderne, mais aussi à beaucoup de catholiques qui réfléchissent tant soit peu. Le deuxième concile du Vatican renforce même l'infaillibilité papale en l'étendant au collège des évêques. Les cas les plus célèbres de la nouvelle infaillibilité sont la définition du dogme de l'assomption corporelle de Marie au ciel par le pape Pie XII, et l'encyclique de Paul VI « contre la contraception », publiée en 1968.

1. Interview du 28 novembre 1972 sur la définition de l'infaillibilité de Vatican I dans *Der Spiegel*.

Je ne fais pas que de la théologie.

L'année 1969 s'était mal terminée pour moi, mais l'année 1970 commence bien. Je viens de conclure mon livre *L'Incarnation de Dieu*, sur la christologie de Hegel, et je suis épuisé. Le 21 décembre 1969, je m'envole vers l'Amérique. L'université catholique de Chicago me confère un doctorat honorifique en sciences humaines. Il m'est donc difficile de passer comme d'habitude les fêtes de Noël dans ma patrie, en Suisse. Je me décide donc sans hésiter à transiter par les Caraïbes qui me fascinent depuis longtemps et à m'arrêter quelques jours en Jamaïque. Ce pays du Commonwealth, qui n'est devenu indépendant de la Grande-Bretagne qu'en 1962 et dont la population est à 97 % constituée de Noirs et de métis, me tente tout particulièrement.

Mais les conditions dans lesquelles je fais ce voyage ne sont pas des meilleures ! Au vol transatlantique s'ajoutent les cinq heures nécessaires pour gagner Kingston, plus le voyage en auto à travers l'île jusqu'à Ocho Rios, village tranquille situé sur la côte nord, près de Montego Bay. Le lendemain de mon arrivée, je suis saisi de malaise en sortant de mon bel hôtel colonial de style britannique pour me rendre au village. J'ai de la fièvre. Rentré dans ma chambre, je dois passer plusieurs jours au lit. Je suis heureusement bien soigné par le Dr Werner Bubb, médecin de la Lufthansa, et sa femme, un couple de Suisses qui voyageaient par hasard avec moi. De ma fenêtre, je ne cesse de guigner de loin les palmiers qui ondulent légèrement dans le vent en songeant au célèbre titre *Tristes tropiques* de Claude Lévi-Strauss, le célèbre ethnologue français, fondateur de l'anthropologie structurelle.

Mais j'apprends aussi à découvrir les Tropiques sous un aspect plus sympathique. Au bout de quatre jours, je suis de nouveau sur pied. Chaque soir, nous allons tous les trois dîner au son de la merveilleuse musique reggae, à la fois monotone et apaisante, dont les rythmes et les blues évoquent les danses populaires de Jamaïque (un peu le calypso). Aujourd'hui encore, j'aime entendre le *Banana Boat Song*, de Harry Belafonte, un Jamaïcain né à New York en 1927, qui s'engagera par la suite dans le mouvement pour la paix.

Je peux désormais passer des journées sur la plage de sable blanc telle que je l'aime, à me baigner dans une mer d'un bleu profond et à vaquer à un travail qui reste toujours mon hobby, car je m'ennuie à flemmarder trop longtemps. Je qualifie ce dernier de « jeu », car je n'ai qu'à reprendre ce que j'ai déjà travaillé. Or c'est justement ce que je dois faire : pour répondre aux demandes des fidèles catholiques ou protestants, je relis les 600 pages de mon ouvrage *L'Église* afin d'en faire un résumé de 250 pages facilement accessibles, avec le plus possible d'intertitres, sans réflexions herméneutiques, sans fondements exégétiques, sans considérations historiques, sans applications pratiques, sans citations de Vatican II, sans notes et sans bibliographie. Sous le titre, *Qu'est-ce que l'Église ?*, je ne dis que l'essentiel sur la nature de celle-ci afin de mettre en lumière ce qu'elle *doit devenir*, même si elle ne l'est pas aujourd'hui.

Le livre doit paraître en même temps chez Herder, l'éditeur catholique, et aux éditions protestantes du livre de poche Siebenstern, « peut-être encore un signe que le jour commence enfin à poindre entre les deux théologies », comme je l'écris dans la préface. Puisse ce résumé contribuer un peu – je ne me fais guère d'illusions – à ce que nos deux systèmes confessionnels figés et leurs représentants viennent se joindre aux théologiens pour accélérer et promouvoir plus énergiquement qu'auparavant le mouvement œcuménique.

Mais ces vacances studieuses passent vite, et je ne tiens pas à me « liquéfier » comme notre hôtelier, même si j'apprécie de déguster le punch au rhum jamaïcain qu'il nous amène gratuitement à midi sur la plage. Je ne fais qu'un rapide tour dans les plantations de l'île. Le 6 janvier 1970, reposé et bien réchauffé, je m'envole pour la glaciale Chicago *via* Miami.

Interdisciplinarité pratique.

Dès le 7 janvier, au bord du lac Michigan, dans la grande salle de bal de l'hôtel Drake si riche en traditions, j'assiste à la fête du centenaire de l'université catholique de Chicago, l'université Loyola. Quelques années plus tôt, j'y étais intervenu pour la première fois sur le thème alors tabou : « Église et liberté ». Et voici maintenant que le symposium du centenaire est placé sous le titre « Liberté et sciences humaines ».

Le discours le plus important d'avant le déjeuner est celui de Lord C. P. Snow, physicien et écrivain, notre codocteur honoraire, sur « La vocation scientifique et le degré de liberté ». Dans un exposé imprimé en 1950, il avait analysé « les deux cultures et les révolutions scientifiques » en montrant la coupure existant entre les sciences de la nature et celles de l'esprit, ce qui avait suscité de longues discussions. Maintenant, il traite de « la liberté de l'intellectuel » : en principe, celui-ci doit pouvoir décider lui-même sur quoi, où, quand et comment il travaille. Ce qu'il dit me touche au cœur. Même si, après 1968, c'en est fini du nimbe magistral, être professeur d'université reste une profession de rêve. Encore faut-il ajouter que celle-ci exige un haut degré de conscience de sa responsabilité, d'autodiscipline et de volonté d'efficacité. Il existe bien sûr des collègues qui jouissent tranquillement de leur situation en se contentant de répéter leurs cours sans jamais fournir de nouveaux travaux. Mais si on sait bien user de la liberté académique, on peut poursuivre sans souci sa recherche et son enseignement en se livrant à l'Éros de la science et en faisant participer les autres à ses découvertes.

L'après-midi du même jour, c'est au campus Loyola, sur le bord du lac Michigan, que l'Académie nous a convoqués pour la remise de nos diplômes de docteur honoraire. Je suis fier que, pour une fois, le titre qu'on me confère ne touche plus à la théologie, mais aux sciences humaines. J'éprouve naturellement une grande joie à me trouver, moi, théologien, au milieu d'une troupe aussi illustre de collègues de spécialités aussi diverses : Peter Berger et Michael Polanyi, sociologues, Viktor Frankl, psychothérapeute, Paul Feyerabend, philosophe, et Noam Chomsky, linguiste. L'entretien avec Konrad Lorenz, l'éthologue autrichien, prix Nobel, sur la part de l'innéité et celle du dressage chez les animaux supérieurs ainsi que sur « la frappe éthologique » qu'il a découverte, est des plus amusants. « Je connais bien des gens qui fréquentent plus volontiers un chien dressé que leurs semblables, me raconte-t-il, car les chiens sont moins compliqués, plus fiables, plus confiants, plus disponibles ; il suffit de trouver le bon. D'où mes efforts pour élever des bêtes d'aspect convenable et avec des marques caractéristiques. » Quand je l'interroge sur son livre *Tous les chiens, tous les chats*, il m'explique en détail comment il a tenté d'élever le chien idéal à partir d'un croisement de loup et de hyène, mais jusqu'à présent sans succès. Pour ma part, je lui explique que je ne peux malheureusement pas me permettre un chien, car mon pauvre « compagnon de vie » devrait trop souvent passer son temps seul.

Mais je dois m'envoler le jour même vers Urbana, la capitale de l'État, où je dois faire une conférence dans la gigantesque université de l'Illinois sur l'Église et la véracité. Je suis pris en charge – le monde est petit – par un professeur originaire de Sursee, ma ville natale, le célèbre romaniste François Jost, avec lequel je discute de Dieu et du monde jusque tard dans la nuit. Mais dès le lendemain matin, je suis de retour à Chicago. Le matin, j'interviens au Kup's Show, une émission de télévision fort regardée dans le pays. Le présentateur, Kup (Irv Kupcinet) fait parler chacun de ses trois protagonistes sur ses problèmes. Norman Vincent Peale traite de la « pensée positive » dont il est le propagateur *(« Change your thoughts and you change your world ! »)*, Charlton Heston de sa présentation des caractères de Ben Hur et de Moïse dans les péplums américains (il perdra par la suite ma sympathie quand il se mettra au service du lobby des armes comme président de la National Rifle Association). Le présentateur m'interroge évidemment sur la réforme de l'Église catholique et sur les perspectives œcuméniques.

Lors de ces rencontres avec des personnalités relevant de spécialités aussi diverses, tous gens intelligents et originaux, je suis moins tenté de parler de mes affaires que de les écouter et d'apprendre. Mon univers n'est pas fait que de « religion » et mon savoir n'est pas uniquement théologique. Plus le temps passe, moins je risque de devenir, non pas un maître dans ma spécialité, mais un « spécialiste idiot », une des grandes injures qu'on lançait en 1968 aux professeurs qui se limitaient uniquement à leur domaine. Au cours des années suivantes, on écrira beaucoup et on discutera beaucoup de l'*interdisciplinarité*. Je n'ai rien écrit sur elle, mais je l'ai pratiquée très tôt. Peu nombreux sont les collègues d'autres champs du savoir avec lesquels je n'ai pas collaboré dans des colloques, séminaires, symposiums, soutenances de thèses et congrès. À elle seule, la liste des intervenants à l'Institut de recherches œcuméniques que je dirige à Tübingen comporte 170 noms (1964-1996). Et par la suite, au cours d'une réunion des retraités, quand le recteur de l'université m'invitera à rendre compte des cinq décennies de mon évolution scientifique, je pourrai le faire en m'appuyant sur les noms de collègues de toutes les facultés ; car tous m'ont appris quelque chose ; sans parler des innombrables collègues du monde entier que j'ai eu la joie de connaître au cours de conférences ou de semestres de professeur invité.

Je trouve d'autant plus frappant de voir comment, en théologie, nous poursuivons d'étranges débats internes que le monde séculier ignore. Là, il ne vient à personne l'idée de prétendre à l'infaillibilité. Tout au contraire, comme me l'expliquait Ralf Dahrendorf, mon ancien collègue de Tübingen devenu commissaire européen, on a constaté que des juges dont le jugement différait de celui des autres ont par la suite souvent obtenu raison.

C'est ainsi que le 9 janvier, à Chicago, je fais la conférence finale du symposium : « La liberté dans l'Église : l'Église est-elle infaillible ? » Une question qui ne se pose pas dans les autres sciences. Trois heures plus tard, je repars pour chez moi *via* Londres et Amsterdam. Retour à la théologie !

La vérité en vérité.

Un jour, au cours du deuxième concile du Vatican, circulait dans la salle un petit billet sans mention d'origine. Il ne comportait qu'une phrase, mais il provoqua chez certains évêques un petit sourire amusé : *« Senatus non errat, et si errat, non corrigit, ne videatur errasse »* : « Le sénat ne se trompe pas, et, quand il se trompe, il ne corrige pas de peur de paraître s'être trompé. »

Déjà les cours de théologie morale de la Grégorienne, à Rome, faisaient montre d'une énorme surévaluation du sixième commandement de Dieu et d'une étrange sous-évaluation du huitième. En ce qui concerne le sixième, sur la sexualité, il n'y aurait jamais aucune *« parvitas materiae »*, et un manquement n'est donc jamais péché purement véniel, mais toujours péché mortel. En ce qui concerne le huitième, sur le mensonge, à moins de circonstances aggravantes, le péché n'est jamais que véniel. C'est au concile que je perçus à quel point cette défense de la « vérité » était malhonnête. Il m'apparut alors que la véracité et la liberté étaient finalement plus importantes que l'obéissance à tous les préceptes sur lesquels on insistait tant, en particulier sur la sexualité et le mariage. Vers la fin du concile, je fis donc une conférence sur « L'Église et la véracité » devant des évêques, des théologiens et des journalistes, ce à quoi la presse fit largement écho.

Donc *défendre la vérité en vérité*. Toutes les prétentions de l'Église à la vérité se trouvent contredites si on les défend de manière mensongère. Des décennies plus tard, je ne trouve rien à reprendre à ce que je disais alors, même si, répondant à l'article du *Monde*, le père de Lubac m'en blâme en déclarant : « C'est quand même notre mère ! » Toutes ces années-là, la véracité est restée un thème important pour moi, tant dans mes travaux scientifiques que dans mes conférences. Ce sur quoi je dois ajouter que je vois moins que de Lubac l'Église comme une « mère » (en faussant l'histoire, on a reporté sur l'Église de Rome le titre de « mère de toutes les Églises », conféré à l'origine à l'Église de Jérusalem). Pour ma part, suivant la redécouverte de Vatican II, je perçois en elle le « peuple de Dieu », et la « communion » m'apparaît comme une grande communauté de foi dont les papes, les évêques, les prêtres et les théologiens sont, ou devraient être les serviteurs.

Ma conférence romaine, grossie de quelques ajouts, fut publiée en 1968 sous le titre *Être vrai. Sur l'avenir de l'Église*[1], avec l'imprimatur de mon ordinariat de Bâle du 17 août 1968. Dans l'avant-propos, je peux réagir à temps à l'encyclique *Humanae vitae*, datée du 25 juillet et parue en août, en utilisant mon propos déjà cité dans « Parole pour le dimanche ». Il s'agit là d'une question fondamentale.

Aborder franchement les erreurs.

« *Errare humanum est* », « L'erreur est humaine ! » Telle est la vieille maxime de la sagesse romaine que l'on ne saurait contester. Et il est normalement recommandé – et les sermons ne se privent pas de le répéter – de reconnaître tout de suite celles que l'on a commises. Cela vaut également pour les *fautes historiques des peuples*, leurs horribles forfaits : que l'on pense au national-socialisme et à ses crimes contre l'humanité, mais aussi au nationalisme turc, au militarisme japonais. Même des grandes nations européennes comme la France s'efforcent aujourd'hui de travailler leur culpabilité nationale. Et le fait de nier l'invraisemblable faute qu'elle a commise (conjointement avec Israël) par sa politique agressive impérialiste en Afghanistan, en Irak, en Palestine ou au Liban a ôté à l'administration Bush une bonne part de sa crédibilité morale, ce qui pèsera pendant des années sur la politique américaine.

1. *L'Église assurée dans la vérité ?*, tr. fse Charles Chauvin, Paris, Éd. du Seuil, 1980.

On peut naturellement aussi reprocher au christianisme toutes sortes de péchés et de défaillances, de crimes et de vices, de ratés et de manifestations de décadence. Même les défenseurs conservateurs du statu quo ecclésiastique ne peuvent plus aujourd'hui passer sous silence *les énormes erreurs du magistère de l'Église.* Même si ce magistère feint de les ignorer ou en minimise la portée, il a fini par concéder largement les plus grosses : l'excommunication de Cyrille, le patriarche de Constantinople, et de l'Église grecque, ce qui a formellement conduit au schisme millénaire entre les deux Églises ; l'interdiction du prêt à intérêt au début de l'âge moderne, ce pour quoi l'Église devra se livrer à toutes sortes de compromis beaucoup trop tardifs pour changer sa vision des choses ; la condamnation de Galilée et les mesures prises en conséquence, qui sont encore aujourd'hui responsables de l'abîme qui subsiste entre l'Église et les sciences de la nature ; celle des rites chinois par lesquels on avait tenté d'adapter le culte et les dénominations de Dieu à la culture locale, ce qui est une des principales raisons de l'échec des missions catholiques modernes en Chine, au Japon et en Inde. Ajoutons les abus d'un pouvoir temporel médiéval qui a duré jusqu'au premier concile du Vatican et à la prise de Rome par les troupes italiennes (20 septembre 1870), et qui se manifestait sous toutes formes de violences spirituelles ou temporelles dont l'excommunication, ce qui a sapé la crédibilité du service spirituel de la papauté : qu'on pense simplement à la série de condamnations de l'exégèse historico-critique au début du XXe siècle, celles qui ont pesé sur les auteurs et les sources de l'Ancien et du Nouveau Testament, sur l'historicité et les genres littéraires des livres bibliques, sur le « comma johannique » (le complément sur la Trinité introduit au IVe siècle au chapitre 5, 7, de la première épître de Jean). Il faut aussi rappeler toutes les condamnations d'ordre dogmatique, en particulier à propos du modernisme (théorie de l'évolution, développement du dogme), et quelques années plus tard l'encyclique de Pie XII *Humanae generis*, contre « les erreurs du temps » (1950) ainsi que les mesures ecclésiastiques disciplinaires qui s'en sont suivies. Tous ces actes de pharisiens souvent ignorants et arrogants commis à la direction de l'Église ont provoqué d'innombrables souffrances.

Non seulement l'erreur est humaine, trop humaine. Mais humaine, vraiment humaine, est aussi la capacité, dont est dépourvu l'animal, d'en prendre conscience. Celui qui se refuse à tirer la leçon de ses fautes se condamne à les nier ou à les refouler ; avec toutes les conséquences négatives de cette façon de faire. Le philosophe marxiste Ernst Bloch a payé fort cher le fait d'avoir en 1979 massivement corrigé sans le faire remarquer ses déclarations à l'occasion du trentième anniversaire des procès staliniens sur l'équivalence du marxisme et de la morale, et cela sans admettre aucune de ses erreurs. Et Martin Heidegger n'a pas su davantage reconnaître sa faute, lorsque, en 1953, il a republié son *Introduction à la métaphysique* de 1935 sans corriger ses propos sur la vérité interne et la grandeur du mouvement national-socialiste.

Il est clair que les papes n'ont pas été les seuls à avoir du mal à confesser ouvertement et franchement leurs fautes. À Rome, on ne le fait le plus souvent qu'« implicitement », de façon cachée, tordue. La question devient particulièrement explosive pour les catholiques quand il s'agit de dogmes que l'on définit comme infaillibles, suivant la doctrine du premier concile du Vatican. J'ai moi-même personnellement vécu sur la place Saint-Pierre ce genre d'événement entre les deux conciles du Vatican.

Le dogme marial – à l'encontre de tout savoir.

Bien sûr, je ne me serais pas battu dans le réfectoire du Germanicum avec Joseph Ratzinger, lorsque, ce 1er novembre 1950, avec d'autres étudiants en théologie venus d'Allemagne se joindre à ceux du Germanicum, nous entendîmes le pape Pie XII proclamer comme dogme de foi l'assomption corporelle de Marie au ciel. À cette époque, j'étais un partisan convaincu de cette doctrine. Je me serais plutôt battu contre la faculté de théologie de Munich où le climat était quelque peu « plus frais » : on s'y montrait beaucoup plus réservé à l'égard de ce nouveau dogme.

Fort éclairant est sur ce point le « petit épisode » que raconte Ratzinger : il manifeste tout de suite la portée pratique de la question, au départ toute théorique, de l'interprétation du dogme. Au cours des années 1940, sous le pape Pie XII, Rome avait eu recours à tous les moyens de propagande alors disponibles pour promouvoir le dogme de « l'assomption corporelle de Marie au ciel ». Un « dogme de luxe » comme l'avait dit le cardinal John Henry Newman à propos de l'Immaculée Conception, car aucune hérésie ne l'exigeait. On interrogea alors tous les évêques et les facultés de théologie du monde entier, naturellement avec l'espoir d'une réponse positive. Mais la réaction de la faculté de Ratzinger fut « nettement négative ». Et cela pour de bonnes raisons : Berthold Altaner, le professeur de patrologie de Würzburg, celui dont on considérait le manuel, *Patrologie*, ouvrage traduit dans de multiples langues, comme la quintessence scientifique de « la doctrine des Pères », avait écrit un article minutieusement documenté, ainsi que le reconnaît Ratzinger, où il prouvait scientifiquement que la doctrine de l'Assomption était inconnue avant le Ve siècle, et qu'elle ne relevait donc pas de la tradition apostolique. Les professeurs de Munich partageaient cette conclusion.

Chez nous aussi, à la Grégorienne, on nous avait mentionné ce propos d'Altaner. Mais notre maître romain, qui avait participé à la rédaction du nouveau document, nous avait immunisés contre la critique historique avec exactement le même argument que celui que répète Ratzinger dans ses *Souvenirs* (en fait, il vient de l'école de Tübingen du XIXe siècle et de John Henry Newman, comme l'établira avec précision Walter Kasper dans sa thèse de Tübingen). La critique du nouveau dogme, argumente maintenant Ratzinger, repose sur une idée de départ, non pas historique, mais *historiciste* : on ne peut désormais limiter la tradition à celle qui s'est déposée dans des textes écrits. Or c'est cette vision d'une révélation par-delà l'Écriture qui lui avait valu le refus de sa thèse à la faculté de Munich. La conséquence est évidente : même si la Bible ne dit rien d'une doctrine précise ou d'une histoire telle que la légende de l'assomption de Marie et qu'on ne la découvre que chez un auteur apocryphe du Ve siècle avide de merveilleux, il se peut fort bien que ce soit une vérité de foi divine et révélée.

Moi-même, durant l'automne 1950, lors de ma troisième année de philosophie, influencé par certains théologiens dogmatiques romains, je ne voulais rien savoir des objections historiques contre ce dogme. Et, en déjeunant au Germanicum avec tous les étudiants allemands en théologie venus à Rome à l'occasion de sa proclamation, je les considérais tous comme des « rationalistes » : leurs professeurs d'histoire les avaient rendus incapables de reconnaître une vérité qui n'avait émergé de son noyau que sous l'influence du Saint-Esprit, lentement, lentement, de façon quasi organique, mais qui était déjà « implicite », « comme incluse » dans la salutation que l'ange adressa à Marie, « pleine de grâce », de l'évangile de Luc. C'est aussi ce qu'aurait pu dire Ratzinger.

Mais lui garde toujours ce point de vue, alors que personne, ni les chrétiens orthodoxes, ni les réformateurs, ni les théologiens critiques de l'Église latine actuelle ne le partagent plus. Pour moi, cette dogmatisation de 1950 n'a pas été un point final, mais le point de départ de mes réflexions ultérieures. Car c'est justement l'expérience de mes sept années romaines et l'obligation d'adhérer à ce dogme qui m'ont conduit à m'interroger sur le caractère « non infaillible » des déclarations papales dans les encycliques : doit-on vraiment, dans toutes les circonstances, et même à l'encontre de tout savoir, consentir à tous les dogmes proclamés par l'Église ?

C'est exactement ce qu'affirme Ratzinger. Il s'appuie pour cela sur Gottlieb Söhngen, son patron de doctorat, qui part sans doute des sources, mais ne cesse de reposer de façon très sérieuse la question de la vérité, et donc celle de l'avenir de la foi. Il raconte comment, en 1949, un an avant la proclamation papale, dans un cercle de dialogue œcuménique de haut niveau, son maître s'était prononcé avec passion contre la possibilité d'un tel dogme. Edmund Schlink, théologien dogmatique protestant, de Heidelberg, lui avait alors demandé : « Qu'allez-vous faire si le dogme est déclaré ? Ne devez-vous pas alors tourner le dos à l'Église catholique ? » Après un instant de méditation, Söhngen avait répondu : « Si le dogme est prononcé, alors je me souviendrai que l'Église est plus sage que moi et je lui ferai plus confiance qu'à ma propre science. » Et Ratzinger ajoute : « Cette petite scène en dit long sur l'esprit dans lequel la théologie se pratiquait à cet égard, avec esprit critique et avec foi » (p. 66).

Critique, mais avant tout croyant ? Dans l'Église catholique, me demandai-je, « croyant » signifie-t-il que je dois tout de suite renoncer à être critique dès que « l'Église », « dans sa sagesse », plus précisément dans son magistère romain, me prescrit une proposition de foi ? Et les théologiens romains, ou romanisés, sont-ils plus sages que les Allemands qui ne la trouvent ni dans le Nouveau Testament ni dans la tradition ?

Cependant, au cours des années 1960, ce n'est plus le dogme marial qui est au centre de la discussion touchant l'infaillibilité papale, mais celle de la contraception. Depuis la découverte de la pilule anticonceptionnelle, le magistère papal se heurte à une énorme difficulté, celle de reconnaître que, en 1930, en réaction contre une (fort juste) décision de l'Église anglicane, il a commis une erreur manifeste en déclarant que tout recours à un moyen anticonceptionnel est un péché mortel. Or tel est le problème de l'encyclique *Humanae vitae* de 1968, celle que Rome continue encore aveuglément à confirmer.

L'interdiction de la pilule, un second cas « Galilée » ?

« Cela a été génial de lier la question de l'infaillibilité papale à celle de la régulation des naissances, et de construire sur cela ton livre *Infaillible* », me dira plus tard le cardinal Julius Döpfner, mi-admiratif, mi-furieux. Ma réponse : « Ce n'est pas moi qui ai établi ce lien, c'est le pape Paul VI lui-même. » Il faut se le rappeler : lors du premier concile du Vatican de 1869-1870, l'erreur papale dont on avait le plus discuté était celle d'Honorius qui avait été condamné comme hérétique par plusieurs papes et par un concile œcuménique ultérieur. Pourtant maintenant, cent ans après Vatican I et après Vatican II, la seule parade qu'on trouve pour éviter de reconnaître le caractère erroné d'une déclaration sur la régulation des naissances, c'est la condamnation de la contraception, ce qui déclenche une opposition mondiale et va jusqu'à livrer le pape au ridicule. Lors du Katholikentag de Trèves, le cardinal Döpfner tombera sur une grande affiche : « En cas d'urgence, le magistère sait tout. »

Il est clair que, abrité sous le parapluie du Vatican, le pape Montini ne réalise pas qu'il se lance sur un terrain dangereux où il ne peut guère espérer vaincre. Car comment, lui, célibataire, peut-il se penser plus compétent sur un problème existentiel qui concerne une masse de gens convaincus qu'ils en savent plus que le Saint-Père ? Comment peut-il croire qu'il pourra imposer son autorité à tous, hommes et femmes ? Et cela, comme je n'ai cessé de l'en avertir, sur une affaire « à la Galilée », dont il faut trancher par oui ou par non. « La Terre tourne-t-elle autour du Soleil ? Oui ou non ? », « Peut-on prendre la pilule ? Oui ou non ? » Sur ce point, toutes les apologétiques dialectiques des théologiens craquent, toute tentative du genre « peut-être bien... mais aussi... ». Comment un pape peut-il sortir de cette situation sans dommage pour son autorité magistérielle ?

Selon toutes les enquêtes d'opinion menées jusqu'à aujourd'hui encore, l'encyclique *Humanae vitae*, expressément confirmée par Jean-Paul II, le second successeur de Paul VI, n'a jamais réussi à obtenir l'accord de la majorité des croyants, même catholiques, ni à empêcher, ni même à endiguer le moindrement le recours aux procédés anticonceptionnels. Ce qui était devenu interdit officiel dans certains pays d'obédience chrétienne ne s'en passa pas moins dans l'illégalité, souvent en mettant en péril la vie des femmes. Le magistère n'avait obtenu qu'une victoire à la Pyrrhus, car, du fait de l'encyclique, l'Église avait perdu tout pouvoir sur la conscience des fidèles. Un document doctrinal de ce genre ne pouvait changer les mentalités et la pratique quotidienne des gens. Ceux-ci ne se livrèrent à aucun examen de conscience sur la contraception; ils n'en firent que sur les limites de l'autorité doctrinale du magistère, me déclara un jour à contrecœur quelqu'un à qui je demandais de me dire clairement et nettement ce qu'il en était.

La question de la vérité : une affaire publique.

Trente ans plus tard, Garry Will, journaliste américain, publiera un livre intitulé *Papal Sin : Structures of Deceit* (« Le péché papal : mensonge structurel ») (Londres, 2000). S'appuyant sur d'innombrables faits incontestables, il montre comment les papes Pie IX, Pie X, Pie XII, Paul VI et Jean-Paul II se sont rendus coupables de malhonnêtetés intellectuelles grossières, dans la mesure où, suivant le langage de la théologie morale, ils se sont refusés à admettre la vérité en « cultivant l'ignorance » *(ignorantia affectata)*. Il ne s'agit donc pas de faits isolés mais de *structures mensongères* qui fonctionnent systématiquement. Cela vaut évidemment en particulier pour l'encyclique *Humanae vitae*, mais aussi pour la conjuration du silence qui, au temps de Jean-Paul II, a plané autour de problèmes sexuels invétérés, telle la pédophilie de prêtres (ou la collaboration d'évêques et de prêtres polonais avec les organes de sécurité de l'État sous régime communiste).

Ces dernières années, aucune déclaration doctrinale papale n'a autant contribué que l'encyclique *Humanae vitae* à faire éclater dans le public la question de la vérité dans l'Église, car le lien entre la doctrine ecclésiastique et la régulation des naissances n'est pas qu'une affaire purement intra-ecclésiale, mais il concerne tout le monde. Et comme, par peur des sanctions, beaucoup de théologiens n'osent pas se prononcer clairement sur cette question de l'autorité du magistère de l'Église, j'attire plus que mes autres collègues l'attention sur ma personne.

Oui, j'ai beaucoup de rendez-vous extérieurs auxquels je dois répondre en dehors de mes cours, sessions, séminaires normaux, et c'est un cauchemar, car, durant les week-ends et mes vacances de semestre, je suis constamment sur les routes, faisant de rapides allers et retours sans guère de temps pour visiter les sites (sauf quand une ville est pour moi totalement nouvelle). Mais, à Tübingen, je suis plus facile à atteindre que mes autres collègues, on me l'a souvent dit, car mon secrétariat fonctionne parfaitement.

Toujours est-il que mes invitations ne se succèdent pas toujours dans l'ordre que je souhaiterais, et j'hésite souvent à y répondre, car je sais d'expérience que je pourrais recevoir à tout moment un autre appel important venant télescoper le premier. Bien que je me sois déjà rendu aux États-Unis au début de 1970, je dois repartir pour New York pour y tenir le lundi de Pâques la première de mes quatre conférences au séminaire théologique de Princeton, institution centrale du protestantisme réformé, dont le président, James McCord, m'avait invité. C'est avec lui que je tiens le premier dialogue intercontinental (New York, Londres, Rome) télévisé pendant le concile. Ces conférences s'accompagnent d'échanges avec les étudiants et de repas avec les professeurs. C'est très réjouissant, mais souvent un peu fatigant.

Le vendredi de Pâques, je prends le train rapide pour Washington DC. C'est la première fois que je suis invité par l'Université catholique. Celle-ci est sous le contrôle de l'évêque, mais je peux y parler librement de l'infaillibilité de l'Église. Or déjà le samedi commence un symposium de haut niveau : deux jours au collège cathédral anglican de New York. Il porte sur la coresponsabilité, ce à propos de quoi ma conférence sur l'infaillibilité tombe à pic. Du 6 au 19 avril, je me trouve au séminaire théologique de Pittsburgh où enseigne Markus Barth, le fils de Karl Barth, et où on garde en relique le secrétaire de son père. J'y prends part à un Gospel Festival et à un congrès scientifique où j'apprends beaucoup de choses qui me serviront dans mon exposé sur Jésus dans mon prochain livre. Après un discours pour le centième anniversaire du collège Wilson de Chambersburg, en Pennsylvanie, je m'envole de New York le 12 avril, non pas vers Stuttgart, mais vers l'Écosse, Glasgow et Édimbourg, puis Liverpool et Londres où, comme d'habitude, j'ai un programme bourré, de telle sorte que je suis tout heureux de me retrouver le 17 avril à Tübingen. C'est cette semaine que commence mon semestre d'été 1970 sur la christologie et mon séminaire sur « Le message chrétien ».

C'est à ce moment (avril 1970) que le magazine hebdomadaire américain *Esquire* publie les photographies des cent personnes les plus célèbres du monde. Cette enquête, qui a duré quatre ans, vu les centaines de personnalités éminentes interviewées dans les différents pays, ne mentionne que cinq femmes, et les Américains dominent largement. L'Église catholique n'est représentée que par le pape Paul VI, l'Allemagne par Hermann Abs, Günter Grass, Axel Springer et Franz Josef Strauss, la Suisse par le psychologue Jean Piaget et moi. J'en suis naturellement très heureux, mais je ne me fais pas grande illusion sur cet honneur car je sais combien le choix comporte d'éléments subjectifs. Je prends toutefois cela en « homme politique », car, au cours de mes voyages, je me suis fait connaître par un vaste public comme celui qui a pris une position ferme sur la vérité et la véracité dans l'Église, et je peux avoir besoin de tous les appuis. En matière de *res publica*, de chose publique, la communication par les médias joue un rôle immense. Mon chemin va bientôt devenir assez difficile.

Infaillible ? Une question incontournable.

On l'a souvent mal expliqué : tout au long de ma vie de théologien, je n'ai pas eu seulement à me battre pour une *liberté* qu'il m'a fallu conquérir, mais aussi pour une *vérité* à laquelle j'aspirais ardemment sans jamais m'en laisser détourner. Ne devais-je alors pas nécessairement me heurter au problème de l'*infaillibilité de l'Église* ? À la Grégorienne, à Rome, j'avais appris dans les années 1950 que le pape n'est infaillible que quand il parle *ex cathedra*, « en tant que pasteur et maître suprême de la chrétienté » (c'est le *magisterium extra ordinarium*, tel que les évêques l'exerçaient depuis les premiers conciles). Le collège des évêques est également infaillible quand, avec le pape, il enseigne une doctrine de foi ou de morale que l'on doit tenir comme définitive c'est le *magisterium ordinarium*, le magistère quotidien. On peut comprendre que, du fait du caractère impopulaire du magistère extraordinaire du pape du Vatican, on ait de plus en plus eu à faire appel à ce magistère ordinaire des évêques pour justifier et concrétiser les déclarations papales. Déjà on avait fondé le dogme de l'assomption corporelle de Marie au ciel de la façon la plus simple qui soit, en faisant appel à la foi du peuple chrétien, à la liturgie et au magistère quotidien des évêques, mais ceci par intimidation et sans présenter honnêtement le *status quaestionis*.

Et voilà maintenant cette exigence exorbitante de *Humanae vitae*, une encyclique qui n'interdit pas seulement l'usage de la pilule et des moyens mécaniques de contraception, mais aussi toute interruption du coït, en les condamnant comme péchés mortels ! On peut dire que, en se réclamant de son infaillibilité et de celle de l'épiscopat, le pape va ainsi à contre-courant de tout le monde civilisé. Très tôt, je m'interroge : les objections matérielles et les protestations formelles sont importantes, mais ne faut-il pas de plus contrer cette prétention en *l'examinant à fond, professionnellement* ? C'est de théologie qu'il s'agit. Il faut donc une recherche critique fondamentale.

Scientifiquement, c'est un risque difficile à courir. Qui l'acceptera ? Pour moi, c'est clair : peu nombreux sont les théologiens capables d'écrire un tel livre, et moins nombreux encore ceux qui le voudront. Pour le faire, il faut s'y connaître aussi bien en théologie romaine qu'en exégèse allemande et en histoire des dogmes. Il faut aussi disposer d'une certaine indépendance comme professeur d'université, faire montre d'une fermeté plutôt rare et avoir un style scientifiquement adapté et compréhensible. Il faut surtout le *vouloir*. Même Karl Rahner ne s'y lancerait pas : j'en avais acquis la conviction à Munich de notre « dispute sur les dogmes ». Et qui accepterait de se mettre sur le dos le dur conflit que cela ne manquerait pas de déclencher avec les instances romaines ?

À l'occasion de la mise en procès inquisitoriale de mon livre *L'Église*, Karl Lehmann, à l'époque assistant de Karl Rahner, m'avait écrit le 17 octobre 1969 : « J'espère que la querelle que tu vides avec Rome ne te fatigue pas trop. Car, toi qui es suisse et démocrate depuis ton enfance, tu as le cran qui nous manque. À beaucoup de points de vue, tu es le seul qui puisse l'emporter. "Comte, tiens bon." Cela vaut ici aussi. » C'est ce cri lancé au XIIe siècle par un forgeron de Ruhla qui donna à Louis II, le paisible comte de Thuringe, la force de se dresser contre la noblesse qui opprimait le peuple.

Moi qui suis de tempérament doux, et absolument pas porté *a priori* à la confrontation, je ne suis sûrement pas de ces scrupuleux qui ne cessent de se torturer la conscience dès lors qu'il s'agit de la vérité. Or il s'agit d'un conflit fondamental pour la théologie et l'Église, et il perdure aujourd'hui encore. Je sais que mon savoir m'a été accordé pour que j'en use au mieux de ma conscience. Je me décide donc à me lancer dans ce livre auquel m'avait déjà préparé mon long chapitre de *L'Église* sur les ministères et le service pétrinien. Je l'avais montré de façon scientifiquement précise : c'est uniquement à la suite d'un processus complexe que les évêques étaient devenus les successeurs des apôtres ; l'idée qu'ils auraient succédé directement et exclusivement à ceux-ci ne tenait pas, ni exégétiquement, ni historiquement, ni théologiquement. J'avais aussi étudié à fond les actes de Vatican I concernant la discussion sur l'infaillibilité. Je n'avais donc pas besoin de me lancer dans de nouvelles grandes recherches exégético-critiques. Il me suffisait d'approfondir et de compléter ce que j'avais déjà analysé pour en faire une synthèse globale, constructive et actuelle.

Je n'ai jamais pu écrire aussi vite aucun de mes livres. J'avais tous les thèmes en tête et je maîtrisais à la perfection la matière : je connaissais la doctrine romaine traditionnelle à partir de la Grégorienne (1948-1955), la doctrine de Vatican I de mes études historiques, *La Structure de l'Église* (1962) et *L'Église* (1965), et j'avais décrit dans *L'Église est-elle assurée de la vérité ? (Wahrhaftigkeit)* la discussion de la commission papale sur la pilule. Aussitôt après la conclusion de *L'Incarnation de Dieu*, qui devait paraître en 1970 pour le 200e anniversaire de Hegel, je me mis à jeter sur le papier *Infaillible ?* L'orchestration de mes thèmes n'était pas difficile. Le manuscrit fut terminé le 16 mai 1970. La maison catholique Benziger le mit sur le marché le 18 mai 1970, jour du centième anniversaire de la définition de l'infaillibilité par Vatican I. Ce fut immédiatement un best-seller.

Pris à la lettre, mon titre, *Infaillible ?*, est clair. Mais le sous-titre, qu'on ne remarque souvent pas, « Une interpellation », est aussi important. Ce terme emprunté au langage parlementaire indique au gouvernement qu'on cherche à savoir quelque chose. C'est honnêtement ce que je souhaite. Ce que je veux, c'est, dans l'Église et dans la société, une discussion sérieuse et ouverte sur le sujet et une réponse théologiquement convaincante. Le bandeau du livre est frappant : c'est une idée du Dr Oscar Bettschart, directeur des éditions Benziger, un catholique qui défend courageusement le concile : *Infaillible ?* est écrit en lettres blanches sur fond noir brillant ; tout en bas et en tout petit, mon nom ; et, au milieu, en caractères quatre fois plus gros que *Infaillible ?*, un immense point d'interrogation en rose criard. Le graphiste m'en avait proposé un encore plus grand. Si le point d'interrogation dit surabondamment de quoi il s'agit, cela ne tient pas à moi, mais à la problématique : elle était dans l'air. On ne peut plus et on ne veut plus se contenter des réponses superficielles traditionnelles ; il faut aller au fond des choses. En anglais, « interpellation » se dit *inquiry*, autrement dit volonté d'être mis au courant. De fait, la question du fondement de l'infaillibilité se repose aujourd'hui.

Les bases de cette doctrine sont-elles sûres ?

Maints théologiens catholiques aimeraient bien éviter, ignorer même ce problème gênant. Mais on ne peut pas le nier : pour condamner la contraception, le pape Paul VI a pu se réclamer de Vatican I. Il a simplement repris la déclaration de l'article 25 de la constitution de l'Église sur l'infaillibilité extraordinaire du pape, mais, chose étonnante, il a en même temps réaffirmé l'infaillibilité du magistère ordinaire des évêques (en union avec le pape).

> Individuellement, les évêques ne possèdent certes pas l'avantage de l'infaillibilité quand ils se trouvent dispersés sur la surface de la terre ; cependant, quand, gardant le lien de la communion entre eux et avec le successeur de Pierre, ils proposent unanimement comme obligatoire une doctrine donnée en matière de foi et de mœurs, *ils annoncent infailliblement l'enseignement du Christ*[1].

De fait, en accord avec le pape, les évêques n'ont-ils pas pendant un demi-siècle condamné comme immorale la contraception ? Le cardinal Alfredo Ottaviani s'est finalement fait un jeu de fournir une longue liste de déclarations officielles d'évêques et de conférences épiscopales pour convaincre Paul VI de cet accord.

Par la suite, on m'a constamment reproché de n'avoir pas repris la doctrine romaine exacte mais de l'avoir exagérée, ou même « déformée ». C'est là un bien faible moyen de défense (souvent

1. Voir VATICAN II, *Constitutio dogmatica de Ecclesia Christi* ; chap. IV, (*Denzingers Enchiridion* n° 1839 s.).

de mauvaise foi), en particulier des théologiens allemands qui refusent partout de se reporter aux textes précis parce qu'il leur faudrait y reconnaître des couleurs indéniables. Mais jamais aucune instance romaine ni aucun théologien romain ne m'en a accusé, alors qu'il aurait été si facile de me démentir ! Bien au contraire, le magistère ordinaire de Rome n'a cessé de confirmer le caractère infaillible de la condamnation de la contraception : j'en fournis les preuves dans mon livre.

C'est bien là le point : c'est précisément parce que j'ai repris de façon précise la doctrine romaine que se pose désormais avec insistance la question de son fondement. Car, c'est évident, Vatican II et Vatican I la soulèvent rétroactivement. Fondamentalement, tout théologien catholique doit l'examiner, même s'il est notoirement difficile de le faire et si, jusqu'à présent, personne n'y a jamais répondu de façon claire et nette.

Pour éviter d'être mal compris, précisons : il va de soi que, dès le départ et fondamentalement, j'ai soutenu en parole et en acte la perspective de Vatican II : rééquilibrer les déclarations de Vatican I (le concile interrompu) sur les prérogatives du pape (que confirme d'ailleurs l'article 18 de la constitution de l'Église de Vatican II) en retravaillant clairement la signification et la fonction de l'épiscopat (art. 19-27).

Mais malheureusement, dans ce contexte, la plupart des évêques, théologiquement mal formés, ont cru sans aucun problème, et même avec joie, que, à côté de l'infaillibilité du pape, on déclarait leur propre infaillibilité en matière de foi et de morale, celle de l'épiscopat dispersé sur la surface de la terre. Et il n'y eut guère de théologiens à faire remarquer le caractère dangereux de cette doctrine. Car personne n'a eu l'idée que c'était précisément de cette infaillibilité de l'épiscopat que les idéologues de la primauté romaine allaient se servir pour soutenir les ambitions papales. Mais qui se souciait vraiment du manque de fondement d'une telle déclaration conciliaire sur l'infaillibilité de l'épiscopat ?

Étonnant ! Dans l'article 25 de la constitution sur l'Église de Vatican II, il y a simplement une allusion à la déclaration de Vatican I sur le magistère ordinaire (*Denzinger* 1712), mais pas un mot sur l'infaillibilité. Sur ce point, on renvoie à un schéma de Vatican I, mais sans qu'on en discute ni qu'on le réforme, de telle sorte qu'il n'a aucune autorité dogmatique. D'où vient donc l'idée d'une infaillibilité de l'épiscopat ? Pour autant qu'on le sache, de la théologie de la Contre-Réforme du cardinal Robert Bellarmin, s.j., et de l'école de théologie romaine qu'il a créée. Il va de soi que c'est cette « thèse » que l'on étudie à la Grégorienne et que l'on doit péniblement travailler pour l'examen. Mais c'est désormais clair à mes yeux : ce n'est pas là une doctrine commune, catholique, mais *une doctrine romaine particulière*, absente de la théologie médiévale, pour ne pas parler des Pères de l'Église. Et de cela, ne pouvait-on pas, ne devait-on pas parler au deuxième concile du Vatican ?

C'est à peine croyable, mais c'est un fait. À Vatican I, la nouvelle doctrine de l'infaillibilité de l'épiscopat ne fut ni discutée ni examinée, mais, comme l'avait prévu la curie, elle fut aveuglément reprise de l'école romaine contre-réformatrice. J'ai déjà rapporté comment la « question refoulée de l'infaillibilité ecclésiale » m'avait causé beaucoup de soucis (voir t. I, chap. VIII). J'avais sans doute réussi à provoquer une réflexion sur la conception fondamentaliste de l'infaillibilité biblique (l'inerrance), et le cardinal Franz König, archevêque de Vienne, la défendit, mais la commission théologique la laissa tomber. Mais quel évêque aurait pu traiter de l'infaillibilité de l'Église en latin en moins de dix minutes ?

C'est ainsi que l'article 25 sur l'infaillibilité du pape et de l'épiscopat passa dans la commission théologique et dans l'assemblée plénière sans aucune intervention et sans la moindre ombre de critique. Sans doute les évêques s'échauffèrent-ils sur la collégialité du pape et des évêques et sur la signification de l'ordination épiscopale ; finalement, après débats, formules de compromis et scrutins, ils obtinrent raison grâce à une *nota praevia* que le pape avait autoritairement introduite dans le chapitre sur la hiérarchie : elle rappelait la primauté absolue du pape au sens de Vatican I – préalable idéologique important des efforts de restauration romaine en matière de doctrine et de morale au lendemain du concile. Mais pas un mot sur le problème de l'infaillibilité.

Ah, me dis-je souvent, il n'est pas facile d'être théologien du concile si on se refuse à en adopter sans critique toutes les conclusions. Souvent, je rêvais de Tübingen et de son air frais. Là, je pourrais me livrer en paix et sans entraves à la recherche et à l'enseignement. Je pouvais seulement espérer que Paul VI, un homme intelligent et prudent, n'userait qu'avec mesure du pouvoir absolu dont on l'investissait encore. Mais c'est en cela que nous nous sommes tous trompés, ainsi que l'a montré l'encyclique *Humanae vitae*.

Donner à l'Église une capacité de se corriger : Walter Kasper.

On mettra souvent en doute ou on vilipendera mes vues constructives ! Comme si mon souci était de susciter d'inutiles difficultés *au pape et aux évêques* – car c'est uniquement avec Vatican I qu'on a commencé à faire largement usage du mot « magistère », terme anonyme et bureaucratique – et de me lancer dans l'opposition par amour de l'opposition. Rien n'est plus faux, et celui qui lit mon livre *Infaillible ?* remarque vite que ce qui m'importe, c'est de proposer une solution positive à une Église qui s'est fourrée dans une impasse dogmatique dont elle ne peut plus sortir et qui, dans son incapacité à se corriger, se trouve donc condamnée à répéter sans cesse ses erreurs. Une solution qui serait également œcuméniquement défendable. Car c'est clair pour tout le monde : ce sont les deux dogmes papaux (primauté *et* infaillibilité du pape) qui ont approfondi le fossé nous séparant des Églises orientales et protestantes.

Il ne s'agit pas pour autant de jeter le bébé avec l'eau du bain. Dans un chapitre de mon livre, j'indique clairement que l'Église a mission de proposer de véritables données de la foi, aussi bien sous forme de courts résumés de confession de foi (symboles) que de dogmes, lorsqu'il faut récuser les hérésies qui les rejettent. Mais comment fonder le fait que de tels énoncés, qui émanent d'une personne humaine, puissent être *infailliblement garantis par Dieu* ? Faut-il dire qu'ils le sont *a priori* grâce à une assistance spéciale du Saint-Esprit ? Mais nous n'en avons de témoignage ni dans l'Écriture ni dans la grande tradition catholique. En raison des pièces, je dois constater que ni Vatican II ni Vatican I, sur lesquels s'appuie cette thèse, n'ont fourni à ce sujet ni texte biblique ni témoignage universel de la tradition. Alors ?

Celui qui, quarante ans après sa parution, lit sans préjugé *Infaillible ?* peut constater avec quel soin je réfléchis et argumente pas à pas avant de proposer finalement une solution positive qui me paraît encore tenable aujourd'hui. Car si on veut prendre au sérieux les promesses du Nouveau Testament à la communauté de foi, on ne peut pas pour autant nier les erreurs de fait de cette Église. On peut donc simplement dire : l'Église demeure *dans la vérité de l'Évangile, en dépit de ses erreurs* (et non pas *sans*) qui sont toujours possibles. Et il est alors relativement facile de corriger les déclarations de Vatican I et II, car à leur époque, les actes le prouvent, les pères conciliaires n'envisageaient absolument pas ce problème.

Ah ! pensais-je en 1970, si Rome et l'épiscopat, après un choc de départ fort compréhensible, n'avaient rien à objecter à un ouvrage aussi bien documenté, combien l'Église catholique ne gagnerait-elle pas en crédibilité en montrant qu'elle peut regarder en face ses erreurs et les corriger. Et puisque l'encyclique *Humanae vitae* s'est heurtée au refus de la plus grande partie des catholiques et a indubitablement montré dans quelles difficultés on s'engageait, on pourrait songer à une réflexion autocritique. Il y a quand même bien au sommet de l'Église des gens sages et avisés, tels que le cardinal Johannes Willebrands, du Secrétariat pour l'unité, qui m'avait rendu visite à Seehaus les 12 et 13 septembre 1970, ou le cardinal Hermann Volk, de Mayence, avec lequel j'avais discuté le 18 novembre lors d'une interview radiophonique organisée par un rédacteur du *Spiegel*, ou le primat de Belgique, le cardinal Suenens, avec lequel j'avais eu de longs entretiens à Bruxelles, les 26 et 27 février 1971.

C'est aussi pour une telle réflexion autocritique que plaidait Walter Kasper, devenu professeur à Münster. Je l'avais recommandé pour la place que l'on m'avait offerte, ainsi que pour le comité de direction de la revue internationale de théologie, *Concilium*. Je lui écrivais déjà le 4 septembre 1969 : « Si Ratzinger accepte sa nomination à Ratisbonne, je ne peux imaginer pour la chaire de dogmatique de Tübingen quelqu'un de meilleur que toi. Je m'engagerai résolument en ce sens, même si, dans ma faculté, tous ne sont pas d'accord. » L'année suivante, je le proposerai avec succès comme successeur de Ratzinger à Tübingen : « Il faut que la faculté de théologie catholique fasse tout pour que la chaire de dogmatique, qui a acquis un si grand renom à travers des personnages tels que Johann Adam Möhler, Johann Evangelist Kuhn, Karl Adam, Josef Rupert Geiselmann et Joseph Ratzinger, soit à nouveau confiée à quelqu'un de première classe. »

Le 12 décembre 1969, à l'occasion du prochain centième anniversaire de la définition de l'infaillibilité à Vatican I, Walter Kasper, sans en appeler à moi, écrit dans *Publik*, l'hebdomadaire catholique, un grand article qui se termine par cette phrase qui mérite encore réflexion aujourd'hui : « En dépassant le triomphalisme, Vatican II touche aussi à la façon de comprendre la vérité dans l'Église en appelant une interprétation plus profonde de la notion d'infaillibilité si mal comprise. Plus qu'aucune autre, cette idée relève du passé de Vatican I, lequel n'est pas dépassé. Si on la comprend bien, elle signifie la confiance croyante que, par l'Esprit du Christ, l'Église demeure dans la vérité évangélique en dépit d'erreurs sur certains points. Il faut donc comprendre l'infaillibilité de façon dynamique, et non pas statique : l'Église poursuit le combat eschatologique contre les forces de l'erreur et du mensonge, avec la conviction que la vérité ne sera jamais perdue et finira par s'imposer. Du fait de cette conviction, elle peut justement voir dans sa bataille en faveur de la connaissance de la vérité un signe d'espoir pour la société humaine. Par son exemple, elle peut témoigner qu'il n'est jamais absurde, mais qu'il est toujours nécessaire de continuer à chercher et à progresser dans la certitude que la vérité se maintiendra. Le chemin que l'Église a poursuivi de Vatican I à Vatican II n'est-il pas une preuve de cette espérance[1] ? »

Dommage que Kasper ne soit pas resté courageusement fidèle à cette vision des choses quand moi-même (et un peu lui aussi en marge) suis tombé sous les coups des traditionalistes de mentalité romaine, au lieu de se distancier adroitement de ses (mes) paroles dans une lettre assez tirée par les cheveux, qu'il envoya à différentes instances (dont moi). Je pense au dicton : « Chassez le naturel, il revient au galop. » Mais, heureusement, il y eut d'autres collègues qui eurent le courage d'entendre « l'interpellation » qui, pour d'autres, était une véritable attaque.

Une menace mortelle contre la foi catholique ?

« Cet ouvrage est un document de théologie historique unique », écrit Herbert Haag, théologien de Tübingen, dans sa préface à l'édition de poche de *Infaillible ?* de 1989 qui a désormais pour sous-titre : « Une question non résolue ». Depuis sa parution, en 1970, le livre a déclenché un débat international et interconfessionnel sans pareil dans la plus récente histoire de la théologie.

1. Cité dans H. KÜNG, *Infaillible ? Une interpellation,* tr. fse H. Rochais, DDB, 1971.

Et de fait, quel débat ! J'ai du mal à le suivre. Il déborde largement les publications théologiques et, au cours des deux années suivantes, il est l'objet de deux anthologies, d'un gros volume et de plusieurs grands articles, sans compter les recensions et les prises de position dans la presse quotidienne. D'importants représentants de la théologie catholique s'expriment, tandis que d'autres, même « progressistes », mais politiques, semblent s'enfermer sagement dans le silence.

Moi-même ai en poche une invitation à donner des cours en Australie, et j'ai l'intention de profiter d'un semestre de recherche bien mérité pour prendre un peu de distance en entreprenant un voyage de conférences et d'étude autour du monde. Mais je suis cependant encore à Tübingen, et personne ne doit pouvoir me reprocher de me soustraire au débat. Je suis en particulier reconnaissant aux jésuites de la grande école de philosophie et de théologie Saint-Georges de Francfort : les 28 et 29 septembre 1970, ils m'invitent à un symposium de haute volée avec des théologiens éminents, Heinrich Bacht et Otto Semmelroth. Un geste très méritoire. Sont présents autour de la grande table carrée Walter Kasper, Karl Lehmann, Karl Zahner et Hermann Volk, professeurs de dogmatique, Heinrich Fries, professeur de théologie fondamentale, Georg Denzler, historien de l'Église, Norbert Lohfink, vétérotestamentaire, Rudolf Pesch et Rudolf Schnackenburg, néotestamentaires. J'ai le plaisir de voir que toutes les contributions sont bien informées et objectives et que les discussions sont franches et amicales. Sur cette voie, on ne peut que s'accorder.

Pourtant quelqu'un manque dans le cadre, ce qui étonne tout le monde : Karl Rahner. Il arrive en retard et doit alors s'asseoir à la seule place restée libre, au coin à côté de moi. Il prend vite la parole et s'exprime d'un ton lourd et passionné, pesant chaque mot, en s'adressant à moi. « Vous, Monsieur Küng, pouvez déclarer que ce que je dis est conservateur, traditionnel ou petit-bourgeois. Mais je dois bien le dire : Je sens ma foi catholique mortellement menacée par votre livre ! » Je lui réplique tranquillement, mais fermement : « Je comprends votre trouble, Père Rahner, mais, si vous y regardez de plus près, ce n'est pas votre foi catholique que je menace, mais votre méthode théologique qui part continuellement des dogmes définis et entend y retourner. » Parmi les autres professeurs, il n'y en a pas un qui sente sa foi menacée, alors même qu'ils émettent naturellement des objections, mais aussi des approbations.

Karl Rahner se souvient sûrement de notre « querelle sur les dogmes » de Munich, à la veille du concile, en 1962. J'en ai déjà parlé (voir t. I, chap. VI, « Une dispute sur les dogmes »). Déjà à cette époque je ne m'étais pas seulement tourné contre son *interprétation « positiviste » des dogmes* qui entendait chaque dogme suivant son acception romaine ; dans le chapitre « Manipulation de la vérité » de *Infaillible ?*, qu'il avait manifestement lu, je critiquais sans le nommer son *interprétation « spéculative » des dogmes* : de manière parfaitement orthodoxe, il les prenait toujours au mot et à la lettre, mais en réinterprétant les vocables dans un sens entièrement moderne de telle sorte qu'il violait souvent le texte, alors même qu'il semblait toujours (encore) catholique. Ce à quoi j'opposais et oppose toujours, même après le concile, une *interprétation historico-dogmatique* qui cherche à comprendre pour aujourd'hui les différents dogmes à partir de leur situation historique ; ce qui vaut évidemment pour celui de l'infaillibilité du premier concile du Vatican, dont on sait qu'il est né dans l'atmosphère de restauration de l'année 1870.

Lors de ce symposium de Francfort, il apparut clairement qu'il était possible d'inverser la problématique, ce que les théologiens allemands marquants admirent tranquillement. Le jour suivant, le 30 novembre 1970, à 9 h 30, le Dr Helmut Kohl, président de Rhénanie-Palatinat, m'avait invité pour un entretien personnel à la chancellerie de Mayence. Deux ans plus tôt, je l'avais déjà remercié pour la noblesse de sa réaction lors d'un débat intérieur de l'Église et je lui avais envoyé mon livre *Wahrhaftigkeit (L'Église est-elle assurée de la vérité ?)*. Il m'avait répondu chaleureusement en m'invitant à lui rendre à l'occasion une visite. Alors encore en pleine forme, il avait deux ans de moins que moi. Ministre-président depuis un an, c'était un catholique convaincu dans l'esprit de Vatican II, et il s'était ouvert avec joie au renouveau de l'Église et de la théologie, et il analysait en toute objectivité les va-et-vient ecclésiastiques. Ce fut un entretien extrêmement instructif qui ne fut interrompu que par un coup de téléphone du *Bild-Zeitung*. J'y ferai aussi connaissance de Juliane Weber, son « bras droit », femme intelligente et amicale, ainsi que de Bernard Vogel, qui sera par la suite ministre-président. Au moment de partir, Kohl me dit qu'il m'inviterait volontiers dans sa maison d'Oggersheim pour poursuivre notre entretien.

Je rentrai donc chez moi avec le sentiment que j'avais remporté la première manche de la bataille sur l'infaillibilité. Cependant l'attaque de Rahner sur mon orthodoxie ne laissait rien présager de bon.

L'unité de la théologie de progrès: congrès mondial de 1970.

En 1970, ma situation s'inversa une fois de plus et les événements se bousculèrent. Il me fallait être à la fois sur tous les fronts: les provocations de Rome et mes diverses publications me contraignaient à un rythme de travail accéléré, car ces charges «extraordinaires» s'ajoutaient à mon travail «ordinaire» dont je ne parle évidemment que peu ici.

Il y avait les cours et les séminaires, puis la correspondance qui ne faisait que croître avec chaque publication ou controverse nouvelle, le tout aux dépens du sommeil et des plaisirs tels que concerts, théâtre ou cinéma. Heureusement que je n'avais pas de charge de famille.

Mon livre sur la christologie de Hegel, *L'Incarnation de Dieu*, était enfin paru, juste avant *Infaillible?* Je l'avais commencé à Paris en 1957, puis poursuivi à Madrid, Londres et Münster, et finalement édité à Tübingen en février 1970. C'était pour moi une préparation essentielle à ma christologie future et à mon cours sur Dieu. La dernière partie était une reprise de ma conférence au congrès mondial de théologie que notre revue internationale *Concilium* avait décidé à Zurich en 1969, au cours d'une réunion qui s'était achevée par une magnifique excursion sur le lac de Zurich et à l'île Ufenau. On y avait fait l'état des lieux des cinq années suivant la fin du concile: «L'avenir de l'Église». C'est autour de ce thème général que devaient tourner les interventions particulières: la fonction de la théologie; le message chrétien; la présence de l'Église dans la société; les structures.

C'est ainsi que, du 12 au 17 septembre 1970, quelque mille théologiens de 32 pays et de quatre continents se trouvèrent réunis au palais des congrès de la capitale belge. En dépit de la contre-propagande, en particulier de celle du cardinal Jean Daniélou, archi-conservateur (celui qui était encore le défenseur de la «nouvelle théologie» sous Pie XII mourra en 1974 chez une danseuse parisienne de vingt-quatre ans de réputation douteuse), il s'ouvrit sous la présidence d'honneur du cardinal Léon Suenens qui fit le discours d'ouverture sur trois thèmes légués par le concile: la diversité des ecclésiologies implicites dans la constitution de l'Église, les deux sources, l'Écriture et la tradition, et la hiérarchie des vérités.

Yves Congar, Karl Rahner, Edward Schillebeeckx et moi-même animions cette assemblée qui devait donner son envol à la théologie postconciliaire. Ce n'était pas simple, car le mouvement de 1968 avait aussi des répercussions sur la théologie catholique internationale, et, aux yeux de certains jeunes théologiens, nous apparaissions comme une espèce d'establishment conciliaire. Ce fut la première fois que Gustavo Gutiérrez prit la parole pour présenter la théologie de la libération d'Amérique latine. Le 14 septembre, Karl Rahner et moi-même soumîmes de concert nos brèves réponses à la question de l'exégète américain Raymond Brown (de Baltimore) : « Quel est le message chrétien ? » Dans la discussion qui suivit, on jugea l'exposé de Rahner extrêmement dogmatique et abstrait, de sorte qu'il déclara à propos du mien, sur le Jésus de l'histoire, qu'il était formulé de façon très claire. À son avis, c'était un bon résumé du message chrétien pour aujourd'hui.

La théologie de progrès semblait unie. Les conclusions du congrès dégagèrent *les lignes directrices* communes que j'avais préparées et dont j'avais élaboré l'essentiel : deux résolutions, sur la vie chrétienne et sur le problème de l'infaillibilité, étaient particulièrement importantes.

Résolution 4 : « Le message chrétien, c'est Jésus lui-même. C'est lui, le Seigneur crucifié, ressuscité et vivant, qui est le critère du message et de l'action de l'Église du Christ. »

Résolution 6 : « Les grandes confessions théologiques et les définitions dogmatiques du passé gardent une signification durable pour l'Église actuelle. On ne saurait pourtant les interpréter hors de leur contexte historique ni les répéter de façon stéréotypée. Pour s'adresser aux hommes d'époques et de cultures différentes, on doit toujours reformuler à neuf le message chrétien. »

C'était exactement ma conviction.

La grande déception : Karl Rahner.

Mon attention restait toujours centrée sur la discussion concernant *Infaillible ?* Le 18 juillet 1970, jour du centième anniversaire de la définition du dogme au premier concile du Vatican, le pape doit comme prévu prendre la parole. Ce jour-là, je suis avec le plus grand soin les nouvelles à la radio. Mais, même si l'édition italienne de mon livre s'était déjà trouvée en vente – y compris via della Conciliazione, la grande avenue qui mène au Vatican – avant même la parution en Allemagne, le pape ne prend absolument pas position sur mon « interpellation ». Je suis soulagé, car je viens de franchir une haie difficile, me semble-t-il.

Mais je soupçonne le pire, car, le 11 septembre 1970, à la veille du congrès de Bruxelles était paru dans *Publik* un article de Karl Lehmann, un disciple de Rahner : « Hans Küng en cours de collision ? » Il ne s'agissait pas d'une réponse à mon interpellation, mais d'une remise en question de ma crédibilité. Un fâcheux signal pour la discussion qui débute. Le 7 novembre, ma réponse, une analyse précise, est entre les mains de la rédaction de *Publik*. Elle met clairement les points sur les i. Pendant quelque dix semaines, va-et-vient entre cette rédaction et l'auteur : coups de téléphone, lettres, entretiens. Karl Lehmann, président du Conseil théologique et conseiller de la Commission de la foi de la Conférence des évêques d'Allemagne, ne trouve évidemment aucun intérêt à la publication de cet article démystificateur. C'est seulement le 29 janvier 1971 qu'en paraît dans *Publik* une version raccourcie. Une pas bien belle histoire, sûrement pas mise en scène sans que Rahner le sache.

Lors des journées bruxelloises au cours desquelles nous travaillons quotidiennement côte à côte, Rahner ne me dit pas un mot de mon livre. Dans le comité de direction de *Concilium* à la fin du congrès, il est question du différend entre les théologiens d'Amérique latine et ceux d'Amérique du Nord. Ma proposition de consacrer un numéro de la revue au problème de l'infaillibilité n'obtient pas la majorité, mais rien ne presse. Cependant, à la fin du congrès, Walter Kasper, entre-temps nommé professeur à Münster, me raconte un déjeuner avec Rahner dans un restaurant de la ville : brandissant fourchette et couteau, Rahner s'était lancé dans une violente diatribe contre mon livre sur lequel il écrivait alors un grand article.

Lors de la discussion sur ma thèse de 1957, « La justification du pécheur. La doctrine de Karl Barth et la réflexion catholique », la recension qu'en avait faite Karl Rahner dans la revue trimestrielle de Tübingen m'avait été d'un très précieux appui. En 1962, après notre vive querelle de Munich, il avait accepté d'intégrer dans sa collection « Quaestiones disputatae » ma thèse *Structures de l'Église* qui ne lui plaisait guère. Pourquoi ne m'appuierait-il pas maintenant dans le délicat débat sur l'infaillibilité ?

Déjà le 22 octobre 1970, je m'étais plaint à lui de l'article de Lehmann et de sa façon de procéder et je lui avais demandé « non pas un simple accord, mais une véritable aide ». « Vous devez donc me corriger là où vous pensez ma voie fausse... Mais on ne doit pas réprimer de façon malhonnête la vérité comme on le fait trop souvent chez nous en en faisant table rase. » Je le priai donc de mettre encore tout son poids dans la balance en prenant position de façon aussi bienveillante que dans sa critique de mon travail sur la justification ; cela non pas pour moi, ce qui était sans importance, mais pour le bien de l'Église et du christianisme.

Effectivement, en novembre 1970, la revue des Jésuites, *Stimmen der Zeit*, fit paraître un article de lui de 14 pages en caractères serrés. Mais quelle immense déception ! Déjà son titre aussi peu objectif que possible. Non pas « Critique du livre *Infaillible ?* », mais une attaque personnelle : « Critique de Hans Küng ». Dans ce cas, pourquoi ne pas en avoir parlé personnellement avec moi quand je me trouvais quelques jours avec lui ? Non ! Il entendait vraiment me descendre en tant que théologien catholique.

Avec une animosité inhabituelle, lui qui était redevenu en 1967 professeur de dogmatique à Münster après plusieurs semestres peu fructueux sur la chaire de philosophie des religions de Romano Guardini à Munich, il lançait une attaque générale contre ma personne et contre ma théologie. Cela culminait dans une invective qui devait couler ma crédibilité dans tout le monde catholique et qui fit rapidement la une de toutes les annonces d'agences de presse. Lui, Rahner, devait dire en toute sincérité que je ne pouvais me réclamer d'aucune plate-forme commune dans l'Église catholique, et qu'il ne pouvait poursuivre le dialogue avec moi, car il voyait en moi un protestant libéral, ou même un philosophe sceptique. Et cela après notre intervention jumelle de Bruxelles et notre plate-forme commune pour parler du message chrétien ! Il me faisait ainsi voir clairement ce que pouvait être la raideur, non pas d'un petit dénonciateur, mais d'un éminent théologien qui me livrait aux attaques d'une Inquisition romaine catholique, celle-là même qui lui avait valu quelques années plus tôt une interdiction de publier.

Cette attaque personnelle m'horrifia et je me demandai pour quelles raisons de fond il pouvait la lancer. Il se peut que notre discussion sur mon interprétation des dogmes et sur le célibat l'ait plus irrité que je ne le pensais. Je ne peux pas ne pas voir en arrière-plan de cette discussion sa relation extrêmement amicale, mais entre-temps devenue publique, avec Luise Rinser.

Un dogmaticien en peine d'argumentation.

Je dois remercier le père Wolfgang Seibel, s.j, mon camarade du Germanicum devenu rédacteur en chef de *Stimmen der Zeit*, d'avoir pu répondre aussi longuement que Rahner à son article dans cette revue. Quand je relis mon propre article, « Dans l'intérêt de la chose », je m'étonne encore de la patience avec laquelle je lui répondais et critiquais dans leurs moindres détails les reproches extrêmement complexes qu'il me faisait. J'analysais :

– les imprécisions, les inexactitudes et les oublis de ses propos ;

– ses contresens, fausses interprétations, sous-entendus et exagérations ;

– ses verdicts moralisateurs tels que « outrecuidance », ce qu'on disait jadis de lui ;

– sa position ambiguë et tourmentée devant les erreurs de l'Église ;

– son attitude évasive concernant les déclarations romaines fort claires sur l'infaillibilité des évêques ;

– son ton magistériel dans ses remarques à mon adresse : « Küng pourrait..., devrait... aurait dû... »

Selon son avis, qui n'avait rien de modeste, j'aurais dû avant tout proposer une « théorie de l'erreur », ce à quoi je lui répondis : « Autant je suis disposé à venir en aide à mon voisin en cas de besoin, autant je me refuse à ce qu'il vienne me commander de pelleter la neige du chemin de son jardin sous prétexte que c'est le seul moyen pour moi d'atteindre la route. Historiquement, exégétiquement, philosophiquement et théologiquement, j'ai déjà soigneusement dégagé mon propre chemin même si je me vois encore invité à remettre du sel et repelleter encore si c'est nécessaire. »

Mais, tans pis pour Rahner : je ne suis pas le seul à penser que sa « déduction transcendantale » (ou plus exactement la simple affirmation) de principes *a priori* infaillibles, est « ratée ». Elle n'a persuadé à peu près personne et elle sera vite oubliée. Et on ne peut plus ignorer que même un Rahner a tiré au flanc quand il s'agissait de fournir une réponse fondée sur l'Écriture et la tradition à mon « interpellation ». Personne jusqu'à présent n'a pu fournir une preuve fondée sur l'Écriture et la tradition de l'infaillibilité de certaines déclarations de l'Église garanties par l'Esprit Saint.

C'est désormais devenu clair : l'interpellation cruciale *Infaillible ?* a touché au vif *la théologie de Rahner* et c'est pourquoi le vieux maître réagit de façon aussi allergique en mettant en cause la crédibilité catholique et l'humilité chrétienne de son jeune collègue, mais en se démasquant ainsi lui-même. Cela n'avait jusque-là que peu frappé ses fans ; mais sa théologie ne se fonde une fois pour toutes que sur les dogmes chrétiens. Cependant l'Église de Jésus-Christ ne se fonde pas simplement sur des dogmes : ceux-ci ne sont que des digues, mais non son fondement. Elle repose – c'est la proposition que nous avions émise ensemble à Bruxelles – sur Jésus-Christ lui-même, tel que nous le découvrons dans le message originel du Nouveau Testament, celui dont (selon la vision des Pères de l'Église) les dogmes ont à répondre. Mais le message chrétien n'a jamais été la plate-forme commune, le terrain commun sur lequel nous aurions pu et dû discuter de nos différences.

On ne peut l'ignorer : c'est là la faiblesse constitutionnelle de la théologie de Rahner. Son argumentation manque de bases exégétiques et des garanties qu'offre l'histoire des dogmes. Il a lui-même souvent exprimé son peu d'estime pour l'exégèse et il n'a vraiment pris l'histoire des dogmes au sérieux que dans son traité sur le sacrement de pénitence. Bilan : il ne s'est tout simplement pas colleté avec la question essentielle de mon livre : celle de savoir comment fonder l'infaillibilité de principe sur le Nouveau Testament, sur le message chrétien primitif. En spéculant « transcendantalement », il plane en battant bruyamment des ailes dialectiques au-dessus de toute argumentation biblique et historique. Négligeant toute recherche dans le Nouveau Testament et dans l'histoire des dogmes, il en est resté à une théologie néoscolastique, ceci en dépit des admirables avancées de son audacieuse méthode : « Le dernier grand néoscolastique ! » : c'est en insistant sur ce mot que je termine ma « réponse ». Face à l'argumentation très diversifiée et bien argumentée de mon livre, sa méthode dogmatique ne lui permet pas de répondre, et c'est pourquoi il ressent mon travail comme une « menace mortelle ». Ainsi tombé dans le besoin, il doit encore être heureux de trouver de l'aide. Et il la trouve !

Les quatorze aides : un nouveau style ?

On peut comprendre que Rahner ait voulu répliquer à ma réponse. Il le fait cette fois sans diffamation de ma personne et en reconnaissant que nous étions probablement d'accord (« Cela paraît clairement à Bruxelles ») « sur la substance du christianisme ». Ce n'était pas une annonce que les agences de presse auraient prise en chasse pour mettre fin à la diffamation antérieure.

Mais je compris moins que Rahner refusât ma proposition d'un mot de conclusion de ma part dans le même numéro de *Stimmen der Zeit*, ce qui était le droit coutumier de l'accusé : il voulait avoir le dernier mot. Pour moi, c'était un signe de faiblesse. Il se reconnaissait toutefois avec emphase comme un *théologien systématique de l'immanence*. Ce théologien systématique de l'immanence n'avait en tout cas pas gagné cette première bataille sur l'infaillibilité, et lui qui pensait m'ôter toute crédibilité de théologien catholique avait lui-même perdu par son attaque beaucoup de crédit auprès de quantité de théologiens et de non-théologiens, au point que pour nombre d'entre eux, c'est à partir de la « Critique de Hans Küng » qu'ils ont commencé à se détourner publiquement de la théologie rahnérienne.

Pourtant, de façon tout à fait différente de celle de sa lettre à un vicaire sur le célibat, Rahner, théologien systématique de l'immanence, se fait le serviteur du système romain. Il assume l'édition d'un ouvrage collectif, *Le Problème de l'infaillibilité*. Il a à ses côtés quatorze aides. Évidemment pas quatorze saints, hommes ou femmes, tels qu'on pouvait les invoquer au XIVe siècle en cas de besoin en tout genre. Les trois saintes femmes traditionnelles, sans doute peu souhaitées en matière de doctrine, sont remplacées par trois théologiens étrangers qui se joignent au groupe constitué par moitié de membres de la Commission doctrinale allemande. De plus, parmi les auteurs, on en trouve trois « modérés » bien disposés à mon égard : mon professeur romain de dogmatique, Juan Armito, mon prédécesseur sur la chaire de Tübingen, Heinrich Fries, et mon coexpert du concile,

Otto Semmelroth. Mais parmi eux, pas un seul exégète critique et aucun historien critique des dogmes.

Quand Rahner affirme que cet ouvrage collectif, *Le Problème de l'infaillibilité. Réponses à l'interpellation de Hans Küng*, paru dès 1971[1], ne répond à aucune mission officielle de qui que ce soit, cette déclaration de sauvegarde n'est tout au plus qu'une demi-vérité. L'ouvrage répond aux vœux de la Conférence épiscopale elle-même orientée sur Rome. Là-bas, où l'ancien Saint-Office de l'Inquisition a désormais pris le pieux nom de Congrégation pour la doctrine de la foi, on appelle cela le *nouveau style* de l'Inquisition : on laisse les autres régler les affaires. Et on doit naturellement être reconnaissant de ne plus être cavalièrement interrogé, interné, censuré, déposé et banni comme au temps de Pie XII, ou même torturé et brûlé, comme c'était le cas auparavant. Merci aux Lumières !

Le « nouveau style » de l'Inquisition porte sur le fait qu'elle travaille de façon plus *décentralisée* et qu'elle laisse aux conférences épiscopales le travail gênant. Le 9 janvier 1971, la Commission allemande de la doctrine m'invite à Stuttgart à un entretien en présence de plusieurs de ses représentants : le cardinal Hermann Volk, mon patron lorsque j'étais assistant à Münster, Mgr Friedrich Wetter, mon collègue d'études au Germanicum, assisté par le professeur de dogmatique Joseph Ratzinger et par Heinrich Schlier, néotestamentaire. Heinrich Schlier, un érudit fin et adroit, s'efforce en particulier de me montrer ce qui est selon lui « catholique » jusqu'à ce que je lui déclare finalement que je suis catholique depuis l'enfance et que je n'ai pas besoin des leçons d'un converti.

L'impression durable que je ramène chez moi en revenant de Stuttgart, c'est qu'aucun de ces quatre messieurs, même pas Joseph Ratzinger, n'a la moindre compréhension profonde de ce qui me motive en définitive : faire fructifier le Nouveau Testament à partir des nouvelles perspectives exégétiques pour répondre à la situation actuelle de l'Église et en particulier au problème œcuméniquement lancinant de sa constitution. On n'entend juger de ma théologie qu'à partir d'une doctrine qu'on a préalablement dogmatisée, mais qui est aujourd'hui remise en question. La Commission doctrinale se réunit dès les

1. K. RAHNER (éd.), *Zum Problem Unfehlbarkeit. Antwort auf die Anfrage von Hans Küng*, Fribourg-en-Brisgau, 1971, p. 102 s.

28 et 29 janvier. Naturellement, mes collègues, sauf un qui est absent, se retrouvent dans le plus grand secret. Quelques jours plus tard seulement, la Conférence des évêques allemands publie une déclaration sur *Infaillible ?* Compte tenu de tout ce qui s'est passé, elle ne peut être impartiale.

Le conflit porte « uniquement » sur le fait de savoir si *le Saint-Esprit peut* a priori *garantir infailliblement les vraies déclarations*. À cet égard, on a soigneusement pesé les arguments : aucun des quatorze auteurs du livre n'a pu produire la preuve d'une telle possibilité, même après l'avoir bien cherchée. Le fâcheux dans ce débat, c'est que, procédé sans exemple dans la théologie récente, quatorze théologiens catholiques puissent procéder contre l'un des leurs sans pouvoir lui opposer même une ombre de réponse. Le premier responsable en est Karl Rahner qui, en dépit des appels qui lui ont été lancés de plusieurs côtés, s'est refusé à admettre ma réponse, « Dans l'intérêt de la chose », à son attaque contre ma personne, même si sa contribution personnelle en tient diversement compte. Au lieu de quoi il reproduit trois déclarations (manifestement contradictoires) des Conférences épiscopales allemande, française et italienne contre mon livre. Quand il se trouve contraint à de telles méthodes autoritaires, et quand, en dépit de ses quatorze aides, il craint la moindre réponse de celui qu'il attaque, il semble n'avoir que bien peu confiance dans cette « infaillibilité ». Malheureusement, il ne peut aller jusqu'à se déjuger publiquement du propos calomnieux qu'il a lancé contre ma crédibilité et mon attitude chrétienne, un propos auquel je devrai par la suite faire front lors d'un voyage aux antipodes, en Australie.

Ce qui est certain, c'est que son geste n'a éveillé que peu de sympathie même chez ses bons amis. « La discussion entre eux et le père Rahner m'a troublé et même un peu effrayé », m'écrira le 21 janvier 1971 Walter Dirks, laïc éminent et éditeur des *Frankfurter Hefte* : « Il est étonnant de voir comment Karl Rahner, notre ami commun, est tombé dans une position réactionnaire d'une façon difficile à expliquer. » On ne peut effectivement l'expliquer qu'à partir de son système d'immanence. La discussion radiophonique de Dirks et de Rahner autour de cet ouvrage collectif ne manque ni de mordant ni de clarté. Au mot méchant de celui-ci, « Küng, c'est sans fin », il lui réplique : « Rahner, c'est sans fin. » Il lui déclare que c'est un tort d'avoir ameuté les adversaires de l'ouvrage de Küng, et que le fait d'avoir reproduit les prises de position de certaines conférences épiscopales et suscité ainsi des émotions malsaines est de mauvais goût. Il lui reproche surtout de n'avoir même pas admis ma réponse à son article. À la fin de l'émission (que la speakerine avait placée sous le titre : « Aujourd'hui encore Küng, et sans fin »), il me dit son plein accord sur mon opuscule *Prêtre, pourquoi ?*

Mais qu'y faire ? Je fais de mon côté tout ce que je peux pour éviter de rompre la relation avec Rahner, quelque tendue qu'elle soit. Au cours du semestre 1972, je l'invite à l'université de Tübingen pour prendre part à la discussion de mon séminaire sur l'infaillibilité, séminaire dont j'aurai à reparler plus loin, et, fort heureusement, il y vient. Et quand le cardinal Höffner met en cause son orthodoxie, je réponds volontiers et sans rancœur à l'invitation de Radio-Ouest de venir le défendre contre cette attaque. Depuis cette époque de Münster, Höffner passe pour l'ami du professeur Ratzinger.

Première confrontation avec Ratzinger.

Il y a tout juste deux ans que Joseph Ratzinger a amicalement pris congé de nous à Tübingen. Mais le retrait qu'il manifeste vis-à-vis de ses collègues nous surprend. Comme je l'ai déjà dit, à peine arrivé à Ratisbonne, il retire sa signature du projet sur « la limitation du temps de ministère des évêques résidents » (en fait à huit ans). L'année suivante, je reçois de lui une lettre amicale (du 6 juillet 1970) : par manque de thèses de doctorat appropriées et de publications personnelles, mais aussi à cause de la distance, il me fait part de son désir de renoncer à rester coéditeur de notre collection « Recherches œcuméniques », tout en étant encore à ma disposition pour les ouvrages d'Urs Baumann et de Peter Lengsfeld, tout près de paraître.

« J'aurais évidemment été heureux si nous avions pu continuer ensemble cette collection, lui répondis-je le 18 juillet 1970, mais je comprends évidemment très bien les raisons pour lesquelles vous renoncez à ce travail de coédition... Je vous remercie en tout cas très cordialement d'avoir contribué au lancement de cette collection et de l'avoir portée avec moi. En petit signe de remerciement, je vous envoie mon nouveau livre sur l'infaillibilité. J'y ai parfois pris un ton quelque peu allemand qui donne du mordant au problème, en théorie comme en pratique. Il me semble qu'il nous faut franchir ensemble ce défilé pour accéder à un espace plus libre. J'ai en tout cas écrit ce petit livre, non pas *in destructionem*, mais *in aedificationem Ecclesiae.* »

Je transmis aussi volontiers à Gotthold Hasenhüttl la protestation de Ratzinger contre le bruit qui courait, selon lequel il n'aurait consenti à l'habilitation de celui-ci que pour éviter une rupture avec moi, ce qui était vraiment absurde. En ce qui concernait la coédition des « Petits écrits œcuméniques », je sollicitai mon collègue protestant, le professeur Jürgen Moltmann, et la collaboration de Eberhard Jüngel, ainsi que celle de Walter Kasper, qui avait succédé à Ratzinger à la chaire de dogmatique catholique. Ils y consentirent tous volontiers.

Mais cela me fit mal quand, un an plus tard, je trouvai aussi le nom de Ratzinger parmi les auteurs de l'ouvrage collectif contre mon livre *Infaillible ?* Lui contre lequel je n'avais émis aucune critique, pas plus que contre d'autres collègues, était l'un de mes agresseurs, et pas des plus tendres ! Par la suite, une fois que j'aurai analysé de façon plus précise son cadre de pensée, je comprendrai mieux sa réaction. Tout comme Rahner, il vit dans mon livre une profonde remise en cause de sa façon de comprendre le christianisme, même si mes ouvrages *Structures de l'Église* et *L'Église est-elle assurée de la vérité ? (Wahrhaftigkeit)*, tous deux publiés dans notre série commune, avaient pu le préparer mieux que d'autres à une perspective plus approfondie.

Cependant, à la différence de Rahner, il ne me calomnia pas et il eut même *un mot de reconnaissance* pour un collègue avec lequel il attestait avoir connu « une collaboration tranquille à Tübingen ». « Partant du type de théologie romaine mise en cause (telle que la représentent l'université de Rome et les théologiens de la curie), le rédacteur veut nous persuader qu'on doit considérer les déclarations de l'encyclique papale *(Humanae vitae)* comme objectivement infaillibles et qu'on doit donc les mettre au rang des dogmes. On doit aussi être d'accord avec lui quand il poursuit en disant que c'est là la doctrine romaine, sinon sans plus la doctrine catholique... Il est clair qu'on peut dire celle-ci en crise. C'est là le sérieux incontestable de ce livre. »

Sur sa route vers la hiérarchie romaine, Ratzinger constatera bien vite ce qui m'était d'emblée clair, à moi qui avais été formé à Rome. Cette doctrine de l'infaillibilité n'est absolument pas le seul fait des universités romaines, mais aussi celle des papes et des congrégations romaines : nous l'avons vu, c'est celle de Vatican I et de Vatican II. Et, en montant de plus en plus haut sur l'échelle de la carrière romaine et en devenant préfet de la Congrégation de la doctrine de la foi, il décrétera que c'est Dieu lui-même qui interdit l'ordination des femmes et que, même si ce n'est pas solennellement défini, c'est une doctrine « infaillible » du magistère ordinaire. La même chose vaudra pour le caractère peccamineux de toute forme de contraception.

Mais outre son regret de mon langage prétendument de lutte de classe (sa hantise depuis 1968), le Ratzinger de 1971 pense pouvoir retenir sept (comme les péchés capitaux) imprécisions historiques. Dans mon « bilan des débats », j'en ai analysé méticuleusement tous les détails : de ces « imprécisions », il ne reste pas grand-chose. Je vois plutôt dans ces reproches une tactique défensive d'escarmouche qui fit de moi le rédacteur de *Infaillible ?*, un personnage peu crédible, ce qui doit détourner l'attention de mon « interpellation ».

Un exemple : la discussion pour savoir si, au Ve siècle, le pape Léon le Grand a utilisé le titre *« Summus pontifex »* ou *« Pontifex maximus »* n'est qu'une paille historique qui doit détourner de la poutre dogmatique qui est dans l'œil de Ratzinger. Lui-même sait bien qu'à une époque où ni les évêques ni les théologiens des Églises aussi bien orientales qu'occidentales ne tiraient argument de la dénomination de Pierre, « rocher » de l'Église, pour justifier la primauté de l'évêque de Rome en tant que son successeur, ce fut Léon Ier, l'évêque de Rome, qui se réclama de ce terme biblique pour exiger l'obéissance des autres évêques, et même celle du concile œcuménique. Mais le concile de Chalcédoine de 451 le désavoua totalement en le renvoyant dans ses cordes, ce que Ratzinger tait. Aucune trace de reconnaissance de l'infaillibilité !

Je prends cependant naturellement très au sérieux sa *grande question* : est-ce que, dans mon souci d'une théologie alternative de celle de Rome, je ne défendrais pas une vision du ministère spirituel, de la succession apostolique et du pouvoir absolu du concile qui romprait non seulement avec l'école de théologie typique de Rome, « mais avec toute la tradition catholique ? », donc avec l'idée centrale de l'Église antique, donc avec ce qui est absolument central dans l'idée même de « catholique » ? Au fond, ne suis-je pas globalement plus luthérien que catholique ?

C'est bien là la question centrale à partir de laquelle Ratzinger mesure si l'on est catholique, ou même chrétien. Il me faut donc préciser les choses.

L'étalon catholique : l'Église primitive ou le Nouveau Testament ?

Je suis un peu étonné de voir que Joseph Ratzinger, qui connaît par cœur ma conception néotestamentaire de *La Structure de l'Église* et de *L'Église*, celle qui reflète le large consensus de l'exégèse actuelle, ne prend pas plus au sérieux des questions qui ne surgissent qu'au XXe siècle, puisque l'état du savoir ne permettait d'en traiter ni au concile contre-réformateur de Trente (XVIe siècle) ni au concile antimoderne de Vatican I. À Tübingen, lui et moi étions bien d'accord pour attribuer plus d'importance à la tradition de l'Église primitive qu'à la tradition médiévale typiquement romaine, étant donné que, sous quantité d'aspects, la première était beaucoup plus proche du Nouveau Testament que la seconde. Dès lors, puis-je, comme lui, retenir comme étalon du catholicisme l'Église et la théologie des Pères de l'époque posttestamentaire (surtout des IVe et Ve siècles) ? Si on prend vraiment au sérieux la différence entre cette théologie et l'Église des Pères, la distance est vraiment trop grande.

Mais je l'ai déjà montré dans mon prologue : mon intelligent collègue ne s'en aperçoit toujours pas, car, déjà comme étudiant en théologie, il ne consentait à l'exégèse historico-critique que dans la mesure où elle ne gênait ni sa vision de l'Église, ni sa théologie, celle qu'il avait reprise des Pères et en particulier d'Augustin (354-430), ni sa formation catholique bavaroise. Il ne prend connaissance de la plus récente recherche exégétique sur l'Église, tant catholique que protestante, que de façon limitée : ce serait trop incommode pour sa vision des choses, toute tournée vers les Pères. Cela me rappelle le propos que me tenait Ernst Käsemann, l'éminent exégète protestant qui avait accepté de mener avec Ratzinger le cours tournant de 1967 sur « L'importance des Pères pour la théologie actuelle[1] » : en sortant

1. J. RATZINGER, « Die Bedeutung der Väter für die gegenwärtige Theologie », dans : *Theologische Quartalschrift* I 148 (1968), p. 257-282.

de la salle, il me dit : « Maintenant je sais une fois de plus pourquoi je ne puis pas être catholique. »

Bon ! Je ne suis pas moins catholique que Ratzinger et j'entends le rester. Mais, catholique, me faut-il pour autant surévaluer la tradition catholique, ou plus précisément la tradition hellénistico-romaine par rapport à l'Écriture sainte ? Me faut-il modeler ma conception de l'Église catholique sur celle de « Pères » qui avaient été à l'école de la philosophie grecque et sur leurs formulations dogmatiques de type hellénistique, sur une Église épiscopale qui était déjà en grande partie sous l'autorité de princes, sans être cependant encore sous celle d'un primat romain à la domination reconnue ?

J'oriente en premier lieu ma compréhension de l'Église à partir de l'Évangile, non pas celui dont témoignent en « surplus » d'obscures révélations gnostiques antiques ou modernes, mais exclusivement celui du Nouveau Testament. Bien sûr, on doit continuellement le réinterpréter, et c'est pourquoi Karl Barth ou Ernst Käsemann ont considéré mon livre *L'Église* comme évangélique. C'est de là que part ma réponse à Ratzinger : « Faillible ? Un bilan[1] » : le sens originel du mot « catholique », celui que couvre parfaitement le Nouveau Testament, se retrouve encore chez Ignace ou Polycarpe, les « Pères apostoliques » qui sont encore presque de l'époque néotestamentaire : « Église catholique » l'Église « totale », universelle, à la différence des Églises locales prises séparément (y compris celle de Rome). Mais qu'est-ce que cela veut dire actuellement ?

Du catholicisme romain au vrai catholicisme.

Je suis tout à fait d'accord avec Ratzinger quand il voit dans le terme « catholique » non pas un terme comme un autre, mais l'expression d'une « grandeur historique ». Cependant, il simplifie trop les choses quand il comprend sans plus ce mot comme la désignation *du catholicisme tel qu'il est devenu*. Ne réfléchit-il donc pas à tout ce qu'il nous fait avaler comme « réalité catholique », y compris le « devenu » ? Je le sais pourtant, il se montre lui-même souvent critique sur beaucoup de points du catholicisme tel qu'il existe.

1. H. KÜNG (éd.), *Fehlbar ? Eine Bilanz*, Zurich, 1973.

Que veut dire pour moi « catholique », « *théologien catholique* ? » Si on part de la notion originelle, peut se dire théologien catholique celui qui, dans sa théologie, se sent redevable devant les « catholiques », autrement dit devant *toute* l'Église, l'Église totale, universelle. On doit comprendre cela dans une double dimension : celle du lien spirituel avec l'Église de toutes les époques, et celle du lien avec l'Église de toutes les nations et de tous les continents. Donc la catholicité dans le temps, avec l'intérêt que cela comporte pour la continuité de la foi chrétienne, mais aussi la catholicité dans l'espace : une universalité qui englobe les divers groupes de croyants chrétiens.

Je dois insister sur ce point : la catholicité dans le temps et l'espace ne peut admettre que l'on omette les judéo-chrétiens (paradigme I) comme l'ont fait les Pères grecs en absolutisant comme vérité intemporelle de la foi et de la raison le paradigme hellénistique (paradigme II), donc une synthèse de la foi et de la philosophie grecque, celle que défendait Ratzinger jeune, celle qu'il a reprise dans son discours de Ratisbonne (2006) ainsi que dans son livre sur Jésus (2007). Tout tient dès le départ à la formule « de même nature *(homoousios)* que le Père » du premier concile de Nicée (325). La catholicité dans l'espace et dans le temps ne peut non plus consentir à ce qu'on déclare de fait non chrétien le paradigme médiéval romain (paradigme III) comme les protestants le font trop souvent, ni, inversement, à ce que, du haut de sa chaire catholique romaine on déclare que la Réforme (paradigme IV) et les Lumières (paradigme V) sont responsables de la « déshellénisation » et du déclin progressif de l'Occident chrétien, de la relativisation moderne des valeurs et d'un pluralisme délitant. Un catholicisme ainsi restreint à sa forme *hellénistico-romaine* est incapable d'entrer en dialogue avec la philosophie actuelle, avec les sciences de la nature ou avec notre conception de la démocratie, avec la pensée moderne en général. Il barre toute entente œcuménique. Il s'oppose à toute véritable inculturation du christianisme en empêchant la formulation du message chrétien dans le cadre d'une pensée indienne, chinoise ou africaine.

C'est dans ce sens de la continuité et de l'universalité de la foi chrétienne que j'entends être théologien catholique. En comprenant ainsi les choses, un théologien de dénomination protestante ou évangélique ne pourrait-il aussi être catholique ? Parfaitement ! Et je voudrais ici donner à penser à Joseph Ratzinger : *la véritable catholicité* n'est pas possession toute naturelle d'un héritage légué aux catholiques. Cette catholicité devient catholicisme, autrement dit idéologie, dès lors que l'on admet « la réalité catholique, telle qu'elle est devenue », avec toutes ses proliférations et toutes les déformations de la piété, de la théologie et de sa constitution ecclésiastique, au lieu de la juger sur un seul critère. Et, pour Ratzinger aussi, ce critère ne peut pas être autre que le message chrétien originel, l'Évangile de Jésus-Christ. Celui qui entend être *théologien catholique* doit être de mentalité *évangélique*, tout comme inversement le *théologien évangélique* au vrai sens du terme doit être théologien *catholique ouvert*. En ce sens, catholiques aussi bien que protestants, nous pouvons être *théologiens œcuméniques*. Autrement dit, l'œcuménicité véritable est celle d'un « catholicisme évangélique » centré et ordonné sur la personne du Christ.

Ratzinger apprendra-t-il ainsi à faire des distinctions dans ce qu'est « devenue » la réalité des catholiques ? « Une distinction des esprits » que recommande Paul, en regard des développements de l'Église ? Il faut bien sûr admettre ceux qui sont « dans la ligne de l'Évangile » *(evolutio secundum evangelium)*, par exemple les trois ordres de ministères (évêques, prêtres, diacres). Dans certains cas, on peut tolérer un développement à côté de l'Évangile *(praeter evangelium)* : en admettant par exemple certains pieux usages repris de l'Antiquité ou du passé germanique. Mais il faut éliminer tous ceux qui vont contre l'Évangile *(contra evangelium)*, comme le sont certains défauts, en particulier ceux qui sont imposés depuis le XIe siècle dans l'Église d'Occident : le centralisme romain, si souvent critiqué au cours du deuxième concile du Vatican, l'absolutisme, l'impérialisme dans l'enseignement, la morale, la discipline ecclésiastique, toutes choses que ne couvrent ni les Pères ni l'Évangile lui-même. Ne l'oublions surtout pas : c'est la prétention hégémonique du système romain médiéval qui constitue la raison fondamentale du schisme des Églises d'Occident et d'Orient, mais aussi de la coupure avec les protestants ainsi que de la crise présente de l'Église catholique romaine. C'est là le sens du débat sur l'infaillibilité : il concerne toute la chrétienté.

Rien d'étonnant alors de le constater : Joseph Ratzinger, qui ne s'est pas donné plus de mal que beaucoup de dogmaticiens catholiques pour comprendre de façon historico-critique la conception néotestamentaire de l'Église, continue encore à ne prêter que peu d'attention au problème des Réformateurs. Mais, lui qui ne veut rien admettre qu'à l'aune de l'antique Église des Pères, ne peut-il au moins faire montre de plus de compréhension vis-à-vis des orthodoxes en matière d'infaillibilité ?

La réconciliation avec l'Orthodoxie orientale est possible.

Cela aurait dû faire réfléchir Joseph Ratzinger : *l'Orthodoxie orientale tout entière* a clairement rejeté la définition de l'infaillibilité de 1870. Elle y a vu une nouveauté romaine, une hérésie. Même les Églises orientales unies à Rome s'y sont opposées. Gregor II Jussef, le patriarche melchite d'Antioche, a solennellement protesté contre la constitution dogmatique concernant la primauté papale et l'infaillibilité, et, le 13 juillet 1870, il a voté *« non placet »*. Aujourd'hui encore, l'Église melchite n'a pas oublié que, à l'époque, Pie IX, maladivement obnubilé par son infaillibilité, traitait de façon humiliante son patriarche.

Presque un siècle plus tard, Maximos, le lointain successeur de Gregor, un patriarche que Ratzinger et moi-même connaissons bien, se prononça au concile, en faveur non seulement d'un règlement général raisonnable, comme on le rapporta, mais aussi d'une transformation de la primauté papale en primauté de service. « Si on décharge ainsi la primauté de l'évêque de Rome de ces outrances de doctrine et de pratique, non seulement il cessera d'être la grande pierre d'achoppement pour l'unité des chrétiens, mais il deviendra lui-même la grande force qui promouvra et assurera cette unité. »

Le 13 novembre 1971, au cours d'une conférence à Londres, le même patriarche Maximos intervient dans le débat sur l'infaillibilité en critiquant la centralisation de l'Église occidentale à partir du XIe siècle, et il appuie ma position : « Peut-elle (l'Église romaine) fonder historiquement et théologiquement ce qu'elle réclame des autres Églises ? [...] Sa vision de l'infaillibilité pontificale prête à une personne ce qui ressortit à l'infaillibilité de l'Église en la faisant disparaître. C'est une façon de voir qu'aucun théologien occidental sérieux n'admet plus aujourd'hui, une théologie qui constitue pratiquement le fondement de la vie de l'Église catholique romaine depuis Grégoire VII (XIe siècle). On ne saurait dogmatiser aucun développement historique d'une Église particulière, si légitime soit-il et si lié soit-il à des conditions sociopolitiques précises. » Est-ce que cela ne correspond pas exactement à la vision que défendait le professeur Ratzinger au cours de ses dernières années à Tübingen ?

Le schisme vieux-catholique tire à sa fin.

Il n'y a pas que l'orthodoxie orientale unie à Rome à me conforter dans ma position : c'est aussi ce que fait le 24 janvier 1972, à Berne, un colloque de la commission de dialogue entre l'Église catholique romaine et l'Église catholique du Christ auquel on m'avait invité. Cette dernière Église, dite aussi Église vieille-catholique, était née en 1870 de cercles catholiques qui avaient refusé les deux dogmes papaux parce que contradictoires avec l'ancienne tradition catholique.

Après la publication de mon premier volume de souvenirs, *Erkämpfte Freiheit (Mon combat pour la liberté)*, je reçus une longue lettre (datée du 7 novembre 2002) de Hubert Huppertz, un ancien jésuite. Marié, il s'était mis avec ses trois fils au service de l'Église vieille-catholique, tandis que sa femme et sa fille étaient restées catholiques. Après avoir lu et relu ma controverse avec Rahner, il faisait le bilan : « Vous avez argumenté de façon honnête et consistante là où le cheminement de pensée de Rahner ne faisait que tourner autour du caractère soi-disant intangible de la vérité. » Puis, à mon adresse, ce qu'il n'entendait sûrement pas comme un reproche : « Le fait que durant les quarante années de votre enseignement le nom de Döllinger n'ait jamais surgi n'est pas pour m'étonner : *damnatio memoriae !* »

Au XIXe siècle, Ignaz von Döllinger (1799-1890) était effectivement le théologien et l'historien de l'Église le plus érudit de l'Allemagne en même temps que le plus farouche opposant à la définition de l'infaillibilité pontificale et de la primauté de juridiction. Il avait donc refusé les dogmes de 1870 et avait pour des raisons théologiques pris le parti de l'Église vieille-catholique. En 1871, il avait refusé en conscience de reconnaître son excommunication par Rome, mais sans adhérer pour autant à l'Église vieille-catholique. Huppertz pensait maintenant que j'étais le « fils » de Döllinger pour une quintuple raison : « 1) Vous avez renoncé à une carrière ecclésiastique. 2) Vous avez préféré suivre votre conscience plutôt que d'obéir. 3) Par fidélité au Christ vous êtes resté fidèle à l'Église. 4) Vous pouvez dormir tranquille. 5) Vous n'avez pas besoin de renier votre héritage. Il y a cependant un point sur lequel vous surpassez Döllinger : vous menez à leur terme vos écrits jusqu'au bon à tirer et vous écrivez vos souvenirs. »

Hans Küng, un deuxième Döllinger ? Mes adversaires néo-catholiques n'auraient pourtant pas omis de me coller cette étiquette sur le dos. Le 11 novembre 2002, je répondis à mon correspondant : « En ce qui concerne Döllinger, je dois confesser que je n'ai pas traité de ses publications. Si je l'avais mentionné, cela aurait en tout cas sûrement été contre-productif en permettant à mes adversaires de me classer et de me dénoncer. Vous savez bien que je suis toujours intervenu en faveur des vieux-catholiques et que, en écrivant *Infaillible ?* je risquais ma peau. Je suis toujours revenu sur ce point, tout récemment encore dans ma dernière publication : *Petite histoire de l'Église catholique* (Berlin Verlag). Je n'ai pas encore totalement renoncé à l'espoir d'une réconciliation. Elle serait possible sous un nouveau pape à condition que Rome puisse renoncer librement à son pouvoir, ce que j'ai toujours demandé. »

En post-scriptum, j'ajoutai : « Une biographie de Döllinger serait fort utile. Y a-t-il aussi des différences entre lui et H. K ? » La réponse fut rapide : « Différence 1. Jusqu'à maintenant, l'âge : juste 75 ans contre 91 ; mais cette différence s'amenuise chaque jour. 2. Le rôle politique et institutionnel de Döllinger (député au Parlement) – H. K. n'a d'influence qu'indirecte. 3. Le refus de la démocratie de H. D. sous l'influence traumatisante de la Révolution française – H. K. est le défenseur de la démocratie directe. 4. Le rôle hiérarchique de H. D. : doyen du chapitre de Saint-Gaétan, donc aumônier de la cour : c'était le second poste de Bavière – H. K. a évité – à vrai dire de façon non jésuite – tout geste qui aurait pu lui valoir une promotion hiérarchique. 5. H. D. est passé par-dessus les frontières confessionnelles : il a jeté un pont avec le judaïsme, s'est continuellement confronté à l'islam dans les limites de la mentalité du milieu du XIXe siècle – H. K. franchit les frontières entre les religions universelles et s'intéresse aux bases éthiques communes de toute l'humanité. 6. H. D. défend le célibat sacerdotal dans lequel il voit la base morale de la crédibilité du prêtre – H. K. plaide pour la liberté. »

Les partenaires du dialogue de Berne de 1972 sont des professeurs des deux Églises, et ils sont bien d'accord : on pourrait mettre fin au schisme « vieux-catholique » si Rome pouvait accepter une solution du problème de la primauté et de l'infaillibilité allant dans le sens que je propose. Mais qu'en est-il des Églises de la Réforme ?

La protestation réformatrice pourrait devenir sans objet.

« Quand j'ai lu cela, j'ai eu de plus en plus le sentiment de tenir une bombe atomique dans la main, m'écrivit le Dr Willem Visser't Hooft, secrétaire général du Conseil mondial des Églises, peu après la parution de *Infaillible ?* Si ces idées sont admises dans le catholicisme, il en résultera une tout autre situation. Car le protestantisme n'aura plus aucune raison de protester. »

Il va de soi que les Églises protestantes suivaient avec passion le débat sur l'infaillibilité, même si peu nombreux étaient les théologiens protestants à s'engager pour ce collègue catholique qui défendait la cause du christianisme originel, à l'exception d'Eberhard Jüngel, mon collègue de Tübingen, du Suisse Lukas Vischer et du Hollandais G. C. Berkouwer, le dernier observateur protestant du concile. Il était indéniable que les Églises réformées pouvaient accepter ma vision des choses, l'infaillibilité, l'inerrance de l'Église en tant que communauté globale des croyants dont la foi ne sombrerait jamais en dépit des erreurs de leurs ministres.

Pour moi, la plus claire analyse de ma situation que j'ai trouvée, est celle de Walther von Loewenich[1], un théologien luthérien, et c'est pourquoi je l'ai mise en tête de notre ouvrage collectif *Faillible ? Un bilan*. Mon livre lui rappelle Martin Luther qui, s'exprimant rétroactivement sur ses 95 thèses sur les indulgences, déclarait n'avoir fait qu'attacher le grelot au cou du chat et n'avoir que le courage de dire tout haut ce que d'autres disaient tout bas. À la différence des théologiens catholiques qui croyaient constater chez moi une « rupture », ou qui auraient voulu la provoquer, et qui se plaignaient du ton et du style avec lesquels je les arrachais à leur sommeil, von Loewenich constate : « Quant à son contenu, *Infaillible ?* ne va guère plus loin que les publications antérieures de l'auteur, mais il fait après cent ans de tabou

1. W. von Loewenich, « Ist Küng noch katholisch ? », dans H. Küng (éd.), *Fehlbar ? Eine Bilanz*, p. 17 s.

ce que les autres ont omis de faire : il renonce à l'art des subtilités pour prendre le taureau par les cornes. » D'où l'ouragan.

Mais voilà que Joseph Ratzinger prend très mal le fait que j'aie montré de la compréhension pour la réaction de Luther lors de la dispute de Leipzig, quand, voulant adroitement éviter des controverses inutiles, il s'était vu épinglé par Johannes Eck, son adversaire. Celui-ci lui avait demandé si un *concile œcuménique* pouvait se tromper. « Oui », avait répondu Luther, en pensant au concile œcuménique de Constance qui, quelques décennies plus tôt, avait renié sa promesse solennelle d'accorder un sauf-conduit à Jean Hus, le grand savant et réformateur tchèque, et l'avait fait périr sur le bûcher après avoir condamné certains de ses propos couverts par l'Évangile. C'était exact : j'avais aussi consacré tout un chapitre de *Infaillible ?* au matériau historique touchant la question de l'infaillibilité du concile, alors qu'elle n'était pas posée au départ.

Effectivement, explique von Loewenich, « l'Église a vécu pendant des siècles sans jamais déclarer infaillible aucun principe doctrinal. Elle avait reçu la promesse de se maintenir sans erreur dans la vérité divine... Cette façon de voir les choses devrait aussi susciter l'accord œcuménique. » Dans cette discussion, « la question essentielle ne devrait donc logiquement pas être : Küng est-il encore catholique ?, mais plutôt : Le catholicisme s'arrachera-t-il à son doctrinarisme étroit pour en arriver à la véritable catholicité ? »

Que les théologiens catholiques ne se fassent en tout cas aucune illusion sur l'enjeu œcuménique du problème de l'infaillibilité. La solution que j'en propose est la seule que pourraient admettre toutes les Églises. Il n'existe de possibilité d'entente que si, du côté catholique, on met carrément sur la table ce problème ainsi que celui de la primauté pontificale telle que l'a définie Vatican I. Cela ne manquera pas de susciter en retour d'autres questions aux autres Églises : à l'orthodoxie orientale, celle de l'infaillibilité du concile œcuménique ; aux Églises de la réforme protestante, celle de l'infaillibilité de la Bible. Dans *Infaillible ?*, j'en ai aussi proposé des solutions œcuméniques, cela en accord avec des théologiens compétents des Églises concernées.

Naturellement, le succès d'une solution œcuménique dépend avant tout des efforts du côté catholique. Pour ma part, je n'ai cessé de refaire le bilan de tout ce que l'Église catholique a déjà réalisé (ou n'a pas réalisé) depuis le concile pour répondre aux désirs justifiés des orthodoxes et des protestants. Mais une chose est sûre : même dans la théologie catholique, on réfléchit désormais à la différence fondamentale qui existe entre l'Église catholique et le système romain. C'est ainsi que le cardinal Lehmann a pu dire : « Il n'y a aucun doute que la façon dont on a réduit l'indéfectibilité de l'ensemble de l'Église à celle de sa cime pontificale et de ses organes de curie a conduit à confondre une autorité doctrinale d'un genre particulier et une prétention juridique spécifique (voir la relation qui existe entre la primauté juridictionnelle et l'infaillibilité). » Une réflexion autocritique devrait ouvrir de nouvelles perspectives fort précieuses pour l'entente œcuménique.

Qui a inventé la doctrine de l'infaillibilité ?

La traduction française de mon livre *Infaillible ? Une interpellation* parut dès le 5 mars 1971 aux éditions Desclée de Brouwer, à Paris, et j'eus abondamment l'occasion de la présenter à la presse, à la radio et à la télévision. Le symposium sur l'infaillibilité des 12 et 13 mai 1972, organisé à Paris par le Centre catholique des intellectuels français, ne donna lieu à aucune attaque contre mon orthodoxie, et plusieurs contributions furent même très positives. Les participants étaient tout aussi éminents qu'à Francfort, et je note tout particulièrement la présence d'Yves Congar, de Bernard Dupuy, Claude Geffré, Hervé Legrand, mes amis.

La chose la plus intéressante pour moi fut le compte rendu de Claude Langlois, jeune historien français, qui exposa avec précision la façon dont l'idée d'infaillibilité était née au XIXe siècle, à la suite de la réaction des idéologues de la Restauration. Ceux-ci s'étaient soudain déchaînés contre la Révolution française, en particulier Joseph de Maistre, aristocrate français, qui avait publié en 1819 un livre *Sur le pape*. Entre 1840 et 1870, il y eut une énorme vague d'« ultramontanisme » en faveur de Pie IX, un pape au départ extrêmement populaire, mais qui s'était ensuite opposé aux premières tentatives de démocratisation dans les États du Vatican. Naquit alors une nouvelle forme de catholicisme dont la caractéristique était la triangulation *marianisme, doctrinalisme et infaillibilisme* : dogme de l'immaculée conception de Marie (1854), Syllabus des erreurs modernes (1864) et finalement définition de l'infaillibilité (1870). Cela conféra finalement au pape une position de monopole de la vérité dans l'Église. Jamais, dans toute son histoire, celle-ci n'avait connu une telle confiscation de la parole au profit d'un seul.

Mais, s'il s'agissait vraiment d'une nouveauté, cela posait trois questions brûlantes. Je me trouvais vraiment devant une vision inattendue des choses, dont je fus moi-même surpris :

Première question : Qui a inventé *la doctrine de l'infaillibilité* ? Sensationnelle fut pour moi la découverte de Brian Tierney[1], historien américain dont j'avais fait la connaissance personnelle à l'université de Cornell, à Ithaque (États-Unis). Après de longues années de recherche, ce médiéviste de premier rang avait retrouvé qui avait été l'auteur de cette doctrine de l'infaillibilité devenue si populaire au XIXe siècle, mais que personne n'avait jamais enseignée pendant les premiers siècles chrétiens ; car même au cours de la réforme grégorienne du XIe siècle, qui avait engendré l'absolutisme pontifical, on s'en tenait fermement à l'idée qu'un pape pouvait errer en matière de foi. Ce ne furent donc ni les théologiens ni les canonistes papaux du haut Moyen Âge qui inventèrent la chose, mais Petrus Olivi († 1298), un franciscain quelque peu excentrique qu'on avait plusieurs fois accusé d'hérésie. En défendant son idée, il voulait contraindre tous les papes successeurs de Nicolas III à s'en tenir au décret que celui-ci avait porté en faveur de sa fondation franciscaine où l'on obligeait à une pauvreté rigoureuse. C'est pourquoi, en 1324, le pape Jean XXII avait condamné sa théorie de l'infaillibilité comme l'œuvre du démon, le père du mensonge. Conséquence : l'infaillibilité du pape était à l'origine une hérésie !

Deuxième question : Qu'en est-il de *l'infaillibilité du concile œcuménique* ? Résultat des recherches de Herman-Josef Sieben[2], jésuite : même Athanase, le grand combattant du premier concile de Nicée (325), n'y croyait pas. Il fondait en effet d'une tout autre façon l'autorité du concile œcuménique : celle-ci ne tenait pas simplement au fait que, sous certaines conditions, ce concile était œcuménique, ni même au fait qu'on ne pouvait tenir certains propos qu'en faisant appel au Saint-Esprit ; mais plutôt à la façon dont il témoignait de la foi des apôtres. Athanase formule cette

1. Voir B. TIERNEY, « Ursprünge der päpstlichen Unfehlbarkeit », dans H. KÜNG (éd.), *Fehlbar ? Eine Bilanz*, p. 121-145.

2. Voir H. J. SIEBEN, « Zur Entwicklung der Konzilsidee », I-II, dans *Theologie und Philosophie* 45 (1970), p. 353-389 et 46 (1971), p. 40-70.

idée de façon fort heureuse : « L'Écriture respire. » Bref le concile a autorité dans la mesure où il fait valoir l'Évangile de façon authentique et crédible.

Troisième question : Qu'en est-il finalement de *l'infaillibilité papale ou épiscopale dans le Nouveau Testament* ? Je suis quand même surpris de n'avoir entendu au cours du débat aucun exégète répondre de façon précise à cette question essentielle posée par Vatican I : sur quoi se fonde l'infaillibilité de Pierre ? Au contraire. Ni Josef Blank, ni Rudolf Pesch, ni Wolfgang Trilling, exégètes allemands représentatifs de la science actuelle, ne faisaient partie de la commission théologique de Vatican II. Or ils sont tous d'accord pour dire qu'on ne trouve au cours des trois premiers siècles aucun point de départ pour affirmer cette prérogative de Pierre, à plus forte raison de l'évêque de Rome. Tous trois pensent d'ailleurs que « Pierre, rocher » (qui ne se trouve que chez Matthieu 16, 18), n'est pas historiquement un mot de Jésus, mais une création postpascale de la communauté palestinienne, celle de Matthieu.

Jésus n'y aurait rien compris.

Même Rahner le reconnaît dans une interview du *Spiegel* du 28 février 1972 : « Si je m'imagine hypothétiquement, pure hypothèse, lire à Jésus en chair et en os la définition du premier concile du Vatican de 1870, avec tout son savoir humain empirique, il n'aurait pu que s'étonner et ne rien y comprendre. » L'étonnant, c'est que, à notre époque, « avec tout notre savoir empirique », nous puissions comprendre ce à quoi Jésus, auquel se réfère pourtant toute la tradition chrétienne, n'aurait rien compris.

Jésus n'aurait d'ailleurs rien compris non plus à l'Inquisition qui se réclame de lui et, lui qui fut déclaré hérétique à cause de sa critique de la fausse piété légaliste et du culte du Temple, il aurait appelé à « purifier le Temple ». Karl Rahner et ses collègues ont contribué à ce que je sois toujours estampillé comme « anti-pape » et à ce que je ne parvienne jamais, même dans tous mes travaux sur d'autres thèmes, à échapper aux yeux de certaines gens aux clichés ressassés : « critique du pape et rebelle de l'Église ».

« Un Suisse défie le pape », s'intitule un article de *Die Zeit* (3 mai 1971). « Mais tandis que, il y a quelques années, des théologiens comme Congar, Rahner, Schillebeeckx se voyaient encore infliger des méthodes vaticanes d'interrogatoire, Küng semble être le premier à contraindre l'autorité censoriale romaine à renoncer à sa position autoritaire. » Effectivement : en février 1971, au terme d'une longue attente, la Congrégation de la foi publie le règlement de la procédure de l'examen de la doctrine. La « déclaration pour la liberté de la théologie » que j'avais lancée en 1968 et qui avait rassemblé les signatures de 1 360 théologiens avait provoqué quelques améliorations : « L'auteur » (et non plus « l'accusé ») ne doit être jugé que sur ses propres livres, articles et propos ; il a un défenseur à sa disposition (*relator pro auctore*, bien sûr désigné par Rome) ; on fera rapidement appel aux évêques concernés. Mais toujours pas le droit de prendre connaissance des actes ni aucune chance sérieuse de sortir du procès sans capitulation. Bien sûr, affirme-t-on, cette procédure doctrinale ne relève pas du droit pénal, mais elle n'en prévoit pas moins des sanctions : si, au cours du procès, il ressort que l'auteur du livre incriminé maintient son opinion et n'entend recourir à aucun « moyen de salut » pour remédier à son « erreur », il doit s'y attendre. Lesquelles ? Mgr Giuseppe Tomko, membre de la Congrégation de la foi (par la suite cardinal de curie en raison de ses mérites), qui présente la nouvelle procédure lors d'une conférence de presse, échappe à la question par une plaisanterie macabre : « Ne sont prévues ni chaise électrique ni chambre à gaz. » Mais il concède tout de même qu'on appliquera à l'indigne serviteur de l'Église des mesures disciplinaires. En fait, le retrait de son habilitation à enseigner, l'exclusion de sa chaire ou la suspension de ses pouvoirs sacerdotaux sont une façon de « couper la tête » d'un théologien, à moins qu'on ne l'ait forcé à capituler.

Cela avait été encore peu avant le cas de Mgr Ivan Illich, un Croate de quarante-quatre ans, le chef de l'institut CIDOC qu'il avait fondé à Cuernavaca (Mexique). Il avait critiqué les liens intenses des Églises d'Amérique latine avec les pouvoirs, ainsi que l'interdiction de la pilule. Il fut forcé de se retirer et de renoncer à sa présidence (une « victime intellectuelle » selon le mot du cardinal Šeper, préfet de la Congrégation de la foi). Cependant, un an plus tard, il dut encore se rendre au palais du Saint-Office pour s'y soumettre à un pénible examen sur ses « erreurs » concernant l'Église et le clergé, sur son intervention contre l'interdiction de la pilule, et jusque sur son amitié avec Che Guevara et sa relation avec les femmes. Il refusa de répondre à la moindre question et publia finalement dans *Excelsior*, un journal mexicain, le questionnaire auquel il avait été soumis, ce que reprirent plusieurs autres journaux, y compris en Italie, de telle sorte qu'on connut pour la première fois les détails de la procédure de ce soi-disant « colloque ». Par la suite, la Congrégation de la foi voudra éviter une telle épreuve.

Le 10 août 1971, *L'Osservatore Romano* le confirme : « L'enquête sur Küng est introduite. » Un peu plus bas, sous la rubrique « Catholique » : « Un coup contre les théologiens modernes : on les chasse de l'Université ». Me voici donc épinglé dans le *Bildpost* catholique avec Schillebeeckx, en compagnie du président de l'Union humaniste, auteur d'un livre, *Le Malheur du christianisme, ou Plaidoyer pour un humanisme athée*, qui voudrait chasser la théologie de l'Université au profit d'une science des religions. D'autres organes de presse évoquent ce qui se passe en Union soviétique où, depuis des décennies, on se dresse avec des « méthodes scientifiques » contre la religion, mais aussi de manière générale contre toute volonté de réforme. C'est ainsi qu'on peut y lire : « Ce que le Kremlin est pour Sakharov, le Vatican l'est pour Küng. » Mais je ne me mêle pas à un débat de ce niveau. Devant cette vague de bruits, je me contente de déclarer laconiquement : « Je me demande si je ne dois pas faire collection des timbres du Vatican. »

Entre-temps, pour moi comme pour la majorité des catholiques de l'hémisphère Nord, et à la différence du magistère ecclésiastique, le problème de l'infaillibilité était réglé. Ce n'était plus un défi intellectuel, mais seulement une question de politique ecclésiastique. C'est pourquoi je me refuserai désormais à en discuter. Il y avait longtemps que je m'étais lancé dans d'autres domaines auxquels je m'attacherai et me consacrerai infiniment plus.

V

Voyage autour du monde et théologie mondiale

« Goethe aurait mieux parlé du christianisme s'il avait entendu votre exposé sur le message chrétien. »

Theodor ESCHENBURG[1]

J'ai plus d'une fois ressenti durement tous ces conflits autour de l'infaillibilité, de la vérité et de l'authenticité, avec toutes les attaques, les sous-entendus et les calomnies qui les accompagnaient. Mais, en les racontant, je ne voudrais pas faire croire que mon histoire est celle d'une « belle âme ». J'ai plus d'une fois éprouvé de la colère et de la fureur face à ces continuelles bêtises dues à l'arrogance et à l'immobilisme des représentants de la hiérarchie, du dégoût et du découragement devant le blocage actuel des réformes. Si je continue à considérer ma situation de professeur comme une situation de rêve, il m'a fallu en payer le prix, car *« profiteri »*, c'est « confesser » ce en quoi on croit. Mon horreur du langage double et mielleux de nombre de gens d'Église et mon souci du mot précis et direct ne m'ont guère valu de sympathie dans certains milieux. L'audace et l'intrépidité, la persévérance et l'inflexibilité coûtent cher. Si j'avais été seul dans cette lutte qui n'allait qu'en se renforçant, j'aurais succombé.

Soutenu par la sympathie.

Quel bonheur pour moi d'avoir pu trouver chez des théologiens du monde entier des compagnons d'étude et de voyage de même mentalité que moi. Tout autour de moi, dans mon

1. Dans une lettre à l'auteur, du 8 décembre 1970.

cercle le plus étroit, je travaille avec des gens qui m'appuient et me soutiennent, qui ressentent les choses comme moi, bref des personnes dont la sympathie me porte. Cela vaut en premier lieu pour mon équipe, tant chez moi qu'à l'Institut de recherches œcuméniques où tous mes collaborateurs lisent mes publications en en faisant la critique. Par la suite, et encore aujourd'hui, on me demandera souvent comment je peux disposer de collaborateurs et de collaboratrices aussi extraordinaires. Une des raisons en est sans doute que les doctorants ne se précipitaient pas chez moi par douzaines (les supérieurs ecclésiastiques les ont d'ailleurs souvent mis en garde contre cette aventure). Ceux qui venaient le faisaient en toute conscience et en toute liberté, car se lancer dans une quête de vérité aussi exigeante n'était certainement pas le meilleur moyen de s'adapter au système. C'étaient en général des personnes très douées, dans certains cas carrément surdouées : j'ai déjà parlé à plusieurs reprises de Hermann Häring, docteur en théologie *summa cum laude* pour sa thèse sur l'image de l'Église dans l'école de Bultmann : il restera mon compagnon de route dans maintes aventures intellectuelles. Même si j'ai connu trois ou quatre cas d'ingratitude et de déloyauté crasse, nul besoin d'y revenir ni de les épingler, comme me le disait un autre de ces collaborateurs surdoués, Karl-Josef Kuschel, qui avait commencé sa carrière en 1970 comme assistant et qui la couronnera en 1977 par une thèse, également *summa cum laude*, sur « Jésus dans la littérature germanophone actuelle ». Je nommerai en troisième lieu mon compatriote Urs Baumann : dès 1969, il fut nommé docteur pour sa thèse sur le péché originel et la crise de l'interprétation traditionnelle, et il restera fidèlement à mes côtés à l'Institut dans les années 1970 et jusqu'à aujourd'hui encore.

Dans ce contexte, ma famille me fut aussi d'une aide précieuse. À Tübingen, je restai en lien avec elle. Ma mère, de racines catholiques traditionnelles, avait adopté la nouvelle orientation de Vatican II, mais se faisait parfois du souci pour son fils dont les journaux parlaient si souvent avec des commentaires positifs ou négatifs. On la comprend. Je lui écris le 25 mai 1971 : « Cela me fait toujours du bien d'entendre dire que ce que je fais te plaît. Je me réjouis en particulier que tu aies lu l'ouvrage de discussion autour de mon livre *L'Église*, ce qui te permet de voir comment on prend les choses, et que tout est en bonne voie. Tu n'as pas besoin d'avoir peur. Je suis aussi content de savoir que tu as écouté le disque *Le Message chrétien. Pourquoi je reste dans l'Église* (H. Christophorus Verlag, Fribourg-en-Brisgau) et qu'il t'a plu. »

Je trouve aussi un grand soutien dans le fait d'avoir mes cinq sœurs et leurs maris à mes côtés. Le 21 janvier 1972, je pouvais écrire à Hildegard, ma petite sœur vénérée : « Il est très important pour moi – indépendamment des blocages fort compréhensibles de maman – de savoir ma famille là ; Je supporterais difficilement l'incompréhension de mes proches. Inversement, il me suffit de passer quelques moments à Seehaus, dans une atmosphère reposante et sans problème pour retrouver du courage. Merci beaucoup pour ta participation. Je continuerai à tenir fermement la barre, même si la houle se fait parfois violente. Les conflits avec l'autorité ecclésiastique arrivent au bout, comme le montrent les discussions. » Louvoyer au milieu de ces hauts-fonds et de ces bas-fonds n'est pas aussi simple que de nager. Je n'en renouvelai pas moins mon permis cantonal de navigation dans l'attente de jours meilleurs.

Le soutien de mes amis théologiens.

Évidemment, après l'entretien avec la Commission doctrinale de la Conférence épiscopale allemande représentée par Mgr Volk et Mgr Wetter ainsi que par les professeurs Ratzinger et Schlier, il était très important pour moi de disposer de l'appui de mes collègues intellectuellement proches. Cela ne valait pas seulement pour ceux de Tübingen, en particulier des catholiques, Herbert Haag, Norbert Greinacher et Johannes Neumann. S'il me fallait nommer tous mes amis des différentes Églises et de tous les continents, ce serait sans fin.

Je ne pouvais bien sûr plus compter ni sur Karl Rahner ni sur Hans Urs von Balthasar. Mais j'accueillis avec joie les « paisibles remarques sur une querelle théologique » de Otto Karrer[1], un éminent catholique œcuméniste de la première heure : « Quand j'ai lu l'article de Karl Rahner dans le *Stimmen der Zeit* de décembre 1970, sous le titre "Critique de Hans Küng", j'ai été sidéré qu'il se soit laissé aller à une telle attaque. Je parle en tant que son vieil ami. J'ai du mal à m'expliquer comment il a pu prendre une

1. O. KARRER, « Friedvolle Bemerkungen zu einer theologischen Fehde », dans *Vaterland* (Luzern) du 15 janvier 1971.

telle initiative. Il a pourtant été lui-même pris dans la tempête et il est maintenant le maître reconnu d'un système de pensée théologique. Küng est d'une autre espèce : c'est un penseur critique et un théologien prophétique qui se réfère directement à l'Évangile. Même après la lecture de *Infaillible ?* et la critique de Rahner, je n'ai aucun doute sur son orthodoxie, tout en comprenant que son type nouveau de critique résolument historique et théologique ait quelque chose d'inquiétant pour les gens de mentalité romaine. Dans le *Lexikon für Theologie und Kirche* (éd. par Karl Rahner), on trouve sous la signature de A. Ehrhard la notation suivante : “Son remarquable ouvrage *Le Catholicisme du XXe siècle* lui a valu de dures oppositions qu'il a intelligemment réfutées. Les accusations de catholicisme réformé et de modernisme n'ont pas ébranlé sa fidélité à l'Église. C'est aussi un conférencier et un prédicateur brillant. Son idée force reste toujours la même : au milieu des mutations contemporaines, l'identité de l'Église ne cesse de se réaffirmer. Dans l'Église catholique actuelle, il permet d'espérer que l'on a tiré les leçons des erreurs passées. Peut-il manquer quelque chose à la foi catholique quand on est persuadé que l'Église se maintient dans la vérité en dépit de ses indiscutables erreurs ?” »

Peu après, la Dr Liselotte Höfer, collaboratrice de Otto Karrer, m'écrivit de Lucerne : « Maître Otto (ainsi appelait-elle le prélat) raconte lui-même avec ironie qu'il vous bombarde de ses lettres. Je viens donc vous adresser une grande prière... » Il ne s'agissait en réalité que d'un petit service que je lui rendis volontiers. Le 8 décembre 1976, ce vieil ami qu'on avait accusé d'hérésie, celui qui, vingt ans plus tôt m'avait accueilli comme vicaire à la Hofkirche de Lucerne en me tutoyant à ma grande surprise, nous avait quittés et avait eu droit à des obsèques avec honneur dans cette même Hofkirche. Je me suis donc étonné que, après sa mort et après la fondation d'une société Otto-Karrer, que j'avais soutenue financièrement, la biographie de 400 pages écrite par cette même Liselotte Höfer passe pratiquement sous silence ma relation personnelle avec lui (il avait certes eu bien d'autres stimulants). Ce n'est qu'un des nombreux signes que ma situation dans la tornade de l'Église avait changé.

J'ai des liens d'amitié avec les quelque 30 éminents théologiens de pays et de disciplines différentes qui constituent le comité de rédaction de *Concilium*, la revue de théologie internationale, qui se réunit chaque année à la pentecôte à Nimègue,

Paris, Zurich, Madrid, Tübingen. J'en ai déjà évoqué le souvenir dans mon premier volume. Edward Schillebeeckx, Rahner, Congar et moi-même présidons la fondation et sommes théologiquement fort proches. La relation avec Karl Lehmann, professeur de dogmatique à Mayence jusqu'au 1er octobre 1971, puis à Fribourg-en-Brisgau, est cordiale, bien que parfois tendue. Il me demande de lui fournir des documents pour son séminaire portant sur le débat autour de l'infaillibilité, ce que je lui envoie très vite. Il élève une objection fort compréhensible concernant son ancien patron : « Tu es très incisif et dur quand tu dis voir en Rahner le dernier grand scolastique. Depuis des années, je fais miennes nombre de tes réflexions critiques contre sa méthode théologique. Mais il faut le laisser en paix sur son terrain de théologie historique, et il ne se résume pas dans le fait d'être le dernier grand néoscolastique. » Je ne tiens absolument pas à en discuter avec lui (peut-être d'ailleurs Rahner n'est-il pas le dernier). Il devait bien vite s'avérer que cette théologie rahnérienne, si importante avant Vatican II, perdit rapidement de son importance après la rupture de Vatican II : sa façon d'interpréter les dogmes ne conduisait plus à rien.

Je ne pouvais malheureusement satisfaire le vœu de Karl Lehmann : il souhaitait succéder à Karl Rahner comme directeur responsable de la section de théologie pastorale de *Concilium*. Je l'aurais volontiers vu à ce poste, mais je ne pouvais pas ignorer l'argument selon lequel cette section de théologie pastorale devait être confiée à deux théologiens pastoraux, dont l'un ne devait autant que possible pas venir de l'espace germanophone. Effectivement, le comité de direction élit Norbert Greinacher (Tübingen) et Casiano Floristán (Madrid), ce qui devait détacher Lehmann de *Concilium* et le conduire à se retourner vers *Communio*, revue rivale conservatrice.

Lehmann m'écrivit aussi au sujet de « l'aide » des évêques allemands aux prêtres du ministère. Je l'étudiai de près. « Cela ne t'étonnera que j'y voie beaucoup d'objections. Au fond on en revient toujours au fait qu'on ne tient pas vraiment compte du dossier néotestamentaire actuel et qu'on se montre donc incapable de faire face aux problèmes d'aujourd'hui. » En même temps était arrivée une lettre circulaire de Mgr Carl-Joseph Leiprecht, évêque de Rottenburg, à laquelle était jointe une « base de travail », préparée à Rome, pour le synode des évêques qui devait s'y réunir en septembre 1971. J'avais aussi nombre de critiques à lui opposer et je répondis à l'évêque: «Pour ma part, j'émets les plus vives réserves contre cette base de travail, car elle n'est absolument pas apte à répondre aux besoins de l'Église dans la crise actuelle; elle ne fera au contraire que la renforcer... Il serait beaucoup plus urgent de proposer des conclusions touchant les réformes pratiques essentielles du service d'Église, et en particulier l'abolition du célibat obligatoire dont nous percevons chaque jour un peu plus l'effet catastrophique, que de proposer une théorie générale du ministère que le prochain synode est incapable de faire.» Je joignis à ma lettre mon manuscrit sur la nature du ministère, qui devait paraître à Bâle dans le cadre d'un mémorandum à l'Institut universitaire œcuménique.

La réaction du service de la présidence de la République fédérale me réjouit aussi beaucoup. Le représentant personnel du président Gustav Heinemann me fit savoir que Mme Heinemann avait elle-même lu *Infaillible?* à son mari, qui était alors sur son lit d'hôpital, et que tous deux en avaient été très réconfortés. Heinemann, qui avait été un des organisateurs de «l'Église confessante» du temps des nazis et était encore le représentant le plus éminent du protestantisme allemand, avait été mon voisin de table lors du 70e anniversaire de Karl Barth. Il me fit envoyer les deux volumes de ses discours et de ses écrits qui me parvinrent juste après sa mort, le 7 juillet 1976.

Ressourcement: chrétien sous l'horizon du monde.

En juillet 1971, je voyais s'ouvrir devant moi des perspectives réjouissantes. Je pouvais laisser en plan tout ce que j'avais dit, écrit, publié, répliqué et encaissé depuis la publication de *Infaillible?* en juillet 1970, oublier tout ce qui m'avait contraint, énervé, occupé et torturé l'esprit jour et nuit, cesser de penser à une Rome vers laquelle «tous les chemins ne mènent pas», et me tourner vers le monde pour y découvrir des routes, des gens, des cultures nouvelles. Finis les voyages au Vatican! À la place, un second tour du monde, non plus en vingt-cinq jours comme en 1964 mais en six mois, de juillet à décembre 1971.

Je n'ai rien d'un vagabond ni ou d'un globe-trotter. Ce qui m'intéresse, c'est d'élargir les horizons de mon savoir et d'approfondir les bases de ma théologie. J'entendais bien profiter de mon voyage pour réfléchir à un livre dont les récentes controverses me faisaient sentir l'urgence, celui d'une nouvelle introduction à la vie chrétienne. Pourquoi être chrétien, et pas simplement homme ? Que signifie être chrétien dans le monde actuel ?

Il faut donc refonder à neuf la théologie. Après ma critique fondamentale de l'infaillibilité je ne peux plus m'appuyer sur les dogmes à la façon des néoscolastiques. Mais, étant donné l'état actuel de la recherche critique, je ne peux pas non plus le faire en partant naïvement de l'Écriture, à la façon du protestantisme ancien. Les tentatives modernes de médiation spéculative, à la façon de Rahner ou de Karl Barth, celles que j'ai moi-même menées débouchent elles aussi sur des apories, et j'en ai découvert les impasses en étudiant la christologie de Hegel et dans ma recherche exégétique sur Jésus : le dernier chapitre de mon ouvrage *L'Incarnation de Dieu* le montre bien. Je me vois donc contraint de recourir à une autre méthode : je dois m'efforcer de concevoir à neuf le développement de la théologie en partant de Jésus, ce que demande précisément l'exégèse historico-critique.

J'entends donc réfléchir à la façon de fonder pour des temps nouveaux la foi chrétienne en la centrant sur ce qui en fait le cœur. Comme je l'ai déjà raconté à propos de notre grand congrès de *Concilium* à Bruxelles (1970), j'y avais formulé un résumé du message chrétien historiquement et critiquement crédible, et, tout au long de mes années de travail à Rome, Paris, Münster et Tübingen, je n'avais cessé d'approfondir les problèmes exégétiques. Je ne ratais également pas une occasion de vérifier la portée de mon condensé de la doctrine chrétienne, par exemple le 8 décembre 1970, lors de la veillée de Noël des deux Rotary clubs de Reutlingen-Tübingen, et la densité de l'attention que m'avait prêtée ce public extrêmement hétérogène m'a fortement encouragé à poursuivre ce thème. Plus encore, le professeur Theodor Eschenburg, père de la science politique allemande : au moment des adieux, il m'avait déclaré : « Goethe aurait mieux parlé du christianisme s'il avait entendu votre exposé sur le message chrétien. » Test d'une autre nature : à la demande des éditions Herder, le 22 mars 1971 après deux jours de ski dans la Forêt-Noire avec mes amis suisses de Fribourg-en-Brisgau, j'avais redonné mon exposé sur le disque dont j'ai parlé ci-dessus. Mais cela n'était encore qu'une ébauche.

Mon horizon s'élargit : une expérience mondiale.

Dans mon long voyage, j'emmène mon exposé et quelques rares livres. J'ai déjà pris plus de cinquante fois l'avion, des grands et des petits, des hypermodernes et des vieux coucous. Cela me donne partout le temps de réfléchir sur ce que pourrait être mon « introduction au christianisme » qui, avec le temps, prendra le titre de *Être chrétien*. Ce ne doit pas être un gros ouvrage, mais un livre plutôt compact, avec relativement peu de notes, comme *Le Concile et la Réunification* (1960) ou *Infaillible ?* (1970).

Je dois d'avoir pu réaliser ce voyage à l'Alma Mater de Tübingen, qui a obtenu du ministère des Cultes de Stuttgart un semestre de vacation sans engagements, et à l'université de Melbourne, qui m'a invité en Australie pour un semestre de cours d'été – ce à quoi s'ajoutent une invitation en Nouvelle-Zélande et une autre aux États-Unis. Cela m'a valu un billet de « tour du monde » valable six mois. J'ai planifié le mieux possible au moins les grandes étapes de ce voyage, et ai choisi un tout autre périple qu'il y a huit ans.

Le 16 juillet 1971, la veille de mon départ, je réponds à mon courrier jusqu'à 4 h 30 du matin. J'écris entre autres un mot de remerciement à Walter Jens, professeur de philologie antique et de rhétorique : au lendemain des événements de 1968, je m'étais de plus en plus attaché à cet « homme de lettres[1] », mon quasi-voisin, et à sa femme (elle-même germaniste et écrivain). Ils avaient spontanément mis leur piscine à ma disposition : « Merci pour l'extraordinaire générosité avec laquelle vous m'avez laissé votre clé – et comme théologien catholique je peux vous chanter tout un cantique sur le pouvoir des clés. Au cours de ces semaines très fatigantes, la natation m'a fait le plus grand bien, de telle sorte que je peux partir demain pour Moscou et pour mon tour du monde sans être totalement épuisé. Je ne reviendrai à Tübingen que fin novembre. » Si la nostalgie ne rend pas malade, elle ne m'en accompagnera pas moins autour du globe. Je voyage seul.

Le même soir, j'écris aussi à Mgr Alfons Hufnagel, notre professeur honoraire de philosophie scolastique de Rottenburg, qui m'avait invité à une soirée à laquelle je n'avais pu assister.

1. En français dans le texte *(NdT)*.

« Je ne veux pas manquer de vous remercier, non seulement pour cette invitation, mais aussi pour tout ce que vous avez personnellement fait pour moi. C'est vous qui avez signé l'imprimatur de quelques-uns de mes ouvrages qui ne sont pas restés inaperçus, et ce fut pour moi une joie et un encouragement de voir l'objectivité et la correction dont vous avez fait preuve à cette occasion. J'ai été particulièrement impressionné de vous voir toujours vous en tenir à vos décisions même si cela n'a pas toujours été bien vu au-delà des Alpes. Si l'évêque de Rottenburg a étendu sa main protectrice sur moi, c'est en particulier vous que je dois en remercier. Et c'est pourquoi je tiens une fois encore à vous redire mon chaleureux merci. » Cinq ans plus tard, il ne sera plus des nôtres. Il mourra dans la nuit du 5 au 6 avril 1976, au moment où je mènerai de difficiles tractations avec Rome.

À côté d'une base plus solide pour penser un concentré de théologie chrétienne, je cherche avant tout à élargir mon horizon. Le père Wilhelm Klein, mon ancien mentor du Germanicum, m'écrit de Bonn au sujet d'un œcuménisme universel : « En voyageant dans le monde à ton âge, j'ai commencé à voir que l'incarnation de Dieu dont l'incommensurable *amore che muove il cielo e le stelle* faisait éclater mon étroit univers biblique. Que nous sommes encore loin de la véritable *oikoumene*, du monde de la création et du créateur que nous, enfants des hommes, nous sommes tentés d'enserrer dans nos petites mesquines infaillibilités. Écris donc ton *Introduction au christianisme*, fais ton petit chemin de messianisme biblique. »

Il y avait longtemps que je le pensais : le christianisme doit se confronter à la fois à *l'humanisme laïc* et aux autres grandes religions. Sous l'horizon de notre époque, il faut donc se poser la question de la vie chrétienne de façon aussi concrète et pratique que possible en la considérant dans le contexte des idéologies, des courants, des mouvements concurrents. Après avoir découvert au cours de la décennie passée la situation spirituelle des États-Unis, je devais maintenant apprendre à connaître la seconde superpuissance, l'Union soviétique, à commencer évidemment par l'Église orthodoxe russe.

La sainte Russie.

Mon nom est bien connu du bureau des affaires extérieures du patriarcat de Moscou, en premier lieu du fait de mon activité de conseiller lors du deuxième concile du Vatican auquel était venu se joindre l'observateur de Moscou avant même les représentants des autres Églises orthodoxes. J'avais surtout été en contact avec Vitalij Borovoj, archiprêtre de Leningrad, qui assurait la liaison avec le métropolite Nikodim, chef du bureau des affaires extérieures. J'étais aussi connu du fait de mon livre sur l'infaillibilité, que Moscou avait bien noté, et où je faisais à l'occasion allusion au parallélisme avec « l'infaillibilité » du secrétaire général du Parti communiste. J'avais donc écrit aux autorités officielles de l'Église de Moscou. Elles se trouvaient évidemment sous l'étroit contrôle des organes de l'État et du service secret de sécurité soviétique. Il était donc difficile d'obtenir une réponse ferme. Mais j'avais le soutien du patriarcat, et j'obtins donc à temps le visa nécessaire.

Le 17 juillet 1972, je m'envolai de Stuttgart pour Moscou *via* Prague. Je me demandais avec inquiétude comment je serais accueilli. Et heureuse surprise ! J'étais attendu à l'aéroport par Nikolaï Gundajew, prêtre orthodoxe, et une charmante interprète, avec voiture et chauffeur, et on me conduisit à l'hôtel Budapest, au centre de Moscou, où nous dînâmes ensemble avant de jeter un coup d'œil de nuit sur la place Rouge. Les jours suivants, je fus accompagné par le même petit groupe, ce qui rendit mon séjour à Moscou et dans les environs proches extrêmement agréable et stimulant.

Il y avait une raison toute particulière pour laquelle je voulais m'envoler vers Moscou le 17 juillet. Le jour suivant, on célébrait la fête de saint Serge, le plus grand saint russe, dans le grand couvent distant de 70 kilomètres de Moscou. Nous partîmes donc de bonne heure pour Zagorsk. C'est là, à une distance convenable de Moscou, dans le « désert » russe, dans la solitude des bois, que Sergeï Radonesch (1314-1392), au départ ermite, avait fondé le couvent de la Trinité, l'ancien Sergiev Possad renommé Zagorsk en 1920 avant de retrouver son ancien nom après le tournant de 1990. Sa spiritualité ascétique avait servi de modèle aux quelque 180 monastères russes. Serge, qui s'était engagé en faveur d'une réunification de la conduite de Moscou, avait refusé la dignité de métropolite. Il était resté un simple guide spirituel et avait incarné de façon exemplaire la sainteté russe marquée de simplicité, d'humilité, de compassion, d'engagement social et national.

Et c'est ainsi que, dans cette église de la Trinité à l'ornementation somptueuse, je pus vivre ce qui depuis toujours explique la fascination qu'exerce l'Église orthodoxe russe : la resplendissante liturgie marquée par Byzance, avec ses vêtements de magnifique brocart, ses couronnes épiscopales, ses cierges ornés de fleurs, toutes choses qui parlent au cœur et à l'esprit. Les innombrables icônes, les ex-voto qui devaient renforcer la prière mais qui devinrent eux-mêmes des objets de culte qui entendent présenter le Christ et les saints du passé aux fidèles actuels ; le monachisme, qui s'identifie pour la plus grande part au haut clergé ; et le magnifique chant choral polyphonique que j'avais déjà appris à connaître à Rome (au Collegium russicum) et qui parle encore si fortement à l'Ouest comme à l'Est, car il marie l'art byzantin du solo à la polyphonie d'église, d'origine surtout vénitienne, qui est remontée des îles méditerranéennes italiennes jusqu'en Russie en passant par la Pologne et l'Ukraine.

Avant la messe, j'avais demandé au métropolite compétent qui m'accompagnait de m'autoriser à recevoir la *communion*. Quand je me mis dans les rangs, un surveillant tout excité me prit par le bras pour m'en écarter. Mais mon accompagnateur lui expliqua que j'en avais la permission. En sortant de la messe, je rencontrai tout un groupe d'étudiants en théologie du séminaire romain pour les missions (« Propaganda Fide »). Ils me saluèrent avec enthousiasme et me dirent que, s'ils avaient su que j'irais communier, ils l'auraient fait aussi. Mais leur accompagnateur romain le leur avait interdit. Une fois de plus, il est clair que « le peuple » veut l'*oikoumene*.

J'eus ensuite l'honneur d'être reçu par Pimène Ier, *patriarche de Moscou et de toute la Russie*. Il avait été intronisé un an plus tôt. La réception fut amicale, mais plutôt formelle. Je n'eus pas l'impression que le patriarche était disposé à un entretien approfondi. On me racontera par la suite combien le système communiste s'était mêlé de son élection et lui tenait la bride haute. La subordination de l'Église orthodoxe russe à l'État est malheureusement une de ses faiblesses : elle en est partie constituante, et elle est sans cesse en butte aux manipulations politiques, beaucoup plus encore que jadis quand elle était sous l'autorité internationale byzantine. C'est de ce fait que s'était développée l'idéologie de Moscou, « troisième Rome », après la condamnation comme hérétique de la première Rome par Byzance (devenue alors seconde Rome), puis la chute de cette seconde Rome devant les Turcs (1453) : Moscou était le dernier refuge de l'orthodoxie. La domination communiste avait bien sûr totalement détruit ce mythe. Deux décennies plus tard, je reprendrai en détail tous ces événements de Russie dans le second volume de ma trilogie sur la situation religieuse de notre époque, *Le Christianisme* (chap. II, 11-12 : « La troisième Rome : Moscou » et « La révolution russe et l'Église orthodoxe ? »).

Je suis heureux de voir dans la Russie communiste tant de pèlerins venus à la fête. Je prends part au repas dans le réfectoire, car l'enceinte du monastère inclut l'Académie ecclésiastique de Moscou et le séminaire sacerdotal. Je peux visiter les lieux, et même les anciens appartements du tsar, mais ne peux découvrir quelle théologie on y enseigne. Il est sûr que les Pères de l'Église y jouent le rôle essentiel : une théologie indépendante n'est guère pensable à l'époque soviétique. C'est à l'étranger que j'ai appris à connaître les théologiens russes les plus importants, Georges Florowsky, John Meyendorff et Alexandre Schmemann avec qui j'ai passé toute une soirée à New York à discuter théologie et avec lequel je me suis fort bien entendu. Il est triste que ce théologien soit mort si tôt.

La Russie impie.

La journée passée à la fête patronale de saint Serge fut donc étonnamment riche. C'est dans une humeur joyeuse que je rentrai à Moscou. L'étoile rouge soviétique qui brillait dans l'obscurité au sommet de la tour du Kremlin me rappelait bien sûr que nous n'étions plus dans la sainte Russie, mais dans l'Union soviétique athée. Sans doute, sous la férule de Khrouchtchev, avait-on dépassé les pires excès du stalinisme. Mais chaque fois que nous passions devant la Ljubljanka, quartier général de la toujours redoutable police secrète, Tcheka-NKWD-KGB, où d'innombrables personnes avaient comparu, avaient été torturées et exécutées, je repensais à la « culture nocturne » que Georges Florowsky disait émaner de la vieille culture slave, et qui s'était prolongée en Russie en dessous de la « culture diurne » de l'esprit chrétien et avait rejailli avec le régime stalinien de la terreur.

Toute culture a évidemment sa face diurne et sa face nocturne. Mais c'est en particulier Alexandre Schmemann qui fait comprendre clairement les conséquences encore perceptibles aujourd'hui des deux siècles d'esclavagisme tartare, avec son absence totale de principes éthiques, sa soumission aux forts et son oppression des faibles. Au cours de mon voyage, j'avais pris avec moi *Les Possédés* (1871), le roman de Dostoïevski. Celui-ci, ancien révolutionnaire, mais fort de ses premières expériences et de sa connaissance de Bakounine, l'anarchiste, et alarmé par la vague de meurtres terroristes, voulut ensuite mettre en garde le peuple russe, à commencer par les intellectuels et les étudiants : le nihilisme et le terrorisme, l'action violente immédiate, mais sans programme pratique et valable d'avenir, n'étaient que les symptômes d'une société mortellement malade. À tout cela, le couvent offre encore, même à l'époque soviétique, un contrepoison : des valeurs sacrées, la possibilité de se convertir, de se purifier et de se renouveler. Dans *Les Frères Karamazov*, le plus jeune frère, Aliocha, oppose à un monde de passions violentes une alternative pleine d'espérance : la vision orthodoxe de l'amour réciproque.

Dès l'après-midi suivant, je dus affronter l'épreuve, fort compliquée, du système de surveillance soviétique : il me fallut tourner longtemps pour obtenir un visa pour Tachkent. J'eus cependant encore assez de temps pour une première visite du Kremlin et de sa cathédrale où étaient jadis couronnés les tsars et élus les patriarches, mais où on annonçait aussi les excommunications, telle celle de Léon Tolstoï (1901). C'est maintenant un musée. À côté, j'aperçois l'imposant palais des congrès, d'architecture moderne de verre. Le déjeuner a lieu juste en face, sur la terrasse du restaurant de l'hôtel, le plus grand du monde, avec une vue magnifique sur le Kremlin, la place Rouge et la cathédrale Saint-Basile. L'après-midi, on me montre aussi les réalisations soviétiques : la tour de télévision, le monument du voyage spatial et le terrain d'exposition des conquêtes de l'économie de l'Union soviétique (le Spoutnik). Le jour suivant, la galerie et les grandes œuvres d'art russe, et quantité de bâtiments officiels de style stalinien, mais peu d'architecture moderne (tel le QG du Comecon).

Ce même 21 juillet, à 14 h pile, à la gare de Moscou je monte dans un confortable wagon-couchette pour me rendre à Leningrad, qui a repris depuis son ancien nom de Saint-Pétersbourg, la ville qui dut supporter neuf cents jours de siège pendant la dernière guerre et la destruction quasi totale, mais qui est maintenant largement reconstruite. Je descends à l'hôtel Europa, pompeuse construction baroque. Je suis fort heureux de découvrir cette cité de style baroque que Pierre le Grand fit édifier en 1712. Sur le bord de la Neva, sa statue équestre domine la place des Décabristes. Il entendait réformer son pays en l'européanisant, en y introduisant les Lumières et en lançant une politique séculière dont la modernité devait entraîner la chrétienté russe. Pour ce faire, il rationalisa, centralisa et disciplina l'administration non seulement de l'État, mais aussi de l'Église. Il entendait faire des séminaires et des écoles de celle-ci un lieu de formation à la morale des Lumières.

C'est ainsi que l'Église orthodoxe devint une garantie et un soutien du régime tsariste. Ce que font bien voir en premier les grandes églises telles que la monumentale cathédrale Saint-Isaac ou la cathédrale Pierre-et-Paul qui se relie à la forteresse Pierre-et-Paul dans les cachots de laquelle croupit, entre autres, Dostoïevski. Rien d'étonnant à ce que Lénine, dont le frère Alexandre avait été exécuté après le meurtre du tsar Alexandre II (1881), se soit dressé contre tout ce qui était religieux. Son Parti communiste, qui avait lancé la révolution d'octobre 1917 devant le grandiose palais d'Hiver et avait pris le pouvoir, ne se contenta pas de combattre par tous les moyens le féodalisme, mais aussi la religion, « opium du peuple ». Des milliers de prêtres furent arrêtés et déportés, des milliers d'églises furent dévastées ou fermées, des millions de gens, croyants ou incroyants, furent envoyés dans « l'archipel du Goulag ». C'est avec effroi que j'avais pris connaissance des publications toutes récentes d'éminents critiques du régime russe, Andreï Sakharov, R. A. Medvedev, et naturellement Soljenitsyne. Seule la perestroïka de Gorbatchev, avec qui j'aurai un jour à intervenir comme conférencier à Lausanne, permettra aussi le « tournant » de l'Église orthodoxe.

La grandeur toujours actuelle de l'Église orthodoxe.

Mais j'éprouve le plus profond respect pour l'Église orthodoxe qui a réussi à survivre en dépit des menaces de crise, des conquêtes de la plus grande partie des pays chrétiens orthodoxes par les musulmans et des décennies d'oppression communiste. Pour moi, elle constitue une forme de christianisme plus proche de celui des origines que l'Église romaine, car elle n'en a adopté ni l'autoritarisme ni le centralisme : c'est une vraie *koinonia*, une communion, une communauté d'Églises juridiquement égales.

Naturellement je pourrais aussi constater qu'elle risque de tomber dans le liturgisme, autrement dit de réduire la vie chrétienne à la liturgie en n'accordant que peu de place à une prédication adaptée à notre époque, et de se montrer incapable d'inspirer des réformes sociales et politiques. Pour ma part, je considère Alexandre Men, le réformateur et le grand prédicateur, comme le « saint » russe de notre temps. Biologiste célèbre, il s'était fait ordonner prêtre orthodoxe à l'époque où Khrouchtchev expliquait que, vingt ans plus tard, l'humanité aurait dépassé la religion. Après le « tournant », j'aurai l'occasion de discuter avec lui lors d'une session de l'Académie catholique à Weingarten, en Souabe, et je m'entendrai aussi bien avec lui que jadis avec Alexandre Schmemann. Je lui enverrai mon livre *Vie éternelle ?* à Moscou, mais j'apprendrai peu après l'horrible nouvelle : un matin, alors qu'il se rendait à la messe, il avait été assassiné à coups de hache, probablement par des agents des services secrets. Pour une Église orthodoxe en mal de réforme, mais qui depuis 1990 semble pour une large part encline à la restauration, ce sera la fin d'un grand espoir.

À Leningrad, nous visitons le palais d'Hiver et le musée attenant de l'Ermitage avec ses innombrables œuvres d'art (y compris les pièces d'orfèvrerie sibérienne), ainsi que le palais d'Été, véritable joyau « versaillais » à l'extérieur de la ville. Puis avant de repartir en wagon-lit pour Moscou, nous avons le temps non seulement de visiter la maison de Dostoïevski, mais de rendre visite au représentant du bureau des affaires extérieures du patriarcat, le métropolite Dimitrov Juvenali, pour le remercier de l'excellence de notre séjour, ce qui me permet de discuter avec lui des relations avec Rome. Cet entretien un peu tendu, mais fort instructif, se termine par un joyeux repas commun dans le restaurant moderne de la forêt de Archanagelskoje. À la table voisine se trouve l'actrice française Marina Vlady qui tourne un film sur la vie de Tchekhov. La Russie communiste s'ouvrira-t-elle un jour à l'Occident, me demandais-je ?

Dès le jour suivant, le 22 juillet, je m'envole pour Tachkent. Les cinq heures de vol de nuit, sur 3 000 kilomètres, semblent éternelles. Les sièges sont étroits. À côté de moi, une grosse dame russe ne cesse de caqueter avec son voisin, ce qui me gêne beaucoup. Mais je suis chaleureusement accueilli dans la capitale de l'Ouzbékistan par un prêtre sympathique, Viktor Trusewitsch, et par le moine Nicolas Chestov. Ils vivent dans un simple presbytère d'un étage près de l'église épiscopale, et je suis à l'hôtel.

À Moscou, il faisait 18 °C, à Tachkent 35 °C. Je me trouve ici dans une atmosphère beaucoup plus chaleureuse. Cette gigantesque ville industrielle de 1 500 000 habitants a de larges avenues. La vieille ville a été détruite en 1966 par un tremblement de terre et a été depuis reconstruite à la moderne. Mais elle possède un marché plein de fruits exotiques, alors que, à l'hôtel de Moscou, nous n'avions que du raisin desséché, tant le système soviétique est incapable d'importer ce genre de marchandises. Le matin, visite de la ville, de l'université moderne et de la vieille mosquée, siège du mufti. Puis deux sympathiques guides ouzbeks me font visiter le Musée soviétique et surtout l'Exposition industrielle de l'Ouzbékistan soviétique, pays de prédominance musulmane, et, le plus beau pour moi, me font voir des danses du pays en costumes traditionnels. L'après-midi, visite des églises et du cimetière. Je peux y constater combien les prêtres orthodoxes sont proches du simple peuple et jouissent de la sympathie qu'on ne prête pas toujours aux membres du haut clergé.

Mais, qu'ils en soient conscients ou non, nombreux sont les croyants de Russie et de toute l'Europe, des prêtres plus encore que des laïcs, qui, intellectuellement et spirituellement, vivent encore dans le cadre du paradigme de la vieille Église hellénistique slave. La liturgie a à peine changé, et sa théologie absolument pas. Cela confère à l'Église orthodoxe un caractère monastique traditionnel, mais également un caractère religieux presque fétichiste. Jamais je n'aurais rêvé alors, quand je visitais en 1971 la cathédrale de Moscou transformée en musée, que j'y célébrerais un jour la Pâque avec le patriarche de Moscou et de toute la Russie en me faisant filmer en ornements anciens. J'ai résumé les sentiments et les impressions que j'ai éprouvés dans cette cathédrale de la Dormition de la Vierge dans une déclaration destinée à mon émission de télévision « À la recherche de traces » en exprimant les espoirs et les dangers de l'orthodoxie :

> Je ne peux cacher la sympathie que j'éprouve pour l'Église orthodoxe. Sur beaucoup de points, elle reste très proche de l'Église primitive. Elle ne connaît pas la centralisation de la mienne, et elle accepte tout au moins le mariage des prêtres (mais non pas des évêques). Elle permet

aussi aux fidèles de recevoir l'eucharistie sous les deux espèces du pain et du vin. Elle a tenu bon sous tous les systèmes politiques, même sous les soixante-dix ans de persécution du régime communiste qui a fait des millions de martyrs. Cela tient avant tout à sa grandiose liturgie, à ses chants dont les Occidentaux sont encore friands à l'heure actuelle. Mais on ne peut cependant pas l'ignorer, sur ces points la distance qui sépare cette Église de l'Église primitive est immense : le croyant moyen éprouve des difficultés à reconnaître dans cette liturgie de cour la Cène du Christ, et le lien avec l'État n'a rien de chrétien. Ce sont là les défis auxquels l'Orthodoxie doit répondre en profitant de la beauté de sa liturgie et en faisant entendre à nouveau sa parole dans sa prédication et dans ses écoles, celle du message chrétien. Je pense aussi au lien qu'il lui faut retrouver avec l'Église latine en se réconciliant avec celle à laquelle elle a été liée pendant mille ans. La grande tâche du siècle qui vient, c'est de mettre fin à ce schisme de neuf siècles. Bien sûr, c'est en premier lieu à Rome qu'il faut le demander.

Mais j'ai désormais affaire à un tout autre monde !

Le monde de l'islam : l'Afghanistan.

Le 24 juillet, deux heures avant mon envol de l'aéroport, un employé de la sécurité, glacial, lunettes de soleil, inspecte et photographie mes papiers. Puis commence un inoubliable voyage vers l'Afghanistan. Le Tadjikistan et le Pamir, « le toit du monde », sont couverts de neige et de glace, le temps est magnifique. Puis c'est l'Hindu Kush, une chaîne de montagnes sans fin, de 5000 à 7000 mètres de haut, couvertes de neige. Mon but est Kaboul. Je quitte le monde chrétien. Une fois de plus j'éprouve très concrètement l'*œkoumene*, « la terre habitée », infiniment plus vaste que le monde chrétien. Au cœur de l'Asie, je vais rencontrer une fois de plus le monde de l'islam dans un pays presque exclusivement musulman.

L'Afghanistan : en découvrant par le hublot de l'avion ce pays difficile d'accès du fait des chaînes de montagnes qui l'entourent et de ses vallées taillées comme des gorges, je ne cesse de penser que je n'aimerais pas plus y faire la guerre que dans les Alpes suisses, les protectrices de mon pays. Après avoir été conquis par Alexandre, les Arabes, Gengis Khan, Tamerlan, ce pays fit partie de l'Empire moghol dont le fondateur, Babur, était afghan et repose maintenant à Kaboul, dans un mausolée du jardin

Babur. Puis il fut rattaché à l'Empire perse jusqu'au milieu du XVIIIe siècle, époque à laquelle il devint indépendant. Au XIXe siècle, les Britanniques y lancèrent sans succès deux guerres, très coûteuses en hommes (1838-1842 et 1878-1881) pour en faire un État fantoche tampon entre leur empire colonial indien et la Russie, et empêcher son évolution moderne, en bloquant en particulier la construction d'un chemin de fer. Ce n'est qu'après une nouvelle guerre, également infructueuse, qu'ils admirent une indépendance du pays que ratifia également le jeune État soviétique en 1921.

Lors de ma visite de 1971, le royaume d'Afghanistan était un pays isolé, socialement retardé, politiquement instable, de 15 millions d'habitants, dont de nombreux nomades. En dépit de l'abondance de l'eau qui vient des montagnes, il est sans cesse menacé de sécheresse et de vents de sable. Aux XIIIe et XIVe siècles, Gengis Khan, puis Tamerlan ont détruit ses cités florissantes et leur système hydraulique très développé. Des groupes ethniques rivaux se partagent le pays : 40 % de Patchouns qui se considèrent comme les véritables Afghans (Ariens), souvent encore nomades, 25 % de Tadjiks, 20 % de Hazaren, et 5 % d'Ouzbeks. La population se répartit en une multitude de tribus puissantes, de sous-tribus et de grandes familles. Le roi, Zahir, le shah, a créé le premier Parlement librement élu, mais qui est vite devenu un champ de luttes et d'oppositions tribales à la politique de réforme du gouvernement. Les Afghans sont un peuple fier et combatif, ce que l'on constate à travers leurs joutes de cavaliers et dans leurs danses. Les femmes sont le plus souvent totalement voilées (sauf les nomades et les émancipées) et on ne peut voir que leurs yeux.

Et pourtant, par comparaison avec l'Union soviétique, je me trouve très bien à Kaboul. La ville est accueillante. Située à 1 890 mètres au-dessus du niveau de la mer, cette cité de quelque 400 000 habitants, à la croissance rapide (ils seront 3,5 millions en 2007), est installée dans une large conque entre les montagnes. C'est la capitale administrative, économique, industrielle et culturelle du pays. Celui-ci, qui comportera 31 millions d'habitants en 2007 est à 99 % musulman, dont les quatre cinquièmes sont sunnites. Mais il règne une grande liberté religieuse. Ce fouillis de rues et de maisons a pour cœur le bazar de la vieille ville où se côtoient dans les multiples petits ateliers ouverts en plein air orfèvres, cordonniers, chaudronniers, forgerons, tailleurs.

Naturellement, il y a aussi des chrétiens. Je suis accueilli par Mgr Angelo Panigati, attaché à l'ambassade italienne. Le dimanche, je dois prêcher dans une église de Kaboul bourrée de monde. Mgr Panigati, que tout le monde aime, préside la célébration. L'esprit du concile se manifeste même en Afghanistan : des douzaines de confessions et de dénominations chrétiennes sont présentes, et elles sont toutes invitées à recevoir la communion, déclare Mgr Panigati. N'a-t-il donc aucun problème avec Rome ? « Aucun, me répond-il. La Conférence épiscopale afghane l'a autorisé, et la Conférence, c'est moi. » Pour ma part, je lui cite le proverbe russe : « Le ciel est grand et le tsar est loin. » C'est une magnifique célébration, pleine d'harmonie, suivie par le café. Qu'il serait donc facile de réaliser l'œcuménisme, me disais-je, s'il n'y avait pas toutes ces autorités et tous ces bureaucrates ecclésiastiques à s'accrocher à leurs sièges.

Au cours de la journée, je rencontre un groupe du Peace Corps : *« America at its best »*. En 1961, Sargent Shriver, beau-frère du président Kennedy, a fondé à la demande de celui-ci cette organisation américaine d'aide au développement. Elle est constituée de volontaires de tous les pays. Elle a bien mérité l'article de tête du *Time Magazine*. Dans mon album de photos, les joyeux visages de ces jeunes gens me rappellent aujourd'hui encore ce nouveau paradigme pacifique de la politique mondiale suscité aux États-Unis par la Seconde Guerre mondiale.

Pour le dîner, nous nous retrouvons en petit groupe international dans un petit château islamique et nous nous lançons dans une fort vive discussion. Mais personne ne peut alors s'imaginer que l'Union soviétique, qui vient depuis peu de tracer à travers l'Hindu Kush une route libre toute l'année, avec un audacieux tunnel à 3 000 mètres d'altitude, va ignorer à ce point les sanglantes expériences britanniques et, dans un an, se jeter sur le pays. C'est cependant ce qui se passera en 1979, et il faudra dix ans pour que l'armée soviétique batte honteusement en retraite. Mes amis américains peuvent encore moins s'imaginer que leur pays se lancera lui aussi dans l'aventure, cette fois contre les islamistes radicaux : au lieu de recourir à leurs services diplomatiques secrets et à des opérations financières (« En Afghanistan, un âne chargé de billets de dollars va plus loin qu'une armée entière », suivant le mot d'un chef de tribu), il entreprendra une guerre terrestre et aérienne massive. Et finalement, aurais-je moi-même pu penser qu'un jour un gouvernement de la République fédérale d'Allemagne, jusque-là entièrement centré sur l'action humanitaire, se montrerait totalement solidaire des États-Unis et en viendrait à défendre militairement l'Hindu Kush. « Je ne sais pas ce que des soldats allemands veulent faire là-haut, me dira au cours d'un entretien personnel un ancien chancelier. Il leur faudra y rester des années, peut-être des décennies. » Ce qui se produira.

Pourtant, à Kaboul, au cours de cette pacifique soirée de l'été 1971 avec El-Ham, éminent professeur de l'université de théologie, nous discutons surtout de ce qui fait le cœur de l'islam. Il ne peut admettre l'idée que Dieu s'est fait « chair » et a pris forme humaine. Pour lui, il s'est fait « livre », un livre qui a été dicté mot à mot par son ange. Mais ne faut-il pas voir en même temps dans cette parole du Dieu éternel une parole du prophète, et donc la comprendre historiquement ? Au cours de la conversation, le savant musulman admet cette vision des choses, car un certain Fazlur Rahman, célèbre savant pakistanais, l'a aussi défendue et expressément fondée. Mais quand je demande à mon collègue afghan s'il pourrait défendre cette opinion à l'université de Kaboul, il me répond sérieusement : « Non, sinon je devrais émigrer. » Et tout comme Fazlur Rahman a finalement émigré et enseigne présentement à l'université de Chicago, son collègue El-Ham devra lui-même partir. Je ne sais pas où.

Le temple doré des sikhs.

À Kaboul, je ne manque naturellement pas de me procurer quelques magnifiques bijoux de lapis-lazuli pour mes sœurs et mes collaboratrices. « La hâte est l'œuvre du diable », disent les Afghans. Mais mon programme est fort serré, et, dès le 25 septembre, il me faut repartir. Deux heures de vol par Afghan Air Line vers le sud-est par-dessus les maigres montagnes de la vallée de l'Indus, vers le Panjab occidental, pakistanais depuis 1947 : pour Lahore. Notre appareil s'y arrête presque deux heures, et nous restons trempés de sueur dans un avion surchauffé, puant, à l'heure du déjeuner. Je ne verrai malheureusement rien de cette belle cité.

Mais je sais que les tensions entre le Pakistan et l'Inde peuvent à tout moment mener à la guerre, car le Pakistan oriental bengalais (à 1 500 kilomètres du Pakistan occidental) s'est, avec l'aide de l'Inde, déclaré indépendant en 1971. Le gouvernement central et son armée ont alors déclenché une répression sanglante, ce qui a précipité un flot de dix millions de réfugiés en Inde. C'est seulement après la défaite de l'armée pakistanaise à la fin de la guerre indo-pakistanaise de 1971-1972 que le Pakistan a reconnu l'indépendance du Bengladesh.

Nous repartons enfin pour Amritsar, juste de l'autre côté de la frontière. Là, pénible inspection de nos valises. Car ce Panjab est aussi le tumultueux pays des sikhs (en hindi: « élèves »), communauté religieuse qui compte quelque dix millions de membres. La religion sikh fut fondée au XVe siècle par Nanak, qui souhaitait réunir hindous et musulmans sur la base d'un monothéisme libre de toute image. Ses écritures saintes sont le *Adi Granth*, constitué pour la plus grande part de poèmes et d'hymnes de Nanak et de ses neuf successeurs (les gourous). La doctrine de la réincarnation et du karma se lie à la piété indienne du bakti, de l'amour divin. C'est seulement depuis le XVIIe siècle que les sikhs, rejetés par les hindouistes, se sont organisés de façon rigoureusement militaire. Depuis lors, tous les sikhs mâles ajoutent à leur nom le titre de « lion » (*singh*, en sikh), portent un poignard et gardent les cheveux longs sous un turban. Les femmes se dénomment *kaur* (« princesse »). Ces Pakistanais occidentaux à la peau claire (ils sont d'origine arienne) parlent ourdou (un mélange de hindi et de persan), tandis que les Pakistanais orientaux (du Bengladesh) ont la peau sombre, sont apparentés aux Uravides et parlent bengali.

Le soir, je me fais conduire en rickshaw au grand sanctuaire des sikhs, le Temple d'or. Dans tout l'Orient, on a du mal à s'imaginer un théâtre aussi richement coloré. Des sikhs aux vêtements et aux turbans de toutes les couleurs s'y rassemblent en paix. Le Temple d'or, qui étincelle au milieu d'un petit lac sacré, fut fondé en 1577 par le quatrième gourou, puis reconstruit à neuf après sa destruction et recouvert de plaques de cuivre doré. Il est ouvert à tout le monde; je peux franchir en toute liberté le pont qui y conduit et circuler dans le sanctuaire central au milieu des sikhs.

Le XVIIIe siècle vit la naissance d'un vigoureux État sikh. En 1849, au terme des deux guerres contre les Anglais, il fut réduit à une province indienne avant de devenir en 1966 le Panjab, un des États de la fédération indienne. En 1971, je ne remarque pas grand-chose de la tension entre les sikhs et les Indiens. Cependant, en 1984, des sikhs fondamentalistes armés se retrancheront dans le Temple d'or qui tombera finalement aux mains des troupes indiennes. Conséquences dramatiques: la mort de plusieurs centaines de sikhs, et, un peu plus tard, par réaction, l'assassinat d'Indira Gandhi, le Premier ministre indien, par deux sikhs membres de sa garde du corps, le 31 octobre 1984.

L'Inde des hindous.

Le matin suivant, le 26 juillet, je visite encore une fois le Temple d'or. Je saute ensuite dans un vol d'Air India qui me conduit en une heure à Delhi. J'y suis accueilli par le père Franck Loesch, un jésuite. Le soir, plusieurs discussions au collège jésuite. Comme je connais déjà la ville et ses édifices moghols, je repars dès le lendemain matin vers Bangalore, la grande ville industrielle du Sud de l'Inde, où le climat est meilleur. Les firmes américaines et européennes de haute technologie s'installent de plus en plus dans cette agréable cité-jardin.

J'y prends contact avec M. M. Thomas, de l'United Theological College, un des plus importants théologiens protestants indiens, auteur du livre *The Unknown Jesus in Hinduism*, ouvrage très réputé. J'ai pour éminent partenaire catholique le père Amalorpavadas, professeur au séminaire catholique et directeur du Centre national de liturgie et de catéchèse. J'y parle de mon livre sur le message chrétien et sur les ministères dans l'Église : quels en sont les éléments permanents ? Discussions sur les sujets les plus variés. Les professeurs de la faculté catholique sont également invités à ma conférence à l'United Theological College.

Alors que je pars toujours des problèmes actuels de l'Église et de l'urgence de réformes, je ne me heurte nulle part à une quelconque objection. Dans les deux Églises, tous se sont réjouis de ma venue. Son annonce a cependant excité la hiérarchie indienne, et en particulier l'archevêque de Bombay, le cardinal Valerian Gracias, que j'ai connu au concile, mais aussi Mgr Simon Lourdusamy, archevêque de Bangalore, qui vient juste d'être appelé à Rome. On craint que ma présence ne provoque de tumultueuses discussions. Mais c'est le contraire : mes conférences sur le message chrétien aujourd'hui sont fort bien comprises et l'échange qui s'ensuit est agréable et constructif.

J'ai la chance de loger au milieu des gens, au presbytère du père Ignatius Anthappa, qui a passé sa thèse de doctorat à la Grégorienne sur « Mystique chrétienne et mystique hindouiste ».

Il a des amis suisses. On me dit que, de ce fait, le curé de Sainte-Thérèse a perdu toutes ses chances de devenir le nouvel archevêque de Bangalore. Dans les *slums* qui entourent le presbytère, il y a beaucoup à voir et à entendre. J'ai un aperçu de la pitoyable situation des couches inférieures de la population, des filles qui travaillent dans les filatures. Mais ce n'est qu'un aspect de la misère. Quel contraste avec le spectacle au cours duquel un autre groupe de filles présente le message chrétien à travers les formes classiques de danse indienne. On y sent l'enracinement dans une tradition profonde, mais aussi ouverte au renouveau.

Sis entre l'Himalaya, la mer d'Arabie et l'océan Indien, le sous-continent indien, avec son demi-milliard d'habitants qui s'accroît d'un million tous les ans, est un pays extrêmement varié aux religions multiformes, mais actuellement en plein bouleversement économique et social. Mes deux voyages successifs dans ce pays m'ont permis de mieux connaître l'hindouisme, beaucoup plus difficile à comprendre que les deux autres religions prophétiques, car il ne repose sur aucune personnalité fondamentale et ne renvoie à aucun dieu précis : c'est une vieille religion indigène, « éternelle », « non fondée », mais en expansion. Quand on vient des trois grandes religions prophétiques strictement circonscrites, on ne peut qu'être impressionné par son attitude mystique tendue vers l'unité, son ouverture sans limite et sa tolérance, sa capacité d'admettre et d'intégrer les idées étrangères et son aptitude à évoluer. À côté de traits polythéistes et de rituels orgiastiques, il offre des témoignages authentiques de monothéisme, d'ascèse très stricte et de méditation (le yoga), et il a engendré des philosophies de haut vol, comme celle de Shankara. J'en vois naturellement aussi les côtés négatifs, le système familial et social autoritaire, la mise en tutelle des femmes et des jeunes filles, l'absence de toute idée de personnalité.

Comment comprendre intellectuellement ce système religieux en pleine croissance, en dépit de son étonnante diversité de vues, de rites et de formes ? Il me faudra des décennies pour comprendre la suite ininterrompue des religions qui ont façonné des époques, des configurations et des paradigmes aussi variés. Cette idée de paradigme me fournira un instrument précieux d'analyse lors de ma série d'émissions télévisées « À la recherche de traces » à la fin des années 1990, en me permettant d'en dégager les traits permanents tout en mettant en valeur leurs formes changeantes, les variations de leurs convictions, de leurs valeurs et des expériences vécues aux époques les plus diverses. Je verrai le couronnement de ce travail en 2006, lorsque le Dr Stefan Schlensog, mon fidèle accompagnateur et conseiller, actuellement secrétaire général de la fondation Weltethos, publiera son gros ouvrage, *L'Hindouisme. La foi, l'histoire et l'éthique*, une synthèse complète qui se situera dans la continuité de ma trilogie sur les religions prophétiques, christianisme, islam et judaïsme.

Mais en 1971 il ne s'agit simplement pour moi que d'écouter et d'entendre, d'observer et de réagir ; ce qui implique naturellement aussi, tout aussi bien que pour le christianisme, l'analyse des faces négatives de l'hindouisme impossibles à taire. C'est ainsi que je me demande si l'image cyclique du monde de la religion hindoue, celle selon laquelle, tout comme la vie individuelle, le cours du monde se traduit par un cercle continu de devenirs et de disparitions, n'est pas la raison de ce fatalisme individuel et du déterminisme collectif qui constitue un des obstacles majeurs à toute réforme et à toute amélioration de la masse indienne. Est-ce que le système des castes, auquel la Constitution indienne a théoriquement mis fin, mais qui en pratique perdure manifestement, ne constitue pas une tare effroyable obérant la construction de la nouvelle démocratie indienne ? Peut-on penser un hindouisme réformé tel que l'avaient déjà proposé au XIXe siècle les promoteurs d'un néo-hindouisme ?

Le 28 juillet, je m'envole de Bangalore vers Madras, cette ancienne ville de style colonial, avec ses millions d'habitants, située sur le golfe du Bengale. Elle s'étend avec fierté le long d'une plage de deux cents mètres de large, la seconde du monde en longueur. Mais, à côté de splendides maisons, d'immenses *slums* ! Et je me demande évidemment comment on peut aider ces pauvres gens. Il est intéressant de voir que, au lieu de construire des grands édifices de prestige, les Églises ont commencé par de simples petites « unités sanitaires », des édifices simples avec toilettes et laveries destinés aux habitants des *slums* qui sont eux-mêmes responsables de l'ordre et de la propreté. Naturellement, il y a aussi des places de jeux pour les enfants et bien d'autres choses.

Je prends la parole aussi bien au séminaire catholique du Sacré-Cœur, devant un groupe œcuménique, que dans la résidence du célèbre évêque Leslie Newbigin, le promoteur de l'exemplaire Union des Églises protestantes d'Inde du Sud (Church of South India). La première page du journal catholique édite des articles très positifs à mon sujet ainsi qu'une caricature avec cette chansonnette : « Il y avait un jeune homme du nom de Küng / dont tout le monde célébrait les louanges. / Mais les choses qu'il rapportait / sonneraient mieux s'il était mort. / Pour le moment il est un peu trop jeune. »

Je profitai de l'occasion pour faire une excursion à Tiruchirappali, plus souvent appelée Trichy, lieu de pèlerinage hindou et centre culturel de la région, situé à une heure de vol. J'y fus reçu par Mme Aschoff, médecin allemand qui luttait héroïquement depuis des années pour les malades pauvres. Je visitai aussi une installation typique de temple de l'Inde du Sud avec ses immenses gopura, tours en forme de pyramide rectangulaire de style dravidien, sans fenêtres, mais avec d'innombrables niches avec des figurines cultuelles. Je fis aussi l'ascension de Rock Fort, forteresse sise sur une colline.

Mais je m'intéressai avant tout au travail de Bede Griffiths, bénédictin anglais qui avait créé un ashram, un centre d'étude et de méditation hautement prisé des hindous. Ce chrétien avait adopté le vêtement et le mode de vie indien. Il allait encore beaucoup plus loin que ce jésuite dont j'avais fait la connaissance quelques années plus tôt à Calcutta, et qui avait acclimaté certains usages locaux dans sa liturgie. Bede Griffiths, avec lequel je me trouvais très vite sur la même longueur d'ondes, montrait de façon exemplaire sur quoi pouvait déboucher l'inculturation de la foi chrétienne en Inde : un christianisme authentiquement indien.

Le Sri Lanka et le bouddhisme.

Je quittai Bangalore le 1er août 1971 pour la grande île de l'océan Indien, le Sri Lanka. C'est là que, après la disparition en Inde de ses couvents et les invasions islamiques, une autre religion de ce pays, le bouddhisme, avait trouvé sa patrie. C'était dans ce pays que s'était enracinée la forme la plus ancienne de cette religion qui se définissait par le monachisme. C'est là qu'avait été rédigé en pali, une langue de l'Inde centrale, le canon le plus important du bouddhisme theravada.

Ceylan, aujourd'hui le Sri Lanka, avait été occupé pendant trois siècles par les Portugais et les Hollandais, puis était passé sous la domination britannique de 1802 à 1948. Colombo, centre commercial du pays, le plus grand port d'Asie, comporte certes nombre de quartiers misérables, mais présente aussi une juxtaposition colorée de temples bouddhistes et hindous, et également de mosquées et d'églises chrétiennes. Le centre, avec ses bâtiments gouvernementaux et la mosquée Davatagaha, la plus ancienne de la ville, est impressionnant. L'opposition tamoule – hindoue et chrétienne, surtout dans le nord de l'île, a créé un Front de libération du peuple, fortement marqué de marxisme-léninisme. En avril 1971, celui-ci a suscité un premier soulèvement, avec attaques de postes de police. Il a pour arrière-plan non pas tant les différences religieuses que les conflits économiques entre familles cinghalaises et tamoules. Des problèmes financiers insurmontables ont mis fin aux années insouciantes de cette île tropicale, au temps où le Premier ministre Sirimavo Bandaranaike (épouse du Premier ministre assassiné) avait promis une nationalisation avec diminution des impôts, habitations à bon marché, gratuité de l'éducation et création de moyens de communication. Le pays, qui vivait avant tout de l'exportation du thé, du caoutchouc et des noix de coco connut alors un gigantesque déficit financier et le chômage, un déficit croissant de la balance commerciale, tout en ne disposant plus que du maigre soutien des pays du bloc de l'Est. Il fallut revoir la politique de gauche, et on vit poindre les restrictions.

Mais ce qui m'intéresse, c'est le bouddhisme. Je me fais conduire en voiture – malheureusement par un chauffeur qui ne cesse de jouer avec la pédale d'accélération – jusqu'à la montagne sise au centre du pays, à quelque 120 kilomètres de Colombo, dans la montagne d'où on a une magnifique vue sur les pentes en terrasses couvertes de plants de thé. C'est là, au bord d'un lac, que se trouve Kandy, l'ancienne capitale du royaume cinghalais, aujourd'hui le plus important centre de pèlerinage du pays. On y vénère une dent sacrée du Bouddha. Le Bouddha, « l'éveillé », me fascinait depuis longtemps. Il incarne une religion de nature spirituelle antithétique du christianisme.

Cette « voie moyenne » entre les extrêmes de l'hédonisme et de l'ascèse intéresse aussi beaucoup d'Occidentaux. Les quatre « nobles vérités » de Gautama, le Bouddha, idées centrales de son sermon de Bénarès, entendent enseigner l'origine de la souffrance afin de pouvoir y mettre fin : cette souffrance est liée au désir, à l'amour-propre qui conduit de renaissance en renaissance. C'est seulement en en prenant conscience et en se défaisant de tout appétit terrestre qu'on peut s'affranchir du malheur. Pour cela, il faut suivre l'octuple sentier du Bouddha : il conduit à la guérison du désir et permet d'échapper au cercle sans fin des renaissances, à l'illusion (la *maya*) de la vie, et d'atteindre le *nirvana*, l'extinction de toute vie au sein de l'infini.

Mais à Kandy, sanctuaire du bouddhisme originel, il n'est pas plus question de ce message bouddhiste originel que du Sermon sur la montagne de Jésus dans un lieu de pèlerinage italien. Ce qui est omniprésent, c'est un monachisme dont la hiérarchie joue un rôle essentiel dans l'État. Bien sûr, je vais voir les éléphants richement colorés qu'on conduit solennellement en procession pour boire et se baigner dans le fleuve voisin. Mais je ne cesse de me demander comment on a pu en arriver là : comment ce qui était au départ la religion la plus simple qui soit, celle pour laquelle toute réalité extérieure n'est qu'apparence irréelle, *maya*, a-t-elle pu donner tant d'importance à des reliques telles que la dent du Bouddha, édifier toutes ces bâtisses, et parler des mérites à acquérir en vue du salut ? Je perçois tous les parallélismes qu'on peut établir entre ce bouddhisme et la piété médiévale, ainsi que les changements de paradigmes possibles dont je traiterai une décennie plus tard à Tübingen dans mon dialogue avec Heinz Bechert, le bouddhologue de Göttingen.

L'Indonésie : un islam tolérant.

Le 3 août, je m'envole de Colombo vers Singapour, jadis l'avant-poste de l'Empire britannique, et je découvre dans l'animation de cette ville l'avant-goût du tourbillon du continent chinois.

La population, autrefois de deux millions d'habitants, 76 % de Chinois, 15 % de Malais, en a maintenant trois millions. Par la suite, quand j'aurai à introduire mon film télévisé sur la religion chinoise avec des images de la « cité du lion » et de la danse chinoise du lion, j'apprendrai à mieux connaître cette cité sise à la pointe méridionale de la presqu'île malaisienne, bientôt le plus important centre du trafic, du commerce, de l'industrie, de la finance et des services de l'Asie.

Dès le jour suivant, je dois repartir pour Djakarta où on m'attend pour une conférence organisée par l'Institut Goethe. Djakarta : une ville moderne de déjà trois millions d'habitants, avec son monument national, son musée central, ses larges avenues, mais sans véritable *city*. L'Indonésie : un pays à la splendide végétation exotique, avec des hommes et des femmes magnifiques : trois mille îles et la plus grande chaîne de volcans du monde, mais qui fort heureusement ne causent guère de mal.

Le soir même, j'engage une discussion fort animée avec Franz Magnis-Suseno, jésuite, éminent aumônier des étudiants, sur ce qui distingue le christianisme des autres religions. Ce qui fait sa spécificité, ce ne sont ni les idéaux de justice, d'amour, de bonté, de bonnes œuvres ou d'humanité, mais Jésus-Christ lui-même, bien sûr avec tous ses attributs humains et divins. C'est à partir de ce centre historique qu'il faudrait construire toute la théologie chrétienne. Tel est précisément le thème de l'exposé que la faculté protestante m'a demandé le 4 août pour un large public. On ne peut espérer d'unité des Églises si on ne revient pas sans cesse sur cet essentiel dont toutes les Églises se réclament.

De par son chiffre de population, l'Indonésie est le pays islamique le plus important du monde et, par comparaison avec maints pays du Proche-Orient, celui dont l'islam est le plus modéré. 90 % des gens sont musulmans, mais sont en général très tolérants vis-à-vis des chrétiens et des hindous. Mon vol de Djakarta à Yogyakarta est magnifique. Partout les sommets des volcans de Java de plus de 3 000 mètres pointent dans le soleil au-dessus de la brillante couche de nuages, tranquilles et majestueux. Comment aurais-je alors pu penser que, en 2006, « Yogya » serait non seulement sous la menace du Merapi, le volcan tout proche, mais subirait aussi un désastreux tremblement de terre qui ferait 5 700 morts et quelque 36 000 blessés ? À Yogyakarta, ancienne capitale qui avait déjà un million d'habitants en 1971, ville peu industrialisée, mais haut lieu de l'industrie du batik et de la soierie, les Jésuites tiennent une école. C'est là que je fais ma conférence le 6 août à la faculté catholique : « Quel est le message chrétien ? » Elle est traduite en indonésien et sera imprimée dans l'année qui suit. Au cours des pauses du repas qui suit, les discussions sont ardentes.

Mais dès le lendemain, le père Tom Jacobs, doyen de la faculté, et le père Jan Bakker, le spécialiste du lieu, m'accompagnent fort aimablement à Borobudur, à un monument de type pyramidal à sept niveaux sis dans un carré de 125 mètres de côté : c'est le grandiose haut lieu du bouddhisme, érigé vers 800 à quelque 40 kilomètres de la ville. Il figure un mandala tridimensionnel, avec des portes orientées vers les quatre points cardinaux, et quelque 1 500 bas-reliefs représentant des scènes de la préexistence et de la vie du Bouddha, allant de figurations luxuriantes de sensualité, corps de femmes, animaux, plantes, monstres, jusqu'aux hauteurs sublimes de symboles purement religieux, le tout couronné par 72 stupas avec des sculptures du Bouddha assis. Nous discutons de religion et du sens qu'elle peut avoir dans le monde moderne, idées qui m'accompagneront par la suite dans mes exposés et que, me dira-t-on par la suite, même des Indonésiens non théologiens accueilleront volontiers.

Le jour suivant, nous nous rendons à Prambanan, grand site hindouiste du IXe siècle, au centre de Java, un groupe de cinq temples érigés sur une gigantesque terrasse. Détruits par un tremblement de terre au XVIe siècle, on ne les a reconstruits qu'en 1937 avant qu'ils ne soient de nouveau endommagés par le tremblement de terre de 2006. Le plus grand temple, de près de 50 mètres de haut, consacré au dieu Shiva, comporte des reliefs de scènes du *Ramayana*. Coulisse étonnante pour des danses et des pièces de théâtre ! J'ai la chance d'assister à une représentation nocturne de cette grandiose épopée de la plus ancienne littérature sanscrite. Elle raconte l'histoire du roi Rama de Ayodhya, septième incarnation du dieu Vishnou. Cette pièce met en scène 450 figurants aux vêtements aux coloris extraordinaires. Elle est coupée de chants et de danses, mais aussi de mimes avec des masques de démons et une amusante légende de singes qui, dans l'épopée, sont venus arracher Sita, l'épouse de Rama, des griffes de Ravan, le roi des démons, en construisant un pont reliant le continent indien au Sri Lanka.

Nous parlons beaucoup d'une « indonésisation » qui ne saurait bien sûr consister en un simple amalgame d'éléments extérieurs, mais suppose une réflexion approfondie sur la foi chrétienne. Le message de Jésus sur la non-violence a sûrement beaucoup à dire dans un pays à la population courageuse et sensible, mais qui, au lendemain du soulèvement communiste de 1965, s'était laissée aller à massacrer des dizaines de milliers de communistes et de leurs alliés chinois. Le mot malais pour désigner cette folie meurtrière est *amok* ; il est aujourd'hui passé dans la langue allemande.

Le 8 août, à la fin de mon séjour, j'éprouve une joie toute particulière de pouvoir, non sans mal, m'envoler vers l'est jusqu'à cette petite île paradisiaque qu'est Bali, celle où, à en croire les Balinais, les dieux hindous auraient fui l'islam, et où la vie quotidienne est entrelacée d'art et de religion. Quel plaisir de me promener dans ce pays luxuriant aux dizaines de milliers de temples, au milieu d'une foule d'hommes magnifiques. Presque chaque ferme y a son propre sanctuaire où l'on apporte tous les jours des fleurs, du riz et des fruits aux dieux et aux esprits. Je garde tout particulièrement le souvenir du site de Pura Besakih, sur la pente méridionale du Gunung Agung, et de son merveilleux panorama sur la mer. Mais ce qui me frappe le plus, ce sont des danses, le soir, dans un petit village, au son de sifflets et de cris gutturaux. Sur un rythme monotone, elles évoquent des danses de singes, thème tiré du *Ramayana*. Les jeunes gens les figurent avec passion tandis que les belles balinaises magnifiquement costumées jouent sur des thèmes indiens.

Au milieu des sculptures qu'on me présente, je choisis un petit lion ailé noir que je garde encore dans ma maison de Seehaus. Et à Tübingen, j'ai toujours le souvenir indonésien que m'offrent des amis, un batik javanais, pièce de soie teintée avec de la cire figurant une gracieuse jeune fille qui s'avance sans peur vers un monstre marin.

Je peux finalement poursuivre mon voyage vers l'Australie en m'envolant de Denpasar, l'insignifiante capitale de l'île. Je sors du monde de l'islam, de l'hindouisme et du bouddhisme pour me retrouver dans le monde occidental « chrétien ».

Aux antipodes : l'Australie.

Le 12 août 1971, à minuit, après douze heures de voyage, j'arrive à Perth, capitale de l'État d'Australie-Occidentale, une des villes les plus isolées du monde, séparée de Sydney par un gigantesque continent et située à plus de 3 200 kilomètres de toute autre ville d'importance. Elle est joliment située sur la rivière Swan, et possède un parc immense et splendide.

En fin de compte, je suis donc arrivé aux « antipodes ». Mais, spirituellement, cela ne veut rien dire : les gens de là-bas n'ont vraiment rien de particulier : ce sont des Blancs, et je comprends leur langue, ce qui m'est un grand soulagement. Ils ont seulement un accent particulier, perceptible à leur simple prononciation du mot « Australie ». Et bien sûr leur histoire particulière qui débuta il y a plus de deux siècles, lorsque les Britanniques y installèrent une colonie pénitentiaire. Les savants discutent encore aujourd'hui pour savoir si cette colonisation blanche ne se fit pas au prix de la décimation de la population aborigène et si on doit y voir une invasion plus « impérialiste » et « patriotique » que civilisatrice. Quoi qu'il en soit, Perth, comme toutes les autres grandes cités australiennes, donne l'impression d'une cité cosmopolite moderne fort cultivée. Ici, c'est l'hiver, mais la ville jouit d'un climat méditerranéen. Il y a des fleurs partout et les gens se baignent ou font du surf. L'Australie est plus que toute autre nation celle du sport.

J'ai évidemment affaire à un public totalement inconnu, et je dois adopter une attitude totalement nouvelle envers des gens que j'entends convaincre, ce qui ne va pas du tout de soi. Mais mes dons naturels, ma formation et mon ouverture théologique aux personnes d'autres origines, d'autres nations, d'autres couleurs de peau et d'autres religions me sont fort précieux. Je ne joue nulle part au « professeur », et aucun compliment ne me fait intellectuellement plus plaisir que ce que m'écrira par la suite mon hôte de Yogyakarta : « L'union du théologien et de l'ami est ce qui nous a le plus impressionnés, et c'est ce qui nous attache à vous... Les journées que vous avez pu passer chez nous demeurent un merveilleux souvenir, et peut-être aurons-nous l'occasion de nous retrouver un jour. »

En Australie, et déjà dans cette cité commerçante qu'est Perth – d'où partent des bateaux chargés de fer, d'aluminium, de minerais pour le Japon et la Chine –, je suis accueilli avec chaleur. Mais, avant toute apparition officielle, je n'oublie jamais de demander à une instance supérieure de bien vouloir me donner le *la* et de solliciter la compréhension et la bienveillance du public. Et cela dans un pays qui se présente volontiers sous le signe de l'égalité. De ce fait, j'ai vraiment pu profiter d'un bout à l'autre de mon séjour dans cette université d'Australie-Occidentale où on n'assiste que rarement à une production de théologien européen.

Mais mon véritable but est Melbourne – à trois heures de vol de là, la deuxième grande ville d'Australie. Son architecture reste encore marquée par l'Angleterre. Capitale de l'État de Victoria, elle était jusqu'en 1926 le centre du gouvernement et donnait le ton de la culture, de la mode et de la gastronomie. Finie la colonie de déportés pénitentiaires : ils avaient été remplacés par des colons attirés par la ruée vers l'or. Si mon plan de voyage était si serré, c'était pour y être à temps. Dès mon arrivée, j'ai droit à une interview télévisée. Je réside sur le campus de l'université de Melbourne, dans la belle résidence du Dr Robin Sharwood, le principal du Trinity College dont je suis l'invité. L'archevêque catholique – le système romain fonctionne – avait refusé d'être co-invitant. Le jour suivant, le 15 août, je commence mon enseignement par une brève mais vigoureuse prédication à la cathédrale anglicane Saint-Paul. Puis, du lundi au vendredi (16-20 août 1971) je fais chaque soir une conférence dans un Wilson Hall bourré de quelque 1 300 auditeurs. Le thème général en est : « Jésus : un défi pour l'Église ». Le premier soir, « l'Église est-elle infaillible ? », puis trois séances sur « Jésus, le semeur de paix ». L'exposé final pose la question : « L'Église est-elle démocratique ? » 120 enregistrements de ces cours circuleront par la suite dans tout le pays.

Mes hôtes eurent soin de me ménager une journée pour me conduire sur une colline voisine. De là, je découvris ce que pouvait être l'étendue d'une ville australienne. Il y a tant de place que chaque famille peut avoir sa maison particulière avec jardin. Bientôt, la cité s'étendra sur une plaine de 100 kilomètres le long de la côte. Je garde le meilleur souvenir de mes entretiens avec mes hôtes, avec Max Charlesworth, le philosophe auquel je demanderai par la suite conseil au sujet des Aborigènes, et avec Eric Osborne, fort actif à la United Faculty, dont les professeurs et les étudiants sont catholiques et protestants : il m'avait souvent rendu visite à Tübingen. Interview à la radio et à la télévision par John Collins et Gerald O'Connor, s.j., qui a même organisé en mon honneur une réception dans son domaine familial, avec plusieurs douzaines d'invités.

Je profite du week-end pour me rendre dans le nord des Alpes australiennes, à Canberra, loin à l'intérieur des terres. L'atmosphère de cette ville, née en 1913 et rivale de Melbourne, rappelle un peu celle de Boston ou de Sydney, la luxuriante cité portuaire. Son architecture est nettement de type américain : centre gouvernemental et commercial, cette immense cité est construite en cercles concentriques coupés par deux gigantesques axes radiaux. Son habitat est très disséminé. Depuis 1927, Canberra est le siège officiel du gouvernement et, plus important pour moi, depuis 1946, celui de l'Université nationale australienne qui regroupe d'éminents spécialistes des sciences de la culture et de la religion.

Le dimanche 22 août 1971, j'y célèbre la messe pour la communauté germanophone. Le soir, je suis reçu par la Society for the Study of Religion and Theology. Lors d'un long entretien chez Otto van der Sprenkel, je rencontre Tony Johns, orientaliste fort aimable, et, pour la première fois, Julia Ching, Chinoise de Shanghai de grand savoir et de grande expérience qui deviendra par la suite une amie et une précieuse conseillère en matière de religions universelles. Je confesse volontiers que je fus tout de suite séduit par son style chinois, totalement nouveau pour moi : mimique, gestuelle et façon de penser. La révolution avait provoqué la dispersion de sa grande et importante famille : certains de ses membres avaient pris le parti de Mao, les autres s'étaient réfugiés à Taiwan. Elle-même s'était convertie au christianisme à Taiwan et elle avait été quelques années religieuse, mais avait finalement épousé Willard Oxtoby, spécialiste américain des religions. Ils deviendront tous les deux professeurs à Toronto, au Canada, où j'avais été professeur invité. Ces contacts furent essentiels pour ma découverte de la culture et de la religion chinoises. J'aurai à en reparler.

Le 23 août, je m'envole de Canberra vers Sydney, la plus ancienne et la plus grande ville d'Australie. Avec son opéra en forme de vaisseau construit sur le port et son toit en forme de trois voiles – un bijou architectonique –, ses douzaines de kilomètres de côte, c'est une des plus belles villes du monde. On m'en fait fièrement montre au terme d'un repas dans la villa d'un industriel suisse qui me conduit en auto sur le pont portuaire à huit arches, merveille technique du début du XXe siècle, puis on me fait faire une excursion en bateau dont il ne fallait pas se risquer à sortir une jambe dans l'eau tant les requins pullulent.

Cependant je ne suis pas venu pour visiter Sydney, mais sur l'invitation à la conférence des théologiens d'Australie et de Nouvelle-Zélande au cours de laquelle je dois une fois de plus parler devant un vaste public de l'infaillibilité et des ministères dans l'Église. Le hasard veut que l'Association catholique newmanienne ait invité en même temps Charles Moeller, sous-secrétaire de la Congrégation vaticane de la foi. Ce professeur de Louvain, que j'avais bien connu au concile, est personnellement bien disposé à mon égard. Il était installé dans l'appartement et dormait dans le lit que je devais occuper le jour suivant. « Le *sleeping arrangement* semble une concession majeure de Küng à l'obéissance à Rome », titrera le *Sydney Morning Herald* du 21 août 1971. Le fait est que nous avons pu nous entretenir très amicalement. Moeller me confie qu'il s'était rendu chez le pape

Paul VI et avait obtenu qu'il barrât la déclaration selon laquelle son encyclique *Humanae vitae* sur la condamnation des moyens anticonceptionnels relevait de l'infaillibilité. Je lui réplique que, ce faisant, et en dépit de ses bonnes intentions, il n'a pas rendu service. Il n'a fait que voiler ce qui, selon la vision romaine des choses, relève du *magisterium ordinarium*, de la doctrine quotidienne qu'on doit considérer comme infaillible du fait de l'accord de l'épiscopat avec l'enseignement infaillible du pape. Mgr Moeller a l'impression de sentir des écailles lui tomber des yeux et il doit reconnaître qu'il a empêché de chercher une vraie solution au problème de l'infaillibilité.

Mais il y a ces deux jours de congrès de théologie de l'université de Sydney, au cours desquels je dois faire un exposé, une fois de plus, sur le problème de l'infaillibilité, puis sur celui des ministères. Enfin, tout comme à Melbourne, conférence de presse, interviews, discussions et télévision.

Avec toutes ces conférences à Perth, Melbourne, Canberra et Sydney – comme toujours avec beaucoup d'occupations annexes – j'en ai fini de mes devoirs, sauf d'un. L'université de Melbourne m'avait proposé des honoraires comme je n'en avais jamais eu et n'en aurai jamais plus : quatorze jours de vacances en Australie en un lieu de mon choix, du 26 août au 11 septembre. Je me mets donc à fouiller les prospectus qu'on m'a envoyés, et je me décide pour une petite île proche de la grande barrière de corail longue de 1 900 kilomètres, Daydream Island.

Et c'est ainsi que je m'envole de Sydney vers le nord, vers Mackay, dans le Queensland typique, où je visite la côte et une usine de canne à sucre. On peut voir les kangourous folâtrer dans la nature au milieu des forêts d'eucalyptus : l'Australie en connaît plus de 600 variétés qui se sont propagées dans le monde entier. De Mackay, je pars en hélicoptère vers l'île Hayman, qui me paraît un peu vouée au tourisme de masse ; puis en bateau vers Hook Island et l'observatoire sous-marin où on peut admirer les poissons de la barrière de corail ; et finalement en hélicoptère vers Daydream Island, où je n'ai trouvé de place que dans l'unique hôtel, avec une chambre avec une vue magnifique tant sur le continent que sur l'autre versant de l'archipel de Whitsunday et sur le Pacifique. C'était ce Whitsunday (Pentecôte) que, en 1711, James Cook, le navigateur anglais, avait pour la première fois abordé la côte orientale de l'Australie.

Enfin du temps libre : une île de rêve.

« Daydream », rêvé éveillé ! Je peux enfin me reposer. Plus de devoirs ! Quelle bénédiction. Ces jours qui viennent conclure un semestre fatigant à Tübingen et un voyage non moins fatigant autour de la moitié du globe – 20 000 kilomètres, le diamètre de l'équateur. Enfin du temps pour réfléchir un peu sur les innombrables impressions sur ces pays, ces villes, ces cultures et ces langues, ces gens et ces entretiens si variés.

Comme je l'avais prévu, j'ai élargi mon horizon. Mon champ de vue s'est énormément amplifié. La ligne qui sépare le ciel et la terre, le ciel et la mer, s'est apparemment déplacée et devient plus nette, comme si je voyais un vaisseau surgir à l'horizon ou le soleil disparaître à l'horizon. L'univers géographique, puis spirituel, que je commence à entrevoir pour mon *Introduction au christianisme* dépasse presque mon intelligence. Et je dois pourtant chercher et réfléchir tranquillement sur la manière de rendre la vérité de ce monde, sur la façon de la comprendre.

Même en vacances, j'ai mon programme... de journées libres, comme je les aime. Je ne puis dormir toute la journée, et j'aime jouir du soleil quand il n'est pas trop brûlant : c'est mon élixir de vie, physique et psychique. Bain avant mon petit déjeuner à l'anglaise, ce qui me permet de ne prendre que quelques fruits à midi. Je lis évidemment les journaux que je reçois en y cherchant des nouvelles de chez moi. Mais ce qui se passe dans mon pays a si peu d'importance. Au fond les nouvelles ne me manquent pas. En revanche je suis attentivement les événements politiques et économiques du monde. Par la suite, j'aurai la chance d'être régulièrement tenu directement au courant de tout ce qui se passe en Australie grâce à mon travail avec Malcolm Fraser, l'ancien chef du gouvernement, à mes yeux l'incarnation de l'esprit australien.

Et sport : trois bains par jour, matin, midi et soir, en mer ou en piscine. Ski nautique. Mais j'aime encore mieux faire la planche ou de la plongée sous-marine. Je recours pour la première fois à un masque à oxygène, et j'éprouve le choc des fonds sous-marins. Soudain mon masque se plaque contre mon visage et j'ai le souffle coupé. Plus d'oxygène ! Je suis pris de frayeur et dois remonter à la surface. Mais je ne dois pas remonter trop vite, pas plus vite que les bulles d'air, car la décompression risque de provoquer un éclatement des poumons, le danger mortel qu'encourent les plongeurs. Heureusement, je ne suis qu'à quelques mètres de profondeur. Revenu en surface, j'ôte mon masque. Que s'est-il passé ? L'entraîneur a simplement oublié de remplir ma bouteille.

Cela ne m'empêche pas de replonger. Je suis fasciné par ce monde luminescent de plantes, de coraux, d'animaux marins et de poissons. Il y a même des petits requins qui batifolent autour de moi. On m'a dit qu'ils n'étaient pas dangereux. Il en va tout autrement de certaines autres bestioles qui provoquent une infection de l'oreille, de sorte que j'attrape une inflammation des deux oreilles et que j'ai l'impression de ne plus entendre qu'à travers un mur. Malheureusement pas de médecin, et l'aspirine que je prends n'y change rien. Le 8 septembre, je dois donc me rendre en bateau sur le continent, à Proserpine, une petite ville où je trouve un hôpital tout neuf. Un médecin me donne un médicament, mais le mauvais. Je ne connaîtrai aucune amélioration jusqu'à la fin de mon séjour.

À Canberra, j'avais vu dans une libraire les deux ouvrages de Henry Miller, *Tropique du Cancer* (1934) et *Tropique du Capricorne* (1939). Outre l'intérêt du retour autobiographique sur les turbulentes années de l'auteur à Paris et à New York, c'est peut-être la bonne lecture sur ma route au-delà du tropique du capricorne, m'étais-je dit. Ce que je lis est en tout cas fort instructif et non sans éminente qualité littéraire. On considère Miller, cet auteur qui s'enivre de mots, comme le père prophétique de ces écrivains qui, au milieu du XXe siècle, brisent tous les tabous, en particulier sexuels, et que leurs descriptions érotiques rendront célèbres. Mais, en se libérant de toute contrainte puritaine, Miller n'atteint pas la grandeur d'un Dostoïevski qu'il loue pourtant avec tant d'emphase : *Les Démons* présente bien sans aucune retenue ce que peut être un monde possédé par la sexualité, la brutalité et le crime. Mais, dans son immoralité, Miller, l'éternel bohémien, ignore tout des valeurs sacrées (sensibles chez le Aliocha et le starets des *Frères Karamazov*), pas plus que ce ne sera le cas au cours des années à venir dans le Big Sur de la côte californienne où il s'installera en rassemblant autour de lui toute une nuée d'admirateurs. Le fait qu'il se détournera finalement avec dégoût devant les modes sexuelles et la commercialisation du plaisir – cette tentative de libération ne sera pas ordinaire – n'y changera rien.

Pour mon futur livre, la seule chose importante à observer, c'est que ce n'est pas seulement en Russie, mais aussi à Paris ou à New York, dans l'Occident sécularisé, qu'on peut trouver une telle culture « nocturne » aussi amorale. Elle ne tient ni à un « passé païen », ni à un État répressif : ce n'est qu'une pseudo-libération que la critique ne saurait épargner.

Le nouvel horizon : les grandes idéologies.

Dans l'*Introduction au christianisme* que j'ai commencé d'écrire, je dois constamment tenir compte non seulement des grandes religions universelles, mais aussi des grandes idéologies séculières de notre temps. Si j'interprète correctement les observations que j'ai pu faire durant mes voyages, on assiste une crise généralisée de l'humanisme, tant de celui marqué par l'évolution technologique que de celui des révolutionnaires sociopolitiques.

Je repense à toutes mes expériences dans le monde occidental. J'y perçois l'ébranlement de l'idée de progrès : celui des sciences modernes, de la médecine, des communications, de la culture est sans exemple et dépasse toutes les anticipations d'un Jules Verne ou d'autres futurologues. Et pourtant on cesse de plus en plus de croire à l'ancien dogme des nations industrielles évoluées, celui selon lequel la science et la technique sont les clés du bonheur universel et garantissent automatiquement et inévitablement l'avancée de l'humanité. Ce qui inquiète, ce n'est plus seulement le risque de l'anéantissement atomique, pourtant toujours bien réel même si les accords des grandes puissances l'ont un peu minimisé ; ce sont les retombées des politiques mondiales et économiques des pays riches, avec toutes leurs contradictions ; c'est l'abîme croissant entre les peuples riches et les peuples pauvres ainsi que tous les problèmes de niveau national devant lesquels les gouvernements sont dépassés : derrière les imposants gratte-ciel, l'air de plus en plus empesté, la pollution de l'eau, les rues défoncées, le manque de logements, le bruit, les dommages sanitaires, l'insécurité, la criminalité, la croissance des ghettos, les tensions sociales, interraciales et interethniques chaque jour plus vives. Rien en tout cas de la grandiose « cité séculière » dont rêvait avec optimisme Harvey Cox, mon partenaire théologique américain de la semaine de discussion de Montréal au début des années 1960.

Que j'aille à Leningrad ou à Tachkent, à Melbourne ou à Sydney, et même dans des pays dont la modernité ne fait que démarrer, New Delhi ou Djakarta, on observe les mêmes phénomènes. On ne saurait y voir un simple revers du progrès, un revers qu'il faudrait bien prendre en compte. Bien sûr, beaucoup d'entre eux sont les conséquences de ratés et d'abus. Mais, dans leur ensemble, ils sont tous liés à l'ambivalence de ce progrès tant souhaité, celui qu'on a transplanté partout : un progrès qui, s'il se poursuit de la même façon, à la fois développe l'humanité et l'anéantit.

Mais je me refuse à peindre les choses en blanc et noir et à dire adieu à toute espérance. Ce à quoi il faut renoncer, c'est à l'idéologie du progrès commandée par les intérêts et les illusions pseudo-rationnelles du pouvoir. C'est à la croyance en une science capable d'expliquer la totalité du réel et en la démocratie comme religion de rechange ! Mais il ne faut pas renoncer à l'effort visant à un véritable progrès humain, à l'espoir d'une société méta-technologique, d'une forme de travail plus humaine, plus proche de la nature, d'une organisation sociale plus équilibrée, d'une satisfaction non seulement des besoins matériels, mais des valeurs humaines, donc d'un monde où il vaudra la peine de vivre sans ne valoir que par son argent.

Mais si je réfléchis à mes expériences en Union soviétique, j'éprouve tout autant d'effroi devant cette idéologie d'une révolution politico-sociale qui initierait d'elle-même l'humanité nouvelle. De Leningrad à Tachkent en passant par Moscou, je n'ai jamais vu se dessiner dans le ciel l'avenir d'une société communiste sans classes. La menace, fort différente de celle de l'Occident, c'est celle de la toute-puissance de l'État, de l'État et du Parti, un étatisme socialiste aux dépens de la population des travailleurs. En faisant appel au bonheur futur de l'humanité, on fait prendre patience aux gens, mais on les enferme dans un système impitoyable de travail où la seule chose qui compte, c'est le chiffre de croissance de la production.

Mais ici non plus, je ne voudrais pas rejeter tout espoir en même temps que l'idéologie. Ce à quoi il faut renoncer, c'est à la révolution en tant qu'idéologie, celle qui entend réaliser par la violence le bouleversement de la société pour ériger un nouveau système de domination de l'homme sur l'homme ; c'est au marxisme, en tant qu'explication totale de la réalité, et à la révolution conçue comme une religion de remplacement venant assurer le salut, ainsi qu'en rêvaient tant de gens en 1968. Mais il ne faut pas renoncer à travailler et à espérer en une société méta-révolutionnaire, au-delà de la stagnation et de la révolution, ni critiquer sans nuance l'état de fait en prétendant anéantir tout ce qui existe.

Dans un lointain avenir, sera-t-il possible de conjuguer les deux choses : l'aspiration à un humanisme politique révolutionnaire au terme d'une mutation radicale des relations sociales, à un monde meilleur et plus juste, à une vie vraiment belle, et les exigences d'un humanisme technologique vraiment réalisable où disparaîtrait la terreur, mais où régnerait une liberté ouverte et résolument pluraliste, où personne n'obligerait quelqu'un à croire ? Les chrétiens n'ont-ils pas justement à y contribuer ? C'est par la description de cet horizon que devra commencer mon livre. Telles sont mes réflexions.

Mais je ne puis m'attarder plus longtemps à rêver sur cette belle île. Le présent m'appelle et il me faut une fois de plus partir.

Nouvelle-Zélande :
la lettre pastorale d'un évêque contre un théologien.

Le 10 septembre, je pars, tout d'abord en bateau jusqu'au continent, puis en hélicoptère jusqu'au petit aéroport de Mackay, puis pour Brisbane, la capitale du Queensland, de la « côte d'or », centre du commerce et des communications vers l'étranger, ville qui, depuis 1909, a sa propre université. Je dois y parler de l'essence du christianisme, la question qui ne cesse de me préoccuper. Ma conférence a pour titre : « Jésus : un défi à l'Église ». Du fait de mes oreilles bouchées et des résonances que cela provoque, ça ne m'est pas facile. Les auditeurs ne sauraient se mettre dans la situation de l'orateur, et je dois donc faire comme si de rien n'était. Quand retrouverai-je enfin l'audition ? Mais je ne puis qu'être satisfait de mes semaines en Australie. Même les médias y font écho, dans l'ensemble de manière très positive.

Dès le jour suivant, je m'envole vers l'est, à 2000 kilomètres de là, vers Auckland, la plus grande ville de la Nouvelle-Zélande, située entre la mer de Tasmanie et l'océan Pacifique. Bien que mon arrivée ait lieu à minuit, j'y suis amicalement reçu par Raymond Forster, le principal du collège anglican Saint-John où on me conduit. Il m'apprend – et je me retrouve soudain plongé dans la réalité de l'ancien continent – que l'archevêque catholique romain de la ville a jugé bon de faire lire dans toutes les églises une mise en garde contre le théologien venant de Tübingen. On pourrait se montrer fier d'une telle distinction si ce n'était pas aussi triste. Cet ecclésiastique a-t-il des soucis ? En Europe, une propagande aussi négative n'aurait que des effets positifs.

Car j'ai les médias à ma disposition, et ils portent plus loin que le mandement pastoral de l'évêque. Le 12 septembre, je donne une longue interview au *New-Zealand Herald*, mais en évitant toute polémique inutile contre le prélat. Mon programme est chargé. Je prêche le jour même, et mes deux conférences des 13 et 14 septembre font salle comble. Malheureusement, pas de temps pour faire de la voile, seulement une rapide visite des environs en auto.

Quand, à la fin, le principal du collège anglican me demande si je n'entends pas pourtant faire une visite à Mgr Reginald Delargey, l'archevêque catholique, j'y consens sans hésiter. Or, ce à quoi le non-initié n'aurait guère pu s'attendre, mais ce que je supposais bien étant donné ma connaissance de la mentalité de tels seigneurs, l'archevêque, celui-là même qui vient de jouer officiellement son rôle de pasteur catholique romain, me reçoit cordialement, comme si de rien n'était ! Nous parlons entre autres de l'Église. En conclusion, il m'offre une médaille en bronze commémorant la visite de Paul VI dans le Pacifique sud, et il observe (se trahissant ainsi lui-même) : « Quittons-nous en bons amis. Qui sait ? La prochaine fois que vous reviendrez ici, vous serez peut-être cardinal ? » Je lui réponds en souriant : « Il y a peu de chances, et je ne le souhaite pas. » Mais, comme prévu, ce fut le contraire qui se produisit : cinq ans plus tard, ce Romain conforme sera nanti de son chapeau cardinalice, ce qui lui procurera sûrement le plus grand bonheur de la terre. Je le féliciterai gaiement. *« I see your Grace got it earlier »*, « Je vois que Votre Grâce l'a eu avant moi. En ce qui me concerne, je n'ai aucun espoir. Félicitations. Que Dieu vous bénisse ! »

Le deuxième plus beau pays du monde.

« La Nouvelle-Zélande est le deuxième plus beau pays du monde », me disait avant mon départ mon ami Placidus Jordan, journaliste célèbre, plus tard bénédictin. S'il n'avait pas été suisse, il aurait sûrement mis ce pays en premier. D'une surface égale à celle de l'ancienne RFA, elle a la population de la Suisse. Mais, tandis que cette dernière est entourée de voisins puissants, son voisin le plus proche est l'Australie, distante de 1 600 kilomètres. Si la Confédération fait remonter sa fondation à 1291, date du traité d'alliance, toujours existant, entre les trois cantons d'origine, la Nouvelle-Zélande ne fut découverte qu'en 1642 par le Hollandais A. J. Tasman, avant de passer sous la domination britannique en 1838-1840, puis de devenir pays indépendant membre du Commonwealth.

Mais, en parlant ainsi, on oublie les Maoris. Venus de la Polynésie centrale et orientale, ils avaient déjà colonisé le pays vers l'an 900, mais furent cruellement décimés au cours de plusieurs guerres par les nouveaux envahisseurs. Ils ne constituent plus que 10 % de la population. Tandis que la petite Suisse comporte quatre cultures linguistiques, en Nouvelle-Zélande on se sent plus anglais que les Anglais et on s'inquiète encore aujourd'hui de l'émigration croissante provenant des pays asiatiques. Cependant, en 1987, une décision de justice a tranché en faveur des Maoris en admettant que le traité de Waitangi conclu en 1840 avec leurs ancêtres, en particulier sur la possession du sol, avait priorité sur tous les autres traités. Ainsi les Aborigènes se sont-ils finalement vu reconnaître quelques droits.

Le pays est formé de deux grandes îles qui s'étendent sur 1 700 kilomètres du nord au sud. Avec ses immenses parcs nationaux et ses régions vierges, il est d'une beauté extraordinaire. Sur l'île septentrionale, proche de l'équateur, volcans, sources thermales et geysers abondent. L'île méridionale, vers laquelle je m'envole à partir d'Auckland, comporte les grandioses Alpes néo-zélandaises (le mont Cook atteint 3 764 mètres), avec glaciers, fjords, lacs, de sorte que je me sens presque chez moi. Je me rends directement à Dunedin, à la pointe sud de l'île méridionale, sur la baie d'Otago, une colonie méthodiquement disposée en octogone, fondée en 1848 par un presbytérien écossais, une sorte de fjord d'où était partie dès 1848 une expédition antarctique. Je suis accueilli au collège John Knox, du nom du grand réformateur écossais, et, dès le premier dîner, je suis bien mieux accueilli par les professeurs, la plupart des presbytériens écossais fort au courant de mon titre de docteur et disciples de John Knox, que par l'archevêque d'Auckland à l'amitié si ambiguë.

Les 16 et 17 septembre, à Dunedin, je tiens une conférence publique et ai des entretiens passionnés avec les professeurs et les étudiants. J'ai maintenant récupéré mes oreilles. Car, à l'autre bout du monde, j'ai trouvé un élève du Dr Dietrich Plester, oto-rhinologue tübingois de réputation mondiale, dont les médicaments se montrent très efficaces. Là encore, la visite de la ville va de soi. Cependant le plus intéressant n'est pas le port, mais le magnifique paysage de la province d'Otago et des environs de la ville. Le soir du deuxième jour, le professeur Ian Breward, un théologien néo-zélandais de mes amis, m'emmène en auto jusqu'au célèbre lac Wanaka, au centre de la province, en été la partie la plus chaude et en hiver la plus froide de l'île méridionale. Une telle traversée de la nature, presque sans trafic, sur des routes à peu près désertes, dans un pays sans constructions, est un événement unique. Au bord du lac, nous disposons d'une maison où nous sommes totalement seuls. À vrai dire il commence à faire vraiment froid et je suis très heureux de me voir prêter deux pull-overs que j'enfile l'un sur l'autre.

Par comparaison avec la Suisse et les autres pays européens dont la population est très dense, la Nouvelle-Zélande est le pays du grand calme : 4 millions d'habitants avec 40 millions de moutons et 10 millions de vaches. Les jours suivants, je peux jouir tranquillement de la beauté du paysage et visiter une gorge, ancienne carrière d'or (aujourd'hui désaffectée). Le 19 septembre, nous quittons le lac Wanaka pour nous rendre au lac Wakapitu, qui n'est pas moins enchanteur, puis à Queenstown. De là nous nous rendons en bateau à Peak Farm, une ferme magnifiquement située, où nous dînons chez un pasteur presbytérien. Face à cette habitation isolée se dresse une colline verdoyante où je rêve romantiquement de pouvoir me retirer en échappant à mon existence fiévreuse, avec quelques brebis et un chien dont je m'occuperais tranquillement à la tombée du soir. Mais au lieu de me livrer à de tels fantasmes, je dois me contenter de discussions sur la Nouvelle-Zélande, à vrai dire avec le fort compétent Jim Bolger qui sera Premier ministre de 1990 à 1997 et qui est lui aussi membre de l'InterAction Council.

Le jour suivant, nous retournons à Dunedin en passant par le sud de l'île, par Cromwell – ainsi nommé en souvenir d'Oliver Cromwell, le célèbre « Lord Protector » écossais. Jusqu'à 1 heure du matin, je dois répondre au courrier qui m'a été retransmis depuis Tübingen. Mais dès le 21, je reprends l'avion vers le nord pour y faire une fatigante tournée de conférences : je quitte très tôt Dunedin pour Christchurch, la grande cité de l'île méridionale, construite au bord oriental de la plaine de Canterbury, « la ville la plus anglaise en dehors de l'Angleterre », avec ses nombreux parcs en forme de damiers et ses jardins le long de l'Avon. Dès mon arrivée, conférence de presse, puis, à 13 h, première conférence à l'université sur le message chrétien et sur les ministères, avec discussion. Nouveau vol vers la capitale de la Nouvelle-Zélande, Wellington, à la pointe sud de l'île septentrionale, construite sur les pentes raides de la baie du détroit de Cook. J'en garde souvenir à cause d'un coup de vent qui balayait le détroit et qui, au moment de descendre sur l'aéroport, m'arracha des mains des pages manuscrites que je dus ramasser en courant. À Wellington, ville fondée en 1840 et dont l'ancienne cathédrale Saint-Paul reste encore le témoignage de l'architecture néogothique en bois du XIXe siècle, je dois une fois de plus reprendre mon exposé sur le message chrétien, avec discussion à la clé.

Le 22 septembre, encore un grand trajet de Wellington à Nouméa, en Nouvelle-Calédonie, en passant par Auckland. L'île fait partie de la Polynésie française. De l'avion, on aperçoit les énormes bâtiments des mines de nickel dont l'île est le plus gros producteur au monde. C'est James Cook qui lui a donné son nom romain : Calédonie, Écosse, avant que les Français ne l'annexent. Dès mon arrivée, je commence par expédier mon courrier, puis à organiser la suite de mon voyage et à régler quelques affaires. Je demande quand les magasins ouvrent. À 9 heures, mais les Chinois à 8 heures, me dit-on : ce qui répond à la question de savoir pourquoi les Chinois réussissent partout aussi bien.

Puis, un petit avion me conduit en vingt minutes à l'île corallienne des Pins. Effectivement, du fait de son cœur volcanique, elle ne porte pas de palmiers, mais des pins (araucarias cooki). Je constate la réalité de ce qui me paraissait jadis exagéré vu de mon bureau de voyage de Zurich : le seul véritable hôtel à mon goût entre l'Australie et la Californie, où je puis lire et travailler tranquillement, n'est pas le Château royal de Nouméa, mais le Relais de Kanuméra, sur cette île. Je compte y passer la fin du mois, vacances d'été bien méritées, en écrivant mon livre.

L'île, entourée de falaises de corail, est une réserve de Mélanésiens, habitants du Pacifique méridional venus d'Australie. Ils portent de longs cheveux crépus, ont le nez épaté, des lèvres épaisses, ce qui les distingue des Polynésiens installés dans les îles du Pacifique central. Avant l'arrivée des Européens, ils ignoraient le métal, ce dont témoignent encore certaines grandes demeures : le restaurant de mon hôtel est de pur style insulaire, et est entièrement fait de bois tropicaux. À vrai dire, je ne loge pas dans un hôtel, mais dans une hutte couverte de paille, confortablement munie de ventilateurs et d'une douche. Du fait d'un pilier central, le toit de cette hutte ne s'appuie pas directement sur les deux parois, mais laisse passer l'air. Je remarque bientôt deux rats qui circulent en haut. Au début, cela commence par m'amuser. Car je dois à la fille de mon hôte d'Auckland, étudiante en biologie, une relation « décrispée » à ces bêtes à longue queue. Elle m'avait fait caresser un mignon exemplaire de jeune qu'elle devait observer pour ses études à l'université. Je commence donc par laisser ces rats tranquilles. Mais ils deviennent de plus en plus familiers au point de venir courir sur ma couverture de lit et de me réveiller, et j'élimine donc ces trouble-sommeil. Le poison met fin à leurs ébats.

Ma vie en ces lieux n'a que peu à voir avec l'exotisme et l'érotisme de Paul Gauguin ou de Max Pechstein. Mais la simplicité, le calme et l'extraordinaire beauté de cette existence solitaire au bord de la plage de la grande baie me permettent de réfléchir en toute tranquillité. « Rien de plus beau sous le soleil que d'être sous le soleil » (Ingeborg Bachmann). Il ne me manque qu'un peu de musique, et, après le dîner, j'écoute donc avec plaisir les sons langoureux du Sud. Dans la journée, une petite table me suffit pour travailler ; je la pose le plus souvent sur la plage de sable blanc, au bord de l'eau d'un bleu transparent. Presque personne n'y vient jamais, et c'est donc un lieu pour moi seul. Ce n'est manifestement pas la haute saison, et mes conversations se limitent le plus souvent à quelques rares propos. Les domestiques mélanésiennes rient sous cape, mais ne parlent qu'à peine français ou anglais. J'emporte toujours mon bloc-notes au déjeuner pour réfléchir à ce que je viens d'écrire et pour le compléter. À la question de savoir ce que je notais, je réponds simplement : « Mes impressions[1] ».

Finalement, j'attends le courrier qui nous parvient du continent deux fois par semaine. Je suis particulièrement curieux des nouvelles que le Dr Hermann Häring, mon remplaçant à l'institut, m'envoie régulièrement, « petites lucarnes sur Tübingen », ainsi qu'il les appelle. Indépendamment des problèmes personnels

1. En français dans le texte *(NdT)*.

et administratifs, je reçois du Dr Berndt Jaspert (Marbourg) la liste des professeurs qui interviennent pour moi à Rome ; ou la nouvelle de l'élection de Johannes Neumann, canoniste, au poste de recteur : du fait des intrusions des étudiants, elle a eu lieu sous protection policière, non pas dans la salle du Sénat, mais à l'Institut de botanique ; ou celle des intrigues de Karl Rahner contre la nomination de mon ancien assistant, Alexandre Ganoczy, à la chaire de dogmatique de l'université de Münster ; ou encore celle de la visite d'un lecteur de Herder pour tenter (en vain) quelques adoucissements du livre de Josef Nolte contre le dogmatisme.

Mais je peux travailler à mon *Introduction au christianisme* sans être dérangé par rien, ni par la radio ni par la télévision ; à moins que j'aille nager ou arpenter la plage, heureux du matin au soir. Je réalise progressivement que, pour être fondamentale, cette « introduction » suppose d'autres recherches et d'autres réflexions, et exigera finalement plus de pages que je ne l'avais initialement prévu. Je concrétise progressivement mes idées clés et mes intentions essentielles. Mais il n'y a aucun doute qu'il s'agit bien du cœur de ma théologie et qu'il vaut la peine d'y travailler.

Mon projet central.

Pour qui écrivé-je cette *Introduction* ? J'ai beaucoup réfléchi à cette question avant et pendant mon voyage, et je commence mon ouvrage par ces phrases fort claires :

Ce livre est écrit pour tous ceux qui, pour quelque raison que ce soit, veulent s'informer honnêtement et exactement de ce que signifie être chrétien.

Il est aussi écrit pour ceux

– qui ne croient pas, mais qui s'interrogent sérieusement ;
– qui ont cru, mais qui sont insatisfaits de leur croyance ;
– qui croient, mais qui se sentent mal à l'aise dans leur foi ;
– qui sont tiraillés entre la foi et l'incroyance ;
– qui sont sceptiques quant à leurs convictions ou à leurs doutes.

Il est donc écrit pour des chrétiens et pour des athées, des gnostiques et des agnostiques, des piétistes et des positivistes, des catholiques tièdes ou convaincus, des protestants et des orthodoxes.

Joseph Ratzinger n'aurait certainement pas pu écrire cela dans son *Introduction au christianisme* de Tübingen (1968), car il entendait au fond ne s'adresser qu'aux catholiques dont il pensait qu'il devait les réintroduire dans leur confession de foi traditionnelle. Pour ma part, mes réflexions sur les lecteurs chrétiens ou non chrétiens et sur l'horizon de notre époque me permettent de préciser mon intention exacte : au cœur de la rupture historique qui affecte la doctrine, la morale et la discipline chrétiennes, cette *Introduction* constitue une quête du permanent ; de ce qui sépare les religions et l'humanisme moderne, mais aussi de ce qui les réunit. Il m'était dès le départ évident que la hiérarchie ecclésiastique et la société verraient dans mon livre *Infaillible ?* un défi, et même une provocation. Mais je me dis que, dans la situation difficile où elle se trouve, la hiérarchie de mon Église pourrait trouver dans ce nouvel ouvrage une aide précieuse. Il se peut que je me trompe. Mais je ne crois pas faire erreur en espérant qu'il aidera tous ceux dont j'ai fait mention dans mes premières phrases – et en ce sens cette *Introduction* diffère de celle de Joseph Ratzinger qui se réfère à « la tradition » – alors que, pour réinstaurer la pratique chrétienne, je renvoie à ce que le programme chrétien a pu signifier à *l'origine* avant de se trouver enseveli sous la poussière et les éboulis de deux millénaires, et que je cherche comment, revu à la lumière des origines, il peut aujourd'hui redonner sens à la vie.

Il ne s'agit pas d'un autre Évangile, mais d'une redécouverte du même Évangile pour aujourd'hui.

Le message chrétien originel pour aujourd'hui.

Rédacteur de ce livre, je tiens à éviter dès le départ tout malentendu : je n'entends pas me présenter moi-même comme un bon chrétien, mais simplement dire ce que je considère comme vraiment chrétien. Mais il est aussi de mon devoir de théologien d'exposer au lecteur contemporain l'état le plus récent de la recherche, et de faire comprendre au lecteur l'essentiel du programme chrétien, ce qui le caractérise. Cela suppose un gros travail tant sur le fond que sur la forme du livre.

En ce qui concerne le fond : je ne veux traiter ni du détail des questions théologiques ni de ses différents domaines, mais uniquement de l'ensemble du message chrétien sous l'horizon des grandes idéologies actuelles et des religions universelles. Je dois donc veiller personnellement à offrir une synthèse systématique unifiée jusque dans les détails, ce qui n'est pas possible en équipe.

En ce qui concerne la forme : je dois éliminer tous les archaïsmes bibliques et tout dogmatisme scolastique, mais également tout le jargon à la mode, pour parler le langage des gens de notre temps. Puisque j'entends m'adresser à des lecteurs qui n'ont aucune formation théologique préalable, il me faut faire un gros travail d'expression tout en restant précis, nuancé et captivant.

Ce n'est pas peu demander à un auteur qui n'a pas à faire mystère de son orientation de fond. Ayant l'expérience de tant de mensonges dans l'Église et dans la théologie, il reste entendu que je dois m'en tenir strictement à la vérité, en renonçant à tout préjugé théologique, en faisant abstraction des fronts théologiques et des tendances du jour. Concrètement, cela signifie une argumentation rigoureuse et une critique sans restriction, ce qui ne me fait pas peur, car j'ai une confiance inébranlable dans la cause du christianisme.

Ce faisant, je n'entends partir ni des problématiques théologiques ni des dogmes traditionnels, même si, de par ma formation romaine et mes recherches personnelles, je connais mieux cette tradition chrétienne que la plupart de mes critiques. Dans mon ouvrage sur l'incarnation divine, *Prolégomènes à une théologie à venir* (1970), j'ai traité à fond du dogme christologique, et je n'ai pas à le répéter. Je veux partir des questions courantes qui se posent à tous les niveaux à nos contemporains, en me centrant totalement sur le cœur de la foi chrétienne.

En gros, il ne s'agit pas de proposer une simple information, mais une orientation. Je veux prendre plus au sérieux que ne le fait la théologie courante l'humain, le religieux commun, ce qui est hors Église, tout en cristallisant avec plus de force ce qui est spécifiquement chrétien, afin d'apprendre au lecteur à distinguer ce qui est essentiel et ce qui ne l'est pas. J'entends donc à la fois élargir l'horizon et focaliser le regard sur une théologie chrétienne qui soit une véritable théologie du monde.

La féerie des mers du Sud.

Les journées sur l'île des Pins, sous un ciel toujours clair, ont été si fructueuses pour mon travail que je retarde mon départ de quelques jours aux dépens de mes étapes suivantes. Je sais, j'en ai fait l'expérience, qu'il existe de « tristes tropiques ». Mais sur cette île de corail isolée, ce sont, tout au moins pour moi, des semaines de rêve où la vie est toute simple, en totale harmonie avec la nature, dans une liberté totale, sans obligations, avec en même temps la chance de pouvoir me concentrer intellectuellement.

Il n'y a guère de visiteurs avec lesquels je cherche contact sinon un Australien, merveilleux plongeur. Un jour je traverse avec lui la baie jusqu'à la falaise. Soudain, devant nous, surgit un gigantesque poisson de plusieurs mètres de long. Curieusement, je ne ressens aucune peur, mais uniquement de la curiosité. Je veux le voir de plus près. Nous n'avons à nos harpons aucun poisson en sang susceptible d'attirer les requins. Mais le gros poisson ne revient pas. En revanche, j'ai plus peur d'une raie de quelque trois mètres, aplatie en forme de dôme et invisible sur le sol : effrayée, elle jaillit soudain en battant de ses larges ailerons. Il est moins dangereux de s'accrocher à la carapace d'une tortue géante en train de nager.

Me lancer en bateau à voile sur la mer avec mon Australien est pour moi une expérience très spéciale. Des essaims de poissons volants passent par-dessus nous. Nous atteignons finalement un gros rocher sphérique. Mon compagnon est un expert : il saute dans la mer, et je le suis. Sous la pierre à trois ou quatre mètres de profondeur, nous trouvons une demi-douzaine de langoustes brillantes, avec de grosses pinces et des antennes qu'elles dressent contre nous. Nous en tirons deux au harpon et remontons en surface. Mais je n'y prends guère plaisir. Je ne suis pas un chasseur-né. Je trouve bien pire le dépeçage sur la grève d'une tortue manifestement très vieille. Une appétissante soupe à la tortue me fait passer cela.

Un jour, un jeune couple d'Italiens vient errer par là. Après les avoir prudemment écoutés le soir, je m'adresse à eux en italien, à leur surprise et à leur grande joie, et c'est ainsi que je fais la connaissance de la princesse Vitoria Odescalchi, descendante de la famille d'Innocent XI (1676-1689), un pape odieux par son luxe et son népotisme, et de son mari, le marquis Sanfelice di Monteforte, en voyage de noces. Nous discutons de Dieu, du monde, de Rome, et le jour suivant, je les emmène en bateau à moteur jusqu'à la falaise. À Rome, je reverrai ces deux amis italiens.

En dépit des grandes vagues, je peux plonger plus profondément qu'avant et me lancer dans des gorges sous-marines au milieu des coraux, durs ou tendres. Des poissons multicolores aux formes bizarres y abondent : tout un monde sous-marin fascinant, dans une lumière d'un bleu-vert irréel, avec des algues en forme de champignons ou de calices de fleurs, parfois épineuses, qui flottent silencieusement dans l'eau. Je resterai sans souvenir de plongeur, car, si on sort les coraux de l'eau, ils meurent et leurs couleurs se ternissent. Je ne peux m'empêcher de penser à nos vieux dogmes.

Mais je ne peux repousser éternellement mon départ de cette île unique. Le 17 octobre 1971, je m'envole pour Nouméa où fort heureusement on n'a jusque-là rien su de ma présence là-bas. Après mon départ, les intégristes écriront dans *La Voix du cagou*, le tout-puissant journal de Nouvelle-Calédonie qui est à la botte de l'industrie du nickel, un venimeux article intitulé : « L'anti-pape est venu prêcher en Nouvelle-Calédonie l'évangile de Mao[1] ». C'est un parfait non-sens : là aussi, au cours d'une conférence au clergé, j'ai seulement parlé du défi de Jésus à l'Église d'aujourd'hui, d'abord au clergé, puis au séminaire. Que cette propagande contre « l'anti-pape » s'est répandue ! Quelques mois plus tard, dans le même journal (22 février 1972), les « responsables de l'archidiocèse de Nouméa » m'attaqueront en présentant mon livre *Prêtre, pourquoi ?* comme l'ouvrage d'un « excommunié » que « le pape désavoue et que l'Église romaine combat ». Porter plainte contre cette calomnie en faisant appel à un avocat local ? À quoi bon ?

Le soir du 18 octobre, je m'envole pour les îles Fidji. Elles sont formées d'une chaîne de volcans et de barrières de corail. J'atterris à Nandi, sur l'île principale Viti Levu, une des 844 que comporte l'archipel, dont à peine un tiers sont habitées. Fidji est devenu un membre indépendant du Commonwealth et de l'ONU. Sa population aux cheveux longs et aux traits négroïdes est ethniquement mélanésienne, avec sa langue propre, mais

1. En français dans le texte *(NdT)*.

culturellement, elle est polynésienne. Quand je me renseigne sur l'influence des différents groupes raciaux, on m'explique en souriant que les plus hauts postes de la banque et du commerce sont tenus par les rares Chinois. Les Indiens, que les Britanniques ont introduits vers la fin du XIXe siècle et au début du XXe siècle comme ouvriers dans les plantations de canne à sucre, constituent maintenant à peu près la moitié de la population : ils sont désormais propriétaires de leurs terres et de leurs fermes et tiennent en main le commerce des villes. Cela me frappe tout de suite dès ma première visite dans la grande rue de Lautoka, la ville voisine. Et les Fidjiens indigènes ? Ils possèdent la plus grande partie du pays, font preuve de capacités artistiques, et vivent de leurs sculptures et d'un folklore de plus en plus apprécié par les touristes. Ce qu'on me dit est sans doute exagéré, mais me permet de comprendre les tensions ethniques entre les riches Indiens anglophones et les Fidjiens qui ne parlent pas anglais.

Le jour suivant, je m'envole de Nandi vers la petite capitale, Suva, située dans des montagnes verdoyantes peu peuplées. Comme souvent dans ces îles, les côtes sud-est où soufflent les alizés sont très pluvieuses tandis que le côté sous le vent reste relativement sec et est couvert de savane propre au bétail. À Suva, ville coloniale typique, je suis reçu par le Dr George Knight, président du Pacific Theological College (PTC), qui me fait visiter en auto Suva et ses environs. Le soir, conférence sur les « ministères » et dîner avec l'évêque anglican et le président méthodiste. Une fois de plus, l'évêque catholique romain s'est fait excuser, même si, soi-disant, il serait volontiers venu. Le matin suivant, conférence sur le message chrétien, comme toujours suivie d'une discussion animée avec les professeurs et les étudiants.

L'après-midi, nous nous rendons dans un petit village typique où les paysans mènent encore la vie tribale traditionnelle. On peut comprendre que le président du PTC exalte non seulement le bon ordre et l'infrastructure coloniale de type britannique, mais aussi le succès de la mission chrétienne – dont je visite d'ailleurs un centre. Les Fidjiens, aujourd'hui si pacifiques, étaient notoirement cannibales depuis des temps immémoriaux, si bien que les circumnavigateurs évitaient ces îles. Personne n'en voulait, et ce ne fut qu'en 1874 que les Britanniques y arrivèrent, suivis par les Chinois et les Indiens.

De Suva, je m'envole le 21 octobre vers Samoa, encore un lieu de rêve, plus exactement vers Apia, capitale et grand port des

Samoa-Occidentales. Je suis invité à déjeuner au collège congrégationaliste, mais je réside dans ce qui est peut-être le plus célèbre hôtel des mers du Sud, chez Aggie Grey. Il est connu par l'éminent écrivain écossais, Robert Louis Stevenson, qui est enterré à Apia, ville qui joue un grand rôle dans ses passionnantes *Histoires des mers du Sud* (1896). Les grandes salles de l'hôtel sont du style des mers du Sud, mais les appartements des touristes sont de plus en plus aménagés dans le grand parc. Aggie Grey, la propriétaire à la belle chevelure argentée, belle personne distinguée avec un collier de plusieurs rangées de perles, me raconte avec fierté comment, au temps de la colonisation allemande des Samoa-Occidentales, elle a eu une liaison avec un officier allemand.

Depuis 1962, l'État des Samoa-Occidentales est indépendant. Le soir, on peut entendre de l'hôtel les mélodieux cantiques des fidèles réunis à l'église, un signe qui montre combien ces îles sont christianisées, même si elles ont encore maintenu leurs structures sociales traditionnelles qui reposent sur d'étroits liens parentaux entre les chefs élus. Me reviennent en mémoire les fantastiques récits de Margaret Mead, l'ethnologue américaine, qui, entre les deux guerres, aurait gobé les histoires, aujourd'hui parfaitement démontées, racontées par les filles du pays. Ses affirmations sur l'éducation permissive se sont révélées n'être que des projections de sa théorie et sa thèse sur le caractère pacifique des « peuples de la nature » est une pure légende. De toute façon, il vaut mieux ne pas parler de « peuples de la nature ».

Quel honneur, lorsque, en 2006, Arua Tupua Tamasese, longtemps Premier ministre de Samoa, et sa femme, Mme Filifilia, tous deux lecteurs de mes livres, viendront me rendre visite à Tübingen et, en guise de cadeau, m'apporteront un grand tapa, tapisserie pariétale en raffia artistiquement peinte, ainsi qu'une belle photo encadrée de sa grand-mère Vaaiga, datant de 1905, et un peigne de bois sculpté qui orne désormais ma terrasse. En juin 2007, je lui enverrai mes félicitations pour son élection à la tête de l'État.

Le monde des religions tribales.

Tout au long de ce grand voyage, naturellement déjà en Inde du Sud, mais plus particulièrement en Australie chez les Aborigènes, en Nouvelle-Zélande chez les Maoris, et maintenant dans le Pacifique sud chez les indigènes polynésiens et mélanésiens, j'en prends de plus en plus conscience : les religions tribales (ethniques) forment partout et toujours le socle des « hautes cultures », celles qui naissent des écrits. C'est pourquoi on ne peut considérer ces indigènes comme de simples « peuples de la nature » : à leur façon, ils sont très cultivés. On ne doit ni les expliquer romantiquement, comme l'a fait Margaret Mead, ni les idéaliser, comme l'ont fait les premiers Européens après leur « découverte », ni les calomnier, ni les diaboliser, ni les opprimer comme des « sauvages ». Comme si ces gens étaient sans culture et sans religion ! Certes, encore aujourd'hui, et je pourrai encore l'observer de plus près en Australie centrale, en Nouvelle-Guinée et en Afrique, beaucoup de leurs coutumes diffèrent profondément des nôtres. Mais en sont-elles pour autant pires ? Doit-on toujours tenir ces gens pour sauvages et paresseux parce qu'ils préfèrent encore aujourd'hui la chasse, la cueillette, la danse et la fête à l'agriculture, à l'élevage et à l'architecture ?

Évidemment, on voit, en particulier dans le Pacifique sud, qu'un « retour à la nature » est aujourd'hui impossible. On ne peut inverser le cours de l'histoire. Mais je sais désormais que j'ai encore beaucoup à apprendre d'eux. On ne doit en tout cas plus opposer « peuples de la nature » et « peuples civilisés ». Les indigènes ont eux aussi une « culture », même s'ils n'ont développé ni l'écriture, ni les sciences, ni la technologie. Bien des années plus tard, je proposerai comme thème de ma première série d'émissions télévisées, « Spurensuche » (« À la recherche de traces ») sur les religions tribales, et c'est pourquoi je me rendrai chez les Aborigènes d'Australie et dans les tribus africaines.

Je dois malheureusement rattraper aux Samoa-Occidentales le temps passé à l'île des Pins, et repartir vers Pango Pango, en Samoa-Américaines où il n'y a pas grand-chose à voir en dehors de la magnifique baie et du grand hôtel intercontinental. Dès le jour suivant, je m'envole vers Tahiti, la plus grande des îles françaises de Polynésie, toujours sous administration coloniale parisienne. Les deux tiers de la population vivent à Papeete, la capitale, une ville coloniale typique avec ses bâtiments gouvernementaux et administratifs. Je visite le pays, mais mon but final est Bora Bora, une autre île située au nord-ouest de Papeete, celle qu'on qualifie de « plus belle île du monde », à juste titre à mes yeux.

Bora Bora est une île volcanique dont le cône, le mont Otemanu, situé un peu à l'écart de la côte, atteint 800 mètres.

Mon hôtel est à son pied, avec vue somptueuse sur la baie bleu-vert, au bord du cratère. Tout autour de lui, un îlot de palmiers au milieu desquels l'avion a atterri. Une vue d'une beauté indescriptible. Je passe mes journées sur une terrasse de l'hôtel – des bungalows au milieu des arbres. Je travaille à mon livre. Une fois de plus, je prends plaisir au sport, natation et plongée. On peut comparer la variété des poissons qu'on découvre à celle des gens du coin : il y en a des gros et des plats, des timides et des audacieux qui viennent carrément nager sous mon nez avant de virer à angle droit et de regagner le large.

Retour en Occident, dans le monde « chrétien ».

J'ai de la chance avec le temps, bien qu'il puisse pleuvoir longtemps et violemment à Bora Bora. Le 1er novembre 1971, après six jours de soleil, je m'envole pour Zurich *via* Papeete, et de là vers le nord-est, vers Los Angeles. Ce voyage de sept heures montre qu'on doit encore tenir compte des distances, même à l'époque des jets. Le 3 novembre, je dois faire une conférence dans une grande salle d'Hollywood sur le thème : « Jésus : un défi pour l'Église ». Le fait que, quelques semaines plus tôt, le *Time magazine* ait consacré un article à Jésus sous le titre : « Finalement, Jésus l'a fait » montre la pertinence de ce sujet : c'est ce que m'écrit de Chicago Andrew Greeley, le professeur qui m'assure le service de lecture de la Thomas More Association, et qui, dans la mesure où je puis répondre à toutes les invitations que je reçois, coordonne mes différentes interventions et organise mes voyages ; ce qui, en Amérique, est une garantie de netteté des contrats avec les organisateurs. Pour que je ne sois pas totalement récupéré, on veut aussi savoir exactement à Chicago où se tient tel dîner-conférence, tel entretien avec des professeurs ou telle rencontre avec des étudiants. Le plus souvent, je suis pris du matin au soir – sauf la sieste que je m'impose toujours.

Naturellement, au temple baptiste où deux mille auditeurs m'ovationnent longuement, je ne m'en tiens pas à une simple prédication pieuse. Je pars toujours carrément des transformations que j'observe dans les Églises américaines depuis mon premier voyage au temps du concile, en 1963. La constatation de la décroissance constante du clergé et de la relève me conduit tout naturellement à traiter de la réforme nécessaire, thème que je reprends inlassablement. Mais c'est alors que j'en viens au point essentiel : ce qui compte, ce ne sont pas tant les réformateurs pris isolément qu'un retour à Jésus lui-même, dès lors qu'on prend au sérieux le défi qu'il a lancé à son époque, en tant que personnage historique, défi qu'il lance encore aujourd'hui à nos Églises. Il est en sa personne le message chrétien et il appelle nos Églises à des changements radicaux. C'est ainsi que je suis pris dans trois semaines de tourbillon à travers tous les États-Unis, le plus souvent dans des endroits où je n'étais pas intervenu auparavant[1].

Ce fut fatigant. Mais j'ai la satisfaction de me dire que, à travers toutes mes tournées de conférences depuis 1963, j'ai globalement davantage découvert le continent américain que la majorité des Américains : la plupart de ceux de la côte est n'ont jamais été jusqu'à la côte ouest, et vice versa.

Le 24 novembre, je reviens finalement en Europe, en passant de nuit à Amsterdam où je peux dicter à mes amis les chapitres déjà rédigés de mon *Introduction au christianisme*. J'ai en même temps l'occasion de discuter de la situation de l'Église avec le cardinal hollandais Bernard Alfrink auquel je rends visite à Utrecht, et avec le cardinal Suenens à Bruxelles. Le 3 décembre, je m'envole pour Hambourg en vue de mon portrait à la télévision et pour planifier une série de quatre émissions sur le thème : « Pourquoi je suis encore chrétien ». Puis c'est Francfort, où je dois rejoindre le groupe de travail de l'Institut de recherches œcuméniques. Il se penche sur le thème essentiel : la réforme et la reconnaissance des ministères ecclésiastiques. Le 5 décembre 1971, je suis enfin de retour chez moi, à Tübingen.

Un de mes assistants m'exprime son étonnement de voir que, au bout de six mois de voyage, je n'ai pas changé. Je suis toujours le même, ce que j'espère bien d'ailleurs. Aurais-je dû prendre l'allure d'un globe-trotter et porter au moins une barbe ? Je ne laisse en tout cas pas voir à l'extérieur mon changement intérieur : au terme de ces expériences si diverses, je suis plus

1. Ainsi le 4 novembre à University of Santa Clara dans la Silicon Valley (Californie), le jour suivant à Fargo/North Dakota, puis à la Marquette University de Milwaukee/ Wisconsin, le 8 novembre à Chicago/River Forest (Rosary College), le 9 novembre à l'université Notre Dame ; puis à Detroit (10 novembre) et à Colombie, capitale de la Caroline du Sud. Je repartis alors vers le Nord et la côté est : Philadelphie (12 novembre), Boston (13 novembre), New York (14 novembre) et Toronto/Canada (15 novembre).

chrétien, plus théologien catholique que jamais, mais peut-être plus consciemment. Du fait de l'élargissement et de l'enrichissement de mon horizon, j'ai sans doute une pensée plus globale qu'auparavant. J'entends plus que jamais développer une théologie chrétienne qui sera en même temps œcuménique au sens le plus large du terme, une théologie axée sur la totalité de l'*oikoumene*, sur la totalité du « monde habité », et en ce sens une *théologie du monde*.

Du fond du cœur, je suis heureux d'avoir mené à bien et sans grandes complications ce second tour du monde, avec tout ce que j'ai vécu de positif, et sans aucun accident. Il n'y a pas besoin d'aller loin pour en avoir un. Ce qui se produit un mois plus tard, le 14 janvier 1972, lors d'un épuisant voyage de retour d'une session de bacheliers de l'Académie catholique de Stuttgart-Hohenheim. Je ne conduis pas vite, comme j'en ai la réputation, mais assez lentement, car je suis fatigué et écoute de la musique classique. À un carrefour de forêt peu fréquenté, je ne fais pas attention à la priorité. L'autre voiture n'a que peu de dégâts, mais la mienne est fichue. Je reste sain et sauf, mais il me faut une nouvelle auto. Je suis heureux que l'assurance de l'Académie catholique me permette de ne pas avoir à trop débourser.

Le travail, comme d'habitude.

Quand on raconte une vie pleine d'aventures extraordinaires, on néglige souvent l'ordinaire, le normal : le fait que, pendant un semestre, je doive tenir ponctuellement mes cours, les préparer, mais aussi coordonner ce travail avec mes publications ; animer des séminaires où les discussions m'aident à mettre au clair ma pensée et où je peux découvrir des étudiants de valeur, et à plusieurs reprises prendre part aux sessions semestrielles de la faculté dont l'intérêt se situe pour moi au plus bas degré de l'échelle, car il ne s'agit le plus souvent que de détails litigieux tels que l'attribution des moyens ou des discussions sur le jugement à porter sur des doctorats ou des habilitations.

Quand je repense aux leçons tournantes de dogmatique des années 1960 et 1970, je constate que, en alternance, d'abord avec Joseph Ratzinger, puis avec Walter Kasper, nous avons abordé presque tout le spectre des thèmes dogmatiques, depuis Dieu, la christologie, la grâce, la justification, jusqu'à l'ecclésiologie et la sacramentaire. En outre, j'ai tenu des cours particuliers sur la christologie de Hegel, sur la prédication, sur la « suivance du Christ », sur la prière, la méditation et le culte. Plus les séminaires autour de thèmes tels que « La vie chrétienne », « Quel est le message chrétien des différents théologiens ? », « Les nouveaux ouvrages sur Jésus », « Le christianisme et l'éthique », « Discussions autour de l'infaillibilité ». Comme thème de ce semestre, j'ai traité (avec Eberhard Jüngel) du thème brûlant de la vision de Dieu chez Ernst Bloch, de la critique religieuse néomarxiste et néopositiviste, du problème de la théologie naturelle chez Karl Barth (avec Jüngel), de la théologie et de la science (avec Ludger Oeing-Hanhoff), et finalement « Comment parler aujourd'hui de la justification ? ».

Parmi mes tâches ordinaires, figure aussi ma participation à la commission du Sénat sur la continuité dans les sciences. Heureusement, je n'ai été que peu longtemps membre de la commission sur les constructions universitaires et guère plus de celle des études de la faculté. Je me suis de temps à autre joint à Johannes Neumann pour la préparation de l'édition de la revue trimestrielle de la faculté de théologie de Tübingen. À côté du groupe de travail de l'Institut de recherches œcuméniques, qui demandait beaucoup de travail du fait du mémorandum sur les ministères ecclésiastiques, puis sur la question d'une papauté œcuménique, j'ai dû constamment supporter la charge de *Concilium*, car je suis un des quatre membres du conseil des fondateurs, directeur de la section « œcuménisme » et membre du comité de direction. Avec Walter Kasper, j'ai publié toute une série d'articles sur des thèmes fort intéressants : « Connaissons-nous l'autre ? » « La succession apostolique ».

Puis, le 7 mai 1974, Walter Kasper se retire inopinément de *Concilium*, soi-disant parce que la faculté de Tübingen ne le paie pas assez pour son poste d'assistant (en tant que directeur de mon propre institut, je ne suis pas directement concerné). Ce motif ne me convainc bien sûr pas, et je me demande plutôt s'il ne s'agit pas d'un mouvement de retrait de politique ecclésiastique liée à Rome. Mais, comme toujours, je fais de nécessité vertu : je trouve un nouveau directeur tout à fait éminent en la personne de Jürgen Moltmann, le théologien protestant bien connu, avec qui je pourrai travailler sans frottements, comme cela avait déjà été le cas avec Walter Kasper. Ensemble, nous traitons des thèmes suivants : « Pourquoi sommes-nous sur la terre ? », « Une confession de foi œcuménique». Ce que Moltmann écrit sur ses collections de *Concilium* dans ses *Souvenirs* confirme ma conviction qu'on ne doit pas comprendre le mot «catholique» au sens restreint d'une confession particulière. Tout comme je puis moi-même me dire protestant, dans la mesure où je m'oriente constamment sur l'Évangile, il peut écrire: «Je pourrais fort bien m'identifier avec la catholicité ainsi comprise. En ce sens, *Concilium* m'a fait catholique. Je suis pour ainsi dire un protestant catholique, même si je ne suis pas romain[1].»

La fondation *Concilium* exige aussi beaucoup de temps pour régler tous les problèmes d'édition, de finance, et parfois de personnes. Nous avons de temps à autre de brèves sessions à Amsterdam, Düsseldorf ou Paris. La réunion a lieu chaque année durant la semaine de la Pentecôte, et elle est suivie du comité de direction. Heureusement, nous disposons des forces intellectuelles et spirituelles nécessaires même pour faire face à des situations inattendues. Quand on se met au lit le soir, on ne se rappelle souvent qu'avec peine de quel lit on s'est levé le matin.

Le sommeil, le rire et l'espérance.

Mais, normalement, je suis beaucoup plus à Tübingen que ne le laisseraient penser mes multiples voyages à l'étranger. En dépit de ma vie mouvementée, je reste en bonne santé. Deux choses y contribuent: en premier lieu, mon sommeil. Je peux m'endormir partout et à tout moment, en train, en auto, en avion, dans mon bureau. Un somme d'une demi-heure, et je suis reposé. Mais je n'ai normalement pas besoin de réveil: la nuit, cinq heures me suffisent dès lors que j'ai pu faire ma sieste: une bonne habitude romaine que j'ai gardée toute ma vie.

La seconde chose: le soir, je rentre chez moi dormir dans mon lit. La nuit, le trajet est plus rapide, et je peux ainsi recommencer de bonne heure le lendemain matin. Je rentre souvent à minuit. Toujours est-il que, par deux fois, accablé par la fatigue de deux manifestations, je me suis endormi une seconde, ce qui a failli me coûter la vie. Ces dernières années, sur le conseil de Walter Jens, mon ami, je ne conduis plus moi-même pour rentrer chez

1. J. MOLTMANN, *Weiter Raum. Eine Lebensgeschichte*, Gütersloh, 2006, p. 241.

moi. Je me fais conduire. Cela épargne au moins à l'organisateur de la soirée des frais d'hôtel.

« Le ciel, a écrit Kant, a accordé à l'homme trois compensations pour les ennuis de la vie : l'espérance, le sommeil et le rire. » Je n'ai jamais perdu l'espérance, en dépit de tous mes ennuis ecclésiastiques. Quant au rire, on l'entend assez souvent dans notre maison, car, si notre vie est souvent fatigante, elle est tout au moins joyeuse : nous rions beaucoup, du fond du cœur. La biologie moderne a établi que c'était la meilleure des médications : contre les hormones du stress, adrénaline et cortisol, rien de tel que l'hormone du bonheur, l'endomorphine. Le rire peut sur ce point rivaliser avec la musique dont on a dit qu'elle était la médecine la plus douce qui soit.

Et le Seigneur me donne beaucoup durant mon sommeil. Quand, le soir, mes yeux se ferment, quand j'ai un problème compliqué que je ne sais résoudre ou dont je ne peux formuler la réponse, je récite le Ps 127, 2 : « Il comble son bien-aimé qui dort. » Bien sûr, je sais tout ce que la psychanalyse ou les minutieuses recherches de la physiologie cérébrale nous enseignent sur le travail nocturne du cerveau humain à partir des événements du jour. Mais je sais aussi quelque chose que ni le psychanalyste ni le physiologue ne peuvent me dire : que je suis dans la main de Dieu et que je n'ai donc pas à me faire de soucis inutiles pour le jour qui vient.

Mais que veut dire ici « inutile » ? Que c'en sera bientôt fini de rire ? Que je vais perdre le sommeil du fait des durs conflits qui m'attendent ? Pour le moment, ce ne sont encore que des mauvais pressentiments, et je n'ai absolument pas perdu l'espérance.

VI

Combat pour la vérité ou lutte pour le pouvoir

> *« C'est vraiment un théâtre d'un genre particulier : une institution puissante, l'Église catholique, qui s'en tient fermement à ce qu'elle possède la totalité de la vérité de salut révélée par Dieu, se bat contre un homme seul. De Rome à Bonn, tout un appareil s'efforce de faire valoir ses droits, qu'il pense menacés par un professeur de Tübingen enfermé dans son cabinet de travail... »*
>
> Walter JENS[1]

Il faut des débats. De soi, le différend n'a rien de mal. Il est nécessaire en politique, en économie, en sciences, dans la société, et également dans l'Église ; en matière de vérité aussi. Mais tout dépend des moyens qu'on emploie pour le régler. Le problème est de savoir si on conduit ce combat pour la vérité de façon franche et loyale. Dans l'Église, il faut évidemment se garder d'en faire une lutte pour le pouvoir sous le signe de la violence, que celle-ci soit séculière ou « ecclésiastique ».

De durs noyaux pour la Congrégation de la foi.

Depuis que, en février 1971, la Congrégation romaine de la foi avait publié la nouvelle procédure exigée par le concile, elle était prête à l'offensive. Dès le 22 juin 1971, ses 24 membres s'étaient réunis, tous appartenant à d'importantes congrégations curiales, et ils avaient émis secrètement un décret que le pape Paul VI avait confirmé le 25 juin 1971 : il s'agissait d'engager un

1. Dans la documentation *Rien que la vérité. La Conférence épiscopale allemande contre Hans Küng* (1978).

procès contre mon livre *Infaillible ?* À en croire les recherches de la Congrégation de la foi, il contenait des déclarations incompatibles avec la doctrine catholique.

À moi, la personne concernée, on ne me communiqua ni copie de ce décret ou de l'approbation papale, ni notification juridique, mais simplement quelques *quaestiones* en latin, des questions soigneusement pesées, concernant : 1) la doctrine officielle de l'Église ; 2) l'infaillibilité du collège épiscopal et du souverain pontife romain ; 3) l'indéfectibilité (et non plus l'infaillibilité : l'Église demeure dans la vérité) ; 4) les articles infaillibles. Dans un délai clair et précis, trente jours, je devais expliquer par écrit comment je pensais que mes thèses et mes affirmations pouvaient s'accorder avec la doctrine chrétienne. On était soudain très pressé.

La lettre du cardinal Franjo Šeper, préfet de la Congrégation de la foi, datée du 12 juillet 1971[1], m'était arrivée quelques heures avant mon départ en voyage de conférences et d'études autour du monde. Je lui répondis de Moscou que, étant sur la route, j'étais dans l'impossibilité de répondre de façon convenable à des questions aussi complexes. Je lui demande donc de patienter jusqu'à mon retour. Quand ? Il n'avait pas besoin de le savoir.

Le 6 décembre, revenu à Tübingen au bout de presque une demi-année, je me mets au travail et je rédige une réponse détaillée. Comme quatre années plus tôt à propos de mon livre *L'Église*, je reçois de la Congrégation une sorte de « cadeau de Noël » : une lettre manuscrite en date du 17 décembre 1971, sur la question de l'infaillibilité.

Déjà, en août, *L'Osservatore romano* avait formellement confirmé le bruit d'une enquête sur mon compte. À cette époque, j'étais déjà en Australie. Sans intervention de ma part, Berndt Jaspert, jeune théologien protestant (par la suite professeur d'histoire de l'Église à l'université de Marbourg), Paul Knitter (de Marbourg, par la suite professeur à Cincinnati et à New York) et Leonard Swidler (professeur à la Temple University de Philadelphie), tous deux catholiques, avaient rédigé une déclaration de solidarité œcuménique. Deux semaines plus tard, ils l'avaient envoyée avec 325 signatures (dont celle de quelques

1. Lettre de la Congrégation de la foi du 12 juillet 1971, avec les « Quaestiones de libro : H. Küng, Unfehlbar ? » dans H. Küng (éd.), *Fehlbar ? Eine Bilanz*, Zurich, 1973, p. 497-500.

professeurs renommés du monde germanophone et américain[1]) : tous se disaient profondément troublés par la façon dont on procédait à une enquête sur mes deux livres, *L'Église* et *Infaillible ?* : « Les méthodes de cette enquête allaient radicalement à l'encontre de l'esprit du Christ : elle était déshonorante pour quelqu'un qui s'était toujours compris comme un fils fidèle de son Église et qui se sait toujours comptable du message de Jésus-Christ. » Les signataires se déclaraient solidaires avec l'auteur et exigeaient qu'on leur communiquât « sans conditions » et sans limites le dossier de la Sacrée Congrégation pour la doctrine de la foi, afin qu'ils pussent s'exprimer en connaissance de cause sur les objections qu'on faisait à mes ouvrages.

Ma réponse à la Congrégation de la foi se situait exactement dans la même ligne. Je la fis soigneusement examiner par des tiers et, pour éviter de donner à croire que j'avais peur, je la datais du 24 janvier 1972[2]. Après avoir demandé un peu de compréhension pour mon retard, j'élevais dès la première partie une objection de fond contre mon procès, et cela pour quatre raisons :

– pas d'accès aux actes : on continuait à me refuser tout accès au dossier d'inquisition 399/57i déjà constitué lors de ma thèse « La justification » ;

– pas de défenseur de mon choix, mais seulement un avocat nommé par la Congrégation *(relator pro auctore)* ;

– pas de limitation de compétences et pas d'instance d'appel. Du fait du procès romain, en est-ce donc fini des procès précédents de la Conférence des évêques allemands ? ;

– pas de fixation de délais et de dates pour les deux côtés : après quatre ans de procès contre *L'Église*, me fallait-il répondre dans les trente jours ?

Je concluais la première partie de ma lettre en déclarant que « certaines pratiques curiales précises ne correspondaient absolument ni à la conscience ni à la pratique juridique moderne ». Ma seconde partie contenait « quelques remarques préalables aux questions de la congrégation ». Si une quelconque autorité

1. Voir B. JASPERT, « Roma locuta, causa non finita est. Dokumente zum Küng-Prozess in Rom 1973/98 », dans ID., *Theologie und Geschichte, Gesammelte Aufsätze*, t. 3, Francfort-sur-le-Main, 1999, p. 493-534.

2. Lettre à la Congrégation de la foi du 24 janvier 1972 avec copie au cardinal Julius Döpfner et à Mgr Carl-Joseph Leiprecht, à Johannes Neumann, recteur de l'Université, et à Walter Kasper, doyen. Voir *Fehlbar ?*, p. 501-509.

officielle de l'Église catholique veut une réponse fondée à cette question (la possibilité de déclarations infaillibles), c'est bien à la Congrégation romaine sur la doctrine de la foi de la donner. Mais me renvoyer aux documents du magistère auquel je pose la question, c'est un *circulus vitiosus*, un cercle vicieux, dans lequel on présuppose ce qu'on doit prouver. Je me laisserai cependant toujours convaincre par des arguments. C'est pourquoi je prie la Congrégation de me dire, au moins sous forme brève, les raisons qui permettent de parler de vérités infaillibles, autrement dit de m'apporter des arguments qui tiennent compte des difficultés que je soulève vis-à-vis des textes officiels au lieu de les ignorer.

Sur le deuxième point, je poursuis en disant que, jusqu'à présent, « aucun auteur ne m'a jamais fourni un argument convaincant de la possibilité de déclarations infaillibles ». Puisque, au cours du semestre d'été de 1972, nous devons tenir sur ce point un séminaire auquel participeront d'éminents adversaires de mon livre, je sollicite la participation d'un représentant de la Congrégation (ses frais seront pris en charge).

Dans le quatrième paragraphe, je me déclare prêt à poursuivre la réflexion, l'étude et le dialogue et je fais tout pour persuader le cardinal Šeper de la pureté de mes motifs et de mes intentions constructives dans la crise présente de l'Église.

Il faut avoir lu cette lettre dont le contenu touche à tant de choses pour se rendre compte du poids de mes répliques à la Congrégation et des durs noyaux qu'elle comporte. Rien d'étonnant que la Congrégation commence par se draper dans le silence. Mais cela ne veut évidemment pas dire qu'elle a capitulé.

Le magazine *Der Spiegel* du 13 mars 1972 présente ces événements avec le commentaire suivant : « Pour la première fois dans le cas Küng, on voit se manifester clairement ce que les théologiens catholiques craignaient depuis longtemps : même si, l'an dernier, la Congrégation romaine sur la doctrine de la foi a élaboré un nouveau règlement, ses méthodes n'ont en fait que peu changé. Dans aucun État de droit du monde, il n'existe de procédure telle que celle que le pape juge toujours valable pour l'Église catholique[1]. » S'ensuivent toute une série de commentaires dans les journaux, avec des titres tels que : « Le professeur Küng hérétique ? », « Küng refuse d'aller à Canossa », « Aux

1. *Der Spiegel*, n° 12/1972, p. 73.

côtés de l'Église contre le pape», «Un nouveau Luther?», «*God save the* Küng». Puis dans une série intitulée «Des confédérés gênants», un article intitulé «Un réformateur fidèle à l'Église».

Travail tranquille.

Je suis au courant de tout ce tumulte médiatique, mais je n'en continue pas moins mon travail. Après le début de l'année 1972 – je l'ai fêté à Eigenthal, au pied du mont Pilatus, en faisant du ski avec mes amis de promotion du baccalauréat – je peux enfin me remettre à mon livre *Introduction au christianisme*. Mon semestre de recherche se prolonge jusqu'à la mi-avril, et, dans ma maison de Seehaus, je travaille du matin au soir et jusque tard dans la nuit. La musique – de celle de la Renaissance jusqu'à celle de Stravinski, selon mon humeur – est pour moi ce que le café est pour d'autres, un élixir qui me tient éveillé. Mais, à la différence de là-bas, dans les Alpes, sous le soleil bleu, Sursee, comme tout le reste des Préalpes, est couvert d'une épaisse brume grise. Je nage un peu le matin, même si la température ne monte guère au-dessus de 0 °C; c'est ma seule gymnastique de la journée «particulièrement rafraîchissante pour les cerveaux théologiques». Je célèbre l'eucharistie tous les soirs à l'hôpital local du district, en l'accompagnant d'un commentaire continu de l'Écriture, de saint Marc, puis du Sermon sur la montagne. Le dimanche, je vais à la messe dans ma paroisse.

Le 27 novembre 1973, j'écris à mon collègue Johannes Neumann: «Ce matin, dans un paysage couvert de neige, j'ai nagé pour la première fois dans mon lac. Cela m'a fait un plaisir infini. L'eau ne pouvait être plus froide, car elle commençait à geler.» Pendant l'hiver, mes parents et mes sœurs n'occupent pas leurs maisons de vacance, et le lac est très tranquille. Il n'y eut qu'une effraction en mon absence: un manœuvre sorti de prison et en recherche d'un abri y a laissé un peu de désordre. Mais quand j'y habite – Mme Renemann se charge de ma maison et la Dr Margret Gentner du courrier – je n'ai pas la moindre crainte à avoir.

À Tübingen aussi, j'ai besoin de calme. Et quand, le dimanche et les jours de fête, un gros chien blanc du voisinage, en manque d'âme sœur et manifestement d'humeur peu religieuse, réagit pendant des heures au carillon des églises, je dois finalement porter plainte pour le faire taire. Durant les week-ends, j'évite les visiteurs et je passe tout mon temps sur ma terrasse avec mon livre. J'ai terminé le premier brouillon de ce petit ouvrage : *Introduction au christianisme*, qui s'appellera finalement *Être chrétien*. Mais il pose beaucoup de questions de méthode. En particulier : d'où partir ?

D'où partir ? D'en bas ou d'en haut ?

La christologie néoscolastique part tout naturellement d'en haut, de la divinité du Christ. À Rome, à la Grégorienne, la première thèse que j'eus à étudier était : « En partant des paroles du Christ lui-même et du témoignage de ses premiers disciples, on peut prouver *(certo demonstratur)* que Jésus est par nature Fils de Dieu et vrai Dieu. » Les preuves scripturaires qu'on présentait ne comportaient cependant aucune réflexion exégético-critique. Et quand on se heurtait par exemple à la difficulté d'expliquer son propos : « Qui dis-tu bon ? Personne n'est bon sinon Dieu seul » (Mc 10, 18), parole qui allait contre la thèse de sa divinité, la réponse du manuel (de Charles Boyer) était simplement que, « interrogé en tant qu'homme, le Christ entend enseigner qu'il faut chercher la source de tout bien dans la divinité, mais sans pour autant nier qu'il est Dieu ».

Dans son *Introduction au christianisme* (1968), Joseph Ratzinger ne se montre pas aussi simpliste. Mais, du fait de son refus d'interroger le Jésus de l'histoire, sous prétexte que c'est impossible, il cherche simplement à comprendre ce que dit une foi qui n'est pas une reconstruction, mais une présence. Il entend donc lui aussi partir d'en haut, des propos traditionnels de la confession de foi : « Je crois en Jésus-Christ, fils engendré de Dieu. »

Le critique le plus vif de la christologie de Ratzinger a d'abord été Walter Kasper, à cette époque professeur de dogmatique à Münster : il refuse la « dialectique platonicienne visible/invisible » qui sous-tend son projet, et il défend l'insertion de l'homme Jésus dans la nature, la société, la culture et l'histoire : « C'est sous l'horizon d'une pensée historique qu'on peut clairement fonder l'interprétation unique et irréductible du Jésus terrestre et de sa destinée... La question historique portant sur le Jésus historique devient rétrospectivement un élément immanent de la théologie, et il devient impossible de la repousser en la caricaturant[1]. » C'est effectivement en les caricaturant que Ratzinger présente les positions de Harnack et de Bultmann.

Lors de mon travail sur la christologie de Hegel, à la fin des années 1960, une chose m'était déjà apparue clairement : impossible d'écrire une introduction moderne ou scripturaire sur Jésus en partant d'en haut, que ce soit sur le mode néoscolastique ou sur le mode hégélien : Jésus-Christ, non pas *un homme* en qui Dieu se révèle, mais *une personne divine* avec deux natures (une divine et une humaine) ? Aujourd'hui, on ne peut absolument plus entendre ce genre d'idées marquées par le langage et l'esprit hellénistique. Déjà au Vᵉ siècle, cette doctrine des deux natures n'avait pu résoudre les difficultés fondamentales de la christologie. Elle n'avait eu pour effet que de provoquer toutes les scissions ultérieures de l'Église. Si on tient compte de l'exégèse actuelle, elle n'est d'ailleurs absolument pas conforme au message originel du Nouveau Testament. Je le montre clairement dans mon chapitre « Le Christ du dogme ? » : il serait infiniment plus conforme à la pensée historique de nos contemporains de partir du Jésus vraiment homme, comme le faisaient les premiers disciples ; de sa manifestation et de son message historique, de sa vie et de sa destinée, de sa réalité concrète et de son action. Tandis que Ratzinger, aussi bien dans son *Introduction* que dans son *Jésus* de 2007, part *a priori* de cette unité en la comprenant de façon trinitaire, à la façon des dogmes des IVᵉ et Vᵉ siècles, je m'efforce de partir du Jésus de l'histoire tel que le présentent les synoptiques, en me posant la question que Jésus posait à ses disciples : « Qui est celui-ci ? » (Mc 4, 41), pour m'interroger ensuite sur sa relation avec ce Dieu qu'il nomme Père. Donc cette question « d'en bas » procède vers « en haut ».

Ma méthode n'autorise évidemment absolument pas un « Christ de rêve ». Elle se refuse à toute reconstitution de la figure du Christ qui ferait fi des témoignages de l'Écriture et de l'histoire. En revanche je tiens compte du « Christ des écrivains », et je trouve nombre d'informations précieuses dans le beau travail de Karl-Josef Kuschel sur « Jésus dans la littérature germanophone actuelle », sa thèse parue en 1978, que j'ai déjà mentionnée. La révision de mon chapitre sur ce thème, effectuée par Walter Jens

1. W. KASPER, « Das Wegen des Christlichen », dans *Theologische Revue* 65 (1969), p. 182-188, cit. p. 186.

– responsable avec moi de la thèse de Kuschel – marque le début d'un échange scientifique intensif entre nous deux, ce qui nous conduira à nous lier profondément.

Mais c'est essentiellement au travail pénétrant d'Ernst Käsemann, professeur de Nouveau Testament de Tübingen, élève de Bultmann, que je dois la conviction qu'on en sait beaucoup plus sur Jésus que ne le tenaient pour possible et nécessaire Bultmann et Karl Barth. Non, Jésus n'a rien d'un fantôme : c'est un personnage aux traits humains précis, même si on ne sait quelque chose de lui qu'à travers des témoignages de foi, et qu'il est donc souvent difficile de décider de ce qui est historique et de ce qui ne l'est pas. Mais les grandes lignes de son attitude, de son destin et de sa relation à Dieu sont extrêmement claires. Il en résulte incontestablement que la foi chrétienne s'ancre vraiment dans l'histoire et qu'on a donc de bonnes raisons de s'attacher à lui.

Mais, à peine de retour de mon long voyage, me voici confronté à une situation qui m'oblige à retravailler de fond en comble mon manuscrit.

Jésus de Nazareth était-il un révolutionnaire ?

En 1972, en Allemagne, les discussions à la mode portaient sur la question soulevée par le mouvement révolutionnaire étudiant et par les mouvements de libération d'Amérique du Sud : Jésus de Nazareth n'était-il pas déjà un révolutionnaire ? À Tübingen, certains théologiens éminents sont entrés en lice, et cela m'aide à dégager et à développer mon point de vue.

À gauche, il y a Jürgen Moltmann, le théologien protestant. Son inclination pour le socialisme et son amitié personnelle pour Ernst Bloch, le néo-marxiste qu'on connaît fort bien à Tübingen depuis 1961, en font le représentant d'une théologie de la révolution (non violente). À l'occasion d'une discussion au sein de notre groupe, le 6 juin 1969, je m'étais vu obligé de m'opposer à lui : en dépit du bien-fondé de la critique de la société, on ne pouvait pas pour autant retourner simplement le message de Jésus sur le Royaume de Dieu en message sur un Royaume de l'homme à faire advenir à travers une révolution politico-sociale. Je pouvais admettre bien des choses, mais le « Dieu dans la révolution » de Moltmann me paraissait par trop simpliste, comme si nous ne pouvions répondre de l'avenir de l'homme que de façon révolutionnaire au point que le problème du recours à la violence ou celui de la non-violence ne serait plus qu'un faux problème, ainsi qu'il le déclarait dans son commentaire de l'Évangile de 1968[1]. Autant j'appréciais sa si excitante *Théologie de l'espérance*, autant je déplorais souvent son manque de fondement biblique. Il n'éprouvait jamais le besoin de retravailler durement une exégèse historico-critique qu'il reconnaissait lui-même avoir négligée au cours de ses études. Et au lieu de soumettre à une réinterprétation démythologisante l'attente apocalyptique du retour du Christ, une attente qui ne s'était certes jamais accomplie mais qu'on ne devait pas pour autant éliminer, il recourait maintenant à l'utopie d'une société socialiste à créer par la révolution. « La "théologie de la révolution" a eu son temps et j'en ai eu ma part », écrit-il dans ses Souvenirs (publiés en 2006), mais sans corriger ses fausses espérances ni redresser son action.

À droite, il y avait Martin Hengel, professeur protestant du Nouveau Testament, spécialiste reconnu du judaïsme hellénistique et, dans ce contexte, du mouvement zélote dressé contre l'occupation romaine. Il venait justement de publier un article sous le titre : « Jésus était-il un révolutionnaire ? » (1970). À la différence de maints « révolutionnaires » chrétiens, il avait travaillé à fond les sources et il connaissait parfaitement le cadre social. Même si je ne partageais pas toujours ses positions assez conservatrices, je ne pouvais qu'être d'accord avec ses conclusions exégétiques concernant Jésus.

Je peux maintenant le préciser à partir des textes du Nouveau Testament : selon les évangiles, Jésus de Nazareth était un jeune homme de trente ans, lucide, décidé, inflexible et, s'il le fallait, combatif, en tout cas sans peur. Ce n'était sûrement pas un représentant de l'establishment politico-religieux, ni un conformiste, ni un apologète de l'état des choses, ni un défenseur du calme et de l'ordre. Il demandait qu'on s'engage, et, en ce sens, il « brandissait le glaive » : il ne semait pas la paix, mais, dans certaines circonstances, le conflit, même dans les familles. Pas de problème : il remettait totalement en question le système social et religieux, l'ordre de la loi juive et du Temple, et, dans cette mesure, son message avait ses conséquences politiques.

1. J. MOLTMANN, « Gott in der Revolution », dans *Evangelische Kommentare*, 1. Jg., 1968, p. 565-571.

Mais il faut en même temps le rappeler : il ne considérait pas la révolution politico-sociale comme la seule alternative. Ceux qui peuvent vraiment se réclamer en toute logique de lui, ce ne sont pas Che Guevara et à sa suite Camillo Torres, prêtre catholique, pas plus qu'un Ernst Bloch, qui célébraient romantiquement la violence accoucheuse de la nouvelle société, mais ce sont des non-violents comme le Mahatma Gandhi ou Martin Luther King.

C'est en ce sens que je peux le proclamer : Jésus était plus révolutionnaire que les révolutionnaires. Dans mon livre, j'explique en détail ce que cela veut dire : au lieu de rendre coup pour coup, pardonner sans condition ; au lieu du recours à la violence, la disposition à souffrir ; au lieu d'un esprit de haine et de vengeance, la louange des pacifiques ; au lieu d'anéantir les ennemis, les aimer. Tout en étant tournée vers la société, la révolution mise en branle par Jésus était décidément une révolution pacifique, une révolution de l'intérieur, du plus secret de l'homme, une révolution du cœur. Il ne s'agissait plus de continuer comme avant, mais de changer du tout au tout ; d'une réorientation radicale par renonciation à toute forme d'égoïsme pour se retourner vers Dieu et vers le prochain. Mon chapitre sur « Jésus révolutionnaire ? » a finalement pris une importance fondamentale, et il comporte beaucoup de références. Et cela a eu des conséquences importantes pour toute la suite du livre.

Il me fallait aussi traiter à fond la question suivante : « Jésus, un ascète ou un moine ? », ce qui me conduisit à reprendre toute la littérature sur les écrits de la mer Morte retrouvés à Qumran. Et cela ainsi de suite, chapitre après chapitre. Cela changea complètement le caractère de l'ouvrage : mon petit traité *Introduction au christianisme* devint finalement un gros volume, *Être chrétien*, et j'aurai par la suite à en retravailler complètement le chapitre d'introduction. Ainsi la conclusion reculait-elle de mois en mois : j'étais obligé de revoir systématiquement toutes les données de l'exégèse néotestamentaire, ce qui me permit de jeter ainsi des bases nouvelles et solides pour ma théologie. Mais en même temps je me donnais un critère valable pour aborder les difficiles questions auxquelles il me fallait répondre.

Le pour et le contre d'une théologie politique.

En même temps que Claude Geffré, dominicain français, Johann Baptist Metz, mon contemporain et mon compagnon de lutte dans le combat pour la réforme de l'Église, professeur de théologie fondamentale à l'université de Münster, était récemment devenu membre du présidium de la revue *Concilium*. Il avait dès le départ donné à sa théologie une orientation anthropologique. Mais à partir de 1968, il avait commencé à esquisser dans de brefs articles une « théologie politique ». J'appuyais totalement son refus de spiritualisation, d'intériorisation et d'individualisation du message chrétien, et son insistance sur la portée de l'Évangile dans la vie sociale. Mais...

Je faisais volontiers mienne cette théologie critique de la société, mais je préférais ne pas la qualifier de « théologie politique », car ce terme me paraissait compromis, sans espoir ; d'abord du fait qu'Eusèbe de Césarée, évêque courtisan de l'empereur Constantin, avait déjà utilisé cette étiquette pour développer son programme de théologie impériale politico-religieuse, celle qu'il avait placée sous la devise : « Un Dieu, un Logos, un empereur, un empire ». Compromis encore à notre époque par Carl Schmitt, juriste catholique et précurseur involontaire de l'État national-socialiste : c'est à partir de cette idée qu'il esquissait les traits d'un État totalitaire.

De plus, du fait que beaucoup recouraient à cette idée en la confondant avec l'idée révolutionnaire d'étatisation des industries clés ou avec celle qu'on peut à tout moment se défaire des représentants élus du peuple, elle conduisait de plus en plus à penser une théologie engagée dans la politique. Voilà donc que, là où auparavant on fondait directement sur le christianisme l'antimodernisme et l'antisocialisme, on en arrivait à fonder une critique du capitalisme et une théorie de la société directement sur le christianisme. Bien sûr, Johann Baptist Metz n'a jamais proposé une synthèse exhaustive allant jusque-là, et même dans le cahier de *Concilium* sur « Le christianisme et le socialisme », il ne s'est pas déclaré clairement pour le socialisme. Mais...

Je pouvais toutefois me déclarer solidaire de son projet théologique, ce que je fis fort clairement au cours d'un long exposé lors d'une session de *Concilium* à Nimègue et ce que je lui ai par la suite confirmé par écrit : « Je voudrais une fois de plus insister sur l'importance – pour moi et pour la théologie en Allemagne – d'une collaboration aussi poussée que possible, et d'une meilleure prise en compte de nos travaux réciproques. Tout ce que je t'ai dit à Nimègue dans le bureau de Nicodème, je le pensais vraiment. C'est pourquoi je me réjouis aussi de penser que nous nous verrons probablement plus d'une fois par an du fait de notre fondation *Concilium* » (lettre du 10 mai 1971).

Pour sa part, Johann Baptist Metz s'engagea à me faire admettre comme conseiller dans la commission d'experts du prochain synode des diocèses d'Allemagne. « Et cela non pas parce que je partage totalement ses positions ecclésiologiques, écrivit-il à Mgr Karl Forster, secrétaire de la Conférence épiscopale allemande, mais parce que je suis d'avis que cette commission devrait garantir un spectre d'opinions théologiques aussi large et représentatif que possible, et qu'on ne saurait donc exclure *a priori* une position comme la sienne. » Et Metz se lança aussi avec Rahner dans la défense de l'Union des étudiants catholiques allemands (KDSE) qu'au printemps 1973 la Conférence des évêques allemands avait refusé de reconnaître comme représentative des étudiants catholiques en lui refusant par là tout appui financier.

Mais rien n'y fit : les appels des théologiens, des étudiants et des curés ne purent empêcher la liquidation du travail suprarégional de l'Union des étudiants catholiques – ce qu'on peut comparer avec la condamnation à mort de *Publik* à l'automne 1971. Le conflit porta en fait plus sur la théologie de libération d'Amérique latine que sur la « théologie politique » dont les objectifs étaient restés assez vagues. J'aurai à en reparler plus longuement dans le cadre de mon voyage en Amérique latine. Au fond, la question qui se posait à moi était la suivante : dans ce grand conflit, qu'est-ce que l'Église doit maintenir et à quoi lui faut-il renoncer ?

L'Église a-t-elle perdu son âme ?

Le 20 mars 1972, à Lucerne, je prends la parole à la Maison de l'art, celle où ont lieu les grands concerts symphoniques de la Semaine internationale de la musique. Dans cette ville où j'ai été presque deux ans vicaire, je suis évidemment très heureux de voir se presser plus de deux mille personnes, dont certaines doivent même s'asseoir derrière moi, sur la scène. Mais il est vrai qu'il s'agit du thème : « Qu'est-ce qui doit durer dans l'Église ? » Sept ans après le concile, il est devenu brûlant : le gel des réformes conciliaires et les provocations de la curie romaine ont engendré une crise profonde dans l'Église catholique. L'hebdomadaire américain *Newsweek* vient de publier une grande enquête sous le titre : « L'Église a-t-elle perdu son âme ? » Question que je prends très au sérieux et à laquelle j'entends répondre, en tant que l'un des architectes du deuxième concile du Vatican.

Je démarre par une brève analyse du changement de situation depuis la fin du concile. Tout d'abord, les nombreux points positifs, parmi lesquels en premier lieu une liturgie devenue plus compréhensible et plus proche des gens, une prédication davantage fondée sur l'Écriture et plus actuelle, avec en conséquence une piété plus centrée sur l'essentiel ; une formation théologique plus ouverte et une plus grande participation des laïcs aux processus de décision au niveau des paroisses et des diocèses ; une attention plus poussée à la misère du monde et une plus grande liberté de pensée, de discussion et d'action dans l'Église ; la reconnaissance des autres Églises et l'entente œcuménique ; la détente et l'amélioration des relations avec le judaïsme et les autres religions ; l'affirmation de la liberté religieuse et de la liberté de conscience.

Mais il y a malheureusement trop de points négatifs, des changements en pire : les réponses dilatoires aux importants glissements qui se sont produits dans la société présente ; le désarroi dans le christianisme ; la crise dans l'Église du fait du perpétuel report des réformes concernant la régulation des naissances et la morale conjugale, la communauté eucharistique, le célibat et les mariages mixtes, l'élection des évêques et celle du pape. C'est pour tout cela que des dizaines de milliers de prêtres ont quitté le ministère et qu'on en manque désormais cruellement. En même temps, abstention croissante de la messe dominicale, crise des écoles catholiques, des revues, des éditions, des associations, et manque d'inspiration et d'imagination pour trouver des solutions aux problèmes présents. Derrière tout cela, une absence fondamentale de direction spirituelle constructive de la part de Rome et des évêques.

Le résultat, c'est une énorme perte de crédibilité. Je n'ai toutefois jamais dit ce que, suite à une interview à l'agence de presse allemande de Washington, on a raconté dans le mensuel américain

Intellectual Digest: « Depuis cinq cents ans, jamais la crédibilité de l'Église catholique n'aura été aussi faible que sous Paul VI. » Une affirmation reprise dans la presse allemande, qui me valut beaucoup de lettres de blâme. Ce que j'avais effectivement dit, je le rectifiai le 13 mars et je le précisai à Lucerne, c'est que « le pape actuel a peut-être disposé au départ de la plus grande crédibilité jamais accordée à l'Église depuis cinq cents ans. Mais je pense que, à la fin de son pontificat, la tendance s'inverse, et que cette crédibilité s'est à nouveau si profondément effondrée que nous ne pouvons expliquer comment cela est arrivé. Ceci est une critique, non pas de la personne de Paul VI, auquel j'accorde toute mon estime comme homme et comme chrétien, mais à l'état présent de l'Église et au cours réactionnaire de la direction ecclésiastique actuelle de Rome et d'autres lieux. »

Ce qui doit durer dans l'Église.

Pour offrir une orientation dans cette situation critique, je centre mon exposé sur l'essentiel et j'exclus *a priori* deux champs de problèmes : les problèmes globaux de la société et les problèmes spécifiques de la réforme de l'Église. J'insiste sur le fait que des questions discutées telles que l'infaillibilité, la régulation des naissances et la pilule ne sont que marginales, ce qui fait qu'on se demande de plus en plus avec curiosité ce qui fait l'essentiel du christianisme, ce qui constitue son « âme ». Il ne s'agit évidemment pas de se contenter de pieuses considérations ronflantes : disparition des règles du jeûne ou du vêtement des clercs et des religieuses, ou de la confession privée, autrefois si nécessaire, tout cela n'étant que des restes de l'Église médiévale qu'on ne doit pas à tout prix maintenir.

Mais qu'est donc l'essentiel, « l'âme de l'Église », ce qui doit durer ? Je réponds que ce qui demeure, ce qui définit le christianisme, ce qui doit durer, ce n'est ni une idée, ni un principe, ni une doctrine, mais pour le dire en un mot, une personne, celle de Jésus-Christ lui-même, avec son Esprit – avec toutes les conséquences pratiques que cela comporte. Je trace un portrait vivant et séduisant de ce Christ, de sa vie, de son enseignement, de ses combats, de sa passion et de sa mort, et de sa foi en une nouvelle vie dans l'éternité divine, bref, le portrait que j'avais élaboré les mois précédents.

En prenant Jésus pour critère, j'esquisse quelques conséquences de nature politique et sociale, quant à la paix et la guerre, quant au pouvoir économique, à la consommation et à la crise du sens, mais aussi pour une Église tiraillée entre conservateurs et progressistes, pour une foi sans étroitesse, pour une morale sans légalisme, pour une discipline ecclésiastique largement œcuménique. Je termine mon exposé par cette déclaration: «Il faut que l'Église change plus encore, et cela afin qu'elle demeure elle-même. Et elle demeurera ce qu'elle doit être si elle en reste à celui qui est à son origine: si, dans toutes ses avancées et dans toutes ses mutations, elle demeure fidèle à Jésus-Christ. Car ce sera alors une Église plus proche de Dieu et en même temps plus proche de l'homme. Alors, les catholiques, avec leur insistance sur la tradition, deviendront protestants en même temps que les protestants, qui insistent tant sur l'Évangile, deviendront catholiques, et les deux deviendront chrétiens, ce qui est l'essentiel[1]. »

«Il a parlé deux heures pleines devant un auditoire parfaitement silencieux», commente l'article de la *Luzerner Neuesten Nachrichten* (22 mars 1972). «Applaudissements continus, ininterrompus...» J'étais compris dans ma patrie, et, dans les semaines qui suivirent je reparlai sur le même thème dans différents lieux de la Suisse (Schaffouse, Saint-Gall, Bâle, Zurich) et d'Allemagne (Berlin, Francfort, Worms...).

Une opposition loyale à Sa Sainteté.

Tout cela remonte à trente-cinq ans. En relisant aujourd'hui avec peine cet exposé programme, je me demande ce qui se serait passé si une hiérarchie ecclésiastique bien décidée s'était montrée capable de mener à bien ce programme postconciliaire de gouvernement aussi vaste et en même temps aussi concret. Au lieu de quoi, j'étais de fait entré dans une opposition de plus en plus marquée au pape, à la curie, à l'épiscopat.

Beaucoup plus tard, au cours d'un repas de fête chez un ami de Hambourg, le Dr Karl Klasen, président de la Banque d'Allemagne, mon voisin de droite, le Dr Helmut Schmidt, alors chancelier fédéral en exercice, me demandera d'un ton critique:

1. Finalement publié dans ma série «Theologische Meditationen», t. 30: *Was in der Kirche bleiben muss,* Einsiedeln, 1973, 1980 (5e éd.).

« Est-ce que vous et vos amis n'êtes pas un peu pour le pape ce que sont pour moi les Jusos (les jeunes socialistes radicaux) ? » Je lui répondrai en souriant : « Si vos Jusos, Monsieur le Président, constituaient une opposition aussi intelligente et aussi modérée que la nôtre à l'égard du pape, les choses vous seraient beaucoup plus faciles. » Ce sur quoi Helmut Schmidt me répliquera : « Vous avez sûrement raison. » Il s'entendait en tout cas sûrement mieux avec Arthur Burns, l'ambassadeur américain, ancien président de la Federal Reserve de 1970 à 1980, assis en face de nous, qu'avec son chef, le président Jimmy Carter.

Thomas Mann disait un jour qu'il était né pour être représentant, et non pas martyr. De même en ce qui me concerne. Mais je sais aussi ce que c'est que d'être contraint d'entrer dans l'opposition. Je me rappelle mon audience privée chez Paul VI à la fin du concile (voir t. I, chap. IX), qui se déroula de façon moins pieuse que celle de Thomas Mann chez Pie XII : alors que le pape pensait me rendre plus souple en favorisant indirectement mon entrée dans le service papal, son verdict fut qu'il aurait souhaité que je n'aie rien écrit, *« niente »*, me dit-il. Il m'apparut alors que, à l'avenir, il me faudrait encore plus que jamais me plonger dans la théologie pour les gens, même si cela devait déplaire au pape et aux siens. « J'ai pitié (non pas des grands prêtres) de ces gens », a dit Jésus. Sous une forme ou sous une autre, les plaintes des gens contre un système ecclésiastique figé résonnent chaque jour un peu plus à mes oreilles : entretiens, coups de téléphone, lettres, articles, le tout-venant de l'Église et du monde. Et si on tient compte des enquêtes d'opinion dans les différents pays, on sait que l'opposition sur la plupart des questions controversées a derrière elle l'immense majorité des catholiques. Mais ce sont d'autres qui détiennent le pouvoir (légitime) de changer les choses.

À Rome, on parle souvent d'une « restauration paulinienne », autrement dit d'un retour de Paul VI au cours conservateur de Pie XII – contre Jean XXIII – sans oublier le soutien accordé à l'orientation droitiste du nouveau gouvernement italien. Mais j'accorde une grande importance au fait que notre opposition, à moi et à mes amis, reste loyale. Pour reprendre une expression empruntée au vocabulaire du Royaume-Uni, où, à la différence de l'Église catholique romaine, on est convaincu de l'importance d'une telle opposition, ce doit être une *« His Holiness "loyal opposition" »*. Une opposition qui n'est malheureusement pas élective, car, dans l'Église catholique romaine, le séculaire processus de centralisation a fait disparaître tous les éléments « démocratiques » des origines, à commencer par les élections des évêques et du pape par le peuple et le clergé et la limitation de leurs pouvoirs. On sait que, depuis le XIe siècle, du fait de la « révolution d'en haut » menée par Grégoire VII, l'Église catholique romaine est devenue une organisation absolutiste dans laquelle, à la longue, le pape et la curie (avec le renfort de Vatican I) ont réduit à la dépendance totale un épiscopat autrefois plus puissant.

L'opposition a besoin d'une opinion publique.

Si une opposition contre l'action globale de la curie romaine veut être efficace, elle est nécessairement renvoyée aux médias, tout comme avant la Révolution française l'opposition à l'absolutisme avait été préparée par des écrivains comme Montesquieu, Rousseau et Voltaire. Dans ma discussion sur l'Église et l'infaillibilité (un appel non pas à une révolution, mais à une réforme radicale), j'aurais perdu d'avance sans le soutien de l'opinion publique.

Je n'ai jamais cherché pour autant la publicité pour la publicité. Des collègues rivaux m'ont bien souvent jalousement reproché une maîtrise de l'« industrie journalistique » qui m'a permis de jouir d'une grande « influence publicitaire ». Pour ces défenseurs radicaux des bastions du dogme, de la morale et de la discipline, c'est un discours facile. Ils ne peuvent pas admettre que l'enjeu de mes discussions publiques, c'était une vérité dont il importait d'établir la crédibilité en montrant que mes arguments émanaient de l'Écriture sainte et de la grande tradition catholique ; que mes apparitions en public se fondaient sur des publications scientifiques ; qu'il ne s'agissait donc pas d'un truc journalistique, mais d'une argumentation théologique exprimée dans un langage clair susceptible de me rendre crédible dans l'opinion publique.

Bien sûr, dans ces interventions, je devais trop souvent jouer un rôle limité et me contenter de brèves affirmations qui me laissaient insatisfait, car elles ne suffisaient pas pour exprimer mon idée de façon pertinente. Dans cette mesure, ce n'est qu'après mûres réflexions que j'ai accepté l'offre de la *Nord Deutsche Rundfunk* de Hambourg de présenter un portrait télévisé de ma vie, même encore limitée à quarante ans. Au cours de plusieurs entretiens préparatoires avant mon voyage autour du monde, Peter Rosinski, l'auteur et le régisseur de l'émission, et son conseiller théologique, le père Wolfgang Seibel, s.j., mon ex-étudiant et mon ami, avaient passé plusieurs semaines à faire un film, tout d'abord à Sursee, dans l'église, à Seehaus et sur le lac, puis à Tübingen, chez moi et dans la ville. Un travail de collaboration très prenant, mais intéressant et profitable. Beaucoup de photos riches en informations, mais aussi fort esthétiques. Wolfgang Lüning, le rédacteur, eut quelques difficultés pour le montage et les coupures. Le 3 décembre 1971, avant-veille de mon retour de mon tour du monde, je pus comme prévu voir le film achevé dans le studio de Hambourg.

J'étais enthousiasmé. Cette réalisation répondait à mes vœux, car, derrière les controverses et les polémiques publiques, on pouvait percevoir mes intentions théologiques et pastorales en découvrant derrière le théologien, le savant et le personnage médiatique, l'homme Küng. Aujourd'hui encore, j'en suis reconnaissant envers Peter Rosinski et Wolfgang Seibel. Ce regard sur l'atelier d'un personnage si souvent diabolisé dans les médias reste pour moi très important. Cet « essai de portrait » fut diffusé le 24 mars 1972, avec plusieurs reprises. On me proposa par la suite trois autres émissions de discussion avec le public dans le studio de Hambourg sur le thème : « Pourquoi je suis chrétien aujourd'hui ? » Elles parurent en novembre. Mais, coup du destin, à la mi-août de la même année, Peter Rosinski perdit son unique fille, sans doute à la suite d'une opération ratée. Elle n'avait que onze ans.

Comme organe de publicité de notre « loyale opposition », nous, théologiens, disposions de notre revue théologique internationale *Concilium*, largement répandue. Envisagée au départ comme une « voix du concile », elle n'était pas prévue pour devenir un organe d'opposition, ce qu'elle devint pourtant du fait de la politique réactionnaire de Rome. Ce n'est qu'à travers elle que nous pûmes par exemple répandre en 1968 l'impressionnante déclaration sur la liberté de la théologie et rassembler les signatures de 1 360 professeurs du monde entier. Mais aurait-elle le même effet en 1972 ? La peur des représailles gagnait du terrain. On n'atteindrait sûrement pas le même chiffre, et même si Edward Schillebeeckx continuait à collaborer, au lendemain du débat sur l'infaillibilité, il ne fallait plus compter ni sur Karl Rahner ni même sur Yves Congar. Il fallait procéder autrement.

Après le si décevant synode romain des évêques d'octobre 1971, je me dis que nous devions au moins traiter de la stagnation et de la frustration présentes et élaborer une déclaration contre la résignation. Avant Noël, je rédigeai et diffusai donc un premier brouillon que mon équipe lut comme toujours dans un esprit critique, en le corrigeant et en le complétant. Le jugement du professeur Johannes Neumann, notre éminent canoniste, était particulièrement important à mes yeux. Mais sans le remarquable fonctionnement de notre secrétariat, j'aurais eu du mal à battre le rappel de théologiens représentatifs de stature internationale. Il me fallut choisir de façon pragmatique : en appeler, non pas au grand nombre, ni à une représentation équilibrée des différentes nations, mais à mes relations personnelles, en admettant du coup une surreprésentation des théologiens de Tübingen, mais cependant en rassemblant un groupe d'importance suffisante pour attirer l'attention internationale. Dans le court laps de temps dont je disposais, je réussis à gagner aussi des théologiens de France, de Belgique et d'Italie.

Finalement la déclaration fut signée par 33 théologiens qu'il faudrait mettre au « tableau d'honneur », parce que, au lendemain du concile, ils constituaient l'élite réformatrice, et que je tiens donc à leur exprimer ma reconnaissance, que nous soyons restés en lien ou que nos chemins se soient séparés : Jean-Paul Audet (Montréal), Alfons Auer (Tübingen), Gregory Baum (Toronto), Franz Böckle (Bonn), Günter Biemer (Fribourg-en-Brisgau), Viktor Conzemius (Lucerne), Leslie Dewart (Toronto), Casiano Floristán (Madrid), Norbert Greinacher (Tübingen), Wilfried Gruber (Graz), Herbert Haag (Tübingen), Frans Haarsma (Nimègue), Bas Van Ieltsine (Nimègue), Otto Karrer (Lucerne), Walter Kasper (Tübingen), Ferdinand Klostermann (Vienne), Hans Küng (Tübingen), Peter Lengsfeld (Münster), Juan Llopis (Barcelone), Norbert Lohfink (Francfort-sur-le-Main), Richard McBrien (Boston), John L. McKenzie (Chicago), Johann Baptist Metz (Münster), Johannes Neumann (Tübingen), Franz Nikolasch (Salzbourg), Stephan Pfürtner (Fribourg), Edward Schillebeeckx (Nimègue), Piet Schoonenberg (Nimègue), Gerard S. Sloyan (Philadelphie), Leonard Swidler (Philadelphie), Evangelista Villanova (Montserrat), Hermann Josef Vogt (Tübingen), Bonifac Willems (Nimègue).

Contre la résignation : quelques orientations.

Le 25 mars 1972, avant Pâques, mes bonnes relations avec les médias me permirent de publier la déclaration à Tübingen, dans le *Corriere della sera* et dans différents journaux catholiques : *Publik-Forum*, *Herder Korrespondenz*, *The Tablet* (Angleterre), *National Catholic Reporter* (États-Unis), *Vida Nueva* (Espagne), *De Bazuin* (Pays-Bas) et d'autres encore. IDOC, le centre international catholique de documentation qui opérait de Hollande sous l'efficiente conduite de Leo Alting von Geusaus, fit parvenir le texte à la presse internationale. Paradoxalement, le même cahier 8 de IDOC (15 avril 1972) inséra une annonce de deux pleines pages présentant un cahier de *Concilium* que je venais de mettre au point avec Walter Kasper sur le problème de la reconnaissance réciproque des ministères des Églises, et annonçant la parution du cahier 1 de *Communio*, le pendant conservateur de *Concilium*, fondé par Urs von Balthasar, avec le soutien d'Henri de Lubac et de Joseph Ratzinger.

C'est donc ce 25 mars 1972 que fut publiée en plusieurs langues la déclaration « Contre la résignation [1] ». Elle débutait ainsi :

> L'Église catholique doit faire face à une crise de direction et de confiance aux aspects très divers. Déjà, six ans après la fin du deuxième concile du Vatican, le troisième synode romain des évêques s'est terminé sans résultats appréciables. La direction de l'Église, qui au temps du concile avait pris à bras-le-corps les vieilles et les nouvelles questions en les affrontant dans une étonnante mesure, semble maintenant incapable, en cette époque postconciliaire, de parvenir à des résultats constructifs sur des questions aussi brûlantes que la justice et la paix dans le monde ou sur les ministères ecclésiastiques. La loi du célibat, en soi périphérique, est devenue de façon indue la question test du renouveau de l'Église.

Suivait une analyse très réaliste de la difficile situation présente. La raison de cette crise de direction et de confiance ne tient pas seulement à des personnes précises, mais elle est liée à

1. Imprimé dans H. KÜNG, « Die Hoffnung bewahren », *Schriften zur Reform der Kirche*, Zurich, 1990, p. 213-219.

l'excroissance du système ecclésiastique médiéval. On ne saurait pourtant résoudre cette crise qu'en revenant une fois de plus à ce qui constitue son cœur et son fondement : l'Évangile de Jésus-Christ dont elle procède, et que nous devons comprendre et vivre dans toute situation nouvelle. Notre point de départ n'était donc pas sociopolitique, mais théologique.

Pourtant, naturellement, je posais aussi la question politique, celle de la stratégie à suivre. Était-il possible d'envisager de façon générale une réforme sérieuse, étant donné la superpuissance et la fermeture du système ecclésiastique ? Comment s'adresser aux évêques et aux pasteurs ? Mes cinq points d'orientation s'appuyaient sur une masse d'expériences, d'entretiens et d'actions et cherchaient à contrer la mentalité de stagnation et de résignation régnante. Je résume brièvement le contenu des suggestions :

1. Ne pas se taire : dans l'Église, chacun, engagé ou non dans un ministère, homme ou femme, a le droit et souvent le devoir de dire à l'Église et à sa direction ce qu'il pense et ce qu'il considère comme nécessaire. « Les évêques – ils constituent souvent une importante minorité dans le cadre des conférences épiscopales nationales – qui tiennent pour malheureuses certaines lois, ordonnances ou mesures, doivent le dire publiquement et demander toujours plus clairement qu'on les modifie. »

2. Agir soi-même : il ne s'agit pas seulement de se plaindre de Rome, mais de faire personnellement quelque chose. « Curé, vicaire ou laïc, chaque membre de l'Église doit agir pour son renouveau, dans son domaine, grand ou petit. C'est bien souvent l'initiative de personnes isolées qui déclenchent dans les paroisses ou dans l'ensemble de l'Église des réalisations importantes. Et c'est bien dans la société moderne qu'on a la possibilité individuelle d'influencer l'Église. Il existe différentes façons de contribuer à améliorer le culte, de rendre la prédication plus compréhensible, de promouvoir une pastorale plus adaptée à notre époque, de pousser à l'intégration œcuménique des paroisses et à l'engagement chrétien dans la société. »

3. Agir ensemble : les conseils paroissiaux, sacerdotaux, pastoraux officiellement constitués peuvent devenir de puissants instruments de changement paroissial, diocésain, national ; mais des groupements de prêtres et de laïcs librement institués en vue de certains objectifs précis de l'Église peuvent également aider à la rupture. « Un paroissien qui va voir son curé, cela ne compte

pas ; cinq, cela peut gêner ; cinquante, cela change la situation. Un curé du diocèse, cela ne compte pas ; cinq, on y fait attention. Cinquante ? Imbattables ! »

4. Viser à des solutions intermédiaires : nombre de réformes n'ont été obtenues que par la pression d'en bas. Exercée dans un esprit de fraternité chrétienne, cette pression sur les autorités ecclésiastiques est légitime. « Quand les autorités supérieures de l'Église prennent des mesures qui ne sont manifestement pas conformes à l'Évangile, la résistance est autorisée, et elle est même obligatoire. Quand les autorités supérieures de l'Église repoussent de façon déraisonnable des mesures urgentes, on peut, après mûres réflexions et sans porter atteinte à l'unité chrétienne, mettre en branle des solutions provisoires. »

5. Ne pas renoncer : il faut lutter contre la tentation de démissionner intérieurement ou extérieurement. « C'est précisément dans les phases de stagnation qu'il importe de s'ancrer solidement sur sa foi et de garder le souffle. Il faut s'attendre à des résistances. Pas de renouveau sans combat. L'essentiel, c'est de ne pas perdre des yeux l'objectif, d'agir avec calme et courage et de garder l'espérance dans une Église plus attachée à l'Évangile, donc plus ouverte, plus attentive à l'homme, plus crédible, bref, plus chrétienne. »

Le camouflage de l'exercice du pouvoir et des abus de pouvoir.

Le « manifeste des 33 théologiens » fit dans le public l'effet d'une bombe. Des deux côtés de l'Atlantique, les grands journaux en parlèrent. Le fantôme de la révolution planait. Heurtait surtout la déclaration de la légitimité de la pression sur l'autorité ecclésiastique exercée dans un esprit de fraternité chrétienne.

Tandis que le Vatican avait toujours fait le plus possible silence sur toute voix d'opposition, *L'Osservatore Romano* du 29 mars 1972, donc quatre jours après notre publication, publia en page de titre, non pas une copie ou un résumé du texte, mais, contre toutes les règles de l'honnêteté journalistique, un grand article de réfutation signé d'un poids lourd de la curie, le cardinal français Gabriel Garrone, préfet de la Congrégation pour l'éducation catholique, l'ancien archevêque de Toulouse. Je le connaissais par le concile où il s'était montré partisan du renouveau. Mais, devenu cardinal de curie, il s'était totalement romanisé. Il qualifiait nos « points d'orientation » de « projets de contestation », de « pression démagogique » qui allait contre l'esprit de la foi et contre la tradition de l'Église. Comme si des questions telles que celle du célibat sacerdotal ou de la réembauche de prêtres mariés dans le ministère étaient « des valeurs de base » et des « vérités fondamentales » du catholicisme.

Le *combat pour la vérité* devenait désormais de plus en plus une *lutte pour le pouvoir*. Mais l'abus de pouvoir de la curie était camouflé en « service », suivant le terme mis à la mode par le concile. On objectait donc que le plan d'action du manifeste oubliait la nouvelle donne : le pouvoir dans l'Église n'a rien d'une force qu'il faut équilibrer par d'autres forces, ou qu'on doit même rejeter totalement ; il est simplement un « service » auquel est garantie l'assistance divine[1].

Ou bien on affirmait – deuxième façon de masquer le pouvoir – que celui qui prétend parler avec autorité dans l'Église n'en a pas le pouvoir : il se met au contraire en contradiction avec le pouvoir souverain et va à l'encontre de celui de l'opinion publique. Ainsi pensait-on justifier la privation du droit d'enseigner dans l'Église, les déclarations d'exclusion, le refus de donner connaissance des actes et celui du droit de discussion.

Ou bien – troisième forme de camouflage – on affirmait n'exercer aucun « pouvoir » sur les fidèles : on ne faisait que protéger la foi des faibles, de ceux qui n'écrivent ni livres ni articles. Il est « du devoir de la démocratie de prêter la voix à ceux qui n'en ont pas ». Mais on se plaignait en même temps que « les gens simples » ne cessent toujours et partout de reposer les mêmes questions (régulation des naissances, célibat des prêtres, mariages mixtes, ordination des femmes) au lieu de se soucier de répandre l'Évangile. Mais, en se présentant ainsi, le pape et les évêques se prenaient pour les « régisseurs » de la foi (pour reprendre les termes de Paul, 2 Co 1, 24) au lieu de « collaborer à notre joie ».

Suite à ces « premières réflexions » de Garrone, *L'Osservatore Romano* publie un autre article contre « la désobéissance », la « rébellion » et « l'anarchie » que manifeste clairement la déclaration. Aucun théologien, est-il à peu près dit[2], n'est chargé de

1. *L'Osservatore Romano* du 29 mars 1972.
2. *Ibid.*, du 25 avril 1972.

fixer au peuple chrétien des lignes d'orientation de son comportement. Porter un jugement valable sur l'ensemble de l'Église exige « une information complète, une compétence pastorale, un sens pratique de la vie et une objectivité réaliste. Ces éléments se trouvent réunis chez le pape uni avec le collège épiscopal, mais non dans des groupes de fidèles, si qualifiés soient-ils. » Les Conférences épiscopales italienne et allemande appuient cette explication du Collège des évêques. Mgr John Heenan, archevêque de Westminster, va plus loin encore : pour cet homme coresponsable de la sortie de l'Église de Charles Davis, la déclaration des 33 théologiens n'a pas été assez radicale, car ceux-ci prétendent encore rester dans l'Église.

Pour autant que je le voie, le cardinal Franz König, archevêque de Vienne, s'inscrit de façon mesurée autant contre la résignation que contre l'escalade[1] : une parole ouverte ne saurait nuire à l'Église, mais seulement la servir. Il faut admettre la bonne volonté des théologiens, quitte à ce que ceux-ci l'admettent aussi chez les évêques. Aux États-Unis, le *National Catholic Reporter* du 31 mars défend la déclaration en y voyant « une lettre pastorale des théologiens pour l'Église tout entière. C'est une percée rafraîchissante tout autant qu'un signe que les théologiens, qui ont si souvent été les conseillers de la hiérarchie, s'impatientent de plus en plus devant les lenteurs des hiérarques du Vatican à concrétiser dans la politique ecclésiastique les décisions progressistes de Vatican II. » Du reste, si la déclaration confirme sans doute la résistance dans l'Église, elle ne lui donne pas de caractère révolutionnaire en l'étendant à la sphère politique comme l'a fait la gauche catholique en Amérique ; si elle touche au problème du célibat, elle n'attaque pas pour autant la fausseté de la position catholique vis-à-vis des femmes.

Évidemment, dans ce contexte, mon nom revient sans cesse sur le tapis. Pour les gens de mentalité romaine, je suis la « bête noire ». Je maintiens cependant ces orientations et, pour autant que je puisse l'estimer, je m'y tiens moi-même. Tout autre question, celle de savoir, compte tenu du « rapport de forces », quel effet cette explication a pu concrètement exercer sur les structures romaines établies. En dépit de mon admiration pour le Guillaume Tell de Friedrich von Schiller, je ne puis faire mien son propos : « Au fait de sa puissance, le fort est seul. » Non, dans l'Église, le

1. *Kathpress Wien* du 27 mars 1972.

succès d'une telle initiative se joue à tous les niveaux, paroisses, diocèses, nations; il tient au comportement de chaque acteur pris séparément, à ce qui le conduit: la peur ou le courage, la lâcheté ou la bravoure, la bêtise ou la sagesse.

Lutte pour le pouvoir dans l'Église.

Le renouveau de l'Église dépend naturellement avant tout des autorités de l'Église, du pape, des évêques, des curés, du fait qu'il y ait plus de collégialité entre le pape et les évêques, mais aussi entre ceux-ci et le clergé; plus de démocratie, de liberté, d'égalité et de fraternité selon l'esprit de l'Église primitive. Tout revient à savoir si la hiérarchie – contre laquelle on ne saurait user des méthodes de la Révolution française – est prête à engager elle-même les réformes, que ce soit de son plein gré ou sous la pression des fidèles, à admettre la participation, la coresponsabilité, bref à se défaire de son pouvoir, à le partager.

Mais « il n'est pas d'adieu plus difficile au monde que l'adieu au pouvoir », disait quelqu'un qui devait bien le savoir, Talleyrand, l'homme d'État français, passé maître dans l'art de l'adaptation aux différents régimes (Ancien Régime, Révolution, Empire, Restauration). Malheureusement, tel est bien le type de comportement qu'on peut observer chez les hommes d'Église et chez les théologiens, avant Vatican II, pendant et après. Que le renoncement, même limité, au pouvoir est donc difficile aussi dans l'Église !

Pour moi, il est important de découvrir que toute personne qui dispose du pouvoir est encline à en abuser dès lors qu'on ne lui impose aucune limite. Dès 1748, dans son ouvrage, *De l'esprit des lois*, Montesquieu, le penseur politique le plus important des Lumières françaises, en arrivait à réclamer la suppression de l'absolutisme en faveur d'une monarchie de type constitutionnel, sur le modèle anglais, et une répartition du pouvoir. Cette doctrine a naturellement exercé beaucoup d'influence sur la Révolution française et sur la rédaction de la Constitution américaine, mais aucune sur le Vatican ni sur l'Église catholique romaine[1].

1. Voir A. RIKLIN, *Machtteilung. Geschichte der Mischver-fassung*, Darmstadt, 2006. Cette monographie d'un politologue est la première histoire des formes de l'État depuis l'Antiquité jusqu'à présent.

Autant la liberté papale vis-à-vis de l'absolutisme étatique et du totalitarisme a constitué une aide précieuse au cours de l'histoire, autant l'absolutisme papal a causé du tort à l'Église elle-même. Le premier concile du Vatican (1870) a cimenté cet absolutisme dans une atmosphère de restauration et de réaction, lorsqu'il a solennellement défini la primauté de juridiction du pape sur toutes les Églises et sur tous les chrétiens, puis l'infaillibilité papale, ceci en dépit des mises en garde telles que le dicton de Lord Acton, homme politique et historien anglo-allemand : « Le pouvoir engendre la corruption, le pouvoir absolu la corruption absolue. »

Même le deuxième concile du Vatican n'a pas réussi à poser des limites au pouvoir absolu du pape sur l'Église catholique romaine, et cela en dépit d'efforts et de débats sans fin. L'internationalisation n'est restée que de façade, la collégialité simple apparence, et la décentralisation pur cosmétique. Contrairement à la volonté du concile, il n'y a eu aucune réforme en profondeur, aucune modernisation de la curie romaine, et on en est resté à l'esprit du vieil absolutisme qui imprégnait déjà le discours de Paul VI sur la réforme de la curie (1963), au début de son pontificat ; il y exigeait « l'obéissance absolue » (voir t. I, chap. IX, « Acquiescer à tout ? »). C'est la communauté chrétienne qui paie en gros et en détail les frais de cette autocratie : voir l'encyclique sur le célibat des prêtres ou sur la pilule. C'est pourquoi, dès 1970, face à cette provocation et aux autres qui suivirent immédiatement le concile, je m'étais senti engagé à publier *Infaillible ? Une interpellation.*

Dans ces discussions, le combat pour la vérité ne constituait tout au plus qu'un front secondaire. Il s'agissait avant tout d'une lutte pour le pouvoir dans l'Église. Mais j'ai été trompé dans mon espérance, celle de voir le « successeur de Pierre » s'inspirer du Sermon sur la montagne. Jésus de Nazareth demande dans certains cas de renoncer au droit en faveur du prochain, de faire deux mille pas avec celui qui m'a obligé à en faire mille (Mt 5, 41) ; et même de renoncer au droit à ses propres dépens : donne ton manteau à celui qui a déjà pris ta tunique (Mt 5, 41).

Non, il ne s'agit pas de détruire le pouvoir – ce que je n'ai jamais demandé, et ce qui serait illusoire même dans l'Église ; mais de le relativiser à partir de la conscience chrétienne et de n'y faire appel que pour une autorité de service, ainsi que Jean XXIII y avait invité le concile au grand effroi de la curie et à l'encontre de sa vision et de sa politique. Et le pape avait de fait partagé ce pouvoir avec les évêques. Il s'était montré *« servus servorum »*, « serviteur des serviteurs de Dieu », suivant l'expression du pape Grégoire le Grand. Il ne s'était pas contenté de mots, mais il les avait mis en pratique. Malheureusement, aucun de ses successeurs n'a jusqu'à présent suivi cette voie. Et c'est pourquoi, contre la volonté du concile, l'Église se présente toujours comme une Église de pouvoir, comme une Église triomphante, avec ses gigantesques démonstrations de force et ses fastes. Pendant ce temps, au niveau local, mais sur tous les continents, les gens la quittent, car ils sentent que sur nombre de points discutés, dogmatiques, moraux et disciplinaires, les puissants continuent à dominer, les institutions à écraser les personnes et le pouvoir à primer le droit.

Qui sait ? Nous qui nous sommes battus pour des réformes profondes de l'usage du pouvoir dans l'Église catholique, nous avons peut-être perdu la bataille. Mais de ce fait aussi celle pour la vérité ? Absolument pas !

Le combat pour la vérité.

Je ne peux absolument pas penser que le savant a le pouvoir, que *« knowledge itself is power »*, que « savoir, c'est pouvoir », suivant la formule de Francis Bacon, le philosophe anglais du XVIIe siècle. Dans mon lycée de Lucerne, nous avions souvent plaisanté sur cette citation de notre professeur de géographie qui ajoutait toujours : « et le savoir géographique signifie le pouvoir sur le monde » ; ce qui n'était pas tellement hors de propos à une époque d'opérations géopolitiques de vaste envergure. Mais, comme théologien, me faut-il dire de même : « Et le savoir théologique est pouvoir divin » ? Non ! Ce mot serait parfaitement déplacé, presque blasphématoire.

J'ai très tôt pris conscience que même un théologien a du pouvoir du fait de son savoir et qu'il peut en mésuser en se faisant théologien courtisan songe-creux. En 1964, donc encore lors du concile, j'avais rédigé une « méditation théologique » sous le titre : « Théologie et Église », dédiée à Karl Rahner « pour ses soixante ans, en hommage reconnaissant ». Je m'engageais clairement en faveur d'une théologie qui jamais ne viendrait contredire la vision de l'Église et son lien à elle. Je n'ai jamais compris la critique de façon purement négative ni confondu « ecclésialité » avec conformisme théologique ou dogmatisme. Serviteur de l'Église, de la communauté des croyants, des Saintes Écritures, de la confession de foi, des définitions de la foi, j'ai toujours montré du respect envers les grands théologiens.

Dans mon livre *L'Église* (1967), j'ai écrit un long chapitre sur « La succession des enseignants » : on doit la respecter non pas en la mettant au-dessus, mais à côté de la succession des apôtres et des prophètes. Et quand, dans le chapitre final de mon *Infaillible ?* de 1970 je dis que le magistère est « une notion tardive dont la signification n'est pas claire », je demande des éclaircissements sur les compétences : pour Paul, le fonctionnement de l'Église comporte différents ministères, pasteurs et docteurs, présidents et théologiens dont chacun joue son rôle propre, selon son charisme. Les évêques et les prêtres ont la charge de conduite *(leadership)*, les théologiens celle de l'enseignement *(scholarship)*. On peut évidemment séparer totalement les deux tâches, et c'est pourquoi je plaide résolument pour une « collaboration » confiante, car les deux parties ont à s'écouter, à s'informer, à se critiquer et à s'inspirer.

Au concile, ce travail commun a porté beaucoup de fruits. Mais après le concile, on y a sans cesse substitué un nouveau monopole des évêques : ceux-ci pensent devoir trancher de questions dogmatiques difficiles et avoir la capacité de superviser leurs propres maîtres en théologie. On le voit bien, non seulement à Rome, mais dans plusieurs pays : on ne consulte plus que des théologiens courtisans à l'échine souple, mais surtout pas de vrais spécialistes capables de critique constructive.

C'est cette même année 1970 que le philosophe Jürgen Habermas commença de plus en plus à se libérer des présupposés marxistes de l'école de Francfort pour en arriver finalement à son chef-d'œuvre : *Théorie de l'agir communicationnel* (1981). À partir d'une réflexion sur la communication et sur l'argumentation humaines, il cherche à développer des normes absolument valides dans toute démocratie. S'élevant contre une communication déformée par le pouvoir, celle des systèmes autoritaires et totalitaires, il défend la raison, principe d'une communication dégagée des liens du pouvoir. S'opposant à tout « dialogue oppressif », il plaide pour l'échange, pour une compréhension sans contrainte, pour une décision rationnelle, pour un discours libre de toute domination. Une raison communicative, orientée vers l'entente, peut et doit susciter par voie argumentative un consensus social unifiant. C'est chose fondamentale pour garantir la coexistence démocratique.

Mais une telle communication raisonnable, libre de tout pouvoir, n'est-elle pas aussi importante pour le fonctionnement d'une communauté de foi, du moment qu'on veut résoudre sans contrainte les conflits ecclésiaux et atteindre un consensus fondé sur des arguments rationnels ? Cette année-là, la religion, qui n'a aucune importance sociale aux yeux de l'école de Francfort, acquiert de plus en plus de poids aux yeux d'Habermas : elle doit nous éclairer sur nous-mêmes et sur les conditions d'une vie dans la dignité ouvrant à l'espérance. Mais, en retour, la religion, et en particulier l'Église catholique romaine, est-elle prête à entendre l'appel d'Habermas à un dialogue interhumain placé sous le signe de la raison, à un discours libre de toute domination, même en matière de doctrine de foi ? Habermas n'a malheureusement pas posé cette question lors de son dialogue public avec le cardinal Ratzinger, à l'Académie catholique de Munich, le 19 janvier 2004, et pas un compte rendu n'y a fait attention (ou ne l'a voulu).

Pour moi, il s'agit finalement, non pas d'un problème de pouvoir, ni non plus de savoir qui dans l'Église a la parole, mais de la vérité de la foi. Bien sûr, non pas de la vérité comprise en premier lieu comme un système ecclésiastique d'articles de foi (pour reprendre la formule du vieux catéchisme) ; non pas de l'obligation d'admettre ce que l'Église prescrit ; mais très concrètement de la vérité chrétienne, de l'Évangile, du message chrétien, finalement de Jésus-Christ lui-même en réinterprétant toujours à neuf et en mettant en pratique ce qu'il signifie partout et toujours pour l'homme et pour Dieu. Ne faut-il pas là aussi recommander, au lieu d'un enseignement autoritaire, une communication libre de toute domination, une discussion sur la vérité chrétienne – sans toujours devoir sentir la menace d'une épée de Damoclès, celle de sanctions autoritaires ? Dans le combat pour la vérité, n'est-ce pas aux meilleurs arguments de trancher ? Ce combat n'est pas encore tranché.

En recherche d'un dialogue exempt de toute domination.

Le 9 janvier 1971, comme je l'ai déjà dit, je m'étais rendu à l'entretien avec le cardinal Volk, Mgr Wetter et les professeurs Ratzinger et Schlier. Là, aucune trace d'un « dialogue libre de toute domination». Je devais me soumettre à l'autorité, tout au moins extérieurement (ce que je croyais du fond du cœur n'avait aucune importance): une soumission sans conditions et contre toute raison (l'Église n'a-t-elle pas le monopole de la vérité?). Naturellement, tout accord était impossible. N'aurait-il pas été possible en procédant par une autre voie?

Déjà en 1971, j'avais répondu par un long article sur l'infaillibilité aux questions de Avery Dulles, théologien dogmatique (États-Unis), et de Gregory Baum, théologien politique (Canada), deux amis qui s'étaient étonnamment transformés en apologètes catholiques critiques. Mais, plus important pour moi, le *New York Times* du 3 juin 1971 avait publié un article de fond sous le titre: «L'infaillibilité, pourquoi?», qui résumait les grands arguments en faveur de la publication de mon livre. Au cours du semestre d'été de 1972, je me soumis une fois de plus à la discussion scientifique sur le problème: j'invitais à mon séminaire de Tübingen mes plus importants adversaires, ceux qui avaient contribué à l'ouvrage collectif de Karl Rahner, *Le Problème de l'infaillibilité. Réponses à l'interpellation de Hans Küng*. On ne pourrait plus me reprocher de n'être pas prêt au dialogue!

À ma grande joie, ils vinrent presque tous; Heinrich Fries le 3 mai; Joseph Ratzinger le 10 mai, Karl Rahner le 7 juin et Karl Lehmann le 14 juin. Seul Adolf Kolping, théologien fribourgeois, auteur d'une brochure, *Infaillible? Une réponse*, prit prétexte d'une opération dentaire et s'abstint. Les sessions se déroulèrent dans une ambiance détendue et elles se terminaient par un bon dîner chez moi. Mais, poussé dans ses retranchements, Karl Lehmann fut le seul à admettre, au terme de trois heures de discussion et à la fureur de ses deux assistants, que certaines définitions «infaillibles» pouvaient dans certains cas être effectivement erronées. Le 28 juin, je pouvais écrire à Edward Schillebeeckx: «Le séminaire sur l'infaillibilité, au cours duquel sont apparus en personne Rahner, Ratzinger, Lehmann et Fries, s'est très bien passé. Mes hôtes se montrèrent loyaux et amicaux. Je ne me suis pas trouvé une seule fois sur la défensive. Il est plutôt apparu une fois de plus que personne ne savait ce qui fondait l'infaillibilité de certaines déclarations. Toute une série d'objections se sont révélées vaines.»

Ce fut effectivement un «discours exempt de domination», et je voudrais apporter encore plus d'arguments sur ce point. Mais quel sera le prochain acte du drame? Déjà à la lecture de l'ouvrage collectif de Karl Rahner je m'étais dit qu'il serait utile de collectionner la fort réjouissante somme d'approbations de mon livre et d'en faire un ouvrage. Mais je n'avais pu répondre alors à la nécessité de trier moi-même le matériau. Un bilan personnel face à tant d'incompréhensions et de sous-entendus ? Une tâche extrêmement désagréable que je commençai cependant le 29 juin. J'y travaillai jusqu'au 22 août, à cinq heures du matin, début des vacances, mais en dépit de tout le travail préliminaire et de la précieuse assistance du Dr Hermann Häring, je ne pus le terminer. Et j'avais vraiment besoin de vacances ! Je partis en Suisse. Je repris cependant la tâche à Seehaus et réussis à finir un premier brouillon le 31 août. C'était devenu un long traité que je repris de fond en comble après mon retour à Tübingen, pendant que les autres auteurs achevaient leurs contributions.

« Faillible ? » : résultat du débat sur l'infaillibilité.

En janvier 1973 paraît finalement cet important ouvrage sous le titre : *Faillible ? Un bilan*, chez Benziger Verlag, courageux éditeur : 525 pages, dont 190 de mon propre bilan, et seize contributions de spécialistes hautement qualifiés en matière biblique, historique, sociale et théologique, qui traitent de façon précise des problèmes en discussion, les uns importants, d'autres moins. Il est étonnant de voir le nombre de titres de la bibliographie en plusieurs langues qui termine le livre : sur dix pages en petits caractères, ouvrages collectifs, grands articles, prises de position, recensions, comptes rendus dans les journaux et les magazines, et cela sur trois brèves années. Avec cette bibliographie, Karl-Josef Kuschel pourra fonder les archives sur l'infaillibilité de l'Institut de recherches œcuméniques et réaliser ses premières publications scientifiques. Coauteur aussi, Bernadette Brooten, une Américaine de l'Idaho, qui travaillait alors comme assistante scientifique à notre institut et qui se spécialisera ensuite dans le féminisme américain : ses connaissances en la matière furent fort précieuses lors de nos débats sur une théologie adaptée à notre époque.

Résultat fort réjouissant : je pus constater un triple accord de fond entre tous. 1) Même mes adversaires reconnurent que le magistère ecclésiastique peut en principe se tromper (même s'il ne reconnaît pas ouvertement ses erreurs et les corrige sans le dire). 2) Tous partageaient mon scepticisme sur l'idée et sur la pratique de l'infaillibilité et cherchaient au moins à la limiter, à la réinterpréter ou à la qualifier autrement. 3) Ils confirmaient tous ma thèse essentielle : en dépit de toutes ses erreurs incontestables, l'Église demeure dans la vérité.

En quoi consiste alors le désaccord ? Il porte uniquement sur la possibilité de doctrines infailliblement garanties par l'Esprit Saint, sur le fait que, du fait de l'assistance de l'Esprit Saint, aucune déclaration magistérielle du pape ou de la totalité de l'épiscopat en matière de foi (par exemple celle de l'assomption corporelle de Marie au ciel, en 1950) ou de morale (par exemple le caractère peccamineux de la régulation des naissances, de 1968) ne saurait être erronée, et que toutes peuvent de ce fait devenir obligatoires pour tous les catholiques et mériter une obéissance inconditionnelle.

Qu'en résulte-t-il en ce qui concerne ces déclarations doctrinales ? Impossible de le contester ni de l'ignorer : aucun de ces éminents coauteurs protagonistes ne réussit à prouver la possibilité de telles déclarations infaillibles, et ils ne le tentèrent d'ailleurs pas une fois. En revanche, le débat fit jaillir une nouvelle vision des choses. En résumé :

1. L'inventeur de l'infaillibilité papale n'est pas un scolastique orthodoxe (comme Thomas d'Aquin), mais un franciscain du XIIIe siècle, Petrus Olivi, condamné à plusieurs reprises pour hérésie.

2. L'autorité doctrinale des conciles œcuméniques ne repose pas sur la production d'articles infaillibles, mais sur leur enracinement dans l'Évangile.

3. En ce qui concerne l'infaillibilité de l'évêque de Rome, on n'en trouve aucune mention ni dans le Nouveau Testament ni durant les trois premiers siècles de l'Église.

Celui qui lit l'ouvrage *Faillible ? Un bilan* me l'accordera : je ne me suis pas contenté de répondre minutieusement à tous mes critiques, mais j'ai voulu parvenir à un accord de fond de tous les protagonistes. J'ai en même temps clairement établi le caractère indémontrable de déclarations éthiques prétendument infaillibles, en prenant au sérieux les nouvelles perspectives ouvertes par la discussion. J'ai par là montré de façon constructive et en le précisant concrètement comment un accord était possible à l'avenir : 1) Ce que signifie le maintien de l'Église dans la vérité ; 2) Comment on pouvait vivre dans l'Église avec des erreurs ;

3) Quels sont les critères de la vérité chrétienne ; 4) Comment procéder en cas de conflits.

Je ne peux pas tout reprendre ici en détail. Mais quel fut le résultat de tous ces débats ?

Une réinterprétation de l'infaillibilité : les contre-arguments ignorés.

Après la réception de l'ouvrage, le meilleur connaisseur de la naissance de l'infaillibilité, l'historien américain Brian Tierney (Cornell University), m'écrivit : « En lisant votre discussion de toute la controverse, j'ai éprouvé un sentiment d'optimisme. Je pense vraiment que nous allons gagner cette bataille sur l'infaillibilité, même si cela prendra beaucoup de temps. Ce qui est étonnant, c'est que, pour autant que je le voie, aucun théologien versé en la matière ne défend vraiment la doctrine que le concile de 1870 a définie de fait et entendait bien définir. Cela sera finalement clair pour tout le monde. Les théologiens vous critiquent parce que vous auriez repris la doctrine de l'infaillibilité à la mode ancienne au lieu de discuter des théories modernes plus nuancées. Mais ils ne remarquent jamais que les théories nuancées sont en réalité inconciliables avec le dogme de 1870 qu'ils prétendent défendre. Cela me paraît en particulier le cas de Karl Rahner. Il y a déjà bien des années que son enseignement est devenu étranger à l'esprit et au contenu de la définition de 1870. C'est dommage qu'il ne l'ait pas admis – pas même en lui-même. »

Selon Tierney, les conséquences de cette disposition sont graves. « La tentative de vouloir maintenir à tout prix la doctrine de l'infaillibilité corrompt tout le langage de l'ecclésiologie catholique. Des théologiens qui ne croient pas vraiment à ce qui a été défini en 1870 insistent sur la défense de la définition. Leur travail est évidemment évasif et paradoxal – à mes yeux tellement absurde qu'il m'est difficile de croire à leur honnêteté intellectuelle. (Naturellement, je veux dire, non pas qu'ils mentent volontairement, mais qu'ils se refusent à admettre honnêtement une vérité désagréable : le fait que l'infaillibilité papale constitue le plus grand obstacle au mouvement œcuménique.) »

Ce sont des paroles d'une rare clarté. Que ceux qui observent de l'extérieur mes efforts se mettent un peu dans ma situation.

Du côté de la hiérarchie, on ne cessera d'exiger le réexamen de ma vision des choses. Pourtant, après le grand bilan qu'est *Faillible ?* je peux prétendre avoir vraiment réexaminé ma position et retravaillé toutes les objections.

De l'autre côté, au contraire, rien. Pas un seul représentant du magistère, ni à Rome ni en Allemagne, ne se confronte aux arguments du livre. Ces « défenseurs de la vraie foi » illustrent ce phénomène que Jean-Paul Sartre a analysé en parlant de « mauvaise foi ». Nos seigneurs du magistère se contentent de cette attitude tordue qui n'est guère susceptible de faire comprendre à nos contemporains ce qu'est une vie chrétienne conforme à l'Écriture et pensée pour notre époque : flairant partout l'hérésie, ils ne cherchent en fait qu'à justifier leurs propres conceptions soi-disant orthodoxes. J'en suis impressionné : aucun travail historique, exégétique ou dogmatique ne peut rien contre leur paresse dogmatiste ou contre leur ignorance consciente de vérités gênantes. Comme d'habitude, je n'obtiens pas la moindre réaction à l'ouvrage ni des évêques allemands ni de Rome. Une décennie après le concile, c'est toujours la théologie néoscolastique courtisane qui règne sans presque aucune entrave à la curie romaine et en particulier à la Congrégation de la foi.

Dans cette situation, je finis par me demander si, dans ce conflit, je ne trouverais pas un soutien certain dans le Conseil œcuménique de Genève, celui qui représente la chrétienté non catholique. Finalement, dans cette affaire, je défends aussi les protestants et les orthodoxes.

Une expérience ambiguë du Conseil œcuménique des Églises.

Depuis sa fondation à Amsterdam, en 1948, le Conseil œcuménique des Églises, ou Conseil mondial des Églises (WCC) a rendu d'énormes services à l'unité des Églises chrétiennes et, depuis mes années d'étude à Rome (1948-1955), et plus encore depuis le concile Vatican II, il jouit de toute ma sympathie. Mais mes expériences avec lui sont malheureusement ambiguës.

Déjà en 1968, l'assemblée générale d'Uppsala avait prévu mon intervention lors du plénum. Mais, sur la demande de Rome, je fus remplacé par le rédacteur en chef de la revue jésuite romaine, *Civiltà cattolica*, le père Roberto Tucci. En 1970, les instituts œcuméniques furent invités à une conférence au château de Bossey, près de Genève, siège du Conseil œcuménique des Églises. Certes, cette invitation était moins le fait du secrétaire général, Eugène Carson Blake, que du directeur de la bibliothèque, le Dr Hans Van der Bent, dont j'avais reçu la visite à Tübingen. Ce Hollandais, œcuméniste chevronné, n'était guère heureux de la nouvelle orientation sociopolitique unilatérale du Conseil des Églises : en effet, en 1966, une « Conférence mondiale sur l'Église et la société », très marquée par l'esprit du temps, avait mis en discussion une « théologie de la révolution ». Lors de l'assemblée générale d'Uppsala, on faisait déjà preuve de plus de prudence : on ne parlait plus de « révolution », mais de « renouveau ». Il y avait cependant eu une violente discussion entre les différentes tendances de la théologie politique, ce qui entraîna un conflit durable avec les évangéliques qui flairaient une trahison de l'Évangile. À l'Institut de Bossey, les 30 directeurs d'instituts œcuméniques venus d'Europe, d'Amérique et même d'Australie qui s'étaient réunis du 27 au 30 juin 1970 dans le beau château du bord du lac de Genève étaient sans doute d'orientations bien différentes et leur intérêt pour la théologie n'était parfois que marginal. Mais l'échange d'information fut très riche, et nous nous entendîmes bien.

Pour ma part, ce qui m'intéressait, c'était de m'informer sur les orientations du mouvement œcuménique et de pouvoir m'entretenir longuement avec le Dr Willem Visser't Hooft, le premier secrétaire général du Conseil qui avait longtemps été sa tête pensante, un véritable charismatique et un organisateur de talent. Ce théologien réformé aux convictions solides mais aux vastes vues œcuméniques ne se souciait guère de sa personne, mais avant tout de la cause commune de l'Église. Bien qu'étant désormais en retraite, il avait tenu à venir à Bossey. Au cours de conversations personnelles, je me rendis compte qu'il n'était pas très heureux des nouvelles orientations « révolutionnaires » du Conseil œcuménique, mais qu'il ne voulait évidemment pas se prononcer publiquement sur la politique de ses successeurs et sur la direction actuelle. Quel dommage, me disais-je, que l'Église catholique n'ait pas un pape de sa stature. Mais, dans le système romain, cet homme enraciné dans l'Évangile et si libre dans ses idées serait-il jamais devenu évêque ou cardinal ?

Le nouveau secrétaire général, Eugène Carson Blake, est un protestant américain pragmatique, auparavant militant du

Mouvement pour les droits des citoyens, mais sans ambition théologique. Il n'a pas trouvé nécessaire, ni lui ni aucun membre de son équipe, de se déplacer de Genève à Bossey pour saluer personnellement les participants dont certains sont d'éminents professeurs et pour discuter avec eux. Au lieu de quoi nous serons invités à lui rendre visite à Genève à la fin des trois jours. Et comme je me suis prononcé de façon critique sur la nouvelle orientation du Conseil, on décide de me nommer représentant du groupe.

Nous sommes reçus dans une grande salle où le secrétaire général et les membres de son état-major trônent sur une estrade, là-haut. Ils nous saluent avec jovialité. M'adressant à lui d'en bas, je ne peux me retenir de commencer par lui dire avec humour que je me croirais presque à une audience papale. Nous souhaiterions pouvoir traiter plus longuement de problèmes de la société certainement très importants tels que ceux du tiers-monde, du racisme et de la pauvreté, de la paix et du désarmement. Mais il faudrait en même temps pousser plus loin le dialogue sur les questions liées à nos divisions d'Église. Au nom de mes collègues, je formule trois demandes : 1) que dans les commissions mixtes du Conseil des Églises et du Secrétariat romain pour l'unité soient désormais représentés tous les courants théologiques. 2) Que le critère de choix soit la compétence scientifique. 3) Que les experts et les instituts compétents ne soient pas invités juste à la fin des rencontres, mais dès leur stade préliminaire.

Carson Blake accueille gracieusement ma déclaration et cherche à nous rassurer. Le Conseil mondial n'a pas le monopole de la vérité et nous devons avant tout soigner nos relations mutuelles. De belles paroles sans conséquences. Mais cela ne tourne pas au conflit, et nous nous entretenons ensuite amicalement. Quant à mon problème de l'infaillibilité, question œcuménique par excellence, je n'entends dans cette situation m'en décharger sur personne. Mon *Faillible ? Un bilan* paraît quelques jours plus tard, le jour anniversaire de la définition de l'infaillibilité (18 juillet 1970) et j'ai d'ailleurs déjà abondamment parlé de ce problème brûlant à la radio, à la télévision, dans des conférences et dans des interviews. La conférence de Genève, comme telle, n'apporte aucun résultat concret.

Une étrange alliance.

Pour mon retour en auto de Genève à Tübingen, j'avais invité mon collègue, Peter Beyerhaus, directeur de l'Institut des sciences missionnaires de la faculté protestante. Je m'étais fort intéressé à ses points de vue de protestant conservateur, et nous avions mené ensemble un séminaire À cette époque, je pensais encore que l'on pouvait convaincre des intellectuels par des arguments rationnels. Et voici que moi, qui n'étais absolument pas un élève de Bultmann, je disposais de cinq heures en voiture pour expliquer à cet homme dont tout me séparait et qui n'éprouvait qu'antipathie pour Bultmann, ce que sont l'exégèse historico-critique de la Bible et le sens du travail de ce savant. Mais chaque fois que je croyais l'avoir convaincu à coups d'arguments et de citations, il recommençait tout à zéro. Je me donnai tout le mal possible, trois fois, quatre fois, mais j'ai fini par douter de la raison communicationnelle, et même de la capacité de la raison de l'emporter sur les sentiments et les ressentiments, la tradition, les préjugés et les positions émotionnelles.

Beyerhaus, qui n'a guère produit de publications scientifiques mais ne cesse de s'agiter, se révèle un des idéologues opposants du Conseil des Églises. Il fait partie du mouvement évangélique « Pas d'autre Évangile ». C'est avec ce théologien fondamentaliste que, en 1968, le professeur Joseph Ratzinger en était arrivé à faire alliance, ainsi qu'il le reconnaîtra en 1998 dans ses *Souvenirs*[1], inoubliable héritage de ses années de Tübingen. Pour quelle « action commune » ? Rien d'étonnant que le protestant Beyerhaus se situât aux côtés de Rome et prenne ouvertement parti contre moi dans les grands conflits à venir sur l'infaillibilité. Il aurait pu devenir cardinal.

Mais, pour ne pas être partial, je dois reconnaître que des libéraux œcuméniques peuvent révéler d'étranges limites. Lorsque par la suite, dans certaines occasions, notre Institut de recherches œcuméniques voudra entrer sérieusement en contact avec le Conseil œcuménique des Églises, je pourrai me mettre d'accord sur un rendez-vous en février 1976 avec le secrétaire de la section « foi et constitution », le Dr Lukas Vischer, un collègue très apprécié,

1. J. RATZINGER, *Ma vie. Souvenirs (1927-1977)*, Paris, Fayard, 1998, p. 122 et 123.

une connaissance du concile. Nous nous étions occasionnellement rencontrés lors de mon semestre de professeur invité à Bâle et lors de quelques manifestations œcuméniques. Il est membre de la section « œcuménisme » de *Concilium*. En 1973, dans un esprit œcuménique, il avait rédigé avec Johannes Feiner, théologien dogmatique catholique, un Suisse lui aussi, un excellent *Nouveau livre de la foi*, et il me l'avait envoyé en juillet. Mais juste avant la rencontre de Genève j'appris avec étonnement que la rencontre de notre institut avec lui serait déplacée du quartier général du Conseil œcuménique des Églises à l'Auditoire de Calvin, près de la cathédrale. Qui ou qu'est-ce qui avait provoqué cette décision ? Quelle explication convaincante en donner, sinon le caractère historique du lieu ? Le Vatican sera-t-il intervenu à travers son « observateur » ?

Effectivement, ai-je appris de bonnes sources, les responsables du Conseil œcuménique des Églises s'étaient laissé intimider par Rome : on ne devait plus m'inviter à une seule commission ni à aucun rassemblement. La devise postconciliaire de Genève semblait être devenue : « Il ne faut rien gâcher avec Rome. » Faut-il donc sagement laisser aux catholiques réformateurs le problème de la réforme des protestants ? Quel avantage pour moi, ainsi que me le fera remarquer au cours d'une réunion le grand gourou du conseil de management américain Peter Drucker : *« You can either go to meetings or you can work, but you cannot do both »*, « Vous pouvez soit aller aux réunions, soit travailler, mais pas les deux. » En raison de cette alliance œcuménique Rome-Genève faite à mes dépens, je pourrai disposer de beaucoup de temps pour mon travail de recherche.

Je n'ai par la suite jamais su exactement ce qui s'était encore passé dans les coulisses de Genève. Pour moi, après ce « déplacement » de notre rencontre, c'était clair : il me fallait refuser l'invitation par retour du courrier : ou bien j'entrerai par la grande porte au Conseil œcuménique des Églises, ou bien je n'y irai pas. Le 15 février 1976, j'envoyai un bref télégramme pour dire que je renonçais à la rencontre.

Ainsi me devenait clair ce que, au fond, je savais déjà : mes positions théologiques, qui paraissaient dangereuses pour Rome et pour sa structure de pouvoir, sont gênantes pour Genève et pour sa diplomatie ecclésiastique. En tout, je recevrai du Conseil œcuménique des Églises quelques signaux de sympathie, mais aucun soutien pratique dans mon combat en faveur d'une ouverture œcuménique de l'Église catholique romaine. Je suis souvent peiné de voir combien peu nombreux sont les officiels des Églises protestantes à se tenir aux côtés des théologiens catholiques qui s'engagent pour la cause de l'Évangile. Je le formulerai plus tard en disant : « Ces protestants préfèrent se faire photographier auprès du pape que de protester. »

Sans doute deux ans plus tard paraîtrai-je sur une belle photo à côté de Philip Potter, le secrétaire général du Conseil œcuménique des Églises, successeur de Carson Blake. Ce sera le souvenir d'une bonne réunion œcuménique à Berne en mai 1978 : pour le 450e anniversaire de la Réforme, Philip Potter et moi-même parlâmes devant un auditoire de 1 800 personnes dans le temple protestant du Saint-Esprit bourré de monde, tandis que 800 autres fidèles suivaient la retransmission dans l'église catholique de la Trinité. Je conclus mes « interpellations aux réformés » par « sept impératifs de l'espérance œcuménique » : 1) Les entretiens œcuméniques ne doivent pas rester sans effet. 2) Les directions des Églises sont invitées à faire des démarches concrètes. 3) Les directions des Églises doivent admettre les impulsions œcuméniques de base (partage eucharistique à la messe et à la Cène, enseignement religieux interconfessionnel, etc.) au lieu de les repousser dans le no man's land (car le Saint-Esprit ne siège pas qu'au Saint-Siège). 4) On doit inclure les Églises libres dans le mouvement œcuménique. 5) Il faut travailler à des plans d'unité par paliers entre les confessions et les appliquer. 6) Les efforts œcuméniques doivent se faire sous l'horizon du monde et de ses problèmes. 7) Dans la stagnation œcuménique actuelle, on doit examiner toutes les possibilités œcuméniques. Ces efforts doivent essentiellement porter sur le centre : Dieu et Jésus-Christ.

En conclusion Philip Potter plaida en faveur d'une « communauté conciliaire des Églises. » Nous nous comprenions bien.

Mais la conférence de Genève que je rappelais au départ eut au moins une retombée marginale heureuse : il me faut maintenant en parler.

Reconnaissance mutuelle des ministères d'Église.

Dès que j'avais compris qu'il ne fallait guère attendre de résultats de cette conférence de Bossey, je m'adressai directement au professeur Edmund Schlink, directeur de l'Institut de recherches œcuméniques de l'université de Heidelberg. Ce théologien protestant luthérien mettait le plus grand espoir dans cette réunion. Œcuméniste convaincu, c'était un grand spécialiste de la chose et un fin critique. Peu après ma nomination de professeur à Tübingen, il m'avait invité à tenir un séminaire sur la justification à Heidelberg. Lors du concile Vatican II, il était un des observateurs luthériens allemands invités, et nous nous étions souvent vus.

Je lui proposai de former un groupe de travail entre nos deux instituts œcuméniques et d'engager le dialogue sur le problème le plus brûlant du rapport catholique-protestant, celui de la reconnaissance des ministères d'Église. Il fut tout de suite d'accord et nous recrutâmes aussi les quatre directeurs d'instituts œcuméniques d'Allemagne alors présents : du côté protestant Wolfhart Pannenberg (Munich) et Hans-Heinrich Wolf (Bonn), et du côté catholique mon très estimé prédécesseur à Tübingen, Heinrich Fries (Munich), ainsi que mon ami du Germanicum, Peter Lengsfeld (Münster).

Ce groupe de travail se réunit dès le 7 novembre 1970 à Francfort. Nous nous entendîmes relativement vite sur la répartition du travail. Lengsfeld et son équipe analyseraient d'un point de vue sociologique la crise du ministère dans l'Église catholique et Wolf, c'est-à-dire sous sa charge Yorik Spiegel, ferait la même chose dans le protestantisme. Schlink travaillerait sous l'angle systématique la succession apostolique et ce qu'ont en commun les ministères, moi-même et mon équipe de Tübingen la nature et la forme des ministères d'Église, et finalement Pannenberg et Fries l'ordination et son caractère sacramentel.

Je n'avais jamais prêté autant d'attention à une question particulière qu'à celle des ministères, car pour moi, une fois réglé le problème de la justification, c'était vraiment la question sur laquelle se séparaient nos Églises. Dans *Structures de l'Église* (1962, chap. VI.) j'y avais consacré presque 300 pages et j'avais creusé historiquement le problème comme peu de théologiens catholiques l'avaient fait, mais comme Luther avait très vite été contraint de le faire en raison de sa résistance contre un épiscopat totalement sécularisé, aveugle et hostile à toute réforme, et du fait qu'il était amené à ordonner lui-même des curés ou à les faire ordonner par les princes promus « évêques d'urgence » (mais hélas bientôt en *« summepiscopi »* – un système qui durera jusqu'à la fin de l'Empire allemand en 1918).

Pour clarifier systématiquement la chose, je m'aidai tout d'abord d'un traité sur la succession apostolique, que Schlink m'avait offert dès le début des années 1960, et du dossier exégétique que j'avais découvert grâce à mes collègues de Tübingen, Ernst Käsemann (protestant) et Karl Hermann Schelkle (catholique). Il me fallait tout d'abord tirer plus au clair que ne l'avait fait Luther la question de la transmission de la charge apostolique par imposition des mains. Mais en même temps, et c'est important pour les protestants, reconnaître aussi dans le Nouveau Testament deux autres voies d'accès au ministère ecclésiastique, ce qui vaut encore aujourd'hui. Il y a ensuite l'appel aux ministères venant de personnes qui n'y ont pas elles-mêmes été appelées (dans les Actes des Apôtres, il y a une imposition des mains par les prophètes et les docteurs). Troisièmement, selon les lettres de Paul, il existe des charismes qui surviennent librement chez des personnes qui se sentent investies d'un service de direction dans une communauté de croyants (1 Co 13, 38 ; 16, 15) ou de présidence (Rm 12, 8).

Le 26 juin 1971, à l'Académie catholique de Munich, je répondis aux questions de prêtres de différents âges sur le problème du service de direction de l'Église, ses variables et ses constantes, et je trouvai un large accord. Mais, sur un problème œcuménique aussi difficile, j'aurais été surpris si notre travail commun avait été admis d'emblée sans se heurter à de nombreuses difficultés, comme ce fut le cas lors de notre rencontre à Königstein, les 2 et 3 juillet 1971.

Mais dès le dimanche 4 juillet, je recommençai à travailler le texte que nous avions élaboré, les Dr Häring, Krüger et Nolte, mes assistants, et moi-même, et dont nous avions discuté au cours de plusieurs sessions du colloque des doctorants. Mon exposé partait de l'Église comme communauté vivant dans la liberté, l'égalité et la fraternité. La devise de la Révolution française avait ses sources, certes non pas dans la constitution cléricale et absolutiste de l'Église médiévale, mais bien dans le Nouveau Testament. C'est en partant de celui-ci que je prenais position sur la conception traditionnelle du ministère et que j'abordais alors la question systématique de la formation et de la nature du ministère d'Église, en pensant terminer par un portrait d'un dirigeant d'Église aujourd'hui. Au bout d'une semaine, le 9 juillet, j'avais terminé la refonte de mon texte.

Comme ce projet était trois fois plus long que le précédent et recoupait les projets des autres instituts, le groupe admit que, étant donné l'urgence du problème, on publierait séparément mon manuscrit, ce qui fut fait à la mi-juillet 1971. Il parut sous le titre : *Prêtre, pour quoi ?* aux éditions Benziger, et il était dédicacé « à mes frères dans le service ecclésial, comme une aide en notre temps ».

Le livre parut la même année en français et en italien, en 1972 en hollandais, en anglais, en américain et en espagnol, puis en 1973 en portugais. Sa théologie du ministère d'Église, entièrement basée sur la Bible, provoqua certes un grand accord, mais se heurta évidemment aux défenseurs de l'image traditionnelle du prêtre, mâle et célibataire. À mon grand regret, Jean-Julien Weber, le vieil archevêque de Strasbourg que j'estimais fort, s'en prit méchamment à ma crédibilité catholique dans un article qui fut largement diffusé. Malheureusement aussi, le *Time* du 7 août 1972 présenta mon livre comme un ouvrage au fond protestant. Des lecteurs protestèrent, dont le théologien catholique très connu Gregory Baum (courrier des lecteurs du 4 septembre 1972) : « Même si d'autres théologiens attribuent plus d'importance que Küng à l'expérience historique de l'Église, ils savent cependant bien que le témoignage biblique ne confirme pas tout simplement l'Église : la Bible ne cesse de la gêner en remettant en cause son comportement collectif et en minant l'autorité de ce qui est purement humain. Hans Küng n'est pas en marge, mais au centre de la recherche de l'Église catholique romaine pour un nouvel avenir. » Quand on ne peut pas se défendre soi-même, on est renvoyé à ses amis, et que c'est beau quand ils ne font pas défaut.

Les accusations d'hérésie se multipliaient. Lors de la réunion de notre comité de direction de *Concilium* des 24-28 mai 1972, à Gardone Riviera, sur le bord du lac de Garde, à l'invitation de notre éditeur italien Queriniana, de Brescia, et de Rosino Gibellini, son représentant, un théologien intelligent et plein d'humour, Fabrizio De Santis, vaticaniste du *Corriere della Sera* (que je connaissais du concile), m'envoya son commentaire d'une amusante caricature de moi parue dans la feuille traditionaliste *Chiesa viva* (n° 8, 1972) sous le titre : « Les pères de la théologie pop révolutionnaire ». S'ensuivit une lettre de protestation avec les signatures bien connues de E. Schillebeeckx, Y. Congar, J.-P. Jossua, M.-D. Chenu, A. M. Greeley, G. Baum, H. Küng, J. B. Metz, G. Gutiérrez, C. Floristán, J. Pohier, C. Duquoc, D. Power, C. Geffré, R. Laurentin. Mais la rédaction la publia sous le titre : « Les théologiens révolutionnaires ». De Santis s'excusa auprès de moi bien que ni le premier article ni le second n'aient été de lui. Il écrivit alors un second article (7 juin 1972), mieux informé, sur notre réunion, pour lui « un sommet de l'intelligence catholique ».

Je reçus en même temps du père Roberto Tucci, s.j., directeur de la *Civiltà cattolica*, par la suite cardinal, une lettre où, en même temps que son cordial salut, il nous faisait savoir que, à la Grégorienne, *Concilium* était à 42 % la revue théologique la plus lue, tandis que *Gregorianum*, la revue de l'université, n'atteignait que 2 % des voix. Le conflit, poussé à son paroxysme, montrait clairement que ces questions de structures et de doctrine n'étaient pas de pure théorie théologique, mais touchaient à la pratique : il s'agissait d'une bataille, non pas seulement pour la vérité, mais pour le pouvoir.

La succession apostolique : une question de pouvoir de premier ordre.

Notre groupe de travail raccourcit son mémorandum originel, le retravailla et l'harmonisa avec les résultats des autres instituts. Il y eut bien sûr de vives discussions à propos du « caractère sacramentel », ce prétendu signe spirituel de reconnaissance que conférerait l'ordination à l'âme de toute personne consacrée. Lengsfeld l'admettait pour des raisons purement sociales, et Pannenberg au contraire pour des raisons hautement théologiques. Pour ma part, je le niais parce que l'Église orientale ignore tout de cette invention de la doctrine latine d'Augustin. Celui-ci entendait seulement dire qu'on ne pouvait renouveler le baptême, et les théologiens ont ensuite transféré ce signe sur le sacerdoce. Nous réglons finalement ce différend par une formule intermédiaire qui ne fait de mal à personne.

En 1973, le mémorandum fut finalement mis au point sous le titre *Réforme et reconnaissance des ministères ecclésiastiques*. Il comportait 23 thèses que six contributions de notre institut viendront expliquer[1]. Pour moi, la plus importante est la huitième thèse sur laquelle nous étions *a priori* d'accord :

1. *Reform und Anerkennung kirchlicher Ämter. Ein Memorandum der Arbeits-gemeinschaft ökumenischer Universitätsinstitute*, Munich-Mayence, 1973.

« Selon la tradition et les situations, on a eu plusieurs façons de mettre en œuvre le service de création et de direction de la communauté, non pas exclusivement par une consécration par imposition des mains des apôtres ou de ceux qu'ils avaient chargés de le faire. Cela s'est aussi passé sous forme d'envoi en mission par la communauté ou par des charismatiques, comme aussi par l'usage missionnaire pleinement libre des charismes correspondants[1]. »

Pour Rome, cette thèse était extrêmement gênante. Déjà, durant le procès contre mon ouvrage *Structures de l'Église* (1962) et *L'Église* (1967), où j'avais exposé l'ordre ministériel tel qu'il résultait du Nouveau Testament, elle avait suscité des oppositions. Mais, à Rome, on n'avait pas l'habitude de se confronter au dossier néotestamentaire. Paul VI lui-même n'en avait pas la moindre connaissance. Et, pour la Congrégation de la foi, la Bible n'était qu'une carrière d'où l'on extrayait des fragments de textes venant à l'appui du système romain, sans se soucier le moindrement des prises de position parfois totalement contraires de la Commission biblique, composée, elle, en bonne partie d'experts.

Mais il faut être clair sur ce point : pour Rome, la question de la succession apostolique, donc la question du pouvoir, est de première importance. Car la doctrine traditionnelle confère la possibilité de disqualifier comme non ordonnés validement tous les curés ou tous les évêques protestants ou anglicans, et par conséquent de leur interdire toute célébration de la Cène. Excommunication et refus de la communion : tels étaient les moyens employés par le système absolutiste romain depuis le Moyen Âge jusqu'à la Réforme et jusqu'à aujourd'hui encore pour réduire à quia les individus et les Églises et pour maintenir la prétention monopolistique catholique romaine d'être la « seule Église de Jésus-Christ », et cela en dépit de toutes les corrections apportées par Vatican II.

Ma conviction bien ancrée était que, quatre cent cinquante ans après la Réforme, le temps était vraiment arrivé de mieux comprendre à partir du Nouveau Testament et de corriger cette doctrine qui avait divisé la chrétienté et ne lui avait guère profité au cours des siècles de l'Église catholique romaine. Notre mémorandum visait à fournir les bases théologiques de ce renouveau. Il n'y avait bien sûr aucun sens à l'envoyer à Rome ou

1. *Ibid.*, p. 17.

aux évêques. Seule la publication du document pouvait la faire connaître. Il fallait donc l'éditer tout de suite.

Pour en mieux marquer l'importance et l'urgence, nous voulions joindre au livre une petite carte réponse par laquelle le lecteur pourrait nous signaler son accord sur nos thèses. Pour un peuple habitué à la démocratie, cela allait de soi. Le Dr Jakob Laubach, le directeur des éditions Grünewald, déjà fort méritant pour avoir pris en charge la publication allemande de *Concilium*, me donna téléphoniquement son accord. Mais survint entre lui et Mgr Hermann Volk un « sérieux clash » qui obligea à un an de « silence radio ». Ce que l'éditeur omettra de dire dans ses Mémoires[1], c'est que, en dépit de mon insistance, la carte enquête que nous avions si vivement souhaitée ne fut jamais jointe à l'ouvrage.

Les journaux firent un accueil favorable à notre mémorandum. Même Karl Rahner prit explicitement une position d'ensemble favorable. Mais bientôt la Commission doctrinale de la Conférence épiscopale des évêques d'Allemagne, constituée de façon partisane, mais qui aurait pu soutenir notre texte, publia une déclaration dont on pense que le principal auteur en fut le professeur Joseph Ratzinger. En fait, elle ne clarifiait rien, mais elle balayait sans raisons convaincantes la solution fondée bibliquement que nous proposions pour régler le vieux conflit. Mais de nombreux chrétiens actifs, et en particulier les couples mixtes, ne s'en laissèrent plus accroire, car on ne règle plus les problèmes existentiels de nos paroisses à coups de diktats doctrinaux.

La demande d'eucharistie commune.

Le peuple chrétien, tant catholique que protestant, désavoue cette attitude de la hiérarchie et de sa Commission doctrinale. Selon les enquêtes menées auprès de lui, une majorité croissante des deux confessions souhaite le partage de l'eucharistie ou de la Cène. Cela devint dramatiquement clair lors de la rencontre œcuménique de la pentecôte 1971, à Augsbourg. Elle débuta par 32 cultes dans nombre desquels on célébra en commun l'eucharistie avec ouverture à la communion. Mgr Josef Stimpfle,

1. J. LAUBACH, *Soviel Glück im Leben. Streiflichter 1917-1997*, Mayence, 1997, p. 106 s.

l'évêque catholique romain de la ville, qui était au fond bien disposé envers moi, mais qui, théologiquement, n'avait été un directeur du Germanicum que fort peu éclairé, s'en alarma et crut bon d'intervenir. Mais le grand cercle de travail œcuménique sur le culte adopta à une large majorité une résolution suivant laquelle il fallait consentir aux célébrations eucharistiques communes dans les groupes œcuméniques et pour les couples mixtes en accordant à chaque fidèle, de quelque confession qu'il soit, le droit de communier dans toute église chrétienne. C'est ainsi que pourrait advenir visiblement au sein de diverses communautés une Église chrétienne unifiée.

Mais comment réagit la hiérarchie catholique romaine à ce nouveau « miracle de la Pentecôte » ? En ignorant tout simplement le souhait de ses fidèles et *en interdisant pendant des décennies toute nouvelle rencontre œcuménique*. Naturellement par crainte d'entendre les mêmes demandes et de voir pratiquer une fois de plus de telles célébrations communes. C'est seulement trente ans plus tard, en 2003, à Berlin, qu'on verra à nouveau un « Kirchentag œcuménique ». Auparavant, la pression romaine sur la direction des Églises protestantes y aura imposé des conditions draconiennes : on ne devait en aucun cas admettre à la communion les membres d'une autre confession. On vit donc même les représentants du protestantisme allemand se dresser avec zèle contre les demandes œcuméniques justifiées des groupes réformistes catholiques et protestants en déclarant que « c'était trop tôt » : une fois de plus, une alliance malsaine entre les directions d'Églises pour empêcher la réalité œcuménique.

Lors de ce « Kirchentag œcuménique » Gotthold Hasenhüttl, mon ancien élève devenu professeur de dogmatique à Saarbrück, avait invité d'autres chrétiens à sa célébration catholique, tout comme nombre de curés catholiques l'avaient fait et le font dans leurs paroisses. Il ne se vit pas seulement privé de sa chaire, mais par la suite il fut même suspendu de son ministère sacerdotal. Aucun moyen n'est vraiment assez mauvais pour maintenir les structures existantes.

Ces événements montrent une fois de plus l'impossibilité de rien apprendre à ce magistère. Son incapacité de dialoguer lui interdit toute discussion objective et le conduit dans toute controverse à exiger une soumission aveugle. Son appel à la « vérité » révélée par Dieu n'est que de pure façade : il ne s'agit que du pouvoir sans limites qu'il entend exercer. Ce comportement autoritaire ne fait que me renforcer dans ma conviction que je ne devrai jamais me soumettre aveuglément à lui en allant à l'encontre du témoignage de la Bible et des arguments de raison.

À la mi-février 1972, en dépit de mon semestre de recherche, je dus revenir de Sursee à Tübingen, mais pour un événement réjouissant : la soutenance de thèse de Ronald Modras, Américain de Detroit, mon excellent élève, sur l'image de l'Église chez Paul Tillich. Juste avant mon départ pour le tour du monde, j'avais déjà eu la joie d'assister à la promotion de deux autres élèves au doctorat de théologie : John Dwyer, jésuite new-yorkais, avec une thèse sur la théologie de la croix de Paul Tillich, et de Christa Hempel, mon ancienne assistante, avec un travail sur « La discussion sur la justification ». Quelques semestres plus tôt, je lui avais préparé la voie en proposant à la faculté un changement de l'ordre des promotions, ce qui permit aux femmes d'accéder au doctorat de théologie.

En plus, toujours et encore mon travail intense sur mon *Introduction au christianisme*, interrompu par les jours de fête. Le 22 février, je suis de nouveau à Sursee pour, le jour suivant, prendre enfin part au célèbre carnaval de Bâle avec mes amis bâlois. De bon matin, à quatre heures tapantes, encore à la nuit noire, masqués, nous rejoignîmes par milliers le défilé des lansquenets avec fifres et tambours pour nous rendre à un immense bal masqué éclairé de façon très originale, et parcourir en nous tenant les bras les rues et les ruelles de la vieille ville avant de finir au petit matin par la traditionnelle soupe à la farine dans un restaurant.

Mais ni les fifres ni les tambours ne peuvent régler mes problèmes avec l'Église. Les plus récents événements ne font qu'assombrir l'horizon au lieu de l'éclairer.

VII

Capitulez !

« Humiliter se subiecit. »
[« Il s'est humblement soumis[1]. »]

« Avoir le souci de l'Église ! » Je ne l'ai vraiment pas moins que mes adversaires. Il est vrai que je la comprends dans le sens qu'elle a dans la Bible et à Vatican II (chap I. et II de la Constitution de l'Église), celui d'une communauté de croyants, de peuple de Dieu, et non pas dans celui de « hier-archie », de « domination sacrée » de quelques personnes, un petit nombre, qui exercent leur pouvoir sur la multitude des autres. Je suis tout à fait partisan des ministères dans l'Église : sans eux, celle-ci ne fonctionnerait pas. Cependant leurs tenants n'ont pas à « dominer » la communauté : ils ne sont pas « au-dessus d'elle », mais à son « service ». Le pape et les évêques l'admettent volontiers en théorie. Mais en pratique ?

Le tournant du cardinal Suenens, le réformateur.

Ce qui soucie, c'est le sort du cardinal Léon Suenens. Dès la fin mars 1969 débute un grave conflit (avec échanges de lettres de reproches) entre l'archevêque de Malines-Bruxelles et le pape Paul VI, lequel n'est pas habitué à une telle résistance. Lors d'un discours adressé au Collège des cardinaux, le 23 juin 1969, juste avant sa fête, le pape intervient publiquement dans le débat déclenché en avril par l'interview de Suenens (voir chap. II).

1. Formule traditionnelle de soumission d'une personne (dans *L'Osservatore Romano*).

Sans nommer personne, Montini affirme toujours sa volonté de réformer la curie, mais ne la défend pas moins globalement contre une critique soi-disant « injuste » et « irrespectueuse ».

L'opinion publique et en particulier les catholiques actifs étaient largement d'accord avec l'interview de Suenens. C'était aussi secrètement le cas de nombre d'évêques, mais ils sont peu nombreux à le dire ouvertement. Lors du synode épiscopal d'octobre, le primat de Belgique se retrouve isolé. Situation fort inconfortable ! Non seulement les cardinaux de curie évitent ce « cardinal de la contestation », mais les présidents des conférences épiscopales lui tournent le dos – on n'avait invité au synode que les évêques les plus enclins au compromis. Dans le système autoritaire romain, ce dont tout évêque a peur, c'est de se retrouver seul à réclamer des réformes. Pour Suenens, tant aimé et si apprécié pendant le concile, c'est chose difficile à supporter.

Après un long silence sur les ondes, et (si je suis bien renseigné) grâce à l'intervention personnelle de Chiara Lubich, fondatrice du mouvement des Focolari, on parvint à ménager une rencontre au Vatican entre le cardinal et le pape. Paul VI, comme toujours avisé et calculateur, commence par embrasser cordialement Suenens. Suit l'entretien dont celui-ci tait le point essentiel dans ses Mémoires[1] : il n'y dit pas un mot de la réaction du pape à la critique de l'exercice de son ministère. Selon cet ouvrage l'échange aurait tout porté sur l'éventualité d'un concile « marial » œcuménique, même si tous deux sont persuadés qu'ils ne trouveront guère d'oreille complaisante chez le cardinal Willebrands et au Secrétariat pour l'Unité. Suenens donne au pape différentes informations sur les échanges œcuméniques et sur les deux grands obstacles à tout accord : Marie (pour les protestants) et la primauté papale (pour tous) (voir p. 204). La lettre de remerciements qu'il envoie au pape le lendemain de l'audience apporte un peu plus de lumière. Elle marque un « tournant » de leur relation « en ce sens que les problèmes soulevés par le concile cèdent de plus en plus la place à une nouvelle tâche : préparer l'Église à accepter le renouveau charismatique né chez les catholiques des États-Unis » (p. 205). Suenens explique : « Au cours des années 1960-1970, l'Église s'est surtout penchée sur ses aspects institutionnels. La nouvelle décennie 1970-1980 exige que nous insistions sur son aspect spirituel, “pneumatique”.

1. Voir L. J. SUENENS, *Souvenirs et espérances*, Paris, Fayard, 1991.

Et cela me permet de laisser reposer les problèmes de structure pour me saisir d'une réalité à laquelle je me suis heurté partout aux États-Unis : la soif de prière, de redécouverte de Jésus comme personne, et de l'Esprit Saint » (p. 205).

Un « tournant des relations entre le cardinal et le pape » ? Effectivement. Cependant celui-ci n'a pas commencé avec la lettre de remerciements. Il était déjà amorcé avant l'audience. Toujours est-il que le cardinal me révélera par la suite, à Bruxelles, le vrai motif de ce « tournant », la demande pressante du pape : il peut continuer à formuler ses critiques, mais, « je vous en prie », ni en public ni dans l'Église, mais à lui, au pape en personne. Je suis saisi d'effroi quand je l'entends me dire qu'il a accepté. Car c'est précisément cela que les Romains tentent toujours d'obtenir, un *« silentium obsequiosum »*, « un silence obéissant » en public, et surtout dans les médias. Je suis persuadé qu'une critique de Paul VI lui-même n'a guère de portée si elle n'est pas soutenue par l'opinion publique. J'ai peur que Suenens ne soit de plus en plus romain, ne soit « domestiqué », qu'il se soit même « rassis ».

Il s'engage donc dans le mouvement charismatique, me déclare-t-il. C'était sûrement là quelque chose de beaucoup moins dangereux, pensai-je à part moi, mais avec quel avantage final ? Il sacrifie avec légèreté la réforme de l'Église à une « piété » enthousiaste, ceci dans le cadre d'un système romain par ailleurs intact. En fait, je ne peux voir les choses autrement, le grand cardinal de la réforme a capitulé devant Rome.

Jan Grootaers, journaliste et observateur du concile, avec lequel je m'étais alors lié, par la suite professeur à Louvain, a raison quand, dans un hommage assez réservé au cardinal, il distingue chez lui deux lignes directrices contradictoires : « D'une part son engagement dans le renouveau liturgique, œcuménique et en faveur d'une réorientation de l'ecclésiologie, et de l'autre son apostolat marial, et son adhésion au charismatisme. » Le contraste entre ces deux lignes apparaît fort clairement dans la distance considérable qu'on peut constater entre d'une part son souci d'une réforme fondamentale de la liturgie allant dans le sens de celle de l'Église primitive, son ouverture à l'œcuménisme et son ecclésiologie du peuple de Dieu, et d'autre part une piété d'origine irlandaise frôlant la mariolâtrie dans le cadre d'une organisation cléricale très disciplinée. Dans le second cas, il s'agit d'une pensée qui ignore de fait le renouveau de

Vatican II, même si lui-même explique tout différemment ses intentions[1].

J'adhère parfaitement aux conclusions de cet homme bien connu du cardinal. « Le changement de direction est donc radical. Il signifie effectivement que Suenens renonce définitivement à son engagement en faveur du mouvement de réforme postconciliaire touchant la structure interne de l'Église[2]. » Ainsi le cardinal en qui on voyait le représentant et le défenseur du concile était-il devenu un « cardinal charismatique ».

Je n'ai évidemment pas pour autant coupé mes relations avec lui, et nous avons poursuivi nos contacts amicaux. En octobre 1973, nous nous sommes revus à Rome, ce sur quoi j'aurai à revenir. Et le 2 février 1978, au lendemain d'une conférence pour l'université hollandaise de Tilburg, que Jan Kerkhofs, éminent théologien belge réformiste et sociologue de la religion avait organisée à Bruxelles, je le reverrai encore pour un long entretien nocturne. Le lendemain matin, après avoir célébré l'eucharistie, nous discuterons jusqu'à mon envol après le déjeuner. L'entretien portera surtout sur l'élection papale imminente et sur la situation précaire de l'Église. J'espérais que, avec l'élection d'un pape réformiste, il en reviendrait peut-être aux plans de réforme « laissés en repos ».

Les mouvements charismatiques dans l'Église catholique.

Sans doute Suenens avait-il réussi à briser le monopole de l'apostolat qui, dans de nombreux pays, en particulier en Italie, était de fait revenu à une Action catholique des laïcs menée par la hiérarchie aux dépens de la Légion de Marie ou d'autres mouvements catholiques de laïcs non « mandatés ».

L'Action catholique remontait à l'encyclique de Pie XI, *Ubi arcano*, de 1922 : face à la sécularisation croissante de la société, elle appelait les laïcs à « collaborer et à participer à l'apostolat hiérarchique de l'Église ». Elle s'était structurée de façon différente selon les pays : par sexe ou par âge (hommes, femmes, jeunes gens, jeunes filles), par exemple en Italie ; ou par milieu

1. J. GROOTAERS, « Le cardinal L. J. Suenens. Un apostolat qui a traversé le siècle », dans *Revue théologique de Louvain*, 27, 1996, p. 425-431.
2. *Ibid.*

social (ouvriers, ruraux, milieux indépendants) en Belgique, en France et aux Pays-Bas, toujours en tenant compte de l'âge. L'essentiel était qu'elle soit « mandatée », donc de fait sous la coupe de la hiérarchie. En Allemagne, où il existait depuis longtemps des mouvements paroissiaux de jeunes, des comités catholiques, des alliances féminines, des unions populaires et bien d'autres groupes, cette « action catholique » ne fut jamais très populaire. Mais en Italie, ces mouvements s'engagèrent fortement dans la politique à travers les *comitati civici*, en particulier au moment des combats électoraux contre les communistes.

Pendant des décennies, l'Action catholique s'était opposée à la Légion de Marie, laquelle était relativement indépendante. En 1967, à Rome, lors du Congrès mondial de l'apostolat des laïcs, c'était elle qui avait fourni la masse des délégués, et elle en détenait les postes clés. Giovanni Battista Montini, maintenant Paul VI, venait de ce milieu. Aussi peut-on mettre au crédit de Suenens le fait que, par ses démarches répétées auprès du pape, il ait finalement réussi à faire reconnaître la Légion de Marie et les mouvements charismatiques nés aux États-Unis et, à la Pentecôte 1975, à leur faire accorder la bénédiction papale – prudemment *« sub conditione »*.

Ayant moi-même été au concile l'inspirateur du discours de Suenens sur les charismes (voir t. I, chap. VIII : « Les laïcs et leurs charismes »), celui qui fut à la base de la Constitution de l'Église, j'aurais pu me réjouir de cette évolution. J'avais personnellement beaucoup de sympathie pour nombre d'aspects du renouveau charismatique du moment que ses adhérents se ralliaient à l'esprit du concile et s'engageaient en faveur de la réforme de l'Église et dans la société. Veronica O'Brien, que Frank Duff, le fondateur de la Légion de Marie avait déléguée auprès de plusieurs pays européens, était venue avec Yvette Dubois, une Française, me rendre visite à Sursee et nous nous étions bien entendus. Mais mon centre d'intérêt restait essentiellement la réforme de l'Église, et c'est bien cela que j'attendais avant tout du cardinal. Grande fut donc ma déception devant son changement de cap.

Après l'élection de Karol Wojtyla, le 16 octobre 1978, Suenens remisa définitivement tous ses espoirs de réforme. Car, avec Jean-Paul II, entrait en scène un pape pour lequel l'Action catholique ne comptait pas et qui, dès le départ, misa totalement sur ces « nouveaux » mouvements charismatiques qui lui étaient entièrement dévoués. Fondamentalement conservateur, il ne portait aucun intérêt à la réforme intérieure, mais uniquement à la « réévangélisation », ou plutôt à la « recatholicisation » d'un monde de plus en plus athée. Vatican II n'entrait plus en ligne de compte : il lui suffisait de se poser comme le leader spirituel que l'on applaudissait, même quand on n'entendait rien à ses doctrines et qu'on ne tenait aucun compte de son enseignement éthique. Dès 1981, on organisa donc à Rome un grand congrès international de tous ces *movimenti* sans même y inviter l'Action catholique : désormais implantés surtout dans les pays de la Contre-Réforme, Italie, Espagne, Pologne et Irlande, ils fourniront la base des grands rassemblements de jeunes avides de spectacle et de sensations. Lors des Journées de la jeunesse, à Berne, en juin 2004 (dernière visite de Jean-Paul II en Suisse), on verra leurs cohortes, facilement repérables à leurs fanions, applaudir frénétiquement (de façon très peu suisse) chaque phrase du pontife. En août 2005, au rassemblement des jeunes à Cologne, on les choisira pour souhaiter (avec un porte-voix béni) la bienvenue à l'aéroport à Joseph Ratzinger et répandre ainsi l'illusion que « la jeunesse », tout simplement, était de nouveau toute donnée au pape.

Derrière tout cela, il y avait déjà le puissant Opus Dei. Tandis que la Légion de Marie entendait avec insistance s'adresser à tous, même aux marginalisés et aux gens sans protection, par exemple aux filles de la rue, l'Opus Dei s'adressait très consciemment aux leaders de la politique et de la banque, des médias et de l'Université. Le coordinateur fort efficace du pouvoir du pape, des médias et de l'argent, l'homme chargé de répondre aux énormes frais des manifestations était aussi le directeur du bureau de presse du Vatican : Joaquín Navarro-Valls, membre de l'Opus Dei.

Cela ne dérangeait absolument pas le cardinal Suenens. De par l'étonnante évolution qu'avait déclenchée chez lui le nouveau pape, il était devenu par excellence « le cardinal charismatique ». Déjà proche des quatre-vingt-dix ans, il apparaissait comme le protecteur d'une nouvelle génération, celle des gens de trente ans qui n'avaient connu ni Jean XXIII ni le concile. Désormais, lui-même ne citait plus qu'à peine celui-ci. Cela lui vaudra l'honneur de présenter aux médias la publication des comptes rendus officiels des congrès internationaux des charismatiques en 1981 et 1987. Je voyais venir cette évolution. Cependant, en 1973, nous restons encore en relation suivie. Toujours est-il que je me sens conforté dans ma résolution de ne jamais grimper à l'échelle de la hiérarchie.

Les conditions malhonnêtes d'un « colloque ».

Six années se sont écoulées depuis l'introduction de mon procès inquisitorial sur *L'Église* et trois ans depuis celui sur *Infaillible ? Une interpellation*. Au Vatican on a fusionné les deux. Entretiens, colloques, articles, ouvrages collectifs, missives ! Mais rien ne suit.

Ma dernière lettre à la Congrégation de la foi datait du 24 juin 1972. Jusqu'alors, je n'avais pu m'entendre avec Rome ni sur une date de rendez-vous ni sur la liste des thèmes à aborder au cours de ma comparution. Ce n'était pas de ma faute. On me refusait toujours des conditions correctes pour un « colloque » : aucune communication des actes, aucune possibilité de me défendre, aucun nom des défenseurs qui me seraient attribués par la Congrégation, aucun délai sur lequel nous nous serions accordés. Je tenais beaucoup à faire remarquer que, contrairement aux bruits qui circulaient partout sur mon compte, j'étais et je suis toujours prêt à un véritable dialogue, mais que je récusais *a priori* toute forme d'inquisition. Il s'agissait finalement de la vérité, et non d'« obéissance absolue ».

On s'est parfois étonné que Joseph Ratzinger, ancien théologien du concile, à cette époque tenu pour l'instigateur des durs propos du cardinal Josef Frings contre des pratiques du Saint-Office totalement opposées à toutes les règles du droit moderne, ait ensuite ratifié ces procédés en tant que préfet de la Congrégation de la foi. La récente publication des discours du cardinal Frings, due à Norbert Trippen, montre cependant que le brouillon de son texte ne comportait pas ces phrases essentielles. Elles ne sont donc pas de Joseph Ratzinger, mais elles sont sorties spontanément de la bouche du cardinal. Il avait déclaré : « Je sais combien difficile et épineux est le devoir de ceux qui ont travaillé des années au sein du Saint-Office en vue de sauvegarder la vérité, mais il me semble juste de demander que ce dicastère n'accuse jamais personne, à tort ou à raison, avant de lui avoir donné le droit de se corriger ou de corriger le livre qui semble décider de son sort[1]. »

Mais pourquoi tant me préoccuper de ma correspondance avec Rome au sujet de ce qui n'est qu'*une question de formes* ?

1. Voir N. TRIPPEN, *Josef Kardinal Frings (1887-1978)*, t. II, Paderborn, 2005, p. 384.

Je peux simplement répondre que, dans une discussion doctrinale menée dans les conditions qu'on m'imposait, je ne pouvais être que perdant. Car le problème auquel je faisais face n'était pas d'ordre purement intellectuel. J'avais affaire à une autorité inquisitoriale *(Suprema Congregatio Sancti Officii Inquisitionis)* fondée lors de la Contre-Réforme. On en avait certes changé le nom (« Inquisition »), mais fort peu les méthodes. Elle était responsable non seulement du bûcher de Giordano Bruno et de la condamnation de Galileo Galilée, devenus depuis lors célèbres, mais aussi de la mise à l'index de plus de quatre mille volumes, dont la plupart écrits par des grands esprits de l'histoire universelle, une interdiction sanctionnée par l'excommunication de ceux qui les lisent. Au XXe siècle encore, nombreux sont les théologiens à avoir été torturés, sinon physiquement, au moins psychiquement. Il suffit pour s'en convaincre de parcourir les caricatures du journal quotidien du père Congar (voir t. I, chap. III) : ce dominicain français en fut véritablement épuisé. On brisa la vie de nombre de théologiens, par exemple celle du père Teilhard de Chardin, exilé aux États-Unis, à qui on interdit toute publication théologique ; ce fut sa mort.

Même avec la nouvelle procédure mise en place par la Congrégation de la foi sur la demande de Vatican II, la comparution devant son tribunal n'offre pas plus de chances à l'accusé que n'en avait eues Alexandre Dubček lorsque, pendant le Printemps de Prague, il avait voulu instaurer « un socialisme à visage humain » en remettant ainsi en cause les dogmes du système communiste. Invité à un « colloque » au Politburo de Moscou, il ne défendait plus qu'une cause perdue. À quoi peut donc prétendre un théologien qui se trouve au Vatican devant un tribunal suprême d'Éminences et d'Excellences vêtues de rouge et de violet, quand celles-ci croient *a priori* être détentrices de la vérité sans même avoir étudié les problèmes en question, qu'elles n'ont pas la moindre intention de discuter et ne font qu'exiger de l'accusé qu'il se confesse et qu'il admette une fois pour toutes qu'il a tort et que l'« Église » – et elles sont l'Église – a raison ? Car, devant une telle mentalité, on peut transposer le chant du parti : « L'Église, l'Église a toujours raison. »

Je ne saurais non plus oublier la force que j'ai puisée en découvrant la résistance et le destin d'un Alexandre Soljenitsyne – bien sûr incomparable à plusieurs points de vue. J'ai dévoré son premier livre, *Une journée d'Ivan Denissovitch* (1962), puis ses deux grands romans autobiographiques sur le système stalinien, *Le Pavillon des cancéreux* et *Le Premier Cercle* (1968). En 1969, constamment en butte à des attaques violentes, il fut exclu de l'Union des écrivains soviétiques, mais honoré du prix Nobel de littérature. Empêché d'aller recevoir son prix à Stockholm, il continua à se battre vaillamment.

Dans un numéro d'une revue dominicale protestante qui a publié un article sur moi sous le titre : « Un chrétien de grande ouverture œcuménique », je lis aussi avec une profonde surprise « la lettre de carême » qu'il a envoyée avant Pâques au patriarche moscovite Pimène : il s'y plaint de façon émouvante de la situation désespérée de l'Église russe, totalement sous la coupe du régime communiste. Il évoque aussi deux prêtres éminents, Jakounine et Eschliman, qui avaient écrit sept ans plus tôt une lettre au prédécesseur de Pimène en l'accusant d'avoir accepté « la mise en esclavage de l'Église russe », et avaient alors été chassés de leur ministère[1].

En 1974, Soljenitsyne fut finalement lui-même expulsé et privé de sa nationalité. Il se réfugia chez Heinrich Böll et trouva ensuite une seconde patrie à Zurich. J'ai suivi avec passion et une admiration sans limites son combat pour la vérité dans le système soviétique. Ma mère m'envoya le premier volume de *L'Archipel du Goulag*, ce document paru en 1974, en le dédiant : « À mon cher fils, pour son anniversaire ». Les interventions ultérieures de Soljenitsyne en faveur des valeurs traditionnelles, d'abord aux États-Unis, puis en Russie, sous des auspices réactionnaires et nationalistes, n'ont en rien diminué mon admiration pour cet homme qui s'est toujours engagé au service des lois de l'humanité dans un système inhumain. Mais elles m'ont mis en garde contre les atteintes de l'âge.

Au cours des années suivantes, j'ai également ressenti cette impression de force devant Lev Kopelev, historien et homme de lettres russe. Déporté avec Soljenitsyne, qui lui a dressé un mémorial dans *Le Premier Cercle*, il fut libéré du Goulag après la déstalinisation et le « dégel ». Il s'engagea alors en faveur de Sakharov et refusa obstinément de répondre à une citation à comparaître au quartier général du KGB. Sans doute ne fut-il plus arrêté, mais il fut finalement privé de sa nationalité.

1. Voir *Unsere Kirche. Evangelisches Sonntagsblatt für Westfalen-Lippe* du 23 avril 1972.

Le connaissant personnellement, et m'en sentant spirituellement très proche, j'éprouvai une grande joie de recevoir en 2006, à Cologne, sa nouvelle patrie jusqu'à sa mort en 1997, le prix Lev-Kopelev, « pour la paix et des droits de l'homme ».

Mais, en 1972, c'est pour moi clair : en ce qui concerne mon affaire et bien d'autres, plus difficiles à défendre, mais pour lesquelles Rome s'obstine à me poursuivre, je dois maintenir ma résistance contre le système romain : sans garanties juridiques m'assurant d'une discussion *fair play*, je ne me rendrai pas au quartier général de l'Inquisition. Cependant, après comme avant, je reste toujours disposé au dialogue théologique et, à la grande surprise de beaucoup, je fais même un pas en avant vers la réconciliation.

« Opération unité » avec Karl Rahner.

Il est pour moi très important de mettre fin au débat sur l'infaillibilité en me réconciliant avec un de mes principaux adversaires théologiques, Karl Rahner. Après avoir publié *Faillible ? Un bilan*, le temps me semble venu de lui écrire une longue lettre ouverte (*Publik-Forum* du 1er juin 1973). J'y dis « toujours bien noter une petite différence » entre ma façon de concevoir l'infaillibilité et la sienne mais j'ajoute :

> Pour l'heure, ni vous ni moi (pas plus du reste que la Congrégation romaine de la foi) ne pouvons trancher, même en multipliant les articles et en nous lançant dans de nouveaux livres collectifs. C'est pourquoi je voudrais vous demander si le moment ne serait pas arrivé de laisser reposer la question et de nous en remettre au jugement de l'histoire. En ce qui me concerne, il m'importe peu d'avoir raison... Je voudrais en tout cas faire la paix avec vous, comme cela est toujours possible. Cela ne veut pas dire que vous devez vous rallier à ma façon de voir les choses pas plus que moi à la vôtre, mais que vous admettiez que la mienne puisse être catholique. D'où un vœu qui me tient à cœur : ne me qualifiez plus de protestant libéral – à la grande joie de nos adversaires communs – mais reconnaissez explicitement en moi le théologien catholique que je voudrais rester en raison de ma centration sur l'Évangile.

Rahner me répond dans le même numéro :

> Vous m'avez écrit une lettre de réconciliation dont le ton m'a fait du bien... Il est absurde de continuer l'un et l'autre à vouloir faire le compte

de nos péchés réciproques tout au long de cette controverse. Je ne tiens pas du tout au mot de « protestant libéral » : indépendamment du fait que je ne vous ai jamais désigné comme tel, mais que je me suis contenté de dire que je ne pouvais mener cette dispute que comme si j'avais affaire à un protestant libéral pour lequel ni le concile ni l'Écriture ne constituent des instances contraignantes.

Suit alors un exposé assez compliqué de notre discussion scientifique, ce dont il résulte que Rahner voit une « grande » différence là où je n'en voyais clairement qu'une petite. Mais il m'écrit finalement : « Cher Monsieur Küng, laissez-moi revenir une fois encore sur la question que, dans notre controverse, j'ai qualifiée d'"unification opératoire"... » Et je dois ici demander au lecteur averti de se plier un peu à la dialectique verbale et théologique de Rahner :

Si, au milieu de vos amis, vous avez le souci que l'agitation antiromaine ne se termine pas en queue de poisson, si vous concédez aux explications romaines un certain degré (relatif) d'obligation à laquelle elles seules peuvent prétendre sans qu'on doive en attendre aucun dogme, si vous expliquez plus clairement et plus nettement (ce que vous écrivez vous-même) qu'il y a des articles de la foi qui sont vrais et qui, dans certaines circonstances, peuvent exiger qu'on continue à les professer à la vie et à la mort (du reste, qui, dans l'Église, émet des articles d'une telle exigence), si nous tous (vous et moi, et tous ceux qui se veulent théologiens catholiques) entendons servir de tout notre cœur et de toute notre âme la cause de Jésus sans la minimiser, et rien de plus (aussi diverse que puisse être cette charge), *alors* je serais moi aussi d'accord pour que nous laissions quelques années en repos ce débat et pour attendre.

Dans tout ce message, quelque alambiqué qu'il soit, Rahner reconnaît tout au moins que notre discussion ne porte pas sur des problèmes essentiels de la foi ou des Églises, mais sur une question théologique sur laquelle il faut continuer à travailler, ce qui demande du temps ; nulle déclaration romaine ne peut et ne doit la trancher à brève échéance. Il exprime finalement l'espoir que son interprétation du premier concile du Vatican, « même s'il faut l'améliorer et devenir plus catholique, puisse venir recouvrir la mienne ». La lettre se termine par : « J'espère beaucoup une rencontre amicale. Votre Karl Rahner, s.j. »

Le commentaire de Manfred Plate, rédacteur de la toujours très instructive revue catholique *Christ in der Gegenwart* déclare :

« On peut voir dans ce document très humain de deux théologiens éminents de notre époque un important signe des temps. Ce devrait être un exemple de la façon dont on doit discuter des difficiles questions de la théologie et de l'Église, ou mieux, de l'esprit dans lequel de telles discussions doivent avoir lieu. Les deux lettres se distinguent de bien des discours superficiels où chacun se tient pour progressiste, comme aussi des vaines plaintes de ceux qui restent tournés vers le passé. Les questions restent, le poids de l'histoire demeure, mais les regards se tournent vers l'avant, vers l'avenir, librement. »

La rencontre amicale aura finalement lieu à Tübingen. À l'occasion d'une visite, et à l'incitation de mes collègues et de Norbert Greinacher, j'inviterai Karl Rahner à déjeuner chez moi. Le repas à trois se passera dans une atmosphère chaleureuse. Au dessert, la discussion reviendra par hasard sur Joseph Ratzinger. Comme le remarquera avec ironie Rahner, « ce Ratzinger est si intelligent qu'il peut défendre intelligemment même la cause la plus idiote ». Je souris, le regarde et ajoute aussitôt : « Ah ! moi aussi, je peux évidemment le faire. » Il a raison dans les deux cas. En silence, je pense à part moi qu'en théologie je ne voudrais pas avoir à défendre une chose « idiote ».

Entre-temps, à Rome, on reste imperturbable devant ce dialogue avec Rahner. La Congrégation de la foi n'a rien à faire d'une discussion théologique objective et d'une réconciliation chrétienne. Là-bas, on poursuit un tout autre plan.

Une action concertée entre le Vatican et l'épiscopat.

Dès le 22 avril 1972, au cours d'une session secrète, la Congrégation de la foi avait décidé d'une « déclaration sur la doctrine catholique de l'Église » destinée à défendre celle-ci « contre les erreurs actuelles ». On ne peut s'attendre à ce qu'elle tienne compte de la discussion internationale de mes livres, ou de notre mémorandum sur la reconnaissance réciproque des ministères. Le nouveau document ne comportera non plus aucun dossier biblique, mais uniquement les déclarations des derniers papes depuis le concile de Trente jusqu'à Vatican I et Vatican II. Il citera 60 textes dont aucun n'aura le moindre trait de théologie scientifique. Voilà un magistère qui ne se préoccupe absolument pas de fonder sa vérité sur les sources originelles de l'Église, sur l'Écriture sainte, mais uniquement sur ses propres documents, donc qui ne fait appel qu'à lui-même.

Grande décision d'état-major, très secrète elle aussi : une action concertée des organes romains, des évêques allemands et des médias contre un de leurs théologiens. Elle se déclenche finalement le 5 juillet 1973. On doit me casser les reins d'un coup pour que je n'aie pas le temps de me justifier et que je ne puisse réagir. Une lettre du nonce apostolique datée du 4 juillet[1] me fait savoir que cette déclaration sera publiée le lendemain à 11 heures. Effectivement, le 5, elle m'est transmise chez moi, à Tübingen. Une demi-heure plus tard, un courrier exprès me fait parvenir un double de la déclaration en latin avec traduction allemande. Une heure plus tard, le même jour, à Rome, les journalistes sont convoqués à une conférence de presse au Vatican. Le porte-parole de la Congrégation de la foi porte la déclaration à la connaissance du public et la commente. S'ajoutent deux articles de *L'Osservatore Romano* et une nouvelle conférence de presse. En Allemagne, l'intervention romaine reçoit le soutien de deux déclarations de la Conférence épiscopale et, à l'instigation de Rome, de plusieurs communiqués personnels d'évêques.

La déclaration de la Congrégation de la foi porte le nom de *Mysterium Ecclesiae (Mystère de l'Église)*, les premiers mots du texte latin[2]. Elle est publiée sans mention de nom, mais la conférence de presse du Vatican fait savoir clairement qu'elle concerne le professeur Hans Küng de Tübingen, ainsi que l'établit la lettre envoyée en même temps par la Congrégation[3]. Les § 1 et 6 se réfèrent à mon livre *L'Église*, les § 2 à 5 à *Infaillible ?* La nouvelle de l'intervention romaine fait le tour du monde. Les médias ecclésiastiques ne publient que « la vue officielle des choses », comme il se doit dans les régimes autoritaires. Comment me défendre ?

Je reçois au même moment la lettre d'accompagnement du 4 juillet de la Congrégation de la foi. J'apprendrai par la suite

1. Pour les événements rapportés ici, le lecteur peut se reporter à la documentation rassemblée dans l'ouvrage *Um nichts als die Wahrheit. Deutsche Bischofskonferenz contra Hans Küng. Eine Dokumentation*, édition et introduction de Walter Jens, Munich, 1978, phase I, n° 3 (= Dokumentation II).

2. Voir Dokumentation II, phase I, n° 1.

3. Dokumentation II, phase I, n° 2. La dernière éd. de Denzinger et de P. Hünermann (Tübingen) (1991) cache le fait que ce document a été l'objet de vive contestation et a été retiré de l'enseignement. Exemple parfait de l'arbitraire romain.

que je devais initialement être mis devant un simple ultimatum m'ordonnant de signer la déclaration sous peine de sanction. Mais des négociations de dernière minute entre le cardinal Döpfner, le cardinal Volk et Mgr Leiprecht, évêque de Rottenburg, avec Mgr Jérôme Hamer, secrétaire de la Congrégation, qui était lui-même venu en avion leur apporter la déclaration, offrirent une alternative : un colloque avec la Congrégation. Mais la lettre d'accompagnement de la Conférence épiscopale du 5 juillet 1973 se solidarisait *a priori* totalement avec *Mysterium Ecclesiae*.

Naturellement l'opinion publique attendait ma réaction. Le jour même, le 5 juillet 1973, je fis une déclaration de presse[1] où je me mettais sur la défensive : je protestai contre la procédure de la Congrégation. Jamais, au cours de ces longues années de procès contre mes deux livres, celle-ci ne s'était montrée capable de respecter l'ordonnance de 1971 de Paul VI sur son fonctionnement. Au lieu de quoi, contre tout droit, on remplaçait le procès en attente par une déclaration officielle.

Je dois le dire ici noir sur blanc : je me suis dit que ce procédé et cette déclaration, une simple affirmation sans fondement solide, ne faisaient qu'étaler au grand jour l'incapacité de la Congrégation de la foi à fournir le moindre apport positif à la discussion théologique partout ouverte sur l'œcuménisme, l'Église, les ministères et l'infaillibilité. L'autorité romaine se voulait à la fois juge et partie et sa façon de procéder prouvait amplement son embarras devant le procès qu'elle avait elle-même intenté.

Difficile à croire : appels téléphoniques innombrables, lettres, conciliabules, déclarations à la presse, émissions à la radio et à la télévision... C'est beaucoup pour un seul homme qui doit faire face à un gigantesque appareil disposant d'énormes moyens juridiques, politiques, financiers et médiatiques. C'est bien pourquoi je peux reprendre ici le mot de Walter Jens déjà cité au chapitre VI : il s'agissait d'*une épreuve de force* que je peux perdre. Mais ce qui est pour moi essentiel, c'est le test de vérité. D'où ce qui suit.

1. Dokumentation II, phase I, n° 4.

Une « interpellation » sur la possibilité d'erreur reste sans réponse.

Ce ne m'est guère difficile : sur la base du document romain, je me mets tout de suite au travail, et, en m'appuyant sur un matériau très riche, je m'attelle directement à la rédaction d'un article explicatif, avec pour titre : « Incapacité d'apprendre ? *Roma locuta est, causa aperta* » (Rome a parlé. La cause est ouverte). Il paraît le lendemain dans la presse[1]. Je signale d'abord que, au lendemain du concile, Rome a publié toute une série de documents qui n'ont absolument pas réglé les questions pendantes, mais n'ont fait que les ouvrir et les renforcer. Une fois de plus, la Congrégation de la foi a laissé passer sa chance : en reprenant le style des encycliques de Jean XXIII et en se contentant d'orientations, elle aurait pu aider les fidèles à avancer sur les questions auxquelles on ne peut répondre de manière probante. Au lieu de quoi elle recourt encore aux méthodes inquisitoriales dont on avait déjà si souvent usé contre tant de théologiens catholiques encore vivants.

Mais je note aussi les *aveux* importants auxquels Rome a dû consentir sous la pression de mes « interpellations ». Pour la première fois dans un document romain, on parle sans restrictions du « conditionnement historique » de formules de foi jusque-là considérées comme intemporelles, et on en traite positivement. On souligne avec insistance l'imperfection des déclarations dogmatiques, ce qui revient à admettre qu'on peut les améliorer : elles portent la trace d'une pensée située, et leur sens est au moins en partie lié au langage d'une époque et à une situation donnée. Dans des circonstances nouvelles, les théologiens doivent donc à nouveau les repenser. Toutes ne sont pas valables pour tous les temps. Il faut parfois y joindre des explications, parfois même, quand les formulations ont trop vieilli, y substituer des nouvelles. En dépit de tout, mon « interpellation » a donc eu un certain effet : « Lire cela dans une déclaration de la Congrégation de la foi mérite qu'on le fasse ressortir », constaté-je.

Mais le « conditionnement historique » n'implique-t-il pas aussi *la possibilité d'erreur* ? Telle est ma question essentielle concernant la vérité et l'erreur. Est-ce que cette prise de conscience

1. Dokumentation II, phase I, n° 10.

accrue de la relativité d'une affirmation dogmatique n'implique pas également qu'on peut s'interroger sur son caractère infaillible ? Sa promulgation n'est-elle pas elle aussi historiquement conditionnée par la situation de l'époque, donc, elle aussi, imparfaite et susceptible d'amélioration ? Ne peut-on pas penser que tout conditionnement historique implique une possibilité d'erreurs telles qu'en a révélé l'histoire des dogmes et de la théologie ? Ou pourquoi le Saint-Esprit, dont se réclament si volontiers et avec tant d'insistance les autorités, devrait-il garantir à tout prix et en détail ces erreurs ? C'est de cela que je demandais la preuve.

Sur ce point, je ne pouvais taire ma franche déception et je le déclarais clairement : *On ne répond pas* à mon interpellation sur la garantie accordée par le Saint-Esprit à l'infaillibilité de certaines affirmations doctrinales ou à certaines instances, mais *on ne fait que tourner autour du problème*. Là où on attend des raisons, on n'entend que des affirmations, des déclarations, des mandements, et finalement l'aveu : on ne doit pas chercher à prouver le dogme de l'infaillibilité « par une recherche sur les fondements de notre foi », mais seulement en prenant en compte la « mémoire de la doctrine chrétienne ». Or c'est justement l'objet de la question : peut-on aujourd'hui encore se satisfaire de cette affirmation romaine ?

Ici il me faut bien rappeler, tout au moins brièvement, à tous ces *beati possidentes*, à tous ces bienheureux « détenteurs de la vérité », toutes les erreurs passées. Combien de ces mêmes autorités se souviennent-elles des réformateurs, théologiens, exégètes, moralistes, canonistes ou hommes politiques auxquels Rome a dû finalement donner raison ? Et pourtant... ! Une fois de plus, j'évoque la réponse que je propose, celle qui résoudrait la question fondamentale : *en dépit* de toutes ses erreurs, l'Église n'a jamais renoncé à la vérité de l'Évangile. Elle l'a toujours gardée et revivifiée. Que peut-on objecter de façon fondée à cette vision des choses ? On n'a finalement rien pu opposer aux raisons proposées dans *Infaillible ?* Mon interpellation reste donc réponse : *Causa aperta*, la question reste ouverte.

En conclusion, je fais une remarque plus réjouissante : « Dans le document, personne n'est nommé et il n'est question ni d'excommunication ni de condamnation. Il semble donc que, à travers les récents événements, Rome a compris l'impossibilité de régler ce genre de problème par des mesures disciplinaires. Créer des martyrs n'est plus payant. »

Je termine donc sur une note positive et je reconnais ma « solidarité critique avec Rome », en maintenant ainsi totalement ma ligne de conduite antérieure : les théologiens catholiques – et le rédacteur s'est toujours voulu tel – prêtent toujours attention à Rome. Et ils le feront d'autant plus volontiers que celle-ci répondra à leurs attentes et à leurs besoins en leur fournissant des réponses constructives et fondées. Au cours des siècles Rome a montré sa capacité d'apprendre. Il y a donc toutes les raisons d'espérer que la Congrégation romaine de la foi continuera à le faire et que l'organe de l'Inquisition deviendra un organe d'annonce de la foi, ainsi que l'en priait Paul VI : dans son décret de réforme il demandait au Saint-Office non seulement de changer de nom et de ne plus se contenter de protéger la foi en se consacrant à poursuivre l'erreur, mais de chercher à promouvoir la doctrine chrétienne de façon positive.

Une question de vérité, de droit ou de style ?

Le cardinal Döpfner n'avait entre les mains que ma conférence de presse du 7 juillet. Il se sentit pourtant – ou se trouva – obligé d'y répondre par une autre conférence de presse et une lettre ouverte d'accusation[1] : on déclenchait donc ainsi toute la machinerie du système romain contre un théologien isolé afin de discréditer sa foi aux yeux du monde. Cela mérite réflexion.

Quand un théologien ose se mettre sur la défensive, on se garde de poser la question de la vérité de ses propos : « A-t-il raison de dire ce qu'il dit ? », ni même celle du droit : « A-t-on raison de le mettre en procès ? » On en fait une question de style : « Comment peut-on parler sur ce ton au président de la Conférence épiscopale ? » Ce n'est pas pour moi quelque chose de neuf : au lieu de s'engager objectivement dans le débat, ce genre d'ecclésiastiques se plaignent toujours du ton et du style de leurs critiques, tandis qu'ils ne s'interrogent jamais sur ceux d'une hiérarchie qui parle sans cœur et d'une voix comminatoire quasi divine.

À vrai dire, au terme de plusieurs relectures de ma conférence et avec la meilleure volonté du monde, je ne trouve pas une phrase qui ne soit pas un argument objectif, même si je m'exprime clairement et nettement. C'est une chose à laquelle les hiérarques sont peu

1. Dokumentation II, phase I, n° 7.

habitués de la part de leurs théologiens. Ils ne connaissent manifestement pas la franchise, une vertu pourtant néotestamentaire. Ainsi le cardinal peut-il déclarer dans sa conférence de presse que j'ai proféré contre la Congrégation de la foi des propos qu'on pourrait penser « diffamatoires » et « calomniateurs ». Je ne suis pas le seul à m'interroger sur ce que les propos qu'il cite ont de diffamatoire et de calomniateur ! Reste que « les théologiens les plus importants de ce siècle ont tous eu maille à partir avec le Saint-Office : de Karl Adam à Chenu, Congar, de Lubac, Teilhard de Chardin, Karrer, Rahner, Schoonenberg et Schillebeeckx ». Ils lui reprochaient tous d'être « à la fois juge et partie ». « Même encore sous Pie XII », ils ont connu « des vagues de purification en règle, avec dépositions, exils, interdictions d'enseigner et de publier ». Serait-il donc « diffamatoire » de s'insurger contre de tels actes diffamatoires venant des autorités inquisitoriales. Il s'agit de beaucoup plus que d'une question de style : d'une question de vérité et de droit.

Je sais évidemment très bien « le ton et le style » qu'on attend à Rome de la part de ceux qui tombent sous la critique curiale : humilité et obéissance. Julius Döpfner, mon confrère du Germanicum, a dû aussi souvent que moi lire de ces communiqués triomphants rapportant que tel ou tel auteur, que l'on a longtemps chicané et diffamé, s'est finalement « humblement soumis » : *« Humiliter se subjecit. »* Une victoire pour le magistère, même si par la suite l'histoire rend justice à celui qu'on a humilié. On ne peut que refuser aujourd'hui de telles formules de soumission discriminatoires et diffamatoires – on ne dispose d'ailleurs plus de la force de l'État pour les imposer. Mais l'autorité romaine attend toujours la *capitulation* publique du « déviant ». Avec des formes plus douces et des méthodes plus souples, c'est toujours de cela qu'il s'agit, aujourd'hui comme hier. On recourt encore au pouvoir au lieu de chercher la vérité. Bien sûr, disent les apologètes de ce système, on n'en est plus au style de l'Inquisition. Mais que signifie ce nouveau style, pour moi ? Quand on me propose de venir à Rome pour un « colloque », c'est uniquement en vue d'obtenir à la fin ce qu'on me demandait directement au début : signer humblement, capituler : *« Humiliter se subjecit. »*

C'est exactement ce à quoi vise la déclaration *Mysterium Ecclesiae*. Fort heureusement, à la dernière minute les évêques allemands bloquèrent la chose, mais, fort malheureusement, ils ne firent que la reporter. Me faut-il donc adhérer à ce *« mysterium Ecclesiae »* qui n'a que peu à voir avec le Jésus de la Bible ?

Mais, en bon élève du Germanicum, j'ai aussi appris qu'il faut savoir résister (voir t. I, chap. III, « Un duel en silence »). Non pas par amour-propre, mais par amour de la vérité et de toutes les personnes concernées. Ce ne sera pas facile.

Une question de conscience.

Durant les deux semaines qui suivent la déclaration romaine du 5 juillet 1973, j'ai du mal à reprendre mon souffle : de tous côtés coups de téléphone, lettres, entretiens, interviews. La presse internationale qualifie l'événement d'« avertissement de Rome » *(Time magazine)*. Le *Newsweek* publie un remarquable article de Kenneth Woodward. Même *La Croix*, le journal français catholique, fait preuve d'une réjouissante compréhension. Je dois à mon ami Andrew Greeley une page reprise partout aux États-Unis : elle est encore plus nette et plus claire que celle de Congar dans *Le Monde* ou même que celle de Giuseppe Alberigo dans *Il Giorno*. Le 21 juillet 1973, je peux écrire à Greeley : « J'ai maintenant un peu plus de recul. C'était une action soigneusement concertée à tous les niveaux. J'ai besoin de toutes les heures de la journée, et même de la nuit, pour me défendre, mais je pense que la première phase est terminée, et j'ai survécu. La deuxième phase consistera vraisemblablement encore en un échange de lettres. Y en aura-t-il une troisième ? Ce n'est pas certain. »

En fait, du côté des évêques, on tire sur tous les leviers pour me pousser à me rendre au « colloque » que demande la Congrégation de la foi. On peut les comprendre : à leurs yeux, c'est le dernier quart d'heure de sursis avant l'exécution. Mais je ne me rendrai sûrement pas à ce procès d'inquisition qu'on camoufle sous le nom de colloque, car on ne me garantit aucun des droits reconnus par tous les États civilisés. Si je ne veux pas tomber sous le coup des sanctions romaines, on ne me laisse comme alternative que de me plier au diktat de la Congrégation. Rome n'est tout de même pas Moscou, et Tübingen n'est pas Prague.

Même le cardinal Hermann Volk, jadis mon supérieur durant mon temps d'assistanat à Münster et maintenant évêque de Mayence, m'envoie le 10 juillet une lettre personnelle pour me convaincre d'accepter de parler avec Rome[1]. Cela paraît bénin,

1. Dokumentation II, phase I, n° 10.

mais cela ne l'est pas. Lui non plus ne me dit pas un mot des « conditions nettes et claires » que je ne cesse d'exiger pour cette rencontre et que je lui répète encore[1]. Ce que les évêques, qui ne cessent de loucher vers Rome, n'arrivent pas à comprendre, c'est que, pour moi, c'est une *question de conscience*. Je cherche donc à faire clairement comprendre au cardinal que « je dois penser à défendre par tous les moyens légitimes une cause qui n'est en réalité pas seulement la mienne » : « Dès lors que je tente de me guider sur l'Évangile, je ne peux aller contre ma conscience même si je suis faillible. Je ne veux pas non plus décevoir les innombrables gens qui m'écrivent leur espérance de me voir leur ouvrir un avenir en demeurant moi-même dans l'Église et d'y tenir ferme. » En même temps je pense devoir attirer l'attention du cardinal, lequel est chargé des problèmes de la foi dans la Conférence épiscopale allemande (et, depuis 1968, membre de la Congrégation romaine de la foi), sur toutes les menaces qu'on brandit en coulisse touchant les conséquences d'une intervention romaine. « Depuis quelque dix ans, j'ai constamment affaire à l'autorité inquisitoriale de Rome. On admettra peut-être alors avec moi que, si nécessaire et *Deo bene volente*, je puisse encore tenir dix ans. En tout cas, que ce soit clair, aucune mesure disciplinaire ne saurait mettre fin au conflit : elle ne fera que le relancer sans terme prévisible. Ne nous attardons pas sur ses conséquences en pastorale et en matière de politique universitaire. »

Mais à la fin de ma longue réponse, je lui rappelle ce qui nous unit : « Je vous promets que, sans me soucier ni de protocole ni de mon prestige, j'adhérerai à toute issue juste et honnête proposée dans un esprit chrétien. En même temps, je vous prie, vous et vos confrères, de vous engager à ce que, pour sa part, Rome fasse effort pour aboutir à une telle solution. Fondamentalement, je ne souhaite rien d'autre que de poursuivre en paix ma recherche et mon enseignement, autrement dit de répondre à ma charge de professeur de théologie de l'Église catholique. Je tiens à vous assurer de ma loyauté et de ma fidélité. »

1. Dokumentation II, phase I, n° 11.

Mes collègues de Tübingen à ma rescousse.

Je joins aussi cette lettre à une autre réponse que j'écris au cardinal Döpfner et à Mgr Leiprecht, évêque de Rottenburg[1]. Dans ces circonstances difficiles, je suis très soulagé de jouir en permanence du soutien de mes collègues du département de théologie catholique de l'université de Tübingen. Le 27 juillet, ils prennent clairement position face au cardinal Döpfner et aux autres évêques allemands[2]. Les professeurs Alfons Auer, Gisbert Greshake, Walter Kasper, Herbert Haag, Wilhelm Korff, Rudolf Reinhardt, Max Scheler, Hermann Josef Vogt (on n'avait pu joindre le professeur Norbert Greinacher), auxquels je dois toute ma reconnaissance, déclarent qu'un procès du genre de celui dans lequel se lance la Congrégation de la foi est objectivement déplacé. C'est la simple répétition d'une vieille pratique préjudiciable à la théologie comme science et à l'ensemble de l'Église. « Les signataires considèrent que, si la Congrégation pour la doctrine de la foi ou les évêques croient devoir s'opposer à l'enseignement d'une opinion donnée, ils doivent le faire de façon non seulement juste et régulière, mais objective et équitable, pour des raisons théologiques claires. [...] Aujourd'hui, dans la pratique administrative d'un État civilisé, il va de soi que la personne concernée a le droit de prendre connaissance des actes et de bénéficier d'une défense correcte, et cela non pas seulement en matière pénale. »

Les professeurs de Tübingen – du reste soutenus par quelques professeurs de Munich parmi lesquels l'ancien historien de l'Église de Tübingen, Peter Stockmeier, qui interviennent auprès de Döpfner – se réclament finalement expressément de la déclaration des 1 360 théologiens du 17 décembre 1968 en faveur de la liberté de la théologie, et ils demandent aux évêques de penser aux conséquences pastorales négatives qu'entraînerait aujourd'hui un procès allant à l'encontre des droits fondamentaux et de la nature de la science théologique. En même temps, sans nommer personne, ils mettent en garde contre une vision des choses que, à tort ou à raison, ils attribuent à leur ancien collègue, Joseph Ratzinger : « Les évêques allemands devraient aussi examiner si

1. Dokumentation II, phase I, n° 13.
2. Dokumentation II, phase I, n° 14.

le conseil de ceux qui en appellent au “petit troupeau” pour tracer rigidement des frontières répond bien à la mission de l’Église, annoncer l’Évangile au monde. »

Des doctorants et des évêques impliqués : Mgr Kempf.

Bien sûr, on me diabolise, en particulier dans des feuilles « fidèles au pape », en Suisse tout particulièrement dans le *Neues Volk* (28 novembre 1973) : mon simple doute sur l’infaillibilité est déjà une « hérésie », tout comme le sont mes « propositions radicales » de réforme, lesquelles ne sont « rien de plus qu’une destruction radicale de l’Église catholique ». C’est ce que pense mon « ennemi héréditaire » de Lucerne, le professeur Aloïs Schenker, sympathisant et informateur notoire de Rome. Ma plainte auprès de l’évêque de Saint-Gall aboutit à ce que, au cours d’un entretien avec la rédaction de cette feuille, on conseille au directeur un peu plus de mesure et de *fair play*. Un religieux suisse, un oncle qui n’est par ailleurs pas sans mérites, cherche même à lancer contre moi sa sœur, ma mère, de sorte que je serai finalement amené à rompre le contact avec lui. Ma mère me comprend.

Quelques semaines avant la prise de position de mes collègues de faculté, Heinrich Böll, prix Nobel de littérature l’année précédente, avait déjà jeté un amer « regard rétrospectif sur la théologie ». Sur nombre de points, sa vision n’était que trop justifiée. Je le remercie de ses propos, même s’ils sont un peu gênants : « Vous n’avez pas encore perdu tout espoir dans la théologie et dans les théologiens. Notre affaire n’est pas tellement facile aujourd’hui : entre la superstition et le rationalisme, le faux progressisme et la hiérarchie réactionnaire, dans un champ où il faut à la fois arracher et planter. Nous le faisons tant bien que mal, chacun à sa guerre. »

En adressant mon remerciement à Heinrich Böll pour son engagement en faveur de « la partie catholique de l’humanité qui souffre et halète » sous le poids des rescrits et de l’infaillibilité, je crois aussi pouvoir parler au nom de mes collègues de faculté. Dans le numéro du *Spiegel* du 16 juillet 1973, qui rend compte de la déclaration romaine *Mysterium Ecclesiae* contre moi et du rappel à l’ordre de Georg Denzler, historien et adversaire du célibat ecclésiastique, il donne une interview sur l’Union soviétique dont il dénonce la contradiction entre sa politique extérieure de détente et le durcissement de ses mesures contre les écrivains. « Il est temps d'agir publiquement ! »

La relève de la théologie catholique appartient aussi à la « partie catholique de l'humanité qui souffre et qui halète ». On voit malheureusement déjà s'esquisser le problème : à l'avenir, on n'habilitera plus et on ne promouvra plus à des chaires d'enseignement que des théologiens conformistes. Si on ne redresse pas la barre, on en arrivera tôt ou tard, non seulement à contrôler et à manipuler les théologiens laïcs, mais, pis encore, à les bloquer. Déjà, en ce qui concerne le clergé diocésain, l'épiscopat peut exercer une influence directe sur leur cursus académique.

Lors de la fondation de l'Institut de recherches œcuméniques, j'avais accepté pour un doctorant un prêtre du diocèse de Rottenburg et je voulais le prendre comme assistant. Il accueillit avec joie mon offre, se rendit alors à l'ordinariat du diocèse – et je ne l'ai jamais revu. Il passera un doctorat avec Walter Kasper, puis se mariera. On ne pourra tout au moins pas me refiler ce « mariage de prêtre ». Un autre candidat, qui avait passé son doctorat en 1977 et était habilité à un poste d'assistant à l'institut prit inopinément congé avant de se faire admettre dans une autre université. Peu après, après avoir écrit un article de revue se distanciant clairement de ma christologie, il y obtiendra sa chaire.

Mais particulièrement révélateur est le cas d'un docteur en théologie du diocèse de Limburg. En 1974, cet homme, très qualifié, voulut passer sa thèse avec moi. Au terme de plusieurs entretiens et d'une abondante correspondance avec moi et avec le Dr Wilhelm Kempf, un ancien du Germanicum très ouvert et très considéré, il fut admis à entreprendre cette thèse, mais à une condition que lui signifia « une note personnelle du diocèse » (de Mgr Kempf) : « Pas chez Küng à Tübingen, mais chez Heinrich Fries », à Munich. Dans une lettre du 18 mai 1974, ce candidat me révéla les craintes épiscopales : « Il serait préférable pour l'évêque et pour la position du diocèse d'éviter tout ce qui pourrait provoquer de l'animosité, concrètement, de laisser penser que Mgr Kempf concentre ses "intellectuels" à Tübingen et en envoie même un à Küng. »

Quand je lui écrivis mon incompréhension devant son attitude soumise, il me répondit : « Si vous saviez comment, au dernier stade de mes entretiens avec Limburg, j'ai été pris "en tenaille", vous comprendriez peut-être pourquoi je n'ai pas voulu prendre plus de risques. Ma capacité de m'imposer est plutôt modeste, je dois l'avouer, et après des mois, ou même des années de "bataille" on perd 100 % de sa force de combat» (31 mai 1974).

Naturellement, je comprends. Car l'évêque de Limburg avait lui-même été dénoncé quelques années plus tôt et pris «en tenaille» par Rome. Soi-disant parce qu'il avait agi à l'encontre de son conseil diocésain et que, devant l'effondrement de la forme de pastorale jusque-là de règle, il s'était enquis de solutions au problème du célibat sacerdotal. Mgr Corrado Bafile, nonce à Bonn, un diplomate relativement ouvert que j'avais rencontré au cours d'un dîner pendant le concile, mais qui était devenu depuis un apparatchik convaincu, fit un rapport au cardinal Villot, secrétaire d'État, où il recommandait de vider Mgr Kempf de son diocèse (en lui nommant un coadjuteur). Une indiscrétion livra la lettre au public. Conséquence : une vague de protestation dans les médias, bien au-delà du diocèse de Limburg dont relève Francfort. Après un entretien avec Döpfner, la «dé-nonciature» retira sa proposition comme «dépassée». Au Vatican, nombreux furent aussi ceux qui trouvèrent le procédé de Bafile maladroit et le considérèrent comme un *uomo morto* qu'on rappellerait bientôt à Rome. Dans ce cas, le peuple aurait pour une fois vaincu. Dans ce système, même les évêques n'ont pas la vie facile. Eux aussi, et justement eux, doivent continuellement s'attendre à des dénonciations, et ils ont peur.

Un système de surveillance et de dénonciation.

En soi, depuis le début de l'époque moderne, le nonce apostolique est le représentant du pape auprès de l'État, mais en fait, il devient de plus en plus le surveillant des évêques. À la longue, il joue dans tous les pays un rôle central d'informateur (surtout pour les nominations épiscopales) et de dénonciateur de la curie. Hanspeter Oschwald, expert en matière de Vatican, a bien raison de poser la question : « Mais qui est le premier à informer le nonce, et qui la curie ? Un prélat a comparé le système d'information de l'Église catholique à celui du Kremlin. La récolte, autrement dit la capture, est limitée. Ce système pourrait tout capturer, mais il ne le fait pas car tout n'est pas dans le collimateur. Qui, en Allemagne, récolte le matériau sur Kempf ou sur Küng ? Qui est au courant de ce que la curie aimerait voir ? Quelle ligne, quels intérêts se recoupent avec les supposés souhaits de la curie[1] ? » Dans ce contexte, il faudrait parler de bien d'autres victimes de l'Inquisition ecclésiastique, mais peu nombreuses sont celles qui suscitent l'attention des médias : dans l'aire germanophone, un Adolf Holl, théologien autrichien, auteur du livre *Jésus en mauvaise compagnie*, Franz Schupp, s.j., professeur de dogmatique d'Innsbruck, qui cherche à introduire en théologie les acquis les plus récents de la linguistique (il a perdu sa chaire et a quitté son ordre), ou Sigmund Kripp, s.j., dirigeant du Kennedy Haus, un centre de jeunesse d'Innsbruck : il a émigré en Allemagne et a été exclu de son ordre.

Si on veut regarder au-delà de l'espace germanique, je choisirai l'histoire dramatique que raconte Paul Collins, théologien et historien, sous le titre : *De l'inquisition à la liberté* (2001). À côté de sa propre histoire et de la mienne, il reprend celle de Charles Curran, le célèbre moraliste américain (voir chap. II, « La répression aux États-Unis ») ou le cas de Tissa Balasuriya (Sri Lanka), engagé dans le dialogue social et interreligieux ; celui de l'auteur de la radio et de la télévision britannique, Lavinia Byrne, qui défendait l'ordination des femmes, ou de Jeannine Gramick et de Robert Nugent, des États-Unis, qui s'occupaient depuis des décennies des homosexuels et des sidéens.

Il y a longtemps déjà que courait le procès disciplinaire engagé contre deux ouvrages de mon collègue de Tübingen, Herbert Haag : *La Doctrine biblique de la création et la doctrine catholique du péché originel* (1966) et *Adieu au démon* (1969). La Congrégation de la foi le sommera, lui aussi, de prendre position sur certaines phrases tirées de leur contexte et traduites en latin. Il répondit aux objections contre le premier livre, mais demanda qu'on en finisse avec ce procès avant d'en venir au second. En juillet 1973, le cardinal Šeper rejeta cette proposition : il exigeait une fois de plus une prise de position sur les deux livres. Animé par une éthique de liberté similaire à la mienne, mon compatriote suisse finit par tout envoyer promener en déclarant qu'il considérait l'affaire comme réglée et qu'il ne tiendrait plus aucun compte d'une quelconque correspondance.

Comme Herbert Haag s'interdisait constamment de prêter attention aux réserves romaines auxquelles il avait déjà depuis

1. Voir *Publik-Forum* du 2 novembre 1973, p. 19, avec une analyse précise des « pénibles tractations (...) dans les coulisses du nonce ».

longtemps répondu, Mgr Georg Moser alla lui rendre une visite chez lui, le 12 août 1977, et tenta avec beaucoup de circonlocutions de l'amener à répondre à Rome. En vain. Le professeur, connu dans toute l'université pour son sourire souverain, continua à refuser. « Mais que dois-je faire ? » finit par lui demander l'évêque, complètement perdu. Haag, en souriant : « Monseigneur, vous pouvez faire ce que vous voulez. » L'évêque, désespéré : « Mais je dois bien faire quelque chose ! » Haag, une fois encore : « Vous pouvez bel et bien faire ce que vous voulez. » Il ne resta à l'évêque rien d'autre à faire que de prendre congé. Et, ô miracle ! Haag ne fut plus jamais inquiété. L'excitation autour de la déclaration *Mysterium Ecclesiae* était déjà trop grande.

Mais je n'échappe pas aussi facilement à mes problèmes. Rome donnera plus vite « congé » au « démon » ou au « péché originel » qu'à son infaillibilité, le dogme des dogmes.

Une protestation fondamentale contre le procès.

Durant mes vacances d'été 1973 dans ma maison de Seehaus sur le lac Sempach, j'avais infatigablement travaillé à l'*Introduction au christianisme* que j'avais dû laisser de côté surtout du fait de mon conflit avec Rome et avec les évêques. Je ne m'étais permis qu'une petite excursion à Chur, dans le canton des Grisons, puis, de là, avec quelques camarades de classe, j'étais allé plonger dans le lac de montagne de Cresta aux profondeurs étrangement vert foncé où on ne voyait que quelques poissons aux couleurs sombres, loin du grouillement coloré des poissons et des coraux des mers du Sud. Je devais prendre un maillot de bain qui laissait passer l'eau tout en protégeant du froid. Expérience que je ne tiens pas à refaire à tout prix. Cependant, dans mon conflit avec Rome, j'aurais bien besoin de ce type de maillot. Mais là, difficile de se procurer une telle couche protectrice.

Il semble que, à Rome, à la même époque, habituellement celle du *feragosto*, les vacances traditionnelles d'été et de l'Assomption, même les autorités de la Congrégation de la foi sont restées au travail. Je reçois une lettre, datée du 16 août, du cardinal Franjo Šeper, son préfet. Elle m'enjoint formellement et pour la dernière fois de répondre au plus tard pour le

20 septembre à la déclaration *Mysterium Ecclesiae* du 4 juillet de ladite congrégation.

Effectivement, je ne m'étais pas pressé d'y répondre, car qu'avais-je à tirer de cet éternel échange de courrier avec l'autorité inquisitoriale ? Mais, à Tübingen, j'avais méticuleusement préparé une réponse. Elle traitait en premier lieu du problème juridique, et en second lieu de questions théologiques. Nous en avions discuté en équipe et entre amis. J'y avais beaucoup repensé à Seehaus et y avais ajouté une troisième partie. Je l'envoyai datée du 22 septembre, un mois après la réception de l'avertissement[1]. En introduction, j'élevai d'abord une objection contre la brièveté du délai imparti par l'ultimatum de la Congrégation romaine : celle-ci avait eu besoin de six mois pour m'accuser réception de ma première réponse concernant *Infaillible ?* et de deux ans pour *L'Église*.

Dans la première partie, j'expliquais sur plusieurs pages la protestation fondamentale que j'avais déjà élevée dans ma réponse du 30 mai 1968 concernant la valeur juridique du procès de la Congrégation de la foi. Dans sa nouvelle lettre du 16 août 1973, celle-ci ne m'avait pas répondu un mot sur la question que je posais depuis cinq ans au sujet des conditions correctes et justes d'un colloque, en particulier concernant la communication des actes, le choix des défenseurs et les possibilités d'appel. Jusqu'alors, c'était toujours dans des conditions valables que j'avais pris part à tous les débats sur l'infaillibilité, à Francfort, à Paris, à Berne et à Tübingen. « Mais un diktat par lequel une partie exige la capitulation de l'autre, ou un colloque qui ne serait que le point de départ masqué de mesures disciplinaires, ne serait d'aucune utilité ni pour la cause commune ni pour moi. Elle ne ferait que bloquer toute véritable solution de la question en suspens et porterait tort à la crédibilité de l'Église catholique. » D'où la question précise : « La Congrégation peut-elle garantir un véritable colloque ou me faut-il m'attendre à un diktat que je devrais signer, sinon immédiatement, tout au moins par la suite ? Le but de la Congrégation est-il donc de chercher la vérité ou d'obtenir une soumission préalable à des mesures disciplinaires ? La Congrégation était-elle prête à mettre en œuvre les propositions de la déclaration des théologiens sur la liberté de la théologie ? »

1. Dokumentation II, phase I, n° 19 et suivants.

Dans la deuxième partie de ma réponse, celle qui concernait les questions théologiques, je devais constater que la déclaration romaine ne faisait que rappeler les expressions bien connues de Vatican II, mais sans dire comment on devait *théologiquement les justifier*. C'est pourquoi je priais une fois de plus la Congrégation de me dire, ne fût-ce que sous forme abrégée, sur *quelle base* je pouvais défendre la doctrine de l'infaillibilité, moi qui n'ignorais pas les difficultés concernant certains textes du magistère, mais en tenais compte. Ou, contrairement au silence officiel antérieur sur les articles infaillibles, fallait-il conclure de la nouvelle déclaration « qu'il n'en existait pas d'infaillibles » ?

Malheureusement la Congrégation n'avait envoyé aucun expert comme observateur à Tübingen lors du débat sur l'infaillibilité auquel les Universités avaient délégué tant de savants, dont les professeurs Heinrich Fries, Karl Lehmann, Karl Rahner et Joseph Ratzinger. En preuve de mon souci de soumettre à une discussion théologique sérieuse tous mes arguments, j'envoyai au cardinal Šeper l'ouvrage collectif *Faillible ? Un bilan*, avec la dédicace : *« Non in destructionem, sed in aedificationem Ecclesiae. »*

La troisième partie, que j'avais élaborée à Sursee, cherchait sous forme de mot personnel à convaincre le cardinal Šeper que nous nous étions mutuellement déjà dit ce que nous avions à nous dire. « Il serait temps de conclure cette affaire qui n'est ni réjouissante ni prometteuse d'avenir pour aucune des deux parties et de laisser les théologiens discuter sans entraves de ces questions difficiles sur la base des prises de position actuelles. » Au terme de cette longue missive, une brève conclusion, une proposition que je prie la Congrégation d'examiner avec bienveillance, celle de mettre fin au procès qui court contre moi depuis des années, et dont rien ne peut sortir de bon, ni pour elle ni pour moi, et cela sans plus se lancer dans un colloque.

Exactement trente jours plus tard, le 22 octobre, je reçois du cardinal Šeper un accusé de réception de ma lettre : « Votre lettre soulève de nombreuses et graves questions qu'il faut examiner avec prudence et circonspection[1]. » Mais entre-temps je ne suis pas resté inactif.

1. Dokumentation II, phase I, n° 21.

Le sort du professeur Pfürtner, un homme « disposé au dialogue ».

Le 22 septembre 1973, j'avais également écrit au cardinal Döpfner pour lui demander son soutien, afin que mon affaire ne se termine pas par une injustice, comme cela avait été le cas pour Stephan Pfürtner, dominicain, depuis 1966 professeur de morale à l'université de Fribourg (Suisse)[1]. Après quinze ans de travail dans le domaine de l'anthropologie, de la sociologie et de l'éthique sexuelle, ce praticien de la pastorale des jeunes avait tenu le 3 novembre 1971, à Berne, une conférence sur le thème de la famille et de la morale sexuelle, où il avait développé quelques thèmes peu conventionnels (en particulier sur les relations sexuelles avant le mariage). À la suite d'une dénonciation de l'évêque du lieu à Rome, il avait eu droit à une « procédure extraordinaire » de la Congrégation de la foi avec pour résultat l'obligation de démentir publiquement ses propos, sous peine de privation de sa chaire. Le professeur n'avait rien su de ce procès secret, et bien entendu n'avait eu le droit ni de prendre connaissances des actes ni d'avoir un avocat : un « procès extraordinaire » ne prévoit aucune norme régulière : c'est la vieille Inquisition dans toute sa splendeur passée.

Sans renier ses propos, Pfürtner s'était soumis à plusieurs entretiens avec les supérieurs de son ordre et avec l'évêque, et s'était finalement rendu au *colloquium* que lui avait proposé en toute bonne foi la Conférence épiscopale suisse. Le 11 avril 1972, il rencontra donc le cardinal Franjo Šeper, préfet de la Congrégation de la foi, dans un palazzo Sant'Uffizio merveilleusement tranquille où il n'y avait personne à voir en dehors du portier : le cardinal avait le matin même interdit à tous ses collaborateurs de prendre le moindre contact avec lui.

Connu pour son caractère humain et son intelligence pastorale, Franjo Šeper, archevêque de Zagreb, avait été choisi par Paul VI pour succéder à la tête de la Congrégation de la foi au doctrinaire Ottaviani, le grand inquisiteur. Ayant gardé une apparence très simple, il était pourtant encore totalement lié au système inquisitorial : ni écoute, ni argument, ni attention aux droits de l'homme dans l'Église, aucune connaissance des dernières recherches en

1. Dokumentation II, phase I, n° 20.

matière d'anthropologie et de sociologie sexuelle : une simple répétition des manuels de théologie morale. Rien d'étonnant qu'on n'ait abouti à aucun accord. Comment continuer ? Pfürtner n'a qu'à « obéir », dit le cardinal, obéir à « l'Église » et à ses supérieurs. Complètement abattu, Pfürtner quitta le sinistre palais de l'Inquisition sans avoir vu personne d'autre. Voilà ce qui est arrivé à quelqu'un qui a consenti à se rendre à un *colloquium* de la Congrégation de la foi.

Les suites : considérables ! Mis sous pression, le supérieur de l'ordre menaça le dominicain de lui retirer lui-même sa titulature d'enseignement s'il se refusait à démissionner. S'ajouta à cela l'interdiction de rien publier et de tenir quelque propos que ce soit sur la sexualité sans que cela ait été préalablement soumis à la curie romaine. Mis devant cette alternative, Pfürtner fit son choix : il démissionna de son poste, quitta son ordre et renonça au sacerdoce sans pour autant sortir de l'Église catholique.

Dix ans plus tôt, lors du débat sur la pièce de Hochhuth, *Le Vicaire*, la totalité du milieu catholique avait pensé devoir protéger la mémoire de Pie XII. Mais les provocations romaines postconciliaires, et en particulier l'encyclique *Humanae vitae*, avaient fait basculer l'opinion publique en provoquant un changement complet de mentalité : on était passé d'une révérence respectueuse à une loyauté critique, sinon à un refus. L'excitation du peuple suisse sur le scandaleux traitement d'un savant de grand mérite fut immense. Toutes les actions entreprises en vue d'un règlement régulier n'y firent rien. Le 22 octobre 1973, au début du semestre, Pfürtner ne se présenta pas pour faire son cours. Seul communiqué officiel : « On annoncera plus tard les cours en langue allemande. » Grande déception des étudiants ! C'en était fini sans même que l'intéressé puisse apparaître.

Bientôt il constatera que l'Inquisition a le bras long. Aucune université catholique n'accepta plus de lui confier une chaire. Il fallut finalement la faculté de théologie protestante de Marbourg pour lui proposer un poste. Bel exemple de tolérance, car Pfürtner ne dut même pas renoncer à son appartenance à l'Église catholique. On peut aujourd'hui considérer son cas avec des yeux nouveaux : « L'espoir engendré par le concile de voir la Congrégation de la foi tourner la page de son malheureux passé médiéval et de prendre vraiment un nouveau visage s'est révélé trompeur. Cette autorité est vraiment irréformable, et il faut tout simplement s'en débarrasser[1]. »

Là où elle est en prise directe, par exemple à l'Université pontificale grégorienne, la procédure est encore plus rapide : on se dispense carrément de *colloquium*. Le professeur Pedro Brugnoli, s.j., presque du même âge que moi, était entré en relation avec un groupe réformiste fondé après Vatican II et avait publié un livre fort modéré : *Le Courage d'une Église libre* (1971). Selon ce que j'ai entendu venant de Rome, il reçut à la demande du père Pedro Arrupe, supérieur général des Jésuites, une lettre brève et comminatoire où, sans aucune raison, on lui interdisait son lien « inacceptable » avec ce groupe. « J'ai le regret de vous faire part que la Grégorienne vous renvoie et que vous devez rentrer dans la province. » La décision fut appliquée en août 1972 sans que l'intéressé ait pu rien dire. « Faut-il que je me soumette librement à un tel procès, avec ou sans *colloquium* ? écrivis-je donc au cardinal Döpfner. Je vous en prie, ne le prenez pas mal si je m'en tiens à part moi au mot de Wilhelm Busch, l'humoriste le plus populaire d'Allemagne : "Seuls les veaux gras choisissent eux-mêmes leur boucher." »

Cet arrière-plan explique clairement pourquoi, dans cette lettre du 22 septembre 1973, j'écrivais : « La façon dont on a utilisé contre le professeur Pfürtner ce *colloquium* que la Conférence épiscopale suisse voyait d'un bon œil, cela pour se donner une base juridique à des mesures disciplinaires, m'a rendu doublement prudent devant des manifestations de ce genre. » Rome et les évêques allemands n'en continuèrent pas moins à me reprocher « mon manque de disposition au dialogue ». Bien sûr, il y a des gens qui se refusent autant que possible à toute confrontation et qui se montrent peu disposés à dialoguer. Je n'en suis pas. Bien au contraire, j'ai souvent demandé audience à mes professeurs de la Grégorienne ou de Paris dès que je me heurtais à un sérieux problème et je leur ai personnellement rendu visite. Encore maintenant, à Tübingen, je cherche les contacts avec mes collègues et avec des personnes étrangères à l'Université. Pourquoi devrais-je avoir peur d'un échange avec les « détenteurs du pouvoir » de

1. Voir P. H. PFÜRTNER, « Freiheit in der Kirche ? Skizze eigener Erfahrungen », Ansprache zur Preisverleihung durch die Herbert-Haag-Stiftung « Für Freiheit in der Kirche », le 21 août 2003 à Lucerne dans *Offene Kirche. Ein ökumenisches Forum*, 35. Jg., n° 1. Avril 2004, avec les données précises du procès.

l'Église ? Dès mes années d'études à Rome, je m'étais habitué au rouge et au violet et j'avais moins peur que d'autres de leur rencontre. J'ai d'ailleurs de tous côtés des contacts de ce genre. Bref : un entretien, oui, l'Inquisition, non !

L'arrivée d'un nouveau chancelier : Helmut Kohl.

J'ai déjà parlé de ma première prise de contact avec Helmut Kohl, alors président du Land de Rhénanie-Palatinat. Il m'avait invité à Mayence et m'avait téléphoné avant Noël, mais je n'avais pu me rendre à cette invitation à cause de rendez-vous. Je lui écrivis le 10 janvier 1972 et mentionnai, en l'en félicitant, le fait que nous ayons pris une position commune sur la ratification du traité avec l'Est et sur la loi sur le statut des entreprises.

Je lui disais en même temps que je pourrais un jour venir de Sursee à Mayence si je réussissais à prendre l'avion de 15 h 40 à Francfort et pouvais repartir par celui de 20 h 50 vers Bâle. Il accepta volontiers la proposition. La rencontre eut lieu le 25 janvier, à la chancellerie de Mayence. Il me fit prendre à l'aéroport et assuma avec largesse les frais du voyage. Notre entretien porta sur l'ambiguïté de la politique de l'Église et sur la contrainte de ma situation présente. Il me proposa de me faire obtenir une chaire à Mayence au cas où j'aurais de sérieuses difficultés à Tübingen. Nous nous mîmes d'accord pour une nouvelle rencontre. Au début 1973, je reçus une lettre de lui : « Pendant ces journées de Noël, j'ai lu votre dernier livre et j'ai pensé à vous. C'est dommage que nous ne nous soyons plus revus en 1972. Peut-être pourrions-nous bientôt effacer ce raté » (3 janvier 1973). Je lui répondis le 25 janvier 1973 en lui faisant parvenir *Ce qui doit rester dans l'Église*, le petit opuscule que je venais de faire paraître : « Ce que je vous ai dit lors de mon dernier entretien avec vous, vous le retrouverez dans mon petit livre, sans aucune allusion à la politique des partis, sous le titre : “Impulsions pour la société”. Il devrait être possible à la CDU de se montrer plus chrétienne que le SPD et le FDP qui se sont jusqu'à présent beaucoup mieux entendus pour attirer à eux les chrétiens engagés. Un C implicite serait parfois bien préférable à un explicite. » Kohl me remercia. Mais l'entretien prévu pour le 10 février ne put avoir lieu à cause d'un engagement extérieur de sa part.

Je reçus encore une lettre de lui à Seehaus, le 21 août. Il me remerciait pour mon information. « J'espère vous revoir bientôt à Mayence. Courage sans faille et inlassable. » Le 18 septembre, coup de téléphone du ministre-président qui m'invitait à un entretien et à un dîner chez lui, à Oggersheim. Il m'avait réservé une suite dans un hôtel proche où il me fit prendre en voiture, puis reconduire le soir. Depuis juillet 1973, il était devenu président de la CDU, son étoile montante, sans aucun doute la personne la mieux occupée du fait de tous ses engagements à Mayence, à Bonn et dans toute la République fédérale. Pendant notre dîner rustique à trois, avec un fort bon vin du Palatinat, il dut s'absenter longtemps de table à cause d'un appel au téléphone.

Nous discutâmes de tous les problèmes de l'Église et de la politique. Nous parlâmes entre autres abondamment du célibat ecclésiastique que les politiciens recommandaient eux aussi. Hannelore Kohl, une femme intelligente et aimable – et qui, à la différence de son mari, parlait couramment l'anglais et le français –, opina fortement quand je lui dis que la vie aux côtés d'un homme politique fort occupé n'était sûrement pas facile. Elle n'aimait pas paraître en public et elle était plus intéressée par l'éducation de ses enfants. Je ne me faisais guère de souci pour elle. À cette époque, avec la meilleure volonté du monde, je n'aurais pu m'imaginer qu'un jour, en raison d'une grave maladie, une allergie à la lumière, elle mettrait fin à sa vie. La seule chose qui me consolera alors, c'est que les gens d'Église, par ailleurs si actifs dans l'assistance aux mourants, n'auront pas osé brandir la crosse sur cette femme qui jouissait de la sympathie de tous : Mgr Anton Schlembach, mon confrère du Germanicum, permettra que les funérailles aient lieu dans la cathédrale de Spire.

Mon entretien avec le Dr Kohl, de deux ans plus jeune que moi, un homme au sourire futé, mais dynamique et attentif, fut brillant. Sa force tenait sûrement à sa façon de mener une conversation personnalisée et profonde, et à une capacité de relations humaines qu'il n'avait alors pas encore mise au service du « système de pouvoir Kohl ». Son invitation tenait-elle du calcul politique ? Il avait un intérêt évident à obtenir le plus d'informations possible sur la situation de l'Église catholique en Allemagne et dans le monde, en particulier à Rome. Et pour lui, *homo politicus*, il était important de m'entendre énoncer mes idées de réforme touchant une large part de la population catholique et protestante. Sa relation avec moi pouvait se révéler aussi précieuse que celle avec un évêque.

La curiosité était évidemment réciproque. Depuis mes années de jeunesse en Suisse, je m'intéressais vivement à la politique tant intérieure qu'extérieure. Même si je ne m'étais jamais exprimé qu'avec réserve, je ne pouvais que me réjouir de rencontrer des politiciens capables de me permettre de mieux juger de la situation : comment quelqu'un d'aussi versé que lui voyait-il par exemple Willy Brandt, son adversaire, mais aussi certains de ses amis du parti ? À mon objection selon laquelle il cédait trop à Franz Joseph Strauss, président de la CSU, un homme envieux qui le critiquait en douce mais avec lequel il entretenait une « amitié d'homme », il me répondit qu'il fallait voir les choses à longue échéance. À défaut de meilleur poste, il se sentait en tout cas mieux dans la peau d'un président de Rhénanie-Palatinat que dans celle d'un pape, me déclara avec un sourire ce catholique convaincu. Déjà à l'époque il déclarait clairement qu'il succéderait à Rainer Barzel comme candidat à la chancellerie. « Et alors, j'arrive » : un désir politiquement parfaitement justifié d'un mandat démocratique du peuple. En fait, trois ans plus tard, en 1976, il devra encore concéder la candidature à Joseph Strauss, mais, en 1982, il sera enfin élu chancelier fédéral.

Il se montre également bien informé en matière de politique ecclésiastique. Concernant la hiérarchie, il reste froidement à distance. Il a déjà invité les évêques de Rhénanie-Palatinat. Le cardinal Volk, archevêque de Mayence, est déjà « au-delà du bien et du mal », me dit-il en souriant. Mais il voudrait surtout savoir ce que je pense de Paul VI et de ses opinions. Il ne se fait aucune illusion sur le Vatican, à la façon des catholiques qui se laissent moins impressionner par la pompe romaine que les sociaux-démocrates ou les libéraux qui s'avancent dans la salle du Vatican pour une audience spéciale ou privée avec un respectueux frisson jusque-là inconnu, aux côtés d'un *cameriere de spada* en costume de cour espagnol. Je lui avais fait parvenir ma lettre réponse à la Congrégation de la foi, il l'avait lue phrase par phrase. Il me conseilla de barrer mon allusion au parallélisme avec le système soviétique, pour ne pas provoquer de heurt inutile. Je ne voulus toutefois pas suivre son conseil d'écrire personnellement au pape, car cela n'aurait pu que provoquer un nouvel imbroglio. Je pouvais en tout cas m'en remettre à lui s'il y avait le feu, et il en parlerait au reste très vite aux cardinaux Döpfner et Volk.

1. Professeur à Tübingen à partir de 1960.

2. La révolte des étudiants : le recteur Ludwig Raiser dans son rectorat occupé par les étudiants (13 janvier 1969).

3. Deux piliers de l'université de Tübingen : le juriste Ludwig Raiser et le théoricien politique Theodor Eschenburg.

4. Le cent cinquantenaire de la faculté de théologie catholique de Tübingen (7-8 décembre 1967) : Mgr Leiprecht (Rottenburg) avec le professeur Roger Aubert (Louvain), docteur honoraire.

5. Exposition du Jubilé. À partir de la droite : le théologien dogmatique Joseph Ratzinger, le théologien moraliste Alfons Auer ; à partir de la gauche : debout, le canoniste Johannes Neuman ; penché en avant : Herbert Haag, spécialiste de l'Ancien Testament.

6. Des livres qui ont compté.

7. Voyage autour du monde : temple bouddhiste sur le site de Borobudur (avec des jésuites d'Indonésie).

8. Détente : plongée sur l'île des Pins (Polynésie).

9. Combat pour la vérité.

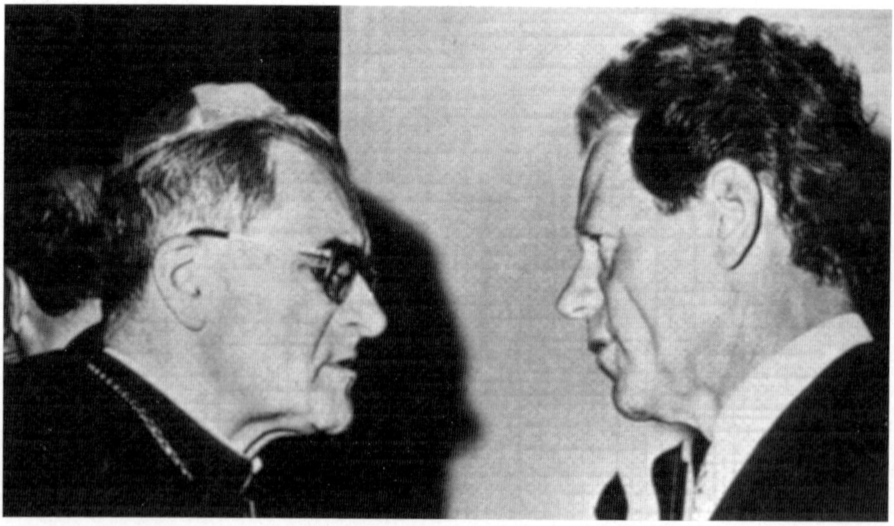

10. Avec le président de la Conférence des évêques allemands, le cardinal Julius Döpfner.

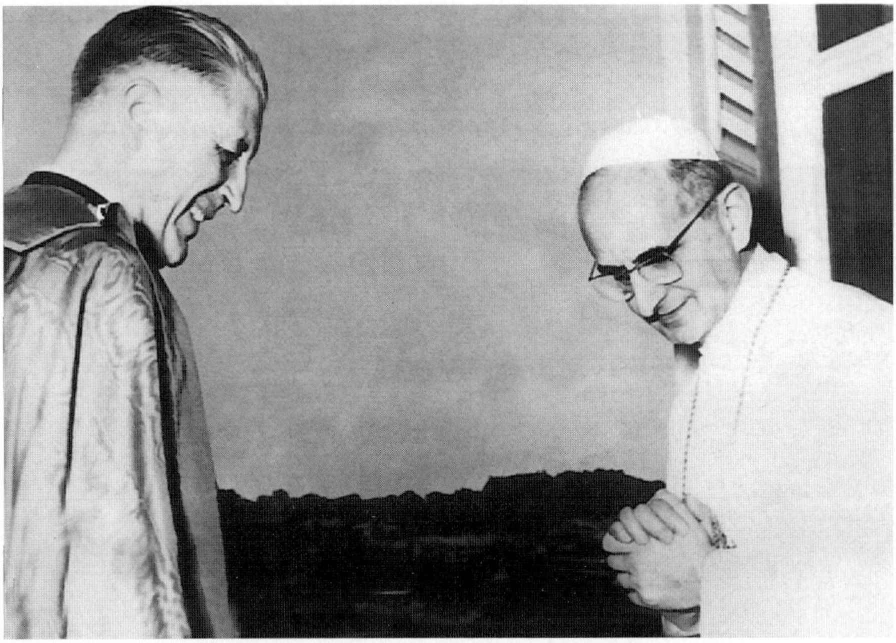

11. En débat sur l'Église : le cardinal Suenens et le pape Paul VI.

12. Le congrès mondial *Concilium*, à Bruxelles en septembre 1970. À partir de la droite : le secrétaire général Vanhengel, le président Van den Boogaard, le cardinal Suenens, l'éditeur Paul Brand, Mme Van den Boogaard et Hans Küng.

13. La fondation de *Concilium*. À partir de la gauche : Yves Congar, Hans Küng, Edward Schillebeeckx, Karl Rahner.

14. Une amitié décevante : Karl Rahner.

15. Paul VI au Collège allemand : avec le général des jésuites Pedro Arrupe et le cardinal Döpfner (10 octobre 1973).

16. Paul VI avec le cardinal Franjo Seper, préfet de la Congrégation pour la doctrine de la foi.

17. Le focus de la presse internationale (1975).

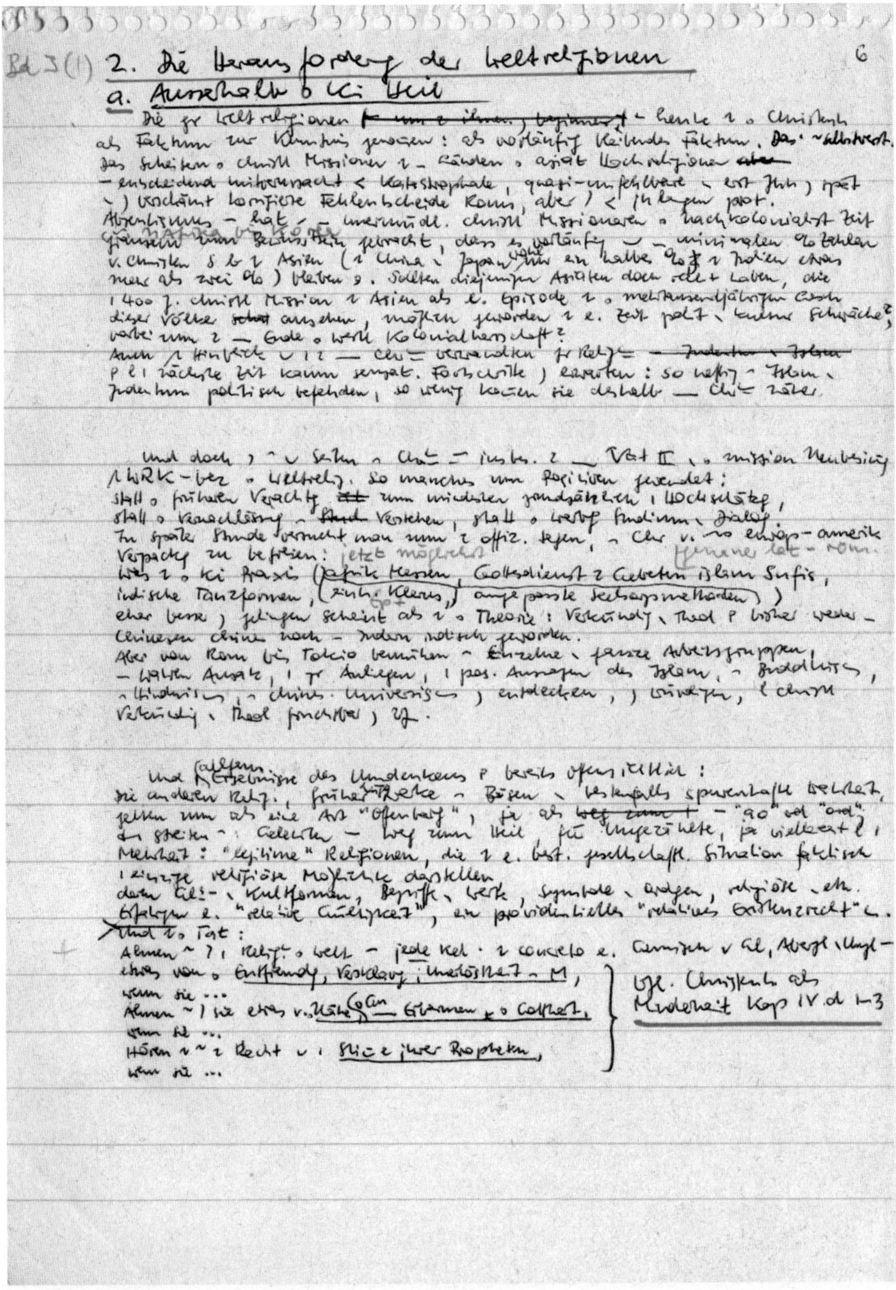

2. Die Herausforderung der Weltreligionen

a. Ausserhalb d Ki kein Heil

18. Manuscrit d'une page de *Être chrétien*.

SPIEGEL BESTSELLER

BELLETRISTIK	SACHBÜCHER
1. Palmer: Dicke Lilli-gutes Kind Droemer; 29,50 Mark	1. Solschenizyn: Der Archipel Gulag II Scherz; 19,80 Mark
2. Kishon: Kein Öl, Moses? Langen-Müller; 19,80 Mark	2. Küng: Christ sein Piper; 38 Mark
3. Böll: Die verlorene Ehre der Katharina Blum	3. Däniken: Erscheinungen

19. Un succès inattendu.

20. Avec Hermann Häring et Karl Joseph Kuschel, collègues dans les années 1970 et amis depuis lors.

21. Les cinq cents ans de l'université de Tübingen : discours à la Stiftskirche (8 octobre 1977).

22. Au Centre de l'Opus Dei, à Rome : les cardinaux Joseph Döpfner et Karol Wojtyła (publié dans l'*Osservatore Romano* du 20 octobre 1978).

23. Accompagnatrice de la visite en Chine : le professeur Julia Ching (Toronto).

24. Dessin lors du symposium à l'Académie des Sciences sociales, à Pékin (27 août 1979).

25. Le pape Jean-Paul Ier (Albino Luciani) et son successeur, le cardinal Karol Wojtyła (septembre 1978).

26. Fédération allemande des artistes : discours inaugural à Stuttgart (29 septembre 1979). Au deuxième rang à partir de la gauche : Mgr Georg Moser, le sculpteur O. H. Hajek, le ministre de la Science et de l'Art, Helmut Engler, le maire, Manfred Rommel.

27. Karol Wojtyła : le pape Jean-Paul II à partir de 1978, avec Joseph Ratzinger, archevêque de Munich et cardinal à partir de 1977.

Principaux opposants dans la grande confrontation (1979/1980)

28. Joseph Döpfner, président de la Conférence des évêques allemands à partir de 1976.

29. Première déclaration publique, le 18 décembre 1979, après le retrait, par l'Église, de la mission canonique d'enseignement.

30. Première apparition à l'Université après le retrait de la mission canonique d'enseignement. Salle des fêtes, 19 décembre 1979.

31. Marche aux flambeaux, à travers la ville de Tübingen, le soir du 19 décembre 1979.

32. Manifestation de solidarité devant la Stiftskirche de Tübingen lors du discours du professeur Norbert Greinacher.

33. Surpris par le photographe après la conversation secrète du 23 décembre 1979.

34. Mgr Georg Moser.

35. Reprenant des forces à Lech am Arlberg.

36. Manifestation de protestation en Suisse devant la Hofkirche, Lucerne, 22 décembre 1979.

37. Après la trahison par « les sept », la leçon de départ du professeur Herbert Haag, le 4 février 1980.

38. Tour de table œcuménique. À partir de la gauche : le Pr Jürgen Moltmann, le Dr Elisabeth Moltmann-Wendel, Marianne Saur, le Pr Eberhard Jüngel.

39. Voisins et amis : les professeurs Theodor Eschenburg et Walter Jens.

40. Conférence de presse après le « compromis de Tübingen », le 10 avril 1980, avec le président d'université Adolf Theis (à droite) et le directeur du Südwestfunk Studio, Hubert Locher.

41. Envers et contre tout : toujours prêtre.

42. Survivant ! (Crète, mai 1980.)

La conversation dura presque jusqu'à minuit. Pour terminer, il m'emmena encore dans sa cave, fort bien assortie, et me fit cadeau d'une douzaine d'excellentes bouteilles de vin du Palatinat qu'il entassa dans son auto, puis dans la mienne. Une amitié pour la vie ? En tout cas un traitement privilégié pour lequel je lui suis très reconnaissant. Car tout le monde n'est pas admis dans sa cave. Rainer Barzel, par exemple, n'eut, dit-on, jamais ce plaisir. Le lendemain matin, à 7 h 30 je repartais pour Sursee à trois heures de là.

Un bref échange de lettres débouchera sur une nouvelle rencontre à Oggersheim, le soir de la Fête-Dieu, le 29 mai 1975. En dehors de la situation politique du moment et de mon problème avec la hiérarchie, nous discuterons surtout du caractère chrétien de l'Union démocrate-chrétienne. Je marque clairement qu'on peut interpréter, critiquer et intégrer les idées de liberté, égalité et fraternité (solidarité) à partir de leurs racines chrétiennes. Je lui exprime mon espoir que, dans la situation difficile où il se trouve, il puisse imprimer au cours des choses un sens clairement chrétien. Le 11 juin, il me remercie pour une lettre que je lui ai envoyée le 6 : « Je souhaite que nous puissions continuer ce genre de correspondance et je vous demande une fois de plus votre appui. »

Ce serait une erreur de croire que, du fait de nos conversations et de notre correspondance, je suis devenu un adepte du parti démocrate-chrétien. Ce que j'écrivais à Willy Brandt, président du parti social-démocrate allemand, qui m'avait invité à un conseil de surveillance de la fondation Heineman, une association avant tout gérée par des membres éminents du SPD, vaut tout autant pour Kohl : « Étant donné mes multiples engagements, je dois renoncer non seulement à tout engagement supplémentaire, mais aussi à toute collaboration active avec un parti politique » (10 août 1976).

Quand mon expérience me permet de prêter appui à l'un d'eux, je le fais volontiers. Je ne ressentirai par la suite aucune gêne à prendre part à une semaine de session de la commission de la SPD sur les valeurs fondamentales ou à me laisser inviter par le chancelier socialiste autrichien, Bruno Kreisky, à faire à Vienne un exposé dont il sera question par la suite. J'ai déjà parlé du dîner avec Helmut Schmidt, le chancelier social-démocrate alors en exercice. Les relations avec lui dureront plus longtemps. Le 2 mai 2007, à quatre-vingt-huit ans, il fera à Tübingen le discours du 7e Weltethos. Pour moi il reste un modèle de clarté et de fermeté dont je regrette souvent l'absence dans le monde ecclésiastique.

Festivités romaines – des rencontres importantes.

À la curie romaine, je le sais, certaines personnes pensent ma cause juste. Le même samedi de septembre où j'envoie ma longue lettre à la Congrégation de la foi, dans le jargon de la maison mon « épître aux Romains », je reçois à Sursee la visite de Mgr Simon Lourdusamy, autrefois archevêque de Bangalore, mais depuis lors appelé à Rome comme secrétaire de Propaganda fidei, qui se rend à un congrès des missions à Munich. Largement de quoi discuter ! Le soir, je célèbre comme d'habitude l'eucharistie à la paroisse. Puis je fais mes bagages. Car je dois partir le lendemain en Grèce pour un voyage d'agrément prévu depuis longtemps. Puis ce sera Rome, de loin moins agréable.

Je m'envole donc de Zurich le 23 septembre 1973 avec un groupe de camarades de classe de mon lycée de Lucerne, à l'occasion du 25e anniversaire de notre bachot. Nous commençons par un séjour en Laconie, entre Athènes et le cap Sounion : repos, bain, plongée, et soudain rencontre d'un banc de méduses urticantes. Puis nous parcourons la Grèce en auto en visitant les grands sites classiques du continent et du Péloponnèse que je ne connaissais qu'en partie. On les voit d'une tout autre façon quand on a appris le grec avec un professeur qui écrivait des romans comme *Le Rêve de Socrate* et *La belle Damaris* et qu'on voyage avec quelques amis et amies choisis. Ces deux semaines sans souci me donnent une force dont j'ai grand besoin pour la semaine qui vient.

Le 7 octobre, nous nous envolons d'Athènes pour la « Ville sainte » que je fais visiter de façon toute personnelle à mon petit groupe. Nous allons le plus souvent à pied par les petites rues et les ruelles bourrées de monde que j'ai tant de fois arpentées en soutane rouge au cours de mes sept années d'étude à Rome. Je les emmène de l'Université grégorienne au Quirinal et à la fontaine de Trévi, puis de Santa Maria Maggiore à Saint-Pierre-aux-Liens où nous voyons le Moïse de Michel-Ange, au Colisée, au Forum romain, et nous montons finalement sur l'Aventin, la colline de la Rome antique que je préfère. Naturellement, nous voyons aussi Saint-Pierre et la coupole, et je leur montre, évidemment de l'extérieur et d'en haut, le sombre palais du Saint-Office à gauche de Saint-Pierre. J'éprouve toujours une grande joie à revoir toutes ces œuvres de la Rome antique médiévale et baroque qui me sont restées si chères. Nous errons finalement en joyeuse bande dans le Trastevere avant de célébrer le tout par un dîner piazza Navona.

Mais c'en est maintenant fini de mon heureux périple dans l'art et dans la culture. Voilà vingt-cinq ans que, au lendemain de mon bachot, j'étais entré au Germanicum, ce qui avait scellé mon destin, et j'y revenais à la même date après huit ans d'absence. Je venais prendre part au 400e anniversaire de la fondation du collège germano-hongrois, ce réservoir où Rome et l'Allemagne comptaient puiser leurs fonctionnaires en rouge et en violet. Mais ne verrait-on pas dans ma venue une provocation ? Je refusais de me rendre au *colloquium* proposé par la Congrégation de la foi, et je venais comme tout naturellement me joindre à ces festivités ! C'était toutefois la meilleure occasion de glaner quelques informations sans avoir à me fourrer dans les rets de l'Inquisition.

Le 9 octobre 1973, mes compagnons de voyage repartirent pour la Suisse et je transférai mon logis dans mon ancien collège de la via San Nicole da Tolentino, près de la piazza Barberini. Le recteur, le père Claudius Mayer-Lauingen, m'accueillit amicalement. Il s'était demandé si je viendrais au jubilé du collège, au *limes* du pape. Au petit déjeuner, je me trouvai par hasard assis à côté d'un Polonais du Germanicum qui me déclara avec joie : « Quand je dirai que j'ai rencontré le cardinal Döpfner, on me dira : "Bien" ; le cardinal Šeper : "Bien !" ; le pape : "Parfait !" Mais aussi Hans Küng : "C'est vrai, ce que tu racontes ?" » Il me demanda donc de lui donner une confirmation écrite, datée et signée, pour qu'il puisse la montrer à tout le monde en Pologne. J'écrivis : *« Verita in veracitate »*, « La vérité dans la véracité. »

Comme prévu, je profitai de l'occasion pour faire d'importantes rencontres. Dès le jour précédent, le 8 octobre, j'avais eu un entretien avec le cardinal Suenens et il m'avait invité à déjeuner dans sa résidence de la via Aurelia. Je lui demandai d'intervenir auprès de Mgr Giovanni Benelli, substitut du secrétaire d'État, le personnage le plus puissant après le pape, et auprès de Paul VI lui-même. Il me fit remarquer en souriant : « Vous ne rendez pas la vie facile à vos amis. » Mais il comprenait parfaitement mon refus de me laisser entortiller dans un procès inquisitorial.

Immédiatement après ses deux audiences au Vatican, le jeudi, il me donnerait des nouvelles.

Le mardi 9 octobre, au Germanicum, un verre de liqueur à la main, je rencontrai le cardinal Julius Döpfner lors de ce qu'on appelait « la récréation des Pères », qui suivait le dîner au réfectoire dans un espace séparé de celui de la récréation des étudiants. « Puis-je encore me risquer à paraître à vos yeux ? » lui demandai-je avec un demi-sourire. Il répliqua amicalement : « Il n'aurait plus manqué que cela ! » Pouvais-je le rencontrer en privé ? Oui, mais le seul moment possible était le lendemain, à 17 h, une heure avant la visite du pape au collège, car il partait aussitôt après.

Le mercredi 10 octobre, je me rendis à la grande fête du collège au cours de laquelle le cardinal Döpfner conféra le sacerdoce à la plus ancienne classe d'âge du séminaire et où la communauté accueillit la « première année ». Une fête émouvante qui me fit repenser à ma propre ordination dans le même lieu, exactement dix-neuf ans plus tôt. Que n'avais-je pas vécu comme prêtre, depuis ce moment-là ! En 1954, nous étions seize candidats et, signe des temps, en 1973, ils ne sont que quatre. Après les évêques, je fus un des premiers prêtres à imposer les mains à ces jeunes confrères.

Toujours à pied, nous revînmes ensuite dans la petite ruelle du Germanicum. On me reçut fort bien, tant les nouveaux que les anciens. On en avait évidemment discuté : « Dans ce climat, et du fait de la présence de nombreuses têtes de la hiérarchie, ne fallait-il pas éviter tout ce qui pourrait échauffer les “trois grands” de la semaine, Küng, Kempf et la curie ? » (*Frankfurter Rundschau*, 12 octobre 1973). Dans les conditions actuelles, Mgr Kempf ne s'était pas risqué au voyage.

Le cardinal Šeper, le préfet de la Congrégation de la foi, était également présent au grand banquet de fête – un vrai *pranzo* romain avec plusieurs services. Il était évidemment assis à la table d'honneur, à côté du cardinal Döpfner et des autres Éminences. On accueillit solennellement tous ces *Honoratioren* en chantant les litanies qu'on attribue à Hincmar, le puissant évêque rémois du IXe siècle. Les échanges allaient bon train à toutes les tables.

Après les grâces, je m'abstins volontairement de m'avancer pour dire au revoir à nos hôtes. Je me plantai près de la sortie où je saluai en premier l'ambassadeur d'Allemagne auprès du Vatican, le Dr Alexander Böker. Il était parfaitement au courant de mon cas à travers mon confrère du Germanicum, Mgr Heinrich Josef Krahé, et nous parlâmes ouvertement des effets négatifs qu'une escalade de l'affaire aurait sur les relations de l'État et de l'Église en République fédérale. Je vis ensuite Mgr Joseph Schröffer, jadis évêque de Eichstätt et présentement secrétaire de la Congrégation romaine de l'Éducation, à qui je fis remarquer les conséquences de toutes les démarches contre moi. Il s'excusa en me rappelant qu'il n'était pas membre du Saint-Office.

J'observais en même temps comment le cardinal Šeper disait longuement adieu aux gens et s'apprêtait à partir. Il y avait évidemment longtemps qu'il m'avait repéré. M'éviterait-il ou me saluerait-il ? Il se dirigea vers Mgr Schröffer, puis, comme surpris : « Tiens, il est là, notre grand Küng ! » Et moi : « Ah ! Qu'est-ce que cela veut dire, "grand" ? » lui demandai-je. Chaleureuse poignée de main. La glace était brisée. « J'espère que vous n'avez pas pris personnellement pour vous ce que j'ai écrit à la Congrégation ? » Il revint alors sur la remarque que j'avais faite dans les médias, celle selon laquelle je n'avais pas à ma disposition un appareil aussi puissant que celui du Vatican. Celui dont je disposais dans l'opinion publique était aussi puissant. Il s'abstint de tout blâme, de toute exigence et de toute menace. Les adieux furent amicaux. Le cardinal était cependant fort heureux qu'il n'y ait pas eu de photographe pour nous prendre en photo : cela aurait fait mauvais effet sur ses collègues du Vatican. J'apprendrai par la suite que Michael Höck, prélat munichois bien connu, autre vieux germaniste de la classe 1924, aurait averti Šeper : « Du moment que tu ne parles pas avec Küng... »

Paul VI au Germanicum.

Mon entretien avec le cardinal Döpfner eut lieu une heure avant la visite du pape, donc à 17 heures. Il venait de subir avec succès une opération, et il était moins fatigué. Son grand reproche : ma réaction à l'intervention romaine était épouvantablement dure. Avec mélange de plaisir et de déplaisir, il remarqua : « Et la façon dont tu tiens tes propos... » Il est clair qu'il réfléchissait, et je ne savais trop que lui répliquer. Mais je voulais savoir quelle faute contenait ma lettre. Il ne me répondit rien. Une fois de plus, c'était une question de ton et de style. Je lui fis remarquer que ma lettre avait en général été bien accueillie même par les évêques présents, tel Mgr Friedrich Wetter, évêque de Spire, avec lequel j'avais eu un long et amical entretien sur la terrasse du collège d'où l'on a une merveilleuse vue sur la ville et sur Saint-Pierre. Face au cardinal Döpfner, j'insistai sur le fait que je n'étais pas opposé à la confrontation et que je ne m'y soustrairais pas si on m'y forçait. Résultat : le cardinal me promit qu'il discuterait de la procédure avec le dur du Saint-Office, l'archevêque Hamer.

Une visite du pape au Germanicum est chose extrêmement rare : la dernière remontait à deux cents ans. Il ne devait y avoir aucune panne. On attendait au collège quelque trente gardes pontificaux. Deux semaines auparavant, le recteur avait critiqué le journaliste de la KNA qui avait annoncé : « Le pape et Küng au Germanicum ». Non, il n'était pas question d'une rencontre directe. Le soir, une lettre de Paul VI avait rappelé aux Jésuites les principes ignaciens, en particulier celui de l'obéissance au Saint-Siège. Et sa Paternité, Pedro Arrupe, surnommé « le pape noir », avait profité de l'occasion pour venir au collège souhaiter lui-même la bienvenue au « pape blanc » et l'assurer de la fidélité de l'ordre. Il était manifeste que cette situation ne laisserait place à aucune initiative.

En fait, les Suisses du collège étaient contre cette visite du pape : on ne pouvait en même temps pester à table contre lui et l'inviter chez soi. Mais à 6 heures tapantes, il était là. Le porte-parole des étudiants était un Autrichien. Dans la chapelle du collège, il prôna courageusement la « confiance mutuelle ». Autrefois, le mot d'ordre était à la centralisation et à la Contre-Réforme, maintenant il était à la coopération et à l'œcuménisme. L'époque demandait aux prêtres « de mieux s'intégrer dans le monde ». Certains vieux germanistes trouvèrent ce discours de bienvenue par trop audacieux. Mais Paul VI n'était pas un homme aux réactions spontanées. Sa longue allocution en italien resta conventionnelle. Il voyait dans le collège une serre chaude d'apôtres. Le prêtre doit certes être « dans le monde, mais non pas du monde », et il lui faut avant tout être fidèle au pape. Il donna l'accolade liturgique au porte-parole des étudiants. L'enthousiasme de ceux-ci resta modéré.

Je m'étais mis à gauche et au fond de la chapelle pour épargner à Paul VI toute rencontre publique qui aurait pu provoquer l'attention des médias et aurait été gênante pour les deux. Je voyais endormi près de moi le vieux cuisinier du Germanicum, le frère Wilhelm Dankl. On célébrera ensuite ses quarante ans de service et on le présentera personnellement au pape qui le saluera amicalement. Paul VI fera don au collège d'un tableau d'autel d'un maître flamand, de quatre mètres de haut, encadré avec art. On découvrira par la suite au dos de la toile les blasons de la Bavière et de Pie XI : c'était manifestement un cadeau de peuples allemands resté dans la poussière du Vatican et pour lequel le Germanicum trouvera sans difficulté une place quelque part.

Conversations avec des professeurs romains.

Le jour suivant, 11 octobre 1973, est celui où les jeunes nouveaux prêtres célèbrent leur première messe. Je suis très tôt à l'église Saint-Ignace avec Otto Wüst, mon ami de Sursee, maintenant évêque de Bâle. À 10 heures, le cardinal Suenens est au Vatican. Une heure plus tard, il m'appelle au téléphone. Mgr Giovanni Benelli, substitut du secrétaire d'État, ne lui a pas paru particulièrement intéressé par l'idée d'intervenir dans une affaire qui concernait la Congrégation de la foi. Küng doit pourtant faire quelque chose ! Mais quoi ? Benelli ne le sait pas très bien lui-même. Le mieux serait que je me déclare d'accord avec la déclaration de la Congrégation de la foi. « Impensable[1] », réplique Suenens, ce sur quoi Benelli, plus diplomate que théologien, répond : « Laissons cela aux temps meilleurs[2]. »

Mais, au cours de l'audience privée, le pape Paul VI déclare à Suenens, qui me rapporte explicitement et textuellement ce propos étonnant : *« Non viviamo più nel tempo della Inquisizione »*, « Nous ne vivons plus au temps de l'Inquisition », sans donner plus de précision. Il veut sûrement parler d'un geste de soumission. Mais aux dépens de la vérité ?

Le soir même, à 20 h 30, je me retrouve dans ma vieille Alma Mater, à la Grégorienne, où les professeurs m'ont invité à discuter. J'avais moi-même provoqué la chose par une lettre au père Juan Alfaro, mon ancien professeur espagnol qui m'avait toujours soutenu. Il y avait là un nombre impressionnant de professeurs parlant allemand, et j'en connaissais un bon nombre du temps de mes études : en plus d'Alfaro, Friedrich Kempf, historien de l'Église (frère de l'évêque), Josef Fuchs, moraliste, Peter Henrici,

1. En français dans le texte *(NdT)*.
2. En français dans le texte *(NdT)*.

philosophe (neveu de Balthasar), Gustav Wetter, le spécialiste de la philosophie soviétique, et d'autres encore.

Je les remerciai de leur invitation et déclarai d'emblée que j'étais fier d'avoir étudié à la Grégorienne. J'y avais beaucoup appris, et c'est à leur art que je devais une grande partie de mon savoir. Sourires bienveillants. Puis, directement, comme pour me moquer de la nouvelle que transmettait avec sérieux Karl Josef Becker, un professeur de dogmatique que j'appréciais beaucoup, selon laquelle Herman-Josef Sieben, professeur de dogmatique à Francfort, aurait été malheureux comme les pierres de la façon dont j'usais de ses recherches sur l'infaillibilité, autrement dit sur la faillibilité du premier concile du Vatican (voir chap. IV, « Qui a inventé la doctrine de l'infaillibilité ? »), je déclarai que je n'arrivais pas à bien comprendre pourquoi ce pauvre historien des dogmes aurait été malheureux comme les pierres de mon usage de ses résultats (il avait naturellement peur de perdre sa bonne réputation romaine). « J'étais pour ma part malheureux comme les pierres, observai-je avec amusement, de penser qu'un historien de la théologie se disait malheureux comme les pierres de voir un théologien faire avec bonheur usage de ses recherches. Bien sûr, si un historien de la théologie se déclare malheureux comme les pierres, il peut se soustraire à toute discussion objective gênante. »

Quand je raconterai cette anecdote à mes amis de Tübingen, ils se mettront à plaisanter sur cette forme de réaction malheureuse en inventant le terme de « syndrome de Sieben ».

Ce fut une soirée réussie, et j'étais très heureux de voir d'importants professeurs de la Grégorienne me comprendre. C'était même le cas d'Édouard Dhanis, l'ancien recteur, qui me posa plusieurs questions. C'était en effet lui qui avait écrit le brouillon de la déclaration *Mysterium Ecclesiae* dirigée contre moi. C'est pourquoi on m'avait demandé par avance si je voyais une objection à sa présence à notre entretien. Naturellement pas ! On me révélera après coup que Dhanis était très isolé à la Grégorienne parce qu'il était l'homme de main de la curie.

À l'Université pontificale grégorienne, la critique explicite du régime pontifical présent était étonnamment vive, répandue et tenace. Maurizio Flick, mon ancien patron de thèse sur la doctrine de la justification chez Karl Barth, avait même renoncé à sa charge de consulteur à la Congrégation de la foi. Lors de mes années d'études, c'était un grand honneur pour un professeur de la Grégorienne de se trouver invité dans ce cercle hyper secret de l'administration romaine. On venait tous les lundis chercher en limousine noire les trois ou quatre compétences reconnues pour les conduire au palais du Saint-Office. Nous, les étudiants, nous le savions fort bien, et cela ne manquait pas de nous impressionner. Derrière la coulisse, ces « experts » pouvaient écrire l'histoire de l'Église à coups d'impulsions, de verdicts, de projets d'encycliques et d'autres documents. Je devais d'ailleurs moi-même aux pères Hürth et Tromp qu'on n'ait pas ouvert dès 1957 un procès contre ma thèse sur la justification. Mais au cours des deux dernières décennies, l'ex-Saint-Office n'avait guère changé tandis que la Grégorienne avait muté du tout au tout : on avait adapté l'ordonnance des études aux exigences de l'époque. Désormais les cours, jadis faits en latin, l'étaient en italien et les séminaires se tenaient dans des langues diverses.

Nous continuâmes encore un moment notre discussion passionnée sur la piazza della Pilotta, et deux professeurs m'accompagnèrent jusqu'au Germanicum.

Au service de l'œcuménisme : le cardinal Willebrands.

Le vendredi 12 octobre, je suis invité à déjeuner par le cardinal Johannes Willebrands à sa résidence dans le nouveau palais résidentiel du Vatican, face à la caserne des gardes suisses. Je l'avais rencontré pour la première fois dans les années 1950 à travers notre ami commun, le Hollandais Frank Thijssen, œcuméniste passionné, qui m'avait mis en relation avec lui. Sachant ma venue au Germanicum, il m'avait fait savoir qu'il serait heureux de me revoir bientôt. Bien entendu, un entretien avec le chef du Secrétariat pour l'unité des chrétiens était très important pour moi.

Il m'embrasse cordialement. « Un hérétique comme ça ! » Nous nous comprenons bien, comme toujours. Dans sa propre famille, il a des parents de la jeune génération fort amers vis-à-vis de la foi catholique. Je sais bien sûr que, parmi les cardinaux, on le considère comme un marginal auquel on a à plusieurs reprises lié les mains. Nous nous entretenons largement de la situation de l'Église, mais aussi de l'Union soviétique où il vient de se rendre. Il va de soi pour nous deux que la primauté du pape et l'infaillibilité constituent les deux grandes pierres d'achoppement de l'œcuménisme. Mais il m'est évident que lui, Hollandais, président du Secrétariat pour l'unité des chrétiens, toujours sous la surveillance de la Congrégation de la foi, ne peut s'exposer dans le débat sur l'infaillibilité. « Rome a besoin de toi, de gens qui résistent », lui dis-je. Cela peut parfois avoir des résultats heureux. Nos avis ne divergent que sur la communauté eucharistique, sujet sur lequel il s'est affronté avec Jürgen Moltmann. Dans la ligne de la curie, il préférerait attendre encore. Attendre jusqu'à quand ?

À la fin de l'entretien, il me dit que le cardinal Šeper lui a fait savoir que, si je le souhaitais, il était prêt à un entretien personnel. Bien entendu ! Il décroche aussitôt son téléphone. Šeper, qui est malade, ne peut me recevoir qu'en pantoufles, mais il m'invite cependant à prendre le thé chez lui. Il habite dans le même palais du Vatican, à l'angle, là où logeront plus tard les cardinaux Ratzinger et Kasper. J'ai encore une bonne heure devant moi, et Willebrands qui connaît mes habitudes romaines me propose un sofa pour la sieste. Comme il s'offre à m'accompagner, je lui objecte qu'être vu avec moi pourrait le compromettre. Il chasse cette idée d'un revers de la main.

Je n'envie pas un cardinal de curie qui, vivant à l'ombre de la *cupelone di San Pietro*, doit loger, non pas dans une habitation personnalisée, mais dans un appartement certes spacieux et digne, pourvu d'un mobilier de goût, mais lourdement représentatif, et bourré d'images pieuses. La perspective ouverte sur la grandiose colonnade du Bernin peut-elle remplacer celle que j'ai à Tübingen sur les Alpes souabes et les Alpes suisses ? Et la vue sur la verdure que m'offre ma terrasse ? Je peux comprendre que, ici, on puisse éprouver de la nostalgie.

Le préfet de la Congrégation de la foi en privé : qui capitule devant qui ?

Le cardinal Franjo Šeper, préfet de la Congrégation de la foi, vit très simplement chez lui, comme tous les cardinaux : soutane noire, sans insignes honorifiques en dehors de l'anneau, et effectivement en pantoufles. Il me reçoit « confraternellement », mais sans le tutoiement habituel entre anciens du Germanicum. Qu'est-ce que je désire boire pour le thé ? « Slivowitz » – les yeux du Croate s'illuminent. Ainsi peut-on beaucoup mieux discuter. L'entretien est vivant et relativement amical. Mais, dès le départ, le cardinal vise manifestement à me détourner de mon « interpellation » concernant l'infaillibilité et à en revenir à l'idée d'un *colloquium* officiel au palais du Saint-Office, à moins d'un accord. Mais, en l'absence des garanties juridiques demandées, je continue à m'y refuser.

« Vous nous demandez de capituler ? » soupire-t-il enfin. « Absolument pas. Je ne vous demande ni de reconnaître que vous m'avez accusé à tort, ni d'affirmer quoi que ce soit. Après tout ce que nous nous sommes dit, je souhaite simplement une espèce d'armistice. » Et un armistice est tout autre chose qu'une capitulation. Mais il trouve difficile de laisser simplement reposer la chose (ce qui était déjà ma proposition écrite). « Dommage, ajoute-t-il, mi-sérieux mi-plaisant, que vous ne soyez pas un prêtre de mon diocèse de Zagreb. Savez-vous ce que, comme évêque, j'aurais fait de vous ? Je vous – le cardinal pèse certainement ses mots – aurais nommé dans le coin le plus reculé du pays, dans une petite paroisse rurale. Là, vous auriez découvert ce qu'est le peuple catholique. » Pure rêverie, naturellement. « Quelle chance, répondis-je en riant, d'être un libre citoyen suisse du diocèse de Bâle, et non de Zagreb. » En ce qui concerne « le peuple catholique », je crois au reste en connaître quelque chose.

Il me pose alors une question qui me met dans l'embarras. « Le Saint-Père ne savait pas que vous veniez à Rome. Mais il me disait depuis un certain temps : "Réfléchissez, Éminence, à ce qu'il faut faire pour gagner Hans Küng." Que dois-je lui répondre ? » Je sursaute. Si je le savais, j'aurais sollicité une audience privée, comme je l'ai fait il y a huit ans, à la fin du concile. Je réfléchis et réponds timidement : « Que le pape me laisse tranquillement à ma recherche et à mon enseignement. » Une réponse qui ne peut évidemment le satisfaire. Mais que dire d'autre ? Il y avait longtemps que le pape avait « gagné » Joseph Ratzinger. Mais ni honneur ni poste romain ne pouvaient me gagner et j'espérais pouvoir continuer à résister aux pressions romaines. Mon problème était que je ne pouvais renoncer à la vérité que j'avais clairement reconnue dans l'Écriture et dans la tradition, celle que personne jusqu'alors n'avait contredite, pour devenir *persona grata* du Saint-Père.

Effectivement, après tous ces avertissements et ces jugements privés ou publics, je n'ai pas de plus grand désir que de voir le « magistère » romain (et épiscopal) me laisser enfin en paix.

Un souhait modeste pour moi, mais démesuré pour Rome. Une telle tolérance ne peut apparaître que comme une menace contre le monopole absolu de la vérité et du pouvoir auquel elle prétend, celui que conteste un théologien tout seul. On semble avoir aussi peur de ma plume que jadis le roi de France de celle de Voltaire et pourtant je ne suis ni un satiriste ni un libre-penseur – tout au plus un penseur libre.

Le « Marteau de la Congrégation de la foi » : Mgr Hamer.

Le cardinal Šeper est lui aussi perdu, et, au bout d'une demi-heure, il me propose : « Parlez-en donc avec Hamer. » Donc avec le secrétaire de la Congrégation de la foi, Jérôme Hamer, un dominicain que je connais bien pour lui avoir jadis rendu visite à l'Angelicum, l'école supérieure de théologie où il était jeune professeur, afin de lui poser des questions sur la théologie de Barth. Je l'avais revu à Paris. Entre-temps, ce Belge avait fait carrière dans la curie, avait été sacré archevêque et était en route vers le cardinalat – sensation suprême. Flamands et Hollandais étaient furieux d'entendre les Allemands qualifier simplement leur père Hamer de « marteau[1] » et les Français en parler comme de « Mgr Amer ». Mais cela ne pouvait masquer le fait que ce dominicain hautain et trapu, l'homme fort de la Congrégation de la foi, savait argumenter à coups de hache, planifier les grandes entreprises et traiter avec l'épiscopat allemand.

J'aime évidemment mieux m'entretenir avec de vrais Romains qu'avec ce grand clerc. Je passe la soirée avec mes amis de plongée de l'île des Pins, Giorgio et Vitoria Sanfelice di Monteforte dont, faute de temps, je ne peux malheureusement pas baptiser le premier-né. Nous nous rencontrons tout d'abord dans leur magnifique demeure du palazzo Odescalchi, puis nous allons dîner piazza Navona. Nous y faisons bombance en souvenir des jours passés et nous discutons de mes « expériences » romaines ainsi que de mes perspectives d'avenir. Rome telle que je l'aime !

Le jour suivant, 12 octobre, celui de mon départ, je suis à 14 heures à la porte de la belle résidence des religieuses de Monte Mario, celle où loge le secrétaire de la Congrégation de la

1. *Hammer* signifie « marteau » *(NdT)*.

foi chez lequel je déjeune. « Plus français que les Français[1] », Monseigneur aime discuter à fleuret moucheté. Il a l'esprit clair et rapide. Son badinage tissé d'ironie et d'humour, dans un français élégant, est un vrai plaisir : rien d'une comparution, mais un dialogue d'un haut niveau.

Nous en venons rapidement à la chose. Tout commence par des questions de théologie. Il ne cherche absolument pas à me prouver que la définition de l'infaillibilité de 1870 est fondée sur l'Écriture ou sur la grande tradition catholique : elle s'appuie uniquement sur Vatican I dont les catholiques doivent accepter les décrets. Je répète la vision des choses que j'ai largement fondée dans mes publications : en 1870, Vatican I ne pouvait percevoir une façon plus fondamentale de poser le problème en déclarant que, en dépit de toutes ses erreurs, l'Église avait toujours maintenu la vérité de l'Évangile ; ce qui conduit à remettre tout le problème sur le tapis. Il ne s'agit donc pas de faire table rase du concile. Formé à l'école romaine, je n'ai aucun mal à opérer toutes les distinctions nécessaires dans les objections traditionnelles. Comme toujours, la question en revient à se demander comment le magistère peut fonctionner sans l'infaillibilité et ce qui se passe en cas de conflit. Il s'agit d'une question complexe à laquelle j'ai déjà répondu dans *Infaillible ?* et dans le bilan, *Faillible ?*, ouvrages qu'on n'a manifestement pas assez étudiés.

Mais Hamer attribue beaucoup plus d'importance aux implications politiques de ma thèse qu'au problème de la vérité, et il en parle de façon étonnamment ouverte. L'extraordinaire rapidité de ma réaction et de ma prise de position publique (dont le cardinal Döpfner critiquait la « dureté ») a « bousillé » toute la déclaration romaine (je ne me souviens plus du terme français exact qu'il a employé). Car, au lieu de centrer l'intérêt du public sur la véritable doctrine catholique, elle l'a une fois de plus centrée sur ma personne. C'est pourquoi la Congrégation s'est intentionnellement abstenue de mentionner mon nom. « Mais, dans la lettre d'accompagnement, vous avez bien dit que toute cette "explication" est contre moi, à cause de moi, lui jetai-je en riant. Si d'un côté vous entendez être pertinent, mais que, de l'autre, vous n'avez pas le courage de me nommer dans votre déclaration, ne vous étonnez pas que votre position paraisse ambiguë et ne trouve dans l'opinion publique mondiale qu'un écho critique. »

1. En français dans le texte *(NdT)*.

Et j'ajoute malicieusement : « À votre place, je n'aurais pas écrit cette lettre » ; ce sur quoi, réprimant un sourire, il regarde par terre.

Mais ce dont le secrétaire de la Congrégation de la foi est le plus curieux, c'est ma capacité médiatique : « Votre prise de position, par exemple, est parue en même temps dans des journaux flamands et néerlandais, dans des feuilles allemandes, françaises, italiennes et américaines », me dit-il. Je lui réponds que les sujets dont nous discutons ici sont assez importants aux yeux de la rédaction du *New York Times* pour envoyer d'un coup d'aile leur correspondant romain à Tübingen pour que ce journal veuille apprendre directement de moi ce qu'il en est. Hamer admire la façon dont j'ai pu réagir dans les médias à la démarche romaine aussi vite et de manière aussi précise. Et il ajoute, comme par-devers soi : « Votre secrétariat est fantastique[1] ! », ce que je perçois comme un compliment. Ma petite équipe est effectivement composée de gens extrêmement compétents et hautement qualifiés installés dans la même maison, ce qui leur permet de travailler sans frottements inutiles et de réagir de façon intelligente. Et nous connaissons les adresses importantes. Par ma réaction, me dit l'archevêque, j'aurais aiguillonné « l'orgueil de l'épiscopat allemand[2] ». Cela n'avait justement pas été mon impression, car, en beaucoup de choses – tout au moins vis-à-vis de Rome – l'épiscopat allemand m'était plutôt apparu sournois, pour ne pas dire pire.

Bilan de cette discussion avec Hamer : 1) Au Vatican, on a l'impression que cette action concertée contre moi a « foiré » dès le départ, que la clarté de ma première prise de position a en tout cas porté. On n'avait pas compté sur une réaction internationale aussi critique. 2) Je n'ai pas pu pour autant convaincre l'homme fort de la Congrégation de laisser mûrir la question de l'infaillibilité. Je ne dois compter sur aucun « armistice ».

Pourtant, sans prononcer une syllabe, l'archevêque m'a révélé ce que serait la prochaine démarche de la Congrégation. Cela me sera bientôt évident : la stratégie sera double : d'une part, gagner l'opinion publique allemande grâce à une « explication » supposée adroite ; de l'autre, me forcer directement à céder sous la pression. Il m'est aussi clair que le rancunier stratège de la

1. En français dans le texte *(NdT)*.
2. En français dans le texte *(NdT)*.

Congrégation n'est pas nécessairement un grand politique au sens de Max Weber : il a certes la « passion » et la « responsabilité » nécessaires pour « percer une planche épaisse », mais « il n'a pas dans l'œil le compas » nécessaire. Mais, comme toujours, aussi pointus qu'aient été nos arguments, notre discussion n'a blessé personne, et elle s'est déroulée dans la sérénité. Nous finissons par un café et je ne quitte sa résidence qu'à 17 h 30 pour me faire conduire à Fiumicino et m'envoler à 20 h 30 pour Zurich.

Précédemment, j'avais déjà pris congé de notre portier (entre-temps devenu relieur) du Germanicum, Silvano. Il n'avait jamais oublié son ancien aumônier des domestiques : en 1957, je m'étais battu auprès d'un recteur mal disposé pour lui permettre de se marier et de fonder une famille. « *A riverderci !* Revenez vite, *Signor* Küng », me cria-t-il joyeusement. Il devait se passer beaucoup de temps avant que je ne revienne. Je suis en tout cas très heureux d'être accueilli à 21 h 30 à l'aéroport par ma mère, ma sœur Rita et mon beau-frère Bruno, et de me retrouver chez moi pour pouvoir célébrer le lendemain, dimanche, la Dankesfeier (l'eucharistie) avec toute ma paroisse.

« Sans encens ni parfum d'hérésie », s'intitule mon interview dans *Die Zeit* du 19 octobre 1973 : ma visite à Rome s'est passée pendant une suspension du procès. Et je commente : « Nous ne sommes pourtant pas dans un cercle où on peut simplement dicter ce qu'est la vérité. » Ou peut-être que si ?

Mon offre de cessez-le-feu est refusée.

Le 29 octobre 1973, j'envoie au Dr Helmut Kohl un bref compte rendu de mon entretien en concluant : « Rome va-t-elle se lancer sur une fausse piste ? À mon avis, tout dépend essentiellement des positions allemandes, en premier lieu des cardinaux Döpfner et Volk. Pour ma part, je laisserai reposer l'affaire aussi longtemps qu'on ne me provoquera pas encore. »

Naturellement je ne me laisse pas tromper par la *gentillezza* romaine. Ces messieurs – les dames ont malheureusement peu à faire dans le milieu du Vatican – peuvent se montrer joviaux et charmants dans un « entretien » décontracté mais devenir des juges raides et formels dans un « colloque » officiel. Ils ne connaissent plus aucune pitié, mais uniquement la « vérité » et le « droit » tels qu'on les comprend à Rome. Je sais donc bien ce qui est en jeu. Et je dois accepter l'hypothèse d'un rejet de ma proposition de laisser reposer les choses : Rome veut toujours avoir raison. Laisser impuni un seul dissident, cela montrerait qu'on peut penser autrement et cela mettrait en danger tout le système.

Fin novembre 1973, je prie une fois de plus le cardinal Döpfner de me fixer une date de rencontre. Mais celle-ci ne peut avoir lieu – après intercession du cardinal Volk – que le 19 février 1974[1]. Ce jour-là, je me trouve à 15 h 30 au palais archiépiscopal de Munich, 7 rue du Cardinal-Faulhaber, pour un entretien qui durera deux heures et demie. Il se déroule amicalement, mais les fronts se sont durcis. C'est patent. La Congrégation n'entend pas remiser le procès et moi, je n'entends pas me soumettre à une comparution devant l'Inquisition *(colloquium)* sans garanties, car ce serait courir au casse-pipe.

Le cardinal parle d'une lettre de Rome dont il avait manifestement discuté avec la Congrégation, mais il refuse de me la montrer. Est-il finalement passé de l'autre côté ? Un double jeu ? Finalement je pose clairement la question à mon confrère du Germanicum : « De quel côté te rangeras-tu en cas de jugement "régulier" de Rome ? » Il réfléchit un moment, puis me répond : « C'est évidemment difficile, mais il faut voir les choses en face. » En clair : il serait du côté de Rome, même s'il reconnaît que la vérité ne lui apparaît pas du tout claire. *« Right or wrong – my country ! »*, « Raison ou tort ? : c'est ma patrie. » J'aimerais vraiment voir un évêque capable de résister comme Paul face à Pierre à cause de la vérité de l'Évangile (Ga 2).

Après cet entretien de Munich, mon scepticisme ne fait que grandir : en cas d'une nouvelle action grave de Rome contre moi, je ne devrai absolument pas compter sur l'appui des évêques allemands.

Ce que je craignais se produit : le 10 mars 1974, je reçois finalement une réponse de la Congrégation de la foi à ma lettre du 22 septembre 1973, celle que le cardinal Döpfner connaissait déjà par cœur[2]. Le point capital : la Congrégation refuse ma proposition de mise au repos de l'affaire. On veut ma *capitulation*, le plus vite sera le mieux. Au cas où j'accepterais immédiatement la « déclaration », m'explique-t-on, il serait mis fin à mon procès.

1. Voir Correspondance avec le Dr Homeyer, secrétaire de la Conférence épiscopale, dans Dokumentation II, phase I, n° 22-24.
2. Dokumentation II, phase I, n° 25.

Sinon la Congrégation m'offre la possibilité du *colloquium*. Suivant la réglementation, ce colloque ne serait rien d'autre qu'une comparution dont on se servirait pour régler secrètement et sans possibilité d'appel le sort de l'intéressé.

Rendu à ce point, arguments et contre-arguments ne sauraient plus être d'aucune utilité. Ce qui pour moi reste essentiel :

1. Ma demande répétée d'un procès régulier, avec communication des actes et dans des conditions équitables se heurte au refus de la Congrégation de la foi.

2. Pour fonder l'infaillibilité des dogmes de l'Église, telle que Vatican I l'a définie en faisant appel au Saint-Esprit, on crée un court-circuit en s'appuyant sur Vatican I. Or ce concile, tenu dans un tout autre contexte, n'a jamais fourni de justification à sa définition. C'est bien pourquoi – à la suite de l'encyclique *Humanae vitae* – j'ai pensé devoir écrire mon livre *Infaillible ? Une interpellation*. Ou bien l'Église aurait-elle raison du simple fait qu'elle a défini solennellement qu'elle avait raison ? La Congrégation de la foi argumente comme un chien qui se mord la queue.

En même temps, Mgr Jérôme Hamer croit devoir prendre publiquement l'offensive. Dans un article de plusieurs pages de la *Herder-Korrespondenz* de mai 1974, il cherche à justifier les méthodes inquisitoriales de la Congrégation de la foi. Mais sans guère de succès, comme le montre un article peu flatteur sur lui dans *Der Spiegel* du 27 mai. Tout au contraire : il ne fait que susciter la mauvaise humeur de la population en confirmant les pratiques romaines. Johannes Neumann, le canoniste de Tübingen qui m'a si souvent et si bien conseillé en matière juridique, lui répond dans un cahier de la *Herder-Korrespondenz* par un article intitulé : « Cela irait mieux autrement » ; mais également Josef Blank, l'exégète vétérotestamentaire de Saarbrück, qui va plus au fond du problème théologique en écrivant : « Question de Gretchen aux autorités de la foi. Sur la problématique de la Congrégation romaine de la foi en tant qu'administratrice de la vérité[1] ». Personne n'aurait su démonter de façon plus brillante et convaincante l'argumentation de Hamer. Moi-même réponds finalement dans le *Frankfurter Allgemeine Zeitung* et dans plusieurs journaux suisses du 25 juillet 1974 : « Le procès romain d'un croyant[2] ».

1. *Publik-Forum* du 28 juin 1974.
2. Dokumentation II, phase I, n° 29.

L'évêque tiendra-t-il ?

Et Mgr Carl-Joseph Leiprecht, l'évêque titulaire de Rottenburg ? Il s'est le plus souvent tenu en dehors de l'affaire. J'avais eu avec lui plusieurs entretiens, déjà comme jeune doyen. Mais cela avait été le plus souvent sur son invitation, à cause de quelque nouvelle plainte ou d'un avertissement de Rome – un hommage que je n'avais manifestement pas mérité – et cela encore le 5 juillet, puis le 24 octobre 1973. Nos discussions avaient été sérieuses, mais toujours franches et cordiales. Mgr Leiprecht, qui, après la seconde session du concile, m'avait « démis » de mon rôle d'expert personnel pour des raisons de politique ecclésiastique, me reste favorable en dépit de toutes les difficultés. Il évite manifestement les discussions conflictuelles et préfère s'exprimer en petits groupes. Il sait parfaitement dire son avis, mais il cherche toujours à s'interposer, à faciliter les choses, car il comprend comment, dans une Église vivante, recherche savante et prédication pastorale doivent aller de pair. Lui non plus n'a pas été informé de la lettre de la Congrégation de la foi du 10 mars 1974. Quand le cardinal Döpfner lui en parla, il m'en demanda une copie. Dans une lettre du 30 mai, il me dit son souci de la poursuite d'un conflit qui n'avait fait que s'intensifier avec l'article sur Hamer, dans *Der Spiegel* du 27 mai. « Si cela continue, je crains que cela ne soit sans fin. De votre côté, faites tout votre possible pour faire retomber cette tension. »

Mais cinq jours plus tard, le 4 juin 1974, je reçois l'étonnante nouvelle : Mgr Leiprecht vient de se retirer ! Le même jour, avant même que les journaux l'annoncent, je lui écris : « Je peux comprendre que votre énorme charge soit devenue trop lourde. Mais vous pouvez être sûr que tout le monde autour de moi, et en particulier dans notre faculté – ce qui ne va pas de soi – regrette profondément votre départ. Personnellement, je vous suis très reconnaissant, à vous et à votre diocèse, pour la compréhension et la tolérance que vous m'avez manifestées, ainsi que pour vos interventions en ma faveur à Rome. »

En prenant congé de son ministère, Mgr Leiprecht emmène avec lui tout le dossier Küng. Plus tard, il le détruira ; personne ne sait pourquoi. J'apprendrai plus tard de sources sûres qu'il s'était retiré parce que sa santé ne lui permettait pas d'affronter le conflit. Vraiment, dans ce système, il n'est pas facile d'être évêque. Comme je parlais de certaines réformes souhaitables avec Otto Wüst, mon ami de Sursee, au début vicaire auxiliaire, puis évêque de Bâle, celui-ci me redira plus d'une fois : « Oui, toi, tu peux y aller. Moi non. Je ne tiendrais pas. » Après le retrait de Mgr Leiprecht, le cardinal Döpfner expliquera au Vatican qu'il était suffisant de perdre l'évêque de Rottenburg : il était temps de conclure l'affaire, car on ne pouvait la remettre sur les épaules du successeur. Mais, piazza del Sant'Uffizio, on n'entend pas la laisser reposer.

Georg Moser, le successeur de Mgr Leiprecht, avait été l'aumônier des étudiants de Tübingen, puis directeur de l'Académie de Stuttgart. Je lui avais fait passer son examen de doctorat le 19 juillet 1962, et nous avions eu dès le départ une relation ouverte et cordiale. Il était évêque auxiliaire depuis 1970. Après son intronisation comme évêque de Rottenburg, le 12 avril 1975, je l'inviterai à dîner chez moi, le 29 mars 1976. La conversation se portera sur le manque criant de prêtres dans son diocèse comme dans d'autres. « Si je devais vous dire ce qui va se passer, je vous dirais que je n'en sais rien. » Je réfléchis un instant pardevers moi : dois-je lui dire qu'il est de son devoir de déclarer cela publiquement ? Mais ce fut comme un éclair dans ma tête : ce Souabe intelligent et affable est-il en état d'affronter l'orage que cette déclaration déclencherait dans le public, les nouvelles à sensation de la presse des boulevards et les protestations des « fidèles du pape », sans compter la pression massive qu'exercerait Rome ? Non. Pour se lancer dans une telle action, il faut que ce soit pour des motifs personnels, et non pas parce que je l'y aurais poussé.

Ce que je dis à Mgr Moser au moment de son départ résonnera encore longtemps dans mes oreilles. Je l'en priai instamment : si n'importe quelle action de Rome contre moi aboutissait chez lui, qu'il prenne immédiatement et en toute confiance langue avec moi. Nous examinerions ensemble comment réagir au mieux. Après tout, comme étudiant à Rome et comme expert au concile, j'avais acquis une expérience intime du fonctionnement romain. Une chose était claire : si mon conflit avec Rome devait déboucher sur une situation de crise, je ne lui épargnerais pas la prise de position publique à laquelle je n'avais pas voulu le pousser au sujet de la crise du sacerdoce et du célibat. Et je me demandais en moi-même s'il tiendrait le coup ? Seul : difficilement. Ensemble, oui.

Un procès romain contraire au droit des gens.

On peut comprendre que, justement dans ma patrie suisse de mentalité démocratique où, dans l'affaire de l'éviction forcée du professeur Stephan Pfürtner, les catholiques, mais aussi l'ensemble de l'épiscopat, s'étaient sentis floués par Rome, l'excitation devienne palpable. Dès février 1974, les évêques avaient enregistré la recommandation du synode suisse sur le magistère et la recherche théologique : « Dans tous les cas, la personne impliquée dans un conflit doctrinal a le droit de décider elle-même de son défenseur et de pouvoir consulter les actes. »

Sur cette lancée, s'appuyant sur la Charte des Nations unies, elle avait décidé pratiquement à l'unanimité : « Tout procès qui ne répondrait pas à ces conditions, donc à la Charte des droits de l'homme, avec toutes les conséquences que cela implique, et encore plus s'il aboutit à une condamnation, ne ferait que contribuer à une polarisation de notre Église, mettrait en danger la crédibilité de l'autorité ecclésiastique et porterait atteinte à la pastorale et à la collaboration œcuménique. Les reproches qu'on fait au professeur Küng ne tiennent pas à des problèmes qu'il aurait lui-même soulevés, mais ils sont déjà largement posés dans l'opinion publique et lui n'a rien fait d'autre que de les reprendre en les soumettant à la discussion. Ces problèmes posent de vraies questions, et on ne peut les résoudre que par un dialogue ouvert, mais non pas par une pure déclaration de pouvoir[1]. »

À côté des voies isolées, le synode de Berne, le grand évêché suisse, demande la cessation du procès romain. Je donne naturellement mon accord à toutes ces interventions, mais je m'abstiens de toute agitation et je ne me joins pas aux manifestations publiques me concernant moi-même, même si beaucoup me le demandent. Je sais parfaitement jouer au tribun populaire (la télévision allemande a créé son premier talk-show en 1973), mais j'entends rester professeur jusqu'au bout. Au début de juin 1974, un petit comité d'initiative lucernoise réunit quelque 20 000 signatures – fort motivées, mes sœurs Marlis, Rita, Margret, Hildegard et Irene s'y sont engagées à fond – et, à l'occasion d'un rassemblement, envoie la pétition aux évêques suisses.

1. *Ibid.*

Cela ne les surprend pas, car ils n'ont rien d'évêques princiers bien assis sur des revenus fiscaux, et cela conduit le président et le vice-président de la Conférence épiscopale suisse, Mgr Nestor Adam et Mgr Anton Hänggi, mon propre évêque, à se rendre de Bâle à Rome. Bonne idée, mais mauvais plan : au lieu de se conformer à ma ligne de conduite, Mgr Hänggi commence par s'arrêter chez le cardinal Döpfner. Cela l'a-t-il aidé ?

Au Vatican, les deux évêques entrent en contact avec la Congrégation romaine de la foi, mais, comme je le craignais, se font rouler. « Tous les actes sur lesquels la Congrégation s'appuie se trouvent déjà entre mes mains », s'entendent-ils dire. Ils ne perçoivent pas la subtile réserve : « les actes sur lesquels la Congrégation s'appuie... » Mais pas un mot sur la communication du dossier 399/57i.

La Congrégation de la foi avait soigneusement mis au point le communiqué de presse que les deux évêques firent après leur retour à Zurich, le 3 juillet. Le même jour, je fis une courte déclaration. Eh oui ! « mon secrétariat est fantastique[1] ». Des caricatures montrèrent les deux évêques revenant de Rome en culottes coupées. Excitation partout. Coups de téléphone entre le cardinal Döpfner et Mgrs Adam et Hänggi, les professeurs Kasper et Lehmann, interviews dans les journaux, à la radio, à la télévision. On rebat les cartes pour le cas où Jérôme Hamer, secrétaire de la Congrégation de la foi, viendrait en Suisse tenir un colloque public, comme on l'annonce et ce à quoi je suis disposé. Mais cet éloquent curialiste ne s'y risquera pas.

Ce n'est que le 4 septembre que se tient enfin à Solothurn un débat clarificateur avec les deux évêques de si bonne volonté. Il n'en sort rien de concret : les évêques suisses sont sans pouvoir. Je me présente devant l'opinion publique suisse. Le 16 septembre, à Zurich, dans la série télévisée très populaire « De première main », sous le feu croisé du rédacteur Alphonse Matt et du professeur Arnold Künzli, politologue de Bâle. Je ne récuse pas *a priori* la qualification de « rebelle loyal » si on met l'accent sur loyal. Effectivement, je m'élève contre la restauration anticonciliaire et le renouveau des structures de pouvoir absolu. Dans le conflit présent, il s'agit aussi d'une bataille de l'opinion publique, et je suis heureux de voir que la presse et la télévision y ont largement et positivement fait écho. Ce n'est

1. En français dans le texte *(NdT)*.

pas de façon superficielle que le *Neue Zürcher Zeitung* me dit « rebelle » : « Il s'agit d'une personnalité sans exemple qui, dans l'esprit du concile, réunit en elle-même le théologien, le pasteur, l'enseignant et même le combattant » (18 septembre 1974).

Dès le 21 septembre je suis de retour à Lucerne : mariage de mon cousin, Walter Gut, avec Gret Zust, veuve, ce qui marque la fin définitive d'un projet d'ordre laïc inspiré par Urs von Balthasar, dans lequel ce cousin aurait dû jouer un rôle important. Le 24 septembre, le professeur Karl Lehmann m'invite à déjeuner chez lui, à Fribourg-en-Brisgau. Au terme d'un entretien amical et ouvert, j'ajourne ma proposition amorcée les 4 et 5 mai 1974 à Heidelberg devant le groupe de travail des instituts œcuméniques concernant l'admission de Lehmann chez nous : je m'inquiétais que l'arrivée d'un nouveau membre qui avait adopté la position parfaitement stérile de la hiérarchie en matière de reconnaissance mutuelle des ministères, d'acceptation de la communauté eucharistique ou même de papauté n'entravât la liberté de fonctionnement de notre groupe (communication aux instituts le 31 octobre 1974). Mais je n'ai pas renoncé à l'espoir de voir ce théologien fin et souple, qui avait collaboré à la si peu secourable « main tendue » au clergé, mais qui est par ailleurs fort capable, éviter de tourner au docile théologien de cour. Finalement, les 2 et 3 octobre, à Zurich, entretien avec le Dr Hanno Helbling, rédacteur du *Neuen Zürcher Zeitung*, et à Sursee avec Konrad Lienert, rédacteur des pages culturelles du *Zürcher Tagesanzeiger*. Toutes ces conversations tournent toujours autour de Rome, des évêques et de tout le bataclan.

Mais ce qui m'intéresse depuis longtemps, c'est la rédaction de mon livre auquel j'attribue maintenant beaucoup plus d'importance qu'à *Infaillible ? Une interpellation*, déjà vieux de quatre ans : *Être chrétien*. Peut-être cet ouvrage parviendra-t-il finalement à persuader mes adversaires de Rome et l'épiscopat allemand de mes intentions constructives ?

VIII

L'aventure d'un livre

> *« Le livre* Être chrétien *de Hans Küng ne compte pas seulement parmi les ouvrages théologiques les plus étonnants des années 1970, mais, au lendemain de la Seconde Guerre mondiale, il a vraiment fait date. Il a cassé le modèle de la théologie systématique catholique et il a déclenché jusqu'à aujourd'hui encore chez ses collègues une violente résistance qui a débouché soit sur une critique globale, soit sur un silence souverain. »*
>
> Hermann HÄRING[1]

« Habent sua fata libelli », dit un vieux proverbe latin : « Les livres ont leur destin. » Depuis combien de temps travaillais-je à cette « introduction au christianisme » que je voulais pourtant terminer très vite ? Il faut beaucoup de patience, et encore de la patience, pour élaborer jusque dans son moindre détail un ouvrage aussi vaste ; travailler jusque tard dans la nuit au milieu même des conflits et des combats. Heureusement, je récupère très vite. Je puise ma force dans le mot de l'apôtre qui en sait quelque chose : « L'épreuve produit la persévérance, la persévérance la fidélité éprouvée, la fidélité éprouvée l'espérance » (Rm 5, 3).

Un changement d'éditeur et ses conséquences.

Depuis notre déclaration élaborée avec tant de peine lors de notre congrès de *Concilium*, en 1970 à Bruxelles, j'avais tenu plusieurs séminaires tournant autour du même thème, la vie chrétienne : « L'essence du christianisme selon les grands théologiens du XXe siècle », « Les nouveaux ouvrages sur Jésus », « Ce qui

1. 1er mars 2006.

distingue l'éthique chrétienne de celle de la gnose». Le projet définitif de mon livre remonte à mon voyage autour du monde de 1971. Mais le débat sur l'infaillibilité, la correspondance continuelle avec Rome, les évêques et les théologiens aussi bien que l'élaboration de *Faillible ?* m'avaient pris des semaines et des mois.

La politique répressive du «magistère» romain et des évêques allemands eut des répercussions inattendues dans le monde de l'édition. Jusque-là, il allait de soi qu'un théologien catholique publiât ses ouvrages chez un éditeur catholique, de sorte que mes livres étaient parus chez Denzinger Verlag et chez Herder où ils avaient atteint un tirage considérable. Mais ce fut justement l'objet d'une discussion à Stuttgart entre nos hiérarques et le cardinal Volk dont les écrits théologiques se vendaient tout au plus à quelques milliers d'exemplaires: ils exigèrent alors des corrections dans mon livre *L'Église* dont Herder avait déjà multiplié les tirages. Mais comme ni eux ni Rome n'étaient parvenus à faire bouger l'auteur (ce qu'on avait réussi à faire pour le *Catéchisme hollandais*), ils firent directement pression sur l'éditeur. Or Herder, édition fondée en 1807 et largement diffusée dans le monde catholique, était d'autant plus sensible au chantage que, outre les livres de messe, elle éditait les textes officiels de l'Église, ce à quoi elle ne pouvait ni n'entendait renoncer. Ma relation personnelle au Dr Hermann Herder-Dorneich n'y pouvait rien. La maison n'avait aucun moyen de résister, et on m'expliqua donc qu'on ne pouvait rééditer mon livre sans les corrections exigées par les autorités hiérarchiques. Ainsi la post-censure vient-elle succéder à la censure qu'on avait supprimée.

Allant à l'encontre de tous ses antiques intérêts, Herder me donnait l'occasion de faire le saut. Il y avait longtemps que le Dr Klaus Piper avait jeté un regard sur moi. C'était un éditeur indépendant aux vues larges, un homme de grande sensibilité littéraire et aux dispositions foncièrement humanistes, fils de Reinhard Piper, le fondateur de la maison en 1904. Il était toujours en recherche de jeunes talents. Dès le 6 mars 1973, son lecteur, le Dr Hans Rössner (c'est seulement quelques décennies plus tard qu'on entendra parler de son sinistre passé nazi), était passé me voir à Tübingen: un nouvel éditeur, fort bien introduit dans le public et indépendant de toute pression ecclésiastique m'offrirait de toutes nouvelles possibilités de diffusion! Et, en matière d'idées, tout tient à la diffusion. Les honoraires, bien sûr toujours bienvenus, ne sont qu'un accessoire. Mais Piper me promettait de sortir mon prochain livre à 50000 exemplaires.

C'est ainsi que je passai d'une maison catholique – et comme cela peut constituer un exemple pour d'autres auteurs, certains parlent d'une décision « historique » – à une maison laïque, et ceci pour tous mes livres à venir, pour le plus grand dommage de Herder. Et cela d'autant plus parce que, dès la première occasion, je repris tous mes livres déjà publiés dans des maisons catholiques pour les rééditer dans la série des livres de poche de Piper, y compris *L'Église* dont la troisième édition atteignit 21000 exemplaires. Même ma thèse de 1957 sur la justification y est encore diffusée aujourd'hui. Rien d'étonnant que l'éditeur catholique ait eu l'impression de s'être laissé flouer par la hiérarchie.

Cependant mon livre, dont le titre final sera *Être chrétien*, est encore loin d'être terminé. Je profite de mon troisième semestre de recherche (le vingt-huitième à Tübingen) pour l'avancer à Seehaus, puis de mes vacances de Noël que je passe d'abord avec ma sœur et mon beau-frère Bruno, à Wengen, puis seul dans un chalet en bois au pied de l'Eiger. J'écris comme un forcené en ne m'interrompant que pour quelques brèves courses en ski. Mais le soir de Noël, un violent fœhn se déclenche. L'ouragan se déchaîne en bas comme là-haut, sur le Eiger et la Jungfrau. L'hôtelier transfère le repas dans sa cave à vin et nous interdit d'allumer des bougies dans les chambres. Par précaution, j'enferme mon manuscrit, dont je n'ai aucun double, dans ma valise de voyage qui est très résistante et que je pourrais jeter par la fenêtre dans la neige en cas d'incendie. Mais la nuit se passe bien. Le matin je me réveille dans une chambre dont le sol est couvert d'une fine pellicule de neige qui s'est infiltrée par des fentes et, devant ma fenêtre, un mur de neige de quatre mètres de haut.

Après le Nouvel An, je reçois avec beaucoup de plaisir la visite de mon cousin Walter Gut, qui est alors ministre de l'Éducation du canton de Lucerne. J'écris à son attention une « Lettre ouverte à un directeur de l'administration de la commune » pour inciter à travers sa personne la population de la Suisse centrale à fonder une université à Lucerne. Quelques semaines plus tard, le vote rejettera le projet, surtout du fait des coûts prévus. J'aurai plus de succès dans d'autres appels au public.

Bataille en faveur des Jésuites suisses.

En 1872, au paroxysme du Kulturkampf qui avait suivi le premier concile du Vatican et la proclamation de l'infaillibilité pontificale, les cantons protestants suisses avaient imposé une révision de la Constitution dirigée contre les catholiques. Un article d'« exception confessionnelle » interdisait toute fondation de nouveau couvent mais aussi toute activité publique aux Jésuites, car ils s'étaient engagés à fond en faveur de l'infaillibilité. Le 20 mai 1973, au terme de longs efforts, on devait soumettre à un vote l'annulation de cette mesure. Une feuille du comité de soutien au maintien de la loi cita à trois reprises mon nom en me présentant comme un adversaire du centralisme et de l'absolutisme romain, donc de la levée de l'interdit des Jésuites et des couvents. Une fois de plus, il m'était impossible de refuser de prendre publiquement position. Je maintenais évidemment ma critique du système romain, mais cela ne m'obligeait pas pour autant à prendre publiquement position contre les Jésuites et contre les couvents.

Contre la suppression de l'article : ce qui était compréhensible il y a cent ans ne l'était plus aujourd'hui. Les deux articles de la Constitution ne servaient plus à rien et l'affirmation que les Jésuites constituaient un danger pour l'État était parfaitement ridicule. Au lendemain de Vatican II, tous les ordres religieux, et en particulier les Jésuites, s'étaient engagés en faveur d'une réforme catholique allant dans le sens protestant et travaillaient à la réconciliation des Églises, d'où ma nette recommandation de voter contre le non : « Celui qui, le 20 mai, votera contre la suppression de l'article d'exception confessionnelle contribuera à la détérioration du climat confessionnel, renforcera les préjugés des catholiques réactionnaires et désavouera les forces catholiques de renouveau et d'entente qui sont à l'œuvre au sein du synode catholique et de la Conférence épiscopale suisse tout comme dans les paroisses catholiques et chez leurs pasteurs. »

Pour la suppression de l'article : celui qui vote le 20 mai pour l'annulation de l'article d'exception confessionnelle vote pour l'égalité juridique et pour la liberté de croyance, de conscience et de culture ; contre la discrimination non seulement des religieux et des Jésuites suisses, mais aussi de tous les catholiques. Il contribue à la tolérance et à la coexistence pacifique dans notre pays. Il aide à purifier notre Constitution d'une grave atteinte à notre esprit de démocratie et de liberté.

Ma prise de position, largement répercutée par les journaux, contribue bien plus que l'appel des évêques à redonner de la crédibilité aux catholiques dans des cercles qui dépassent de loin le monde protestant. Le résultat en montrera l'utilité et l'effet. Le 20 mai, 55 % des votants se prononceront pour la suppression de l'article et 45 % contre. Fort heureusement, mon attente n'aura pas été déçue.

Mais ces interventions politiques ne restent que marginales dans ma vie de théologien. Je consacre chaque minute libre à mon projet essentiel, mon « introduction au christianisme », qui est déjà bien avancée.

Le véritable Jésus, celui que n'a pas encore domestiqué l'Église.

Partir « d'en bas », ainsi que je l'ai choisi, est beaucoup plus astreignant que partir « d'en haut ». Je dois consulter quantité de livres et de commentaires bibliques. Du coup, je me suis lancé dans la prédication continue à la messe quotidienne que je célèbre à la chapelle de l'hôpital de district de Sursee, d'abord sur l'évangile de Marc, pour lequel je m'inspire du tout nouveau commentaire de Marc d'Eduard Schweitzer, un Zurichois, puis plus tard sur le Sermon sur la montagne. Cela me permet de découvrir Jésus de Nazareth beaucoup mieux que je n'aurais pu le faire auprès d'un historien chevronné et de comprendre son histoire, y compris ses obscurités de détail, en faisant ressortir son visage du fond historique, l'Israël de l'époque.

Mais il me devient ainsi de plus en plus évident que, dans l'Église, ce Jésus vient, non pas « confirmer ce qu'est devenue la réalité catholique » (Ratzinger), mais nous provoquer et nous inviter à repartir à nouveau : « Domestiqué par l'Église, Jésus n'apparaît trop souvent que comme son représentant, celui qui vient appuyer son système politico-religieux, son dogme, son culte, son droit canonique, tête invisible d'un appareil ecclésiastique fort visible, garant de tout ce qui s'est passé en matière de mœurs, de discipline. Au terme de deux mille ans de chrétienté, que de choses à justifier dans l'Église et dans la société ! Que de chefs de l'Église, de princes chrétiens, de partis chrétiens, de classes, de races, à s'être réclamés de lui. On l'a mis au service de tant d'admirables idées, de lois, de traditions, de coutumes, de décisions. » Si on veut reprendre conscience de ce qu'est vraiment la vie chrétienne, il faut donc se le remettre en mémoire, lui, le véritable homme Jésus, antérieur à toutes nos Églises, lui, l'authentique fondement du christianisme.

Voilà ce que je voudrais faire voir : l'histoire unique de Jésus de Nazareth, ce qu'il a prêché, ce qu'il a fait, ses combats, ses souffrances ; le raconter à neuf en y réfléchissant systématiquement pour aujourd'hui. Non pas parce que, depuis le début des années 1970, la mode est à la « mémoire » et au « récit », à la recherche de son identité humaine et religieuse : je n'ai pas attendu les appels à une théologie « mémorielle » et « narrative » qui ne restent trop souvent que purement théoriques pour m'intéresser de façon brûlante à la dramatique histoire de l'homme de Nazareth.

Je me passionne pour l'exégèse qui me permet d'analyser avec précision la façon dont le message et le comportement du jeune homme de Nazareth ont fait et font encore éclater les schémas tout faits de la religion. Confronté à la révolte étudiante et à la théologie de la libération, je peux vérifier que Jésus n'a pas été un révolutionnaire politique insurgé contre l'occupation romaine, mais qu'il prêchait la non-violence tout en étant aussi révolutionnaire que les révolutionnaires (voir chap. VI). De même, au milieu des discussions actuelles sur la vie religieuse, qu'il n'avait rien d'un ascète ni d'un moine mais qu'il prenait volontiers part aux repas de fête tout en étant encore plus libre vis-à-vis du monde que les ascètes confirmés. Ni un politique, ni un réformateur social, ni un prêtre, ni un théologien, mais un homme engagé dans les conflits politico-religieux de son temps tout comme je le suis aujourd'hui avec la hiérarchie catholique sur de nombreux points similaires. Et on peut inversement reconnaître dans la casuistique et les compromis des pharisiens de l'époque bon nombre d'idées de la morale traditionnelle, ce qui le fait paraître lui-même plus moral que les moralistes.

Ma recherche savante ne me conduit donc pas du tout à m'enfermer dans ma tour d'ivoire, mais elle me permet au contraire de mieux comprendre les expériences, les sentiments, les mécontentements de notre époque. Mais, en me donnant tout ce mal, je m'efforce surtout de ne pas projeter dans le texte néotestamentaire nos préjugés actuels. Ce sont ces textes eux-mêmes qui doivent parler et mettre Jésus en pleine lumière, son amour des gens, son attention au prochain, à celui qui a besoin de moi, et cela sans exclure personne, pas même l'ennemi, pas même l'hérétique. Un amour pratique et créatif, sans préoccupation de rang, une capacité de se mettre au service de l'autre dans n'importe quelle situation, sans limites, gratuitement, sans contrepartie.

Une bonne nouvelle qui débouche sur un conflit.

Dans la situation actuelle, je veux faire voir clairement que ce Jésus n'a prêché ni théorie théologique ni nouvelle loi, mais qu'il s'est simplement présenté lui-même. Il annonce le Royaume de Dieu, ce qui signifie que l'affaire de Dieu, la volonté de Dieu, est affaire d'homme. C'est pour le bien de l'homme que Jésus opère des guérisons charismatiques et que, en fait, il relativise en même temps les institutions et les traditions sacrées : le culte et la loi.

On comprend donc les reproches qu'on lui adresse : c'est un charlatan, un pseudo-prophète, un corrupteur du peuple, un blasphémateur, disent de lui les prêtres et les scribes. Effectivement, le débat ultime porte sur le Dieu au nom duquel il agit et dont il paraît l'envoyé. Il ne présente pas comme nouveau le Dieu dont il se réclame : c'est bien celui d'Israël. Cependant il le comprend de façon neuve : non plus comme celui des justes et des gens pieux, mais comme le Père des gens perdus, des faibles, des pauvres, des opprimés, des « pécheurs ». Il s'adresse de façon inhabituelle à lui comme à un « père », à « notre père », celui dont il annonce le pardon aux hommes qui doivent à leur tour le retransmettre. Tout cela se résume dans sa prière : Notre père.

Je cherche donc à montrer que son conflit avec les détenteurs du pouvoir religieux et politique était inévitable. Son arrestation et sa condamnation étaient dans la logique de son engagement pour Dieu et pour l'homme. Sa non-violence provoqua une violente réaction des gardiens de la loi, de la morale et du droit, sa mort sur la croix, historiquement indubitable. Aux yeux de ses adversaires, les défenseurs de la loi, la souffrance extrême qu'il dut endurer fut perçue comme un signe de la malédiction divine : c'était le pécheur par excellence, donc un hors-la-loi. Il mourut abandonné par tous les hommes et par Dieu.

Mais tout n'est pas fini avec sa mort – et cette croyance provoque beaucoup d'excitation dans le judaïsme. J'ai attentivement examiné les expériences pascales que rapportent les diverses traditions, à la fois légendaires et contradictoires, et je ne puis que m'étonner de voir que, en 2007, on puisse présenter au public un film sur « Le tombeau perdu de Jésus » que Joe Zias, archéologue israélo-américain, et d'autres spécialistes renommés qualifient fort justement de faux et de mélodrame. Selon les témoins authentiques, l'essentiel de la foi chrétienne est parfaitement clair : le crucifié vit pour toujours auprès de Dieu – c'est pour nous l'espérance. J'explique donc ce que « résurrection » veut dire : il ne s'agit pas d'un retour à la vie spatiale et temporelle, ni de sa prolongation, mais bien d'une réception dans cette réalité ultime et inconcevable, la première et l'ultime, que nous nommons Dieu. Ce que cela signifie pour le monde des religions et des idéologies ? C'est que ce Jésus-Christ diffère du tout au tout de tous les dieux qu'on exalte, de tous ces fondateurs de religion qu'on divinise, des Césars, des génies, des héros de l'histoire universelle. Il n'est pas l'exaltation du divin : il est l'exaltation de l'humilié, du crucifié. C'est fort justement que la croix est le symbole essentiel du christianisme.

L'essence du christianisme.

À la lumière de cette histoire du Christ Jésus, il m'est désormais possible de répondre à la question que je n'ai cessé de me poser, et j'espère que cette réponse permettra un vaste consensus. Quelle est la caractéristique essentielle du christianisme ? Pour résumer à l'extrême la chose, je dirais que c'est Jésus-Christ lui-même. Il est l'incarnation vivante et décisive, sa cause, sa vraie mesure. Il incarne une façon entièrement nouvelle de vivre, un nouveau style de vie. Il nous propose, à nous, hommes modernes, une façon de voir les choses et un modèle de pratique uniques, même si nous pouvons évidemment l'appliquer de façons très diverses. Par toute sa personne, il est invitation, appel, provocation. Il demande à tous, individus et sociétés, de se réorienter concrètement, de changer d'attitude en découvrant de nouvelles motivations, de nouvelles dispositions, un nouvel horizon de sens et une nouvelle destinée.

Qui donc est chrétien ? Ce n'est pas simplement l'homme qui mène correctement sa vie sociale ou même religieuse. Il faut certes lier intériorité chrétienne et ouverture au monde ; mais le non-chrétien peut lui aussi être humain, social et authentiquement religieux. Est chrétien celui qui cherche à vivre son humanité, ses relations sociales et sa vie religieuse à partir du Christ, selon son esprit, selon sa mesure, ni plus ni moins.

La contradiction entre l'interprétation judéo-chrétienne et l'interprétation hellénistique de Jésus.

C'est en savant que je cherche à parler du message chrétien. C'est aussi ce à quoi prétend Joseph Ratzinger. Mais cela suppose une précision historique et une interprétation critique de l'histoire. À la différence de Joseph Ratzinger et tout comme Edward Schillebeeckx, un des rares théologiens à le faire, j'accepte le défi que l'exégèse historico-critique lance aux croyants : seule celle-ci permet de fonder une dogmatique historico-critiquement responsable. Dans un article que j'ai écrit dans la revue trimestrielle de Tübingen (*Quartalschrift* 4/1979), « La théologie catholique en route vers un nouveau consensus ? », je déclare sur ce point mon accord total avec Edward Schillebeeckx, mon ami flamand. Je ne pouvais pas m'imaginer alors que ce serait ma dernière production dans cette publication, ni que quelques mois plus tard je serais congédié sans explication ni remerciement par ceux qui tous, sans exception, devaient à mon vote d'y participer.

Dans mes écrits théologiques, je m'efforce de plus en plus de formuler ma pensée en bon allemand, dans une langue à la hauteur de la pensée de notre époque. Toujours plein d'humour, Edward Quinn, mon traducteur anglais, m'a un jour écrit ce compliment : « Vous êtes un auteur dangereux. Vous me faites croire que je peux lire l'allemand sans difficulté, et du coup j'essaye avec vos collègues... » (4 avril 1979).

Je peux désormais conclure mon « introduction au christianisme », entre-temps devenue très volumineuse. J'ai fini d'étudier les récits de la résurrection de Jésus chez Paul et Jean. Mais que diront mes adversaires si je n'aborde pas les développements ultérieurs de la christologie ? Si je ne parle pas par exemple du sens qu'on a donné à la mort de Jésus, « mort pour nous », « mort en sacrifice », autrement dit de la doctrine de la satisfaction ? Ou de l'interprétation donnée à son incarnation : fils de Dieu, naissance virginale, Marie mère de Dieu ; ou des dogmes christologiques des IVe et Ve siècles ?

Je suis très ferré sur ces sujets que j'ai étudiés à Rome pour mes examens et que j'ai enseignés à mes étudiants de Tübingen. Et il me suffit d'une quinzaine de pages pour résumer de façon précise et claire tous ces développements difficiles. Après la préparation que constituait mon livre *L'Église*, c'était à peu près ce qu'il m'avait fallu pour traiter de l'inspiration de la Bible, du Saint-Esprit, des diverses conceptions de l'Église, des charismes et des ministères, et finalement du service pétrinien.

Ce que Joseph Ratzinger se refusait déjà à admettre à Tübingen, et ce qu'il refuse encore aujourd'hui dans son livre sur Jésus, c'est de reconnaître la contradiction qui existe, qu'on le veuille ou non, entre l'interprétation judéo-chrétienne de Jésus et celle du développement hellénistique de la christologie. Que l'on songe à sa proclamation comme « fils de Dieu », un titre parmi la douzaine d'autres qu'on lui attribue dans le Nouveau Testament : la Bible le confère au peuple de Dieu, aux personnes pieuses, aux prophètes et surtout aux rois d'Israël au moment de leur accession au trône (Ps 2, 7). Le Nouveau Testament, en particulier Luc, dans les Actes des Apôtres, le donne à Jésus éveillé de la mort, élevé auprès de Dieu et engendré comme « fils » (à Pâques, et non à Noël) (voir Ac 13, 33).

Le judéo-christianisme comprend l'idée de « fils de Dieu » à partir de catégories d'action et de relation. Mais, en transposant cette idée dans le monde hellénistique, on la refond dans des catégories d'une ontologie grecque statique (« deux natures/volontés », « une hypostase/personne », « de même nature que le Père ») : expressions difficilement compréhensibles pour les judéo-chrétiens d'alors comme elles le sont pour la plupart des chrétiens actuels, à moins d'avoir été initiés à la pensée grecque. Je ne rejette ni la christologie hellénistique ni la doctrine trinitaire des IVe-Ve siècles, mais je les interprète à partir de leur origine biblique et je cherche à rendre compte de leur intention dans le langage de notre temps.

Je veux donc une dogmatique critique et constructive fondée sur une exégèse critique constructive. La même chose vaut pour la doctrine de la satisfaction, celle qu'a formulée au XIe siècle le père de la scolastique, Anselme de Canterbury.

Plus tard, j'aurai recours à la notion de paradigme, et je parlerai de trois paradigmes du christianisme qui se succèdent sans se remplacer : 1) celui du judéo-christianisme ; 2) celui de l'Église primitive hellénistique ; 3) celui du Moyen Âge, le « catholique romain». Ceux-ci subiront à leur tour des remaniements, et on aura 4) le paradigme réformateur, puis 5) le paradigme moderne des Lumières. À notre époque de passage de la modernité à la postmodernité, il faut sans doute parler de paradigme postmoderne 6), ce qui exige un nouveau processus d'inculturation et une nouvelle interprétation du message chrétien. Ce faisant, je m'efforce toujours de rendre compte de la christologie du Nouveau Testament et de la formuler en termes utilisables dans la pastorale.

Une base de dialogue avec les juifs.

Je suis convaincu depuis longtemps que le dialogue avec le judaïsme, tel que l'a inauguré Vatican II, ne peut avoir de sens que si on le fonde sur une christologie «d'en bas». Toute discussion avec les juifs ou avec les musulmans à partir de la doctrine hellénistique traditionnelle sur l'incarnation n'est que pure façade, et elle ne peut déboucher sur rien. Si on part de Jésus de Nazareth, oui, on peut cheminer relativement longtemps avec un juif. Après tout, même des discussions sur la valeur de la Loi trouvent leurs parallèles dans le judaïsme actuel.

Mon principal partenaire dans le dialogue a d'abord été le Dr Pinchas Lapide. Né à Vienne, il avait émigré en Palestine en 1938 pour fuir les nazis. Officier anglais pendant la guerre, puis diplomate de l'État d'Israël, il devint professeur à l'université Bar-Ilan. Écrivain, il revint à Francfort au milieu des années 1970. Le 25 août 1975, nous eûmes tout un échange radiophonique sur le point essentiel du débat judéo-chrétien, Jésus de Nazareth, juif. Tout en restant juif convaincu, Lapide y fit preuve d'une compréhension rare du christianisme. Je trouvai en lui un partenaire extraordinaire, à la fois prévenant et terriblement provocateur, capable de nous faire mieux comprendre à la fois ce que c'est que d'être juif et ce que c'est que d'être chrétien.

Bien sûr, Lapide sous-estime les conflits de Jésus avec les tenants de la loi juive: il voudrait faire de lui un pharisien libéral. Mais, en 1976, je pourrai lui offrir la possibilité de publier dans ma collection «Méditations théologiques» *Juifs et chrétiens: introduction au dialogue*, le premier livre d'un non-chrétien à y paraître. «C'est un étincelant témoignage qui propose aux juifs une excellente information sur le christianisme», pourrai-je lui écrire (25 février 1976).

Que personne ne prétende me faire la leçon sur l'« authenticité » de mon dialogue avec les juifs et les musulmans ! Je me suis en effet très vite confronté aux autres interprétations du judaïsme : celle de Schalom Ben Chorin, écrivain érudit et sympathique qui était venu me voir à Tübingen (21 juin 1975), mais aussi celle d'Ernst Bloch, le philosophe marxiste, avec lequel Jürgen Moltmann, le théologien protestant, Helmut Fahrenbach, philosophe, et moi-même avons tenu un colloque le 30 juin 1975. Je reprendrai par la suite ces expériences et ces apports dans *Le Judaïsme* (1991), le premier volume de ma trilogie sur les religions abrahamiques (partie B, « Le litige entre juifs et chrétiens »).

Et la pratique chrétienne ?

Soucis sans fin : comme toujours, je fais relire et corriger par mes deux plus étroits collaborateurs, Hermann Häring et Karl-Josef Kuschel, les pages que j'ai d'abord écrites à deux reprises à la main, puis je leur redonne un coup de peigne. Walter Jens, mon ami et collègue, revoit les chapitres terminés. Je fais aussi vérifier les passages difficiles par des experts : ceux sur les religions du monde par Julia Ching (Canberra) et par le professeur Heinrich Dumoulin, ceux sur le Nouveau Testament par mon collègue Gerhard Lohfink, enfin les chapitres théologiques par mes collègues Alfons Auer et Wilhelm Korff.

Les parties A (« L'horizon »), B (« La coupure ») et C (« Le programme ») de mon introduction sont définitivement terminées le 6 juin 1974. À 2 h 08, je prends le train de nuit à Westerhellig pour Nimègue où se tient la session de *Concilium*. On peut comprendre que, épuisé comme je le suis, j'aie laissé tomber la partie D, « La pratique chrétienne ».

Mais quand je fais part de cette décision à Jens, mon fidèle accompagnateur littéraire, il proteste violemment : je ne dois absolument pas omettre ces chapitres pour lesquels j'ai déjà accumulé un matériau considérable (sur la théologie politique et l'éthique de la liberté). Et Hermann Häring et Karl-Josef Kuschel sont prêts à s'engager à fond et jusque tard dans la nuit pour relire les versions déjà rédigées par écrit, les discuter, les repenser et les améliorer. Cela oblige parfois ma secrétaire à retaper jusqu'à douze fois certaines pages, à une époque où il n'existe pas encore d'ordinateur.

Et, sans soupirer, je me remets une fois de plus au travail. Je reprends tout d'abord le chapitre sur la pratique chrétienne : « Pourquoi rester dans l'Église ? » Alors déboulent toutes les demandes de réformes concrètes, mais aussi l'appel sans cesse repris contre une résignation de plus en plus généralisée. Je termine par une brève description de la nature et de la fonction de l'Église. Un deuxième grand chapitre traite de la pratique chrétienne personnelle : tout d'abord l'affirmation de l'autonomie des normes de l'humanité (amorce de « l'éthique mondiale » à venir), puis les raisons qui fondent la théonomie des croyants, et finalement le caractère propre d'une éthique spécifiquement chrétienne, celle de la « suivance de Jésus » : elle ne consiste ni en imitation ni en piété : il s'agit de s'engager dans la direction suivie par Jésus en trouvant son propre chemin – car chacun a le sien propre –, en suivant ses indications. J'aborde aussi largement les grandes questions sociales dont j'ai déjà parlé à propos de la théologie de libération. Enfin le message chrétien essentiel, celui de la croix, que j'aborde d'abord en critique, en montrant comment en fausser le sens, en faire mauvais usage. Il ne s'agit donc pas de chercher la souffrance, mais de l'admettre. Non pas seulement en la supportant, ni non plus en la combattant, mais en la travaillant.

Je suis très heureux de pouvoir finir mon livre sur le thème de ma jeunesse, celui qui était au cœur de la Réforme : la justification de l'homme devant Dieu ; en quoi consiste-t-elle, et en quoi ne consiste-t-elle pas ? Le chapitre final se termine par un appel à une pratique de la liberté qui doit s'incarner dans la législation et dans une lutte contre la violence et contre la surconsommation. Enfin une dernière page sur la façon dont la vie humaine se transcende dans une vie chrétienne comprise comme un humanisme radical, dans une capacité d'intégrer et de surmonter aussi l'inhumain, le négatif, la souffrance, la mort et l'absurdité. Je résume le tout par une seule phrase qui reste encore ma devise :

> En marchant à la suite de Jésus-Christ
> L'homme peut, dans le monde d'aujourd'hui,
> Vivre, agir et mourir de façon vraiment humaine :
> Dans le bonheur et dans le malheur,
> Au cours de sa vie et à l'heure de sa mort,
> Soutenu par Dieu et prêt à servir les hommes[1].

1. H. KÜNG, *Être chrétien*, tr. fse H. Rochais et A. Metzger, Éd. du Seuil, 1974, p. 707.

Entre-temps, je pensais qu'allait se découvrir le titre que je devais donner au livre. J'aime les titres avec un point d'interrogation. Je décidai donc pour *Vivre en chrétien ? Une introduction.* Mais Klaus Piper, mon éditeur, dont le flair en la matière est très aiguisé, me proposa *Être chrétien*, sans aucun ajout. Un titre inhabituel où on ne sait même pas si on doit s'imaginer en finale un point, un point d'exclamation, un point d'interrogation, ni si le « être » indique un fait ou un devoir. Mais c'est ce qui le rend intéressant, et, effectivement, il s'imposera si vite qu'on finira par parler couramment de *Être chrétien.*

C'est le samedi 27 juillet 1974, entre 1 heure et 2 heures du matin, que je mets enfin le point final à mon manuscrit. Avec Hermann Häring et Karl-Josef Kuschel qui m'ont accompagné jusqu'à la dernière minute, nous pouvons nous exclamer : « Fini ! » Je fais passer le disque de l'Alléluia du *Messie* de Haendel, mais je suis soudain submergé par l'émotion et je dois me retourner vers le classeur pour cacher mes larmes aux autres. Nous restons ensemble jusqu'à l'aube et nous fêtons la conclusion de cet énorme travail de plusieurs années. Nous n'oublierons jamais ces heures studieuses et, depuis lors, nous sommes toujours restés des amis fidèles.

À Hans Urs von Balthasar qui s'interrogeait sur la vie chrétienne en partant du théâtre, et qui venait justement de m'envoyer le premier volume de son imposante *Théodramatique* écrite en ce sens, avec en dédicace l'*understatement* suivant : « Une théologie bohémienne », je pus écrire avec reconnaissance : « C'est une véritable aventure que de partir du Jésus de l'histoire pour en arriver au Jésus prêché, sans s'épargner aucune question gênante. Je te l'ai déjà dit de vive voix : il ne s'agit de rien de moins que de redonner aux hommes de notre temps la base sur laquelle ils peuvent fonder leur foi, en commençant par tous ceux qui sont *extra ecclesiam.* Je ne peux pas encore m'imaginer les nouvelles difficultés que cela pourra me valoir avec Rome, mais, en pensant aux lecteurs potentiels vraiment en recherche de la vérité, je n'ai pas à en tenir compte ; oui, de la première ligne à la dernière, c'est vraiment de vérité en vérité qu'il s'agit. » Mais j'ajoute : « Je serais heureux du fond du cœur d'en avoir fini avec tous ces embarras de la politique ecclésiastique qui n'aident personne. L'histoire de *Infaillible ?* n'est malheureusement pas encore terminée. »

Hélas, cette dernière phrase n'est que trop vraie !

« Suspension » du procès doctrinal.

Nouveau va-et-vient entre le cardinal Döpfner et moi-même[1]. Le 4 septembre 1974, je réponds encore à une lettre de la Congrégation de la foi : je soulève une fois de plus toute une série de graves difficultés concernant la justesse de mon procès et je précise quelques propos théologiques concernant les critères de la foi et du magistère. C'est un souci de tous les jours, et je suis prêt à toutes les corrections qu'on me proposera si on les justifie. « Je les accepterai même avec gratitude, répondis-je, en prenant tout le temps de la réflexion que me suggère la Congrégation afin d'améliorer mon enseignement, ainsi que c'est le devoir de tout savant sérieux et en particulier de tout théologien sérieux. »

Entre-temps, *Être chrétien* est paru. Le 3 octobre 1974, encore à Sursee, à ma grande joie j'en tiens le premier exemplaire entre les mains, et le 10 octobre, jour anniversaire de mon ordination, je peux le présenter à la presse lors de la Foire du livre de Francfort. Les évêques ne vont-ils pas enfin mieux comprendre le caractère constructif de mon travail ? Le cardinal Döpfner et le professeur Lehmann ont eux aussi reçu l'ouvrage que je leur ai fait envoyer à Rome, où ils sont pour le synode des évêques : *captatio benevolentiae* ! Karl Lehmann en lit tout de suite 400 ou 500 pages et me dit qu'il reviendra sur cette « immense prestation » (24 octobre 1974) : il s'inquiète d'un accord à venir (2 décembre 1974). Le 4 décembre, après son retour de Rome le cardinal Döpfner me remercie sèchement : « J'ai lu quelques "pages choisies". Il m'a fallu beaucoup de temps et d'efforts pour trouver trace du souci pastoral par lequel tu motives ce livre. » Mais aussi : « J'ai aussi trouvé toute une série d'expressions dont je suis persuadé qu'elles sont inutiles pour le but que tu dis poursuivre, et je pense même qu'elles en éloignent. Tu ne favoriseras pas une issue judicieuse de ton procès à Rome. »

C'est accablant : *Être chrétien* n'intéresse que peu le président de la Conférence des évêques allemands, mais ce qui le préoccupe, c'est le procès à Rome. Son séjour là-bas lui a donné « l'occasion de discuter à plusieurs reprises de l'affaire » : « J'ai l'espoir que, en dépit de toutes les difficultés, on en arrivera finalement

1. Pour les développements de ce chapitre, voir Dokumentation II, phase I, n° 1 à 31.

à une solution raisonnable. Il m'est toutefois apparu clairement qu'il est difficile d'obtenir ta collaboration pour ce faire. Je ne peux pas t'en dire plus pour le moment. » Mais que signifie : « ta collaboration » ? Le 11 décembre 1974, je le remercie pour son intervention à Rome et son souci d'une « solution raisonnable ». « Cela me semblait toujours se traduire par un arrêt à l'amiable du conflit. »

Mais la Congrégation de la foi n'entend pas laisser reposer la chose. Avec le cardinal, elle a très exactement monté le coup. Le 14 février 1975, celui-ci m'invite à Munich et je le rencontre en présence du professeur Johannes Neumann, canoniste de Tübingen, et du Dr Josef Homeyer, secrétaire de la Conférence épiscopale et futur évêque de Hildesheim. Tout a été soigneusement préparé en coulisse, à Rome. On m'informe de vive voix de deux nouvelles déclarations, l'une de la Congrégation de la foi, l'autre de la Conférence épiscopale. Mais je ne puis pas les voir, bien qu'elles soient sur le bureau du cardinal. Toujours ce petit jeu peu honnête ! Je devrais y être rompu. « Un nouvel orage va se déclencher sur moi, guidé à la fois de Rome et d'Allemagne. La radio va l'annoncer, écrivis-je la même semaine à un collègue hollandais. Vraiment, il faut être un montagnard accoutumé aux orages pour tenir encore debout après l'aventure de ce livre. »

Effectivement je suis submergé par une avalanche de documents magistériels soigneusement préparés par Rome et par ses complices allemands. Trois jours après l'entretien de Munich, le 17 février, la Congrégation de la foi publie à Rome une étonnante déclaration : pour l'instant, elle « suspend » formellement les deux procès engagés contre *L'Église* et *Infaillible ?* Une grande opération qui n'est pas clairement transparente, mais qui vise, sous certaines conditions, à me réduire au silence. Car tout cela ne semble se passer que dans l'espoir (dont nous reparlerons) que je me tiendrai désormais tranquille, ce que je ne songe pas du tout à promettre. Tout comme lors de la déclaration *Mysterium Ecclesiae* de 1973, tout est concocté au niveau des états-majors, comme pour mettre en branle toute l'armée de l'Église. La Conférence épiscopale allemande soutient sans limite la déclaration romaine en en faisant une deux fois plus longue ; les deux documents, que l'on aurait facilement pu me donner de la main à la main à Munich, me sont rapidement transmis par courrier exprès avec une longue lettre d'accompagnement du cardinal Döpfner. Le 20 février, il commente le tout à Bad Honnef dans une conférence de presse, en y ajoutant un papier encore plus long où on rétablit mon honneur personnel.

Ces déclarations, dépourvues de toute argumentation théologique sérieuse, condamnent toutes mes conceptions : 1) des dogmes de foi et de l'infaillibilité ; 2) du magistère ; 3) de l'eucharistie, que, en cas d'urgence, un fidèle baptisé non ordonné peut célébrer. Aucune de ces idées ne correspond à la « doctrine de l'Église ». Le 19 février, j'ai avec le cardinal la conversation téléphonique qu'il avait souhaitée dans sa conférence de presse, mais sans qu'il en résulte rien de nouveau.

Pour cette « suspension » du procès, peut-être me faut-il encore réfléchir ? Le 20 février, je donne pour ma part une conférence de presse accompagnée d'une interview et d'une émission d'une demi-heure à la télévision allemande. J'y fais remarquer :

1) que les deux déclarations ne contredisent en rien ce que j'ai affirmé en en fournissant explicitement les preuves ;

2) que la suspension du procès constitue un aveu public de la Congrégation de la foi : elle n'a pas pu mener à bien le procès secrètement engagé contre moi, en particulier parce qu'on se refusait à m'en communiquer les actes ;

3) que la Congrégation de la foi n'a pas voulu accepter ma proposition de laisser les choses reposer et que j'ai dû à nouveau voir ma crédibilité remise en cause.

Chose importante : je ne promets ni de me taire ni de me repentir, alors même que c'était ce que semblaient souhaiter Rome et les évêques. Tout au contraire, en conclusion de ma conférence de presse, j'affirme que je ne cesserai pas de répondre dans l'Église catholique à ma tâche de théologien au service des hommes, cela dans un esprit œcuménique de solidarité critique, et que je continuerai à présenter la doctrine catholique telle qu'on peut la défendre à partir du Nouveau Testament et de la grande tradition chrétienne. Je consentais bien sûr à réfléchir à nouveau en toute responsabilité théologique sur ma méthode et sur le contenu de ma théologie tout en souhaitant que les évêques allemands adoptent les mêmes principes de base, même si cela ne devait avoir que peu de conséquences sur la méthode et le contenu de la théologie romaine.

Le professeur Karl Lehmann, remarquablement bien au courant du cours des choses, m'écrit en date du 16 février qu'il était « heureux qu'on ait pu empêcher l'application d'une quelconque mesure disciplinaire... Aucun autre que toi n'aurait pu obtenir cette solution. Peut-être n'es-tu cependant pas pleinement satisfait de l'issue de l'affaire. C'est même inévitable, mais je peux t'assurer que, pour autant que je le sache, tous les protagonistes se sont efforcés de faire pour le mieux. » Innombrables furent les commentaires de la presse internationale à signaler l'ambiguïté de la situation : « Conflit réglé ? » ; « Renonciation à toute grave mesure disciplinaire » ; « La question de Küng reste posée » ; « Un souffle de sagesse », « Une mise en muselière par Rome » ; « Main de fer dans un gant de velours »...

Toujours est-il que j'ai peut-être enfin la paix. Que ce serait beau d'en avoir fini avec ce conflit ! Le 26 février 1975, en dépit de mon hésitation, j'écris une lettre personnelle au cardinal Döpfner où je lui dis mon grand et chaleureux merci « pour tous ses efforts de médiation qui avaient pu détourner la menace d'une confrontation généralisée ». Je le remercie tout particulièrement pour m'avoir rendu mon honneur dans sa déclaration de presse : il y avait dit reconnaître mon engagement et mon souci pastoral et reconnaître aussi combien mon langage était simple et compréhensible : « On n'en est jamais arrivé à un point où il aurait fallu remettre en cause, non pas seulement toute l'orientation du professeur Küng concernant quelques problèmes – certes très essentiels –, mais toute sa théologie. Mais cette critique n'a rien à voir avec son intégrité de chrétien et de prêtre. »

Tel est bien l'espoir que j'exprime au cardinal : « Ainsi se termine pour tous les protagonistes cette période dont tu as dit publiquement qu'elle était désagréable pour tous, et je me réjouis de penser que, à l'avenir, nous pourrons nous consacrer ensemble à ce qui est le plus important, la cause du christianisme. » Mais il devait être déçu. Car, ce à quoi je ne touchais pas dans ma conférence de presse, la prise de position de la Conférence épiscopale sur le procès touchant *L'Église* et *Infaillible ?* avait bien eu lieu sans que j'aie à comparaître devant les évêques ou devant Rome et sans que le procès soit mené à bien, mais elle n'en comportait pas moins de façon surprenante une dure critique de mon livre *Être chrétien*, et elle ouvrait donc un nouveau théâtre de guerre. À qui devais-je cette nouvelle agression ? Et à quoi servent les procédures concernant les questions de doctrine si ceux qui les promulguent ne pensent pas s'y tenir ? Toutefois, dans la situation du moment, il me semblait plus judicieux de passer sous silence cette attaque inattendue portant sur *Être chrétien*. Mais, à la longue, comment me taire alors que de l'autre côté articles et conférences ne cessent de le critiquer ? C'est ainsi que, à Bonn, une grande affiche annonce : « Le professeur Adolf Kolping : le cas Küng. Bilan positif ou négatif ? » Et en juillet, le pape Paul VI profite de l'occasion offerte par la béatification de Carlo Steeb, fondateur d'une congrégation religieuse allemande, pour critiquer de façon acerbe « les courants libéraux et destructeurs » de l'université de Tübingen.

La petite interpellation lancée au gouvernement par Peter Conradi, député de Stuttgart au Bundestag, sur les entraves à la liberté d'enseignement dues à des instances étrangères ne me paraît en tout cas guère opportune à cet instant précis.

Mais je ne pouvais alors soupçonner que mon nouveau livre allait me conduire à affronter un conflit encore plus violent (et aujourd'hui infiniment moins compréhensible) que celui qui venait de s'achever.

Un best-seller inattendu.

Je ne m'y serais vraiment pas attendu. Outre que, j'en suis convaincu, on ne peut planifier un best-seller, il faut pour qu'un livre le devienne qu'il corresponde au *kairos*, au bon moment. Un livre de 200 pages, tel que je l'avais prévu à l'origine pour mon « introduction au christianisme », aurait pu avoir ses chances. Mais *Être chrétien*, avec ses 676 pages relativement compactes ? Sûrement pas ! Même une bonne réclame éditoriale de Piper et une conférence de presse bien achalandée à la Foire du livre de Francfort n'y pourraient rien. Et pourtant ! À peine paru, l'ouvrage grimpe sur l'échelle des meilleures ventes du *Spiegel* et atteint bientôt son sommet. Pendant des mois, il reste à la seconde place, entre les deux tomes de *L'Archipel du Goulag* de Soljenitsyne. Dès janvier 1976, on en a déjà imprimé 100 000 exemplaires, et en avril 160 000. Quelle chance pour l'Église à une époque où les lettres pastorales et la littérature pieuse passent à peu près inaperçues. Innombrables lettres de remerciements de lecteurs, compliments de vive voix... On prépare des éditions en français, en anglais, en hollandais, en italien, en portugais, puis en russe et en coréen. *Vingt thèses sur Être chrétien*, qui prolongera le livre, sera même traduit en finnois, en danois, en tchèque et en hongrois.

Des collègues envieux disent que ce succès mondial est dû aux interventions romaines contre moi. C'est oublier que déjà ma thèse sur la justification (1957), à l'époque celle d'un jeune homme parfaitement inconnu, a été un best-seller *théologique* et l'est longtemps resté, que mon ouvrage *Le Concile et la Réconciliation* (1960), livre programme pour Vatican II, puis *L'Église* (1967) et *Infaillible ? Une interpellation* (1970) ont eux aussi été des best-sellers *religieux*, cette fois internationaux. Mais mon premier best-seller en termes absolus, c'est *Être chrétien*.

En matière théologique et religieuse, la grande recette médiatique : « Plus il y a de controverse, meilleur c'est », n'est en rien absolue. Ludwig Kaufmann (de la revue zurichoise *Orientierung*), un jésuite suisse bien disposé à mon égard, m'a bien posé la question : « Finalement, la Conférence épiscopale allemande ne fonctionne-t-elle pas comme une agence de publicité de Küng ? » Mais *Être chrétien* n'a finalement rien d'un livre scientifique sujet à controverse. D'ailleurs la publicité de livres explicitement controversistes tels que *Le Péché mortel de l'Église* et *Hérétique en Allemagne*, de Horst Hermann, ou *Éros et le clerc : le drame du célibat*, de Hubert Mynarek, a clairement montré ses limites. Inversement mon livre suscite tout de suite des recensions élogieuses dans des revues telles que *De Tijd*, aux Pays-Bas, ou *Vida nueva* en Espagne. Même en Union soviétique, où le système clandestin de publication, le Samizdat russe ou estonien, lance l'ouvrage, la façon dont celui-ci remet en question l'athéisme suscite une telle attention que *Nauka i religija* (« Science et religion »), la revue à grand tirage de l'athéisme, publie un article polémique d'un certain B. J. Kryweljow qui présente « le père Küng, libre-penseur », (c'est le titre !) comme un hérétique que le Vatican même a surcoupé.

Un tel succès m'ancre dans ma conviction qu'une nouvelle façon d'aborder le vieil Évangile pour un temps nouveau peut susciter l'attention et la sympathie. Que, bien au contraire et en dépit de son matériau biblique, une christologie conventionnelle comme celle que propose à la même époque mon collègue Walter Kasper sous le titre *Jésus, le Christ* ne peut atteindre qu'un public catholique restreint. Seuls une douzaine de théologiens ultra-conservateurs, protestants (Beyerhaus, Wickert) ou traditionalistes romains (autour de Mgr Raber), dans l'ensemble des amis de Ratzinger, peuvent encore se rassembler à Ratisbonne pour une discussion interconfessionnelle sur l'expansion des hérésies. On ne s'en serait que plus attendu à ce que, en dépit de ses préférences pour une dogmatique plus traditionnelle, la hiérarchie catholique se réjouisse hautement d'un ouvrage comme le mien. Mais cela se passe d'une tout autre manière. La première attaque vient cependant d'un côté inattendu.

Mon image dans « le miroir ».

De façon générale, *Der Spiegel* avait soutenu mes appels à des réformes. Je n'avais donc aucune raison de lui interdire un coup d'œil sur les épreuves. Mais, dans le numéro du 16 septembre, donc dès avant la parution du livre, Manfred Müller, le rédacteur en chef, un ancien vicaire, en avait rédigé une analyse caricaturale, par ressentiment ou sur avis venant de haut : un article « à l'effet dévastateur », comme me l'écrivit le 1er septembre 1974 Otto Hermann Pesch, mon collègue catholique, mais que personne n'était en état de contester. Plus d'un lecteur put croire que je voulais me jeter sur Rome, toutes griffes dehors, et lancer une offensive générale.

Mais j'ai soigneusement réfléchi et bien ciselé ma riposte à « mon image dans le miroir[1] ». Après l'avoir lue, la rédaction du *Spiegel* la refuse – mettais-je trop les pieds dans le plat ? Je sollicite alors le FAZ[2], qui jusque-là avait toujours eu pour politique d'ignorer *Der Spiegel* ou de ne le citer qu'indirectement. Mais à l'étage supérieur de la maison, on décide de publier mon texte le 2 septembre, car « sa signification dépasse de beaucoup ce qui l'occasionne, et, indépendamment de la polémique, elle mérite l'attention générale ».

Je ne peux citer ici que mon introduction :

> Est-ce donc là mon image en miroir ? Celle d'un critique radical de l'Église, d'un destructeur du dogme, d'un mécréant qui « détrône » en riant les vérités les plus sacrées et qui sape ainsi les fondements de l'Église sans avoir le courage d'en prendre enfin congé ? – C'est ce qu'on aurait pu s'attendre à lire dans des feuilles locales de catholiques traditionalistes, mais on ne pourra que s'étonner de l'entendre dire le 16 septembre 1974 par une feuille aussi éclairée que *Der Spiegel*. Mais je le dis d'avance : je ne me reconnais pas dans le « miroir » (le *Spiegel*). On va parfois s'amuser à se regarder dans les miroirs déformants de

1. Mon image dans le *Spiegel (NdT)*.
2. *Frankfurter Allgemeine Zeitung*, grand journal allemand de tendance plutôt conservatrice *(NdT)*.

certaines baraques de foire. Ici, le rédacteur de l'article propose un amusant spectacle d'abruti : celui du Vatican qui se lamente devant les ruines de ses dogmes extravagants tandis que Küng reste dans son coin.

Poursuivant dans ce style, j'aborde les points théologiques difficiles en m'élevant contre les déformations de ma présentation de la naissance virginale ou de la résurrection. Puis ma conclusion générale :

N'a-t-on pas remarqué comment *Der Spiegel* dont maints articles avaient précédemment présenté de façon exacte et instructive ma cause, a entre-temps contracté une alliance fatale avec les groupes traditionalistes catholiques et avec l'Inquisition vaticane ? *Der Spiegel* aurait-il récemment trouvé intérêt à me voir quitter l'Église, comme le souhaiteraient les extrémistes de Rome et d'autre part ? Devrait-on une fois de plus en revenir au vieux jeu de l'union de la gauche et de la droite pour liquider un centre trop critique ? Faut-il aller supplier les autorités supérieures de ne plus tolérer davantage ses théologiens en leur retirant au besoin leur habilitation à enseigner et en les aidant à prendre congé de l'Église ? Ou, sans plus d'ironie : tel qu'il est écrit, l'article du *Spiegel* pourrait figurer sans coupure ni changement dans n'importe quelle feuille traditionaliste. Pour moi, bien sûr, l'inquisition venant de la gauche ne saurait avoir plus de signification que celle de la droite : c'est toujours de l'hypocrisie.

En conclusion, ma prière : « On peut souhaiter voir *Der Spiegel* continuer à répondre à son objectif : informer et éclairer le public en matière de religion et de théologie. »

Ma réponse prend donc carrément à partie le journal. Des feuilles suisses la reprennent : les *Basler Nachrichten* et les *Neuen luzerner Nachrichten*. Qu'en sortira-t-il ? Fort sagement, aucun des théologiens envieux de la publicité dont je bénéficie ne se risque à prendre la parole.

Dialogue avec Rudolf Augstein, fondateur du « Spiegel ».

Fort heureusement, cette confrontation inhabituelle ne débouche pas sur une petite guerre du *Spiegel* contre mon livre ni contre ma théologie. Sans doute un « communiqué de la maison » défend-il le rédacteur, mais c'était le minimum que devait faire la direction après le savon que je venais de lui passer en public et qui devait avoir quelque effet. Car *Der Spiegel* publie ensuite une nouvelle série d'articles sur le Vatican dont chacun commence par une citation de *Être chrétien*. Cela me donne l'occasion d'écrire personnellement à Rudolf Augstein, l'éditeur, le 2 octobre 1974 : « En dépit des divergences de nos positions, je ne tiens pas à une fausse bagarre qui ferait perdre au *Spiegel* sa crédibilité concernant la théologie et l'Église, celle que vous méritez, à considérer ce premier article sur le Vatican. Pour ma part, ce n'est pas ce que je cherche. »

En 1972, Rudolf Augstein s'était déjà fait connaître au public par un livre de théologie de 500 pages, *Jésus Fils de l'homme*[1], mais avait été mal conseillé par son nègre. Les spécialistes l'avaient critiqué à fond à cause du choix et des interprétations tendancieuses des textes de l'Écriture, ainsi que pour la façon arbitraire dont il avait usé de la littérature spécialisée. Dans ma prise de position sur le livre, j'avais fait montre de plus de retenue que les autres, car les problèmes qu'il soulevait étaient bien réels et ne faisaient que traduire la profonde désillusion de beaucoup d'anciens catholiques devant le blocage des réformes de Vatican II, ce que j'entendais respecter. Le dernier chapitre d'Augstein, celui auquel conduisait tout le livre, me semblait de plus mériter réflexion : « Que se passerait-il sans lui ? » Oui, quoi, sans Jésus ? La seule alternative qu'Augstein proposait à la foi, c'était : « Il n'existe aucun Dieu que nous puissions connaître et dont nous devrions parler. [...] Devons-nous vivre sans religion ? [...] Il ne nous reste rien, aucune issue. [...] Bien sûr, nous devons continuer à vivre. Comment ?... En organisant raisonnablement une existence totalement banale. Nous devons tenter de tirer le meilleur parti possible de notre vie et de la société. Nous n'améliorons rien, tout au plus ne sommes-nous pas devenus pires que jadis. »

C'est donc cela, l'alternative à la foi chrétienne en Dieu ! Je respecte cette attitude, et je n'entends pas la ridiculiser. Bien des athées sont plus crédibles que des chrétiens. Mais j'ai quand même des questions à poser à Augstein. Devons-nous élever nos enfants et la nouvelle génération sans aucune croyance, en leur apprenant simplement à gérer leur vie de façon purement raisonnable, sans orientation ultime, sans sens profond, sans idéal supérieur, sans espoirs vivants ? Leur faudra-t-il ne trouver de

1. R. AUGSTEIN, *Jesus Menschensohn*, Gütersloh, 1972.

soutien qu'en eux-mêmes, dans une raison si facile à égarer, à induire en confusion ? Livrés à tous leurs désirs, aux pressions, aux idéologies de notre époque ? Ne pouvons-nous leur fournir aucune réponse aux questions si pressantes que pose la vie de l'homme ?

Ce sont les mots que je reprends dans mon allocution à « Parole pour le dimanche » du premier dimanche de l'avent, le 3 décembre 1974, lors de sa première émission télévisée en langue allemande (bien que le public l'ait bien accueillie, ainsi que les deux suivantes, on me tiendra par la suite à l'écart de cette émission qui est sous le contrôle étroit de la hiérarchie). Je ne daigne y faire aucune allusion au propos d'Augstein suivant lequel « le jour où il ira à Rome faire allégeance, le conseiller au concile, le Suisse intrépide, Hans Küng, classe 1928, tiendra aussi fermement que Rahner qu'il existe bien des doctrines infaillibles du pape et des conciles ». Je ne suis pas Rahner. Dans ma lettre à Augstein, je le constate sèchement : « Si je n'ai pas répondu à ce que vous insinuez dans votre livre sur Jésus, lorsque vous dites que, si j'allais prêter allégeance à Rome, je baisserais le ton, c'est que tout ce que j'ai pu dire ou faire au cours de ces dernières années n'a cessé de prouver le contraire. »

En conclusion, je rappelle à Augstein que je pensais bon d'avoir un entretien personnel « off » avec lui, de façon à clarifier nos positions mutuelles. « Cela permettrait mieux qu'une publication de bien marquer le sérieux du conflit où je suis engagé avec Rome. Mais je ne sais pas si vous-même tenez à un tel échange privé. »

La réponse d'Augstein, le 4 novembre 1974, est amicale : « Nous pourrons volontiers nous voir. » Il me dit à propos d'un prochain article : « Ma promesse, qui ne doit pas être une "promesse", c'est que notre entretien sera tout aussi franc que l'a été jusqu'ici votre comportement à mon égard. Bien sûr, je ne resterai pas sur la réserve. Devrais-je l'être, d'ailleurs ? Réservé signifierait dans ce cas que je resterais en marge, sans prendre position. Alors à bientôt aussitôt que possible. Votre Rudolf Augstein. »

Le 8 novembre 1974, à l'occasion de ma conférence de presse sur *Être chrétien*, je lui envoie mon exposé et je remarque : « Est-ce que ma théologie "post-infaillibiliste" – ce qui est plus qu'une reprise d'une controverse à mes yeux déjà réglée – me vaudra une rebuffade de Rome ? Je répondrais à la fois par oui et par non. Mon livre n'a rien de ce qu'il faut pour stabiliser le système, puis-je seulement dire aujourd'hui. Quant à une "conversion d'un rebelle" *(Deutsche Zeitung)*, il n'en est pas question. Il s'agit d'une continuation tranquille et conséquente. Mais, quoi qu'il en soit, je suis très intéressé à l'idée de notre entretien et je souhaite qu'il nous entraîne plus loin. Et je suis très heureux que vous-même y soyez intéressé. »

L'article d'Augstein trouve grâce à mes yeux. Il confirme ce qu'il m'avait dit dans sa lettre, de sorte que je peux lui répondre : « Votre article n'est sûrement pas "réservé", mais pas pour autant déloyal. À part quelques arguments de détail, seul le triple reproche de déloyauté me paraît court-circuiter injustement ma pensée : pourquoi devrais-je être déloyal parce que je prends, en l'argumentant, une position que vous, vous considérez comme déloyale ? » Comme beaucoup d'anciens catholiques, Augstein semble ne pas pouvoir dépasser l'idée que celui qui émet une critique radicale de son Église catholique ne peut y demeurer sans se renier lui-même.

Mais, sur ce point, en dépit des différences de nos positions de fond, nous pouvons parfaitement discuter. « Pour aujourd'hui, il me suffit de vous remercier d'être entré aussi à fond dans mon livre et d'avoir corrigé après coup la fausse impression donnée par l'article de Müller. Je vous suis aussi reconnaissant de ne pas m'avoir obligé à réagir immédiatement devant le public. Contrairement à ce que vous attendez, il se peut fort bien que je sois contraint à un nouveau débat avec Rome. »

À quel point j'avais raison, je devais vite le constater. Mais que pouvait-on donc avoir contre un livre aussi constructif que *Être chrétien* ?

Un programme de réformes mal venu.

On se rappelle que, sans aucune discussion préalable (le cardinal Döpfner ne m'en avait pas dit un mot) et sans aucun examen théologique sérieux de *Être chrétien*, la Conférence épiscopale allemande avait ajouté une troisième partie à sa déclaration du 17 février 1975 où elle annonçait que « même s'il fallait reconnaître la pureté des intentions théologiques et pastorales » de l'auteur, on n'en devait pas moins constater que « cet ouvrage comportait toute une série de propos dont on ne voyait pas comment ils pouvaient s'accorder avec les principes énoncés précédemment». Et suivait «par exemple» pratiquement toute la liste des problématiques dogmatiques traditionnelles: «christologie, doctrine de la Trinité, théologie de l'Église et des sacrements, rôle de Marie dans l'histoire du salut».

Ainsi la Conférence épiscopale et ses acolytes, théologiens ou journalistes, dénigrent-ils *a priori* mon livre en public, alors qu'innombrables sont ceux qui y trouvent un soutien. Bizarre! En fournissant des bases solides à la vie chrétienne et en la concrétisant à partir de la recherche la plus moderne, ne permet-il pas d'améliorer la prédication, l'enseignement religieux et la formation des adultes? Je reçois pratiquement tous les jours des témoignages d'accord de catholiques aussi bien que de protestants. Pendant le Kirchentag protestant de Francfort, je discute trois soirs de suite, du 12 au 14 juin 1975, avec Heinz Zahrnt, théologien et journaliste protestant dont le livre *Aux prises avec Dieu: la théologie protestante au* XX*e siècle* (1966) a beaucoup contribué à une meilleure intelligence du christianisme. Devant cinq mille auditeurs nous échangeons sur le problème essentiel, celui de la vie chrétienne. «Qu'est-ce qu'un chrétien? Qui est chrétien? Et qui est Dieu?» Dès mon introduction, je soulève d'immenses applaudissements: «Je suis ici en tant que chrétien catholique, et rien d'autre.» Au terme de ce dialogue vraiment œcuménique, nombreux sont ceux qui se demandent ce qui sépare encore nos confessions.

Mais, plus encore que les propos dogmatiques, ce qui énerve les évêques catholiques ce sont mes continuels appels à la réforme, des appels qui sont d'ailleurs ceux de beaucoup d'autres mouvements catholiques. On croit devoir blâmer leur seule énumération. Manifestement, à en croire les «maîtres de notre foi», on ne doit même pas en parler: c'est trop gênant, trop ennuyeux, trop populaire. C'est pourquoi je dois brièvement les soumettre au jugement des lecteurs: en matière d'œcuménisme, il faut tendre à une intégration véritable et de plus en plus poussée des Églises en promouvant leur réforme, la reconnaissance mutuelle des ministères, une prédication commune, des célébrations eucharistiques et une communion ouverte à tous, une mise en construction et un usage communs des églises et des autres installations, la collaboration au service de la société, l'unification croissante de nos facultés de théologie, de l'enseignement, la planification concrète de l'union par les instances ecclésiastiques au niveau national et universel.

En ce qui concerne particulièrement l'Église catholique, on doit régler ce qui ne l'a pas été au concile Vatican II, ce que demandent de façon de plus en plus pressante tant les fidèles que leurs dirigeants, ce pourquoi ils se battent : le choix des évêques par des organes représentatifs du clergé et du laïcat, celui du pape par un organisme d'évêques et de laïcs ; le libre choix laissé aux prêtres et aux évêques de se marier ou non, selon leur vocation personnelle ; le droit des laïcs de prendre des décisions avec leurs curés et leurs évêques selon un système bien pesé et en fonction de compétences précises ; une égalité reconnue canoniquement aux femmes dans les organes de prise de décision et en théologie ; la possibilité de les ordonner ; une attitude positive devant la sexualité, la régulation des naissances ; la reconnaissance du droit du couple d'user des moyens artificiels de contraception selon sa conscience.

Telles sont les demandes d'innombrables catholiques à travers le monde. Entre-temps, la restauration du système catholique a progressé, comme le fait fort bien voir la série de cinq numéros du *Spiegel* commencée le 24 octobre 1974 sous le titre *Vatican intime*. On y décrit de façon très exacte le personnel et les méthodes de management de l'État du Vatican. Le fait que chaque article soit précédé par une citation de *Être chrétien* n'a pas dû particulièrement plaire à la centrale romaine.

Au même moment, la commission de réforme du *Codex juris canonici* travaille en silence sous la présidence du cardinal Pericle Felici, un réactionnaire. Il s'agit de faire obstacle à toute réforme véritable grâce à de petites améliorations purement formelles du droit canon préconciliaire. On voit donc paraître un texte tout préparé sur le sacrement de mariage, « très insuffisant à tous les points de vue, biblique, théologique, ecclésiologique, psychologique, anthropologique, juridique », comme me l'écrit le 18 février 1984 Giuseppe Alberigo, historien italien du concile en recherche d'alliés. Le fait que même en Italie on ne peut plus imposer les lois canoniques sur la sexualité deviendra manifeste le 21 janvier 1977, lorsque, en dépit d'une violente opposition du Vatican et de la Conférence des évêques italiens, le Parlement légalisera l'interruption volontaire de grossesse. Mais on voit déjà poindre à l'arrière-plan l'appel à une réforme encore beaucoup plus importante.

Pour une revalorisation de la femme.

La discussion sur *Être chrétien* et mes thèses sur la situation de la femme dans l'Église et dans la société se recoupent. Il en va de bien plus que du sacrement du mariage. Car, au Vatican, ce sont des hommes, des célibataires de mentalité androcentrique, des ecclésiastiques préconciliaires, qui préparent la nouvelle version du droit canon. À la fin de l'année 1975, à la faculté catholique de Tübingen, nous sommes tous d'accord pour réagir contre ces tentatives de restauration.

Dans le cercle des éditeurs de notre *Quartalschrift* – la revue trimestrielle de théologie la plus ancienne du monde : elle a été fondée en 1819 – on décide de consacrer un cahier à « La femme dans l'Église et dans la société », sous la direction de Herbert Haag, le professeur d'Ancien Testament et de Walter Kasper, le théologien dogmatique (cahier 2/1976). Le 15 janvier 1976, la Congrégation romaine de la foi publie une déclaration parfaitement superflue « Sur quelques questions d'éthique sexuelle ». Elle est décevante sur toute la ligne, et les éditeurs de notre revue croient maintenant de leur devoir d'enseignants de prendre une position nuancée sur le sujet en l'expliquant méthodiquement et objectivement.

L'introduction est faite par deux professeurs de sociologie, Rosemarie Nave-Herz et Hilde Kaufmann. Elles jettent un regard d'ensemble sur les changements du rôle des femmes dans la société et sur la façon dont celles-ci proposent de le comprendre. Au centre du numéro, il y a un article de Johannes Neumann, notre canoniste, sur « Le rôle de la femme dans l'Église catholique aujourd'hui », puis, tout de suite après, mes seize thèses, que j'ai choisies avec Neumann, sur la femme dans l'Église et dans la société. Pour voir leur importance, il suffit de lire le titre de l'article que leur consacre la rédaction du *Times*, le magazine new-yorkais du 23 mai 1976 : « Féminisme : une nouvelle Réforme », et en sous-titre : « Un théologien catholique dissident cloue ses thèses sur la libération de la femme sur la porte de l'Église ». Même celui qui ne comprend pas l'anglais fera le parallèle avec Martin Luther. Je n'en suis pas chagriné. En outre on n'a jamais été historiquement certain que Luther a vraiment cloué ses thèses à la porte de l'église du château de Wittenberg : on peut penser qu'il les a simplement prêchées et envoyées.

Toujours est-il que les miennes sont diffusées dans le monde entier, au grand déplaisir de la curie romaine.

Effectivement, dans la ligne de *Être chrétien*, j'y développe un vaste programme de réforme concernant la situation de la femme dans l'Église et dans la société. La thèse la plus discutée, et donc la plus citée, est la quinzième :

Il n'existe aucune raison théologique de refuser le presbytérat des femmes. Il faut comprendre la composition uniquement masculine du collège des douze apôtres à partir de la situation culturelle de l'époque. Les raisons que la tradition donne pour justifier l'exclusion de la femme (« C'est par la femme que le péché a été introduit dans le monde » ; « La femme n'a été créée qu'en second » ; « Elle n'a pas été créée à l'image de Dieu » ; « Elle n'est pas pleinement membre de l'Église » ; le tabou des règles) ne peuvent se réclamer de Jésus et ne relèvent fondamentalement que d'une diffamation théologique. Étant donné ce que nous savons du rôle de certaines femmes (Phoebé, Prisca) dans l'Église primitive et du fait de la place totalement nouvelle que prennent les femmes dans l'économie, les sciences, la culture, l'État et la société, on ne peut différer plus longtemps leur admission au presbytérat. En matière de valorisation de la femme, Jésus et l'Église primitive étaient en avance sur leur époque. L'Église catholique actuelle boite loin derrière son temps et derrière d'autres Églises.

La seizième thèse tire la conclusion :

Si l'Église catholique hésitait devant les réformes nécessaires en prétextant de l'extrême réserve des « Églises sœurs » conservatrices, ce serait un faux œcuménisme. Au lieu d'user de celles-ci comme alibi, il vaudrait mieux les inviter à se réformer elles-mêmes. L'Église catholique devrait plutôt prendre exemple sur nombre d'autres Églises protestantes.

Je suis saisi d'effroi quand je relis tout cela aujourd'hui. Non pas à cause du contenu de ces thèses, mais parce que, après un quart de siècle, on attend toujours l'application de leurs points essentiels, et du fait qu'on puisse réimprimer pratiquement sans aucune modification mon petit livre *La Femme dans le christianisme* (4e éd., 2005). Au Vatican, on en a sûrement pris connaissance, et mes thèses sont d'ailleurs soutenues par mes collègues de faculté, par la plupart des théologiens et par une large part du peuple chrétien. Toujours est-il que le 27 janvier 1977, à la demande du pape Paul VI, la Congrégation de la foi du Vatican, exclusivement composée d'hommes, présente au public une longue *Déclaration sur la question de l'accession des femmes au sacerdoce* d'une surprenante raideur. La phrase centrale déclare : « Par fidélité à l'exemple de son Seigneur, l'Église catholique ne se sent pas habilitée à admettre les femmes au sacerdoce. » Comme si Jésus, qui n'était pas prêtre, avait ordonné des hommes prêtres ! Est-ce donc dans la Bible ? Par la suite le cardinal Ratzinger, mandaté pour cela par Jean-Paul II, affirmera que l'idée d'une ordination des femmes est contraire à la volonté de Dieu. Faisant appel au magistère ordinaire de l'ensemble de l'épiscopat, il déclarera cette doctrine « infaillible ». Encore la même question : *Infaillible ?*

Des membres de la nouvelle Commission biblique pontificale impliquée dans la déclaration m'ont par la suite affirmé que, en son sein, une majorité de douze voix contre cinq avait avalisé la thèse selon laquelle l'Église pouvait confier à des femmes le ministère de l'eucharistie et de la pénitence sans aller contre les intentions de Jésus-Christ. Mais la Congrégation de la foi avait bâti sa propre argumentation biblique, et celle-ci n'avait rien à voir avec celle de la Commission biblique.

Tous ces événements le montrent une fois de plus clairement : l'exégèse historico-critique n'a au fond pas trouvé sa place dans la doctrine romaine officielle telle que la présente la Congrégation de la foi, et celle-ci peut donc toujours bloquer les réformes bibliquement justifiées. Pour mener à bien ces réformes, il lui faudrait se transformer. En ne faisant que répéter les dogmes, elle ne peut que confirmer un rapport de force fondé sur une image de la femme totalement dépassée. Au lieu d'un *aggiornamento* conciliaire, on a droit dans tous les domaines à un immobilisme postconciliaire. Pourtant, en dépit de tout le négatif...

Contre un schisme de l'Église.

Comme nous l'avons vu, les documents du concile avaient été le résultat du compromis forcé entre la majorité progressiste du concile et la minorité conservatrice qui dominait son appareil. Ce compromis permettait aux deux parties de se réclamer de lui, ce qui ne pouvait que jeter l'Église postconciliaire dans le trouble et provoquer en son sein des polarisations. À l'extrême droite du spectre, on vit bientôt se profiler un regroupement qui, au départ, jouissait de la sympathie de la curie romaine, mais que (à commencer par Paul VI lui-même) on dut rappeler à l'ordre. À partir de ce moment-là, il n'y aura plus qu'un cas exceptionnel de protestation contre les pratiques inquisitoriales de la « droite », ce qui, par comparaison, conduira l'opinion publique à parler de ma « chute » à gauche et m'obligera à prendre position.

Autant j'étais pour les réformes, autant je m'opposais à tout schisme de l'Église. Nous devions à tout prix éviter les fautes de la modernité, du protestantisme : repliements sectaires sur soi-même, excommunications réciproques, éclatement en Églises multiples. Nous ne devons jamais devenir l'Église d'un parti, d'une mentalité, d'un niveau d'âge défini. Même les conservateurs, individus ou groupes, doivent pouvoir se trouver chez eux dans l'Église catholique. Être chrétien ensemble est plus important que le fait d'être traditionnel ou progressiste.

C'est à partir de cette conviction que j'intercède aussi en faveur de la Fraternité sacerdotale internationale Saint Pie X, le groupe traditionaliste fondé le 6 mai 1975 à Fribourg (Suisse) par Mgr Lefebvre, le vieil archevêque. Les évêques avaient refusé leur approbation juridique au petit groupe et à son séminaire installé à Écône, dans le Valais. Les catholiques traditionalistes se plaignirent alors vivement que les théologiens progressistes, et en particulier moi, les avaient calomniés à Rome.

Je pris position sur Écône dans un article du journal britannique *Times* du 28 août 1975, sous le titre « Rome doit trouver un moyen pour mettre fin au conflit qui ne cesse de croître dans l'Église[1] » et dans une longue interview de Hanno Helbling, rédacteur des pages culture dans le *Neue Zürcher Zeitung* du 3 octobre 1975. Je demande justice aussi pour les traditionalistes et plaide pour un dépassement des polarisations dans l'Église catholique et pour une tolérance réciproque. Je regrette ce conflit à cause des personnes qui y sont impliquées. J'ai moi-même fait l'expérience de ce qu'il en coûte spirituellement d'avoir continuellement à supporter un traitement désobligeant de la part des autorités ecclésiastiques.

Mais je dois en même temps protester vivement contre le parallélisme qu'on établit entre mon cas et celui de Mgr Lefebvre

1. « Rome Must Find a Way to Cope With the Growing Conflict Within the Church », dans *The Times* du 28 août 1976.

et d'Écône en marquant tout ce qui me différencie d'eux : je n'ai jamais contesté l'orthodoxie des autorités romaines et je n'ai jamais discrédité le concile en le qualifiant d'hérétique. Je n'ai jamais non plus fondé mon propre groupe (« progressiste ») ni cherché à imposer de façon doctrinaire ma vision des choses, ma façon d'envisager la formation des prêtres ou ma conception des séminaires. Je me tiens à l'écart de toute tendance schismatique. Je ne vois vraiment pas pourquoi Mgr Lefebvre a dû constituer son propre groupe et créer son séminaire particulier. N'y a-t-il donc pas dans notre Église assez de séminaires et d'évêques conservateurs ?

Je ne vois par ailleurs pas non plus – ceci en direction de Rome – pourquoi, dans certaines circonstances, on ne devrait plus pouvoir célébrer la messe en latin. Nous l'avons déjà fait lors de nos rassemblements annuels de *Concilium*, entre théologiens de langues diverses, qui comprennent certes tous le latin. Je ne vois pas non plus pourquoi nous, catholiques, nous devrions empêcher de recevoir la communion dans la bouche, à la manière d'hier, au lieu de la prendre dans la main, selon une manière plus ancienne encore. Le sens du renouveau ne doit pas consister à vouloir tout régler de façon uniforme. Selon Augustin, « autant de liberté que possible, autant d'obligations que nécessaire, le tout dans l'amour ». Ou au moins dans la justice.

Justice aussi pour les traditionalistes.

À cet égard, on pourrait et on devrait donner *a priori* raison à Mgr Lefebvre et aux siens. On ne saurait contester que, sur de nombreux points, les développements postconciliaires ont été beaucoup plus loin que les décisions du concile, et cela, non pas seulement *de facto*, mais aussi *de jure*, même parfois avec l'approbation de la direction de l'Église. Selon la constitution sur la liturgie, par exemple, le latin devait rester la langue du rite dit latin. On ne devait utiliser la langue vernaculaire que pour certaines parties bien précises de la messe. Mais un faux compromis pousse toujours à une solution claire : quelques années plus tard, le pape Paul VI permettait l'usage de la langue vernaculaire pour toute la messe, y compris pour la prière eucharistique (le canon).

Il en est bien ainsi. Prises à la lettre, les décisions du concile ne permettaient pas de résoudre tous les problèmes de l'Église des décennies suivantes. Dix ans après, un pas en avant bien réfléchi et qui porte au-delà des décisions d'hier est sûrement nécessaire sur bien des points. Dès lors que le pape et les évêques iraient chercher et adopteraient en les expliquant des réponses fondées sur la Bible et sur la grande tradition ecclésiale aux questions (qui n'ont rien d'ultra-progressistes) laissées ouvertes par le concile, on devrait pouvoir surmonter la stagnation et la polarisation actuelles et les appliquer de façon décidée.

Mais voici que maintenant le *Neue Zürcher Zeitung* publie les détails du comportement de Rome vis-à-vis de Mgr Lefebvre. Selon le journal, ils ne reflètent peut-être pas seulement l'outrecuidance des autorités, mais aussi leur désarroi concernant la façon de faire fonctionner de manière moderne ce vieil héritage du Moyen Âge qu'est l'Inquisition. Or la curie ne dément pas ce dont témoignait Mgr Lefebvre : trois cardinaux de curie commis à son affaire l'auraient invité à un « entretien » touchant « certains points » concernant Écône. Cet entretien du 13 février, continué le 3 mars, se serait révélé un interrogatoire sur le contenu de certaines déclarations antécédentes de Mgr Lefebvre sur le concile Vatican II. Celui-ci se serait trouvé en face de trois cardinaux préfets de congrégation et d'un secrétaire. La séance aurait été enregistrée sur une bande dont il aurait dû recevoir une copie, mais qu'on ne lui a ensuite pas permis de voir. Une fois de plus : l'Inquisition a peur de l'opinion publique.

Tout cela me le confirme : on m'aurait soumis à la même torture si je m'étais rendu à un tel « entretien » *(colloquium)*, sans aucune chance de gagner le « procès » qui aurait par ailleurs été mené selon le règlement romain. C'est là le style normal de l'administration de Rome. Là-bas, on ne connaît rien des règles juridiques modernes ni de la pratique actuelle du droit. C'est pourquoi mon commentaire sur ces événements est clair : « Tout comme j'ai demandé justice pour moi-même, je demande aussi justice pour nos traditionalistes, sans que l'on ait pour autant à avaliser leur vision des choses. Il n'y a pas à les soumettre à un "entretien" qui est en fait un interrogatoire ; ni à leur faire des promesses qu'ensuite on ne tient pas ; ni à faire montre d'outrecuidance à leur égard. Bref, pas d'Inquisition contre Écône ! » (*Neue Zürcher Zeitung*, 3 octobre 1975).

À Rome, on devrait envisager d'autres façons de régler les conflits. Il me semble que, en faisant montre de plus de compréhension envers les personnes concernées, au cours d'entretiens plus ouverts et plus autocritiques, fondés sur une meilleure théologie et sur le Nouveau Testament, et non plus sur le droit médiéval, on pourrait éviter d'en arriver à des extrêmes aussi dommageables. Toujours est-il que, le 10 mai 1976, je reçois des cercles d'Écône une lettre où on me dit la joie d'avoir vu un confrère reconnaître le zèle et l'idéal qui les animent, et on m'invite à rendre visite au séminaire pour me rendre compte par moi-même de ce qui s'y passe, ce que je pouvais d'ailleurs faire incognito. Je réponds le 24 mai que je suis heureux d'apprendre que la Fraternité sacerdotale ne rejette pas le concile comme tel et que je n'ai rien à objecter à une visite.

Mais en juillet 1976, le pape suspendra Lefebvre de sa fonction sacerdotale et épiscopale. Il n'en continuera pas moins à célébrer la messe selon le rite latin en présence de milliers de gens. Il n'a au reste rien d'un saint. Jadis archevêque de Dakar, il avait été élu supérieur général de l'ordre missionnaire des Spiritains et il avait rendu visite aux établissements allemands de l'ordre. Il conduisait modestement une simple 2 CV qu'on avait surnommée « le canard ». Malheureusement, me racontera par la suite un témoin oculaire, le moteur ne voulut pas démarrer. Lefebvre se mit à le tripoter minutieusement. Et voilà que l'auto bondit en avant. Éclat de rire général : « Notre supérieur général sait même réparer les autos ! » Ce rire fera par la suite que, lors d'autres visites, Lefebvre refera le coup de la réparation avec la même mise en scène.

Le 7 juillet 2007, en dépit de l'opposition de nombre d'évêques, Benoît XVI permettra à nouveau la célébration de la messe selon le rite médiéval et tridentin en le déclarant « forme extraordinaire d'expression ». Dans les souvenirs de sa vie, Joseph Ratzinger ne s'est jamais aussi longuement et aussi amèrement étendu sur l'époque postconciliaire (celle des troubles étudiants à Tübingen) que sur la réforme liturgique de Vatican II. Mais une survalorisation d'une messe médiévale fort éloignée des origines pourrait aussi avoir pour conséquence un nouveau schisme entre les tenants du rite médiéval latin et les paroisses qui célèbrent l'eucharistie en s'orientant sur la communauté primitive. On ne doit pas oublier combien une telle scission serait destructrice.

Je n'ai finalement jamais rendu visite à Écône, car le conflit autour de mon livre *Être chrétien* n'a cessé de s'amplifier, cela d'une façon fort peu réjouissante.

Un jeu un peu plus clair.

J'entends être franc : au cours de toutes ces controverses, je n'ai pas trouvé parmi tous les évêques de meilleur protagoniste que le cardinal Döpfner. Je le reconnais : de par ma position théologique et mes appels à la réforme, je suis un citoyen peu commode. Il n'y a aucun doute que, dans mon cas, Döpfner s'est donné beaucoup de mal – bien entendu dans l'intérêt bien compris de la hiérarchie – pour favoriser la détente et en arriver si possible à une solution satisfaisante.

Mais par ailleurs je ne saurais le taire : mon confrère du Germanicum ne s'est pas montré honnête courtier dans l'affaire. Pour cela, il lui aurait fallu continuellement me tenir franchement au courant de tout ce qui se passait. Au lieu de quoi il restait constamment en contact avec la curie, cultivait les échanges d'information avec elle, combinait des arrangements. Vis-à-vis des instances romaines, c'est « un lion en caoutchouc », ainsi que me le disait malicieusement Karl Rahner pendant le concile. En ce qui me concerne, il m'a souvent laissé dans l'incertitude sur les plus récentes déclarations romaines, même s'il les avait sur son bureau. Il m'a tout aussi peu informé qu'il ne l'avait fait lors de la cessation du procès contre *L'Église* et *Infaillible ?* alors que, dans mon dos, tout un groupe de théologiens s'était déjà avancé pour ouvrir le feu en dénigrant *Être chrétien* comme non scientifique. La Commission allemande de la foi avait stimulé la bande en la présentant à Rome comme un contre-feu contre moi, ce théologien si terriblement dangereux.

Cette fois, l'organisateur de la bande n'était plus Karl Rahner, mais, à mon grand étonnement aujourd'hui encore, mon compatriote et ancien mentor, Hans Urs von Balthasar. Il n'est guère de théologien envers lequel j'aie autant de reconnaissance qu'envers lui, ai-je déjà dit dans le premier volume de mes *Mémoires*. C'est lui qui avait écrit la meilleure introduction à Karl Barth et qui m'avait conseillé dans le choix de mon sujet de thèse. Il en avait lu le manuscrit et y avait proposé quelques améliorations avant d'accueillir *La Justification* dans sa propre maison d'édition, Johannes Verlag. Tout au long de cette période de ma prime jeunesse, il n'avait cessé de m'encourager et, lors de la parution de *Infaillible ?*, il m'avait écrit pour me dire que c'était « un livre très fort ».

Mais Karl Barth m'avait dit très vite que, pour Balthasar, « le poussin avait pris trop tôt son envol ». Je n'avais pas voulu me mettre à sa disposition pour l'ordre de laïcs dont il avait rêvé sans jamais le réaliser. Depuis Rome, je m'étais théologiquement dressé sur mes jambes et, trois ans après ma thèse, j'avais déjà obtenu la chaire de théologie fondamentale de Tübingen, celle qu'il aurait volontiers acceptée si on n'avait pas bloqué l'ex-jésuite. Deux ans plus tard, j'étais officiellement nommé expert au concile tandis que lui restait à Bâle où l'évêque du lieu, à l'instar de beaucoup de pasteurs, le considérait comme un intellectuel arrogant, et il faisait montre de plus en plus de scepticisme et même d'hostilité à l'égard du concile. Comment celui qui s'était un jour plaint à moi que son livre sur Bernanos n'ait guère dépassé les 800 exemplaires aurait-il pu considérer avec indifférence un tirage de *Être chrétien* qui frisait déjà les 100000 exemplaires ?

Et voici que c'est maintenant lui, Hans Urs von Balthasar, celui qui, comme je l'ai dit, m'avait dédicacé le premier volume de sa *Théodramatique* en la qualifiant de « bohémienne », c'est lui qui se dresse contre son ancien « protégé ». Aussitôt que je l'entends dire, je lui écris amicalement pour lui demander si c'est exact et si je peux lui répondre, comme c'est la norme dans tous les groupes de discussion. « Je ne pouvais vraiment pas m'imaginer que tu ferais cela sans m'en avertir » (10 octobre 1975). D'un ton glacial, il me renvoie un mot, comme toujours sur une carte-lettre : « Il me semblait inutile de te le faire savoir, à toi qui sais toujours tout de ce qui n'est pas encore né » (14 octobre 1975). À ma seconde lettre où je lui dis qu'il n'a pas encore répondu à ma seconde question, celle de savoir s'il accepterait que je le critique (16 octobre 1975), il me répond par un faux-fuyant : « On entend mieux quand tout le monde ne parle pas en même temps » (7 novembre 1975). Je soupçonne ce qui m'arrive. Mais Balthasar n'a finalement pas le courage de s'avouer éditeur de l'ouvrage collectif qui va paraître, en le signant comme l'avait fait jadis Karl Rahner. Au contraire de quoi il se fait valoir dans une circulaire privée adressée à certains clercs suisses comme « un guide dans un paysage de brume ». Un « embrumeur » comme guide ! Quel dommage pour un si grand homme, pensai-je.

On refuse le mot de la fin à l'accusé.

Les éditions Grünewald (Mayence) refusèrent également de publier ma réponse dans l'ouvrage collectif, même si cela aurait été utile pour clarifier les choses. On ne recula pas devant l'utilisation de mon nom et du titre de mon livre pour mystifier le public – *Hans Küng. Être chrétien* titrait en grosses lettres l'ouvrage qui propageait ce que dans notre maison nous appellerons bientôt « Être anti-chrétien ». Seules mes menaces de porter plainte contre l'abus de mon nom et contre le plagiat de mon titre conduisirent l'éditeur à adopter un titre plus nuancé : *Discussions autour du « Être chrétien » de Hans Küng*, mais toujours sans réponse de Hans Küng.

Cet éditeur, Jakob Laubach, tenta de bagatelliser et d'enjoliver ces procédés de censure dans son *Clartés sur une bataille*, déjà cité. Alors que je me serais contenté d'une brève réponse aux critiques, au besoin d'une seule page, il se permit cette échappatoire : « Cela serait peut-être devenu un épais volume... » Toujours est-il que sa note ultérieure sur la perspective de l'année 1997 me réconciliera avec lui : « J'ai toujours tenu pour totalement inappropriées les “mesures” prises contre Hans Küng. Il serait grand temps que les fonctionnaires ecclésiastiques reconnaissent l'immense service qu'il a rendu en présentant la foi chrétienne de façon claire et intelligible pour tous. » Mais cela ne fut dit que vingt ans plus tard. Trop tard, après la mise en scène organisée par les instances officielles contre mon livre, celle qui marquera négativement même plusieurs protestants. En 2007 encore, une pasteure m'écrira : « Si j'avais lu votre livre il y a cinquante ou quarante ans, j'aurais amélioré beaucoup de choses dans ma prédication, mon enseignement religieux et ma pastorale. »

Face à Karl Lehmann, j'exprime ma surprise qu'il ait pu collaborer à « cette entreprise *a priori* douteuse ». « Je n'ai évidemment rien contre le fait que des auteurs s'adonnent à la discussion sur mon livre. Encore faudrait-il que ce soit une discussion franche, et non pas une discussion en l'absence de l'intéressé. Les contributions individuelles peuvent être plus ou moins objectives, mais, après avoir pris connaissance du nom des auteurs, je n'augure rien de bon. Toujours est-il que cet ouvrage collectif me force une fois de plus à une confrontation sous une forme que je ne souhaite pas mais à laquelle je dois cependant me plier...

Je ne comprends simplement pas comment quelque chose de ce genre est encore possible, en 1976, dans l'Église catholique, surtout venant de collègues que je connais tous personnellement» (13 janvier 1976).

Pour moi, la question est maintenant: que faire? Encore un ouvrage collectif comme celui contre les théologiens de l'infaillibilité? Cela me semble hors de propos: qui voudrait y collaborer dans une situation aussi poussée à l'extrême? Me taire, tout simplement? Mais, rassemblés, mes adversaires ont trop de poids et leur attaque est trop violente. Ils me livrent pour ainsi dire au coup de grâce de la Congrégation de la foi: il prend la forme d'un pamphlet théologique écrit par mon ancien collègue de Tübingen, le professeur Leo Scheffczyk (Munich), «Renouveau ou démolition de la foi?», ainsi que celle d'un article du théologien ultra-conservateur de la Grégorienne, Jean Galot, s.j., deux auteurs qui me soupçonnent de toutes sortes d'hérésies. Il y a aussi le journal suisse du clergé ainsi que d'autres feuilles ecclésiastiques qui se sont commises à annoncer le collectif autour d'*Être chrétien*, et je dois porter plainte auprès de leur rédaction contre leur caractère diffamatoire. Mais finalement les cas de Stephan Pfürtner, de Franz Schupp, de Horst Hermann, ces professeurs déposés, et à peu de chose près celui de Uta Ranke-Heinemann (fille du président de la République fédérale allemande), ainsi que ceux de tant de prêtres, aumôniers, enseignants religieux, laïcs théologiens et théologiennes laïcs, m'incitent à rester «sobre et vigilant», selon le mot de la Bible.

Mais je n'en décide pas moins de me défendre. Même face à la superpuissance dogmatique, je ne dois pas filer doux. Je consacre le séminaire d'été 1976, non pas à «La confession de foi apostolique», mais à l'ouvrage collectif de mes adversaires. Et, à contrecœur, je me résous à écrire un article détaillé de défense. Le 1er avril 1976, j'écris au rédacteur en chef du service littéraire du *Frankfurter Allgemeine Zeitung*, Marcel Reich-Ranicki, que j'avais reçu chez moi en même temps que Walter et Inge Jens: «J'ai eu énormément de mal à condenser dans ces quelques pages à la fois mon conflit avec mes onze contractants et mon analyse de la situation actuelle de la théologie catholique... mais vous verrez vous-même qu'il s'agit présentement d'un conflit décisif, du cours de la théologie catholique.»

Les exégètes sont d'accord.

Effectivement, le 22 mai 1976, le *Frankfurter Allgemeine Zeitung*, à cette époque libéral et bien disposé à mon égard, publie sans aucune coupure mon article : « Réponse aux critiques : Une théologie pour les hommes[1] ? » Dès le départ, il m'était évident que, dans un journal de grand public, je ne devais pas traiter des difficiles problèmes de haute théologie en langage dogmatique d'école, mais en langage compréhensible, donc répondre en aiguisant ma plume, sans impudence et sans détours, mais non pas pour autant sans esprit et sans ironie. Et je commençai donc ainsi :

> Sur les toits des palais de Rome, les tourterelles roucoulent. Le conflit, apparemment terminé depuis des années, va malheureusement se rallumer. Il y a cependant du progrès : le pape et les évêques semblent désormais bien convaincus de l'inopportunité de mesures disciplinaires, et ce sont désormais les théologiens qui prennent leur relève. Dans le débat sur l'infaillibilité, ils étaient quinze sur le terrain. Cette fois, après quelques défections, ils ne sont plus que onze, une équipe de foot, mais une fois de plus, tous contre un. Ils ont évidemment le vif soutien de nombre de supporters qui agitent leurs étendards théologiques et font sonner leurs trompettes archi-catholiques. Le pauvre joueur isolé n'a-t-il pas perdu d'avance ? Que faire, seul, assiégé entre ses poteaux ? Comment arrêter tous les ballons, quand les tirs au but fusent de tous côtés ? Il lui faudrait au moins onze bras pour pouvoir se défendre et éviter de se faire cogner dessus ou d'être piétiné. Que faire ?

À dire vrai, ce volume collectif est moins un ouvrage de discussion que le manuel du parti, celui d'éminents professeurs, pour la plupart membres des commissions de la foi épiscopales ou pontificales constituées de façon partisane. Ce sont tous des théologiens honorables, *all honourable men*. Les contributions de Walter Kasper, mon collègue de Tübingen, et de Karl Lehmann, sont objectives et honnêtes. Theodor Schneider, professeur de dogmatique à Mayence, se montre constructif : il admet les difficultés notoires de la doctrine trinitaire classique qu'il critique à partir du Nouveau Testament et il reconnaît mon souci de

1. Voir l'ouvrage collectif *Jesus von Nazaret, kontrovers Rückfragen an Joseph Ratzinger*, Münster, 2007.

continuité avec la grande tradition : « Küng reste consciencieusement sur le terrain de la doctrine trinitaire de l'Église qu'il reprend brièvement en rendant correctement compte de son contenu. Il serait donc aberrant de partir de là pour lui prêter des idées "hérétiques" ou pour vouloir en donner l'impression. »

Les exégètes sont reconnaissants : leur problème n'est pas celui de l'orthodoxie, et le soupçon d'hérésie ne les concerne pas. Alfons Deissler, professeur d'Ancien Testament à Fribourg, écrit : « Il a mis en relief l'essentiel du message de l'Ancien Testament sur Dieu comme on ne l'avait que rarement fait dans la littérature non exégétique. » De même Jacob Kremer, professeur de Nouveau Testament à Vienne : « Non sans réflexion critique, le livre met excellemment en valeur la masse des recherches exégétiques dont même les spécialistes ont du mal à saisir l'ensemble. On doit le compter comme un des meilleurs qu'on a écrits ces derniers temps sur Jésus de Nazareth. »

La suite de l'ouvrage ne comporte non plus aucune critique importante fondée sur la recherche historico-critique. Pour moi, l'article représentatif de la plupart des exégètes germanophones, mais qui n'a pas été repris en détail dans l'ouvrage collectif, est celui d'Eduard Schweizer, exégète zurichois, « Une foi responsable », paru dans le *Neue Zürcher Zeitung* des 30 novembre et 1er décembre 1974, où l'auteur me dit son parfait accord.

Mais malheureusement, parmi les professeurs de dogmatique, beaucoup de mes collègues ne s'intéressent justement pas à la chose. Il me faut ici prendre un exemple significatif qui éclaire particulièrement bien les questions fondamentales ici en débat.

« Sans crédit de sympathie, pas de compréhension ».

L'article le plus décevant de l'ouvrage, je ne puis le cacher, c'est celui de Joseph Ratzinger : mon livre trouble profondément sa foi catholique, ou plus exactement sa théologie. Comment se peut-il, me demandé-je alors, que ce collègue jadis si amical, si intelligent, en vienne à manquer de toute objectivité, de toute rectitude envers son ancien partenaire de Tübingen, ce qui est pourtant à la base de toute discussion scientifique ?

Ma réponse est donc courte et s'en tient aux propos de Ratzinger lui-même, car ils sont parlants. Me faut-il reprendre tous les contresens, toutes les insinuations, tous les jugements définitifs de Joseph Ratzinger, le théologien dogmatique ? Son verdict est grotesque : « Ce *Être chrétien* a choisi une étiquette qui n'est en réalité qu'une formule vide. Le "chrétien" est tiré de sa croyance dure comme fer au sérieux d'une littérature dont l'intérêt est si contestable », « À partir de son fondement, la foi chrétienne est condamnée à dépérir. » La communauté de l'Église disparaît littéralement dans un « rien à dire ». Cette doctrine est d'une « prétention sans voile », « une théologie sans lieu qui n'oblige finalement personne », « le parcours d'un solitaire, enfermé en lui-même et dans la raison moderne, sans aucun sérieux », « une certitude d'école, de parti », mais sûrement pas « une certitude pour laquelle il vaut la peine de vivre et de mourir », « une certitude pour une époque de facilité où personne ne cherche jamais l'ultime ». « Une telle théologie en devient abstruse et ne débouche finalement sur rien. »

À de telles falsifications et à de telles calomnies, je ne réponds que de façon lapidaire : « Non, à ce niveau, je me refuse à discuter. »

« Je prie simplement les lectrices et les lecteurs de me faire le crédit de la bienveillance sans laquelle il n'y a pas de compréhension possible », écrit en 2007 Joseph Ratzinger, maintenant Benoît XVI, dans l'avant-propos de son livre *Jésus de Nazareth* (p. 19). C'est exactement le genre de crédit de bienveillance qu'il ne m'a pas le moindrement accordé lors de la parution de *Être chrétien*. Maintenant, en 2007, trente ans plus tard, je comprends mieux sa position théologique et ses motivations théologiques, et la raison pour laquelle il a manifestement abordé mon ouvrage avec le « crédit d'antipathie » grâce auquel « aucune compréhension n'est possible ».

Son livre « est le fruit d'un long cheminement intérieur », écrit-il dès le premier paragraphe de son avant-propos, et il en appelle aux livres sur Jésus, dénués de toute critique, de notre première jeunesse. Sur ce long chemin jouait déjà tout un crédit d'antipathie :

– quand, étudiant à la faculté de théologie de Munich, il blâmait Friedrich Wilhelm Maier, son professeur d'exégèse historico-critique, parce que celle-ci suscitait le scepticisme à l'égard du dogme marial défini à Rome en 1950, et il se réfugiait dans la dogmatique ;

– quand, dans son *Introduction au christianisme*, le professeur de Tübingen ne présentait qu'une image déformée de la recherche moderne sur Jésus et manquait totalement de compréhension pour des exégètes tels que Rudolf Bultmann et Ernst Käsemann ;

– quand, pendant vingt-quatre ans, le préfet de la Congrégation de la foi a procédé brutalement contre tous les autres ouvrages sur Jésus (Schillebeeckx, Boff, Sobrino), contre la théologie de la libération et contre toute théologie authentiquement africaine et asiatique ;

– quand, dans son célèbre discours à Ratisbonne, en 2006, il s'en est tenu à la théologie hellénistique des IVe et Ve siècles, et à démolir la Réforme, les Lumières et toute la recherche historique d'un Adolf von Harnack en les qualifiant de « déshellénisation » ;

– quand, finalement, dans son livre *Jésus de Nazareth* de 2007, vers lequel il « cheminait depuis longtemps », il ne fait que reprendre des textes, des cours, des prédications déjà rédigés en déclarant que l'exégèse historico-critique est certes indispensable, mais qu'il la prive en fait de toute portée quand elle heurte le dogme ou les conceptions traditionnelles de la foi.

« Ce livre n'est en aucune manière un acte du magistère, écrit Joseph Ratzinger dans son avant-propos, aussi chacun est-il libre de me contredire » (p. 19). Et, de fait, après les indispensables propos louangeurs des chroniqueurs, il se heurte à l'opposition massive des spécialistes. Ce qui frappe d'emblée, c'est que l'auteur repousse à un second tome prévu toutes les questions délicates touchant la naissance virginale ou le tombeau vide et qu'il interprète de façon symbolico-théologique la marche de Jésus sur le lac, le changement de l'eau en vin et la surabondance de la pêche de Pierre sans se préoccuper le moindrement de leur caractère historique. À l'encontre du vaste consensus des exégètes, il ne part pas de l'évangile de Marc, le plus ancien, mais de celui de Jean, écrit vers 90 et qui reprend naturellement du matériau historique ancien. C'est en lui qu'il décèle la source historique par excellence, celle qui remonte à un témoin oculaire, au lieu d'y voir comme Martin Hengel, l'exégète conservateur de Tübingen qu'il cite par ailleurs en passant, un poème profond, mais pas totalement gratuit.

Sa méthode est totalement anhistorique parce que, en bon théologien dogmatique, il a attaché son cheval exégétique par la queue. Il lit les évangiles synoptiques en partant de celui de Jean, et il comprend la christologie de ce dernier à partir des dogmes de Nicée (IVe siècle) et de Chalcédoine (Ve siècle), de sorte que, selon lui, le Jésus de l'histoire a déjà d'être « de même nature » *(homoousios)* que le Père. Au fond, il n'a jamais lu aucun ouvrage historique, mais uniquement des livres d'interprétation spirituelle de l'Écriture qui trouvent déjà dans l'idée de Royaume de Dieu, dans le Sermon sur la montagne ou dans le Notre Père une christologie cachée dont les témoignages synoptiques n'ont encore manifestement aucunement conscience.

Il aurait tout aussi bien pu écrire ce livre sur Jésus à Tübingen. Il ne fait que confirmer l'intuition qui était la mienne lors de ses adieux à notre université : il ne bougeait pas, parce que, en bon catholique bavarois, il entendait rester dans la tradition hellénistique interprétée à la romaine.

Dans cette mesure, il était et il reste le défenseur d'un modèle de théologie et d'Église aussi différent du mien que pouvait l'être la vision héliocentrique de l'univers de Copernic de la vision géocentrique de Ptolémée, celle qui commandait encore la pensée des astronomes et des théologiens de l'époque de Galilée ; donc d'un modèle qui ne fournit finalement « aucune certitude pour laquelle il vaut la peine de vivre et de mourir », qui en devient donc « abstrus » et « ne débouche finalement sur rien ». Ainsi faut-il comprendre son verdict empreint d'antipathie et d'incompréhension sur *Être chrétien*. Mais, savant soucieux d'histoire, je ne pouvais me permettre de sacrifier l'historicité à une spiritualité anhistorique et de relire la tradition postérieure dans toutes les paroles et dans tous les actes de Jésus, drapant ainsi son histoire dans le vêtement de la tradition ultérieure. Mais c'est là un point qu'il faut approfondir.

Une comparaison de l'« Introduction » de Ratzinger et de « Être chrétien ».

Le 1er mars 2006, sur l'invitation de l'Académie Karl Rahner de Munich, Bernhard Häring, qui connaissait l'*Introduction au christianisme* de Joseph Ratzinger et avait suivi mes cours, vient comparer cette introduction de 1968 (que vient confirmer son livre de 2007 sur Jésus) et mon livre de 1974. Cette comparaison d'un érudit, qui témoigne ainsi de sa maîtrise de l'herméneutique, peut ouvrir au non-théologien certaines perspectives qui lui permettront de percevoir les fronts de cette bataille théologique encore en cours aujourd'hui. Je reprends seulement quelques questions qu'il soulevait alors :

Quels sont les *destinataires* des deux ouvrages ? Les lecteurs potentiels de Ratzinger sont d'orientation catholique, et ils trouvent chez lui une bonne introduction à la vérité de ce qu'ils croient. – *Être chrétien* fait éclater ce cercle de lecteurs et s'adresse *a priori* à des contemporains qui ne sont pas tournés vers l'Église.

Quelle est le fondement de leur *argumentation* ? Pour Ratzinger, c'est la connivence de la foi telle que l'Église l'a formulée pour tous les temps, sans restriction. C'est elle que l'auteur entend réintroduire chez les chrétiens en recourant à un nouveau langage et à un monde de représentations nouvelles. – Pour *Être chrétien*, c'est le Jésus de l'histoire dont témoignent les récits du Nouveau Testament, celui qui précède les confessions de foi et les formules dogmatiques ultérieures, celui à partir duquel on peut à chaque époque comprendre la foi de façon nouvelle.

Quelles en sont la *forme* et l'*intention* ? L'*Introduction* de Ratzinger vise à faire retrouver une spiritualité catholique vivante, puisée à la source de la tradition, dans un monde déboussolé rempli de confusion. – *Être chrétien* vise en plus à une nouvelle pratique d'une foi capable de s'autocritiquer, et donc à une spiritualité chrétienne, à une intelligence globale renouvelée du christianisme.

Quelle est l'*herméneutique* qui les guide ? Pour Ratzinger, c'est le consensus des cinq premiers siècles *(consensus quinque saecularis)*, celui qui a conféré à la théologie sa forme classique et qu'aucun schisme n'est encore venu briser (à quelques rares exceptions près). – Pour *Être chrétien*, l'antique consensus est certes important, mais on doit le considérer dans un contexte plus large et en juger finalement à partir du message originel, biblique, touchant Jésus, messie de Dieu, celui dont nous avons à répondre de façon neuve en ce temps de rupture.

Quels sont les *intérêts* avoués ou cachés ? Comment les juger du point de vue de la critique idéologique ? L'*Introduction* de Ratzinger s'en tient inconditionnellement au système : il faut garantir à tout prix l'institution Église, et la foi chrétienne consiste toujours à obéir à celle-ci. – *Être chrétien* se montre critique vis-à-vis du système ecclésiastique, analyse ses erreurs et ses défaillances, et demande des réformes fondamentales à l'aune du message de Jésus. Le livre défend donc une position évangélique conséquente.

Et quelle est leur *portée réelle* ? L'ouvrage de Ratzinger stabilise les structures officielles et le système de la croyance de l'Église catholique. Il récuse comme illégitimes et non fondées toutes les critiques de fond et toute forme de relativisation. – *Être chrétien* franchit toutes les frontières tracées par Ratzinger en s'appuyant sur le message, l'action, le destin et la personne de Jésus pour juger de façon critique les structures de l'Église et les relativiser.

Quel en est le *cadre de pensée préalable*, le système épistémique ? Pour Ratzinger, c'est incontestablement celui de la philosophie et de la théologie platoniciennes grecques dont témoigne l'œuvre d'Augustin. C'est pourquoi la théologie de l'ancienne Église revêt une signification normative indépassable. – Pour *Être chrétien*, c'est celui de la science qui a façonné l'exégèse des XIXe et XXe siècles sous l'horizon plus large des religions et des idéologies, mais aussi d'une herméneutique critique des idéologies, le tout se présentant comme un système de savoir universel qui vient prendre place dans la théologie chrétienne.

Quelles sont en fin du compte les *forces* et les *faiblesses* de ces deux « introductions » ? La faiblesse de Ratzinger tient à ce qu'il n'autorise aucun dialogue critique, ni intérieur ni extérieur, et qu'il ne propose aucune autre réponse à la critique contemporaine que celle qu'on connaissait déjà dans l'Église depuis des siècles. Ces réponses ne sont elles-mêmes l'objet d'aucune critique, et les nouvelles situations n'apparaissent que comme des impasses. La force de ce point de départ tient à ce qu'il suscite une identité symbolique capable de fournir une expression au besoin croissant de religion et de mise en scène médiatique du religieux. – L'inconvénient de *Être chrétien*, c'est que ses nouveaux points de départ systématiques présupposent chez la hiérarchie catholique une capacité d'affronter un conflit culturel global, alors qu'elle n'est pas du tout préparée à relever ce défi et à en admettre les exigences. Sa force, c'est de bien cadrer les besoins de la société présente. Sans porter le moindrement atteinte au noyau évangélique du message chrétien, il le formule dans un cadre culturel séculier et pose ainsi les bases d'une réforme institutionnelle de l'Église catholique.

Comment on peut s'arranger en théologie.

Mais qu'en est-il des autres théologiens dogmatiques qui s'opposent à mon *Être chrétien* ? Ils sont contre moi, mais pas nécessairement d'accord avec Joseph Ratzinger. Face à sa position glaciale, et même cette fois carrément démagogique, ils n'apparaissent nullement comme des médiateurs, mais seulement comme des gens habiles qui savent s'arranger avec la théologie du magistère en se défilant devant les problèmes. Dans la réponse dans le *Frankfurter Allgemeine Zeitung*, sur laquelle il me faut maintenant revenir, je mettais crûment en lumière leurs différentes stratégies :

Du point de vue de la curie, ces opposants ne sont eux-mêmes absolument pas des sages théologiens orthodoxes, et ils ont souvent eu maille à partir avec le Saint-Office. Mais chacun d'eux a su s'y prendre, à voix haute ou à voix basse, pour trouver sur les points critiques un arrangement avec la doctrine officielle. Ma réponse indique trois de leurs stratégies – que l'on retrouve d'ailleurs chez beaucoup d'autres. Je ne fais ici que les citer, car les non-théologiens ne s'intéressent que peu à la façon dont, dans l'Église, on peut se débrouiller de manière plus ou moins élégante à propos de problèmes difficiles.

Arrangement 1 : On interprète la doctrine. Par exemple Rahner sur la question : « Le Jésus historique a-t-il fondé une Église ? » ; en maître de la dialectique théologique, il fait de son « non » historique un « oui » dogmatique.

Arrangement 2 : On fuit dans l'esthétique et la mystique. Exemple : Urs von Balthasar qui, durant ses jeunes années, avait rédigé tant d'appels à la réforme, dont celui intitulé *Raser les bastions*, s'oppose maintenant à toute réforme. Pourquoi « entrer en guerre avec l'institution, comme un Don Quichotte qui se lance contre des moulins à vent » ? Les innombrables personnes qui souffrent de l'institution (régulation des naissances, divorces, célibat, abus de pouvoir ministériel de toutes sortes) ne peuvent guère compter sur sa théologie « spiritualisée » pour les aider en cas graves.

Arrangement 3 : On harmonise l'histoire des dogmes. Exemple : Aloys Grillmeier, sur la filiation divine de Jésus. Il rêve d'un nouveau tracé « compréhensible » de la réalité chrétienne, d'une nouvelle synthèse accessible à tous et susceptible d'être mise en œuvre partout. Il lui suffirait d'avoir mon livre en main, mais il se refuse à en prendre connaissance, il le laisse tomber. Sa contribution culmine dans une série de plaidoyers stériles où il réclame la simple répétition stéréotypée des idées de facture hellénistique datant de mille cinq cents ans, par exemple celle de la Trinité et de l'incarnation, comme si la doctrine des deux natures était biblique et n'avait pas provoqué dans l'Église des schismes, et comme si elle restait encore « compréhensible » et offrait toujours une « synthèse accessible » à ceux qui ne sont pas historiens.

Un scandaleux silence sur le noyau de la foi.

Pour ma part, je m'arrête à la thèse que Karl Rahner et moi-même avions élaborée il y a peu de temps pour le congrès de théologie de Bruxelles de 1970 : « Les grandes confessions de foi christologiques et les définitions du passé gardent toute leur importance pour l'Église actuelle. Mais on ne peut les interpréter hors de leur contexte historique en se contentant de les répéter de façon stéréotypée. Pour répondre à des hommes d'époques et de cultures différentes, il faut sans cesse redire le message chrétien à neuf. »

Mais mes adversaires ne veulent pas voir la chance que leur offre le projet global de *Être chrétien*. Ils sont donc responsables de tous les reproches dont on m'accable, libéralisme, manque de sens de l'Église, perte de la foi, et la discussion concernant les intentions fondamentales de l'ouvrage se perd dans des chemins détournés : on se bat sur la divinité du Christ antérieure au temps. Et surtout, on entend bloquer ce type de théologie et ses conséquences logiques. Le succès du livre prend une ampleur dangereuse.

Après la lecture du livre « anti *Être chrétien* », je comprends pourquoi on ne m'a pas accordé une seule page de réponse. J'aurais pu reprendre la page de *Être chrétien* qui condense tout ce que j'ai pu dire dans *L'Incarnation de Dieu* (1970), mon livre sur Hegel, qui repose sur un gigantesque travail historique, philosophique et théologique, avec son excursus sur l'histoire des dogmes.

Mais Grillmeier, comme du reste les autres auteurs du volume, fait tout simplement disparaître mes propos essentiels sur le problème de la christologie : mon acceptation explicite non seulement des intentions et des formules du concile de Nicée de 325, mais aussi mes propos sur la filiation divine de Jésus, le *« Vere Deus »* du concile de Chalcédoine (451) que j'interprète bibliquement. Est-ce qu'un tel propos ne suffit pas pour être reconnu catholique ?

Quant à Hans Urs von Balthasar, je n'entends plus parler de lui après le livre collectif qu'il avait fait suivre d'une lettre fielleuse dans le courrier des lecteurs du *Frankfurter Allgemeine Zeitung*. Je n'y avais pas répondu. Pour ma part, je ne lui avais fourni aucune raison de rompre aussi brutalement notre amitié. Mais je n'ai pas cherché à reprendre contact. Après son intervention contre *Être chrétien*, nous n'avions plus rien à nous dire. J'irai seulement un jour sur sa tombe, à Lucerne, à gauche de la Hofkirche où j'avais été vicaire cinquante ans plus tôt et où je l'avais invité à tenir toute une série de prédications. Quel dommage que ce qui avait si bien commencé se soit si mal terminé.

Les théologiens dogmatiques catholiques les plus marquants d'Allemagne, en particulier Balthasar, Rahner et Ratzinger (les protestants restaient à part et s'en tenaient toujours à Karl Barth), refusèrent donc d'admettre la vision de *Être chrétien*, celle que je proposais à partir du renouveau moderne de la philosophie, de l'exégèse et de l'histoire. Les plus modérés, Kasper et Lehmann, se contentèrent d'écrire et finirent par troquer leur fort incommode chaire de théologie contre des sièges épiscopaux plus confortables. Les ultra-conservateurs, tels Grillmeier et Scheffczyk, recevront le chapeau rouge à un âge où ils n'étaient plus habilités à participer à l'élection du pape, ce chapeau que Balthasar ne put jamais porter du fait que la destinée, qu'on interprétera de diverses façons, lui souffla la vie juste avant sa remise. La plupart de mes contradicteurs reposent maintenant en paix et je ne leur en veux plus. Mais le blocage dogmatique de cette époque a eu des conséquences tragiques : d'importantes questions théologiques sont devenues taboues, et la dogmatique allemande, jadis hautement considérée à l'étranger, est devenue stagnante.

À quoi ne doivent pas s'attendre les nouvelles forces de la théologie catholique ? J'en veux pour exemple parmi les plus marquants le cas de Josef Imbach, un franciscain sorti de la faculté franciscaine de Rome. J'avais déjà très tôt accueilli son texte *Vivre dans l'angoisse ?* dans ma collection « Méditations théologiques ». Mais, quelques mois plus tard, il suffit d'un passage d'un compte rendu de ma conférence de presse à Rome dans *Vaterland*, une feuille de Lucerne, pour qu'il se voie dénoncé à la Secrétairerie d'État du Vatican et de là à la Congrégation sur l'éducation chrétienne. Le cardinal Schröffer, son président, un ancien du Germanicum, homme sans ambition, demanda au général des franciscains conventuels de prendre position. Celui-ci demanda à Imbach de changer simplement la conclusion de son article et de dire qu'il ne s'agissait que d'un simple *« accidente di lavoro »*, d'un « accident de travail ». Imbach refusa. Par la suite, il publia dans une revue italienne spécialisée deux autres articles qui firent scandale. Sans aucune amertume, il continua à se battre avec humour pour débarrasser l'Église de ses œillères. Mais, finalement, en 2003, à la suite d'une publication sur les miracles, la Congrégation de la foi lui retira son enseignement, d'abord pour un an, puis pour une durée indéterminée. En 2005, la fondation Herbert-Haag pour la liberté dans l'Église, dont j'étais alors le président, lui décerna son prix. Une opération de collecte de dons couronnée de succès permit à la faculté de théologie protestante de Bâle de lui financer une chaire.

La critique de *Être chrétien* des théologiens dogmatiques contrastait avec l'avalanche de louanges que le livre déchaîna partout dans les médias. Je ne reprends que quelques phrases de Richard Holloway dans le journal de l'Église d'Angleterre : « Aucun autre penseur catholique n'a autant de talent pour allier une vision cohérente du christianisme à des détails scientifiques précis et pour traduire ses idées dans un langage aussi simple et aussi vigoureux. Ce livre propose une vision de haut vol de la foi et de la vie chrétiennes qui répond à la fois à l'intelligence et au cœur. »

La présentation de « Être chrétien » à Rome.

Le 21 mars 1977, à Madrid, je présentai à la presse espagnole l'édition espagnole de mon livre, avec sa fort belle introduction de José Gomez Caffarena, jésuite, directeur de l'Institut Fe y Secularidad. Le jour suivant, séminaire pour 25 théologiens. Le lendemain, conférence à l'université. En Espagne, *Ser christiano* devient vite un best-seller. Mais quand un journaliste ou une agence de presse reprend, non pas l'essentiel, mais une partie de la conférence de presse, par exemple une réponse à une question en la sortant de son contexte, cela peut prendre un caractère vicieux. C'est ainsi que, sans dire un mot sur le fait que le thème de la conférence était *Être chrétien*, un communiqué, repris dans la presse allemande et suisse, fit courir le bruit selon lequel j'aurais une fois de plus réclamé des réformes profondes, depuis la levée de l'interdiction des moyens anticonceptionnels jusqu'à l'élection du pape et des évêques par un collège représentatif du clergé et des laïcs. Au Vatican, on lit évidemment les annonces de ce genre.

Le 4 avril 1976, je m'envole pour Rome afin de présenter au public italien l'édition italienne de mon livre. Je me rends évidemment parfaitement compte que, ce faisant, je m'approche une fois de plus de la tanière du lion. Mais quand c'est la grande maison d'édition Mondadori qui vous invite, comment faire autrement ? J'aime d'ailleurs jouer à jeu ouvert, et, après plusieurs interviews durant la matinée, je vais donc poser mes bagages au Germanicum, mon ancien séminaire, avant d'aller à 17 heures rencontrer chez lui, dans sa demeure, 1 piazza della Città leonina, le cardinal Franjo Šeper, « mon ami spécial » de la Congrégation de la foi, pour m'entretenir de l'état de mon procès ; puis à 18 h 30 je me rends chez Mgr Jérôme Hamer, secrétaire de la Congrégation de la foi, dans sa résidence du Monte Mario. D'entrée de jeu, celui-ci me fait une remarque qui traduit son amusement et son admiration secrète devant le fait que je puisse tenir le lendemain matin une conférence de presse « sous le nez de Sa Sainteté[1] ». Je lui réponds qu'il me semble parfaitement normal de venir présenter mon livre italien au public italien.

Mais je ne semble réussir à convaincre ni le préfet ni le secrétaire de la Congrégation de la foi de me laisser poursuivre tranquillement mon travail théologique. Tout au long de mes entretiens, je m'efforce de percer leur plan à jour. Mais ils ne découvrent pas leurs cartes. Je me rappelle le renard de la fable d'Ésope : il refuse l'invitation à entrer dans la caverne du vieux lion, soi-disant malade et affaibli, pour la simple raison qu'il voit beaucoup de traces à l'entrée, mais pas à la sortie. Il n'est pas question pour moi d'aller me faire coincer dans les trappes du palais du Saint-Office.

En dépit d'un court-circuit de Radio Vatican, la conférence de presse se passe de façon amicale et normale. Dès l'introduction, j'explique que « je suis venu présenter au public italien mon livre tel qu'il veut être : un ouvrage vraiment catholique mais aussi résolument œcuménique. Voici bientôt trente ans que j'ai débuté mes études ici, à l'Université grégorienne et au Séminaire pontifical germano-hongrois. Je n'ai jamais regretté ces sept années à Rome – sans compter celles du concile. J'en suis fier, et j'ai su en tirer parti. Dans ce livre, j'ai condensé presque trente années de théologie catholique et œcuménique. Il n'a rien d'un regard de colère vers le passé, mais il jette un regard prospectif

1. En français dans le texte *(NdT)*.

vers l'avenir. Il ne vient pas liquider ces trente années au cours desquelles je n'ai fait que prendre de plus en plus conscience de la signification du fait d'être homme et chrétien. C'est un livre qui, partant de l'Évangile, s'adresse à nos contemporains[1]. »

Le dernier soir, je suis invité à dîner par mes amis de l'île des Pins, la princesse Vitoria Sanfelice di Monteforte et son mari. Le lendemain matin, je m'envole pour Stuttgart/Tübingen où je mets mon équipe au courant de ce qui s'est passé à Rome, et je passe une amicale soirée chez mon collègue Jürgen Moltmann et son épouse, Elisabeth, qui fête ses cinquante ans.

Mais la question reste en suspens : comment la hiérarchie va-t-elle réagir ? Que sera l'avenir ? Qu'on relise l'exergue de Walter Jens, au début du chapitre VI de ce livre, et on peut ressentir un peu l'impression que j'avais alors. Chaque fois que l'on pouvait entraver ou empêcher autoritairement et sans gêne la diffusion de mon œuvre, on n'y manquait pas. Leonardo Boff me fit savoir du Brésil que, à la suite d'une décision de la Congrégation de la foi (que le supérieur général des Franciscains du Brésil était chargé d'appliquer) et en dépit du contrat signé, les éditions Vozes, propriété des Franciscains, renonçaient à la publication de mon livre dont la traduction était pourtant à peu près terminée (10 août 1976). Je fus d'accord pour qu'il paraisse aux très sérieuses éditions Imago qui avaient publié les ouvrages de Freud, et je renonçai volontiers aux droits d'auteur en raison de la crise économique du pays.

La campagne de la hiérarchie avait de l'effet même au niveau local. Depuis que j'avais ma maison du bord du lac, je me rendais volontiers à l'hôpital de Sursee où j'aimais assurer la messe en semaine. En mars, le déplacement de la célébration de la matinée à la soirée, chose courante depuis le concile, n'avait pas plu à toutes les sœurs. En décembre 1973, quand le curé de la paroisse, mon ami Franz Xaver Kaufmann, prit sa retraite pour raison d'âge, il eut pour remplaçant un prêtre archi-conservateur. En bon chef du mouvement Schönsttat, d'orientation marianiste, il rassembla ses fidèles en se coupant de plus en plus de la majorité des paroissiens de ma ville natale, qui n'avaient rien de catholiques conservateurs. Il y eut de moins en moins de sœurs à venir à la messe à l'hôpital, à la fin, seulement deux ou trois. Il était clair qu'on ne souhaitait plus ma célébration du soir.

1. Dokumentation II, phase III, n° 1 et 2.

Le 8 septembre 1976, j'écrivis donc une lettre d'adieu à la communauté en disant que je renonçais désormais à cette messe. « Je repense avec joie et reconnaissance aux douze années de pastorale et de prédication qui m'ont personnellement beaucoup apporté. La seule chose qui m'importe, c'est l'annonce de l'Évangile de Jésus-Christ et la célébration de son souvenir, ce que je ne saurais imposer à personne. Même si, dans ces conditions, cela fait un peu mal, je prends congé de vous sans ressentiment contre personne. » Je ne reçus aucune réponse ni des sœurs de l'hôpital ni de leur supérieure générale, sinon quelques mois plus tard une lettre de l'ancienne supérieure avec laquelle j'avais toujours entretenu les meilleures relations. Ses quelques lignes d'encouragement me firent du bien.

Expériences en Europe septentrionale.

Des encouragements ? J'en reçois de visiteurs du monde entier, et le nombre des traductions s'accroît de plus en plus. Parmi eux, trois étudiants finlandais de confession luthérienne : Eero Huovinen, Risto Cantell et Simo Salo. Ils comptent beaucoup pour moi et me restent particulièrement chers. Ils entendent passer une thèse de théologie sur mon œuvre à la faculté de théologie de Helsinki. Ils viennent à plusieurs reprises à Tübingen et peuvent voir tout ce qu'ils veulent. Mais ils sont avant tout désireux de me faire venir un jour chez eux. Je dois toutefois repousser ce voyage à cause de mes continuels rendez-vous.

Normalement, je tiens mes engagements et je ne m'excuse que rarement pour cause de maladie, d'indisposition ou de surcharge. Il n'y eut qu'une exception, que je regrette encore aujourd'hui : les célèbres Gifford Lectures où j'avais été invité successivement par les universités d'Édimbourg, de St. Andrews et d'Aberdeen. Suivant les statuts de la fondation, les conférenciers peuvent être des croyants, des incroyants, des libres-penseurs : on leur demande simplement d'être des penseurs authentiques et compétents. À côté de célèbres savants des religions tels que F. Max Müller, Andrew Lang, William James, J. G. Frazer, ces Gifford Lectures ont accueilli des gens comme Nathan Söderblom, Reinhold Niebuhr, Karl Barth, Emil Brunner et Rudolf Bultmann. Quel honneur pour moi, si jeune encore, d'y être ainsi invité en 1974 par l'université St. Andrews !

Par ailleurs, comment aurais-je pu savoir au moment où je recevais cette invitation que les conférences tomberaient en plein moment de ma confrontation avec Rome et avec les évêques allemands, et au milieu de la phase finale de préparation de *Être chrétien*, avec aussi tout le tintouin que suppose sa présentation à la Foire de Francfort ? Je n'avais plus la force nécessaire pour me préparer sérieusement à plusieurs journées de conférence en anglais, elles-mêmes susceptibles de publication. Bref, le 4 octobre 1974, je renonçai, et je m'étonne évidemment encore aujourd'hui de n'avoir plus jamais entendu parler de l'université St. Andrews. Peut-être me pardonneront-ils un jour, quand ils auront lu ces *Mémoires* : *Please forgive me*.

Mais, après Pâques 1975, période plus calme, j'accepte l'invitation finlandaise que j'avais si longtemps repoussée. Je n'ai d'ailleurs pas à prévoir plusieurs cours par jour dans une langue étrangère. Je souhaite acquérir une première impression des pays scandinaves, et, le lundi de Pâques 1975, je fais un petit arrêt à Copenhague, puis, le mardi, à Stockholm. Le mercredi de Pâques, 9 avril 1975, je débarque à Helsinki. Jeune, j'éprouvais déjà une grande sympathie pour la Finlande parce que ce pays, certes immense, mais dont la population équivalait à celle de la Suisse, avait été attaqué par l'Union soviétique durant la Seconde Guerre mondiale et que je m'en sentais donc solidaire. Le soir, je dîne chez Kalevi Toiviainen (né en 1929, donc un contemporain), professeur de théologie œcuménique, dont les trois élèves ont préparé pour moi un programme de voyage intensif et grandiose. Il m'est précieux de pouvoir disposer de la parution en finnois des *Vingt thèses sur Être chrétien*. Dès 7 heures du matin, je pars en train pour Seinäjoki où je fais l'après-midi une conférence à l'assemblée presbytérale sur le thème : « A-t-on encore besoin d'un curé comme ministre ? » Puis départ pour Lapua, chez l'évêque Yrjö Sariola. 23 h 55, train de nuit pour la capitale de la Laponie où nous arrivons le matin à 7 h 55. Petit déjeuner, sauna. Dès 9 h 15, envol pour Ivalo, au nord du cercle polaire, et une demi-heure plus tard je me trouve avec des amis dans un confortable blockhaus finnois, avec vue sur une mer blanche gelée. À minuit, magnifique lever de soleil. Nous partons pour une balade en ski de fond jusqu'au col de Kanis. Magnifique paysage de douces collines enneigées et de pentes sans arbres, presque totalement inhabité.

Le 12 avril, nous nous rendons en traîneau à moteur chez Tapio Leinonen, pasteur de cette zone frontière, et nous visitons finalement une famille de Lapons avec lesquels il m'est évidemment difficile de m'entretenir. Le dimanche 13 avril, culte à Ivalo. Et, durant toutes les heures libres au cours de ces longs jours à peine entrecoupés par de brèves nuits, je réponds sur magnétophone aux questions de mes trois jeunes amis. Toute la théologie y passe. Journées grandioses pleines de soleil. Le soir, sauna. J'en arrive à être le seul de nous quatre à oser courir nu dans la forêt couverte de neige. L'entraînement à Sempach est payant. Mais on se refuse à me creuser un trou dans la glace, ce que j'aurais pourtant bien aimé.

Le 14 avril, vol d'Ivalo à Helsinki, puis à Turku (Âbo en suédois), siège de l'archevêché luthérien et d'une université suédophone, jadis capitale de la Finlande jusqu'en 1812. J'y fais une conférence sur « La particularité chrétienne ». Le lendemain, Helsinki : cours à un séminaire de licenciés à la faculté de théologie et déjeuner avec les assistants. Le soir, conférence dans le grand auditorium de l'université sur le même thème, et discussion avec entre autres l'éminent chancelier de l'Université et le président de l'Alliance luthérienne mondiale, Mikko Juva, par la suite archevêque. Journées extraordinairement riches et inoubliables, dont je détache en particulier la rencontre, le 17 avril, de l'évêque catholique romain, Mgr Paul Verschuren. Enfin retour à Tübingen. Encore aujourd'hui, à Seehaus, une cafetière bleu cobalt, aussi robuste que belle, vient me rappeler ces expériences finnoises. Les thèses ultérieures de mes trois amis me paraissent finalement décevantes, dans la mesure où elles se veulent définitives.

Deux ans plus tard, j'aurai encore l'occasion de connaître de plus près d'autres pays scandinaves. J'accepterai volontiers l'invitation du professeur Peter Højen à Copenhague, où je redonnerai ma conférence standard, « Ce qui doit demeurer dans l'Église », en même temps qu'un séminaire sur mes *Vingt thèses sur Être chrétien* qui paraissent l'année suivante en danois.

Dès le lendemain, je m'envole pour Oslo à l'invitation du professeur Inge Lønning, doyen de la faculté. Luthérien convaincu, il était venu faire deux conférences à Tübingen sur « Ludwig Feuerbach et l'athéisme ». Je fais une double conférence sur les *Vingt thèses* mais j'ai encore le temps de monter à la tour de télévision située près d'Oslo sur une colline d'où on jouit d'un magnifique panorama sur le paysage de montagnes. Je suis accompagné par la Dr Kari Borresen, théologienne catholique qui a, elle aussi, fait ses études à la Grégorienne de Rome. C'est une féministe convaincue. Elle a présenté sa thèse sur la nature et le rôle de la femme chez Augustin et Thomas d'Aquin sous le titre *Subordination et équivalence*[1] (1968). Je reviens le jour même à Tübingen où je passe de belles journées, chargées, mais passionnantes. Tous les comptes rendus de presse sont positifs. Le Dr Lønning m'écrit : « Dans notre milieu théologique, votre visite nous a apporté une inspiration qui sera sûrement durable. J'espère que la prochaine fois vous pourrez nous accorder plus de temps » (15 février 1977).

Expériences en Allemagne de l'Est.

Combien différentes furent mes expériences en Allemagne de l'Est, encore occupée par les troupes soviétiques. En raison de mon origine suisse, donc partisan convaincu de l'unité de son pays en dépit de sa diversité de langues et de cultures, je ne crois pas un instant au caractère durable de la séparation entre les deux Allemagnes. Même si mon premier voyage en DDR, en octobre 1972, avait été relativement facile du fait de mon passeport suisse, les contrôleurs et les slogans de propagande communiste partout présents forment le triste arrière-fond de la mentalité écrasée de la population.

Sous ce régime totalitaire, les Églises et leurs bâtiments constituent des îlots de liberté (évidemment strictement cantonnés dans le religieux). Ainsi a-t-il été possible à la Caritas allemande, dirigée par un ancien du Germanicum, de glisser *Être chrétien* dans le pays en contournant la censure. Quand je demande à quelques étudiants en théologie pourquoi ils se sont mis à cette discipline, ils me répondent que, là au moins, ils sont délivrés du système totalitaire communiste.

Le 27 octobre 1972, je fais une fois de plus ma conférence sur « Ce qui doit demeurer dans l'Église » dans la maison de formation des prêtres de Berlin, qui porte le nom neutre de « séminaire de langues ». Le jour suivant, train pour Leipzig. Accueil chez les Oratoriens où on me donne beaucoup d'informations sur la vie concrète en DDR. Mais je suis surtout en contact intense avec Wolfgang Trilling, professeur d'Ancien Testament. C'est un

1. En français dans le texte *(NdT)*.

des défenseurs catholiques clés de mon interprétation historico-critique non idéologique des passages néotestamentaires classiques sur Pierre.

L'après-midi, je rends visite à Karl Herbst, curé courageux qui, depuis des années, envoie aux plus diverses adresses de la DDR ses commentaires des paroles de Jésus adaptés à notre temps. L'année suivante, la police lui confisquera sa photocopieuse pour manque d'autorisation écrite. À l'automne, il déménagera en Allemagne de l'Ouest.

L'après-midi du 20 octobre, conversation sur l'œcuménisme chez le Dr Ulrich Kühn, théologien protestant. Le soir, chez les Oratoriens, mon exposé classique sur ce qui doit demeurer dans l'Église, évidemment sans grande publicité. Naturellement, le sujet comporte tellement de facettes que je suis toujours entraîné dans des discussions différentes suivant le temps et le lieu. Le lendemain matin, au séminaire protestant de l'université, je traite du débat sur l'infaillibilité. En dépit de la différence de système politique, les problèmes qui se posent sont les mêmes qu'en Allemagne de l'Ouest.

Mais je suis vraiment mal à l'aise dans ce système totalitaire. Je ressens comme très écrasant le fait que l'on ne doive consacrer toute sa vie qu'au travail en étant totalement coupé du reste du monde. Dans l'après-midi du 30 octobre, je suis de retour à Berlin-Ouest. J'y refais ma conférence dans la grande salle du congrès. Le 31 octobre, fête de la Réforme à Francfort, puis le lendemain à Worms. Je suis heureux de rentrer enfin chez moi où m'attend une montagne de courrier.

Les soucis de l'homme.

La correspondance ne cesse de s'accroître. Non pas seulement l'officielle, celle qui vient de la faculté ou de l'université, mais aussi celle de collègues ou d'amis qui sollicitent un certificat ou une recommandation, ou des éditeurs des traductions de mes livres en différentes langues, ou du comité de direction de *Concilium*. Au début, pour veiller à mon courrier – après élimination de tous les envois sans importance –, je n'avais besoin que d'une ou deux personnes. Maintenant de quatre ou cinq. Des gens de toutes les couches sociales me confient leurs soucis et leurs besoins, par écrit ou oralement : un étudiant en théologie voudrait faire un stage dans un couvent franciscain ou dominicain bien précis. Un autre, qui a passé un doctorat de théologie à l'Université catholique de Paris, voudrait obtenir une équivalence en Allemagne. Un lecteur me demande de lui procurer une audience papale pour un yogi indien. Ou bien on me pose des questions délicates : est-ce qu'un prêtre catholique marié, donc réduit à l'état laïc, peut et doit accepter la charge d'une paroisse dans l'Église vieille-catholique ? Est-ce qu'un théologien catholique converti au protestantisme peut revenir dans l'Église catholique ? Est-ce que je peux trouver un correspondant pour un homosexuel en prison ? Est-ce qu'un religieux qui s'est marié n'en restera pas psychiquement marqué à vie ? Notre université pourrait-elle accepter comme professeur invité un théologien grec orthodoxe ? Un collègue d'études à la Grégorienne, un Américain, qui a enseigné plusieurs années la théologie et qui, du fait qu'il s'est marié, a dû se laisser réduire à l'état laïc, peut-il faire autre chose que de vendre des assurances, puisque, en dépit de ses centaines de dépôts de candidature dans des universités ou des collèges, il n'a trouvé aucune place ? Problèmes de célibat ecclésiastique, problèmes sexuels de certains couples, problèmes bureaucratiques d'employés d'Église. Et revient toujours la question : pourquoi, avec toutes les difficultés et toutes les tribulations auxquelles j'ai dû faire face, n'ai-je pas moi-même quitté l'Église ?

Toujours les mêmes questions et les mêmes plaintes ! Je m'efforce de répondre le plus possible à tout ce courrier, par lettres personnelles, par envoi de tirages à part, par formules imprimées, par citations d'ouvrages. Je peux parfois fournir un peu d'aide pastorale, d'autres fois non. Il m'arrive d'écrire à un évêque ou à une autre autorité, mais ma lettre m'est souvent retournée. Je suis plus d'une fois très embarrassé : que répondre à un théologien diplômé qui a épousé avec toutes les dispenses ecclésiastiques nécessaires une vicaire protestante dont il a eu une fille, maintenant âgée d'un an et demi ? Il est en pleine quadrature du cercle : s'il ne fait pas baptiser catholiquement son enfant, plus question d'un poste catholique. Mais, inversement, si son épouse pasteure consent à un baptême catholique, c'est elle qui perd sa place protestante. Et cela dix ans après Vatican II ! Je repense souvent à Karl Barth qui me disait qu'il aimerait être pape, ne fût-ce qu'un jour, parce qu'il remettrait bien des choses en ordre dans l'œcuménisme.

Innombrables sont les questions au sujet desquelles je suis tout simplement incompétent : je n'ai jamais pu jusqu'à présent me plonger dans la question de l'aide aux mourants. Il y a aussi celles où le demandeur ferait beaucoup mieux de s'adresser au curé du coin qu'à moi : comment faire admettre à des parents catholiques un gendre protestant ? Celles qui exigeraient l'étude de liasses d'actes juridiques ou de toutes sortes d'autres écrits. Je rappelle alors quelquefois la parole de Jésus où il déclare n'avoir été institué ni juge ni arbitre.

Je m'inquiète aussi des soucis de mes amis, le plus souvent liés à la situation de plus en plus mauvaise de l'Église. Art Yzermans me parle de « ces temps difficiles », dans son diocèse. Giancarlo Zizola, un des meilleurs observateurs de la scène romaine, de son renvoi de *Il Giorno* : ses articles religieux critiques sont devenus dangereux aux yeux des stratèges ecclésiastiques et des laïcs de la restauration. Erwin Kleine, de Hollande, se plaint du déclin de sa santé. Gregory Baum, théologien canadien né à Berlin, m'annonce qu'il vient de quitter le sacerdoce par amour d'une femme. Un jeune théologien d'une ville universitaire britannique vient de se faire opérer pour changer de sexe, et, devenu femme, ne trouve aucune place académique... Je commence peu à peu à comprendre ce que dit l'apôtre Paul dans sa lettre de plaintes, aux chapitres 10-13 de la deuxième épître aux Corinthiens, quand il parle de « ses préoccupations quotidiennes, le souci de toutes les Églises » (2 Co 11, 23).

Je ne peux accepter d'entretiens personnels que si les gens me disent de quoi il s'agit et que je suis vraiment compétent. Je ne le suis par exemple absolument pas pour toutes ces personnes, pas aussi rares qu'on pourrait le penser, qui ont eu une révélation particulière capitale pour le salut de mon âme ou pour celui du monde. Ou pour tous ces gens instruits ou à demi instruits en sciences ou en philosophie qui viennent me présenter leur vue du système du monde, celui qui apportera la solution définitive aux problèmes de l'humanité. Quand c'est possible, je leur réponds par une remarque amicale, ce qui peut aider certaines personnes à l'esprit dérangé pour lesquelles j'éprouve une profonde pitié. Ce n'est plus possible qu'elles m'envoient lettres sur lettres : je refuse d'entrer dans leur jeu.

De temps à autre, je reçois aussi de surprenants signes d'amitié. Un bouquet de fleurs un jour ordinaire, une « gâterie bâloise », une ou plusieurs bouteilles de vin de quelqu'un qui vient de lire un de mes livres, un beau cadeau d'un pays lointain. Ou, à plusieurs reprises, venant d'un manager de General Foods International, un gros paquet de boîtes de café Maxwell qui vient régulièrement enrichir le café du matin ou de l'après-midi de notre petite équipe. Je n'oublie pas : merci, James Griffin ! Je suis pourvu jusqu'à ma mort de ginseng tea qui me vient de Corée où on a traduit plusieurs de mes livres. Le Coréen qui me l'envoie me demande régulièrement de deviner son âge, ce que je fais toujours en le minimisant, jusqu'à ce qu'il me le révèle enfin à trois reprises en me livrant son secret de jouvence : ginseng !

Je dispose évidemment d'autres moyens de rester en bonne santé : repas détendus, air frais, soleil, natation, musique, sieste et relations humaines. À côté de « lettres à problèmes », je reçois aussi bon nombre de « lettres de consolation ». Je suis vraiment touché lorsque, au moment où la crise atteint de nouveau son paroxysme, Franz-Joseph Kötter (Münster), mon camarade de cours de Rome, m'écrit une longue lettre où il me déclare : « Tu m'es toujours aussi proche et je me sens toujours aussi lié à toi que s'il ne s'était pas passé vingt-deux ans depuis Rome. Je te souhaite la force de continuer dans l'esprit du Christ à dire le vrai aux gens. Tu as pour cela le don nécessaire » (20 décembre 1977).

Le prix du courage civique.

Cette même année 1975, c'est pour moi un événement considérable et un grand encouragement de voir la ville de Munich me décerner le 11 juillet la médaille du courage civique. Le matin, à Tübingen, j'assiste encore à une séance de mon département au cours de laquelle on élit Gerhard Lohfink à la chaire de Nouveau Testament. L'après-midi, je pars pour Munich en compagnie de Karl-Josef Kuschel. Nous discutons beaucoup de mon prochain livre sur la question de Dieu. Depuis *Être chrétien*, il est vraiment devenu mon collaborateur, et l'échange avec lui m'est indispensable, tant est grande sa capacité de penser et de raisonner.

La fête a lieu au Tegernsee, dans la maison du très célèbre écrivain populaire munichois, Ludwig Thoma (1867-1921), dont le prix porte le nom : un homme qui s'était dressé contre la façade moralisatrice et l'étroitesse de cœur de la Prusse wilhelmienne et de la politique cléricale de la Bavière, même s'il finit par se rallier au camp des nationaux-conservateurs. Le prix du courage civique est important pour moi. Il m'est conféré par Georg Kronawitter, le maire de la cité, au cours d'une belle soirée accompagnée de musique bavaroise. À table, je suis à côté du fondateur du prix, Hans Hellmut Kirst, de Kurt Meisel et de Ursula Lingen, grands acteur et actrice. La société comprend trois douzaines de membres qui attendent manifestement un discours théologique sérieux, mais qui se montrent de plus enchantés de mes propos enjoués. Karl-Josef Kuschel est encore capable de conduire deux heures et demie pour me ramener à Tübingen.

Mais il me faut maintenant du repos. Le 19 juillet, nous partons pour Seehaus où, le 1er août, je célèbre avec ma famille la fête nationale suisse. Mais je repars dès le 12 août avec Marianne Saur (dont j'aurai à reparler) pour Salzbourg pour un festival qui constitue un grand événement : le concerto KV 453 de Mozart et des œuvres de Chostakovitch et de Sibelius, avec Leonard Bernstein, à la fois pianiste et chef d'orchestre, et, le lendemain, les *Noces de Figaro*, sous la direction musicale de Herbert von Karajan, avec l'incomparable mise en scène de Jean-Pierre Ponnelle. Le matin de l'Assomption, nous assistons à la *Nelson Messe* de Haydn que j'avais si souvent écoutée en disque, et le soir à *Jedermann*, le jeu de la mort de l'homme riche, de Hugo von Hofmannsthal.

Le jour suivant, le 19 août, je commence à écrire *Dieu existe-t-il ?* dont j'aurai à reparler dans le chapitre suivant. Le 26 août, je suis heureux de voir paraître les *Vingt thèses sur Être chrétien*. Pour moi, la discussion autour de *Être chrétien* est parfaitement close, car j'entends bien, non pas rester immobile et me pétrifier, mais aller de l'avant. Mais quel chemin mon Église va-t-elle suivre ? Vers l'avant ou vers l'arrière, en en revenant à l'avant-concile ?

IX

Problèmes de la hiérarchie et problèmes du monde

> *« Comment se fait-il que toute ascension de quelqu'un sur l'échelle des dignités ecclésiastiques se traduise presque toujours par une diminution de son ouverture, de son agilité et de sa prise de responsabilité théologique ? »*
>
> GOETHE,
> « Tät man Sankt Paulen ein Bistum geben[1] »

Au lendemain du concile, nombre de catholiques ont l'impression que la hiérarchie de leur Église est de plus en plus coupée de la réalité et, dans certains cas, qu'elle lui devient carrément étrangère. Est-ce aussi le cas dans les autres Églises ? Peut-être me faut-il considérer ce processus avec un peu plus d'humour et, à la façon de Karl Barth, le théologien protestant, n'y voir qu'un problème de détail à n'aborder qu'en passant, un soir par exemple : « Comment se fait-il... ? », et Barth renvoie au poème de Johann Wolfgang von Goethe, *Le Juif éternel* (1774) :

Depuis tant d'années les prêtres
Ont toujours été comme ils l'ont toujours été
Et comme le devient finalement tout un chacun
Quand on l'a installé à un poste.
Alors qu'avant il se démenait comme une fourmi,
Se tortillait, vif et ondulant comme un petit serpent,
Il porte désormais manteau et collet
Et se sent bien dans son fauteuil.
Je le jure par ma vie,
Si on avait accordé un évêché à saint Paul
Petit Paul serait devenu ventre repu
Tout comme les *coeteri confratres*.

1. Cité par Karl Barth lors d'une session sur « Baptême et vocation », le 16 mars 1966.

La fin de l'ère conciliaire.

Le 2 janvier 1971, le synode général des diocèses allemands se réunit à Würzburg. Comme je l'ai déjà dit, les évêques ont refusé de m'inviter comme expert, en dépit du souhait de beaucoup de membres du synode.

Avec un mélange d'idéalisme et de réalisme, les trois cents délégués synodaux, fort motivés et bien informés, discuteront cinq ans avec les évêques, et, au terme de plusieurs sessions, parviendront à mettre définitivement au point le 22 novembre 1975 des documents vraiment prospectifs sur le culte, la collaboration des laïcs, la pastorale des jeunes, de la classe ouvrière, des étrangers et sur le règlement interne de l'Église.

Mais la *mise en œuvre* pratique de ces documents se heurte à certains points critiques (divorce, contraception, relations sexuelles prémaritales...) sur lesquels les délégués n'obtiennent l'approbation nécessaire ni des évêques ni de Rome. Pas d'admission du contrôle des naissances en dehors des clauses prévues, aucune prise de distance par rapport à l'encyclique *Humanae vitae*, refus de l'eucharistie aux divorcés remariés, pas d'assouplissement de la loi du célibat, aucun droit à la parole aux organes diocésains lors de l'élection de l'évêque. Jusqu'à présent, le Vatican n'a daigné envoyer aucune réponse sur ces problèmes importants. La prédication par des laïcs, que les évêques avaient admise à titre probatoire et qui était déjà largement pratiquée sera par la suite strictement interdite et par ces évêques et par Rome : plutôt pas de prêche qu'un prêche de laïc ! Le synode valorise toutefois la collaboration des laïcs aux conseils paroissiaux et diocésains, chose assez singulière chez les catholiques. Le sort du Synode 72 des évêchés suisses n'est pas plus réjouissant : les évêques ne soutiennent qu'avec tiédeur les discussions, les projets, les documents, et Rome les ignore. La dépense d'intelligence, de temps, d'argent ? Tant pis. Tout cela ne donne rien.

Mais désormais la hiérarchie a tout loisir de s'occuper d'elle-même. Selon le *Frankfurter Allgemeine Zeitung*, la controverse enclenchée autour de *Être chrétien* s'annonce chez le cardinal Julius Döpfner : celui-ci exige un « sérieux examen » et de la méthode utilisée et du fond, non pas de la part de mes collègues que l'on a consultés en sous-main, mais de ma part. Je lui réponds le 24 juin 1976, puis de nouveau le 28, que j'ai soigneusement consulté toute la littérature parue sur l'infaillibilité et sur la question de l'Église avant de publier l'ouvrage collectif *Faillible ? Un bilan*, ce qui ne m'a valu aucune réponse théologique. En ce qui concerne *Être chrétien*, je me suis efforcé depuis sa parution d'expliquer, de vérifier, d'approfondir toutes les données théologiques contestées, ce que confirment les faits : trois jours de session avec des doctorants pour comparer le *Jésus le Christ*, de Walter Kasper, et mon *Être chrétien*. Trois jours encore, toujours avec des doctorants, sur l'ouvrage collectif *Discussions autour du « Être chrétien » de Hans Küng* ; encore plusieurs heures de discussion sur les points précis en débat, en particulier sur la christologie, avec des exégètes connus, les professeurs Joachim Jeremias et Gerhard Lohfink ; puis, en conclusion de mon semestre d'été, le débat sur le volume *Discussions autour du « Être chrétien » de Hans Küng*, débat entre Walter Kasper et moi-même. J'ai eu des conversations avec la plupart des auteurs du livre collectif, ou bien je leur ai écrit, etc. Quel « examen » me faut-il encore passer ? Un tel examen n'est-il pas à sens unique ?

Aucun des évêques avec lesquels j'ai eu directement ou indirectement affaire n'a manifesté le moindre intérêt à une véritable discussion théologique sur les sujets controversés ni à une éventuelle solution des difficultés. Ils pensent que, du fait de leur ministère, ils possèdent la vérité. Ils ne reconnaissent donc aucunement la légitimité des questionnements. Ils se refusent à voir qu'il y a des problèmes et que ceux-ci exigent de nouvelles formulations. Pour eux, il suffit de réaffirmer à la lettre et en totalité les vieux énoncés traditionnels sans s'interroger sur leur vérité. Donc, pas de critiques, pas de nouvelle interprétation, pas de transposition dans un cadre de pensée moderne, pas de propositions originales qui tiendraient compte des résultats de la science. Ce n'est pas la réflexion qu'ils attendent, mais la soumission à la vérité... qu'ils possèdent.

La mort d'un médiateur, le cardinal Döpfner.

Le 24 juillet 1976, exactement un mois après cette lettre, le cardinal Döpfner meurt subitement d'une crise cardiaque. Il a soixante-deux ans. La veille, il avait rédigé le brouillon d'une lettre qu'il devait m'écrire et m'envoyer le mois même. Il me remerciait pour mon courrier du 28 juin. Entre-temps, la

Commission de la foi de la Conférence épiscopale allemande s'était saisie de la nouvelle situation, et, à la suite de plusieurs suggestions, elle me proposait un entretien destiné à « accorder notre foi commune et à écarter quelques confusions suscitées par [mon] livre ». Il était entendu que je pourrais inviter un collègue à la rencontre. De son côté, elle souhaitait la présence du cardinal Volk, de l'évêque de Rottenburg et des professeurs Lehmann et Ratzinger. Lieu de la rencontre : l'Académie catholique du diocèse de Rottenburg Stuttgart-Hohenheim. Date : deuxième moitié de septembre ou octobre.

Mais le cardinal Julius Döpfner est maintenant décédé. Il avait constamment été mon partenaire depuis mon livre, *Le Concile et la Réunification* (1960), même si, à la différence du cardinal König, il n'avait pas osé le préfacer. Tout le monde, et moi le premier, pleurait la mort du président de la Conférence épiscopale allemande, un personnage humain et sympathique et un infatigable médiateur. Au Germanicum, j'admirais déjà ce jeune évêque de Würzburg, si vivant, si plein d'allant, un alpiniste passionné qui s'était particulièrement attaché aux élèves suisses du séminaire. En dépit de ses limites théologiques et de sa déférence exagérée envers la curie romaine et ses tactiques, il n'avait pas son pareil dans tout l'épiscopat allemand, ni avant ni après le concile : c'était le meilleur.

Le service durable de Döpfner était triple : il avait constamment résisté à la pression de Rome qui demandait la révision de la déclaration de Königstein de la Conférence épiscopale allemande, celle qui, au lendemain de l'encyclique *Humanae vitae* (1968) avait reconnu aux époux la liberté de décider en conscience en matière de régulation des naissances ; il a rendu possible le synode de Würzburg ; en dépit de la résistance romaine, il a promu l'institution de référents pastoraux mariés, avec l'espoir secret (mais vain) qu'on pourrait par la suite les ordonner prêtres. En ce qui me concerne, il avait continuellement cherché à me défendre dans la mesure de ce qui lui semblait possible.

Au fond de lui-même, Döpfner était parfaitement convaincu que j'avais raison sur bien des points. C'est ainsi que, à l'occasion d'une célébration à Sankt Johann de Tübingen, il avait parlé de moi avec bienveillance (dans la sacristie, pas dans l'église) : « Il a raison, mais il a raison trop tôt. » Pour ma part, j'étais au contraire convaincu que, en matière œcuménique, quatre cent cinquante ans après la Réforme il était déjà trop tard et que, en ce qui concernait le sens de la vie chrétienne, j'arrivais juste à temps. J'aurais dû pouvoir en parler avec Julius Döpfner, mon confrère du Germanicum. Je ne demandais pas que la hiérarchie adoptât elle-même ma théologie, mais simplement qu'elle la tolérât comme une théologie catholique. À mes yeux, huit mois après la fin du synode, sa mort brutale, due au stress de sa charge de président de la Conférence épiscopale, marquait aussi la mort définitive de l'ère conciliaire.

Une constellation dangereuse.

La lettre du cardinal Döpfner du 23 juin 1976 me fut transmise le 31 août par le cardinal Joseph Höffner, commis à la présidence de la Conférence épiscopale. Âgé de soixante-dix ans, cet ancien évêque de Münster était aussi un ancien du Germanicum, un solide théologien dogmatique, spécialiste des sciences sociales. Il était devenu archevêque de Cologne en 1969, où il succédait au cardinal Frings[1]. Il reprend le projet d'entretien de Döpfner, mais pour octobre seulement. Je reçois la lettre à Seehaus, à Sursee, et j'y réponds le 4 septembre : « Je suis tout à fait disposé à cet entretien qui devait clarifier certains problèmes essentiels de *Être chrétien.* » Je souhaite également la présence du cardinal Volk et de Mgr Moser. En ce qui concerne celle des professeurs Lehmann et Ratzinger, je ne me prononce pas.

Le 12 octobre 1976, le Dr Homeyer, secrétaire de la Conférence, me fait savoir que la rencontre ne peut avoir lieu que le 2 novembre. Maintenant, il voudrait bien qu'on puisse fixer un rendez-vous entre moi, le cardinal Höffner, maintenant président de la Conférence, le cardinal Volk et les professeurs Lehmann et Ratzinger qui se sont déclarés prêts à prendre part à l'échange.

Le moment est maintenant venu de régler certaines modalités de la rencontre. Dans une lettre du 19 octobre 1976, je dis n'avoir rien à objecter au professeur Lehmann qui s'est montré un partenaire objectif sur les points litigieux, mais que je m'oppose à la présence de Mgr Ratzinger (c'est à Ratisbonne qu'il a reçu ce titre de prélat romain interdit à Tübingen), « car il n'a pas fait montre d'absence de préjugés dans ses contributions aux discussions qui

1. Sur les développements de ce chapitre voir Dokumentation II, phase IV, n° 1 à 15.

ont eu lieu jusqu'à présent, et je n'attends donc aucune aide de lui pour clarifier les questions pendantes. Je crains par ailleurs que sa participation à la réunion ne lui confère un caractère émotionnel. »

Cela n'a rien à voir avec une aversion fondamentale à l'égard de la personne de Joseph Ratzinger : je l'avais hautement apprécié au cours des trois années communes de Tübingen. Après notre entretien de Stuttgart avec la Commission de la foi, il avait profité d'une occasion académique pour m'écrire amicalement le 23 janvier 1971. Il ajoutait : « J'espère que vous êtes revenu à Tübingen content de nos retrouvailles à Stuttgart. » Toujours est-il que je fus par la suite fort mécontent, et même horrifié du niveau de son raisonnement dans ses deux contributions à propos de *Infaillible ?* et de *Être chrétien*. Il s'y montrait incapable ne serait-ce que de rendre compte correctement de mes vues, mais encore plus de les juger. Je trouvais certains de ses propos non seulement faux, mais carrément offensants.

Dans l'état de mon savoir d'alors, j'étais encore loin de comprendre pourquoi lui qui me connaissait si bien pouvait réagir de façon si émotive et si peu objective. Un éclair avait-il soudain éclairé le « recoin » encore obscur de ce cœur de Bavarois pieux, ainsi que je le penserai plus tard ? Ou bien était-ce la peur d'avoir à confronter ses connaissances encore défaillantes à l'exégèse historico-critique du Nouveau Testament ? Ou le choc de la révolte étudiante de Tübingen était-il encore si profondément incrusté en lui qu'il en arrivait à projeter sur moi son traumatisme et son ressentiment ? Ou sentirait-il sa dogmatique menacée de mort, comme jadis Karl Rahner ? Toujours est-il que le cardinal Höffner admit que mon objection était justifiée. Entre-temps le professeur Ratzinger l'avait prié de le dispenser de participer à l'échange, me fit savoir six mois plus tard le Dr Homeyer dans une lettre du 9 décembre. À sa place, il y aurait le professeur Otto Semmelroth, un jésuite de l'école Saint-Georges de Francfort, pour ma part un bienvenu.

De mon côté, j'avais veillé à ne pas choisir un collègue en théologie dogmatique ou exégétique, mais un spécialiste des questions de procédure, le grand juriste de Tübingen, le professeur Johannes Neumann. Car, avais-je expliqué à Mgr Moser au cours d'un entretien préalable, je ne voulais pour rien au monde me voir entraîné dans une procédure d'inquisition où je serais perdu d'avance, ainsi que je le déclarais dans une lettre du 19 octobre au cardinal Höffner en en faisant un préalable à toute rencontre : « Il ne saurait s'agir d'un entretien au sens du § 5 de la procédure d'opposition à l'enseignement telle que la prévoit la Conférence épiscopale allemande. » Je partais de l'idée qu'un entretien franc et ouvert devrait permettre de dissiper les ombres et de clarifier les malentendus. Mais cela excluait toute utilisation de notre échange pour un éventuel procès. « Je vous prie, Éminence, de m'en donner explicitement l'assurance. » Celle-ci me fut effectivement donnée par le Dr Homeyer au nom du cardinal. Pour éliminer toutes les difficultés attenantes à un procès-verbal, celui-ci me garantirait dès le début de l'entretien qu'il n'y aurait aucun enregistrement de notre conversation.

Cependant, en dépit de toutes les promesses, il sera bientôt clair que c'était bien ce qu'on avait fait. La mort du cardinal Döpfner avait suscité une constellation préoccupante et dangereuse et pour l'Église allemande et pour moi. On prévoyait que son successeur serait Mgr Moser, mais le gouvernement de Bavière s'opposait à ce « libéral » non bavarois. C'est ainsi que Ratzinger devint archevêque de Munich. Autrement dit, à la place de Döpfner, le médiateur, j'aurais affaire à deux de mes principaux adversaires dont l'un, l'archevêque de Munich, deviendrait probablement président de la Conférence épiscopale allemande, les deux autres se situant du côté de la curie. Et que se passerait-il si, à la place de Paul VI, à la santé chancelante, mais qui, en dépit de ses réticences, avait toujours étendu sur moi sa main protectrice, on avait un nouveau pape qui ne serait pas aussi bien disposé à mon égard ? Mais, comme toujours, j'avais mes devoirs à faire, à Tübingen, et ensuite en Angleterre et aux États-Unis.

Le bon accueil de l'Amérique.

Heureusement, ni en Angleterre ni aux États-Unis, je ne devais me heurter à une résistance semblable à celle de l'Allemagne. Le 31 octobre 1976, je pars donc pour Londres, accompagné cette fois encore de Karl-Josef Kuschel. Nous y rendons visite au professeur Ralf Dahrendorf, mon ancien collègue de Tübingen maintenant directeur de la London School of Economics, un analyste modeste, mais d'expérience mondiale, avec lequel j'aime discuter du monde, de religion et de politique. Puis rencontre d'Antoine Van den Boogaard, le président de la fondation

Concilium, et de Paul Brand, le représentant de l'éditeur. Pour favoriser une meilleure compréhension de la revue, nous rendons visite au cardinal Basile Hume, archevêque de Westminster. Il nous reçoit amicalement et se montre très ouvert à notre revue. Avec Tom Burns, notre traducteur anglais, nous terminons cette journée fatigante dans un club anglais typique.

De Londres, on atteint la moitié du monde par les médias, et je profite évidemment de l'occasion pour présenter *Être chrétien*. Le jour suivant, 1er novembre, conférence de presse, interview par un magazine australien, puis interview radiophonique et télévisée par la BBC, et finalement par les journaux *The Times* et *The Tablet*. Le soir, nous sommes invités à la résidence du délégué apostolique, Bruno Heim, un Suisse, jadis secrétaire du nonce à Paris, Angelo Roncalli, par la suite pape sous le nom de Jean XXIII. Il aime faire lui-même la cuisine, et nous causons amicalement en bons confédérés. Spécialiste en héraldisme, il fera aussi les armes du futur pape, Jean-Paul II, qui préférera ôter la croix du milieu au profit d'un gigantesque M, Maria !

Le 2 novembre, nous nous envolons pour Boston. Avant notre départ de Heathrow, on me force encore à un long entretien radiophonique C'est le jour de l'élection de Jimmy Carter à la présidence des États-Unis. Après l'ère Nixon-Ford, c'est pour moi un signe d'espérance. Du 3 au 5 novembre, je passe les trois soirées à la Memorial Church de Harvard pour les William Belden Noble Lectures sur *Être chrétien*[1]. Je profite de la discussion avec trois collègues successifs de la Harvard Divinity School pour présenter mes *Vingt thèses sur Être chrétien* qui sont déjà rédigées, et je discute toute la journée, et souvent dès le petit déjeuner avec des groupes d'étudiants et de professeurs.

Le 6 novembre, nous nous envolons pour Chicago où nous sommes les hôtes de mon ami Andrew Greeley et de la Thomas More Association au profit de laquelle je fais un cours sur « Why Sunday day worship ? », « Pourquoi une célébration dominicale aujourd'hui ? » Mais dès le 8, nous repartons pour New York où je dois présenter mon livre au Overseas Press Club. Les théologiens américains l'accueillent sans préjugés et de façon beaucoup

1. Le 6 novembre, je fis une conference au Rosary College de Chicago « Why Sunday Worship ? » au bénéfice de l'Association Thomas More et de sa revue *The Critic*. Le 7, je suis invité à un Godspell à New York. Le jour suivant, interviews à la radio et à la télévision.

plus amicale que les professeurs de dogmatique allemands. Tant les recensions de Raymond Brown, éminent exégète, que celle de Avery Dulles, un théologien conservateur (puis par la suite de David Tracy et d'Andrew Greeley) « font montre d'une excellente information et d'une objectivité parfaite, ainsi que je l'écrirai à l'éditeur de la revue catholique américaine *America*. Si seulement certains de mes critiques allemands l'avaient étudié et analysé avec autant de soin ! » (26 novembre 1976).

L'année 1976 avait été très fatigante, et ce fut donc une joie de pouvoir aller passer Noël à Lech. En plus du ski, je consacrai ce temps libre à la rédaction de mon livre *Dieu existe-t-il ?* et je passai des grands chapitres sur l'athéisme de Feuerbach, Marx et Freud et sur le nihilisme de Nietzsche, à ceux, positifs cette fois, sur la confiance fondamentale (base de l'éthique humaine) et sur la foi en Dieu (base de la confiance). Mais dès le début de l'année 1977, je dois redescendre des hauteurs pures et cristallines des Alpes dans la brume de la vallée où j'ai une fois de plus affaire à la Conférence épiscopale allemande.

Des mondes intellectuels différents.

L'entretien avec les représentants de la Conférence épiscopale allemande a lieu le 22 janvier à l'Académie catholique de Stuttgart-Hohenheim. Quatre heures de questions et de réponses, de 10 heures à 14 heures. Le compte rendu subséquent comporte presque cent pages imprimées. Je ne veux pas en infliger le détail au lecteur.

En bref : après une introduction sous forme de défense, je souligne clairement plusieurs points : 1) ma visée pastorale ; 2) les critiques qu'on me fait ne portent que sur un dixième du volume ; 3) ma méthode qui part « d'en bas », de l'homme, ne porte aucunement atteinte à la réalité divine ; 4) je suis prêt à tout moment à reconnaître mes erreurs et à corriger mes publications et mes activités universitaires ; 5) mon article dans le *Frankfurter Allgemeine Zeitung* n'est rien de plus qu'une défense justifiée contre des attaques indues mettant en cause ma crédibilité de catholique ; 6) seuls les théologiens dogmatiques s'en prennent à mon livre, mais ni les exégètes, ni les moralistes, ni les pasteurs ; 7) ni en Italie ni aux États-Unis, où j'ai présenté mon ouvrage, celui-ci n'a provoqué l'excitation et les contestations qu'on constate en Allemagne ; 8) en Allemagne aussi, l'ensemble du public a réagi de façon extrêmement positive à *Être chrétien*, et mon livre a ouvert de nouvelles perspectives prometteuses de dialogue avec le judaïsme. Je n'ai pas mentionné le curieux contraste entre la façon dont me traite la Conférence épiscopale allemande et la façon dont on m'a apprécié : les rédacteurs de six revues religieuses américaines viennent juste de nous désigner, Jürgen Moltmann et moi-même, comme les seuls Européens parmi cinquante personnes les plus marquantes dont la pensée ait vraiment de l'influence dans les Églises chrétiennes ; à côté de Billy Graham, de Mgr Helder Camara, d'Andrew Greeley entre autres.

Mais le huitième point intéresse peu mes protagonistes. Je peux alors encore insister sur le fait que je n'entends pas nier les dogmes chrétiens traditionnels, mais seulement les réinterpréter de façon compréhensible pour nos contemporains. On veut à tout prix me coincer dans la problématique de la faute et m'obliger à une méthode partant « d'en haut ». Au fond, comme je le notais chez Ratzinger, notre discussion est celle de partisans de Ptolémée, qui font tourner le soleil autour de la terre, et ceux de Copernic, qui font tourner la terre autour du soleil. Le soleil, la lune et les étoiles sont bien les mêmes pour tous, mais chacun ne les perçoit que dans son propre cadre de pensée, dans une constellation globale différente, en fonction de son propre « paradigme » intellectuel. J'ai entre-temps lu *La Structure des révolutions scientifiques*, le livre classique de Thomas Kuhn, l'épistémologue des sciences, en commençant à appliquer à l'histoire de la théologie son analyse des changements de paradigme. Le symposium de notre institut, du 22 au 24 avril 1977, à Ising au bord du Chiemsee, avait tourné autour de la question des paradigmes du fonctionnement des théologies d'Augustin, de Thomas d'Aquin, de Luther et du concile de Trente.

La théorie des paradigmes m'explique ce qui jusque-là me restait difficile à comprendre : pourquoi les défenseurs de l'ancien modèle théologique ont autant de mal à me comprendre que les défenseurs de l'ancien paradigme astronomique en avaient à comprendre les tenants du nouveau. Les représentants de l'un et de l'autre vivent tout simplement dans deux mondes différents, dans deux univers intellectuels et linguistiques différents, et ils ne peuvent donc à peu près pas s'entendre. Mes protagonistes et moi sommes certes de la même Église, et j'ai plus d'une fois protesté contre des collègues luthériens qui me lançaient que je n'étais pas de la même Église que tous ces hiérarques. Mais nous voyons Dieu, Jésus-Christ, le Saint-Esprit et surtout l'Église selon des perspectives aussi différentes que l'étaient celles de Ptolémée et de Copernic quand ils regardaient le soleil, la lune et les étoiles. L'étonnant, c'est quand même de voir à quel point les ministres de l'Église ont pour leur part peu appris des changements de paradigmes qui ont eu lieu en théologie.

Tandis que le cardinal Volk s'efforce au moins un peu de comprendre et argumente de façon néoscolastique, le cardinal Höffner n'a lu mon livre qu'à partir de définitions dogmatiques précises qu'il n'a retrouvées qu'en page 434, me dit-il, mais sous une forme à ses yeux insuffisante. S'il avait vraiment lu mon livre, au lieu de se contenter de le feuilleter, comme il le reconnut, il ne l'aurait de toute façon pas compris. Lors d'une visite qu'il avait faite en 1950 au Germanicum, nous, les étudiants, plaisantions déjà sur ce professeur de sciences sociales de Münster qui était certes un éminent expert dans son domaine, mais était totalement dépassé en théologie. Je l'avais à l'époque comparé à un manœuvre qui cherche que faire de ses mains dans un monde en continuelle mutation : en guise de ration d'urgence, il portait sa théologie de la Grégorienne bien emballée dans son sac à dos avec la conviction naïve et bien assurée que rien ne changerait jamais vraiment *(theologia perennis !)* : sans doute la société et la doctrine sociale bougent-elles, mais la théologie, et au fond aussi l'Église, restent toujours les mêmes. Exactement comme la devise des armoiries du cardinal Ottaviani, le grand inquisiteur : « Toujours le même... » ou la même chose !

Entre-temps la ration théologique de survie de Höffner a pourri. Sans s'en apercevoir, il en est resté au niveau de la théologie grégorienne des années 1930. « Théologie de Denzinger », pourrait-on dire en reprenant l'expression de Karl Rahner pour désigner les théologiens qui n'ont en tête que les formules dogmatiques de l'*Enchiridion* de cet auteur, tout en étant incapable de les situer dans leur contexte historique, et qui, même après Vatican II, croient pouvoir résoudre les problèmes de l'homme à partir des définitions des conciles et des livres scolaires romains datant du temps de leurs études. C'est pourquoi d'ailleurs le cardinal reproche à Karl Rahner de ne plus être sur le terrain de la doctrine de l'Église ; au cours du synode, celui-ci n'a-t-il pas critiqué la filiation divine et l'indissolubilité du mariage ? Or il se trouve que la veille de Noël, en décembre 1977, à la Westdeutscher Rundfunk, la radio de Cologne, j'avais anticipé les conclusions de mon livre à venir, *Dieu existe-t-il ?* en faisant un exposé d'une demi-heure pour répondre à la question : « Croire au fils de Dieu ? », et j'avais clairement confessé ma foi : *« Credo in Jesum Christum filium Dei unigenitum »*, « Je crois en Jésus-Christ fils unique de Dieu. » L'archevêque de Cologne n'en avait-il pas eu vent ?

Mais que pouvait-il sortir de bon de notre discussion ? Vers la fin de cette rencontre de Stuttgart, ces messieurs gardiens de la foi sont manifestement en plein désarroi : que dire au public ? On ne peut pourtant pas se dispenser d'un communiqué de presse. De plus les estomacs grondent, et le cardinal Höffner nous bouscule, car il y a déjà plus de quarante évêques qui l'attendent à Cologne pour lui fêter ses soixante-dix ans, ce qui est manifestement pour lui plus important que la vraie foi. On se met en vitesse d'accord sur le fait que la rencontre a essentiellement porté sur les propos de l'auteur de *Être chrétien* concernant la personne et l'œuvre rédemptrice de Jésus-Christ. On s'accorde toutefois largement sur le fait que certaines déclarations christologiques du professeur Küng ont besoin de compléments. Pour éviter tous les malentendus, la Conférence épiscopale a prié l'auteur de les fournir. Küng s'est engagé à le faire : il donnera toutes les explications nécessaires sur les questions posées. De façon générale, les médias accueilleront positivement le communiqué, comme si on voulait m'accorder un temps de grâce.

Rendre intelligibles les anciennes confessions de foi.

Mais, par la suite, les évêques ne sont manifestement pas satisfaits du résultat de la rencontre de Stuttgart. À peine quatre jours plus tard, le 28 janvier 1977, Mgr Georg Moser, manifestement lui-même sous pression, m'écrit pour me demander d'envoyer moi-même une nouvelle lettre au président de la Conférence épiscopale allemande avant la réunion plénière de celle-ci, du 28 février au 4 mars. Il m'indique lui-même les domaines où il pense que des « compléments [sont] nécessaires » (la doctrine des deux natures, la christologie johannique, la forme d'unité entre le Père et le Fils...).

Je m'efforce de répondre et, le 21 février, j'envoie une lettre au cardinal Höffner. Je confirme certains points que j'avais déjà énoncés dans mon introduction à l'entretien de Stuttgart.

Je rappelle en même temps en détail les explications des dogmes de Nicée et de Chalcédoine que j'avais déjà formulées dans *Être chrétien*. Ma lettre comporte finalement plus de dix pages tapées à la machine. Je l'envoie aussi à Mgr Moser avec un mot personnel : « La seule raison pour laquelle je me suis efforcé de fournir cette réponse détaillée, c'est que vous vous soyez vous-même engagé d'une façon convaincante dans l'affaire. Que cela soit un petit signe de reconnaissance de ma part. »

Mais rien n'y fait. On ne tiendra absolument aucun compte de mes efforts. Après sa session de printemps de mars 1977, la Conférence épiscopale pense devoir tenir une fois de plus une conférence de presse : « En dépit de certaines prémices d'accord, la Conférence épiscopale allemande juge que les propos du professeur Küng restent insuffisants et prêtent à malentendus. Ils sont si graves qu'ils appellent une fois encore des corrections et des compléments. »

Je n'ai plus rien d'autre à faire qu'à répondre le jour même par une autre conférence de presse. « Quand on se contente de répéter les anciennes confessions de foi, nos contemporains n'y trouvent aucune réponse à leurs difficultés. Je n'ai jamais renié ces confessions, mais j'ai seulement cherché à les rendre compréhensibles aux gens. C'est cela qu'eux-mêmes attendent de leurs évêques. On ne doit pas imputer à un unique théologien l'explication des difficultés théologiques que je n'ai pas inventées moi-même. Malheureusement les évêques n'ont pas compris non plus un mot de mes propositions : 1) projet d'études sur les points importants de la discussion ; 2) sessions d'études avec les meilleurs spécialistes ; 3) mise en commun impartiale des commissions allemandes de la foi. » Et j'ajoute : « Bien entendu je suis prêt à fournir toutes les explications de mes positions théologiques qu'on jugera nécessaires. Dans mon prochain livre sur le problème de Dieu, je donnerai d'importants éclaircissements sur certains points fondamentaux. C'est pourquoi, comme je le leur ai déjà explicitement dit dans ma dernière longue lettre explicative, je serais reconnaissant aux évêques allemands de me laisser poursuivre mon travail théologique en paix. »

Ne pourrait-on pas au moins accepter mes propositions au lieu de me harceler et de me dénigrer constamment en public ? On m'apprécie en tout cas davantage en d'autres lieux. Ne devrais-je pas partir en Amérique, ainsi qu'on me l'avait plusieurs fois suggéré ?

Trois jours avec les Kennedy.

À la fin du semestre d'hiver, je m'envole une fois de plus pour Washington *via* Londres. Impossible de décliner l'invitation de Eunice et Sargent Shriver Kennedy à tenir trois soirées de conférences sur *Être chrétien* à l'institut Kennedy et à l'université de Georgetown. Je dois faire cet aller et retour à la hâte, ce qui m'autorise, pour une fois dans ma vie, à voyager en Concorde, à 18 000 mètres d'altitude, par-dessus les nuages et les orages, à deux fois la vitesse du son : une sensation fantastique ! À 13 heures départ de Heathrow. Le passage du mur du son ne provoque qu'un petit choc. Puis ronronnement continu et arrivée à 12 h 30 à Washington DC, à peine quatre heures plus tard là où un avion à hélice en mettait douze et un jumbo-jet sept. Je suis accueilli par Jimmy, le fils de Shriver, qui voulait voir une fois le Concorde (en service depuis un an), lorsque le pilote abaisse le nez de l'appareil pour avoir la vue suffisamment dégagée. Timmy, qui deviendra par la suite président des Jeux olympiques des handicapés mentaux créés par sa mère, me conduit dans la grande demeure familiale de Timberlawn, avec son vaste parc, à Rockville, Maryland. Le soir même, dîner de trente couverts. Parmi les invités, Zbigniew Brzezinski, le conseiller du président Carter, John Brademas, leader des députés du Congrès, le sénateur John Danforth, par la suite ambassadeur des États-Unis, et Mary McGrory, journaliste.

Pour Eunice et Sarge, je suis le théologien qui, comme peu d'autres aux États-Unis, sait prendre le pouls du temps tout en puisant des profondeurs de la tradition chrétienne les réponses convenables aux questions philosophiques, théologiques et politiques de l'époque, par exemple à la question de savoir si, au cours de leur scolarité, on doit donner aux enfants un enseignement moral général ou un enseignement spécifiquement chrétien. Je suis en même temps pour eux le théologien qui répond aux problèmes difficiles sans recourir à un jargon supérieur, et qui est donc capable de faire comprendre son affaire aux publics les plus variés, aussi bien aux étudiants de philosophie ou de théologie de l'université qu'à l'émission de TV « Bonjour l'Amérique », ou de prêcher au collège de la cathédrale de Washington. Mais le plus important, ce sont mes trois soirées des Rose Fitzgerald Kennedy Lectures où mille auditeurs se pressent pour m'y entendre parler de « Ce qui doit durer dans le christianisme ».

Au milieu de toutes ces activités, c'est chose fascinante que de participer à la vie des Kennedy, la famille la plus célèbre d'Amérique, et de pouvoir discuter dans le living-room ou à la cuisine des questions les plus diverses. Je parle avec Sarge des origines allemandes de la famille Shriver. À l'origine, il était écrivain. Il me raconte ses expériences du Peace Corps. Avec Eunice, au Center for Population Research de l'institut Kennedy, nous discutons de régulation des naissances, de l'infaillibilité ou de la guerre du Viêtnam où, pense Eunice, son frère ne devrait plus être engagé dans les troupes au sol, mais devrait avoir rapidement de l'avancement. Et j'ai plaisir à voir comment son plus jeune frère, le sénateur Edward Kennedy, conduit sa voiture de sport de façon à paniquer sa sœur aînée.

Les trois *« lectures »* ont été un *« terrific success »*, m'écrira par la suite Eunice. Elle a déjà lu la moitié de *Être chrétien* et a transmis le livre à sa mère, Rose Kennedy, à Boston, de sorte que quand elle va à Boston, elle est tout le temps occupée, car il lui faut continuer la lecture.

Ma proximité avec Eunice et Sargent Kennedy Shriver est sûrement due à l'admiration que j'avais pour le président John F. Kennedy dont j'avais fait personnellement connaissance à la Maison Blanche, en 1963, à la fin de ma première tournée de conférences en Amérique. Je suis fier qu'il m'ait alors présenté à son vice-président, Lyndon B. Johnson, comme « l'homme de la nouvelle frontière de l'Église catholique ». Pour moi, c'était un « idéaliste sans illusions », comme il se qualifiait lui-même. Maintenant, en particulier du fait des révélations sur ses aventures sexuelles qu'on étale devant le public – nous sommes au temps de la retombée de l'histoire idéalisée des héros –, on peut comprendre que j'éprouve quelque gêne à aborder directement ce sujet délicat et à donner l'impression d'une curiosité indiscrète. Mais je l'aborde finalement avec Sarge lorsqu'il me reconduit en auto à l'aéroport. Il joue profil bas : « Tant que le président Kennedy était vivant, personne n'osait répandre ces bruits. Mais maintenant "cette femme" (il parle de Judith Campbell Exner) a répandu dans le public ces rumeurs invérifiables. » Il est bien possible que ma question, posée juste avant mon départ, lui ait déplu. Mais il me semblait malhonnête de ne pas la soulever. Entre-temps, même à la Maison Blanche, on en a trop appris sur les escapades de J. F. Kennedy pour que l'on puisse faire fi de ces « rumeurs ». Et pour moi ce ne sont pas de simples *peccadillos*, de simples péchés véniels aisément pardonnables.

Mais cela n'a rien changé au jugement que je portais sur cet homme d'État charismatique qui ne disposerait que de mille jours pour sa tâche, et auquel j'ai consacré un portrait dans le premier volume de mes *Mémoires* (chap. VII, « Un homme libre avec un libre esprit »). Depuis lors, nous avons connu exactement son contraire en la personne de George W. Bush, ce qui a provoqué aux États-Unis le désir d'un nouveau Kennedy et redonné de l'éclat à son mythe. Car, sous la pression des idéologues néo-conservateurs, avec le soutien d'une piétaille protestante fondamentaliste et sous prétexte d'y instaurer la démocratie, le nouveau président a mis en scène l'invasion de l'Irak à coups de mensonges, avec toutes les conséquences catastrophiques que cela a provoquées au Proche-Orient et aux États-Unis. À l'inverse, en octobre 1962, au moment où la confrontation entre les États-Unis et l'URSS atteignait son paroxysme à la suite de l'introduction secrète d'avions de combat et de missiles à Cuba, John F. Kennedy avait refusé de suivre ses généraux qui prônaient l'invasion de l'île et avait préféré un blocus maritime et d'habiles tractations avec Khrouchtchev, ce qui avait conduit à un traité sur l'arrêt des tests nucléaires et permis le début de la course pacifique à la lune (au programme Apollo).

La vie brillante de Kennedy cache l'histoire d'une maladie qu'il supporta stoïquement toute sa vie et dont nous ne connaissons la mesure que grâce aux recherches minutieuses de Robert Dallek, son biographe, professeur d'histoire à l'université de Boston[1]. Cette maladie aurait instillé en lui un inextinguible appétit de vivre qui aurait contribué à le rendre si fier. Elle n'aurait en rien diminué la capacité de jugement politique du président des États-Unis. Reste donc que, dans une situation difficile, à en croire cette biographie la plus récente, il se serait montré homme d'État modèle en résistant aux agressifs élans guerriers de ses généraux. Que de fois, pendant le concile, ai-je déploré chez les ecclésiastiques l'absence des qualités dont a fait preuve ce grand homme : intelligence, loyauté, esprit de décision.

En 1977, je reçus un chaleureux merci du président Jimmy Carter pour le *On being a Christian* que je lui avais dédicacé.

1. Voir R. DALLEK, *An Unfinished Life. John F. Kennedy 1917-1963*, Boston, 2003.

J'avais aussi confiance en lui. Il avait joint un post-scriptum écrit à la main : « *He may come by to see me*. » Malheureusement j'étais sur le point de me rendre à l'aéroport pour repartir en Europe *via* Boston. Après trois mois en Amérique, il fallait à tout prix que je rentre, ainsi que je l'avais prévu depuis longtemps, cette fois non pas vers la côte, mais directement au cœur de l'Occident.

Problèmes et chances de l'œcuménisme : un Vatican III ?

Dans notre fondation *Concilium*, nous étions d'accord pour célébrer en 1977 les douze ans de notre revue par un congrès qui se tiendrait cette fois aux États-Unis où notre publication connaissait quelques problèmes. Le président de l'université Notre Dame, Theodore M. Hesburgh, un représentant du catholicisme américain bien connu dans tout le pays, membre de plusieurs commissions gouvernementales, était prêt à nous accueillir en même temps que notre partenaire Mgr John J. Egan, directeur du Centre de pastorale et de service social, un homme aussi agréable qu'efficient.

Ce lien s'était créé grâce à Andrew Greeley, membre de notre directoire, et à notre ami David Tracy (lui aussi de l'université de Chicago), à l'époque président de la Catholic Theological Society. Johann Baptist Metz à qui c'était le tour de présider le congrès, représentait avec moi le côté européen, et il lui fallut s'engager à fond pour résoudre toutes les difficultés de la préparation. Un bon signe, notre collaboration là-bas. Mais, à Notre Dame, à la différence de Bruxelles, nous ne devions inviter que les membres de *Concilium* et de la Catholic Theological Society, ainsi que, c'était bien fixé, un groupe de spécialistes des sciences sociales. En tout, nous étions 77 à nous réunir durant la dernière semaine de mai 1977.

Du fait de l'immobilisme de l'Église catholique et du stade critique où en était l'entente œcuménique, nous avions adopté comme thème central : « En route vers un Vatican III : ce qui doit être fait[1] ». On répartit le gigantesque matériau en fonction de la structure de *Concilium* : d'abord la *foi chrétienne*, « Église et vie », « Église et œcuménisme ». Puis l'*éthique chrétienne* : « Église

1. Voir D. TRACY, H. KÜNG, J. B. METZ (éd.), *Towards Vatican III. The Work That Needs to Be Done*, New York, 1978.

et individu », « Église et société ». Enfin la *pratique chrétienne* : « Église et réforme », « Église et culte ». Sur chaque thème, deux ou trois intervenants de différents pays et de différents continents. J'étais chargé du thème « Église et œcuménisme » en même temps que Giuseppe Alberigo, l'historien italien du concile, et Avery Dulles, théologien dogmatique américain. Je profitai de l'occasion pour dresser un bilan aussi complet que possible de la situation de l'Église catholique et de l'œcuménisme douze ans après le concile.

Lors de la session suivante, Peter Huizing, s.j., canoniste hollandais de la Grégorienne (maintenant en Hollande) soutint nombre de mes idées de réforme. Mais il finit son intervention en soulignant la frustration des hommes d'Église et des théologiens : le problème ne consistait pas à convaincre les autres théologiens de la nécessité de ces réformes, mais à percer le mystère qui nous permettrait d'influencer les autorités qui avaient le pouvoir de changer les choses.

Quand je relis en 2007, trente ans après, les 27 pages soigneusement élaborées de mon programme de réforme, à la fois ample et détaillé, j'en ai mal au cœur : Quelles chances avons-nous laissé passer dans notre Église ! Que de personnes ont quitté le navire ! Combien ont sombré dans l'obscurité...

Naturellement, dans notre congrès qui réunissait des gens très divers, Européens, Américains du Nord et du Sud, spécialistes des sciences sociales, nous pouvions aussi nous attendre à des tensions.

Bagarre théologique : une théologie « politisante ».

Malgré les sombres perspectives d'avenir, le congrès de Notre Dame a un grand succès. Mon exposé suscite l'accord de Giuseppe Alberigo et d'Avery Dulles. Mais il en va tout autrement dans le groupe de travail « Église et société ». Dans sa méconnaissance totale de la situation des années 1960 aux États-Unis, Johann Baptist Metz présente de façon abrupte quatre thèses qui comportent sûrement bien des choses justes, mais qui n'ont pas été pensées et surtout qu'aucune publication n'a préparé à recevoir : un plaidoyer pour une Église où l'on insisterait avant tout sur l'axe Nord-Sud et où on passerait d'une Église bourgeoise à une Église de lutte des classes (thèse 1). Il défend en même temps une radicalisation mystico-politique de la vie chrétienne par la jeunesse et l'attente apocalyptique de la fin du monde (thèses 2-4).

Co-rapporteur, Charles Curran, éminent moraliste américain, intervient tout de suite après. Il reprend point par point les thèses de Metz en les dénudant jusqu'à l'os, en particulier une attente apocalyptique sans nuance et la critique continuelle des structures d'oppression. Au lieu d'opposer les « Églises riches » du Nord, aux « Églises pauvres » du Sud, il les appelle toutes, non pas à jouer les unes contre les autres et à promouvoir la lutte des classes, mais à mettre en application la doctrine sociale catholique dans l'Église et dans la société. Il parle de façon parfaitement objective et sans attaquer personne, car il ne veut sûrement pas blesser Metz. Mais celui-ci se sent cependant profondément atteint et il ne s'en remettra pas durant tout le congrès. La situation s'aggrave encore lorsque Gregory Baum, le Germano-Canadien, lui aussi d'orientation politique marquée, cherche avec la meilleure intention du monde à venir au secours de Metz en se dressant résolument contre l'école sociologique présente dans l'assemblée : il lui reproche de manquer d'esprit critique vis-à-vis de l'ordre établi et d'ignorer les acquis des autres sociologues, en particulier des Européens. Cela provoque évidemment l'intervention d'Andrew Greeley qui est depuis longtemps très hostile aux théologiens de la libération latino-américains. Il profite de l'occasion pour laisser libre cours à ses arguments, à ses sentiments et à son ressentiment, ce qui déchaîne une dure polémique.

Je reste moi-même étranger à ce débat public, et étant donné la situation exposée dans laquelle je me trouve dans l'Église, je m'efforce de n'intervenir que le moins possible auprès de la direction du congrès que Metz préside : la conception et la préparation de cette réunion m'avaient déjà et me donnent encore suffisamment à faire. Cependant le thème et les auteurs m'obligent finalement à m'interposer et à regrouper tous les comptes rendus des participants. Mais je me trouve maintenant devant un tas de décombres et je dois chercher à recoller ce qui n'est plus recollable. Charles Curran se montre raisonnable et conciliant. Mais Metz est très abattu et remâche encore sa colère, et quand, au terme de la conférence, nous partons pour deux jours à New York rencontrer notre éditeur, il continue à me reprocher violemment d'avoir pris le parti de Greeley. En fait, je n'avais fait que m'entremettre en permettant à celui-ci de prendre la parole tout en l'invitant à la modération.

Greeley et moi-même restons amis. Mais il ne peut se réconcilier ni avec Baum ni avec Metz, et il démissionnera de la direction de *Concilium*, geste sur lequel il ne voudra pas revenir malgré la lettre amicale que je lui enverrai. Pour sa part, après le congrès, Metz qualifie les théologiens réformistes de « conservateurs politiques et sociaux », et affirme au cours d'une interview (le 4 septembre 1977) que le thème de ce congrès n'avait pas du tout été celui de la réforme intérieure que moi et d'autres défendions, ce qui annonçait une mutation complète de ce « théologien politique », qui culminera avec l'invitation du cardinal Ratzinger, chef de la Congrégation de la foi, à son 70e anniversaire.

Mais Mgr Egan me remerciera par la suite « pour tout ce que vous avez fait afin de faciliter les choses » (16 juin 1977). En dépit de tout, le congrès a été une réussite et la presse y fait écho, aussi bien *America*, *Commonwealth* et le *National Catholic Reporter* que les journaux laïcs – abstraction faite évidemment de feuilles ultra-conservatrices telles que *The Wanderer* aux États-Unis ou le *Neue Bildpost* en Allemagne. Tous les comptes rendus seront publiés, bien sûr après avoir été retravaillés et sans la critique de Metz par Curran.

Une querelle sans fin : le cardinal Höffner.

La hiérarchie catholique ne me laisse en tout cas pas en paix. En avril 1977, je reçois à nouveau une longue lettre du cardinal Höffner[1]. Comme je l'ai su de source sûre, elle a été écrite par un professeur de dogmatique connu, membre de la commission. Ratzinger, l'ami de Höffner ? Je ne peux que supposer son nom. Le 13 juin, je réponds au cardinal que, les jours précédents, j'étais aux États-Unis à un congrès de théologie. J'étais surpris de voir qu'il n'était toujours pas satisfait de mes réponses orales de Stuttgart ni de mes explications écrites. Je lui demandais de comprendre que je ne pouvais pas répondre de façon appropriée à ses lettres tant que je n'aurais pas terminé mon livre sur Dieu ainsi que le discours que je devais faire lors du 500e anniversaire de l'université de Tübingen. Finalement, j'étais quand même professeur de cette université et non pas un employé de la direction de

1. Pour la suite des développements voir : Dokumentation II, phase V, n° 1 à 10.

la Conférence épiscopale. Mais le manque de temps n'est pas un simple prétexte : je suis vraiment sous haute pression.

Le 8 juillet 1977, je reçois pourtant une nouvelle lettre du cardinal Höffner, un véritable ultimatum où il m'ordonne de lui faire parvenir au plus tard le 10 septembre une réponse à sa lettre du 22 avril. L'assemblée générale des évêques allemands doit commencer le 19 septembre. Je lui réponds une fois de plus le 12 septembre que je suis dans la phase finale de la rédaction de mon livre sur la question de Dieu et à la veille de ma conférence pour le 500e anniversaire de l'université de Tübingen, conférence qui a la priorité absolue.

Je me suis toutefois efforcé de faire tout mon possible pour préciser et concrétiser les questions théologiques parfois très complexes, en particulier les problèmes christologiques auxquels on ne peut fournir de simples réponses de catéchisme. « Après vous avoir déjà répondu oralement et en détail pendant plusieurs heures à Stuttgart, après avoir envoyé à la Conférence épiscopale allemande une longue lettre et après avoir eu plusieurs entretiens minutieux avec l'évêque de Rottenburg, je reprends toute la problématique dans un livre de presque 900 pages, dans le cadre de la question sur Dieu et de celle, fondamentale, du rapport de la foi et de la science. » En resituant ainsi les questions du cardinal dans un contexte théologique plus large, je pense aider à clarifier la situation. Je lui enverrai un exemplaire du livre *Dieu existe-t-il ?* immédiatement après sa prochaine parution, avec l'espoir que la Conférence épiscopale allemande saura apprécier non seulement les intentions pastorales de cet ouvrage, mais aussi le poids des propos théologiques que je tiens dans cette réponse au problème de Dieu tel qu'il se pose actuellement.

Mais le 21 septembre je reçois encore une lettre impatiente du cardinal. Il regrette que j'aie omis de répondre à des questions fondamentales pour la foi catholique. Dans ma réponse du 7 novembre 1977, je repousse avec fermeté son reproche d'avoir une fois de plus refusé de répondre aux questions relatives à mon *Être chrétien*. J'y ai clairement confessé ma foi à la filiation divine de Jésus. Dans mon livre *Dieu existe-t-il ?* je réponds aux autres questions. « Je n'ai jamais pensé renier les confessions de notre foi auxquelles on ne saurait renoncer, et je ne vois aucune contradiction entre mes propos de *Être chrétien* et ceux des premiers conciles œcuméniques. Je pense effectivement nécessaire de les interpréter pour notre temps. Je vous prie instamment de croire que nous restons ensemble sur le terrain de la foi catholique. »

Et mon allusion aux soucis que me vaut mon discours pour l'anniversaire de l'université de Tübingen n'a rien d'une échappatoire. Il s'agit là d'une occasion tout à fait extraordinaire.

Le 500e anniversaire de l'université de Tübingen : un discours jubilaire sur la question de Dieu.

Les cardinaux Höffner et Volk, qui ont tous deux été professeurs d'université, seraient-ils incapables d'apprécier le fait, œcuméniquement très important, que la personne invitée à tenir le discours du 500e anniversaire d'une université et d'une église collégiale fondées en 1477, toutes deux au cœur de la Réforme protestante, soit un théologien catholique ?

Lors du colloque de Stuttgart, le professeur Johannes Neumann, lui-même membre influent de la Commission du jubilé, avait fait savoir aux cardinaux, à l'évêque de Rottenburg et à leur entourage de professeurs qu'il avait proposé plusieurs candidats pour tenir le discours, et pas seulement Küng, son collègue de faculté. Mais les professeurs ne tenaient nullement à ce que ce jubilé donne lieu à quelque grand exposé scientifique ou au simple rappel de l'histoire de l'université : il fallait y aborder la question centrale de l'existence humaine, Dieu. « On a alors dit que le seul dont nous pouvions être sûrs qu'il le ferait dans un langage audible pour nous qui ne sommes pas des théologiens, c'était, non pas tel ou tel, mais Hans Küng. Il y avait là des membres hautement renommés de notre corps professoral. Et si je vous dis ici que, dans la salle où nous siégions, le *Être chrétien* de Hans Küng tenait une bonne place au milieu de tous les savants ouvrages profanes, cela montre bien que Küng vient combler un vide, y compris celui de la prédication épiscopale, et que c'est pour cela qu'on dévore ainsi son livre. »

Du côté épiscopal, réaction à cet entretien ? Un mot de satisfaction, ou même de remerciement ? Non. Embarrassé, le cardinal Höffner déclare finalement d'une voix peu affable : « Nous voudrions parvenir à un accord. » « En parlant d'accord, nous ne pensons pas à un complément quelconque, ajoute le cardinal Volk, mais, comme l'exprime Höffner, une reconnaissance ponctuelle de la doctrine de l'Église concernant la préexistence de

Jésus-Christ, les fruits du salut et les obligations du concile. Tels que les évêques les entendent. »

Mais, cela, et beaucoup d'autres choses, il y a longtemps que je l'ai fait à partir des Saintes Écritures et de la grande tradition catholique. Mais nos Seigneurs n'ont plus rien à découvrir. Le magistère n'a par principe rien à apprendre, mais seulement à enseigner. « On n'est quand même pas un groupe d'études », plastronne Höffner, qui n'a jamais étudié sérieusement ni l'exégèse moderne, ni l'histoire du dogme, ni la théologie contemporaine, catholique ou protestante : « Il s'agit du collège des évêques du monde entier »... comme si on lui avait demandé son avis, à ce collège ! Et, devant cette théologie, un théologien devrait avec soumission baisser la tête et tomber à genoux ? Mais, à ce point de l'entretien, tous sont pressés d'aller déjeuner, ainsi que je l'ai déjà raconté. Ainsi, me disais-je avec soulagement, les princes de l'Église, qui n'ont guère d'appétit théologique, éprouvent comme tout le monde une sensation tout humaine de faim. La question de Dieu n'intéresse pas le moindrement ces hommes de Dieu. Ils vivent dans un autre monde, dans celui de l'Église.

Pour ma part, je considérais qu'il s'agissait d'une grande affaire : réintroduire dans un langage clair la question de Dieu dans le cadre d'une université séculière ! Et la semaine théologique sur le thème de « La question de Dieu aujourd'hui » que devaient animer en commun nos deux facultés, protestante et catholique, au cours de cette année jubilaire montrait combien l'œcuménisme avait progressé au niveau académique, en dépit de son blocage par Rome et par les évêques. J'avais moi-même suggéré ce thème et, dès le 27 octobre 1975, j'avais invité chez moi mes collègues, Jüngel, Kasper et Moltmann, ainsi que les doyens Greinacher et Scholder pour en faire le plan. Nous le réalisâmes du 19 au 21 avril 1977 dans la salle des fêtes de l'université, avec une participation intense, en particulier aux conférences du soir de Philip Potter, secrétaire général du Conseil œcuménique des Églises, et de Carl Friedrich von Weizsäcker, philosophe et physicien.

Le point essentiel des festivités de ce 500ᵉ anniversaire se situe dans l'église collégiale de Tübingen. C'est là que, encadré par un concert d'orgue de Haendel, il commence par le mot d'accueil aux invités de Walter Scheel, à l'époque président de la RFA. Mais celui-ci ne peut résister à la tentation du politicien, et, au lieu d'une simple salutation, il se lance dans un long discours où il appelle les étudiants à faire preuve d'esprit de sympathie critique. Bien sûr, cela se passe sur un fond bien précis: les organismes d'étudiants, dominés par les marxistes, n'ont réagi aux festivités du jubilé que par l'obstruction et en déclenchant une grève. La grande masse d'entre eux est restée passive. C'est par ailleurs à cette époque que doit avoir lieu l'échange entre Hanns-Martin Schleyer, le président du patronat, qui a été enlevé par la Fraction Armée rouge et les onze des prisonniers du groupe Baader-Meinhof, un échange que le chancelier Helmut Schmidt, qui a connu une expérience négative similaire, finira par refuser, en dépit des supplications de Mme Schleyer, afin de ne pas livrer l'État au chantage.

Mais, pour moi, après le long discours de Scheel, ce n'est pas vraiment simple de tenir l'horaire du programme annoncé, d'autant que, sous les feux des projecteurs d'une retransmission en direct, il fait une chaleur épouvantable. La sueur me coule du front. Et mon thème est difficile, «Aujourd'hui, peut-on encore croire en Dieu?». Dans ma première partie, «Pourquoi a-t-on été contre Dieu?», je fais beaucoup d'allusions à l'histoire de l'université de Tübingen: parce que les «représentants de Dieu» ont pendant des siècles lutté contre les sciences et contre la démocratie. Je m'efforce de fournir une réponse nuancée à chacune des formes de l'athéisme. Ma seconde partie, «Pourquoi oui à Dieu?» montre qu'un non à Dieu est possible, mais aussi un oui. Aujourd'hui, on a tiré au clair les arguments classiques de l'athéisme: le psychologique, selon lequel Dieu n'est qu'une projection de nos désirs, tout comme celui de la philosophie de l'histoire, selon lequel la fin de la religion est arrivée. Ma réponse essentielle, que j'ai soigneusement argumentée dans mon livre, c'est qu'on ne peut fonder un oui à Dieu sur aucune preuve convaincante (à la façon du théorème de Pythagore), ni sur un vague sentiment (les sentiments ne font trop souvent que tromper), mais bien plutôt sur la base d'une confiance intelligente pour laquelle nous n'avons aucune preuve, mais beaucoup de raisons. C'est pourquoi, dans la troisième partie, je traite finalement de la question: «Comment penser Dieu aujourd'hui?». Et ma conclusion est la suivante: «Aujourd'hui, sous l'horizon des sciences modernes la question essentielle s'offre à nouveau à notre décision.»

Je traite de façon très concrète de ce qui peut sembler très abstrait. Dans l'église, les applaudissements durent longtemps, et beaucoup de personnes me disent personnellement leur accord. Cependant, au restaurant Muséum, lors du banquet qui réunit toutes les éminentes personnalités politiques et universitaires, le ministre-président du Bade-Wurtemberg, Hans Filbinger, félicite tout le monde... sauf l'orateur : les autorités ecclésiastiques n'auraient peut-être pas été d'accord avec ce que j'ai dit à l'église, me glisse en douce et avec un sourire suffisant ce politicien conservateur de Fribourg qui, dans son mot de salutation, avait cité le propos du cardinal Ratzinger contre le « rôle néfaste » de la politique de gauche. L'année suivante, il fut destitué de son poste de chef du gouvernement du pays, car ce pieux catholique romain, autrefois juge dans la Marine, avait encore peu avant la fin de la guerre condamné à mort des soldats déserteurs et il avait tenté de camoufler ce fait ou de le justifier comme « conforme au règlement ». « L'histoire du monde est le tribunal de l'histoire », disait Hegel, le philosophe souabe.

Mais mon discours trouve un large écho dans les médias. Il sera retransmis par les télévisions suisses et autrichiennes, et le *Frankfurter Allgemeine Zeitung* le fera paraître *in extenso* sur trois pages, puis fera un tirage spécial de mon texte et du discours du président Scheel. Aucune de mes conférences ne m'aura valu autant de lettres d'accord et de questions manuscrites. Pas un seul évêque, en dehors de mon évêque de Bâle, Mgr Hänggi, ne se fait entendre. Mauvais augures !

Il y avait un point sur lequel j'avais échoué : convaincre Krzysztof Penderecki de composer une musique d'accompagnement des huit Béatitudes que nous devions lire au cours de notre service œcuménique du jubilé de l'université. Je lui avais écrit une longue lettre en lui parlant du fantastique contraste et de l'incroyable tension que susciterait leur lecture avec accompagnement musical (18 novembre 1976). On n'avait en effet jamais repris ainsi ces textes depuis l'opéra populaire de Wilhelm Kienzl, *L'Homme de l'Évangile*, en 1895. Mais quand je pus enfin avoir au bout du fil Penderecki qui séjournait alors en Allemagne, il m'expliqua qu'il lui était impossible de composer quelque chose de totalement neuf avant octobre 1977. J'aurai plus de succès avec un autre projet, lui aussi relatif à l'Europe de l'Est.

Promotion honorifique d'un dissident soviétique : E. V. Barabanov.

Le 10 octobre, à l'occasion du 500e anniversaire de l'université de Tübingen, la faculté de théologie catholique confère la dignité de docteur honoraire de théologie à quatre personnalités d'origines très différentes, Moscou, Jérusalem, Rio de Janeiro et Starnberg, ceci en vue de promouvoir l'esprit et l'éthique du christianisme dans le monde. Le plus célèbre d'entre eux est Carl Friedrich von Weizsäcker, un penseur sans cesse en quête d'une vérité dont il cherchait à percer la nature à travers la physique et la philosophie. Autre personnage bien connu : Laurentius Klein, abbé bénédictin : dans son abbaye de la Dormition, à Jérusalem, il a créé un studium de théologie biblique chrétienne, juive et islamique. Nous honorons aussi les apports théologiques d'Adriano Hypolito, évêque de Novo Iguaçu, au Brésil, un combattant des droits de l'homme et de la justice sociale.

Beaucoup moins connu, mais non moins intéressant, un dissident soviétique, Evgenij V. Barabanov, qui a travaillé la théologie à Moscou dans des conditions extraordinaires. J'étais très vite entré en contact avec les intellectuels souterrains d'Union soviétique. Il en existait un groupe très vivant, en général des gens d'une trentaine d'années, que j'avais découverts grâce à Senta Grünbeck, une Munichoise, remarquable professeur de religion, qui avait passé des examens d'État à Moscou et était constamment restée en rapport avec eux. Nous en étions arrivés à un échange mutuel.

À Moscou, on s'était passionné pour *Être chrétien*. J'avais pu leur en faire passer une vingtaine d'exemplaires par un chemin détourné. J'avais récolté un petit pécule qui m'avait permis d'aider le traducteur à vivre, mais aussi de payer le papier et l'impression à l'étranger. Lorsque le livre parut enfin par le Samizdat, en auto-édition, donc sans autorisation officielle et sans censure, il se répandit rapidement et donna lieu à de vives discussions. On peut comprendre qu'une christologie historique « d'en bas » ait commencé par susciter de la surprise chez des théologiens élevés dans l'orthodoxie traditionnelle.

Le 5 février 1976, j'avais reçu avec beaucoup de joie la traduction du bel exposé de cet Evgenij Barabanov, *Le Destin de la culture chrétienne*, et je l'avais publié dans ma collection

« Méditations théologiques ». Né en 1943 à Leningrad, il avait été élevé en communiste : son père occupait un haut poste de la direction d'une usine d'armement. À quinze ans, il avait découvert tout seul le Nouveau Testament. À dix-sept ans, il avait connu son plus grand conflit : le KGB, la police secrète, était apparu chez son père et lui avait montré des preuves établies contre son fils : des photos d'une célébration religieuse où il apparaissait à genoux devant une icône. On l'envoya en observation dans une clinique psychiatrique, mais on l'en relâcha au bout de quatre mois. Comme le « cas » n'avait pas encore été clos, Barabanov pouvait à tout instant être « écarté », selon le bon vouloir du KGB. Il étudia l'histoire et l'art à l'université Lomonosov de Moscou, puis, une fois ses études terminées, il devint un des collaborateurs de la revue *Arts décoratifs* et de la maison d'édition Art. Il fut renvoyé en 1973 pour avoir fait parvenir un manuscrit à l'Ouest. Depuis lors, cet homme de quarante-cinq ans vivait sous pression politique à Moscou avec sa femme et deux enfants, avec la crainte continuelle de descente de police, d'arrestation, de comparution et d'envoi en clinique.

Hermann Josef Vogt, notre professeur d'histoire de l'Antiquité, avait porté un jugement très positif sur un autre essai de Barabanov, *Esthétique du christianisme primitif*. Nous avions retenu ce texte pour notre *Quartalschrift* (cahier 4, 1976). La faculté adopta mon projet de conférer le titre de docteur honoraire à l'auteur. Je voyais dans l'honneur accordé à ce Russe qui avait sans cesse cherché à tracer son chemin entre le conservatisme et la modernité religieuse un signe de confiance inébranlable dans la renaissance religieuse de son pays. L'ambassadeur soviétique à Bonn envoya une note de protestation furieuse, mais nous ne nous laissâmes pas impressionner et nous passâmes à l'acte. Il ne put venir à la fête. Mais depuis lors, une grande photo de lui orne notre institut de théologie.

Problèmes du monde et problèmes de la hiérarchie : quel contraste ! D'un côté, mes efforts d'engagement en faveur de la cause chrétienne, partout, même en URSS, et de l'autre ceux de la hiérarchie allemande qui fait tout pour me discréditer dans le monde. Même le cardinal Julius Döpfner avait profité de sa prédication de la Saint-Sylvestre à la Liebfrauenkirche de Munich pour polémiquer nommément contre moi. Je n'en avais entendu parler que plus tard. Paradoxalement, à travers Senta Grünbeck qui y était présente ce jour-là. Elle écrivit à ce cardinal qui lui avait donné dix ans plus tôt sa bénédiction pour sa charge d'enseignante de la religion (lettre du 17 avril 1976).

> Je suis venue à vous, très secouée par une prédication au cours de laquelle Hans Küng demandait qu'on reste fidèle à l'Église ministérielle. Parmi mes rares collègues qui récusent Küng, il y en a à peine un seul capable de fonder ce refus. Pourquoi les meneurs chrétiens persécutés à l'Est, ceux qui n'ont pas le loisir de s'accrocher aux formulations parce que la foi est pour eux une question de vie ou de mort, se tournent-ils justement vers lui ? Notre jeunesse n'a-t-elle pas besoin de faire confiance à un homme dont on peut dire qu'il ne se mettra jamais du côté des suiveurs ?

Et Senta Grünbeck termine cette lettre pascale par ces mots :

> Ces pensées me sont survenues pendant la prédication de la Saint-Sylvestre 1975, et j'y repensais ces jours-ci en transmettant à Küng le salut d'amis de Moscou qui, du fait de leur foi en la résurrection, ne voient que la prison, que ce soit en arrière ou en avant. La disponibilité de Küng pour ses frères dans le besoin a renforcé ma foi pascale. Je voudrais vous transmettre pour la fête de demain le salut à la russe, si chargé de sentiments : « Christ est ressuscité », pour que votre bonté paternelle redevienne si forte qu'elle puisse englober des gens comme Küng.

Mais cette lettre semble ne pas avoir eu de succès auprès de Höffner. Toujours est-il que la Conférence épiscopale se lance maintenant secrètement dans une nouvelle offensive contre moi. C'est le moment où j'aurais eu particulièrement besoin des conseils juridiques d'un canoniste. Or, personnellement, je venais de recevoir un coup violent quelques semaines plus tôt, juste après la rencontre de Stuttgart.

Perte de mon conseiller juridique : le professeur Neumann.

Johannes Neumann, le professeur de droit canonique, renonce à sa *missio canonica*, à sa charge ecclésiale, et à son sacerdoce, quitte l'Église catholique et perd sa chaire de droit canonique. Vers Pâques 1977, nous vivons des journées de turbulence et de confusion. Derrière l'événement, largement diffusé dans la presse, la réalité humaine est tragique.

Dans une prise de position explicite, Neumann justifie sa démarche par le caractère inhumain du système ecclésiastique. Je peux facilement suivre son argumentation. Depuis longtemps, nous considérions que la situation de l'Église au lendemain du concile devenait de plus en plus critique. La hiérarchie avait mal accueilli son écrit *Les Droits de l'homme – dans l'Église catholique aussi ?* et avait éconduit son projet alternatif d'un nouveau droit matrimonial (rédigé avec le Hollandais Peter Huizing) et de bien d'autres droits. Le « système » ecclésiastique se montrait décidément « imperméable » et « irréformable ». Neumann se dressait tout particulièrement contre la mentalité méprisante de la procédure juridique de laïcisation des prêtres et contre les « mécanismes de chantage » attenants. Mais, dans ces conditions, en tant que professeur de droit canon, comment pouvoir continuer à expliquer à des candidats à la prêtrise le droit canonique de l'ordination ? Les ecclésiastiques en conflit avec la direction de l'Église sont à peu près dépourvus de toute protection et de tout droit. Bref, Neumann considère que l'idée que l'Église catholique romaine se fait d'elle-même sous l'influence de plusieurs facteurs extérieurs, historiques et politiques, est devenue totalement figée. Donc il s'en va. Je reste, et depuis lors notre attitude envers l'Église catholique et la foi chrétienne nous sépare.

Toujours est-il que cette décision de Neumann nous pose bien des problèmes. Notre faculté a perdu un excellent spécialiste et un collègue fin et agréable, l'université un membre éminent de son Sénat et son dernier recteur avant l'introduction de la constitution présidiale. Je perds moi-même celui s'était dès le départ montré un ami sympathique et fidèle, et un conseiller juridique extrêmement compétent que j'estimais plus que tous mes collègues de faculté, à l'exception de mon ami suisse Herbert Haag. Lui-même a plus de mal qu'il ne veut l'admettre à se recaser dans une autre faculté (non plus dans le domaine du droit, où on l'avait glorieusement coopté l'année précédente). Il finit par « atterrir » dans la sociologie de la religion. Depuis lors, je dois me passer de son appui non seulement à la faculté et dans l'université, mais aussi en public, ecclésiastique ou non. Or j'aurais eu plus que jamais besoin de sa compétence et de son amitié au cours des années à venir qui se montreront de plus en plus difficiles.

En février 1978, je lui fais parvenir dès sa parution la documentation *Rien que pour la vérité*, où il a joué un rôle fort important, et j'y joins une petite lettre : « Cher Johannes. Tu peux bien penser que tout au long de ma recherche et de ma mise en œuvre de cette documentation, bien des choses se sont passées dans ma tête et dans mon cœur. Je ne peux oublier ton nom, et je voudrais bien que rien de ce qui s'est passé les derniers temps ne soit jamais arrivé. Si je peux t'aider de quelque façon que ce soit, je suis là, tu le sais bien. Avec tous mes vœux. Ton Hans. » Sa réponse ne comporte que quelques lignes amicales. Marié, il suit maintenant son propre chemin. Il s'installe loin de Tübingen, dans un bourg du Bade. Il s'enferme de plus en plus dans sa vie de famille. Deux ans plus tard, au plus haut point de mon conflit avec Rome, je ferai encore appel à son aide, moyennant honoraires.

Des tonnes de papier.

Le jour même du jubilé de l'université, on souhaitait de différents côtés la parution du discours du président de la République fédérale et du mien. Les éditions Piper la réalisèrent en un temps record. Et les éditions Atempto, celles de l'université, tirèrent ma conférence « La nouvelle question de Dieu », avec en pochette le graphisme d'un homme en recherche, d'un des plus célèbres sculpteurs allemands, Hap Grieshaber. Sur fond blanc, on voit « un personnage qui se traîne, accablé, courbé presque à l'horizontale, mais en même temps – tout au moins est-ce ainsi que je le vois – suspendu en l'air par une main, un feu qui tombe de la verticale » (12 décembre 1977).

Mais même l'écho général des médias à mon discours sur la question de Dieu ne parvient pas à impressionner les durs de la Conférence épiscopale allemande. On ne veut même pas attendre la parution annoncée de *Dieu existe-t-il ?* et les explications christologiques que j'y donne. Non ! Il faut tout de suite mettre le théologien gênant sous pression et l'éliminer. Le 17 novembre 1977, un mois après mon discours, la Conférence recourt à tous les moyens à sa disposition pour diffuser une troisième déclaration de plusieurs pages d'un dogmatisme échevelé sur *Être chrétien*. Il présente son texte comme « la parole des évêques allemands à ceux qui s'en tiennent fermement à la proclamation de la foi ». Long (et sûrement ennuyeux pour beaucoup de non-chrétiens), il comporte plusieurs chapitres : 1) « Jésus-Christ vrai Dieu et vrai homme » ; 2) « Le don que Dieu nous fait de lui-même en la personne de Jésus de Nazareth» ; 3) «Résumé de la réalité de la Rédemption».

Mais les pasteurs, les catéchètes, et de façon générale toutes les personnes intéressées qui, à la grande fureur des évêques, disent trouver de l'aide dans *Être chrétien* doivent se sentir impressionnés, sinon accablés, par la note d'explication jointe (avec mention des sources) des douze lettres pastorales, des trois communiqués du Siège apostolique, du mot sur l'Europe, des quatre communiqués du cardinal Höffner et d'autres pièces. Dans toute cette documentation, à peine un mot sur mon livre. N'en suit pas moins le relevé de plusieurs pages des échanges écrits entre moi et la Conférence épiscopale au sujet de *Être chrétien*, et finalement une chronologie avec encore 25 pièces annexes. Tout ce «matériau à charge» m'est apporté par envoyé spécial à Tübingen, avec une lettre d'accompagnement du cardinal Höffner, comme toujours au dernier moment, la veille de sa publication.

On peut déjà s'en étonner : à une époque où on devrait vraiment avoir d'autres soucis, un état-major planifie des tonnes de papiers à «ceux qui s'en tiennent fermement à la proclamation de la foi», tout cela contre un unique théologien. Combien de gens ont consacré combien d'heures, et à quel tarif, à ce travail ? Et pourquoi cette dépense de milliers de marks pour cette invraisemblable opération publicitaire sûrement soutenue par le Vatican, alors que cette hiérarchie est si certaine de «savoir la vérité» ?

Je ne me fais aucune illusion : on entend ainsi, sinon brûler ou bannir, comme on le faisait autrefois, tout au moins réduire au silence ou rendre inoffensif un théologien influent qui ne se conforme pas sur tous les points au système, cela pour le plus grand bien des fidèles ; et cela sous le prétexte apparemment lumineux qu'on doit tenir compte du droit des «croyants» à la protection de leur foi catholique. Cela face à un seul «dissident». Une remarque en passant : selon la pratique constante de la Cour suprême des États-Unis, celle qu'a adoptée depuis 1970 le Tribunal constitutionnel de la RFA, on doit rendre publique l'opinion «dissidente» d'un juge unique, alors même qu'il a été mis en minorité devant un collège de juges. Mais dans l'Église catholique de cette République fédérale allemande, et en dépit de la liberté de conscience, de religion et d'opinion solennellement proclamée à Vatican II, on réprime celle-ci dans toute la mesure du possible et on discrédite aux yeux du monde son défenseur.

Et tout cela alors que, pour beaucoup de pasteurs et de laïcs chrétiens, catholiques comme protestants, mon livre *Être chrétien* constitue une aide précieuse pour leur foi et leur vie religieuse, ainsi que je le rappelle dans ma propre conférence de presse du 17 novembre 1977, puisque durant des semaines mon ouvrage est au sommet de la liste des best-sellers du *Spiegel* et il n'est sûrement pas lu que par des hérétiques potentiels. Je dis regretter que les évêques n'aient pas attendu mes exposés détaillés de *Dieu existe-t-il ?*. J'élève une vigoureuse protestation contre le fait qu'on ait publié mes lettres au président de la Conférence épiscopale allemande dans un contexte tendancieux et sans mon accord et que, dans la documentation, on ne m'ait donné aucune possibilité de prendre moi-même position. Dépourvues de toute autocritique, les autojustifications doctrinaires des évêques ne peuvent que rester sans effet : « À notre époque, et dans la situation difficile de notre Église et de la société, les gens attendent des évêques, non pas des jugements, mais des réponses constructives aux questions qui sont aussi les leurs. »

Heinz-Joachim Fischer, théologien, correspondant du *Frankfurter Allgemeine Zeitung* à Rome, un loyal commentateur des événements, constate que les évêques manquent de preuves : « Pour autant qu'on le sache, Küng n'a jamais clairement et nettement rejeté un article de foi de l'Église, et les évêques n'ont jamais émis ce reproche... Leurs déclarations et leurs documents concernant les échanges de lettres ne font que manifester leur absence de preuves. Quand ils se mettent à expliquer comment les théologiens devraient procéder, on n'y comprend plus rien » (*Frankfurter Allgemeine Zeitung*, 22 septembre 1977).

Mais la large campagne publicitaire qu'ils ont lancée ne peut évidemment manquer d'avoir de l'effet sur les personnes non informées. Je reçois des lettres négatives et même haineuses de lecteurs, non pas de mon livre, mais des journaux. C'est ainsi qu'un Suisse envoie à « la très honorée famille Küng, Sursee » une lettre à me retransmettre : « Il faut qu'il sache que c'en est assez et que, suivant la vieille coutume de nos pères, nous sommes encore capables de frapper l'ennemi sur le crâne... Nous le retrouverons partout en Europe. Un comité européen de sanction pour la purification de l'Église. H. Ott. » Mais je reçois évidemment aussi des approbations de voisins européens. C'est ainsi qu'une ancienne élève luxembourgeoise m'écrit ironiquement : « L'évêque du Luxembourg met le paquet : pour défendre la vraie doctrine, il a fait envoyer en exprès la déclaration des évêques allemands sur *Être chrétien* à tous les curés, catéchètes, etc. Le Luxembourg est donc sauvé ! » Autre exemple...

Un évêque et ses catéchètes.

La grande offensive épiscopale contre moi se montre aussi dévastatrice chez beaucoup de frères et de sœurs qui sont de l'enseignement religieux. Les évêques allemands envoient tous une lettre personnelle aux dames et messieurs chargés de l'enseignement de la foi. Ainsi Mgr Heinrich Maria Janssen, évêque de Hildesheim : il constate d'abord avec satisfaction que « le conflit théologique de ces dernières années s'est calmé », mais que « la dure bataille avec le professeur Hans Küng dure encore ». « Nous, les évêques, avons cherché avec beaucoup de retenue et avec une patience que certains ont parfois mal interprétée à obtenir de lui les clarifications et les compléments nécessaires au sujet de son livre *Être chrétien*. Mais celui-ci ne s'y est pas montré prêt. » Étant donné que, mis en face des critiques et des remontrances des évêques, ledit professeur Küng, « a su s'y prendre pour rallier à lui l'opinion publique », les évêques allemands se sont vus « forcés de fournir une documentation établissant clairement qu'il a obstinément repoussé toutes les clarifications et tous les compléments demandés concernant certains passages de son livre ». C'est pourquoi l'évêque ajoute à la déclaration de ses collègues allemands : « Je ne puis qu'exprimer mon profond regret qu'un théologien aussi doué puisse s'accrocher aussi étroitement et aussi obstinément aux passages de son ouvrage qui ont besoin de corrections, et à des raccourcis ou des omissions qu'on ne peut admettre sans mettre en danger la pureté de notre foi. Cela compromet tout ce qu'il peut par ailleurs dire de juste dans son livre et nous empêche de l'approuver sans corrections et sans rectifications. » Il sait évidemment fort bien que « Küng est aujourd'hui un maître à penser pour beaucoup d'enseignants qui n'en liront pas moins ses livres ». Il n'en doit donc que plus instamment les prier de « prêter grande attention aux propos de leurs évêques et de faire preuve de sens critique quand ils se servent des livres de Küng ».

Tout semble donc clair du point de vue des évêques, donc « d'en haut » Mais les perspectives qui ressortent des lettres des pasteurs et des catéchètes, donc « d'en bas », sont tout à fait différentes : de l'incompréhension devant cette offensive (la déclaration est une « grande erreur »), de la colère (des reproches « inconsistants et infâmes », « une honte »), de la résignation (« ils en restent à des formules incompréhensibles »), jusqu'à une prise de congé. C'est ainsi que Jos Schnurer, catéchète à Hildesheim, m'écrit : « Quand vous déclarez avec optimisme que, à l'avenir, l'Église officielle réagira de façon moins hiérarchique et moins dogmatiste vis-à-vis de vous, je trouve que si votre propos a pu être valable, il ne l'est plus aujourd'hui. À mon avis et suivant mes observations de chrétien catholique qui distingue de plus en plus le "chrétien" et le "fidèle d'une Église obstinément fermée à tout changement", nous nous trouvons actuellement dans une phase de restauration comme nous n'en avions jamais connu. Les tentatives pour rattacher sans couture les fidèles à l'Église officielle sont incommensurables. »

Cet enseignant religieux m'envoie la lettre qu'il a écrite à son évêque avec le commentaire suivant : « En Basse-Saxe – et j'espère pas uniquement là – on assiste actuellement à une évolution qu'on ne peut qualifier que de cloisonnement de l'Église officielle en regard de tous les efforts pour répondre aux questions de notre temps. C'est ainsi que, dans le domaine de l'éducation, on assiste à la création d'écoles privées à charge de l'évêque amplement dotées de l'argent venant de l'impôt d'Église, ainsi qu'à la mise en place d'instruments de surveillance rigide destinés à mettre au pas toutes les forces éducatives. Le "scandale allemand", comme je qualifie cette liaison sans critique et presque absolue de l'Église officielle aux partis "chrétiens", est un indice de plus de la valeur de ma thèse : cette Église officielle est hors d'état de répondre aux exigences de notre temps. »

Et il critique ma déclaration suivant laquelle on a pu régler les plus importantes questions controversées entre catholiques et protestants : « Savez-vous que, à Hildesheim et dans le diocèse d'Hildesheim, les écoles privées à charge de l'évêque n'acceptent qu'au compte-gouttes les protestants ? Savez-vous qu'en Basse-Saxe on interdit aux enseignants religieux tout cours intégré, autrement dit tout cours commun aux catholiques et aux protestants ? Quant à une messe commune ou à des rencontres paroissiales entre catholiques et protestants, je n'en ai plus jamais entendu parler ici depuis des années. »

La conclusion de ce professeur de religion devant l'offensive épiscopale : « Être chrétien ? L'Église officielle ne connaît que “être catholique”. Qui parle encore de christianisme, quand on n’entend plus sous ce mot que le lien confessionnel absolu au catholicisme ? Qui peut se le permettre ? Küng peut-être ! Sûrement pas le professeur de religion de Basse-Saxe. [...] Pour moi, malgré *Être chrétien*, *Dieu existe-t-il ?* et *Rien que la vérité*, une seule chose reste certaine : c’est qu’il ne vaut plus la peine de s’engager pour l’Église officielle, pas plus qu’il ne vaut la peine de la critiquer. Cela ne veut pas dire que vos livres et vos efforts restent vains. »

Pour moi, des lettres de ce genre sont évidemment déprimantes. Je réponds à cet enseignant que je n’entre que trop bien dans ses sentiments et que je pourrais facilement lui donner d’autres raisons de les porter. « On peut effectivement douter d’une amélioration prochaine de l’Église officielle. Mais si je m’engage concrètement dans cette Église, c’est pour la simple raison que, pour moi, le problème n’est pas celui de cette Église officielle, mais tout simplement celui de l’Église, autrement dit de la communauté des croyants. Comment servir ces personnes, les petits et les inconnus, si je me résigne ? Je voudrais bien que vous y pensiez. » Je lui transmets donc mes réflexions de *Pourquoi je reste dans l’Église*. Nombreux sont ceux qui me le confirment : « Si on met Hans Küng au pas ou qu’on lui interdit d’enseigner – ou qu’on le désavoue –, je n’ai plus ma place dans l’Église. » Nouvelles consolantes : ainsi « au carmel Marie de la Paix de Cologne, la lecture de table est actuellement celle de *Être chrétien* ». Je reçois beaucoup de remerciements, par oral ou par écrit (« Ma foi n’en a pas été ébranlée, mais renforcée ») ainsi que des encouragements à rester ferme et à ne pas me laisser induire en erreur.

Des dogmes en guise de réformes ?

Une chose me frappe tout de suite : la première déclaration des évêques sur *Être chrétien*, celle du 17 février 1975, cite les pages (481 s., 515-517) où j’énonce les réformes que je réclame et qu’elle refuse – celles que j’ai énumérées dans l’avant-dernier chapitre – alors que la documentation et la correspondance épiscopale ultérieure n’en font pas plus mention que la troisième déclaration. La raison en est facile à comprendre ! Ces réclamations sont trop populaires dans l’Église et dans le grand public pour justifier un départ en guerre contre moi. Sur beaucoup de points, un vote comme on en a dans ma patrie suisse au niveau de la commune, du canton ou de l'État pour toutes les questions importantes récolterait partout une majorité confortable et même écrasante en ma faveur.

Mais au lieu des réformes que les gens attendent, les évêques leur donnent du dogme. Le pape Jean XXIII avait pourtant déclaré dans son discours d'ouverture du concile que l'essentiel n'était pas de discuter de tel ou tel article de foi en reprenant pompeusement l'enseignement des Pères ou des théologiens, anciens ou modernes : « Nous présupposons que cet enseignement nous est bien présent à l'esprit. Le plus important, c'est une annonce de la foi adaptée à notre époque. Un saut en avant et un approfondissement de notre intelligence de la foi et de notre conscience bien sûr en parfaite harmonie et en parfaite fidélité à la doctrine authentique. » Mais nos évêques postconciliaires sont fort éloignés de cette mentalité du grand pape du concile, celle dans laquelle j'ai écrit *Être chrétien*. À l'instar du concile contre-réformateur de Trente, et du concile antimoderniste de Vatican I, la curie fait tout ce qu'elle peut pour ramener le combat en faveur de la réforme à un problème de dogme. On s'y connaît pour faire appel à la « tradition » et pour faire jouer le levier qui permet de se soustraire *a priori* à tous les appels au changement quand ils sont gênants.

En ce qui me concerne, le problème n'est pas tant d'ordre théologique que d'ordre pratique : c'est celui du *fonctionnement de l'Église*. C'est justement à une époque où les églises se vident de plus en plus que, à Tübingen, je m'inscris avec véhémence en faveur d'une célébration eucharistique régulière du samedi soir : elle serait préparée par les enseignants de la faculté de théologie catholique et le célébrant y prêcherait. Cela se met effectivement en place, et au cours de l'année 1977, j'en assume à trois reprises la charge.

Mais ni l'évêque ni la Conférence épiscopale n'ont connaissance de cette activité pastorale, et leur grande offensive contre moi ne la trouble donc pas. Le caractère incomplet et tendancieux de la documentation qu'ils ont publiée, seulement un tiers des pièces, me conduit à contre-attaquer en les livrant en totalité au public, y compris (après la mise dans le public de mes lettres personnelles) mes notes manuscrites sur la rencontre de Stuttgart. Cela paraîtra dès le début 1978 chez Piper Verlag.

Walter Jens, président du PEN Club de la République fédérale, met au point le volume de 394 pages dont il choisit le titre et écrit l'introduction : *Rien que la vérité. La Conférence épiscopale allemande contre Hans Küng*. Dans ces circonstances, son texte contraste vigoureusement avec le langage plein d'onction que les évêques tiennent en chaire. Mais ceux-ci, habitués à parler de très haut, ne le sont pas à s'entendre contredire d'en bas, et ils prennent très mal des propos tels que : « Le magistère ecclésiastique contre Hans Küng : c'est la bagarre entre les gardiens du Graal et des formules, de ces apologètes du dogme qui, semble-il, préféreraient des exégètes reconnaissant l'erreur de Jésus plutôt que la leur, donc entre les avocats de la "pure doctrine" et quelqu'un qui ne comprend pas pourquoi la déclaration de Luther : "Je ne me mets pas au-dessus des *doctores* et des *concilia*, je mets le Christ au-dessus de tous les docteurs et des conciles" ne serait pas œcuménique et pourquoi un chrétien catholique ne pourrait pas la reprendre à son compte[1]. » Pour les gens qui vivent en dehors du milieu catholique romain, le comportement des évêques allemands est totalement incompréhensible.

Les leaders de l'Église contre les docteurs : mon appel à l'entente.

Théologiquement, je dois défendre ma peau. Mais je termine finalement notre documentation en lançant explicitement un « appel à l'entente aux évêques allemands ». Dans notre réponse, j'insiste donc sur le fait que les conflits sont inévitables, même dans l'Église : ils sont préférables à la paix des cimetières des pays totalitaires. Mais il faut les surmonter, ou plutôt leur faire porter du fruit. Pour cela, il faut éviter qu'un des deux groupes, pas plus celui des « pasteurs » que celui des « docteurs », ne vienne dominer l'autre. Dans mon chapitre sur le magistère de *Infaillible ?*, je m'étais appuyé sur la recherche historique de Congar pour faire remarquer que ce terme *(magisterium)* n'avait aucun fondement ni dans la Bible ni dans l'ancienne tradition catholique. C'est seulement à partir du tournant du XVIIe au XVIIIe siècle qu'on a commencé à en user, et c'est au XIXe siècle qu'on a opéré une distinction entre « l'Église enseignante » et « l'Église enseignée ».

1. Dokumentation II, Introduction de Walter Jens, p. 19.

C'est aussi seulement à Vatican I (1870) que remonte l'expression *« magisterium »*, magistère, au sens technique qu'a pris le mot dans l'Église, à l'instar d'expressions comme « ministère des Affaires étrangères », « Foreign Office », *« teaching »*.

Quand on comprend ce terme de façon doctrinaire et totalitaire, le magistère finit par absorber tous les autres services, y compris finalement celui de docteur auquel Paul accorde la troisième place dans sa première épître aux Corinthiens, après les apôtres et les prophètes. Pour la communauté chrétienne actuelle, cela signifie (ce que j'ai déjà largement établi dans mon livre *L'Église*) que le *service de direction* de l'Église (le *leadership*), donc les évêques et les curés, et le *service de l'enseignement* (le *scholarship*), enseignants et théologiens, ont chacun leur raison d'être particulière, leur fonction propre, leur compétence, leur mission. C'est pourquoi, face à tous les appétits de pouvoir qui peuvent gangrener toutes les fonctions ecclésiales, Paul pose de façon rhétorique la question : « Tous sont-ils apôtres ? Tous sont-ils prophètes ? Tous sont-ils docteurs[1] ? »

Dans mon « appel à la compréhension », où j'espère aussi parler pour beaucoup de mes collègues théologiens, j'insiste donc non seulement sur les différences entre les fonctions, mais aussi sur ce qu'elles ont de commun : « Vouloir imposer la prééminence d'un groupe aux dépens de l'autre n'aide en rien ni la communauté ni les personnes, pas plus que n'aiderait une Église de hiérarques ou une Église de professeurs. Ce qui aide, c'est une Église riche de tensions au service de la cause chrétienne commune. Ou bien ne viendrons-nous pas tous du même Évangile que chacun doit servir à sa façon particulière, que ce soit sous forme de direction (ce qui se passe surtout à travers la prédication et les sacrements) ou que ce soit à travers la recherche et l'enseignement ? Et ne sommes-nous pas tous là pour les mêmes personnes, pour des gens qui recommencent à découvrir l'importance de la signification éthique et religieuse de la vie et qui attendent de nous, non pas nos conflits, mais notre travail commun[2] ? »

Je termine donc notre documentation, enfin complète, par une *prière de supplication aux évêques* : « Cessons ces querelles superflues sur l'orthodoxie et sur le "raccourci" de la vérité chrétienne. Finissons-en avec ces tractations secrètes, ces

1. Voir 1 Co 12, 28 s.
2. Dokumentation II : *Hans Küng : Ein Appell zur Verständigung*, p. 388 s.

correspondances sans fin, ces questionnaires insidieux, ces comparutions devant l'autorité, ces jugements publics. Mettons fin à la méfiance, dépassons nos polarisations et acceptons franchement nos oppositions. Luttons ensemble sur le vrai front, en répondant aux défis de notre temps et en venant aider les gens dans leurs problèmes personnels et sociaux. C'est ensemble que nous devons promouvoir l'unité d'une Église qui reste encore divisée, "rendre compte de l'espérance qui nous habite[1]" devant nos compatriotes. » Les évêques pourront-ils prêter l'oreille à cet appel ? Ne le devraient-ils pas ?

Pour mon cinquantième anniversaire : le chancelier Kreisky.

Ma vie a été si trépidante... tant d'heures de travail de nuit... tant de voyages. Je repense à mon camarade de classe, Heinrich Peyer, missionnaire en Afrique. Il est mort la veille de ses cinquante ans, le 4 décembre 1977 : il s'est noyé en cherchant à sauver un enfant noir tombé dans le fleuve. Il aurait bien mérité de vivre plus longtemps.

Et maintenant, c'est mon anniversaire. Les semaines précédentes ont été chargées : le 3 mars 1978, parution en librairie de *Dieu existe-t-il ?* Mais c'est le 8 que je reçois le vrai cadeau d'anniversaire : mes élèves, Hermann Häring et Karl-Josef Kuschel, m'offrent un précieux petit livre, *Hans Küng. Son chemin et son œuvre*. Il contient une chronique des années 1928-1978 en même temps qu'un essai sur mes ouvrages les plus importants. Suit un dialogue des deux éditeurs avec toutes les questions possibles sur l'Église, et une bibliographie complète de toutes mes publications jusqu'à 1978, faite par ma secrétaire, le Dr Margret Gentner, ainsi qu'une annexe sur l'Institut de recherches œcuméniques.

Le livre, avec une belle photographie, me fait grand plaisir. Il veut tracer mon portrait, les grands traits de mes œuvres et de ma personne, les continuités et les discontinuités de mon évolution. « Hans Küng n'est-il pas une figure contradictoire aux yeux de l'Église et de la société ? Pour les uns trop critique, pour d'autres pas assez ; pour les uns encore catholique, mais non

1. 1 P 3, 15.

plus pour les autres ; pour les uns trop pieux, pour les autres trop pétulant. En même temps savant, pasteur, écrivain, professeur, prêtre, catholique et œcuménique. Comment se comprend-il lui-même ? Quelle influence a-t-il subie ? Qui a-t-il rencontré ? Qu'est-ce qui l'a marqué[1] ? » À toutes ces questions, les deux éditeurs de *Hans Küng. Son chemin et son œuvre* apportent de brèves réponses.

Il y avait déjà quelque temps que le rédacteur en chef de l'agence de presse catholique autrichienne m'avait officieusement demandé si j'accepterais une invitation à Vienne du Dr Bruno Kreisky, chancelier de la République autrichienne. Celui-ci avait entendu mon discours du 500e anniversaire de l'université de Tübingen et il en avait été enthousiasmé. J'acceptai évidemment cet appel venant de ce socialiste éminent, car une conférence sur Dieu ne m'obligeait à aucune prise de parti politique, d'autant qu'elle devait se dérouler dans un lieu historique.

De bonne heure le 9 mars 1978, je m'envole de Stuttgart pour Vienne. Je suis tout d'abord reçu par le chancelier Kreisky à la chancellerie, place du Ballhaus, un lieu qui reste pour moi lié à un souvenir d'enfance que j'ai rapporté dans le premier volume de mes *Mémoires* : le 25 juillet 1934, j'avais six ans, et, au cours du déjeuner, j'entendis à la radio une annonce qui est à jamais restée gravée dans mon souvenir : le meurtre d'Engelbert Dollfuss, le chancelier autrichien, à son bureau de la chancellerie, par les nazis. Kreisky me montra les lieux, avec le portrait de Dollfuss qu'on orne de fleurs encore aujourd'hui. Puis j'ai une longue, trop longue conversation avec le chancelier. Il est d'origine juive et est fasciné par les Khazars, ce peuple à l'origine turque controversée, dont l'empire s'étendait entre la Volga et le Don, et dont la classe supérieure s'était convertie à la foi juive. Sa domination politique s'était affirmée au IXe siècle, et, du fait de sa politique culturelle et de sa diversité religieuse, il joua un rôle médiateur entre les cercles culturels de l'époque avant de disparaître mystérieusement de l'histoire : à partir du XIIIe siècle, on ne le mentionne plus jamais.

Le soir, nous nous rendons en auto tout près de là, à la Hofburg, l'ancien palais impérial des Habsbourg. C'est dans la salle du

1. H. HÄRING, K. J. KUSCHEL (éd.), *Hans Küng. Weg und Werk*, Munich, 1978, p. 7 s.

congrès que je fais ma conférence devant 1 700 auditeurs, dont le président de la République, le Dr Rudolf Kirchschläger, un catholique convaincu, tandis que, par manque de place, le ministre de l'Éducation, Fred Sinowatz (qui succédera par la suite à Kreisky) doit aller s'asseoir dans l'escalier de la tribune. Seul le cardinal König s'est excusé au dernier moment de façon diplomatique, mais il m'invitera le lendemain à sa résidence pour y prendre le café. Nous y aurons un entretien amical.

Le chancelier m'introduit lui-même. Il parle de mon discours à l'université de Tübingen : « Ici aussi, on doit prêter oreille à ce théologien. » Comme à Tübingen, je parle de Dieu et de la science. Le thème est extrêmement actuel ici aussi. À la fin, applaudissements enthousiastes. Je ne peux oublier que bien des camarades du Parti socialiste avaient adhéré au matérialisme historique (j'avais préalablement étudié l'histoire de l'« austromarxisme »). Mais Kreisky conclut en déclarant : « Aujourd'hui, nous avons poussé une porte, et chacun doit se demander ce qu'il fait. » Il me remerciera ensuite chaleureusement au téléphone : « Cela a été un grand moment », et il se dit avoir été très impressionné par « la puissance intellectuelle de mon exposé ».

Le soir de la Saint-Sylvestre 1978, le chancelier, lui aussi skieur, m'invitera à Lech, en Arlberg, à prendre un verre de vin dans la célèbre auberge Die Post. Nous y discutons des problèmes brûlants du Proche-Orient. Il m'explique en long et en large que je ne les vois que d'un point de vue trop unilatéral : je devrais mieux comprendre les Arabes. Sans doute maintiendrai-je ma vie durant ma critique de l'Église face à la question juive : la cruelle histoire de l'antijudaïsme chrétien est à mes yeux la grande raison du racisme antisémite du national-socialisme. Mais, à la longue, j'ai aussi découvert que l'occupation de la Palestine depuis la guerre des Six Jours de 1967 posera problème aussi longtemps qu'on n'aura pas accepté la création d'un État palestinien. Je tiens le rêve d'un grand Israël pour illusoire et, en 2007, pour irresponsable. Quelque douze ans plus tard, je ferai le bilan de la situation dans un chapitre du premier volume de ma trilogie sur les religions abrahamiques, *Le Judaïsme* (1991), avant de le reprendre dans *L'Islam* (2004).

Réponse aux questions sur Dieu à l'époque moderne[1].

Au cours de mon étude sur Hegel, la chose m'était devenue de plus en plus claire : si on veut comprendre de façon moderne, post-copernicienne, l'universalité du Dieu biblique, donc d'un Dieu unique qui n'est pas coupé du monde mais agit en son cœur, il faut reprendre cette question mieux qu'on ne pouvait le faire à partir de la métaphysique classique grecque ou médiévale. Mon livre sur Hegel m'avait bien préparé à cette question sur laquelle je m'étais penché à nouveau tout au long des années 1975-1978.

À l'origine, pour construire *Dieu existe-t-il ?* je pensais simplement reprendre quelques pages choisies de *Être chrétien*. Mais je n'ai pas pour vertu principale une superficielle rapidité. Or les années suivantes furent tellement occupées par mes débats avec Rome ou les évêques allemands et leurs onze théologiens, puis parfois par les articles de presse qui attaquaient mon orthodoxie catholique et mon intégrité chrétienne, enfin par les exigences d'une correspondance qui ne cessait de croître et par les médias, que j'avais dû sans cesse repousser la mise au point du livre. En plus je me passionnai pour l'athéisme de Feuerbach et de Marx, deux penseurs fortement influencés par Hegel, puis évidemment pour Nietzsche et enfin pour Freud. Je ne m'intéressai pas seulement à leur système de pensée et à leurs arguments, mais, pour des motifs personnels, à eux en tant qu'hommes, à leur vie, à leurs colères. Je voulais les approfondir : pourquoi et comment en étaient-ils arrivés à nier Dieu ?

Je commence enfin mon livre le 19 août 1975, à Sursee. Au départ, j'écris d'un trait. À mon retour à Tübingen, le 4 octobre 1975, j'ai déjà rédigé le brouillon de mes chapitres sur Descartes, Pascal et leur postérité. Après mon ancienne grande monographie sur Hegel, le chapitre suivant, celui qui porte sur lui, me demande surtout de trouver comment résumer de façon claire la littérature la plus récente sur ce sujet. Je suis alors prêt pour un voyage à Budapest où se tient du 23 au 25 avril 1976 un symposium de notre département avec l'Académie catholique romaine du lieu. C'est donc dans ce pays communiste que je peux mettre

1. Sur ces développements, voir N. GREINACHER – H. HAAG (éd.), *Der Fall Küng. Eine Dokumentation*, Munich, 1980 (= Dokumentation III), n° 1.2. à 1.5.

en discussion mes thèses sur l'athéisme. L'échange reste évidemment limité au cercle étroit de l'Académie de théologie, avec un public restreint. Nous visitons ensuite la célèbre abbaye bénédictine de Pannonhalma (Mont-Saint-Martin), le point de départ de la christianisation de la Hongrie, où nous avons un fort intéressant débat théologique animé par l'éminent père abbé, le Dr Andreas Szennay.

Je consacre mes cours des deux semestres suivants, 1975-1976, à la doctrine sur Dieu, et mes séminaires à la critique néopositiviste et néomarxiste de Dieu ainsi qu'à la confession de foi apostolique. Je passe comme toujours mes vacances à Sursee. Le 6 août, je reçois la visite de Klaus Piper, mon éditeur, et nous nous mettons d'accord sur la date de parution de *Dieu existe-t-il ?* : septembre 1978. Leszek Kolakowski, philosophe polonais, a écrit au lecteur de Piper qu'il admirait « le courage de Küng de publier un livre avec un titre aussi simple et aussi dense que *Dieu existe-t-il ?*, là où tant d'autres préfèrent un titre vague tel que "la signification actuelle de la religion", ou n'importe quel autre du même genre » (15 mars 1978).

En août 1976, je réussis à combiner une visite au festival de Salzbourg, où se joue la grandiose production du *Don Carlos* de Verdi sous la direction de Karajan, avec un voyage en Autriche, ce merveilleux pays si semblable à la Suisse. Cette fois, je pars de Salzbourg pour Vienne avec notre quartette familial (ma sœur Rita, mon beau-frère Bruno et Marianne Saur), puis de là à Eisenstadt où se déroule une fête populaire dans le château des Esterházy, jadis lieu de travail de Joseph Haydn, puis nous revenons à Sursee en passant par l'Arlberg. C'est là que, avec l'aide de Karl-Josef Kuschel, j'arrive à mettre au point mon chapitre sur le nihilisme de Nietzsche. Ainsi en ai-je fini avec la première moitié de mon livre, la plus longue et la plus difficile.

Dans mon livre, je ne recule pas devant une confession de foi là où cela me semble approprié. Je n'entends ni faire l'article ni prêcher. Mais si le lecteur a le droit de commencer par s'informer de l'état actuel de la question, il a aussi celui d'entendre des réponses, non pas fermées mais claires. Je ne veux donc pas « prouver » Dieu, mais j'appelle au contraire à une décision libre, pro ou contra, à une décision responsable en connaissance de cause, peut-être en révisant l'avis que l'on avait jusque-là. Je cherche donc, non pas à fournir une preuve contraignante de l'existence de Dieu, mais de bonnes raisons d'avoir confiance en notre fondement originel, en notre appui de base, en notre fin ultime, celle de l'homme et du monde, donc en Dieu.

C'est à partir de cette perspective que je passe trois années fatigantes à rédiger les sept grands chapitres qui s'enchaînent. Je commence par descendre dans les profondeurs : A) Raison ou foi ? ; B) La nouvelle façon de comprendre Dieu ; C) Le défi de l'athéisme ; D) Le nihilisme, conséquence de l'athéisme ; puis je remonte lentement la pente : E) Oui à la réalité : la confiance radicale, alternative du nihilisme ; F) Oui à Dieu : la foi en Dieu, alternative de l'athéisme ; enfin, en conclusion et en lien avec *Être chrétien*, G) Oui au Dieu chrétien.

On ignore ma clarification christologique.

La documentation publiée par Walter Jens paraît le 13 février 1978. Je l'avais envoyée dès février à Mgr Moser et au cardinal Höffner, avec une lettre d'accompagnement. Le cardinal me répond dès le 16 février avec une déclaration de presse totalement négative dans laquelle il défend unilatéralement la documentation des évêques et attaque la nôtre. Il m'écrit en même temps qu'« aucun accord n'est possible à travers un appel au public. Il ne peut survenir que si je réponds positivement aux questions répétées et aux mises en garde de la Conférence épiscopale allemande. » Je dois malheureusement conclure de sa déclaration à la presse et de sa lettre qu'il ne me propose aucune entente, mais qu'il veut seulement commander avec toujours le même style autoritaire.

Le 19 mars 1978, le jour de mon anniversaire, je lui envoie, à lui et à Mgr Moser, *Dieu existe-t-il ?* Pour ce dernier, j'écris en dédicace : « À Mgr Georg Moser, avec l'espoir que les évêques entendront mon appel. » Le livre comporte en effet toutes les explications des *questions christologiques essentielles* qu'ils réclament. Dans la section « le Fils de Dieu », j'y consacre une fois de plus une douzaine de pages, comme j'avais promis de le faire, « de façon propre à clarifier les questions posées » lors du communiqué de presse commun après la rencontre de Stuttgart de janvier 1977.

J'y déclare explicitement que j'admets les *formulations christologiques de Nicée et de Chalcédoine*, ainsi que le souhaitent les évêques. Mais en précisant que je les prends dans le sens du Nouveau Testament : « Pour les croyants, Jésus de Nazareth, homme véritable, est véritable révélation du vrai Dieu, et, en ce sens, sa Parole, son Fils... Dans l'œuvre et dans la personne de Jésus, nous rencontrons Dieu lui-même de façon unique et définitive[1]. » Que veut-on de plus d'un théologien catholique ? Dans une longue note, je me défends contre les falsifications de ma théologie contenues dans les déclarations des évêques et des théologiens.

Mais tout cela ne sert pas à grand-chose. Dans sa lettre du 3 avril 1978, Mgr Moser se déclare hors d'état de répondre à mon souhait de diffuser mon « appel à l'entente ». Il me remercie d'un mot sec pour mon livre *Dieu existe-t-il ?*, sans même faire mention de mon explication christologique, et je pense qu'il ne l'a même pas lue. Dans sa lettre du 24 avril 1978, le cardinal Höffner exprime seulement son espoir qu'il aura « le temps de lire mon ouvrage ». Il insiste une fois de plus, comme si je n'avais rien écrit, pour que je consente à « examiner le processus méthodologique et les énoncés théologiques contenus dans la déclaration à la lumière des principes qui y sont exposés[2] ». En clair, pour autant que je le sache, pas un des évêques qui me pressent tant n'a pris le temps de lire le livre : ils ne sont intéressés que par la répétition de formules dogmatiques précises, mais pas par la personne de Jésus lui-même.

Les docteurs divins dans la grande tradition.

Mais ces querelles totalement infructueuses ne sont au fond que des tests du pouvoir épiscopal où je gaspille mon temps et mes forces. Elles ne doivent pas et ne peuvent pas me détourner de mon travail essentiel, celui du savant. Je ne suis plus désormais qu'un théologien au sens propre du terme, un « diseur de Dieu », un « savant de Dieu » qui se consacre avec passion à Dieu et au monde. Il n'y a rien de plus beau ni de plus captivant. Et je suis fier de me rattacher à la grande tradition : non pas à celle qui commence avec les « Pères de l'Église », comme le pense Ratzinger, mais, très consciemment, à celle de deux millénaires

1. H. KÜNG, *Dieu existe-t-il ? Réponse à la question de Dieu dans les temps modernes,* tr. fse J.-L. Schlegel et J. Walther, Éd. du Seuil, 1978, p. 517-524.

2. H. KÜNG, *Grosse christliche Denker*, Munich, 1994.

et demi de penseurs tout à la fois théologiens et philosophes qui, dès avant Socrate, scrutent le fond des choses, à Platon, qui s'interroge sur l'idée de bien, à Aristote, qui réfléchit sur le moteur immobile, et à Plotin en recherche de l'Un.

Au sens strict du terme, la théologie remonte à Origène : chez les Grecs, ce fut le penseur chrétien le plus important, le grand exégète et le grand systématicien qui a vraiment fondé la théologie scientifique chrétienne. Chez les Latins, ce fut le génial Augustin d'Hippone, en Afrique du Nord. Il est le premier à avoir écrit son autobiographie. Il a laissé derrière lui une œuvre puissante au style lumineux, d'une merveilleuse acuité logique, d'une chaleur humaine incomparable, qui a porté ses fruits tout au long du Moyen Âge occidental. Mais pour moi, diluée dans le catholicisme ou concentrée dans le protestantisme, elle englobe aussi les réformateurs et les grands penseurs des Lumières et de la modernité.

Oui, après Paul, il n'y a pas eu seulement une *successio apostolorum*, mais aussi une *successio doctorum*, une succession des enseignants (des docteurs). Depuis mes études à Rome, je me sens plus particulièrement proche de Thomas d'Aquin. À l'époque où les Arabes, qui avaient été pendant des siècles les leaders du monde intellectuel, avaient tragiquement laissé tomber leur grandiose philosophie, il était devenu le maître à penser dont, malgré l'Inquisition, l'héritage s'imposera bien après sa mort : sa synthèse de la foi et de la raison, de la nature et de la grâce, de la philosophie et de la théologie a engendré un système de pensée qui dure aujourd'hui encore. Mais, depuis que j'ai perçu le lien entre la justification, l'Église et les ministères, je ne me sens pas moins proche de Martin Luther, le grand réformateur, sans oublier Jean Calvin, le systématicien le plus important de la Réforme, ni, pour ne nommer que les plus grands, de Friedrich Schleiermacher et de Karl Barth qui m'a ouvert la porte d'une théologie biblique adaptée à notre époque, celui sur lequel portait ma thèse et auquel j'ai rendu hommage dans la première partie de ces *Mémoires*. Tels sont les grands penseurs chrétiens dont j'ai tracé le portrait dans ma *Petite introduction à la théologie* (1994) que je dédicacerai à mes collègues de Tübingen, ceux qui sont devenus mes compagnons de route, Eberhard Jüngel et Jürgen Moltmann, « en reconnaissance pour tant de nos petites tables rondes œcuméniques, toujours inspiratrices, souvent passionnées ».

À l'origine, j'avais déjà écrit un chapitre sur la question de Dieu dans *Être chrétien.* Mais Walter Jens m'avait convaincu que ce chemin d'accès à mon sujet était trop long. J'avais donc mis cette question de côté, mais je l'ai déjà dit, je me suis remis au travail le 19 août 1975, pendant mes vacances à Seehaus, tout de suite après la parution de *Être chrétien.* « Tu es comme Thomas Mann, me dit mon ami. Le lendemain du jour où il a fini son énorme roman, *Joseph et ses frères*, il s'est lancé dans la rédaction d'une autre œuvre monumentale, *Le Docteur Faustus.* » Cependant quand on s'adonne à un tel travail, on sait bien sûr comment commencer et quel chemin prendre, mais on ne sait pas quel temps il faudra ni les difficultés qu'il faudra surmonter pour le mener à bien. Je n'entendais pas remonter au déluge, mais creuser toujours plus profond. Il s'agissait de prendre à bras-le-corps les problèmes existentiels, de poser les questions essentielles et de fournir les bases d'une certitude ultime en me centrant sur la question éternelle et toujours neuve : « Croire en Dieu ? » Problématique extrêmement complexe, peut-être pas pour une hiérarchie sûre d'elle-même, mais pour nos contemporains en recherche. Devant le livre de quelque 900 pages, on me demandera souvent combien de temps il m'a fallu pour l'écrire. C'est difficile à dire, ce livre, dont le titre final sera *Dieu existe-t-il ?* avait été précédé par un autre qui en était porteur et qui avait constitué une préparation extrêmement utile pour penser la question.

La vie et l'historicité de Dieu : Hegel.

Ce fut effectivement un long parcours : le problème philosophique fondamental, celui de la *certitude*, me poursuivait depuis des décennies, depuis le temps de mes études de philosophie à Rome (1948-1951). Je l'ai pour ma part maîtrisé existentiellement, car j'ai fondamentalement confiance dans la réalité, ce pour quoi je dispose de beaucoup de raisons, mais pas de preuves contraignantes (voir t. I, chap. III, « Oser la confiance fondamentale »). Les cours de la Sorbonne sur Descartes, le grand initiateur de la pensée moderne, ainsi que sur d'autres penseurs du XVIIe siècle, m'ont beaucoup aidé à réfléchir, et mon premier cours de théologie fondamentale, en 1960, à Tübingen, commençait de façon insolite par Descartes et Pascal : « Croire ou savoir ? » *« Cogito ergo sum* » ou « *credo ergo sum* » ? À Rome, j'avais déjà minutieusement étudié la philosophie hégélienne et marxiste ainsi que leur vision de l'histoire et de la société. Du coup, pendant le séminaire d'été 1961, je n'éprouvai aucune gêne pour aborder Feuerbach, Marx et Freud, les grands athées, puis par la suite à me confronter à la psychanalyse.

Feuerbach et Marx avaient eu pour grand maître ce philosophe sur lequel je m'étais penché pendant un an et demi, Georg Wilhelm Friedrich Hegel. D'où mon ouvrage : *Incarnation de Dieu : introduction à la pensée théologique de Hegel comme prolégomènes à une christologie du futur* (700 pages) qui devait paraître le jour du 200e anniversaire de Hegel. La même année que *Infaillible ?* : un signe clair, pensai-je, que ma philosophie et ma théologie, telles que je les formule, visent « *in aedificationem et non in destructionem* », « à l'édification et non à la destruction de l'Église » (2 Co 13, 10). Il me faut résumer brièvement cette longue histoire[1].

Je me suis mis à étudier intensément l'évolution de Hegel à partir de ses textes originaux. Dans chaque chapitre que je consacre à sa biographie, je traite de l'évolution de sa pensée philosophique et théologique, puis de sa pensée christologique, et je finis par une discussion philosophique et théologique. Ainsi chaque chapitre se déroule-t-il comme une spirale vers l'intérieur avec cinq étages qui s'emboîtent les uns sur les autres. Je rédige donc une initiation qui veut être aussi extensive que profonde, qui cherche ainsi à ouvrir la discussion tant au philosophe qu'au théologien. Un nouveau genre de confrontation historique et systématique avec un auteur du rang de Hegel, et en même temps une introduction au monde de l'idéalisme allemand, ce qui est important pour une théologie catholique ou protestante soucieuse de se confronter à Marx ou à Kierkegaard. Ce fut sûrement mon livre le plus difficile, mais, en dépit des problèmes de terminologie et de syntaxe, il a été traduit en italien, en français, en espagnol et en anglais, et mon travail de licence de 1951 a finalement été couronné par un titre de docteur *honoris causa* de l'université de Gênes, en 2004.

1. Dès 1956, au lendemain de ma thèse sur K. Barth, je m'étais mis à étudier les ouvrages de Hegel et je poursuivis ce travail à Madrid et à Londres. En arrivant vicaire à Lucerne, j'en avais déjà rédigé 200 pages. Je le repris à Münster et souhaitais le présenter en thèse à la Sorbonne. Je ne pus achever l'ouvrage qu'après le concile.

Hegel m'a énormément apporté : une vision globale de la science, du droit, de l'art, de la religion et de la philosophie. une pensée historique dynamique en réseau, qui va au fond des contradictions ; une dialectique qui n'a rien d'un clic-clac mécanique de thèse, antithèse, synthèse, mais qui permet de penser les oppositions en allant de l'avant, en recherche continuelle de réconciliation.

Mais ma façon actuelle d'aborder le problème de Dieu et du Christ me porte bien au-delà de la simple discussion purement philosophique sur Hegel et dépasse *a priori* le niveau néoscolastique des objections du cardinal Höffner ou autres. À travers ses couches successives, mon argumentation tourne du début à la fin autour de deux grandes questions actuellement capitales en théologie : l'historicité de Dieu et celle de Jésus. À travers des notes détaillées, je tente de résumer sans préjugés les axiomes de la théologie traditionnelle tels que l'immuabilité et l'impassibilité de Dieu. Il nous faut aujourd'hui soumettre à un examen critique ces formulations du concile de Nicée, en 325, ou celles de la doctrine des deux natures du concile de Chalcédoine, en 451. Les catégories de la pensée moderne permettent sûrement de mieux faire ressortir l'historicité de Dieu et celle du Christ que ne le pouvaient les catégories statiques de l'hellénisme. C'est mon grand souci tout au long de mon nouveau livre.

Complications et implications.

Dieu existe-t-il ? : un livre qui n'est vraiment pas simple. Lui aussi reste longtemps au niveau supérieur du baromètre des best-sellers du *Spiegel*. Et cela en dépit d'une recension assez désagréable et de quelques coups de bec inutiles du professeur Lehmann. Ce théologien se manifeste de plus en plus comme un défenseur de la hiérarchie. Comme je l'apprendrai par la suite, c'est lui qui avait rédigé le brouillon de la dernière lettre du cardinal Döpfner, celle de juillet 1976. C'est aussi lui qui, au lendemain de la rencontre de Stuttgart, a formulé les trois questions inquisitoriales du cardinal Höffner, ce dont je lui ferai un jour le reproche sans jamais recevoir de démenti. Le théologien fribourgeois n'en sera que plus furieux de voir Rome l'oublier lors de l'attribution du siège épiscopal de Fribourg. Vexé, il déclarera au nonce et à d'autres personnes qu'il n'est plus à leur disposition pour une quelconque charge épiscopale, comme s'il y avait droit. Encore se laisse-t-il consoler par un titre de « prélat de sa Sainteté ».

À côté de cette recension, le même numéro du *Spiegel* donne aussi une haineuse *Spiegel Häme* inspirée par le même Lehmann. C'est en partie un renvoi d'ascenseur du rédacteur religieux du journal pour ma réplique de jadis dans le *Frankfurter Allgemeine Zeitung*, « Mon image dans le miroir », en partie une réaction décalée aux mystères inutiles faits par une nouvelle directrice de la publicité des éditions Piper. Sous un prétexte cousu de fil blanc, le rédacteur du *Spiegel* concerné par l'affaire refusa les mises au point que j'envoyai à la rédaction le 16 février. Il ne valait pas la peine d'écrire encore une « image en miroir ».

J'envoyai un exemplaire du nouveau livre à Helmut Riedlinger, professeur de théologie à Fribourg, un de mes anciens condisciples du Germanicum. Il avait apprécié sans aucune jalousie les qualités de *Être chrétien* tout en en critiquant le soi-disant rationalisme. J'envoyai un autre exemplaire à Joseph Ratzinger, car celui-ci avait voté en faveur de mon invitation à une session sur la question de Dieu à l'Académie catholique de Munich (je n'avais pu y répondre pour une question de temps). Je lui transmis le livre avec la dédicace : « Je vous l'envoie en souvenir de ce que, en dépit de vos critiques de *Être chrétien*, vous en aviez explicitement apprécié les passages traitant de la question de Dieu, ceux qui exprimaient déjà les thèmes de mon nouveau livre. Peut-être celui-ci nous permettra-t-il un peu plus de compréhension réciproque. »

Un coureur isolé : le chapitre sur Sigmund Freud.

Les 3 et 4 avril 1978, j'avais tenu à la Yale University de New Haven les Terry Lectures où j'avais eu comme prédécesseurs des philosophes comme John Dewey, des théologiens comme Paul Tillich ou Reinhold Niebuhr et des psychothérapeutes comme Carl Gustav Jung et Erich Fromm. Dans ce contexte, mes quatre conférences sur « Freud et le problème de Dieu » étaient parfaitement bienvenues. Je les fis devant un auditoire qui en fut tellement enthousiasmé que la Yale University Press voulut les publier dès avant la parution en anglais de mon grand livre, *Dieu existe-t-il ?* Mon éditeur de New York, Doubleday, fut d'accord, et c'est ainsi qu'elles parurent dès 1979. En mai 1986, à ma grande joie, l'American Psychiatric Association de Washington leur conférera le prix Oscar Pfister. Pfister, curé protestant de Zurich, avait été le seul théologien avec lequel Freud était resté constamment en relation d'échange. Le livre sera réédité en 1990 en même temps que ma conférence festive de Washington, « Religion – The final taboo ? », sur le refoulement de la religion – et non plus de la sexualité – en psychologie, en psychiatrie et en psychothérapie, une conférence que je reprendrai en allemand à l'occasion du centenaire de la clinique psychiatrique universitaire de Bâle.

Mais le chapitre sur « Dieu et la création » avait aussi d'autres implications. J'avais autrefois ingurgité les plus récentes données de l'astrophysique sur l'explosion originelle, le big bang, et sur l'évolution du cosmos, en y voyant une illustration de la création. Ainsi préparé, je n'éprouvai aucune crainte à accepter l'invitation à une grande émission de télévision, « Vers des buts nouveaux » à l'occasion du 20e anniversaire du lancement du Spoutnik, le 4 novembre 1977, à Hambourg. J'y vis et y entendis que les satellites de prévision du temps seraient bientôt lancés autour de la terre, ainsi que d'autres encore plus porteurs d'avenir, ce qui me fit aussi mieux comprendre les limites de la recherche spatiale.

J'étais invité pour ainsi dire en qualité d'« expert du ciel » en même temps que Jesco von Puttkamer, de la NASA, qui m'avait jadis amicalement introduit au musée de l'Air et de l'Espace de Washington, et Manfred Eigen, prix Nobel de chimie, avec lequel je m'entretins du développement de la microbiologie et de la foi en la création. Mes contributions ont en particulier beaucoup éclairé Puttkamer sur la façon dont on pouvait harmoniser avec les données de la foi la percée dans l'univers et la nouvelle image du monde qui en résultait. À côté de la démythologisation de l'image biblique du monde, par exemple des ascensions au ciel, l'essentiel pour moi est que l'on ne doit pas plus forcer sur les voyages spatiaux en oubliant les problèmes de la terre qu'isoler les problèmes de notre terre en négligeant les perspectives cosmiques, comme le font trop d'Occidentaux. À mon grand regret, je ne pus accepter l'amicale offre de Puttkamer d'une bourse d'études (un « Grant ») de l'université de Georgetown, en vue de creuser les implications de ces nouveaux développements des voyages spatiaux.

Par la suite, au cours de l'année 1994, je pourrai organiser un colloque semestriel avec le professeur Amand Fässler et mes collègues de l'Institut de physique de Tübingen sur « Notre cosmos », en partant des bases déjà posées dans *Dieu existe-t-il ?* Et en 2005, je reprendrai à fond toute la problématique en l'étendant à la question de l'origine de la vie et de l'homme, ce que je publierai dans le livre *Petit traité du commencement de toutes choses*. C'est sur cette base que se tiendra en 2006, au château de Tübingen, un colloque interdisciplinaire sur les relations entre la science et la religion, avec la présence de spécialistes allemands et suisses de haut niveau, puis, en 2007, un autre colloque sur les recherches sur le cerveau, organisé par la Templeton Foundation, dans le Yosemite National Park, en Californie.

La bataille autour du langage.

Les livres *Être chrétien* et *Dieu existe-t-il ?* se complètent et, je l'espère, s'enchaînent sans couture. Quand des répétitions me semblent opportunes, je ne m'y refuse pas, surtout évidemment dans la dernière partie. On doit pouvoir lire et comprendre chaque ouvrage pour lui-même. Ce qui m'importe, c'est d'exprimer la totalité de la foi en Dieu de la façon la plus logique et la plus transparente possible, même si sur beaucoup de points de détails je dois me contenter d'ouvrir des pistes de réflexion plutôt que de donner des solutions. L'ensemble offre quantité de possibilités d'accès qui conduisent toutes au milieu, de sorte que le lecteur doit faire ce que l'auteur fait pour sa part quand il lit des livres : commencer par où il en a envie.

Au commencement de l'année 1979, je reçois une distinction qui me confirme dans mon souci d'écrire des livres, non seulement objectivement exacts, mais aussi littérairement polis. Je suis admis au PEN club d'Allemagne (P pour poète, E pour essayiste, N pour *novelist* [journaliste]) en même temps que Friedrich Dürrenmatt, écrivain et dramaturge suisse mondialement connu. Les reproches idiots que me lancent des collègues jaloux pour mon style prétendument « journalistique » se sont tus depuis longtemps, mais l'exigence de parler un bon allemand, même en théologie, subsiste (et quel effort cela ne demande-t-il pas parfois ?).

J'avais déjà été reçu par la section américaine de l'Union internationale des écrivains, le PEN Club. En 1989, l'hebdomadaire catholique américain *Christian Century*, consacré aux recensions scientifiques, avait posé la question de savoir quels étaient parmi les 15 000 livres théologiques et religieux parus au cours des années 1970 ceux qui valaient le plus la peine de durer. Le premier retenu était *Histoire religieuse du peuple américain*, de l'historien Sydney E. Ahlstrom, puis, à la seconde place, *Être chrétien*. Parmi les douze qui suivent mon nom, il y a trois auteurs européens : *Le Dieu crucifié* de Jürgen Moltmann (4e), *La Vie de Karl Barth* d'Eberhard Busch (9e), et *Jésus. Histoire d'un vivant* d'Edward Schillebeeckx, tandis que *Théologie de la libération*, de Gustavo Gutiérrez, le théologien sud-américain, vient à la sixième place.

La signification de mes livres s'étend fort heureusement bien au-delà de l'Église catholique et de l'espace linguistique germanique. Dans une interview, on demandait au Dr Coggan, archevêque de Canterbury, primat de l'Église anglicane, si la théologie allemande actuelle contribuait à la formation du clergé anglican. Réponse : « Dans tous nos collèges en vue, on trouve beaucoup les livres d'auteurs tels que Karl Rahner et Hans Küng et nombreux sont ceux qui ont lu par exemple *Être chrétien*. Oui, je crois que cette contribution est importante[1]. » Si je me préoccupe tant de donner un style vivant à mes livres, ce n'est pas pour briller, mais pour être efficace. Ce qui doit briller, c'est la chose, et non pas la forme. J'écris, non pas sans art, mais sans artifice, et je ne cherche pas à ce qu'on m'admire comme écrivain, mais à ce qu'on me comprenne. Ce qui compte, ce n'est pas l'effet littéraire, mais le message que j'ai à présenter.

En tant qu'écrivain, je me sens en lien avec mes collègues d'autres pays. Même si on ne trouve pas souvent ma signature au bas de toutes les déclarations qu'on m'envoie, cette solidarité m'oblige fréquemment à m'engager en faveur de confrères persécutés, par exemple en Tchécoslovaquie, où je suis intervenu pour les droits de l'homme en faveur de membres dirigeants de la Charte 77, tels que Vaclav Havel, Jiri Dienstbier et Vaclav Maly, à qui j'aurai affaire par la suite. Avec Norbert Greinacher et Johann Baptist Metz, nous signons la lettre de solidarité de Tübingen.

Mais la dernière phase de mon travail sur *Dieu existe-t-il ?* est brusquement interrompue par une mort tragique chez moi. Cela va marquer le début d'une toute nouvelle phase de ma vie.

1. Interview dans KNA du 10 janvier 1979.

X

L'année des trois papes : 1978

> *« Saint-Père, excusez mon langage direct mais inspiré par l'amour de la cause chrétienne et de notre Église. Je suis prêt à tout instant à vous présenter personnellement mon affaire au cas où vous souhaiteriez un entretien sur ce problème compliqué et où vous disposeriez d'assez de temps pour cela. Que Dieu bénisse votre primauté de service de l'Église catholique et de toute la chrétienté*[1]. »

Le cours du temps et le cours de la vie ne font qu'un, disais-je au départ. 1978 est l'année des trois papes, et aussi celle de mes cinquante ans. Pendant longtemps, absorbé comme je l'étais par mon travail usant à Tübingen et mes voyages à travers le monde, j'avais cru que je n'atteindrais jamais le demi-siècle : selon toute probabilité, quelque chose déraillerait, n'importe où ou n'importe quand. Et voilà que j'y suis, à cette année au sujet de laquelle Confucius, le sage chinois dont je visiterai la tombe, déclare :

À quinze ans, j'aspirais à savoir,
À trente, j'en étais sûr,
À quarante je n'avais plus de doute
À cinquante, j'ai connu la volonté du ciel [Entretien 2, 4].

Oui, à cinquante ans, je connais la volonté du ciel, le cours de la vie qui m'est attribué. Mais je ne pouvais soupçonner ce qui m'était imparti l'année suivante, avant que je puisse dire avec Confucius :

À soixante ans, mon oreille n'est disposée à entendre
Que le vrai de toutes choses.

1. Conclusion de ma première lettre à Jean-Paul II, le 30 mars 1979.

Une modification dramatique de ma situation.

Au milieu de mon travail scientifique et de mes conflits avec la hiérarchie, Lotte Renemann, ma gouvernante, meurt subitement. Depuis 1969, cette femme, originaire d'Oldenburg et dont les trois fils avaient de belles situations, avait pris en charge ma maison. C'était une personne de haute taille, aux cheveux d'argent, très belle, aimable et souveraine, qui se permettait de faire attendre les envoyés du Vatican. Elle est immortalisée dans mon portrait paru à la télévision d'Allemagne du Nord. Au moment où elle avait accepté sa charge de gouvernante, dont elle s'acquitta à ma totale satisfaction, elle avait soixante-sept ans. En 1977, nous avions joyeusement fêté ses soixante-quinze ans.

Mais une bonne année plus tard, durant un week-end tranquille – je suis à l'étranger –, elle est seule et elle fait sa toilette dans son appartement (avec balcon et une merveilleuse vue sur Tübingen et sur les Alpes souabes). Crise cardiaque ! Elle reste vingt-quatre heures étendue par terre tandis que l'eau continue à couler jusqu'à inonder les étages du dessous. Finalement un de ses fils, inquiet de ne pas l'obtenir au téléphone, prévient notre voisine. Appelée au plus vite, Mme Annegret Dinkel, la secrétaire de notre institut, la fait transporter à la clinique de l'université. Je reviens précipitamment à Tübingen, et je la trouve encore vivante. Mais deux jours plus tard, le 26 février 1978, cette femme si fidèle, si gaie, si digne de confiance, est morte. Nous l'enterrons en petit cercle dans le cimetière de la colline. Je fais une petite allocution où j'évoque ses immenses qualités. Je lui ferai ériger une tombe.

Puis, quelques mois plus tard, c'est au tour d'Elisabeth Klinckhard de mourir à un âge avancé aux Pays-Bas. Avec sa fille Inka, elle était souvent venue amicalement à mon aide, à Mexico, à Sursee et lors de mon déménagement dans ma nouvelle maison de la colline.

Je me trouve maintenant devant deux gros problèmes : qui pourra tenir mon ménage et que faire de ma maison gravement endommagée par l'inondation ? Quand j'avais jadis mis une annonce pour trouver une gouvernante, Mme Renemann avait été la seule personne à y répondre. J'avais eu de la chance, mais je ne veux plus la tenter encore. Or, quelque temps plus tôt, j'avais fait connaissance de Marianne Saur-Kemmler, la sœur d'un ami du Rotary, le Dr Dieter Kemmler, une veuve élégante, chaleureuse, intelligente et sûre d'elle-même, du même âge que moi. Elle m'avait impressionné, car elle avait passé quatorze ans à se dévouer auprès d'un mari maladif, un dentiste, en gérant sa clientèle, avant de se consacrer gratuitement, avec beaucoup d'adresse et de créativité, à l'enseignement de l'allemand à des enfants d'émigrés à Reutlingen, la ville voisine.

Peut-être à la longue pourriez-vous prendre une activité encore plus exigeante, lui avais-je dit un jour. Et, elle, la fille d'un entrepreneur protestant, dont les priorités avaient été fort différentes, avait en effet commencé à s'intéresser à la théologie au point de finir par jouer un rôle important durant la dernière phase de ma rédaction de *Être chrétien* et même de travailler à la mise au point de l'index des noms propres de *Dieu existe-t-il ?*, chose difficile, car il y en avait 1 600, de tous les pays. En ce qui concerne la tenue d'une maison, elle avait déjà sa belle maison de Reutlingen où elle se montrait hôtesse parfaite. Lorsque, après la mort de Mme Renemann, je lui demandai si elle n'accepterait pas de prendre en charge la mienne, elle commença par me dire qu'elle voulait l'accord de sa propre gouvernante, Martha Walz, et surtout de son frère Dieter et de ses deux fils, l'un, Hans, directeur d'une usine de fabrication de machines agricoles, et l'autre, Uli, excellent dentiste qui avait pris la succession de son père.

Tout le monde fut d'accord à condition que nos deux ménages fussent entièrement séparés, avec une séparation nette entre les deux parties d'une même maison. Ce n'était pas une décision facile pour moi, car j'avais toujours été « maître chez moi ». Partager la maison ? Mais l'idée de deux logements avec une seule maîtresse de maison me parut finalement fort bonne, car elle me débarrasserait de tout souci de ménage, et j'acceptai donc ces conditions.

Au jugement des spécialistes, il valait mieux détruire ma belle maison de campagne que la réparer : construite en matériau léger, elle était devenue trop petite, les parquets craquaient, les fondations se délitaient et, outre les dégâts des eaux, les murs portaient des traces de salpêtre. Je voulais un emplacement à Tübingen, au-dessus de l'université, avec une belle vue sur les Alpes souabes. Mais en dépit de mes longues recherches, c'était introuvable. Nous décidâmes alors de démolir mon ancienne maison, ce qui prit une journée, et de reconstruire à neuf une nouvelle habitation pour deux familles, parfaitement fonctionnelle, avec bureau au rez-de-chaussée, mon espace personnel au premier étage et celui de Marianne Saur au second.

Nous commençâmes tout de suite les plans. Comme pour ma maison de Seehaus, je pris beaucoup de plaisir à dessiner sur papier millimétré la taille et la répartition des chambres, un plan qu'adopta sans grand changement mon architecte de Reutlingen qui ne tenait pas à faire œuvre originale. Suivant les règlements immobiliers de Tübingen, la maison ne devait pas être plus longue que la précédente, mais elle pouvait être plus large de quatre mètres, avec une terrasse ensoleillée plus vaste qu'avant, ce à quoi j'avais été habitué dès mon enfance. J'avais grandi auprès d'un lac où je pouvais nager et, à Tübingen, je regrettais donc de n'avoir pas de piscine jusqu'au moment où Walter et Inge Jens avaient généreusement mis la leur à ma disposition. Désormais j'aurai la mienne, vraie source de jouvence pour un travailleur de force enchaîné à sa tâche jusque tard dans la nuit. Je n'aurai désormais plus à affronter la pluie, la glace ou la neige pour courir deux rues plus loin au 5 Sommerstrasse, au risque d'attraper un rhume.

Nous commençons les travaux aussi vite que possible. Mon ami Kemmler se charge de toutes les démarches compliquées avec les différentes entreprises, tandis que, avec les bons conseils de Marianne Saur, nous examinons chaque détail pour faire de la nouvelle maison quelque chose de fonctionnel et d'esthétique. À commencer par ma nouvelle bibliothèque – lors du déménagement, le 3 juillet 1979, il y aura sept tonnes et demie de livres à transporter. Il faut également construire une grande salle d'archives.

Tout au long de cette période « sans domicile fixe », j'ai beaucoup d'engagements à l'étranger. Durant le semestre d'été, je suis en Suisse. Le 9 mai, je fais une conférence à Berne, la capitale de la Confédération, pour le 450e anniversaire de la Réforme : « Questions à la Réforme ». Elle est suivie par un dialogue avec Philip Potter, secrétaire général du Conseil mondial des Églises, et le professeur Andreas Lindt. Radiodiffusée, elle a une large audience. Je n'ai pas de cours à tenir pendant le semestre d'hiver 1978-1979, et je passe les dernières semaines de septembre et la première d'octobre en Israël avec ma faculté. La dernière semaine d'octobre et en novembre, je me rends aux États-Unis et en Amérique latine, ce dont j'aurai à reparler plus longuement par la suite.

Pendant le reste du temps de construction, je loge chez Marianne, à Reutlingen, à Achalm. Mais sa maison est cambriolée à cinq reprises, une raison de plus pour déménager à Tübingen. C'est ainsi que je passe continuellement de Tübingen à Reutlingen, mais que je fais aussi nombre de conférences en Allemagne sur le thème : « À quoi faut-il tenir[1] ? ».

Une table ronde œcuménique.

Le 8 décembre, fête de la pose du toit dans le grenier bien chauffé de la nouvelle maison, 23 Waldhäuserstrasse (les invités se souviennent de ce jour où toutes les rues étaient soudain devenues des patinoires). Au Nouvel An j'invite tous mes collègues de la faculté à une soirée festive chez Marianne. Mais, au cours de la construction il m'arrive un accident où j'aurais pu me briser la nuque : au cours d'un week-end de février 1979, nous visitons le chantier où il n'y a pas encore de lumière. Je bute soudain sur un trou qui, contre toutes les prescriptions, est resté sans être couvert. Je tombe la tête la première dans la baignoire de la salle en dessous. Heureusement mon bras droit protège ma tête, et j'en suis quitte pour une fêlure du bras. Je ne peux que supposer la façon dont la nouvelle est tout de suite transmise par la presse, au grand plaisir de certains.

Début juillet 1979, la maison est prête, et le 6 juillet je peux commencer à ranger ma bibliothèque, ce qui me prend deux semaines. J'ai fait appel à des aides scientifiquement qualifiés. Nous entrons enfin chez nous après les vacances d'été. Désormais Marianne, assistée d'une femme de ménage, préside ma maison avec grâce et souveraineté, se charge des invitations, des achats et de mille autres choses. Je peux ainsi me consacrer totalement à mon travail intellectuel. Mais Marianne relit aussi toujours tous mes manuscrits, de la première à la dernière version, et vérifie qu'ils sont compréhensibles et qu'ils ont le *tempo giusto*.

1. Ainsi le 9 octobre 1978 à la Katholische Akademie de Munich et le 10 octobre à Karlsruhe. Après mon retour des États-Unis et d'Amérique du Sud, je retravaillai cette conférence et la refis à Francfort (27 novembre 1978), Münchengladbach (28 novembre), Wuppertal (29 novembre), à l'Institut œcuménique de Mayence (1979) et Coblence (30 novembre).

Elle accepte volontiers de devenir membre à part entière de notre « table ronde œcuménique » qui se tient à chaque semestre, le plus souvent alternativement chez les uns et les autres. Au début, et tant qu'il n'aura pas pris parti contre moi dans la confrontation qui s'annonce avec Rome, le professeur Walter Kasper y vient à côté des professeurs Eberhard Jüngel et Jürgen Moltmann, avec le Dr Elisabeth Moltmann, son épouse. À la fin d'un petit discours pour l'anniversaire de Marianne, Moltmann déclare que « Marianne Saur est une chance pour Hans Küng et pour nous tous ».

Cela dure encore aujourd'hui. Je tiens à ces conversations pleines d'esprit et de rires et, quand il y a lieu, à nos disputes théologiques. Nous formons un cercle d'amis, et nous partons parfois ensemble en voyage, en Champagne, en Bourgogne, en Sicile, à Bari pour voir le Castel del Monte de Frédéric II. Tout se passe exactement comme le raconte Moltmann dans ses *Souvenirs de ma vie*[1] : « Nous restions fermement et obstinément sur nos positions, mais nous respections profondément les œuvres de l'autre, ce qui renforçait notre intérêt pour son parcours personnel. Ce qui nous importait avant tout, c'est notre cause commune, la vérité de la foi chrétienne. Nous ne nous sommes pas ménagés par politesse, par exemple lorsque Jüngel déclara un jour que le Coran était "un livre effroyable", ou qu'Elisabeth se mit à contester la doctrine du péché, alors que je défendais Calvin et le puritanisme, ou que Küng mettait en cause les faiblesses du protestantisme. Au bout de vingt ans, nous étions arrivés à nous tutoyer en toute confiance. »

Mais revenons à l'été 1979. Le 6 août, alors que je me trouvais en Suisse, à Seehaus, Paul VI meurt dans sa résidence d'été de Castel Gandolfo. Se pose alors avec acuité la question qui me tracasse depuis longtemps :

De quel pape avons-nous besoin ? Six critères.

Dans plusieurs chapitres du premier volume de ces *Mémoires*, j'ai déjà tracé un portrait de Paul VI, assez juste, je l'espère, en tout cas positif, en dépit de l'ambiguïté de son attitude d'ensemble. Personnellement, je ressens beaucoup de gratitude pour lui. Je le

1. J. MOLTMANN, *Weiter Raum. Eine Lebensgeschichte*, Gütersloh, 2006.

dis clairement lorsqu'on sollicite de partout mon commentaire sur sa mort. « Je suis personnellement très reconnaissant au pape d'avoir étendu sa main protectrice sur moi tout au long de ces années. Je l'avais déjà connu quand il était cardinal, et je lui ai souvent parlé par la suite. Personne n'aurait pu le retenir quand il recourut à de dures punitions pouvant aller jusqu'à l'excommunication au cours du débat sur l'infaillibilité. Mais je sais que, dans mon cas, sa ligne de conduite était *cum caritate*, autrement dit qu'elle consistait à chercher une solution autre que par voie juridique ou disciplinaire, en tout cas en évitant la rupture. Il y a eu et il y a encore des gens dans l'Église qui n'ont pas compris cette attitude, et qui auraient souhaité une façon de faire plus dure, et qui, j'en suis sûr, n'attendaient qu'un signe de lui pour donner libre cours à ces forces[1]. » Je ne pouvais pas soupçonner alors que nous aurions bientôt un pape qui donnerait ce signe.

J'avais évidemment depuis longtemps réfléchi à son successeur, non pas tant à la personne qu'aux *critères* qui devraient présider à son choix. J'étais déjà en contact avec des théologiens, des sociologues ou des journalistes américains de même tendance que moi, tel Andrew Greeley, de Chicago, qui, dans un article du *New York Magazine* avait posé la question de l'élection papale exactement dans le même sens que moi. Je lui avais envoyé le 20 mai 1976 un brouillon dont j'avais discuté à fond avec mon équipe, en lui demandant de le corriger et de donner son blanc-seing avant de l'envoyer à la Pentecôte 1976 au conseil de la fondation *Concilium*. Dès auparavant, j'avais déjà obtenu l'accord de notre président, Antoine Van den Boogaard, homme d'affaires hollandais, et d'Edward Schillebeeckx. Les deux nouveaux membres de notre conseil, Claude Geffré (à la place d'Yves Congar) et Johann Baptist Metz, l'avaient aussi approuvé. Après avoir été retravaillée et approuvée par tous, cette déclaration devait être publiée dans la presse mondiale aussitôt après la mort du pape, sous le titre : « Le pape que nous souhaitons ».

Le texte est donc prêt, mais qui le signera ? Comme c'est moi qui dispose le plus de relations avec les médias et que j'en connais plusieurs personnalités, c'est moi qui tiens la plume. Mon plan consiste à le faire signer, non pas d'abord par des théologiens, mais par le plus grand nombre possible de laïcs catholiques significatifs. Je pense en premier lieu aux Kennedy, bien connus de

1. *Die Zeit* du 11 août 1978.

tout le monde, en particulier à Eunice, la sœur aînée du président, dont le mari m'a une fois de plus invité, le 28 mai, à faire une nouvelle conférence sur « Le problème scientifique de Dieu », le 19 octobre, à Georgetown University. Je suis en contact épistolaire avec elle. Elle continue à écouter avec plaisir les cassettes de mes conférences et elle ne s'en intéresse que plus à mes écrits : « Envoyez-moi vos textes, car j'y puise plus d'inspiration et de nouveauté rafraîchissante que chez n'importe qui d'autre » (14 septembre 1979).

Mais le mois d'août est évidemment le plus mauvais moment pour atteindre en quelques heures de mon domicile de vacances une personne aussi importante et pour obtenir son accord sur une question de cette ampleur. Il n'existe encore ni fax ni mail. Le 7 août, le lendemain de la mort du pape, je téléphone de Suisse dans le monde entier, du matin au soir. Mais mes appels à Washington ou Cape Cod, Massachusetts, à La Haye ou à Bruxelles ne sont guère positifs. Le Dr Helmut Kohl, maintenant président de l'opposition, m'a certes écrit peu auparavant à l'occasion de l'envoi d'un livre : « Nous devons bientôt parler tranquillement. Est-ce que ça colle ? » (17 avril 1978). Mais j'étais alors trop tendu pour faire cette visite. À cette époque, il est en Autriche, il me semble hors de perspective de déranger un homme politique pour une « entreprise aussi osée ». La Dr Martha Klompé, longtemps parlementaire et ministre hollandaise, avocate convaincue du renouveau conciliaire et synodal, une femme de contact à laquelle j'avais rendu visite à La Haye, vient de se faire emboutir au cours d'un voyage en Vorarlberg ; elle est blessée et ne peut donc intervenir. Que faire ?

Il n'y a pas d'autre moyen : le temps presse. Je dois donc changer rapidement de stratégie en me tournant une fois de plus vers les théologiens marquants. Je ne recule devant aucuns frais dès lors qu'il s'agit de « la cause ». Sans me soucier de la facture de téléphone qui atteint des hauteurs vertigineuses dès qu'il s'agit de communications internationales, je commence par atteindre à Paris Yves Congar dont j'attends avec quelque souci la réponse. Elle est claire : « Vous serez surpris, mais je suis d'accord[1]. » Avec son soutien, il m'est facile de gagner un autre dominicain français bien connu, le père Marie-Dominique Chenu, ainsi que Claude Geffré qui était déjà d'accord, puis Giuseppe Alberigo

1. En français dans le texte *(NdT)*.

à Bologne, ainsi que Jan Grootaers, de Louvain, le journaliste que je connais depuis le concile. Andrew Greeley, mon ami de Chicago, est *a priori* d'accord, comme évidemment l'initiateur du texte, Edward Schillebeeckx, de Nimègue.

Long coup de téléphone au Pérou, à Gustavo Gutiérrez, le fondateur de la théologie de la libération latino-américaine, dont j'aurai à reparler longuement. Je lui lis tout le texte en anglais, et il me répond, ce que je comprends fort bien, qu'il aurait souhaité qu'on insistât davantage sur les pauvres d'Amérique latine et du monde entier, mais qu'il voyait combien c'était difficile de changer le texte, et qu'il était donc d'accord. Nous récoltâmes aussi les signatures de Norbert Greinacher, mon ami de Tübingen, et de dix autres théologiens de renommée internationale.

La seule grande déception de cette action que je devais mener seul, de Seehaus, sans secrétariat, ce fut Johann Baptist Metz. Je comptais évidemment sur sa signature, car il avait déjà approuvé le texte de *Concilium*. Je le priai aussi d'atteindre Karl Rahner, qui était toujours furieux contre moi à cause du débat sur l'infaillibilité. En fait, je n'aurais pas pu faire pire, car, au lieu de gagner la signature de Rahner, Metz retira la sienne le 8 août, après des heures de discussion au téléphone, sous différents prétextes dont le comble du grotesque fut qu'« il fallait du courage pour *ne pas* signer ce document ».

Aujourd'hui encore, je ne sais pas qui a débauché qui, pour quelque raison que ce soit. Ce qui m'est surtout totalement incompréhensible, c'est que Rahner et Metz aient ensuite cru bon de faire cavaliers seuls : dans un courrier des lecteurs du *Süddeutsche Zeitung*, ils feront une courte déclaration pratiquement exclusivement centrée sur un pape « social, » mais où ils passeront totalement sous silence la si nécessaire réforme interne de l'Église. Par la suite, après l'élection de Wojtyla, Metz sera fou furieux quand je lui ferai valoir qu'il avait exactement le pape qu'il avait souhaité : social et infaillible. Il aura du reste par la suite lui-même à souffrir lorsque, en juillet 1979, sous le nouveau régime d'inquisition, on repoussera sa candidature à la succession du professeur Heinrich Fries à Munich, ceci à la suite de tractations entre le ministre des Cultes, Hans Maier, et le cardinal Ratzinger, au grand scandale de l'opinion publique, de telle sorte que, à la différence de Ratzinger, il devra rester à Münster, dans cette Westphalie qu'il n'aimait pas, au lieu de retourner dans sa Bavière dont il ne cessait de se prévaloir.

Mais, même sans Metz, j'avais récolté assez de signatures importantes pour envoyer le texte au *Süddeutsche Zeitung* et au *Time Magazine*. Ce sur quoi je partis pour l'Islande, car j'avais depuis promis à la chaîne de télévision autrichienne ORF de me rendre dans ce vieux pays pour y reprendre avec quelques scientifiques quelques-uns de mes propos sur Dieu et la création; je ne voulais pas décevoir l'initiateur et l'organisateur de cette rencontre, le Dr Jos Rosenthal, très engagé dans l'affaire.

Mais à peine avais-je posé le pied à Reykjavik qu'on m'appelle au téléphone à l'aéroport. Un rédacteur du *Time Magazine* de New York m'explique qu'on ne pouvait admettre mon refus de faire valoir mon nom et de paraître en photo dans l'article. Sans un instantané de moi, le *Time* ne publierait pas notre déclaration commune. Il ne me reste rien d'autre à faire qu'à donner mon accord: il faut toujours tenir compte de quelques incompréhensions possibles. C'est ainsi que le document paraît avec la photo de celui qui en est effectivement le principal responsable, moi. Cela ne diminua malheureusement pas le nombre des jaloux.

La déclaration: «Le pape dont nous avons besoin» embrassait un vaste horizon politique: «Dans l'Église catholique, le pape joue un rôle essentiel. À notre époque, il n'est pas indifférent à l'Église, mais pas non plus au monde, de savoir qui reçoit cette charge capitale. Dans notre souci de l'Église, mais aussi du service qu'elle doit rendre aux hommes, nous voudrions, comme catholiques, nous faire les porte-parole de tous ceux qui, dans cette Église ou en dehors d'elle, souhaitent un bon pape: un pape avant tout capable d'aider à surmonter les conflits et les contradictions internes de notre Église postconciliaire, un pape de la *réconciliation*. Pour cela, il nous faut le meilleur. À cette époque, le pape doit être»... et suit notre déclaration proprement dite en six points, en en expliquant soigneusement les détails que nous ne pouvons reprendre ici, car cela dépasserait le cadre de ces souvenirs:

1) un homme ouvert au monde;
2) un guide spirituel;
3) un véritable pasteur;
4) un évêque collégial;
5) un médiateur œcuménique;
6) un véritable chrétien.

Étant donné la portée ultérieure de ce document que nombre de collègues avaient corrigé et complété, il est important pour le lecteur de se faire une idée concrète de son caractère constructif et de sa tonalité essentielle, d'où mon insistance sur le sixième point, particulièrement délicat, sur le « bon chrétien ». Le pape n'a pas à être un saint ni un génie ; il a ses limites, ses fautes, ses carences. Mais il doit être un chrétien au vrai sens du terme : quelqu'un qui oriente sa pensée, sa parole et son action sur l'Évangile de Jésus-Christ, sa norme essentielle.

Il doit être un prédicateur convaincu d'une Bonne Nouvelle fondée sur une foi vivante, éprouvée, et sur une espérance inébranlable.

Il doit faire présider avec calme, patience, confiance une Église qui n'a rien d'un appareil bureaucratique, d'une entreprise commerciale ou d'un parti politique, mais est tout simplement une communauté de croyants.

Autorité morale, il doit s'engager avec objectivité, passion et discernement pour veiller non seulement sur les intérêts de l'institution ecclésiale, mais aussi à la diffusion du message chrétien parmi les hommes ; il doit donc considérer comme son devoir spécial de s'engager en faveur des opprimés et des handicapés du monde entier.

Qu'on le voie bien : on souhaite un pape social, mais aussi quelqu'un qui lutte pour « les pauvres diables » de l'Église catholique : les divorcés remariés, les couples qui pratiquent la régulation des naissances, les prêtres mariés, les couples mixtes qui désirent recevoir la communion ensemble, etc. ; donc un pape réformateur et social.

Notre texte se termine par un appel aux cardinaux pour qu'ils discutent ensemble des critères que nous avons formulés et qu'ils en fassent la mesure de leur décision afin d'élire le meilleur pape possible, de quelque nation qu'il soit. Et maintenant la grande question : qui sera élu ?

Le pape des trente-trois jours : Jean-Paul Ier.

Après la mort de Paul VI, qui, en dépit de ses continuels compromis, n'avait jamais été vraiment accepté par le Collège des cardinaux, le conclave était profondément divisé. Il y avait les « montiniens », ceux qui étaient dans la ligne de Paul VI. Leur candidat était Giovanni Benelli, depuis quelques mois cardinal archevêque de Florence, mais qui avait précédemment été pendant dix ans substitut de la Secrétairerie d'État, autrement dit chef d'état-major du pape. Face à ce parti plutôt médiateur, les « faucons », avec à leur tête le cardinal Giuseppe Siri, archevêque de Gênes, qui ne s'était guère fait aimer au concile. Dès le premier vote, les deux groupes se bloquent mutuellement. On finit par trouver un candidat de compromis que les deux partis agréent : le cardinal Albino Luciani, le patriarche de Venise, un homme aimable, modeste, qui n'a sûrement rien souhaité, et on l'élit le 26 août 1978. Je me réjouis vraiment de ce choix. Il entend vraiment être un pape de la réconciliation et, pour en donner le signe, il choisit le nom – une nouveauté – de ses deux prédécesseurs, si différents l'un de l'autre : Jean et Paul.

Dès le lendemain de l'élection, je donne une interview de tonalité très positive à la télévision suisse. Car, peu auparavant, Alexander Sumski, directeur de l'orchestre universitaire de Tübingen, était allé à Venise avec le Musicum Collegium et avait donné un grand concert en présence du patriarche dans la basilique Saint-Marc. J'avais ainsi appris que le cardinal avait mon *Être chrétien* sur son bureau, qu'il s'était enquis de moi et m'avait fait transmettre son amical salut. Je lui répondis brièvement en lui faisant envoyer la traduction italienne du livre, *Essere christiani*, avec une dédicace personnelle. Il me remercia chaleureusement. Mgr Gargitter, évêque de Brixen (un ancien du Germanicum), lui avait transmis le livre qui venait d'être traduit de l'allemand. Albino Luciani m'écrivit ces mots exacts : « Je l'ai lu en partie (je ne connais pas parfaitement la langue allemande), et j'y ai trouvé de très beaux passages. Vous avez le don d'écrire. Vous pouvez faire beaucoup de bien. Je reconnais que certains points m'ont laissé dubitatif (je ne suis pas un spécialiste), mais sur d'autres je suis finalement d'avis différent. »

Cette lettre m'avait beaucoup impressionné. Elle exprimait la modestie, la capacité de différencier les choses, la sérénité. Elle se terminait par ces mots : « Je ne saurais prendre ma revanche autrement qu'en vous envoyant ma publication sans prétention, *Illustrissimi*, et en vous assurant de ma haute considération. Albino cardinal Luciani, patriarche. » Il joignait à sa lettre cet ouvrage, une « Lettre aux très vénérables personnalités » parmi lesquelles, à côté des saints, il comptait des représentants des Lumières tels que Voltaire. Cet écrit témoignait en tout cas d'une personnalité amicale, à l'horizon intellectuel ouvert, quelqu'un qui ne me traiterait pas à coups de formules dogmatiques.

J'avais répondu en italien au cardinal: « Je suis très étonné de voir un théologien et un patriarche capable d'écrire non seulement des lettres pastorales ou des prédications pieuses, mais aussi des lettres (presque des encycliques) aux grands du passé, et cela dans un style élégant et très humain. C'est avec un grand plaisir que j'ai reçu à Tübingen cette collection de lettres d'un patriarche. J'ai entendu dire que vous aussi avez été élève de la Grégorienne et que vous y avez été nommé docteur avec une thèse sur "Rosmini l'hérétique, le réformateur de l'Église", sous la direction du père Flick, celui-là même qui a patronné ma thèse de licence consacrée à un autre hérétique, protestant celui-là (Karl Barth). » Le 15 avril 1977, le patriarche remercie de sa main le *« caro professore »* pour ses vœux de Pâques et réplique à mon compliment sur ses « quasi-encycliques » : « Ce ne sont que de plaisantins gribouillages *(scarabocchi scherzosi)* même s'ils ont une visée pastorale. »

Cette petite histoire permet de comprendre pourquoi son élection me rend plutôt optimiste. Le fait qu'il ait choisi le nom des deux papes du concile, et non pas celui de Pie, me semble un bon signe. Je lui envoie tout de suite mon livre *Dieu existe-t-il ?* avec la dédicace : « *Caro Papa Giovanni Paolo I*. Je me suis réjoui de votre élection et j'espère que votre pontificat répondra aux attentes de millions de gens qui, dans le monde, ont soif de Dieu. »

Et voici que court à travers la presse l'annonce que le pape Jean-Paul Ier a déclaré que Dieu n'était pas seulement Père, mais aussi Mère. *« Dio madre »* ! Il n'y a pas besoin de beaucoup connaître la curie pour savoir ce que ces *Monsignori*, célibataires endurcis, peuvent penser de cette déclaration à leurs yeux quasi blasphématoire. Mais qui la connaît mieux sait aussi que ces puissants cardinaux de curie ne se gêneront pas pour dire clairement et sans aucune gêne à leur ancien collègue que, à l'avenir, il doit à tout prix s'abstenir de tels propos ou de tels gestes qui vont contre « la tradition » et contre la « doctrine catholique » (ou contre l'idée qu'ils s'en font).

Toujours est-il que ce pape, qu'on désignera très vite après l'élection comme « le pape qui rit » se montre étonnamment sérieux le 3 septembre 1978, jour de son intronisation, sans son sourire habituel. Son discours est très conventionnel. Il a manifestement été revu, sinon rédigé par le Saint-Office, lequel maintient toujours avec arrogance son idée qu'il a la charge de veiller sur la « vérité » de la foi même du pape et du concile. Le nouveau pape ne doit pas se laisser aller à de nouvelles hérésies, comme on l'avait dit de son prédécesseur, Angelo Roncalli, Jean XXIII, que certains curialistes soupçonnaient de « modernisme ». Pour ma part, j'émets un premier doute : pape, Luciani pourra-t-il s'imposer à la curie ? Il est encore trop tôt pour en juger, car il n'y a encore que trente jours qu'il est en poste.

L'énigmatique mort du pape.

En ce qui me concerne, la faculté de théologie avait organisé depuis longtemps un voyage d'études en « Terre sainte », où on venait enfin de faire un pas important pour la pacification. L'année précédente, Anouar el Sadate, le président égyptien, s'était courageusement rendu à Jérusalem, et son discours à la Knesset avait détendu pour la première fois le climat politique (20 novembre 1977). Le 17 septembre 1978, à Camp David, propriété du président des États-Unis, grâce à l'entremise courageuse et persévérante de Jimmy Carter, un chrétien convaincu, Sadate et Menahem Begin, autrefois un terroriste et à cette époque président de l'État d'Israël, avaient conclu l'accord dit de Camp David. Toujours grâce à l'engagement personnel de Jimmy Carter, cet accord avait débouché sur un traité de paix égypto-israélien (26 mars 1979). Comme il était juste, il a encore duré jusqu'à aujourd'hui. Je ferai plus tard connaissance de Jimmy Carter dans le cadre de l'InterAction Council.

Notre voyage d'études était sous la conduite de notre grand professeur d'Ancien Testament, Herbert Haag, un excellent connaisseur de la Palestine : liant information, dévotion et récréation, ce voyage fut une grande joie. Pour commencer trois jours dans le Néguev : Beersheba, Néguev, mer Morte, Qumran, puis une semaine à Jérusalem et quatre jours en Galilée. Partout où nous allions, nous lisions un passage de l'Ancien ou du Nouveau Testament correspondant au lieu, et notre exégète nous expliquait sa visée essentielle *(scopus)* et le sens profond du récit, ce qu'il avait d'historique et ce qu'il avait éventuellement de légendaire, et nous visitions les sites archéologiques souvent en pleine activité.

Un dimanche, le 1er octobre 1978, j'eus moi-même l'honneur de célébrer et de prêcher au milieu des moines et des pèlerins la messe solennelle de l'abbaye bénédictine de la Dormition. Comment ne pas être saisi d'effroi quand on entend les mots: « Il n'est pas ici. » Selon le récit pascal du plus ancien évangile, celui de Marc, celui qui n'a pas encore été gonflé de légendes, c'est le mot même entendu à la tombe. Mais s'ajoute aussitôt: « Il est ressuscité ! » Ce qui naturellement signifie pour aujourd'hui: il n'est plus ici, il n'est plus non plus à Jérusalem. La foi chrétienne ne doit donc pas accorder une place essentielle aux sites bibliques, même si leur authenticité est parfois indiscutable. À la différence de la foi juive, et à la différence aussi de la foi musulmane, centrée sur un site de pèlerinage, elle n'est liée à aucun pays: dans le christianisme se rendre à Jérusalem n'est pas une obligation, pas plus qu'à Rome d'ailleurs. Tout tourne autour de Jésus, de son Évangile, de son comportement, de son destin, de son esprit, de la façon dont on le suit sans prétention dans la vie quotidienne.

Notre voyage se déroule dans l'harmonie. Mais il tourne soudain au drame. Le 29 septembre 1978, un mois après l'élection du pape, éclate soudain à Jérusalem la bouleversante nouvelle: le pape Jean-Paul Ier est mort. Il n'a que soixante-cinq ans, et il n'est resté que trente-trois jours en poste. Après mon retour, je recevrai un mot de Don Lorenzi, son secrétaire, qui m'avait remercié pour l'envoi de *Dieu existe-t-il ?* : mon livre ne lui est malheureusement arrivé qu'après la mort du pape. Nombreuses sont les questions que je me pose.

Une mort inexpliquée et le scandale à Rome.

Le décès subit et surprenant de ce pape de trente-trois jours – on l'a trouvé mort au pied de son lit – n'entraîne ni autopsie médicale ni enquête de police. Les bruits fous qui circulent jusqu'à aujourd'hui encore n'ont donc rien d'étonnant. De tous les coins du monde, on me demande ce que je pense de cette disparition brutale, au point que je finis par rédiger un texte que j'envoie partout et dont la teneur essentielle est que je peux attribuer certaines choses aux membres de la curie tels que je les connais, mais pas le meurtre d'un pape.

D'autres sont d'avis différent: tel David A. Yallop, rédacteur du best-seller *Au nom de Dieu* (1984). Il cite une douzaine de fois mon témoignage, malheureusement de façon pas toujours correcte. Mais il a raison quand il parle des intrications du Vatican avec le monde de la finance et même avec la mafia. C'est sûrement le cas en ce qui concerne Giulio Andreotti, plusieurs fois ministre et sept fois président du Conseil des ministres italien, un homme influent, mais autour duquel flotte un parfum de scandale : il est dans les meilleurs termes avec le Vatican et il est l'auteur d'un livre intitulé *Mes sept papes*[1]. On l'accusait d'avoir été le complice, sinon l'instigateur de l'assassinat de Mino Peccorelli, un journaliste d'investigation, le 20 mars 1979, à Rome. Mais, vu le manque total de crédibilité des témoignages des boss mafieux, il avait toujours pu se tirer indemne des procès engagés contre lui. Fin 2002, en seconde instance, il sera cependant condamné à vingt-quatre ans de prison pour avoir commandité la mort de ce journaliste. Mais en octobre 2003, la Cour suprême de la justice italienne cassera le jugement pour manque de preuves. Le Vatican, qui prêche volontiers le droit et la justice au monde, n'a jamais contribué à faire la lumière sur ce qui était manifestement un crime.

Toujours est-il que, par la suite, il y eut plusieurs décès encore inexpliqués aujourd'hui, dont le suicide (ou l'empoisonnement) dans une prison romaine de Michele Sindona, grand banquier et expert financier de Paul VI, un homme qui avait peut-être été recommandé au pape par son protecteur, Andreotti. Ce Sicilien, qui avait déjà été condamné pour banqueroute aux États-Unis, était aussi manifestement le banquier de la mafia.

Puis survint la mort cruelle du « banquier de Dieu », Roberto Calvi, directeur de la Banco Ambrosiano, la plus grosse banque privée italienne. Il en avait provoqué la faillite, avec la disparition de 1,3 milliard de dollars. Dans le sillage de Paul VI, cette banque milanaise, qui avait pris le nom de l'évêque le plus important de Milan, Ambroise, Père de l'Église (IVe siècle), jouissait de la confiance totale de l'Église, de la hiérarchie comme des fidèles. Calvi était comme Sindona membre de la loge maçonnique P2, qui combinait dans l'ombre un renversement du pouvoir. Peu avant, en juin 1982, on l'avait retrouvé pendu au BlackFriars Bridge, à Londres, les poches pleines de briques. Suicide, ou meurtre de la mafia, comme en est persuadée la famille Calvi à Milan ? Mais comment le Vatican a-t-il contribué à faire la lumière ?

1. G. ANDREOTTI, *A ogni morte di Papa*, Milan, 1980.

Le Vatican couvre Mgr Marcinkus, son banquier.

La banque du Vatican, Il Istituto per le opere di religione (IOR), principal actionnaire de la Banco Ambrosiano, est un partenaire actif des opérations financières hasardeuses de Calvi avec sa douzaine de « banques fantômes ». Elle gère et gaspille l'argent d'innombrables fidèles catholiques. Elle doit payer 240 millions de dollars d'amende pour éviter une mise en jugement. Pour le Vatican, le dommage moral est énorme.

Au Vatican, le partenaire direct de Calvi était un prêtre américain, haut de 1,90 mètre, Mgr Paul Marcinkus, de souche lituanienne et originaire de Chicago. Pratiquant les langues, il avait d'abord été à la Secrétairerie d'État comme organisateur des voyages et garde du corps (« gorille ») de Paul VI qu'il avait protégé à Manille contre le coup de poignard d'un assassin. Nommé archevêque titulaire en 1968, il était devenu secrétaire, puis en 1971 directeur de la Banque du Vatican, alors qu'il n'avait aucune expérience dans ce domaine. Je me souviens bien de lui. Lors de ma dernière année d'étude à Rome, il faisait office de diacre et moi de sous-diacre à l'église Sainte-Agnès pour la première messe de mon ami Robert Trisco, lui aussi originaire du diocèse de Chicago. Je l'avais revu pendant le concile : il était venu chez nous prendre un verre avec les évêques et les experts américains. Selon les dires de ses amis, ce Marcinkus, un joueur de golf et de tennis passionné, a dû porter le chapeau pour Paul VI qui avait investi sans précautions de grosses sommes dans la banque de son ancien archidiocèse, et il avait lui-même écrit des lettres de recommandation pour la Banco Ambrosiano, alors que la faillite était déjà prévisible.

C'est pourquoi le procureur général de Milan lança un mandat d'arrêt contre lui. Il vivait à Rome, dans une maison de prêtres, mais il échappa à l'arrestation en fuyant au Vatican où il mena dès lors une vie totalement retirée. Le Vatican refusa son extradition. Au terme de nombre de tractations avec la justice italienne, et alors que les faits incriminés s'étaient passés sur le territoire italien, la Cour de cassation italienne finit par décider, non sans vives contestations, de lui reconnaître l'immunité que les traités du Latran accordaient aux employés du Vatican. En Italie, que faire contre la puissance de l'Église ? Même les tribunaux ne peuvent rien. Au début de 1990, Marcinkus pourra retourner aux États-Unis sans se faire remarquer. Comme j'ai pu le vérifier en novembre 2005, à l'occasion d'une conférence à Phoenix, en Arizona, il vit là, dans une cité de retraités proche du golf. Après des années de tractation, le procureur général de Rome annoncera en 2003 que le procès concernant le meurtre de Calvi commencerait au plus tard en 2005. Mais le soir du 20 février 2006, on retrouve Marcinkus mort chez lui, à Phoenix. Ce témoin possible est mort à quatre-vingt-quatre ans.

Bien que des procureurs de plusieurs pays aient demandé sa comparution, Marcinkus n'a jamais été entendu, ni sur le blanchiment d'argent, ni sur la fondation de banques fantômes, ni sur l'effondrement de la Banco Ambrosiano, ni sur la mort de Calvi. Le Britannique John Cornwell, lauréat d'un prix, est un des rares journalistes à avoir eu de longs entretiens avec lui et à avoir interviewé beaucoup de ses amis ou de ses ennemis. Il n'a trouvé aucune évidence qu'il aurait été le meurtrier de Calvi ou de Jean-Paul Ier. « Ce que j'ai découvert, c'est la vue extrêmement pénible d'hommes du monde qui, sous le manteau d'éthique commerciale, tissent un filet subtil et "casuistique" d'éthique des affaires, mais restent inconscients de ses conséquences[1]. »

Face à Cornwell, Marcinkus reconnut franchement qu'il avait pillé la caisse de pensions du Vatican pour se libérer de la Banco Ambrosiano. Cela me rappelle l'histoire financière similaire de l'homme d'affaires britannico-tchécoslovaque (et prétendument agent du Mossad, le service secret israélien) Robert Maxwell. Lors d'un forum économique de Davos, Théo Sommer, l'éditeur du *Zeit*, m'avait fait remarquer : « Si vous voulez voir quelqu'un qui a un milliard de dettes, regardez, il est assis à la table d'à côté. » Peu après, en novembre 1991, en Méditerranée, Maxwell tomba mystérieusement en mer de son yacht de luxe (ou fut précipité dans la mer par le Mossad qui craignait une trahison) et, curieusement, personne ne se porta à son secours.

C'est une histoire sans fin. Le 5 juillet 2006 encore, on enlève Gianmario Roveraro, financier puissant et influent qu'on considérait comme le mandataire de l'Opus Dei, alors qu'il était à Milan à une rencontre de cet organisme et, deux semaines plus tard, on retrouve son cadavre à Parme. En même temps, le procès sur la

1. J. CORNWELL, « Marcinkus, the man I knew », dans *The Tablet* du 25 février 2006.

mort de Calvi se poursuit devant un tribunal romain. Le président d'honneur du groupe médiatique *Il Espresso* assure que Calvi avait flairé une conjuration contre lui et qu'il avait même fait protéger les fenêtres de sa demeure romaine contre une attaque possible par hélicoptère. Principal accusé : Flavio Carboni, ancien porteur du coffre de Calvi, avec son amie, Manuela Kleinszig, une Autrichienne, Pippo Calò, caissier de la mafia, et d'autres mafiosi.

Réussira-t-on jamais à dissiper l'ombre qui plane sur *les relations du Vatican, de la mafia et de l'Opus Dei* ? Pour moi, l'inertie du Vatican devant cette histoire scandaleuse me semble étrangement contraster avec le zèle dont il fait preuve dans mon « cas ». La mort de Calvi, et de beaucoup d'autres (tel le meurtre non élucidé du commandant de la Garde suisse et de sa femme par un jardinier, qui se suicidera lui-même) me fait douter que, lors de la mort de Jean-Paul Ier, tout se soit passé de façon régulière. Aussitôt après son décès, on répandra dans le Vatican un pieux mensonge : il serait mort en lisant *L'Imitation de Jésus-Christ*, de Thomas a Kempis. Pour ma part, j'ai entendu de l'entourage direct du cardinal Colombo, alors archevêque de Milan, le meilleur ami de Luciani dans le collège de cardinaux, que, le soir même de sa mort, celui-ci lui aurait téléphoné et lui aurait dit : *« Mi prendono in giro »*, « Ils me conduisent par le bout du nez. » En fait, il serait mort dans son lit avec sur sa couverture une liste de nominations de haut rang avec laquelle il n'était peut-être pas d'accord. Il se peut que les décisions personnelles que ce pape extrêmement sensible devait prendre (y compris le renvoi de Marcinkus) aient été la goutte d'eau qui a fait déborder le vase. Qui sait ? Bien des gens attribuent aussi à une cause psychique la crise cardiaque du cardinal Döpfner qui était du même âge.

Toujours est-il que nous voyions en Jean-Paul Ier un porteur d'espérance d'une Église sensible aux gens, dans l'esprit de Vatican II, et je suis convaincu que, sous ce pape, rien de mauvais ne se serait produit. Mais il faut maintenant en choisir un nouveau, et cela sera sûrement plus compliqué que pour l'élection de Luciani.

Karol Wojtyla : un pape venu de Pologne.

Un deuxième conclave dans un si court laps de temps, c'est une situation entièrement nouvelle. Les cardinaux italiens, une fois de plus divisés entre eux, ne peuvent plus s'unir sur aucun candidat de compromis. C'est donc une chance historique de mettre en ligne un non-Italien. Déjà, lors du précédent conclave, le cardinal König, archevêque de Vienne, un expert de l'Europe de l'Est, en avait exprimé le souhait. Maintenant, il se met d'accord avec les cardinaux allemands pour lancer le nom de Karol Wojtyla, l'archevêque de Cracovie. Celui-ci est finalement élu au huitième tour de l'élection, et il prend le nom de Jean-Paul II.

Pour ma part, selon un plan prévu depuis longtemps, je m'envole le 13 octobre pour New York. Du lundi au vendredi (16-19 octobre) je fais à la Riverside Church quatre conférences sur la question : « Comment parler de Dieu aujourd'hui ? », dans le cadre de la Fosdick Ecumenical Convocation. On avait annoncé aux 1 500 auditeurs prévus qu'elles seraient tenues par « un leader aussi respecté que controversé de tout le monde chrétien ». À l'issue de chaque conférence, je recevais tout un paquet de billets sur lesquels étaient notées des questions, et, du haut de la chaire d'où, dix ans plus tôt, j'avais dû annoncer le meurtre de Martin Luther King, je répondais à celles qui me paraissaient les plus importantes.

Le 17 octobre, juste avant ma conférence, j'appris sur les marches de la Riverside Church l'élection de Karol Wojtyla, un Polonais. J'en fis tout de suite l'annonce. Je n'avais aucune raison d'être pessimiste. Si on voulait en arriver à une véritable réforme, il fallait mettre fin au monopole italien qui durait depuis quatre siècles. En tant que suisse, j'avais de la sympathie pour les Polonais. Au cours de la Seconde Guerre mondiale, l'Allemagne et l'URSS s'étaient partagé leur pays. Un de mes meilleurs doctorants, Ronald Modras, docteur en 1972 avec une thèse sur l'ecclésiologie de Paul Tillich et par la suite professeur à l'université de Saint Louis, celle qui m'a conféré mon premier doctorat honorifique, est polonais. J'avais à plusieurs reprises reçu chez moi des visiteurs de Pologne, j'avais envoyé des livres dans ce pays, et je restais en contact avec des intellectuels et des prêtres de renom, ainsi qu'avec la revue *Ancora* et d'autres groupes de réformistes tels que Le Chemin commun. Du 18 au 20 mai, notre faculté avait même accueilli les Journées de Varsovie dont les conférenciers étaient nos collègues polonais, Juros, Sobanski, Zuberbier et Charitanski.

Restait que la presse quotidienne et les revues polonaises avaient à plusieurs reprises publié des articles hostiles à mon égard, émanant le plus souvent de conservateurs. L'état dans lequel se trouvait l'Église du pays du nouveau pape me donnait aussi beaucoup à penser. Déjà en 1976, j'avais appris de sources bien informées : « Malheureusement, nous devons constater avec tristesse que notre activité en Pologne est peu connue du fait que nous nous trouvons encore dans une situation préconciliaire. Par peur de l'épiscopat, aucune maison d'édition existant chez nous n'a le courage de publier un seul de vos livres de valeur. Personne ne songe à éditer votre ouvrage *Être chrétien* [...] Notre Église reste à l'écart de toutes les thèses théologiques progressistes qu'on voit se développer à l'Ouest. » Par la suite, au summum de la crise au cours de laquelle on me privera de ma charge de professeur, un ami personnel de Wojtyla devra s'excuser à la radio suisse en insistant sur le fait que le pape polonais n'avait jamais lu aucun ouvrage de Hans Küng. Mais son jugement sur moi était fait depuis longtemps, ainsi que je le découvrirai par la suite.

À l'époque, à New York, en dépit de toutes ces préventions, je salue avec joie le choix de Wojtyla, une idée fort juste à mes yeux : un homme de l'Est, alors que, en 1978, l'Est et l'Ouest sont toujours séparés par le rideau de fer. De différents côtés, on m'affirme que Wojtyla est un homme bien plus décidé que Stefan Wyszynski, archevêque de Varsovie et primat de Pologne, celui qui avait violemment réprouvé la publication de mon premier exposé américain sur l'Église et la liberté dans l'hebdomadaire de Cracovie, *Tygodnik Powszechny* (voir t. I, chap. IX, « Église et liberté en Pologne »). Le cardinal König, qui s'est si fortement engagé en faveur de Wojtyla, a fait erreur, lui aussi.

Pour une raison de date, la présidence de notre fondation *Concilium* avait sans cesse repoussé le voyage à Cracovie que nous avions prévu depuis longtemps : nous voulions rendre vie à notre revue qui, au départ, était aussi parue en polonais. Il se peut aussi que Mgr Wojtyla se soit refusé à nous recevoir, comme il refusera de recevoir le chancelier Helmut Schmidt, au grand mécontentement de celui-ci, à l'occasion de sa visite à la cathédrale de Cracovie : il était absent, en « retraite », affirmera-t-il dans un communiqué cousu de fil blanc ; et le chancelier sera doublement furieux de n'être reçu qu'avec maigre chère par le doyen de la cathédrale. Par la suite, lors de sa première audience privée, le même chancelier tentera en vain de convaincre le nouveau pape du danger de l'explosion démographique imminente et de la nécessité de limitation des naissances. En vain. Mais, lors de l'entretien que nous aurons, il ne m'en déclarera pas moins : « Si je devais me confesser, c'est à ce pape que je le ferais. » En riant, je lui répondrai : « En tant que protestant, vous pouvez toujours parler ! Vous ne songez pas un instant à vous confesser. »

Mais, quand après mon retour d'Amérique du Nord et du Sud, on me montrera les photos du nouveau pape, elles constitueront pour moi une mise en garde.

Des photos révélatrices : un pape de l'Opus Dei.

La première photo est celle de l'édition hebdomadaire en langue allemande de *L'Osservatore Romano* du 20 novembre 1978, immédiatement après l'élection du pape. Elle présente Karol Wojtyla en tenue de cardinal à côté du cardinal Höffner et de Mgr Franz Hengsbach, évêque d'Essen. Elle a été prise lors d'une série de manifestations, de conférences et de discussion (1972-1974) au Centre de rencontre des prêtres (CRSI) de l'Opus Dei, organisme qui ne laisse rien présager de bon, mais pour lequel Wojtyla manifeste déjà la plus grande sympathie aux dépens des Jésuites, jusque-là dominants : peu avant que j'y fasse mes études, l'Université grégorienne avait refusé sa thèse de doctorat dont on jugeait qu'elle manquait de largeur de vue. Nous aurons à y revenir. On sait qu'il avait publié un livre dans la collection de l'Opus Dei et, dit-on dans la curie romaine, il avait fait un voyage en Amérique latine aux frais de cet organisme[1].

Pape, il promouvra par tous les moyens cette « œuvre de Dieu ». Cette organisation secrète, fascisto-catholique d'allure

1. Depuis dix ans, Peter Hertel s'était consacré à la découverte des mystères de l'*Opus Dei*. *Geheimnisse des Opus Dei. Verschlusssachen – Hintergründe – Strategien*, Fribourg, 1995 ; Id. *Schleichende Übernahme. Josemaria Escriva, sein Opus Dei und die Macht im Vatikan*, Oberursel, 2005 ; Id. *Benedikts Stoßtrupp. Das Opus Dei und der deutsche Papst,* CD 1, 2007.

sectaire, était née dans l'Espagne de Franco. Nombreux étaient les ministres du dernier cabinet de celui-ci à en faire partie. Elle est composée de laïcs (pour une bonne part voués au célibat) et de prêtres et elle s'était répandue en priorité chez les puissants du monde de la banque, de la politique, des affaires et des médias, ainsi que dans certaines universités, surtout en Espagne et en Amérique latine, mais aussi dans la curie romaine. Elle entendait faire oublier Vatican II et elle s'était totalement mise au service de la restauration romaine. Ses méthodes de recrutement, souvent douteuses, reposaient sur un mépris de la sexualité, sur l'auto-mortification et sur le dédain des femmes. Cet *« opus »* à l'organisation stricte, toujours en quête de pouvoir dans l'Église et qui finira à la longue par disposer de plusieurs centaines de milliers d'amis, de soutiens et de sympathisants réussira à se soustraire à la juridiction des évêques en constituant une « prélature *nullius* », une espèce de diocèse mondial indépendant, et même, en dépit des résistances de la curie, à contrôler les évêques. Beaucoup d'évêques et de cardinaux, au départ hostiles, finiront par l'admettre de bonne grâce. Après le concile Josémaria Escriva de Balaguer († en 1975), leur fondateur, un homme assoiffé de pouvoir, entendra purifier l'Église de sa prétendue pollution et la ramener à la « tradition ». Méprisant les témoignages critiques, Jean-Paul II n'hésitera pas à enfreindre les règles de l'Église pour le proclamer bienheureux, et même saint, pour la plus grande honte de tous ceux qui se refusent à l'obéissance aveugle et au sectarisme. Il nomme aussi archevêque titulaire Marcinkus, le banquier à demi prisonnier du Vatican. Lui qui prêche la justice partout dans le monde ne fait rien pour éclaircir les morts et les scandales inexplicables. Très tôt, il se manifeste comme un pape de l'Opus Dei, profondément enraciné dans les *movimenti* charismatiques traditionalistes, mais étranger à la théologie contemporaine. Joseph Ratzinger, au départ fort réservé vis-à-vis de l'Opus, se laissera finalement attribuer un titre de docteur *honoris causa* d'une université de l'Opus Dei en tirant le meilleur profit possible de la force politique de cet organisme, et il se servira de son pouvoir politique.

Une deuxième photo laisse aussi fort à penser : en pleine page de couleur de la revue illustrée *Quick*, surtout célèbre pour ses photos de nus, on voit le visage et les mains du pape plongé dans une prière profonde, une image que, par la suite, les médias reprendront sans cesse. Mais le photographe explique lui-même comment il a pu la prendre. Après plusieurs clichés, il avait finalement obligé Wojtyla à prier devant la caméra. « Non, je ne peux pas », aurait dit celui-ci. Mais finalement, « pour le bien du peuple », il aurait fini par s'agenouiller et par mimer une prière. Clac ! C'est fait. Le bel instantané fera le tour du monde et on le diffusera en cartes postales. Nous avons désormais un pape « médiatique *par excellence*[1] ». Il ne rate pas une occasion de faire montre de sa piété. Il est à bien des égards assez proche de Ronald Reagan qui sera peu après élu président des États-Unis, lui aussi un comédien patenté et passionné, donc un « grand communicateur » dont le rayonnement fera oublier sa politique réactionnaire et ses victimes. « De quoi ont besoin les États-Unis ? » Fritz Stern, professeur à l'université Columbia, le plus grand historien germano-américain, d'origine juive, dont j'avais fait la connaissance à New York et qui me rend visite à Tübingen, reprend immédiatement ma réponse à cette question pour sa revue *Foreign Affairs* : « Les Américains ont besoin d'un acteur, d'un comédien. » De quelqu'un qui, comme Wojtyla, peut vendre à son public sa doctrine et sa politique réactionnaires grâce à son charisme de grand communicateur. Jean-Paul II raconte lui-même dans ses souvenirs que quelqu'un lui aurait dit : « Tu aurais fait un grand comédien si tu étais resté dans le théâtre. »

C'est ainsi que Pie XII, dont Karl August Fink, l'historien de l'Église de Tübingen, avait l'habitude de dire que c'était le plus grand comédien de tous les temps, se trouve largement dépassé par cette figure, non plus altière et aristocratique, mais populaire et pastorale, qui n'est plus désormais enfermée dans d'étroites frontières nationales, mais que les médias font rayonner dans le monde entier. Comme le fait Hollywood pour le président Reagan, ceux-ci organisent ses apparitions dans le moindre détail. Les discours sont écrits par d'autres : au Vatican, il y a pour cela le très malin Dr Joaquín Navarro-Valls, un membre de l'Opus Dei fort compétent qui sait fort bien vendre son chef.

Ce dont beaucoup de spectateurs de la télévision n'ont pas encore pris conscience, c'est que c'est la télévision italienne qui filme toutes les cérémonies du Vatican, depuis l'élection du pape jusqu'à son enterrement, en les revendant à toutes les sociétés de production de télévision du monde, ce qui ne produit finalement

1. En français dans le texte *(NdT)*.

rien d'autre que ce dont on a préalablement discuté avec le Vatican : une chronique de cour.

Mais toutes ces remarques autour de l'élection anticipent sur l'évolution de ce pontificat dont les effets seront dévastateurs, à commencer pour l'Amérique latine.

La théologie de la libération : Gustavo Gutiérrez.

Pour l'Église catholique d'Amérique latine, l'année 1978 a aussi été une année de rupture. L'assemblée des conférences épiscopales d'Amérique latine de Medellín, en Colombie, eut pour tout le continent un effet comparable à celui de Vatican II. L'Église et la théologie prirent conscience de la nécessité d'aborder de façon nouvelle les problèmes sociaux, culturels, politiques et religieux. Sous le signe tragique du sous-développement, on adopta alors pour grand programme la *liberación*, « la libération ». On décida de se tourner vers les pauvres et les déshérités du continent, tous ces gens dont la misère n'avait rien de nécessaire mais était l'effet d'un système socio-économique féroce : il fallait s'engager en faveur des classes sociales exploitées ouvertement ou en cachette, des cultures jusque-là méprisées, des peuples discriminés *(Indios)*. Il fallait lutter pour le droit de tous les peuples sous-développés à la nourriture de base et à la culture.

En 1970, comme je l'ai déjà dit, le congrès international de la revue théologique *Concilium* avait donné lieu à une confrontation entre les théologiens européens et nord-américains d'un côté, et les théologiens de la libération, les Latino-Américains. Fort heureusement, le « père » de cette théologie, Gustavo Gutiérrez, un Péruvien, était devenu membre de notre comité de direction, à côté de Greeley, de Metz et de moi-même, tous nés en 1928. La plupart d'entre nous était favorable à cette nouvelle pensée et, pour ma part, j'y voyais une source d'enrichissement pour moi-même et pour ma théologie. Les années suivantes, je me tins donc en étroit contact avec la réflexion spirituelle et politique de ces auteurs telle qu'ils l'exprimèrent dans leurs ouvrages de base, *Teologia de la Liberación. Perspectivas* (Lima, 1971). Dès le départ, nous nous étions fort bien compris. Par la suite, à l'occasion d'une visite à Tübingen, Gustavo Gutiérrez pourra dire : « C'est étonnant de voir que toi et moi, qui venons de milieux si différents, nous puissions nous rencontrer au centre. »

Le mystère ? Le problème n'était pas celui des personnes, mais celui de la cause (chrétienne).

Les années suivantes, je me donnai beaucoup de mal pour saisir de l'extérieur de l'Amérique latine la problématique de cette théologie et pour la faire mienne autant que possible. Dans le comité de direction de *Concilium*, nous décidâmes d'y consacrer un double cahier rédigé uniquement par des théologiens latino-américains, sous le titre : *Praxis de libération et foi chrétienne*. La revue paraît en 1974 en six langues, avec les contributions de Leonardo Boff, José Miguez Bonino, Enrique Dussel, Segundo Galilea, Ronaldo Muñoz, Juan Luis Segundo et naturellement Gustavo Gutiérrez. Je dispose donc de la documentation nécessaire et je peux en traiter en connaissance de cause dans *Être chrétien*, dans un chapitre consacré à la portée sociale du message chrétien et à l'engagement pour la libération, un texte auquel je peux encore totalement me tenir aujourd'hui.

Mais, dès le départ, je me refuse à me contenter d'une simple lecture de livres et articles ou de la tenue de colloques de spécialistes sur le sujet : je veux aussi connaître directement les gens de cet immense continent (j'avais déjà visité le Mexique en 1963). Comme je l'ai déjà dit, l'occasion s'en présenta lors de mon semestre de recherche 1978-1979, pendant la construction de ma nouvelle maison. J'étais invité par les Kennedy à tenir des conférences à la Riverside Church de l'université Georgetown, puis à l'université de Chicago, les deux fois sur « Science et foi en Dieu ». Dès le lendemain, je m'envolai de Chicago pour Miami, et de là pour Caracas, au Venezuela.

Expériences latino-américaines.

Comme toutes les capitales de style colonial que nous verrons, Caracas, celle du Venezuela, est disposée en damier, mais avec de grands immeubles modernes. Le 24 octobre 1978, j'y retrouve ma sœur Rita, son mari Bruno et Marianne Saur qui avaient suivi leur propre programme aux États-Unis. Je les emmène à Bogotá, à Lima et à Cusco, ce qui leur donne une première idée de la Colombie et du Pérou. Puis, de Cusco nous partons pour un voyage de onze heures de train à travers l'Altiplano, le haut plateau – avec partout des Indiens dans les gares et dans les champs, jusqu'au port de Puno. De là, nous nous rendons au lac

Titicaca, la « mer des Andes », long de 190 kilomètres et situé à une altitude de 3 800 mètres. Nous prenons un bateau rapide pour l'île du Soleil et pour le lieu de pèlerinage marial, Copacabana, avant de continuer vers La Paz, capitale de fait de la Bolivie, où je peux pour la première fois découvrir une population majoritairement indienne. Nous repartons vers le sud, pour Santiago du Chili et Valparaiso, puis vers l'est, pour Buenos Aires, Rio de Janeiro et finalement Salvador de Bahia.

Impossible de traduire ici toutes les impressions ressenties au cours de ce voyage traversé de quantité d'événements. Quelle diversité de paysages ! Les Andes, aux sommets de 6 000 mètres couverts de neige ; des plaines alluvionnaires, des villes gigantesques sur la côte du Pacifique ou de l'Atlantique ! Quelle différence de population : les descendants des colons portugais et espagnols, les *Indios* sur les marchés des villes ou sur les hauts plateaux des Andes, et les si nombreux métis... Quel or, quelles richesses dans les églises et les palais, quelles cultures, avec leur folklore, leurs chants, leurs danses, et en même temps quelle pauvreté indescriptible, quelle misère... Quelles grandioses cités en ruine, datant de l'époque inca précolombienne, comme sur les pentes du Machu Picchu, ou à Tiahuanaco, sur les bords du lac Titicaca... Et quels hideux et misérables quartiers industriels, avec, au bord des grandes cités modernes, les bidonvilles faits de planches, de caisses et de bidons, de touffes de palmier ou de tout autre matériau imaginable. Avec la croissance de la population, l'abîme qui sépare les riches et les pauvres ne fait que s'élargir.

Le musée de l'Or, à Bogotá, les grandes caves à vin à Valparaiso, le « pain de sucre » de Rio, et la géniale architecture d'Oscar Niemeyer de Brasilia sont des merveilles qu'on ne peut oublier. Mais ce qui me reste pour toujours en mémoire, ce sont certaines rencontres ; par exemple à Santiago du Chili, quand je peux – chose inusuelle sous une dictature militaire – m'adresser directement à un policier de garde, assez rébarbatif, devant le palais présidentiel de la Moneda, celui où, le 11 septembre 1973, à l'instigation de la CIA, le président Salvador Allende, premier président marxiste librement élu chef d'État, fut assassiné ; ou la procession du « Seigneur des miracles » à Lima, capitale du Pérou, avec l'invraisemblable tohu-bohu de dizaines de milliers de personnes qui se pressent pour accompagner et toucher l'image de grâce ; ou la conversation avec tous ces jeunes, si joyeux, des favelas d'en dessous de l'hôtel Sheraton de Rio, chose contre laquelle on nous avait soigneusement mis en garde ; ou, sur le marché de Cusco ou à Pisaq, le village péruvien, ces femmes indiennes ornées de leur chapeau, avec leurs vêtements bigarrés, le plus souvent avec un bébé sur le ventre, un autre sur le dos, et un troisième qui se tient sur ses jambes et trottine à côté d'elle, illustration de la gigantesque explosion de la natalité en Amérique latine ; ou bien, dans l'air léger de La Paz (située à 3 700 mètres au-dessus du niveau de la mer au pied du mont Illimani, haut de 6 460 mètres et toujours couvert de neige), dans une vallée encaissée de 100 mètres de profondeur couverte du haut en bas de maisons serrées, le marché de ces *Indios* qui, comme la majorité de la population, sont désespérément pauvres et qui, en 2007, pour la première fois en Amérique éliront comme président de l'État un Indien, Evo Morales, une première en Amérique latine ; ou, dans les gares, les enfants de l'Altiplano, ce gigantesque plateau situé à 4 000 mètres d'altitude, qui nous proposent les images classiques des trois montures du pays, les lamas, les alpagas et les vigognes, images serties de cuivre (je les ai toujours chez moi où elles voisinent pacifiquement avec des éléphants africains en bois, des ivoires d'Inde, des ours en albâtre de Perm, en Oural, tous sûrement plus heureux et en meilleure santé dans ce pays de champs et de céréales que les enfants dans les *slums* des grandes villes de là-bas).

Partout en Amérique latine, problèmes sur problèmes, divers selon les pays : corruption, inflation vertigineuse effrayante, habitat délabré, dette extérieure gigantesque, dépendance totale des États-Unis, économique et politique, et surtout une répartition des richesses sans aucune justice. Un immense chantier.

Les dangers de la théologie de la libération.

Au terme de ce voyage, je suis loin d'être un expert de la théologie de la libération. J'en apprendrai encore beaucoup du groupe d'experts latino-américains de notre université, et plus encore de mes voyages ultérieurs dans ces pays. Mais ce que j'ai découvert de l'Amérique latine me permettra de parler d'elle et de la *Iglesia popular* (des communautés de base) en Allemagne où on les a si souvent calomniées. Je leur consacre un chapitre de *Être chrétien* en disant combien je suis d'accord avec elle : je partage totalement l'engagement de mes amis Gustavo Gutiérrez et Leonardo

Boff (lequel est devenu membre de notre conseil de direction de *Concilium* depuis 1977). Toutefois j'ai dès le départ exprimé deux critiques et d'importantes réticences.

Première critique : j'accepte volontiers le recours à une analyse marxiste des mécanismes du système économique capitaliste. Mais dès mon temps d'études romaines, dans les années 1950, j'ai perçu la faiblesse des solutions que prônent les économistes marxistes. Je critique donc l'identification de la théologie de la libération avec l'option politique en faveur du socialisme et la socialisation des moyens de production.

Après notre assemblée annuelle de *Concilium* à Bruxelles, en 1973, j'écrivis à Gustavo Gutiérrez (le 26 juin 1973) : « Rome s'efforce depuis longtemps de ramener *Concilium* dans le droit chemin, et nous avons dû pendant des années résister à ces tentatives. Il me paraît d'autant plus nécessaire d'éviter de nous engager unilatéralement à gauche : certaines revues peuvent le faire sans problèmes, mais pas *Concilium*, car cela signifierait notre mort lente. Cela ne doit certes pas nous empêcher de prendre *théologiquement* position sur des questions de société. C'est en ce sens que je me suis jadis prononcé en faveur du numéro sur l'Amérique latine. » Mais je dois bien admettre que mes amis de là-bas n'écoutent guère ma critique, alors que leur critique économique ne me paraît souvent pas juste. Ils ne prennent pas au sérieux le chapitre que je consacre à cette question dans *Être chrétien*, et ils prêtent ainsi le flanc aux attaques lancées contre une théologie de la libération prétendument noyautée par les marxistes. Il faudra l'effondrement de l'empire soviétique, en 1989, pour ouvrir les yeux de certains.

Il y a une autre critique qu'ils n'entendent pas davantage : une libération dans la société n'est pas crédible sans libération dans l'Église, car elle se heurtera toujours à des représailles institutionnelles. Mais mes amis se moquent de moi : pour eux, qui sont engagés dans la société, mon combat pour des réformes ecclésiastiques et contre la centralisation romaine et papale est « dépassé ». Ces « théologiens politiques » font bloc dès lors qu'il s'agit de maudire les possédants et de disqualifier les autres théologies, mais, alors que beaucoup d'entre eux mènent une vie parfaitement bourgeoise, ils qualifient les autres théologies de « libérales » et de « bourgeoises ». Ils n'ont donc eux-mêmes rien à faire du pape et de son infaillibilité, et ils me laissent ces combats d'arrière-garde. De fait, ils m'abandonneront dans la bagarre. J'ai beau leur répéter que, si Rome ne change pas, ils devront un jour rentrer dans le rang, mes avertissements ne sont que paroles semées au vent.

Mais, sous le nouveau pape et son gardien de la foi allemand, Joseph Ratzinger, il leur faudra en payer le prix, car ceux-ci comptent bien se lancer ensemble contre la théologie de la libération. Dès son premier voyage au Mexique, en janvier 1979, Jean-Paul II, le pape polonais, profondément imprégné d'anti-marxisme, la critiquera vivement et désavouera tout un groupe de théologiens, de pasteurs et d'évêques. Le 30 janvier, j'écris à Gustavo Gutiérrez et à Leonardo Boff deux lettres similaires : « J'espère que tu ne te laisses pas décourager. Tu peux compter sur ma solidarité si tu penses qu'une quelconque prise de position de ma part peut t'aider. »

Signe précurseur : le 24 mars 1980, en plein milieu de ma grande confrontation avec le Vatican au sujet de mon habilitation professorale, j'apprends l'assassinat de Mgr Romero, l'archevêque de San Salvador, un vaillant combattant de l'eucharistie. Il était né au sein de l'establishment ecclésiastique. Mais la découverte de la misère des gens, puis le meurtre d'un héroïque combattant de la libération avaient complètement changé sa vie et il était devenu un ardent défenseur des droits des opprimés. Il n'avait jamais obtenu le moindre soutien du Vatican, pas plus que Mgr Helder Camara, l'archevêque de Recife, au Brésil, de même tendance que lui. Tout au contraire, on fit tout à Rome pour empêcher que sa tombe dans la cathédrale de San Salvador ne devienne un lieu de pèlerinage, et, lors de ses si nombreuses béatifications et canonisations, Jean-Paul II laissera complètement tomber dans l'oubli ce véritable martyr. C'est bien pourquoi, dans ma série télévisée « À la recherche de traces », je commencerai le sixième film sur le christianisme par une séquence montrant un quartier misérable avant de faire arrêt sur le lieu du meurtre de Mgr Romero.

Du fait du bain de sang dans la résidence des Jésuites de San Salvador auquel lui-même n'avait échappé que parce qu'il était en voyage à l'étranger, Jon Sobrino, un théologien de la libération que j'estime énormément, aura lui-même quelques réticences à paraître dans ce film. Il faudra attendre 2007 pour que l'Inquisition romaine le rattrape : elle lancera contre lui une *notification* le condamnant officiellement : on lui reprochera une christologie sur bien des points assez proche de la mienne.

On peut une fois de plus voir clairement que Rome ne peut percevoir la situation d'Amérique latine qu'avec des yeux européens et ne peut absolument pas comprendre le sens de la « théologie contextuelle », à moins que ce ne soit celle de la culture gréco-hellénistique des IVe et Ve siècles, mais sûrement pas celle qui analyse l'injustice et la répression en Amérique latine au XXe et XXIe siècles. Lors de son voyage au Brésil, en 2007, le pape Benoît XVI en arrivera même à expliquer que la violence dont on avait fait preuve lors de la christianisation du continent sud-américain en massacrant en masse les indigènes et en détruisant leurs riches cultures ne portait finalement guère à conséquence : ces indigènes aspiraient à cette conversion.

Avec d'un côté des documents doctrinaux réactionnaires et de l'autre des nominations d'évêques conservateurs, Rome fait tout pour ramener à la discipline la théologie et l'Église latino-américaine, comme elle l'avait fait auparavant en Hollande et avec les mêmes effets dévastateurs.

Jean-Paul II : un pape qui ne dialogue pas.

À mon retour de ce merveilleux voyage en Amérique du Nord et du Sud, j'envoie pour Noël un livre au nouveau pape. *Infaillible ? Une interpellation* ? Non pas ! Mais *Dieu existe-t-il ?* J'espère que ce pape venant de la Pologne communiste saura reconnaître à travers cet ouvrage tout ce que nous avons en commun, à commencer par ce que je dis dans mon chapitre sur Karl Marx et ses conséquences. Dans ma dédicace, je lui dis mon « espoir » que « le pape réussisse à rapprocher Dieu des hommes de notre temps ». Stanislaw Dziwisz, son secrétaire (qui fera bientôt la pluie et le beau temps), m'accuse réception de mon envoi en joignant à sa lettre une image de Noël, mais sans un mot du pape. Et en dépit de tous mes efforts de dialogue, il en sera ainsi jusqu'à sa mort, vingt-sept ans plus tard.

On sait à l'inverse que, au début de l'année 1979, le pape entend publier le Jeudi saint un long document confirmant la loi du célibat pour le clergé catholique de rite latin. Vu la chute du recrutement sacerdotal, c'est de la part du nouveau pontificat une démarche lourde de conséquences. Après mûre réflexion et maintes discussions avec mes amis, je me décide donc à lui écrire personnellement une lettre pressante, le 30 mars 1979. Je lui demande de soumettre l'ensemble de la question à une commission objective et impartiale. Je l'interroge en même temps sur le problème de l'infaillibilité et lui joins pour cela mon livre de méditation théologique qui vient de paraître : *L'Église assurée dans la vérité ?*, dont il sera question dans le chapitre suivant. Je me déclare en même temps prêt à tout moment à me rendre à Rome pour présenter moi-même au pape ces dossiers brûlants. On ne pourra vraiment pas me reprocher de n'être pas disposé au dialogue.

Ma lettre commence par une respectueuse *captatio benevolentiae*. « J'ai été très impressionné par l'humanité et la résolution de votre engagement pastoral au service de l'Église et du monde actuel. Je vous suis très reconnaissant d'avoir mis dès le début, et aujourd'hui encore avec votre encyclique, le Christ Jésus au centre de la vie chrétienne, celui à partir duquel vous demandez qu'on se tourne vers l'homme, ses espoirs, ses besoins. Je me réjouis aussi du fait que vous vous soyez exprimé clairement en faveur de la poursuite du rapprochement œcuménique entre nos Églises ainsi que de votre insistance sur les droits de l'homme à l'Ouest comme à l'Est. En vérité un véritable humanisme chrétien[1] ! » Je ne reviendrai jamais sur cette reconnaissance.

Mais, après cette transition, j'aborde carrément les questions critiques qui ne sont à vrai dire pas que les miennes. Car nombreux sont ceux qui se les posent.

Dans notre monde actuel, que ce soit à la société capitaliste occidentale ou à celle, socialiste, de l'Est, pouvons-nous leur reprocher de façon crédible ses fautes si nous ne confessons pas et ne corrigeons pas nous-mêmes concrètement celles, incontestables, de l'Église ?

En Amérique latine et dans le tiers-monde, pouvons-nous nous engager de façon crédible contre la pauvreté, l'analphabétisme, le chômage, la sous-alimentation et la maladie si nous ne nous engageons pas en même temps nous-mêmes en faveur d'un planning familial humainement responsable, ce qui implique aussi que les partenaires du couple puissent décider en conscience de leur recours à la contraception ?

Dans notre société actuelle, pouvons-nous parler de façon crédible des droits de la femme si, dans l'Église, nous continuons à la traiter comme juridiquement mineure et que nous lui refusons

1. Dokumentation III, n° 1.10.

l'ordination avec des arguments théologiques qui ne sont pas convaincants ?

Pouvons-nous de façon crédible nous engager activement pour l'œcuménisme alors que, près d'un demi-millénaire après la réforme, nous contestons toujours la validité des ministères anglicans et protestants et celle de leur célébration de la Cène ?

Pouvons-nous de façon crédible appeler à une meilleure prédication et à une meilleure pastorale pratique si, en raison de notre propre législation, qui reste tout humaine, nous privons nos communautés des pasteurs dont elles ont besoin, et, plus grave, de la célébration eucharistique régulière[1] ?

Je m'appesantis tout particulièrement sur ce point, car l'encyclique de Paul VI, son prédécesseur, dans sa première partie étonnamment ouverte aux difficultés de la loi du célibat, n'avait pas clos la discussion, mais l'avait renforcée. Elle n'avait fait qu'accentuer cruellement le manque de prêtres. Je suis convaincu que les monitions appelant à la prière, à l'obéissance et à la fidélité ne résoudront absolument pas ce grave problème. Et je rappelle brièvement les textes de la Bible et de la tradition montrant qu'elles approuvaient certes le célibat au service des hommes, mais qu'elles n'en faisaient pas une loi générale, ni pour les évêques ni pour les prêtres.

Je m'efforce donc d'ouvrir le cœur du pape, tant par mes paroles d'entrée que par mon propos final, celui que j'ai mis en exergue de ce chapitre. Mais en vain. Cela deviendra vite clair : cet homme ne supporte aucune critique et il ne cherche aucun véritable dialogue. Dès le départ, il s'enferme dans son étroit cercle polonais de béni-oui-oui. Je ne reçois pas plus de réponse à ma lettre que je n'en ai reçu pour mon livre *Dieu existe-t-il ?*, pour ne pas parler d'une invitation au dialogue que je souhaitais. Oui, c'est clair : à la différence de son prédécesseur, ce pape n'entend pas parler avec moi, il n'entend parler que sur moi. Il commence par le faire avec mon évêque, Mgr Georg Moser. Au cours d'une audience, il lui parle de ma lettre en me traitant de « prophète mondial » : je suis donc un malvenu qui le gêne. Mon évêque ne peut s'expliquer ce propos dont je comprends fort bien le sens.

Cela ne laisse en tout cas rien augurer de bon pour l'avenir, ainsi que je le vérifierai bien vite. Les 22 et 23 mars 1979, je présente à Paris *Dieu existe-t-il ?*, publié par les éditions du Seuil.

1. *Ibid.*

Il a un énorme succès et ne provoque aucun scandale. Mais, au début d'avril, j'apprends avec consternation la condamnation par la Congrégation de la foi du livre *Quand je dis Dieu*, un ouvrage du théologien français Jacques Pohier, membre du comité de direction de *Concilium*. Je lui écris le 4 avril 1979: « Je ne sais pas comment tu encaisses l'affaire. On peut se situer très différemment par rapport à elle. Mais la diffamation de ton travail théologique va bien plus loin encore. Ce premier cas de condamnation après le concile a une signification capitale. Il n'y a pas besoin d'être d'accord avec ce que tu écris dans ton livre pour réprouver la méthode employée contre toi. En fait, cela signifie tout simplement un retour à l'index, et donc à l'Inquisition. Pouvons-nous faire quelque chose pour toi ? » Mais Jacques Pohier me répond le 13 avril 1979 qu'il y a aussi un procès contre lui à l'intérieur de son ordre dominicain et que tous ses amis, qui sont aussi les miens, Jossua, Geffré, Congar, Chenu pensent unanimement qu'il serait inopportun d'intervenir publiquement en force. Mais, pour moi ce procès inquisitorial est naturellement un signe avertisseur clairement voulu comme tel par l'Inquisition.

Une introduction à risque: une faute stratégique ?

Il m'arrive de me demander si, au cours de mes conflits avec la hiérarchie romaine, je n'ai pas parfois par causticité commis des erreurs. Combien de fois ne m'a-t-on pas raconté la bonne histoire que le cardinal Suenens m'avait déjà rapportée et qui serait parvenue jusqu'aux oreilles de Paul VI, lequel n'en aurait guère apprécié l'humour parce qu'il se l'appliquait à lui-même au lieu de voir qu'elle était dirigée contre moi: le pape est mort, et le conclave des cardinaux constate que, sur de nombreux points, son règne n'a pas toujours été une réussite. Il faut donc changer de cours. Mais comme personne ne veut accepter de se lancer dans l'affaire, on se met donc d'accord pour nommer un certain théologien de Tübingen qui préconise depuis longtemps le changement. Mais on commence par lui demander s'il est prêt à venir à Rome et à assumer cette haute charge. Et le théologien répond: « Non, je veux rester infaillible. »

Mais qui me connaît le sait bien: je ne me suis jamais considéré comme infaillible, bien au contraire. Justement parce que j'ai beaucoup lu et écrit, je sais tout ce que je ne sais pas. C'est pourquoi je vérifie et revérifie tous mes manuscrits et je les fais corriger. Il se peut que je paraisse trop assuré à des gens peu sûrs d'eux-mêmes, mais c'est uniquement après m'être donné beaucoup de mal pour me faire un avis. Naturellement, il m'arrive de faire des *fautes tactiques*, et on peut toujours discuter de mon choix des mots et de mon style, ce que je fais avec mon équipe et avec mes amis. Mais des fautes stratégiques ?

Cette même année 1978 se présente un cas type d'une telle décision stratégique : il s'agit d'une introduction pour le livre *Comment le pape est devenu infaillible : impuissante puissance d'un dogme*. L'auteur est quelqu'un de l'intérieur, un théologien et un historien catholique qui a longtemps été un collaborateur du Secrétariat pour l'unité au Vatican, le Dr August Bernhard Hasler. Il analyse la façon dont le dogme de l'infaillibilité a été défini à Vatican I, et il renforce et vulgarise mon « interpellation » sur la solidité du fondement de cette définition. Vatican I a-t-il été un concile œcuménique vraiment libre ? Était-il vraiment œcuménique, et le prix à payer en valait-il la peine ? Et doit-on canoniser Pie IX, le pape de l'infaillibilité, comme on le projette au Vatican, alors qu'il avait incontestablement des traits psychopathiques ?

Puis-je écrire une introduction pour ce livre ? Question extrêmement délicate ! Il est clair que cela pourrait me valoir des ennuis à Rome. Mais puis-je refuser mon soutien à l'auteur, un compatriote, qui a d'ailleurs passé plusieurs mois à Tübingen, en 1965, pour mener à bien sa thèse ? Il faut savoir ! Déjà en 1976, après son habilitation, le Dr Hasler m'avait demandé de faire dans le *Frankfurter Allgemeine Zeitung* une recension d'une monographie en deux volumes sur Pie IX (1846-1878), le pape de l'infaillibilité : *Dogmatisation et imposition d'une idéologie* (Stuttgart, 1977). Mais en 1978, l'année des trois papes, la situation politique ecclésiale a changé. Février avait vu la parution de notre document *Rien que la vérité. La Conférence épiscopale allemande contre Hans Küng*, avec une introduction explosive de Walter Jens. J'avais moi-même écrit en conclusion mon « appel à l'entente ». De plus, mon gros livre *Dieu existe-t-il ?* devait paraître à l'automne. Je ne pouvais vraiment pas écrire ma recension à ce moment-là, écrivis-je à Hasler (11 janvier 1978). Celui-ci ne se laissa pas rebuter, comme si, du fait que j'avais osé plus qu'aucun autre me lancer dans ce problème, j'étais le seul sur la terre du Bon Dieu a pouvoir écrire un avant-propos pour son livre. Je le lui expliquai clairement : j'avais déjà défendu son livre en public. Mais c'était une question de moment : « J'aurai encore à m'exprimer sur ce sujet, mais je dois tout d'abord examiner comment survivre les jours à venir » (6 février 1978). Je dois donc refuser cette recension.

Je me suis naturellement posé la question en sens inverse : est-ce que je dois désormais me taire tout le temps sur cette question de l'infaillibilité ? Ce serait sûrement chose bienvenue à Rome, et c'est bien ce qu'on attendait là-bas après la déclaration *Mysterium Ecclesiae* de 1973. Mais je n'avais alors jamais promis de me taire, et le cardinal Döpfner en était bien conscient. J'avais au contraire fait valoir mes doutes sur mon procès. À Rome, je le sais depuis mes études à la Grégorienne, on ne s'intéresse pas à ce que pense personnellement un dissident potentiel. Mais il doit *au moins se taire*. *« Silentium obsequiosum »*, « Silence ! On obéit ! » nous expliquait dans ses cours de théologie morale le père Franz Hürth, s.j., ce qu'il me confirma personnellement au début des années 1950 quand j'allais le questionner dans sa chambre sur les limites de l'infaillibilité (voir t. I, chap. III, « Des questionnements critiques »).

La plupart des théologiens se sont donc comportés avec prudence et ont su obéir en silence. Dans le contexte de Vatican I, le cas le plus célèbre est celui de Karl Joseph Hefele, historien du concile à Tübingen, par la suite évêque de Rottenburg. En guise de protestation, il avait quitté le concile avec plusieurs évêques allemands et français. Avec quelques mois de retard, il sera le dernier évêque allemand à promulguer les décrets du concile dans son diocèse, bien entendu pour le temps présent et pour l'éternité. On n'a jamais su quelles pressions d'en haut, d'en bas ou de côté l'ont conduit à cette capitulation. Ainsi le combat contre l'infaillibilité s'est-il ensablé à la fin du XIXe siècle, ce qui marqua le début de la grande campagne contre les « modernistes ». Cela allait-il se reproduire ? C'est donc en vain que j'aurais écrit *Infaillible ?* et l'*interpellation* resterait-elle sans réponse officielle convaincante de la hiérarchie ? Et en même temps la pilule et l'ordination des femmes resteraient interdites. Ces doctrines, et d'autres encore, seraient infaillibles ! Tous les théologiens censurés par Pie XII (de Lubac, Bouillard, Rondet, Congar, Rahner...) se sont également tus.

La parution en livre de poche, chez Piper Verlag, des deux volumes de Hasler, *Comment le pape est devenu infaillible*, relance le problème dans le grand public et me force à me reposer la question de ma stratégie. Dans un long coup de téléphone de Suisse, il me conjure de lui écrire l'introduction souhaitée. Je comprends évidemment fort bien mon jeune collègue et je me rappelle comment, en 1970, après la parution de *Infaillible ?*, j'avais moi-même souhaité le soutien de Karl Rahner, mon aîné – en vain. Me fallait-il me comporter de la même façon ? Finalement, *Infaillible ? Une interpellation* le soutenait déjà très efficacement. Mais qui d'autre que l'auteur de cette « interpellation », dont le point de vue était le même que le sien, était l'homme apte à écrire cette introduction ?

Je ne pris pas la décision sans mûre réflexion. Mon équipe était plutôt pour, mais deux amis du Rotary dont j'avais fait connaissance en faisant du ski à Lech et avec lesquels je discutai toute une soirée du problème étaient contre : avec cette introduction, Rome pourrait me « pendre ». Finalement, je devais trancher moi-même. Et je me décidai pour, en m'assurant toutefois d'une seconde publication : il me paraissait sensé et utile de résumer pour un public plus large le nouvel état du débat, donc de rendre à August B. Hasler le service qu'il me demandait.

Conscient du risque, j'écrivis donc sous le titre *L'Église assurée dans la vérité ?* une petite « méditation théologique » facile à comprendre, mais éclairante, fondée sur le bilan du débat sur l'infaillibilité déjà fait dans *Faillible ?* À la question que je posais ainsi, je répondais très clairement oui, en dépit des innombrables erreurs graves de cette Église. Partant de l'Écriture, je montrais comment on pouvait comprendre concrètement ce « demeurer dans la vérité ». Je pensais à toutes les conséquences pratiques qui en découlaient : une Église conduite par l'Esprit ? ; comment vivre avec des erreurs ? ; les critères de la vérité chrétienne ? ; les chances d'un « ministère » faillible ? ; que faire en cas de conflit ?

Je vois dans tout cela un appel à reprendre conscience de la force de la vérité dont l'Église a vécu et, c'est mon espérance, dont elle vivra à l'avenir. En conclusion de ma méditation, je renvoie au consensus œcuménique avec les chrétiens non catholiques, et je termine ma préface en en appelant à Yves Congar, le théologien français, un des grands précurseurs du concile : il se pourrait que, sous un nouveau pontificat, on puisse reprendre la question de l'infaillibilité en toute objectivité et de façon scientifiquement saine, ce qui suppose la mise en place d'une commission œcuménique. Préface et méditation sont au point en février 1979 et partent aussitôt à l'imprimerie.

Ou bien aurais-je dû, en théologien catholique fidèle, m'en remettre au jugement du pasteur catholique suprême qui se présente volontiers comme le *« servus servorum Dei »*, le « serviteur des serviteurs de Dieu » ? Jean-Paul II revient juste d'Amérique latine où il a dû faire de nouvelles découvertes. Est-ce trop espérer de lui, qui s'est tant élevé contre la pauvreté, le sous-développement, la misère des enfants et qui entend promouvoir l'œcuménisme, que, compte tenu du problème de la régulation des naissances (emploi de la pilule et du préservatif), il fasse vraiment le pas décisif en permettant une véritable clarification de la question si brûlante de l'infaillibilité, cela dans une atmosphère sereine de confiance réciproque, de libre recherche et de franche discussion ? La préface et la méditation par lesquelles j'introduisais le livre de Hasler avaient pour but, non pas de relancer une nouvelle *bataille de l'infaillibilité*, mais, tout au contraire, d'en permettre la « re-réception » que préconise Congar, autrement dit la réinterprétation du dogme papal de Vatican I, et de renvoyer ainsi définitivement le conflit aux archives.

Était-ce donc une faute stratégique que d'écrire cette préface et cette méditation ? (Je n'ai envoyé que la seconde dans ma lettre au pape.) On dira facilement par la suite que Rome a profité de l'occasion offerte par ces deux publications, non pas pour créer une commission œcuménique, mais pour me retirer juridiquement mon habilitation d'enseignant. Faute, donc ? Toujours est-il que j'ai pris en connaissance de cause le risque que j'encourais, au terme d'une longue réflexion et après maintes discussions avec des gens compétents. Oui, j'ai considéré comme de mon devoir de ne pas me taire là où tant de théologiens se sont tus. On peut d'ailleurs retourner la question : c'est peut-être Rome qui a commis une faute stratégique et sous-estimé son propre risque ? Théologiens ou hiérarques, pour ne pas parler du clergé ni du peuple chrétien, nombreux sont ceux qui le pensent, aujourd'hui encore. Mais, à la fin de 1979, je ne pouvais encore me douter de la portée de ces deux textes dans le conflit sur l'infaillibilité. L'année se terminera de façon dramatique, mais d'une autre façon.

Au milieu du monde.

Une chose est claire : je ne suis pas un théologien de cour du quartier général du catholicisme romain : je n'ai aucune des dispositions nécessaires pour cela quand ce ne serait que du fait de ma théologie que je reconnais gênante sur certains points. Mais c'est aussi pourquoi on m'accueille si bien dans d'autres centres du monde, en des lieux où on n'invite normalement pas les théologiens. Et cela pour parler non pas de thèmes plus ou moins périphériques, mais tout simplement de théologie, du discours sur Dieu, d'un discours de raison bien sûr.

C'était sûrement culotté de venir au forum économique de Davos, le 28 février 1979, poser la question : « Les managers doivent-ils croire en Dieu ? » Et je suis encore aujourd'hui reconnaissant au professeur Klaus Schwab, fondateur et président du forum, d'être venu me voir à Tübingen avec deux accompagnateurs pour me convaincre, en dépit de ma continuelle surcharge de travail tout au long de cette année 1978-1979, de consacrer le temps nécessaire pour cette conférence. J'apprécie énormément cet homme : en fondant cette institution, il a élargi la réflexion sur l'économie. Pour ma part, je suis bien préparé à cette aventure par mes années de travail sur *Dieu existe-t-il ?*, par mon discours du 500e anniversaire de l'université de Tübingen et par le bref résumé de mon gros livre, *Vingt-quatre thèses sur la question de Dieu*. J'avais achevé tout cela le 30 avril 1979 en en faisant la base de mes cours de Tübingen sur la Trinité, au semestre d'été suivant. Ma conférence de Davos eut un grand succès, et elle me valut le respect du monde économique et politique. Cela m'encouragera par la suite à reprendre souvent part au forum mondial de l'économie, ce qui me fera faire bien des découvertes et me permettra de faire connaissance de personnalités marquantes du monde économique et politique.

Théologien chrétien, je ressentis comme un défi d'un tout autre genre l'invitation de l'association Suisse-Israël à venir en Israël sous l'égide du cher Dr Yakov Bach. Il vint lui-même me chercher à l'aéroport de Tel Aviv le 5 mai 1979. Étant donné que, en Israël, il n'y a pas seulement des juifs orthodoxes croyants, mais des agnostiques séculiers et des athées, en fait la majorité de la population, je pensais que la meilleure façon d'aborder la question de Dieu était de parler de « La science et la question de

Dieu ». C'est sur ce thème que je pris la parole d'abord à l'université de Haïfa le 6 mai 1979, puis, le soir, lors d'une réception à l'ambassade suisse à Tel Aviv, où je rencontrai un certain nombre de personnalités israéliennes.

Le lendemain, le 7 mai 1979, je suis à Jérusalem, d'abord invité à prendre le thé chez Gershom Scholem, historien de la religion, un homme de quatre-vingt-trois ans. Nous parlons de sa spécialité : la mystique et la kabbale juive, ce qui me sera fort utile dix ans plus tard lorsque j'aurai à écrire mon livre *Le Judaïsme* (1991). C'est pour moi un honneur tout particulier de reprendre le soir le thème « La science et la question de Dieu » lors d'une grande séance publique de l'Académie israélienne des sciences. On ne m'y fait aucune objection.

Le jour suivant, un diplomate du ministère des Affaires étrangères me donne un certain nombre de renseignements sur la précarité de la situation politique. Le problème palestinien est encore loin d'être réglé et on ne perçoit malheureusement pas les chances d'une paix juste après la guerre des Six Jours. Je déjeune à midi avec des collègues de l'Hebrew University, bien connue dans le monde pour son esprit critique en politique. Le soir, au Rainbow Club, qui se réunit à l'Institut œcuménique de Tantur, sur la route de Jérusalem à Bethléem, discussion jusque tard dans la nuit sur les questions politico-religieuses délicates entre juifs et chrétiens ou entre Palestiniens et Israéliens. Ces Israéliens m'accueillent partout très amicalement, si bien que j'en garde le meilleur souvenir.

Mais le lendemain matin, lever à 3 h 15 : il me faut repartir de Tel Aviv à Rome où, à 11 h 30 pile, je dois présenter à la presse l'édition italienne de mon livre *Dio esiste ?* ; puis le jour suivant, avec un petit détour, Madrid, pour la présentation de l'édition espagnole, *Existe Dios ?* (10 mai 1979). Le jour suivant, Manuel Sanmiguel, mon éditeur, un homme très engagé, me conduit avec sa petite auto (trois heures de route affreusement sinueuse ; il n'y a pas encore d'autoroute), à l'université de Salamanque, trésor de traditions, avec ses magnifiques bâtiments. Dans l'Aula Magna, je parle de la science et du problème de Dieu. Encore un retour à Madrid. Le lendemain, une fois de plus, visite au musée du Prado, pour revoir le Greco, Vélasquez et Goya. Enfin envol pour Zurich, puis Stuttgart. Le soir, je suis chez moi, très heureux d'en avoir fini avec ces semaines fatigantes, et très reconnaissant au Dr Karl-Josef Kuschel d'avoir pris en charge mes cours (mes thèses sur la question de Dieu).

C'est cependant bien triste de constater que ni le quartier général de l'Église catholique ni l'épiscopat allemand n'appuient le moindrement mes efforts sur tous les fronts du monde, mais ne font que me mettre des bâtons dans les roues, au point que, tant à Davos qu'à Jérusalem, j'ai dû beaucoup plus me concentrer sur les questions de politique de l'Église que sur la question de Dieu. La plupart du temps, les « successeurs des apôtres » se montrent incapables d'aborder ce problème devant un public varié. Je pourrais presque dire que c'est moi qui suis à la fois Pierre et de Paul, « apôtre des juifs et des païens ». En réalité, je tiens toujours à marquer que je me situe dans la continuité des « docteurs ». Missionnaire prédicateur du réveil, j'interviens non pas comme un théologien enfermé dans une spécialité oublieuse de Dieu, mais comme un professeur de théologie qui prend position sur les questions essentielles, Dieu et le monde. En cela, même si ma carrière a été tout autre que celle que j'imaginais jadis, je pense que je suis resté fondamentalement fidèle à ma vocation telle que je l'exprimais à ma première messe : « Priez aussi pour moi, afin que Dieu ouvre un champ libre à ma prédication et que je puisse annoncer le mystère du Christ » (Col 4, 3).

Mais il me fallait encore parler de ce mystère du Christ dans un tout autre centre du monde. Si je fais abstraction de mes interventions dans l'espace germanophone[1] (y compris dans la DDR communiste[2]), il y eut trois occasions qui exigèrent de moi une préparation très poussée : celle des 28 et 29 août 1979, à l'Académie chinoise des sciences sociales, à Pékin, « Neuf thèses sur la religion et la science » ; puis celle du 5 septembre à Hambourg, lors du Congrès européen des radiologues, « Pour une médecine de l'humanité » ; enfin celle du 29 septembre, à Stuttgart, devant l'Alliance des artistes allemands : « Art moderne et question du sens ». J'en donne de brefs comptes rendus.

1. Conférences à Ulm (16 mai 1979), Stuttgart-Hohenheim (18 mai), Ludwigshafen (11 juin), Bregenz (25 juin), Strasbourg (23 juin).

2. J'ai été autorisé à faire une conférence à la Karl-Marx-Universität de Leipzig sur « Le message chrétien et l'œcuménisme » (23-24 mai 1979), et le même jour à Halle, puis à Dresde (25 mai 1979).

La Chine d'après Mao.

Il y avait longtemps que je souhaitais connaître, non seulement Hong-Kong, mais la Chine elle-même, ce pays de culture millénaire dont l'importance politique ne cesse de croître. Le 9 septembre 1976, Mao Zedong, chef du parti et de l'État, est mort. Dix ans plus tôt, en mai 1966, le Grand Timonier avait engagé la lutte pour l'élimination de tous ses rivaux, les prétendus « représentants de la bourgeoisie » qui s'étaient glissés dans le parti, le gouvernement et l'armée. En 1966, armés de leur *Petit Livre rouge*, étudiants et écoliers s'étaient lancés dans le combat contre « les vieilles idées, les vieilles mœurs, la vieille culture et les vieilles habitudes » : « Révolution culturelle », « le Grand Bond en avant » ! Des millions de Chinois furent renvoyés aux champs ou soumis de tas d'autres façons.

Ma collègue et amie chinoise, Julia Ching, dont la tante occupait un poste de haut fonctionnaire et devait devenir ministre, et dont l'oncle était encore en camp de travail, m'aida dès le départ à juger avec distance et de façon nuancée la personne et les œuvres de « l'empereur rouge ». La Révolution culturelle de Mao avait provoqué d'immenses dégâts, coûté la vie à des centaines de milliers de gens, dévasté l'économie et précipité le pays dans le chaos et l'anarchie. Après la mort du dictateur de quatre-vingt-deux ans, on emprisonna la Bande des quatre, dont la femme de Mao, Jiang Qing, tous grands responsables de la Révolution culturelle, et, au cours du XIe Congrès du parti, on éloigna de tout poste administratif la fraction gauchiste en mettant ainsi fin à la Révolution culturelle. Commença alors l'ère Deng Xiaoping. Ce fut alors que la tante de mon amie Julia entra dans son cabinet comme ministre de l'Eau et de l'Énergie.

En 1979, il n'y avait encore aucun touriste étranger et il était impensable de voir une personne isolée voyager en Chine sans être accompagnée. Julia était prête à le faire. Mais, étant donné tous les problèmes de visa, comment une Chinoise de Shanghai avec un passeport canadien et un Suisse résidant en Allemagne pouvaient-ils voyager ensemble ? Julia demanda donc à Sargent Shriver si son beau-frère, le sénateur Edward Kennedy, qui était en bons termes avec les Chinois, ne pourrait pas nous aider. Mais cette demande eut des suites inattendues : Sargent nous répondit qu'il viendrait lui-même volontiers avec nous ; puis d'autres personnes se joignirent à lui, de telle sorte que nous fûmes finalement vingt. Nous formions désormais une délégation du Kennedy Institute of Ethics de Washington DC, avec toute une série de savants souvent jeunes, tout excités, dont le plus passionnant pour moi, à côté de Julia Ching, était le remarquable moraliste américain Richard McCormick, s.j. : quelques mois plus tôt, il était devenu l'*acting president* de l'institut à la place d'André Hellegers, gynécologue hollandais, mort d'une crise cardiaque. Cela nous valut un traitement privilégié à beaucoup d'égards et un programme de voyage extrêmement intéressant.

Le 13 août je m'envolai pour Tokyo *via* Moscou, et j'y retrouvai Julia, Sargent et les autres Américains. Le soir même, nous étions invités en petit cercle à l'université catholique Sophia par le père Giuseppe Pittau, le célèbre recteur, que Jean-Paul II imposera par la suite autoritairement comme commissaire « vicaire de l'ordre » pour succéder au père Pedro Arrupe, le supérieur général de l'ordre qui aura dû démissionner sous la pression papale. Le lendemain, à l'université Sophia, conférence sur l'éducation, puis, à l'université japonaise, sur les problèmes de bioéthique, et finalement sur la loi et l'éthique au Japon. Soirée à Ginza, le quartier branché de Tokyo. Le lendemain matin, exposé sur la Constitution japonaise. L'après-midi, je planche moi-même sur « Religion et science », puis immédiatement après, conférence du président de la Japan Medical Association sur la responsabilité des médecins devant le public.

Le 17 août, après une visite du quartier impérial, envol pour Hong-Kong. Le lendemain, nous y visitons un camp de réfugiés, de *boat people*, venant surtout du Viêtnam communiste, et le jour suivant la reconstitution d'un village chinois. Au cours de différents colloques, on nous prépare à notre entrée en Chine. Le 20 août, à l'université chinoise, je tiens dans une atmosphère très libre un séminaire sur « Science et religion », un bon exercice pour ma tâche à l'université de Pékin. J'assiste aussi à un remarquable exposé du professeur Liu Shu-hsien sur la philosophie chinoise, ce qui me conduira à proposer son nom en même temps que ceux d'autres représentants des religions du monde pour le premier colloque à l'Unesco dont je serai l'inspirateur, celui de février 1989 sur « La paix mondiale à travers la paix religieuse ». Tandis que la philosophie grecque part de la question cosmologique et de l'origine des choses, la philosophie chinoise pose surtout le problème pratique : comment choisir le droit chemin de vie *(dao)* ? Autrement dit la question de la situation de l'homme dans le cosmos. Et tandis que le droit romain entend protéger le droit des personnes, le droit chinois s'intéresse aux droits des dirigeants qui président aux lois. C'est pourquoi la pensée chinoise éprouve une répulsion envers les lois et insiste sur l'éthique.

Le 22 août, nous partons en train pour Guangzhou (Canton). C'est dans cette ville, située à l'embouchure de la rivière des Perles, qu'eut lieu en 1514 le premier contact de la Chine avec les Européens, des Portugais. Mais elle n'a vraiment acquis son dynamisme essentiel qu'avec le mouvement de réformes de 1898 et la révolution de 1911. Ce dont témoigne le monument à Sun Yat-sen, le premier président de la République de Chine, qui a donné pour but à la révolution la mise en œuvre de trois grands principes : nationalisme, démocratie, réformes sociales. C'est dans ce centre commercial et industriel de la Chine méridionale qu'on nous donne une introduction élémentaire à la Chine communiste : nous visitons une commune modèle et son unité de production, à 30 kilomètres au nord de Canton, puis, de nouveau à Canton, un hôpital.

Mais dès le 23 nous nous envolons pour Pékin. Le lendemain, grand événement ! Nous sommes au centre de l'Empire du Milieu sur la place de l'Harmonie céleste, avec devant nous l'immense Cité interdite de l'empereur. Pour la visiter, nous devons d'abord franchir la porte d'entrée au-dessus de laquelle resplendit le gigantesque portrait de Mao Zedong. On doit critiquer la Bande des quatre, mais pas Mao. Pourtant on rapporte dans toute la Chine le bon mot selon lequel, derrière les quatre doigts étendus, le pouce reste toujours caché. Mais, pour se maintenir au pouvoir, le parti entend ne pas porter la moindre atteinte à Mao. L'icône doit rester en place, non seulement au-dessus de la porte d'entrée, mais dans toute la société chinoise. Entre-temps, l'Occident, où tant de gens l'ont longtemps vénéré, l'a largement rendu responsable de la mort de douzaines de millions de Chinois au cours de ses campagnes brutales contre les « ennemis de classe », surtout pendant la Révolution culturelle et le Grand Bond en avant de 1958-1960 : son industrialisation forcée et sa réforme agraire avaient provoqué la famine. Officiellement, on explique que Mao a eu 70 % de bon et 30 % de mauvais. Mais nombreux sont ceux qui inversent les chiffres : 70 % de mauvais et 30 % de bon.

L'après-midi, nous sommes dans la célèbre université de Pékin, jadis le siège de l'université protestante américaine. C'est dans son département de philosophie que la Révolution culturelle a débuté en faisant comparaître sur le campus le recteur coiffé d'un bonnet et d'une pancarte de fou, en battant les professeurs et en maltraitant, en dénonçant et en emprisonnant des étudiants. On voudrait faire oublier ce temps-là. Mais je suis frappé de voir combien les professeurs réagissent avec incertitude quand on les interroge sur le grand Confucius. En dépit de son archaïsme statique plutôt conforme au goût du jour, et qui a conduit au conformisme social, on ne veut pas le blâmer. Mais on ne veut pas non plus le louer, bien qu'il ait été un des premiers humanistes et moralistes de l'histoire humaine. Dans la Chine communiste, le respect des autres qu'il entendait promouvoir fait terriblement défaut. La campagne anti-Confucius déclenchée pendant la Révolution culturelle se prolonge encore. Elle avait été lancée par Zhou Enlai, Premier ministre et ministre des Affaires étrangères, alors qu'il était lui-même d'éducation confucéenne et que son comportement mesuré rappelait celui d'un mandarin, le pôle opposé de celui de Mao, le brutal chef de paysans.

Toute la Chine semble en uniforme : chemise blanche et pantalons amples. Hommes et femmes font les mêmes travaux durs, gagnent le même salaire, ont les mêmes médecins, les mêmes taxis, circulent normalement sur les mêmes vélos (il y en a trois millions à Pékin), et il n'y a que quelques rares autobus ou autos. Pas de dimanche, mais, au moins théoriquement, un jour libre par semaine et deux semaines de vacances. Pas de sports, pas de boutiques. Ajouté à tout cela, un culte du grand chef par-delà la mort, comme à Moscou. Au mausolée de Mao embaumé, nous avons heureusement eu la priorité sur les centaines de Chinois qui font la queue.

Même dans la cathédrale catholique de Pékin, nous avons affaire à un prêtre « patriote », curieusement revêtu d'une aube blanche, qui célèbre encore la messe en latin dos au peuple. Il n'a apparemment jamais entendu parler du concile Vatican II et il ne fournit que quelques réponses sans intérêt à nos questions directes sur la situation de l'Église catholique en République populaire ; rien sur les évêques, les prêtres, les fidèles, l'ouverture des églises. Je sais toutefois par Julia que beaucoup de prêtres catholiques ont été mis en accusation par des bandes de maoïstes fanatiques et ont été traînés dans les rues comme du bétail, mais ont eu une attitude indomptable qui a suscité le respect du christianisme.

Cependant, pour moi, le grand monument de Pékin n'a pas été l'imposant palais de l'empereur, mais l'incomparable temple du Ciel situé au milieu d'un gigantesque parc. Il se dresse sur une terrasse carrée qui symbolise l'harmonie de la terre, de la nature et de l'homme. Ce qui est le plus émouvant, c'est le temple lui-même : soutenu par des colonnes richement peintes où figure le calendrier avec les jours et les lunaisons. Il a un toit à trois étages, avec des tuiles bleues, couronné de perles dorées. Il est vraiment un symbole de l'harmonie du ciel et de la terre qui perdure même aux époques les plus troublées. Il me fascine tellement que, deux décennies plus tard, dans mon émission de télévision « À la recherche de traces », je tiendrai absolument à terminer par un arrêt devant lui le troisième film sur la religion chinoise.

Le 26 août 1979, nous partons en train pour visiter la Grande Muraille, commencée il y a deux mille deux cents ans par Qin, le premier empereur de Chine, mais qui n'a plus aujourd'hui aucune fonction défensive. Ce qui devrait constituer un avertissement pour les constructeurs de mur de DDR ou d'Israël. Au retour, nous visitons les célèbres tombes des empereurs Ming, une dynastie du XIVe au XVIIe siècle. Le soir, réception à l'ambassade américaine avec le vice-président des États-Unis, Walter Mondale, représentant du président Jimmy Carter, lequel devra en 1984 céder sa place de président démocrate à Ronald Reagan. Je le reverrai avec joie en mai 2007 lors de l'InterAction Council de Vienne.

Mais ce quatrième jour à Pékin, le 27 août 1979, les choses deviennent sérieuses pour moi.

À l'Académie des sciences sociales de Pékin.

Étant donné que beaucoup de locaux officiels n'ont pas encore été correctement réaménagés, le symposium de deux jours a lieu à l'hôtel Pékin. Je suis très conscient de ma responsabilité : je suis le premier philosophe et théologien occidental à me trouver à Pékin, au cœur de la Chine, et, à l'Académie des sciences sociales, à pouvoir parler librement et sans censure de la question de Dieu. J'ai limité ma conférence à neuf thèses (9, parce que 3 × 3 est en Chine le signe de la bienvenue) sur la science et la religion. Je n'entends pas parler d'un point de vue spécifiquement chrétien, mais à partir de la position beaucoup plus générale qui est celle de nombre de gens dans le monde, mais aussi celle de beaucoup de Chinois de tradition confucéenne, taoïste ou islamique[1]. J'ai pour traductrice Julia Ching avec laquelle j'ai discuté de mes thèses formulées en anglais.

Je m'exprime naturellement d'un ton amical, non académique. Mais ce n'est pas mon fort de me faufiler comme un chat devant la chaude bouillie idéologique. Je suis au contraire bien décidé à profiter de ma liberté et à m'attaquer d'emblée à la critique essentielle de la religion, celle qui identifie immédiatement religion et superstition. Ma première thèse doit provoquer la réflexion : « Nous devons distinguer religion et superstition. » Comment ? La religion n'admet l'autorité absolue de rien de relatif, d'humain, de conditionné, mais seulement celle de l'absolu lui-même, de celui que nous appelons « Dieu » depuis des temps immémoriaux. J'entends cette réalité ultime et totalement autre que nous invoquons, non seulement nous, chrétiens, mais aussi les musulmans, celle que les hindous appellent Brahma, les bouddhistes l'absolu, et celle que cherchent aussi les Chinois en parlant de ciel ou de Tao. La religion est sûrement un des facteurs primordiaux de l'histoire de nos grands pays, et elle reste encore un facteur social et politique, non seulement au Tibet, mais bien autre part.

La superstition, elle, définit comme autorité absolue (à laquelle on doit obéissance) quelque chose qui n'est pas l'absolu. Elle déifie une réalité matérielle, une personne ou une organisation humaine. C'est ainsi par exemple que tout culte d'une personnalité est une forme de superstition. J'y vais fort pour des maoïstes, pensé-je à part moi en regardant tous ces visages de jeunes. Mais personne ne bronche.

Conséquences : aucune superstition n'est religion, mais il existe aussi des formes religieuses modernes de superstition. Mais inversement la religion n'est jamais superstition. La religion véritable existe. Mais la religion peut devenir superstition chaque fois que l'on fait l'essentiel de quelque chose qui n'est pas essentiel, l'absolu de quelque chose qui est relatif.

Dans les thèses 2 à 5, j'aborde directement la question de Dieu en expliquant que, posée dans le cadre de l'ancienne vision du monde, elle est dépassée, mais que, dans notre nouvelle vision du monde, elle continue à se poser. La modernité avait récusé

1. H. KÜNG, « Neun Thesen über Religion und Wissenschaft », dans *Die Zeit* du 19 octobre 1979, p. 72.

Dieu parce que l'Église et la théologie s'étaient fermées aux sciences de la nature et avaient refusé la démocratie. Il est donc regrettable de voir toutes les batailles que se sont livrées la foi religieuse et les sciences. Comme dans mon discours à Tübingen, lors du jubilé de l'université, j'énonce alors mes thèses 6 à 8. J'expose les forces et les faiblesses des arguments psychologiques contre la religion considérée comme une projection du désir, ainsi que les arguments philosophiques qui la déclarent dépassée : on les a tous percés à jour. La raison ne peut finalement ni prouver ni récuser la réalité de Dieu, et on ne peut pas non plus la fonder sur un sentiment irrationnel, mais seulement sur une confiance raisonnable.

Je termine alors par la thèse 9, fort provocante : on ne peut forcer personne, ni physiquement ni moralement, *à admettre une idéologie ou une religion donnée.* Il n'y a pas toujours eu de liberté de l'athéisme. Mais l'athée doit avoir la liberté de pensée, de parole et de propagande même dans des pays chrétiens. Il n'y a pas eu non plus toujours liberté de croyance ; mais les croyants doivent aussi avoir la liberté de pensée, de parole et de propagande dans les pays socialistes. Cette liberté ne peut qu'aider les croyants (chrétiens, musulmans, juifs, bouddhistes, confucianistes ou taoïstes) à surmonter le malaise qu'ils éprouvent spontanément devant le socialisme.

La réponse à la question de Dieu n'a évidemment rien d'une recette pour tous les problèmes brûlants, économiques, politiques ou sociaux. Mais elle peut cependant avoir une influence positive sur eux par « en bas », à un niveau fondamental, en activant certaines convictions et certaines attitudes fondamentales, en introduisant certaines valeurs. On ne peut pas penser seulement que la base économique détermine les idées, comme le posait Marx : il faut aussi reconnaître que les idées peuvent influencer le développement économique, comme le disait Max Weber. Il faut bien l'admettre, la religion peut avoir une influence négative : nous avons entendu parler du poids du confucianisme sur le nombre d'enfants. Mais elle peut aussi avoir une influence positive, ainsi que l'ont montré en théorie et en pratique nombre de croyants à l'Est et à l'Ouest en luttant pour la liberté, la justice sociale, la libération des peuples et la paix. Sur cette base, les croyants peuvent apporter une réponse fondée à bien des questions fondamentales : pourquoi faut-il préférer l'amour à la haine, la paix à la guerre, la liberté à l'oppression, la non-violence à la violence ?

Je pose la question: dans notre histoire la plus récente, n'avons-nous pas tout connu des formes de superstitions, de ces formes de foi aveugles à des valeurs dites supérieures telles que la nation, le peuple, la race, la classe, la science, le progrès ? Les hommes ont toujours cru à toutes sortes de dieux, non pas au vrai Dieu, mais à des idoles. Mais, au terme de tant de crises, beaucoup de choses se sont étonnamment clarifiées, et on a liquidé quantité de difficultés concernant la foi en Dieu. Je le répète, ici, à Pékin, on n'a plus besoin d'être contre Dieu parce qu'on est pour l'héliocentrisme ou pour l'évolution, pour la démocratie et pour la science, pour le libéralisme ou le socialisme. Tout au contraire, on peut être pour la véritable liberté, pour l'égalité et la fraternité, pour l'humanité, pour la libéralité et la justice sociale, pour une démocratie humaine et pour un progrès maîtrisé de la science, justement parce qu'on croit en Dieu, et par là en la véritable humanité. Telle est la nouvelle situation qui est fort différente de celle de Feuerbach, Marx et Engels.

Étant donné qu'ici, à l'Académie des sciences sociales, il fallait traduire chaque phrase en chinois, j'avais largement le temps d'observer le public. Mais il était difficile de lire dans leurs visages le plus souvent impassibles. Quelques années plus tard, j'aurai encore l'occasion de parler à Pékin devant des centaines de jeunes étudiants qui réagiront cette fois avec vivacité, avec des visages rayonnants. Mais en 1979 l'ombre de Mao planait encore durement sur le pays. Et pour la jeune génération chinoise, celle de la Révolution culturelle, celle qui avait été embarquée dans le combat contre les « quatre vieilleries », les vieilles idées, la vieille culture, les vieilles mœurs, les vieilles coutumes, et pour une société sans classes, mes neuf thèses avaient une tonalité toute nouvelle. Au cours de la discussion, seul se leva un vieil érudit qui défendit mordicus et mot à mot le point de vue marxiste orthodoxe, mais sans aucun applaudissement du public. Les autres restèrent silencieux. À cette époque toujours très ambivalente de l'après-maoïsme, il était encore dangereux de se prononcer sur la religion, même dans un institut sur les religions du monde. L'idéologie officielle, un mélange d'idéalisme marxiste et d'extrémisme maoïste, avait sûrement perdu de sa crédibilité auprès de la jeune génération. Mais le parti communiste réglait encore le cours quotidien des choses en Chine et l'avenir restait incertain.

Sur le lieu de naissance de Confucius.

Après ma conférence, mes hôtes me traitèrent de façon extrêmement amicale, et le dîner qui suivit à l'hôtel Pékin, autour des tables préparées d'avance, se déroula dans une atmosphère détendue. À la manière chinoise, mes voisins de table ne cessaient de fourrer dans mon assiette de nouveaux mets que je goûtais tout autant que le vin de riz qu'on buvait toujours en l'accompagnant de vigoureux « *kampai* », « Santé ! ». Mes thèses critiques et autocritiques devaient me valoir le respect des Chinois. En Allemagne, les médias enregistreront avec intérêt cette « discussion de Pékin sur Dieu », enfin devenue possible après Mao. Le commentaire du *Zeit*, publié bien après coup, est exact : « Les thèses le montrent : dans la Chine d'aujourd'hui, les discussions qui auraient été totalement exclues il y a quelques années sont aujourd'hui possibles[1]. »

Je passai la fin de la soirée à un *nightcap* de l'ambassade d'Allemagne, avec Erwin Wickert, l'ambassadeur, écrivain et fin connaisseur de l'Asie, homme très considéré à Pékin. Il a décrit l'histoire de la révolte des Taiping contre la dynastie mandchoue sous forme de roman : *La Mission du ciel*, et il me dédicace son livre en souvenir (27 août 1979). Son fils, Ulrich Wickert, présentateur préféré de l'émission « Thèmes du jour » de la télévision allemande, revient juste du Tibet et nous décrit la situation peu enviable de ce pays toujours soumis à la domination chinoise : peu d'espoir pour le dalaï-lama !

Le lendemain, exposés du côté américain : « Éthique et population », « Éthique et médecine », « Éthique et recherche scientifique », « Éthique et diplomatie », « Éthique et législation », « Éthique et économie », « Éthique et sciences sociales ». Mais, au cours de la journée, je trouve le temps de me procurer quelques frottis d'importants reliefs chinois sur papier de riz. Ils sont encore suspendus aujourd'hui dans mon corridor. Le soir, nous nous retrouvons pour un repas d'adieu dans un magnifique restaurant traditionnel au bord d'un étang enchanteur situé au milieu d'un parc. Mais on ne peut oublier qu'on est toujours en pays communiste : c'est là que, peu de temps auparavant, la Bande des quatre se réunissait autour de Jiang Qing, la femme de Mao. C'est ce

1. *Ibid.*

groupe qui, en 1976, avait réussi à débarquer à nouveau de toutes ses hautes fonctions dans le parti et dans l'État Deng Xiaoping, qui avait déjà été exclu en 1967 au cours de la Révolution culturelle, mais avait été réhabilité en 1973. Cependant il retrouva son poste dès l'année qui suivit la mort de Mao (également en 1976). Il introduisit alors une réforme technique et économique destinée à améliorer la productivité et à élever le niveau de vie, mais sans démocratisation, sans considération des intérêts du tiers-monde, sans mise en valeur efficace des ressources, sans perception des différences croissantes de niveau de vie, chose dangereuse pour la cohésion du pays ; ce que seul reconnaîtra son successeur, Jiang Zemin.

Le 29 septembre 1979, nous nous envolons vers Jinan où nous visitons encore une grande commune, mais nous repartons dès l'après-midi en train vers Qufu, lieu de naissance de Confucius (vers le Ve siècle av. J.-C.). Nous sommes le premier groupe étranger à visiter ce lieu historique bien connu en Chine ; nous pouvons même loger dans la résidence si étendue de la famille Kung, un ensemble de bâtisses de style traditionnel qu'on continue à rénover. À côté, dans le temple de Confucius, on nettoie encore les traces de la Révolution culturelle, mais il y règne déjà un calme étonnant. Nous pouvons aussi goûter l'ambiance du cimetière Kung et visiter la tombe de Confucius, ce qui jouera un grand rôle dans ma production télévisée des années 1990, « À la recherche de traces ». Il faudra encore quelques années pour que, en février 2005, le président chinois, Hu Jintao, cite Confucius. Il rappellera alors l'importance qu'il attribuait à « l'harmonie » et invitera les cadres du parti à créer une « société harmonieuse » où le peuple et le gouvernement ainsi que les divers groupes se rapprochent les uns des autres en mettant en pratique les vertus confucéennes telles que l'honnêteté et l'entente. Et c'est seulement en 2007 que le Congrès national du peuple se penchera sur les problèmes de l'environnement et de l'écologie et privilégiera une politique économique socialement et écologiquement responsable.

L'après-midi même, nous repartons pour Jinan en prenant contact avec la faculté de médecine, mais en admirant au passage les merveilleux paysages de bord de mer. Puis nous nous envolons de Jinan vers Shanghai où nous visitons encore un hôpital. Nous y constatons le terrible retard de son organisation, de sa technique et de son hygiène. Mais nous assistons avec intérêt à une opération de la gorge à l'aide d'acupuncture. Visite d'une exposition industrielle, puis du célèbre temple bouddhiste rénové, et, finalement, rencontre du président de la cour de justice de Shanghai : les renseignements qu'il nous donne sur la religion et le droit restent très formels et ne nous satisfont guère. Mais il faut repartir pour Pékin. L'heure des adieux avec la délégation américaine a sonné. Je remercie chaleureusement Sargent Shriver et Julia Ching sans lesquels cette expédition en Chine, extraordinaire à tous points de vue, n'aurait pas été possible. Et, dans la nuit du 3 au 4 septembre, vol par Bombay et Athènes vers Genève d'où je dois immédiatement repartir pour Hambourg.

Une médecine pour l'homme.

Vol terriblement long : trente-cinq heures. Mais je dois intervenir dès le 5 septembre à une grande réunion de médecins, sur un thème totalement différent. Je dois faire une conférence au Congrès européen de radiologues, à Hambourg. Je le prépare intensivement en avion, en réfléchissant à mon public. 1979 est vraiment une année fiévreuse ! Plus d'un lecteur se demandera pourquoi j'accepte de telles charges. En y repensant, je me dis que ces engagements sont d'un double type. Les grands thèmes dont je traite sont le plus souvent en gestation dans mon histoire personnelle et dans ma recherche scientifique, sans quoi je ne m'y risquerais pas. Encore faut-il qu'une impulsion survenant de l'extérieur au bon moment (au *kairos*) vienne me décider à travailler un thème particulier venant en surplus de mes cours et de mes grandes publications, ce qui exige de moi, théologien, beaucoup de lecture, de méditation et d'efforts de formulation. En ce qui concerne mes thèses sur la religion et la superstition, la condition préalable en a été la rencontre de Julia Ching et l'amitié qui en est résultée, mais le facteur déclenchant a été l'invitation de l'Institut chinois des religions du monde de l'Académie des sciences sociales.

En ce qui concerne le caractère humain de la médecine, ma préoccupation tient à un événement clé : les souffrances continuelles pendant toute une année de mon frère Georg, puis sa mort à vingt-trois ans d'une inguérissable tumeur au cerveau qui s'était manifestée le jour de ma première messe dans la crypte de la basilique Saint-Pierre, le 11 octobre 1954 (voir t. I, chap. III, « Dans les grottes de Saint-Pierre »). Mais, en cette fiévreuse année 1979, je n'aurais jamais consenti à aborder cette thématique complexe sans le défi que m'avait lancé le professeur Walter Frommhold, mon collègue de Tübingen, le directeur renommé de l'Institut de radiologie. Il avait déployé tout son art de la persuasion avec pour dernier atout l'étonnante guérison du cancer de l'oncle de mon plus proche collaborateur, le Dr Hermann Häring. Il avait finalement réussi à me convaincre de me joindre au IVe Congrès de la Société européenne de radiologie, à Hambourg, pour y faire le discours d'ouverture.

J'avais donc accepté, mais en même temps, fidèle à mon principe d'une théologie qui part d'en bas, je voulais partir des questions de l'homme, et, avec mes trois plus proches collaborateurs j'avais pris rendez-vous pour une visite à l'Institut de radiologie. C'est là que, habillés en médecin, nous avons pu découvrir les appareils les plus perfectionnés de diagnostic et de traitement du cancer, mais aussi observer l'attitude amicale du chef de clinique envers les malades auxquels il rendait visite. Nous eûmes à la fin un entretien qui nous éclaira sur beaucoup de problèmes, et il fut suivi de plusieurs autres.

À ce congrès de radiologie de Hambourg, j'entendais avant tout appeler à mettre fin aux hostilités entre la médecine et la foi, ce pour quoi mon travail fondamental de *Dieu existe-t-il ?* me fournissait les arguments nécessaires. Cette hostilité remontait au rassemblement allemand des chercheurs en sciences naturelles et des médecins, en 1854, à Göttingen, l'année même où le pape proclamait l'immaculée conception de la Vierge Marie, dogme paradoxal qui ne se fonde ni sur l'Écriture ni sur la tradition : brusquement interrompu, ce congrès avait publiquement marqué la victoire des « matérialistes ». Il avait affirmé que les convictions religieuses ne devaient absolument pas intervenir dans les problèmes de la médecine et des sciences de la nature. La recherche devait se consacrer à fond, et sans aucun préjugé philosophie ou théologique, à la découverte de la conformité mécanique aux lois de la nature. Il n'existe aucune âme indépendante à opposer au corps. La médecine elle-même s'était alors fondée sur des recherches quantitativement mesurables et sur des expérimentations renouvelables. La religion n'avait rien à voir avec la science, et, au mieux, n'était qu'une affaire purement privée. Ludwig Feuerbach, père de la critique religieuse de Marx, chantait les louanges de Luther parce qu'il avait laissé son fils faire des études de médecine, car, pour lui, celle-ci était par nature matérialiste.

Mais en 1979, largement un siècle plus tard, la situation apparaissait tout autre : la crise de la foi en Dieu s'était aussi traduite en médecine par la crise de la foi en la science. Après les criminelles expériences nazies sur l'homme et les vertigineux succès de la médecine après la Seconde Guerre mondiale, beaucoup de gens ressentaient une angoisse devant les possibilités illimitées de la médecine. Même des médecins formés à l'école de la psychanalyse, tels qu'Alexander Mitscherlich, mettaient en garde contre une médecine technologique et contre une façon de soigner les malades comme des pièces sur une chaîne de montage : on les fait défiler devant un appareil médical, en renonçant par manque de temps à tout langage humain pour se contenter d'une masse de symboles et de chiffres de mesure accessibles aux seuls spécialistes. Bref, une médecine déshumanisée et qui rend émotionnellement stérile tout échange confiant entre le médecin et le patient, en réduisant au strict minimum le contact humain, la prévenance et l'assistance personnelle.

J'avoue que j'avais moi-même demandé au directeur de notre clinique universitaire comment, une fois entré dans une de nos cliniques, on pouvait éviter de devenir totalement prisonnier de cette médecine d'appareil. Il s'était excusé en souriant : « Par souci de sécurité, les médecins d'urgence veulent souvent en faire trop et fourrent un tuyau dans chaque orifice de l'homme. » En écoutant une prédication, je distingue entre les prédicateurs qui traitent leur sujet de façon froide en chapitrant leurs auditeurs du haut de la chaire et ceux dont les mots sont pleins de prévenance et cherchent à aider les gens à partir de l'Écriture et en tenant compte de notre époque. De même je distingue parmi les médecins ceux qui font parfaitement leur travail technique et ceux qui se penchent amicalement sur le malade.

Je n'ai pas besoin ici de décrire tout ce que j'ai pu dire dans cette conférence avec toutes les nuances nécessaires pour redonner son sens à la dimension éthique et religieuse de la vie (c'est le serment d'Hippocrate) et pour défendre une religiosité authentique. Partant d'une compréhension éclairée de la foi, j'ai tenté de faire comprendre les cinq principes d'humanité que j'aurais sûrement pu défendre sans Dieu, mais que, sans lui, je n'aurais pu que difficilement fonder de façon indubitable, inconditionnelle et universellement contraignante, pour un renouveau humain de la médecine, pour le nouveau sens qu'elle doit prendre, et surtout pour une nouvelle façon d'aborder la maladie, la thérapie et la mort.

Je ne puis reprendre ici tout ce que j'ai dit, mais j'y reviendrai dans mon livre *Vie éternelle ?* : les cinq impératifs, la nouvelle relation à la mort, l'assistance aux mourants, toutes choses qui me préoccuperont plus que jamais. À la fin de ma conférence, les applaudissements prolongés des radiologues et l'enthousiasme du président du congrès, le professeur Frommhold, me font oublier les immenses fatigues tant de ma préparation que de mon voyage Pékin-Hambourg. Et l'impression de ma conférence sur deux pleines pages du *Frankfurter Allgemeine Zeitung*, le 7 décembre 1979, me laisse espérer que mes évêques « persécuteurs » comprendront enfin les services que je rends à la cause chrétienne en général.

Ce même 5 septembre, je repars de fort bonne humeur pour Stuttgart. Heureusement, de retour à Tübingen, je dois concentrer tous mes efforts non seulement sur ma correspondance, mais aussi à la préparation d'une autre conférence importante sur un thème tout à fait autre, ceci avant le début du semestre d'hiver qui va commencer à la mi-octobre. Ma vie m'a certes bien préparé à aborder le sujet, mais là encore, il aura fallu une poussée de l'extérieur pour que je m'y lance : il s'agit d'un exposé sur le sens de l'art pour l'Alliance des artistes allemands, le 29 septembre toujours de cette année vraiment usante.

L'art moderne et la question du sens.

Peut-être est-ce là la raison de l'éloignement croissant entre Joseph Ratzinger et moi-même, qui aboutira dans quelques semaines à une confrontation ouverte : notre attitude totalement différente envers le monde séculier moderne, à commencer par celui de l'art moderne qui demeure pour lui un univers totalement fermé, comme il l'est pour tant de « modernes » qui ont grandi à l'époque du national-socialisme anti-occidental et hostile à l'art. Pour ma part, au contraire, j'avais eu au lycée de Lucerne un éminent professeur d'art et d'histoire de l'art, Adolf Hüppi. Il m'avait justement introduit à l'art moderne, architecture, sculpture et peinture, de telle sorte que, au début de mes études à Rome, je ressentis durement l'absence d'œuvres de ce style et que je me risquai un jour à entraîner des confrères du Germanicum au palais Barbarini, juste en face de notre collège, à une grande exposition de Henri Matisse, un peintre que j'admirais beaucoup.

J'avais continué à m'intéresser à l'art moderne, en particulier à l'architecture des églises. Parmi celles-ci, je comptais naturellement la chapelle de pèlerinage de Ronchamp, le génial édifice de Le Corbusier, un Suisse, dont la structure rompait totalement avec les canons classiques. Je ne pouvais donc absolument pas faire mienne la critique de Hans Sedlmayr, un Autrichien historien de l'art, ancien compagnon du Parti devenu après la guerre chrétien convaincu: sous le titre devenu proverbial, *La Perte du milieu*, il avait tenu un plaidoyer passionné contre la tendance à l'autonomie et la pureté de l'art. Il se dressait donc contre les principes modernes de l'architecture pure, de la peinture pure, du dessin épuré, contre les exigences de vérité de la construction, de la simplicité du matériau, contre l'abstraction, contre l'objectivité, contre le dépouillement. Selon cet auteur, l'absolutisation et la polarisation tant du constructivisme rationnel que du surréalisme irrationnel ne pouvaient déboucher que sur une aliénation et une confusion conduisant à la dissolution de l'art. Une dissolution qui se manifestait en particulier par l'inclination aux sphères inférieures, au primitif, au barbare, à l'archaïque, ou même au pathologique, au morbide, au chaotique, avec oubli du sublime, du spirituel, de l'humanisme, de la métaphysique. Je refusais radicalement cette vision purement négative de l'art moderne.

Mais je ne saurais pour autant ignorer la mentalité fondamentalement pessimiste, voire nihiliste, de nombre d'artistes. Vicaire à Lucerne, je la découvris par exemple chez Max von Moos, un sympathique professeur d'art peu aimé dans les cercles ecclésiastiques, mais que j'invitais cependant dans mon Club des libellules des jeunes filles de la paroisse. Il est mort il y a quelques années, laissant derrière lui quelque mille tableaux et 20 000 dessins, l'œuvre d'une vie marquée par d'admirables rêveries et par d'effroyables visions d'horreur de style surréaliste entourées de dessins et de messages cruels. De sorte que, rapporte une notice nécrologique d'un grand journal allemand, ce peintre a clairement décrit non seulement sa propre situation, mais aussi celle de l'homme moderne en général, celle d'un homme qui a cédé à un désir de vivre aveugle et malsain au point d'en être hanté et de ne plus entrevoir ni espoir ni grâce. Telles seraient les

« tristes vérités » d'un artiste tourmenté par de dures angoisses qui ont leurré son inconscient tout au long de sa vie : confession en images d'un nihiliste que la lecture de Nietzsche aurait conduit à perdre sa foi dans l'Église, mais non pas sa croyance à l'enfer.

Tout cela, et nombre d'expositions ou de voyages d'art, en particulier en France, me donnaient le point de départ dont j'avais besoin pour introduire la 27e Exposition annuelle de l'Alliance des artistes allemands, à Stuttgart. C'est l'initiative du président de cet organisme, Otto Herbert Hajek, le génial sculpteur perspectiviste, qui m'a poussé à tenir cette conférence. Il devait sa renommée internationale d'abord à ses sculptures abstraites (ses espaces nodaux), puis à ses sculptures d'acier, ses « poteaux indicateurs » et ses « routes de couleur » qui parsèment façades et rues, et surtout au modelage coloré de la Southern Festival Plaza d'Adélaïde, en Australie. Avec ces quelques aperçus plus ou moins spirituels, j'entendais bien, non pas profiter d'une occasion aussi importante pour envoyer un message de bienvenue au président de la RFA, Karl Carstens, ni au chancelier Schmidt, ni non plus au pape Jean-Paul II, mais plutôt proposer une réponse à la question qui me tracassait depuis si longtemps, celle du *sens d'un art* auquel tant de gens restent insensibles, même devant les œuvres des classiques modernes ; face aussi à de nombreux artistes qui, à l'instar de la « théorie esthétique » de Theodor W. Adorno, pensent que, à notre époque de l'absurde, seule l'œuvre d'art est apte à incarner esthétiquement de façon sensée l'absurdité, autrement dit de parler à la manière d'une voix intérieure.

Pour moi, une telle compréhension de l'art – et je peux renvoyer ici aux catégories fondamentales de *Dieu existe-t-il ?* – est l'expression d'une méfiance radicale face à la réalité. Il va de soi que personne ne peut empêcher l'artiste de faire montre de révolte, de résignation ou simplement de cynisme en déclarant finalement absurde, chaotique, illusoire, néant tant sa propre vie que le monde entier : il peut parfaitement traduire dans son art cette méfiance vis-à-vis de la réalité.

Il le peut – mais, et c'est là l'alternative vers laquelle pointe tout mon exposé, celle qui reste inaccessible à Adorno, il ne le doit pas. À l'encontre de la tentation de la négation, l'artiste peut dire oui à la réalité, en dépit de son caractère contestable ; ceci évidemment en se laissant porter par d'autres. Sans tomber dans l'optimisme béat, sans avoir besoin de mentir, il peut évoquer, non plus une méfiance fondamentale, mais une *confiance fondamentale*. Il peut la traduire même à travers des images consciemment laides, critiques, provocatrices, négatives, ce qui est d'ailleurs en gros le cas de l'art moderne (et à vrai dire pas seulement de l'art religieux).

Mais cela implique aussi le respect de l'artiste : personne, aucune institution, aucun État, aucune Église mais non plus aucun philosophe ni aucun théologien n'a le droit de profiter d'une exposition pour prétendre porter un jugement moral sur l'attitude fondamentale d'un artiste et se poser en juge du nihilisme, de la décadence ou de l'immoralité de la personne, ni même pour le déclarer menteur.

Mais je tiens par ailleurs à inviter les artistes à surmonter la crise de confiance artistique, de la confiance dans l'art. Elle est souvent la conséquence d'une crise générale de confiance, de la confiance dans la réalité, et à adhérer au oui qui est tapi au cœur de celle-ci, celui qui fonde de manière cachée cette réalité et notre monde, en les portant et en les régissant. Un oui à un fond de sens dont ont témoigné des milliers d'artistes depuis des milliers de siècles à travers des milliers d'images, de sorte qu'on pourrait en fait se demander ce qu'il en aurait été de l'art sans la religion dont il procède, depuis les peintures rupestres d'Altamira, les pyramides du désert égyptien, les grands temples de Mésopotamie, d'Inde ou de Grèce... En conclusion, je m'efforce d'illustrer cette position fondamentale en trois enjambées : l'art comme héritage, l'art comme prémonition et l'art comme éclairage du sens. À notre époque des médias, il faut en outre ajouter sa valeur d'orientation et de vie. En un temps où pèse sur nous la menace de l'absurde, l'art, à travers même son absurdité, rend présente la question du sens, la provoque, nous confronte à elle.

Sans soupçon.

La photo du volume de compte rendu du *Kunstreport* de 1979 le fait bien voir : j'ai parlé devant une salle comble où beaucoup de gens avaient dû rester debout ou s'asseoir par terre. L'accord était manifeste, même chez les invités d'honneur assis au premier rang : à côté du maire de Stuttgart, Manfred Rommel, le fils du maréchal, Mgr Georg Moser, l'évêque de Rottenburg, et le professeur Helmut Engler, ministre des Sciences du Bade-Wurtemberg. Qui aurait pu soupçonner que ces deux derniers deviendraient dans quelques jours mes adversaires dans le conflit qui me menaçait et où seraient en jeu tant mon poste d'enseignant de l'université de Tübingen que ma situation dans l'Église catholique ? Car la direction de l'Église s'était entre-temps décidée à une réorientation à mon avis funeste que marquera avec acuité le nouveau pape polonais surtout pendant son voyage en Amérique.

J'ai encore aujourd'hui dans mon jardin le souvenir de cette mémorable fête de Stuttgart : un ingénieux système de deux constructions triangulaires de plaques d'acier dont le reflet change avec tout nouvel éclairage. C'est mon vieil ami Otto Herbert Hajek et sa femme Ktjia, une chanteuse lyrique de grand talent, qui me l'ont offert en guise d'honoraires, en me laissant le choisir parmi les œuvres de son atelier. Il est mort le 20 avril 2005. Mais, à travers ses peintures, elles aussi de formes géométriques et de couleurs rouges, bleues et jaunes, ses préférées, il demeure dans mon souvenir reconnaissant. Je les ai plusieurs fois reprises en illustration de pages de couverture de mes livres de poche chez Piper Verlag.

En 2006, année encore lointaine, je reprendrai mon exposé sur « L'art et la question du sens » en conclusion de mon petit ouvrage *Musique et religion : Mozart, Wagner, Bruckner*. Mais bien avant de pouvoir fêter ce petit « triomphe littéraire », je dois encore parcourir un chemin ardu et inattendu. Parlant de ma surcharge de travail, j'écrivais en soupirant à un collègue en retraite, théologien protestant : « J'aspire souvent au statut qui est maintenant le vôtre. La retraite permet de repartir dans la vie. Mais je dois encore l'attendre presque vingt ans. Que se passera-t-il d'ici là ? » (18 août 1976). Je ne pouvais pas encore soupçonner toutes les fatigues que me vaudrait la partie la plus difficile de l'année 1979, celle au cours de laquelle je serai sous la menace d'une « retraite forcée ».

XI

La grande confrontation

> *« La publication de cette déclaration provoquera sûrement des réactions houleuses dans l'opinion publique. Celles-ci ne se limiteront absolument pas au diocèse de Rottenburg-Stuttgart, ni non plus à l'Église régie par la Conférence des évêques allemands ; elles dépasseront l'espace linguistique germanophone et prendront un caractère mondial. À la lumière des expériences précédentes, on peut compter que la presse, la radio et la télévision vont se déchaîner. Devant cet état des choses, il me paraît important pour le bien de toute l'Église que, dans les mesures qu'elle envisage de prendre contre le professeur Küng, la Congrégation de la foi évite toute dureté injustifiée et gratuite susceptible de provoquer un choc tant chez les fidèles que chez les gens du dehors. »*
>
> Mgr Georg MOSER[1]

En dépit de mes années de difficultés avec Rome, j'étais toujours resté fidèle à ma conviction : un ministère pétrinien (la papauté) conçu à partir du Nouveau Testament et de la grande tradition catholique des premiers siècles, qui ne prétendrait donc à aucune autorité juridique formelle sur l'ensemble de la chrétienté, constituait une chance pour l'ensemble de la chrétienté, aujourd'hui comme hier. Dans cette mesure, je critiquais peut-être de façon radicale la primauté de juridiction telle qu'on l'avait comprise à partir du Moyen Âge, mais, paradoxalement, j'étais peut-être l'avocat le plus efficace d'une primauté pastorale

1. Lettre au cardinal Franjo Šeper, le 12 décembre 1979. Cette lettre de Mgr Moser n'avait pas encore été publiée et ne se trouve dans aucune documentation. Je ne l'ai reçue qu'après sa mort.

au service de l'œcuménisme chrétien. Je trouvais de plus en plus de soutien chez les protestants. Sur ce point, je dois revenir aux années 1975.

Une papauté œcuménique ou anti-œcuménique ?

En mai 1975, la maison d'édition catholique Styria (Graz) me fait parvenir un livre énigmatique dont l'auteur se cache sous le pseudonyme de Sebastian Knecht, théologien protestant : *La Vision du pape*. Je réponds à la maison d'édition que cette vision romanesque d'un pape œcuménique est fort attrayante et porteuse d'espérance pour quelqu'un qui a souvent affaire à une réalité brutale. C'est bien ainsi que je vois les choses : d'un côté l'ambivalence de Vatican II, le rôle d'une politique opportuniste, et de façon générale la résistance de la curie ; mais, de l'autre, le côté positif : l'unité des Églises plus grande que leur diversité, l'expérience de cette unité dans le culte qui dépasse de beaucoup les possibilités de la théologie, les grandes chances d'un pape engagé à fond pour l'œcuménisme... Le plan par étapes que propose l'auteur inconnu me paraît douteux, mais je lui fais transmettre mon chaleureux merci.

À la demande de l'éditeur de recommander publiquement l'ouvrage, je refuse de donner mon nom en faveur d'un auteur qui ne veut pas donner le sien. Il faudra encore quelques années pour que celui-ci me révèle son nom, mais à condition que j'en garde le secret jusqu'à sa mort. Il n'est pas moindre qu'Edmund Schlink, un intelligent théologien luthérien qui enseigne à Heidelberg. Il avait été un des observateurs de l'Église protestante d'Allemagne auprès de Vatican II. J'avais beaucoup travaillé avec lui pour notre mémorandum sur la reconnaissance mutuelle des ministères, et il m'avait invité à son 70e anniversaire, le 6 mars 1973 à Heidelberg. Un signe seulement, mais qui montre à quelle profondeur s'enracine l'aspiration à un dépassement des divisions de l'Église et à une papauté œcuménique, même dans le monde protestant.

Je n'avais pas cessé moi-même d'œuvrer dans ce sens, ceci en parfait accord avec mes collègues catholiques et protestants de l'Institut œcuménique universitaire, Heinrich Fries, Peter Lengsfeld, Wolfhart Pannenberg, Hans-Heinrich Wolf et Reinhard Slenczka, le successeur d'Edmund Schlink, désormais en retraite.

Je prépare soigneusement avec eux une session de théologiens compétents sur le thème « La papauté, problème œcuménique » qui aura effectivement lieu en 1977 à Heidelberg. On en publiera les exposés et le résumé des discussions qui les suivirent en 1979[1]. Dans sa conférence finale, Jürgen Moltmann déclarera : « Seule une communauté profondément œcuménique et un service constant de la liberté de l'Église pourront faire obstacle au nationalisme des Églises (gallicanisme, anglicanisme), aux Églises régionales avec leurs "évêques d'urgence" nommés par les princes, ou aux Églises de race, de classe ou de castes. Il faut pouvoir s'appuyer sur une communauté plus vaste, sur une *ecclesia universalis*, si, par amour de l'Évangile, on veut devenir un "étranger" chez soi. C'est la catholicité de l'Église qui, dans une société donnée, confère cette liberté face aux pressions sociales, politiques et idéologiques. C'est pourquoi le "service" de cette communauté est toujours service de la liberté. C'est là le grand devoir d'une papauté renouvelée à la lumière de l'Évangile[2]. »

En conclusion de la discussion, Wolfhart Pannenberg constatera « un consensus croissant, même du côté protestant, sur la nécessité d'un ministère d'unité, signe et instrument de la constance dans la vérité promise à l'Église ; donc d'une instance vers laquelle, ainsi que le dit Congar, on peut diriger son regard en matière de statut de confession ». Il lui semble donc important « qu'on puisse prêter attention au lien qu'opère la théologie catholique entre le travail critique sur les défaillances absolutistes de la papauté et les possibilités d'admettre sans réticences le thème de la papauté même en dehors de l'Église catholique romaine. Cette analyse critique de l'absolutisme romain, telle que la fait la théologie catholique, est donc la condition préalable à toute discussion sérieuse sur l'Église catholique en dehors de celle-ci. Dans cette discussion, on doit plus fortement tenir compte de la position de H. Küng[3]. »

Tous les éminents théologiens de Heidelberg – parmi lesquels Eberhard Jüngel, Heinrich Ott, Eduard Schweizer, Lukas Vischer – sont représentatifs de la théologie protestante de l'aire

1. Voir « Papsttum als ökumenische Frage », édité par le groupe de travail de l'Institut œcuménique de Mayence, 1979.

2. J. MOLTMANN, « Ein ökumenisches Papsttum ? » dans *Papsttum als ökumenische Frage*, p. 260.

3. W. PANNENBERG dans *Papsttum als ökumenische Frage*, p. 325 s.

linguistique germanique. Josef Blank, Peter Bläser, Yves Congar, August B. Hasler, Heinrich Stirnimann, Wilhelm de Vries et moi-même le sommes de la théologie catholique.

Joseph Ratzinger était-il invité ? Je ne me le rappelle pas. Peter Beyerhaus, le missiologue de Tübingen, l'était sûrement. Je m'étais particulièrement inquiété de ce collègue protestant et, en 1968, comme je l'ai déjà dit, nous avions même mené ensemble un séminaire. Mais mes collèges protestants me pressaient maintenant de mettre en garde le cardinal Willebrands contre sa visite imminente au Secrétariat de l'unité : il négligeait son travail scientifique à l'université de Tübingen et passait son temps à s'agiter partout contre l'œcuménisme. Il espérait trouver le soutien des forces catholiques réactionnaires, dont Mgr Graber, l'évêque de Ratisbonne, avec qui il avait organisé une session anti-œcuménique. À cette époque, il était aussi derrière la manifestation Journée des paroisses sous la Parole de Stuttgart, opposée au Kirchentag protestant. En gros, il s'agissait d'organiser sur fond d'apocalypse un éventuel contre-œcuménisme mondial fondé sur la haine (rupture totale entre les croyants et les mauvais... le pape étant déclaré antichrétien comme le marxisme) ; donc, face à l'imminence de la fin des temps, de créer une alliance entre les fondamentalistes croyants en Dieu, au Christ et à la Bible, non pas seulement contre le pape, mais contre la modernité athée. Par la suite, Beyerhaus verra l'antéchrist dans l'islam.

Dans sa réponse du 8 juillet 1975, Willebrands montrera bien qu'il comprend cette critique, mais il n'en acceptera pas moins l'invitation de Mgr Graber. Propagandiste de Fatima, l'évêque de Ratisbonne, qui se situe de façon générale à la droite de l'épiscopat allemand, n'est pas pris très au sérieux. Mais on peut se demander quel rôle joue dans tout cela Joseph Ratzinger, le professeur de Ratisbonne.

Le 28 mai 1975, Ratzinger est consacré évêque, puis le 27 juin de la même année devient cardinal. Comme je l'ai déjà dit, je sursauterai quand je lirai dans ses Mémoires de 1998 que dès 1960, à son époque de Tübingen, il avait déjà fait alliance avec deux théologiens protestants, Ulrich Wickert et Wolfgang Beyerhaus, le missiologue. Beyerhaus deviendra le porte-parole des chrétiens évangéliques et continuera à mener son combat à partir de cet arrière-fond fort porteur[1]. Je n'avais alors rien

1. J. RATZINGER, *Ma vie,* p. 122.

remarqué. Peut-être cette alliance n'était-elle pourtant pas tout à fait personnelle, car Beyerhaus ne s'appelle plus seulement Wolfgang, mais Peter. Il est manifeste que le futur successeur de Pierre (infaillible) s'est ici trompé.

Une année de Jean-Paul II.

Le vendredi 5 octobre 1979, à l'Académie catholique de Stuttgart-Hohenheim, je participe à l'eucharistie célébrée par Mgr Moser à l'occasion du Congrès des artistes. Peu avant minuit, la conférence que j'y avais faite est retransmise à la radio, légèrement raccourcie. Le lendemain, je reçois la visite du cardinal Joseph-Albert Malula, évêque de Kinshasa. Nous discutons de la situation de l'Église au Zaïre et dans le monde en général. En Afrique, comme partout ailleurs, on s'inquiète beaucoup de voir le pape polonais mettre fin à la pratique libérale de Paul VI concernant la laïcisation des prêtres, mettant ainsi nombre d'entre eux devant un dilemme. Pense-t-il ainsi résoudre le problème du célibat sacerdotal devenu obligatoire depuis le XIe siècle ? Manifestement !

Le dimanche 7 octobre 1979, je découvre par les médias le discours d'adieu de Jean-Paul II à Washington, à la fin de son voyage aux États-Unis. Il est beaucoup plus polémique que les précédents, celui de juin en Pologne et celui de septembre en Irlande. Sur un ton pathétique, il émet toute une série de verdicts : *« We shall stand up »* : nous nous dresserons contre les couples qui utilisent la pilule, contre les divorcés qui croient pouvoir participer aux sacrements, contre les homosexuels qui demandent à être traités comme les autres...

Le lendemain, j'arrive à 9 heures à notre institut, je rassemble mon équipe et je mets en discussion mon projet : pour moi, il ne suffit plus de répondre par une simple critique ponctuelle, à coups d'épingle, à la politique réactionnaire du pape, celle qu'il exprime clairement non seulement dans son discours récent sur le célibat ecclésiastique, mais aussi dans toutes ses déclarations officielles et actuellement encore dans son discours de Washington. Une année de pontificat suffit à nous faire voir clairement dans quelle direction il entend conduire l'Église : manifestement pas dans celle de l'acceptation du concile, mais en arrière ; dans la mesure où cela est possible, vers la restauration du *statu quo ante concilium.*

Mon raisonnement : « Face à cette évolution que le Vatican cherche manifestement à promouvoir à toute vitesse, il faut que quelqu'un prenne publiquement position. On ne peut s'attendre à ce qu'un cardinal ou un évêque ose le faire : on a éliminé les rénovateurs, et beaucoup d'acteurs du concile sont morts. Dans la situation actuelle, il n'existe malheureusement plus personne dont le cri d'alerte aurait une portée mondiale. Me faut-il me taire moi-même, alors que j'ai une compétence théologique et plus de possibilités que d'autres d'élever dans les médias la voix du renouveau conciliaire ? » Longue discussion. Finalement, nous nous mettons d'accord pour que j'écrive un article sous forme de bilan provisoire du pontificat.

J'ai tout ce qu'il me faut pour cela. Dès le 9 octobre, je peux entrer en contact téléphonique direct avec plusieurs journaux. Le samedi 13 octobre, jour anniversaire de l'élection du pape, mon article, « Une année de Jean-Paul II », paraît effectivement dans le *Frankfurter Allgemeine Zeitung*, et presque en même temps dans le *Times* (New York), *Le Monde* (Paris), *Panorama* (Milan), *Elsevier Weekblad* (Amsterdam), *El Pais* (Madrid), *Veja* (São Paulo), *The Age* (Melbourne) ainsi que dans plusieurs journaux suisses.

Comment est-il possible dans un laps de temps si bref de tracer un bilan provisoire relativement global et en même temps nuancé ? Je prends pour grille la déclaration que j'avais déjà travaillée pour notre groupe international de théologiens, un an avant l'élection de Jean-Paul II, sous le titre « Le pape dont nous avons besoin », celui que j'avais déjà fait paraître dans plusieurs grands journaux. C'est à partir de cet arrière-plan que j'ose me lancer dans ce bilan que j'intitule « Une année de Jean-Paul II » :

> N'est-ce pas tout particulièrement au théologien catholique qu'il revient, non pas de se joindre aux applaudissements euphoriques de tant de gens, mais de s'interroger de façon critique ? Pour beaucoup de catholiques, poser une question relève tout simplement du blasphème, même si on le fait en s'engageant loyalement pour l'Église catholique. Mais nous pensons que le pape a droit à un écho solidaire et critique de ses propos, venant de son Église[1].

1. Dokumentation III, n° 1.13.

Me reliant aux six critères que je formulais alors sans me référer à personne en particulier, je repose mes six questions, mais cette fois à propos de Jean-Paul II. Le pape Wojtyla est-il : 1) un homme ouvert au monde ? 2) un guide spirituel ? 3) un véritable pasteur ? 4) un évêque collégial ? 5) un médiateur œcuménique ? 6) un authentique chrétien ?

Sur chaque point, le bilan est mitigé. Je ne manque jamais de noter clairement sur chaque point le positif. Et sur les aspects au sujet desquels, non pas quelques personnes isolées, mais beaucoup se montrent critiques, je parle sous forme interrogative. Pour donner un exemple, je prends simplement ici le point 6 : « Un authentique chrétien ? »

D'abord *le positif*. Après la récente déclaration, on ne peut contester que :

– Ce pape, qui ne prétend fort heureusement ni être un saint ni être un génie, entend bien être authentiquement chrétien en dépit de ses limites, de ses fautes et de ses manques. Il a pour norme de parler et d'agir selon l'Évangile de Jésus-Christ.

– Il s'efforce d'être un prédicateur convaincu de la Bonne Nouvelle, en se fondant sur une foi éprouvée et sur une espérance inébranlable.

– Il cherche à présider calmement, patiemment, avec confiance, une Église qui n'est ni un appareil bureaucratique, ni une entreprise commerciale, ni un parti politique, mais une grande communauté de foi.

– En tant qu'autorité morale, il s'engage objectivement, passionnément et avec discernement en faveur non seulement des intérêts de l'institution ecclésiastique, mais aussi de la mise en œuvre du message chrétien parmi les hommes. Et c'est bien dans cet engagement en faveur des opprimés et des handicapés de ce monde qu'il voit son devoir essentiel[1].

Mais, après cela, je touche tout aussi franchement *le négatif*. Et pourtant, faut-il maintenant ajouter, beaucoup de gens dans l'Église et en dehors d'elle se demandent :

– Quel engagement vers l'intérieur, vers l'institution ecclésiastique vient correspondre à son engagement vers l'extérieur, vers le monde ? Une prédication qui s'adresse au monde est-elle crédible si, en ce qui les concerne, ni le pape ni l'Église ne font leur la conversion à laquelle ils appellent les autres ?

1. *Ibid.*

– Le pape et l'Église peuvent-ils s'adresser de façon convaincante à la conscience de nos contemporains si l'Église et sa direction ne s'interrogent pas aussi de façon critique sur elles-mêmes, en en tirant toutes les conséquences, même gênantes ?

– Le discours appelant la société à se rénover fondamentalement est-il crédible si, de son côté, l'Église, tête et membres, ne poursuit elle-même de façon résolue sa réforme, celle de sa doctrine et de son style de vie, en prenant enfin au sérieux et en affrontant même les questions désagréables (telles que l'explosion démographique, la limitation des naissances et le problème de l'infaillibilité) ?

– L'intervention de l'Église en faveur des droits de l'homme dans le monde est-elle juste si elle-même n'applique pas en même temps pleinement ces droits en son propre sein : le droit au mariage pour ses ministres tel que le garantissent l'Évangile et la tradition catholique ; celui de quitter le ministère sacerdotal avec dispense, après un sérieux examen de conscience, au lieu de la pratique que vient d'inaugurer le pape actuel en refusant bureaucratiquement et de façon déshumanisée toute dispense aux prêtres ; la reconnaissance aux théologiens de leur droit de libre recherche et de libre expression de leurs opinions ; le droit des religieuses à choisir leur tenue ; l'ordination des femmes telle qu'on peut la défendre en partant de l'Évangile et compte tenu du changement actuel de la situation ; la reconnaissance de la responsabilité des couples en matière de nombre d'enfants ? Le Vatican ne doit-il pas se laisser interroger sur les raisons pour lesquelles il n'a pas encore adhéré à l'acte final du traité d'Helsinki, la Déclaration des droits de l'homme du Conseil européen ?

Ma conclusion finale consiste en un vœu qui s'adresse au pape : nombreux sont ceux qui se demandent si un pape qui sait défendre avec tant de force son opinion en public et proposer des réponses simples à des problèmes compliqués peut encore se transformer, apprendre. C'est ce que nous souhaitons. Son pontificat a déjà un an, mais seulement un an. Bien des portes restent encore ouvertes. Pourra-t-on ouvrir à nouveau celles qui ont été prématurément fermées ?

Une vérité qui fâche?

Autant ma conclusion est conciliante, autant ma critique de la façon dont Jean-Paul II a conduit jusque-là son ministère est massive. Mais je pense que chaque mot en est exact et, après coup, j'en suis plus persuadé que jamais. Elle me paraît même maintenant relativement modérée. Par la suite, nombre de gens auront des propos encore plus critiques, et même plus polémiques. Mais, en 1979, au terme d'une année de ministère, personne n'a encore formulé cette critique de façon aussi analytique et aussi fondamentale. Cet article visait à faire choc; c'était un appel à se réveiller, un cri d'alerte lancé à l'Église et à l'épiscopat, ce que le grand public perçut immédiatement et avec force.

Par sécurité, Howard Goldberg, l'éditorialiste du *New York Times*, se fit relire par deux fois le long texte de la traduction anglaise qui lui était transmise par télégraphe transatlantique, en se faisant préciser chaque fois la ponctuation et en veillant à ce qu'on mette bien des majuscules à *Roman* et à *Catholic*. Il m'expliquera par la suite que, depuis Soljenitsyne, aucun éditorial n'a encore jamais accordé autant de place à un auteur (800 mots). Mais je serais bien le seul à infirmer leur slogan publicitaire: *«I got my job through the* New York Times», «C'est par le *New York Times* que j'ai trouvé mon job.» Je pourrais dire: *«I lost my job through the* New York Times», «C'est par le *New York Times* que j'ai perdu mon job.»

À vrai dire, je suis très conscient du risque que me fait courir cet article. C'est pourquoi je l'avais conclu par un mot d'un des grands prédécesseurs de Jean-Paul II: «Si une vérité vous fâche, il vaut mieux consentir à la naissance d'une fâcherie que de renoncer à la vérité.» Ainsi parlait le pape Grégoire le Grand.

Après avoir lu cet article, Wolfhart Pannenberg, le théologien protestant que j'ai déjà souvent cité, m'écrivit: «J'espère que Rome verra dans cet article une expression de solidarité avec le pape actuel non seulement en tant que pape, mais aussi en tant que personne. Vous lui avez adressé des paroles très amicales, sans jamais faire montre de la moindre hostilité» (18 octobre 1979). Mais ce vœu devait rester inexaucé.

Le pape polonais et sa théologie.

C'est un fait : Jean-Paul II ressentit cet article comme une attaque de sa personne et de sa théologie. C'est ce que me fit savoir par la suite le protagoniste d'une conversation avec un évêque au Vatican tandis que la Conférence épiscopale allemande déclarera que la mesure disciplinaire ultérieurement prise contre moi n'aura rien à voir avec cet article : remarque parfaitement inutile et à contre-courant de la vérité.

Bien sûr, au cours de son voyage en Pologne au lendemain de son élection, le pape déclare au cours d'une réunion secrète avec une douzaine de théologiens qu'il considère Küng, le théologien de Tübingen, comme un obstacle majeur à son projet de restauration. Mais j'ai pensé par la suite que ce qui a blessé Karol Wojtyla, ce n'est pas tant mon analyse de son pontificat que ma remise en cause de sa compétence théologique. Mais comment éviter celle-ci dès lors que le pape se démarque de ses prédécesseurs par son comportement autoritaire en prenant de graves mesures contre des théologiens aussi renommés que Jacques Pohier ou d'autres ?

D'où la question critique de mon article bilan : n'est-il pas clair bien au-delà du cercle des spécialistes que, comme le montrent ses publications théologiques antérieures ainsi que de nombreuses déclarations publiques officielles, il n'est guère au courant des développements les plus récents de la théologie (exégèse critique et histoire des dogmes, renouveau de la théologie morale en Amérique du Nord ou théologie de la libération en Amérique du Sud)[1]. Même Roncalli, le pape Jean XXIII, avait ses limites. Mais il en était conscient, et il avait été profondément révulsé par la chasse aux sorcières antimoderniste lancée par le magistère contre Ernesto Buonaiuti, son ami d'études. Tout au contraire, Jean-Paul II, Wojtyla, ne connaît pas ses limites et il reprend donc la politique inquisitoriale de Pie XII, Pacelli, dont la formation théologique était aussi extrêmement étroite.

Bien sûr, je ne me rendais pas compte que mon interrogation critique sur ses limites touchait un point sensible de sa biographie, un épisode dont il n'a jamais dit mot, à la différence de Joseph Ratzinger quand il parle du « drame » de sa thèse de doctorat.

1. *Ibid.*

Tout au contraire : lui qui, dans sa jeunesse, s'était beaucoup plus intéressé au théâtre qu'à la théologie, il a parfaitement su s'y prendre pour masquer l'étroitesse de son parcours dans ce domaine. À l'Université pontificale grégorienne de Rome[1] (ancienne mouture), on avait refusé sa thèse de doctorat, non pas pour manque d'intelligence, mais pour manque de recul, de sorte qu'il avait dû se replier sur l'Angelicum, université de second rang et bastion de la néoscolastique traditionaliste. Il y avait suivi les cours de Réginald Garrigou-Lagrange, le théologien dominicain alors en vogue. Ces cours se résumaient à reprendre des extraits de la *Somme théologique* de Thomas d'Aquin. Par curiosité, j'étais allé l'écouter en soutane rouge, avec mon compatriote et ami d'études, Josef Fischer. Deux heures nous avaient suffi. En strict thomiste, il était déjà le leader de la violente campagne lancée contre « la nouvelle théologie », celle qui conduira en 1950 à l'encyclique *Humanae generis* contre les erreurs du temps, ainsi qu'à la déposition de plusieurs théologiens français éminents, le plus souvent des jésuites.

Sous la direction de Garrigou-Lagrange, Wojtyla avait donc élaboré une thèse sur la doctrine de la foi chez Jean de la Croix, le mystique espagnol. Sans doute ce doctorant faisait-il trop de concessions à la mystique, mais Garrigou-Lagrange laissa passer son travail. Cependant, comme une thèse doit être imprimée, Wojtyla la passa finalement à l'Université jagellonne de Cracovie. Il y obtint son habilitation grâce à un travail sur Max Weber, le sociologue allemand, qu'il interprète et corrige à travers ses catégories thomistes. C'est ainsi qu'il devient aumônier des étudiants de Cracovie, puis professeur de philosophie morale. Avec un groupe d'étudiants, il lisait alors en latin la *Summa theologiae* et était en contact avec des poètes, des savants et des philosophes, en écrivant lui-même des poésies et des pièces de théâtre. Mais sa carrière en ce domaine prend vite fin. Il devient évêque auxiliaire en 1958 et prend alors part au concile Vatican II. C'est au cours de celui-ci qu'il est nommé archevêque, en 1964, puis, peu après le concile, cardinal, en 1967.

1. On peut se demander pourquoi Karol Wojtyla a fait ses études à l'Angelicum, et non pas à la Grégorienne. Son biographe G. WEIGEL, *The Witness of Hope. The Biography of John Paul II*, New York, 1999, ne le dit pas. Pas plus qu'il ne parle de ses liens avec l'Opus Dei. Ses pages sur « l'affaire Küng » sont extrêmement partisanes.

C'est ainsi que Karol Wojtyla arrive d'une Église profondément conservatrice où, quarante ans après la fin du concile, il n'existe encore aucune édition complète et accessible des documents conciliaires avec nouvelle traduction et commentaires historiques et théologiques. En 2005, des théologiens catholiques et des publicistes, prêtres et laïcs, peuvent encore débattre de façon orageuse pour savoir si Karl Rahner mérite le titre de théologien catholique. Les évêques se demandent en effet comment quelque chose peut changer dans l'Église. Dans la perspective polonaise, les formes anciennes sont avérées. Dans les discussions internes, on ne renvoie pratiquement jamais au concile. C'est ainsi que pratiquement tout le monde ignore que le concile a promulgué une constitution *Nostra aetate* sur les religions universelles. De ce point de vue, Wojtyla, archevêque et cardinal, est une lumière.

Déjà en 1977, un ecclésiastique de mentalité rénovatrice m'envoyait une lettre dramatique où il me disait que le mouvement de renouveau inspiré par Jean XXIII et le concile Vatican II était totalement interrompu. « C'est clair pour tout le monde : l'enthousiasme brûlant d'une Église rajeunie et passionnée de Dieu est complètement retombé. La contre-offensive des forces conservatrices se prolonge avec pour objectif manifeste de réduire à zéro tous les acquis du concile. » L'archevêque Karol Wojtyla n'a à cet égard rien d'une figure d'espérance. Et quantité de problèmes de l'Église de Pologne (nombre élevé des avortements, multiples problèmes de célibat) étaient déjà fort clairs à cette époque, même si d'autres n'apparaîtront que plus tard (par exemple la collaboration de beaucoup d'évêques et de prêtres avec les services secrets communistes) et ne feront qu'assombrir l'image d'une Église polonaise soi-disant restée pure, donc portée à se donner en exemple au monde entier[1].

Et maintenant comme pape ? Karol Wojtyla, qui n'a jamais connu chez lui qu'un système totalitaire, mais jamais aucun fonctionnement démocratique, entend d'emblée instaurer une *papauté impériale* (pour ne pas dire à certains égards totalitaire). Paul VI, qui s'était transformé de pape du concile en pape de la curie, lui avait préparé le terrain. Les pères conciliaires avaient voté à une écrasante majorité en faveur d'une collégialité des évêques que

1. Voir M. ZAJAC, « Die Konzilslehre in Polen : Eine unvollendete (R)evolution », dans : *Zur Debatte* (Katholische Akademie in Bayern) n° 7, 2005, p. 14-16.

la constitution de l'Église devrait rendre, marquant ainsi clairement leur souhait, non plus d'un *imperium romanum*, mais d'une espèce de Commonwealth catholique. Cependant, comme je l'ai déjà raconté dans mon premier volume de ces *Mémoires*, le 16 novembre 1964 Paul VI était passé par-dessus la tête des pères du concile en ajoutant au troisième chapitre de cette constitution une *nota praevia*, une déclaration de formulation juridique, qui réaffirmait la primauté illimitée de la papauté, dans le sens de Vatican I, en effaçant ainsi en une nuit le principe de la collégialité et en restaurant l'*imperium romanum* médiéval, limité bien entendu à l'Église, ou plus précisément à la province ecclésiastique catholique romaine. Il redonnait ainsi vie à l'idée de « grâce divine » propre à une monarchie absolutiste romaine, alors même que personne ne la défendait plus depuis la Révolution française. En fait, Jean-Paul II ne faisait que mettre en pratique, mais désormais sans aucune retenue, l'absolutisme romain et le culte de la personnalité que Paul VI avait décrétés de façon autoritaire et sans consulter les évêques quand il avait publié ses encycliques sur la pilule et sur le célibat ecclésiastique. À notre époque des médias, cette communication de masse qui réduit les évêques à n'être plus que de simples figurants fait voir clairement ce qu'il en est. On comprend peut-être mieux pourquoi, à la lumière du concile et de la vision néotestamentaire de l'Église, je ne pouvais que me lancer dans l'opposition. Mon article « Une année de Jean-Paul II » était l'expression à la fois d'une profonde déception et d'une espérance.

Un mauvais signe.

C'est le 15 octobre que commence pour moi le sinistre semestre d'hiver 1979-1980. Le 16 octobre, donc le lendemain de la parution de mon article sur le pape, le cardinal Joseph Ratzinger donne lui-même une interview à la radio allemande sur la première année du pontificat de Jean-Paul II. Il prend position sur ma critique en la critiquant, mais de façon objective. Cependant l'assemblée plénière du Collège cardinalice se réunit au Vatican du 5 au 9 novembre. À cette occasion, le pape Jean-Paul II reçoit en audience privée les cardinaux allemands. C'est là qu'on dut discuter du retrait de ma charge d'enseignement, et parvenir à un accord.

Car, immédiatement après son retour, Ratzinger s'exprime tout d'un coup d'une manière totalement nouvelle. D'une façon très frappante, il est le premier à recourir à l'idée, jusque-là à peu près inconnue, mais de sinistres augures, de *missio canonica*. On entend par ce mot l'habilitation ecclésiastique officielle des professeurs chargés de la formation universitaire des théologiens. Entre-temps, une nouvelle de la KNA, l'agence de presse catholique, suscite l'étonnement : le 11 novembre, au cours d'une discussion avec des jeunes, à l'occasion d'un pèlerinage des corbiniens à Freising, près de Munich[1], le cardinal aurait déclaré : « En réalité, Küng, avec lequel je me suis toujours très bien entendu, ne représente tout simplement plus la foi de l'Église catholique. C'est une question de droiture et de loyauté que de dire qu'il ne peut donc plus parler au nom de celle-ci. » Je suis totalement perplexe : est-ce que mon ancien collègue de Tübingen entend tout d'un coup me disqualifier publiquement comme non catholique ?

Et surtout, comment peut-il affirmer ce que je n'ai sûrement jamais dit ? J'aurais contesté que l'Église catholique puisse jamais conférer une *missio*, une charge ecclésiastique d'enseignement, à un professeur de théologie, parce qu'un professeur s'exprime toujours « de lui-même » ? Quelle bêtise ! C'est de cette façon que Ratzinger imagine une « contradiction » : car Küng attribue en même temps une énorme importance au fait qu'on ne lui a pas retiré sa mission ! Et le cardinal ajoute à la lettre : « Je ne peux pourtant pas me laisser conférer une charge par l'Église pour dire qu'elle ne peut me conférer aucune charge ! » C'est en cela que lui, Ratzinger, voit la contradiction. « Bien sûr, chacun est libre de penser ce qu'il veut, et je pense que cela durera. On peut par exemple se prononcer pour une partie ou pour tout ce qu'on voudra, mais quelqu'un qui est engagé dans la CDU par exemple ne peut se présenter comme secrétaire général de la SPD, et vice versa. Il doit se présenter sous l'étiquette du groupe dont il peut et doit intérieurement défendre les idées, et on doit donc dire tout simplement clairement que Küng conteste énergiquement l'essentiel de la doctrine catholique et qu'il ne parle donc plus en son nom. Il faudrait donc lui conseiller de parler en son nom, ou au nom de quelqu'un d'autre. »

1. Pour les développements suivants, voir Dokumentation III, n° 1.14. à 1.18.

Je suis révolté par ces propos qui me laissent augurer le pire. Je perçois clairement la nouvelle ligne de démarcation, ou le nouveau stade d'exclusion, que l'on m'impose froidement, avec une dureté logique, mais fondamentalement fausse et mensongère. Il s'agit de beaucoup plus que d'un simple glissement de mot. C'est une déclaration soigneusement pesée. Ma réaction est tout aussi dure : « Un cardinal doit demeurer dans la vérité, même quand il se fait applaudir par des jeunes », déclaré-je dans une conférence de presse du 13 novembre 1979. Il est faux de dire que j'aurais nié le droit de l'Église à conférer une charge d'enseignant *(missio)* sous prétexte que l'enseignant parle « de lui-même ». Ce qui est vrai, c'est que je m'en suis toujours tenu à ma charge ecclésiale et que je l'ai bien souvent défendue contre l'arbitraire de certains ecclésiastiques. Le cardinal munichois ne s'était certes pas toujours montré un interprète correct de ma pensée. Mais je pouvais au moins espérer que, sous le pontificat présent, un ministre ecclésiastique haut placé ne retomberait pas dans les habitudes préconciliaires de la chasse aux sorcières, des sous-entendus et de la diffamation.

Mais la sortie inhabituellement dure de Ratzinger a une petite préhistoire. Le haut prélat munichois était manifestement irrité de l'annonce que je devais faire ma conférence « À quoi faut-il tenir ? » dans son ancien fief de Ratisbonne. Je venais d'aborder ce thème au cours des week-ends précédents de novembre 1979 dans des villes traditionnellement catholiques du haut pays souabe, à Biberach (le 10 novembre), Ravensburg et Sigmarigen (11 novembre), chaque fois devant une importante assistance. J'y avais souligné le caractère relatif de certaines traditions catholiques en rappelant que ce sur quoi l'Église comme le fidèle individuel devait se centrer, c'était sur Jésus-Christ et sur son Évangile, celui de l'Église. Tout le monde m'avait unanimement approuvé[1]. Pourquoi n'aurais-je pas pu tenir aussi ce discours à Ratisbonne la catholique ?

Mais Mgr Rudolf Graber, l'évêque du lieu, bien connu dans toute la RFA, et même parmi les évêques, comme un réactionnaire (on l'a même surnommé l'évêque-Fatima) fait pression sur

1. « Managers et foi en Dieu. » Conférence similaire à Pforzheim (18 octobre) Urach (22 octobre), Mühlheim (11 octobre) et Stuttgart (23 octobre) puis à Erlangen la protestante (19 novembre), Rosenheim (21 novembre), Linz (22 novembre) et Graz (23 novembre).

l'école supérieure de théologie de la ville pour retirer son invitation, sinon il supprimerait sa subvention (120 000 marks par an) et il renverrait les deux aumôniers des étudiants. On cède. Grande agitation qui dépasse Ratisbonne, sauf bien sûr chez les partisans de l'évêque. Finalement, le conseil des étudiants s'accorde avec le président de l'université pour me proposer de tenir ma conférence dans le grand auditorium, mais je devrais moi-même y renoncer « librement en toute humilité, pour le bien de la paix », me supplie dans sa lettre un ancien condisciple du Germanicum avec lequel j'avais toujours été en très bonne relation à Rome (20 novembre 1979). Mais puis-je laisser tomber l'école supérieure et tous ces gens de Ratisbonne qui souhaitent m'entendre ? Je réponds donc : « Je n'ai pas pris ma décision de venir à la légère, car c'est finalement ma peau que je risque, et non la tienne » (20 novembre 1979). La conférence a lieu le 27 novembre devant deux mille auditeurs, dans un auditorium bourré à craquer, et on m'applaudit au milieu et à la fin.

C'est au milieu de cette affaire que se situe la rencontre de jeunes de Freising. Poussé dans ses retranchements le cardinal Ratzinger se laisse aller à cette déclaration irresponsable et prend le parti de l'évêque de Ratisbonne. Il donne pour raison étonnamment cléricale le fait que cette grande école est finalement un « établissement de l'évêque ». Celui qui y prend la parole doit donc être un invité de cet évêque. Bien sûr, à Rosenheim, où le même théologien doit parler sur le même thème, la conférence doit se tenir dans un lieu de formation catholique de droit privé. Là, il n'a donc pas à intervenir, et il se contentera de dire que cette conférence (qu'il n'a pas entendue) ne saurait dire ce à quoi il faut s'en tenir.

Dans ma conférence de presse, je fais remarquer qu'on ne peut régler les questions fort pertinentes que se posent de nombreux laïcs et prêtres concernant le ministère, la morale et la discipline en discréditant les théologiens qui abordent de front ces problèmes. On sait bien que le cardinal Ratzinger, l'archevêque de Munich, n'aime pas recevoir en audience ses pasteurs et préfère leur écrire.

C'est choquant, déclaré-je littéralement, de voir un évêque dont le manque de contact avec son clergé ne cesse de susciter des plaintes ne pas reculer devant la déposition de clercs et de laïcs catholiques engagés, pour la simple raison qu'ils ont invité un professeur de théologie catholique apparemment gênant. Quelle idée le président de la Conférence des évêques bavarois se fait-il donc de la capacité de jugement et du niveau intellectuel des Bavarois bien ancrés dans leur foi ? Bien entendu je n'ai jamais prétendu parler au nom de l'Église ministérielle : ce n'est pas là ma charge. Mais, en tant que théologien catholique à l'intérieur de l'Église catholique, j'ai élevé et j'élève la prétention de pouvoir m'exprimer sur les problèmes que posent pertinemment nombre de catholiques. Quand les représentants d'un appareil ecclésiastique financièrement bien huilé et parfaitement géré comprendront-ils enfin pourquoi tant de catholiques quittent l'Église sur la pointe des pieds ? De moins en moins de gens à l'Église, de baptêmes, de mariages, de plus en plus de paroisses sans prêtres ! Tous ces signaux d'alarme ne devraient-ils pas conduire à s'interroger ! On devrait vraiment pouvoir en parler en toute amitié dans un esprit de collégialité.

J'écris en même temps une lettre personnelle au cardinal Ratzinger.

Cher Monsieur Ratzinger. J'ai toujours eu le souci de ne pas faire d'un différend objectif un différend personnel. Je me suis en particulier donné beaucoup de mal pour ne pas citer votre nom là où je n'y étais pas contraint. J'ai trouvé que votre critique sur mon bilan provisoire, « Une année de Jean-Paul II », gardait une grande retenue et était exempte de toute dureté envers ma personne, et je l'ai donc admise. J'ai également mis mes amis en garde contre leur tentation de lier les événements de Ratisbonne et de Rosenheim à votre nom. Je n'en ai été que plus consterné de l'attaque de front menée contre mon appartenance catholique et mon intégrité intellectuelle et morale, telle que la rapporte en détail aujourd'hui le *Frankfurter Allgemeine Zeitung*. Sans doute s'agit-il de propos répondant à des questions de jeunes, et qui n'auraient donc pas dû être repris tels quels dans la presse. Mais ils étaient publics et ils ont de l'impact bien au-delà de l'Allemagne.

Vous comprendrez donc que je me trouve contraint de répondre clairement à cette attaque. En même temps, cher Monsieur Ratzinger, je vous prie cordialement de ne pas poursuivre ce débat dans ce style personnel, ce qui ne serait sûrement pas pour le bien de notre Église.

Le cardinal Joseph Ratzinger me répond dès le 16 novembre :

Cher Monsieur Küng. Merci beaucoup pour votre amicale lettre du 13 novembre 1979 dont je me suis fort réjoui. Je suis tout fait d'accord avec vous sur le fait que la controverse objective ne doit pas virer à une querelle de personnes. C'est pourquoi je trouve aussi encourageant le souhait par lequel vous terminez votre lettre, celui d'une rencontre amicale au cours de laquelle d'anciens collègues pourraient discuter. Je ne peux que le souhaiter moi-même. Pour le moment, je ne veux pas commenter plus longuement la chose. J'entends bien m'opposer à toutes les grossièretés que je lis maintenant dans la presse. C'est pourquoi, à l'encontre d'autres tendances et de souhaits qui m'ont été transmis de Rosenheim, j'ai tenu dès le départ à ce qu'on ne mette pas obstacle à votre intervention là-bas. En ce qui concerne Ratisbonne, je n'ai pris position ni pour ni contre. Je tiens à dire avant tout que je n'ai débarqué personne pour vous avoir invité dans sa paroisse. Je puis seulement espérer que les manifestations tant de Rosenheim que de Ratisbonne ne prendront aucune tournure négative qui serait due au fanatisme venant d'un côté ou de l'autre, ce qui ne serait profitable à personne. Salut amical. Votre Joseph Ratzinger.

On peut comprendre que cette lettre m'ait calmé. Je ne pouvais alors pas soupçonner ce qui se trafiquait là-bas, au palais du Saint-Office, et ce dont discutaient le pape et les cardinaux allemands. C'est pourquoi, les jours suivants, je répondais toujours à ceux qui m'interrogeaient sur ce qui se passait à Rome : « À mon avis, il n'y a actuellement aucun procès contre moi. »

La vie harassante d'un combattant isolé.

Bien sûr, je n'ai jamais été et je ne suis jamais seul dans mon combat pour la vérité. Nombreux sont ceux qui m'ont soutenu de près ou de loin, le plus souvent les hommes et les femmes de chez moi et de mon institut. Mais je suis le seul à pouvoir répondre de mes articles, de mes prises de position dans les médias et en particulier de mon article sur Jean-Paul II. Je suis encore seul lors de mes interventions dans le pays ou à l'étranger, seul au pupitre, seul dans la salle de conférence. À la radio ou à la télévision, j'entends bien prendre position pour moi-même, et ceux qui n'ont jamais lu aucun de mes livres ne peuvent me juger qu'à partir de brèves interviews.

Je ne m'en plains pas : ma vie n'a jamais été ennuyeuse, et elle est même si belle que je n'en souhaite pas d'autre. Je consacre ma théologie au service de l'homme. On ne cesse de me demander de la présenter, non pas seulement à travers des livres, mais de façon vivante, par des conférences sur place[1]. Je ne peux cependant répondre qu'aux invitations les plus importantes. Mais quand on est bien équipé pour une mission importante, on doit l'accepter, y compris ses *trapazzi* (mot par lequel les Italiens désignent bien sûr le surmenage). En cette fin d'année 1979, j'achève sans encombre et sans opposition mes dernières conférences, y compris à Ratisbonne : l'Église du lieu ne s'en est pas trouvée « divisée », mais l'énorme masse d'auditeurs et les applaudissements que j'y recueille devraient bien faire comprendre à l'évêque et aux siens l'urgence de se fier un peu plus au *sensus fidelium*, au sens de la foi des catholiques.

La plupart de mes conférences ont lieu au cours de week-ends ou en début de semaine. En milieu de semaine, je tiens mes cours de dogmatique sur « La confession de foi apostolique », et, avec mon assistant, Urs Baumann, j'anime un séminaire intitulé « À quoi la théologie doit-elle tenir ? ». J'ai de plus mon groupe de travail anglophone sur *Être chrétien* et les rencontres des thésards. Je regroupe celles-ci en début de semestre (19-21 octobre) sous forme de session de trois jours avec mon collègue protestant Eberhard Jüngel, avec une soirée de détente mondaine dans ma nouvelle maison. La même semaine, outre la session de la faculté (26 octobre), j'ai encore invité mes collègues catholiques chez moi. S'ajoute l'énorme correspondance dont j'ai déjà parlé.

De ce fait, l'année 1979 était particulièrement fatigante[2]. Déjà les cours du semestre d'été avaient tourné à pleins tubes. Mon cours principal avait entraîné mes auditeurs dans le mystère de la Trinité, et mon séminaire avait porté sur « À quoi la théologie doit-elle tenir ? ». Du 27 au 29 avril, notre institut avait organisé un symposium avec Edward Schillebeeckx. La réunion s'était scellée sur un accord parfait touchant le point de départ,

1. Prédications diverses chez les étudiants et en paroisses. Le 9 février 1979, je suis invité au colloque de Davos où je parle de « Managers et foi en Dieu ». Du 10 au 19 mars, Heinrich Schmid m'invite à Cannes pour préparer une conférence à l'Alliance des artistes allemands, puis je visite Ronchamp – Audincourt – Chalon-sur-Saône – Autun – Beaune et les musées de Chagall, Picasso, Matisse et autres sur la côté d'Azur.

2. À la Pentecôte, réunion traditionnelle de « Concilium », cette fois à Nordwijkerhout/Hollande. Puis conférences à Ludwigshafen (11 juin), Bregenz (25 juin), Ulm (16 juillet) et à la Katholische Akademie de Stuttgart-Hohenheim (18 juillet). Les 3-4 décembre, Strasbourg (sur « La science et le problème de Dieu ») et à Luxembourg.

la méthode et les données de notre discipline. Puis, comme je l'ai déjà dit, il y avait eu tous mes engagements à l'étranger, en Israël, en Italie, en Espagne. Le 22 mai, aussitôt après la fin de mes cours, je m'étais rendu en auto avec le Dr Kuschel en DDR où je devais faire trois jours de conférences à des étudiants de Leipzig (« À quoi la théologie doit-elle tenir ? »), puis aux universités de Leipzig, Halle, Dresde (« Comment aller de l'avant en œcuménisme ? »). Dans la nuit du samedi au dimanche (après d'impressionnantes vêpres), retour à Tübingen où nous étions arrivés à 2 heures du matin.

Je le sens évidemment bien : chaque jour exige de moi de gros efforts psychiques et physiques. Je dors peu, mais je fais une courte sieste. Aux cours, conférences, discussions en grands groupes ou en petits cercles, s'ajoutent les voyages en auto, souvent de plusieurs centaines de kilomètres. Avant les apparitions publiques, on me demande fréquemment si je suis heureux de me trouver devant des centaines, parfois des milliers d'auditeurs. Mais non, puis-je répondre franchement : je suis heureux par nature. Fort heureusement, je n'éprouve aucune « fièvre de la rampe[1] » ; rien de cette excitation tendue qui conduit parfois l'orateur ou l'acteur à transpirer ou même à bafouiller.

Mais je ne ressens non plus aucune euphorie, aucun état d'exaltation, aucune pulsion qui m'empêcherait de voir la situation en face. Du fait de mes nombreuses expériences personnelles, je suis prémuni contre toute attente aussi bien de succès que d'échec. Mais je reste toujours conscient que beaucoup de choses peuvent aller de travers, depuis l'installation sono ou acoustique jusqu'à une introduction trop longue ou qui coupe d'avance la conférence, ou bien des questions agressives qui viennent gâcher l'ambiance.

Avant des exposés sur des sujets qui n'ont rien d'anodin et qui exigent qu'on prenne position, j'ai avant tout un sentiment accru de *responsabilité*. C'est toujours en combattant isolé que je dois me situer face au public. Je dois chercher à persuader, donc trouver le ton juste, celui qui sonne comme une musique, ni monotone ni ennuyeux, un ton qui respire, non pas l'agressivité, mais la passion maîtrisée, l'objectivité passionnée. Je n'ai à jouer ni au tribun ni au pieux conseiller spirituel, pas plus qu'au psychothérapeute ou au gourou, et surtout pas au télé-évangéliste

1. En français dans le texte *(NdT)*.

américain. J'ai simplement à intervenir comme il se doit pour un professeur d'université et pour un spécialiste reconnu dans son domaine : la théologie et la religion. Je recours en premier lieu, non à des sentiments et à des émotions, mais à des raisons et à des arguments. En tant que « théo-logue », je suis le représentant d'une parole responsable *(logos)* de Dieu *(théos)*, mais je suis en même temps quelqu'un qui pense, qui questionne, qui doute, qui souffre. C'est une fonction semblable à la mienne que remplit en Belgique mon ami Edward Schillebeeckx. Durant notre colloque de Tübingen, à la fin avril 1979, il n'avait cependant aucune idée de ce qui l'attendait à Rome à la fin de la même année.

La fiction d'un « colloque » : Schillebeeckx.

En raison de la fondation *Concilium*, je suis étroitement lié à Edward Schillebeeckx, dominicain, professeur de dogme à l'université catholique de Nimègue. Nous avons les mêmes positions ecclésiologiques, théologiques, politiques. Et il est lui aussi l'objet d'un procès de l'Inquisition à Rome. Ces premières publications étaient le plus souvent rédigées en hollandais et, au Vatican, on ne pouvait donc guère les lire dans la langue originale. Mais, en Hollande, il y a sans aucun doute autant de dénonciateurs et de mouchards qu'à Tübingen, toujours prêts à faire leur rapport à Rome, le plus souvent sous forme de citations tendancieuses ou de coupures de presse, et à sonner les cloches d'alarme de gardiens de la foi toujours soupçonneux. Ainsi Schillebeeckx avait-il été plusieurs fois dénoncé. L'ancien Saint-Office avait accumulé des textes qui « fleuraient l'hérésie » *(« haeresim sapiunt »)*.

Je ne l'ai appris qu'après coup, mais le fait que la Congrégation de la foi l'ait convoqué à un « colloque » du 13 au 15 décembre, donc dans un délai relativement court, alors que son procès traînait en longueur, avait sûrement quelque chose à voir avec mon cas. Car il fallait à tout prix liquider « le cas Schillebeeckx » avant « le cas Küng », beaucoup plus compliqué, et cela pour ne pas avoir à se battre sur deux fronts à la fois. En ce qui concerne le premier, on avait déjà fait montre d'assez de patience, pensait-on au Vatican. Il faut tout régler avant Noël. Dans les pays du Nord (protestants) les critiques de ces théologiens gênants et de leurs partisans s'étoufferaient définitivement dans les neiges de Noël et dans les envols du *« Stille Nacht, heilige Nacht »* : « Paix aux hommes sur la terre ! » pourrait alors souhaiter le Saint-Père à tous les hommes.

Mais, à la Congrégation de la foi, « colloque » ne veut pas dire ce qu'il signifie dans le langage commun : une discussion avec quelqu'un, pour ainsi dire un échange entre frères. Pour elle, ce mot signifie en fait – et j'en avais parlé avec Schillebeeckx – comparution au Vatican devant un juge de la foi sur une proposition condamnée, que l'accusé devra avouer et rectifier publiquement en rétractant ses erreurs. Pour un théologien catholique, un tel « colloque » est un peu le repas du bourreau au terme duquel on déclarera l'accusé coupable avant de déclarer avant sa sortie du palais du Saint-Office qu'il n'est désormais plus théologien catholique. J'ai déjà raconté comment les choses s'étaient passées sept ans plus tôt dans le cas de Stephan Pfürtner, lui aussi dominicain et professeur de morale à l'université de Fribourg (Suisse). C'était aussi ce qui s'était passé avec Jacques Pohier à propos de son ouvrage *Quand je dis Dieu*. Comme, au terme de « l'échange », ils n'avaient pas cédé, ils furent chassés de leur ministère.

À mon retour de Chine, fort de ces expériences, je cherchai jusqu'à la dernière minute à détourner Schillebeeckx de son voyage à Rome. « Oui, je pense que c'est une faute grave qu'il faudra corriger et qui peut l'être, mais je n'en pense pas moins que tu dois d'abord obtenir l'assurance d'un procès juste et équitable, sans quoi je n'irais sûrement pas m'exposer à un tel procès qui ne peut dans chaque cas que tourner à ton désavantage. On n'attend de toi qu'un compte rendu d'interrogatoire très précis qui permettra ensuite à la Congrégation de la foi de te condamner de toute façon en ton absence et en l'absence de tout avocat. L'autre moyen consiste à leur envoyer des excuses bien fondées et à faire à la télévision appel au public, et finalement au pape lui-même, pour que, s'il existe encore des droits de l'homme dans l'Église, on en finisse enfin avec ce genre de mesures qui ont conduit à la condamnation de notre ami Pohier. Je sais fort bien qu'une résistance publique exige beaucoup de courage, d'intelligence et d'adresse, mais tu n'en manques pas. Il ne peut en tout cas rien se passer de pire. C'est ainsi que tu pourras t'en tirer et en aider d'autres » (3 octobre 1979).

En revenant sans cesse sur ces conditions justes, je ne pense évidemment pas qu'à Schillebeeckx et à moi-même. Je voudrais que nos deux cas fassent figure d'exemples, afin qu'à l'avenir d'autres théologiens de l'opposition, moins connus que nous, puissent bénéficier de nos acquis. Une semaine plus tard, j'écris à Johann Baptist Metz au sujet de la nécessité d'une protestation publique du comité de direction de *Concilium* (il ne peut plus être question d'un mémorandum formel après mon article bilan « Une année de Jean-Paul II »). « L'attitude du pape en Amérique du Nord a eu un caractère tellement massif qu'elle en devient une invitation à une prise de position publique. C'est ce que j'ai fait dans un article pour le jubilé. Tu verras bientôt qu'il ne faut pas s'en tenir là. Après notre protestation au sujet du cas Pohier – comme tu le sais, Edward est aussi sous la menace, et il doit aller à Rome en décembre, tout comme Charlie Curran (confidentiel) et un autre moraliste connu –, il faut que le mémorandum au pape sur lequel nous nous sommes mis d'accord à Nimègue ne tarde plus. Autrement, tout sera mis en route par Rome. Je tiens par contre qu'une résistance contre le fonctionnement populiste n'est pas désespérée – tout au moins tant qu'il restera quelques personnes qui refuseront de plier le genou devant le Baal. »

En dépit de toutes ses hésitations, Schillebeeckx va à Rome et se rend donc au « colloque » avec les représentants de la Congrégation de la foi. Après quoi on peut lire dans la presse que l'entretien s'est déroulé dans une « atmosphère amicale ». On oppose (pas seulement le cardinal Höffner) la disponibilité de Schillebeeckx au dialogue à la mauvaise volonté de Küng. En fait tout ce qui s'est passé n'a fait que confirmer mes réticences vis-à-vis du procès romain : « ce colloque » a eu incontestablement un caractère de comparution. C'est ce qui ressort du compte rendu qu'en a fait le professeur Bas Van Iersel[1], doyen de la faculté de Nimègue, qui avait accompagné Schillebeeckx à Rome comme conseiller. On lui refusa l'accès de la salle d'audience, et il dut rester dans une pièce à côté en attendant qu'on veuille bien le consulter. L'Inquisition n'aime pas les témoins. Le procès se passa finalement en secret, sans la présence de l'accusé.

L'issue en reste parfaitement incertaine, et tout dépend finalement en premier lieu de « la grande opération » Küng : celle-ci débute officiellement le 15 décembre 1979, avec un document qui porte la signature du pape Jean-Paul II et qui doit être publié le 18. On fera

1. B. VAN IERSEL, « Wie fair war das Kolloquium mit Schillebeeckx ? », dans *Orientierung* 44, 1980, p. 42-45.

finalement les mêmes reproches à Schillebeeckx qu'à moi-même, ceci à cause d'un article fort bien argumenté sur « La communauté chrétienne et ses ministres » où il rejoignait mes propos de *Structures de l'Église* (1962) et de *L'Église* (1967). Sur ce point, Rome n'apprend jamais rien. On lui reproche aussi sa vision de la catholicité, à lui, le grand défenseur de l'Église catholique des Pays-Bas, et on conteste sa qualité de théologien catholique.

Mais comment comprendre ce rôle, tant celui de Schillebeeckx que le mien, dans une Église catholique que l'on conduit de façon centralisatrice et autoritaire ? Peut-on reconnaître en nous des théologiens *catholiques* ? Tout dépend de la réponse à la question suivante :

Une fois de plus : qui est catholique ?

Il n'y a rien d'étonnant à ce que, en particulier après l'attaque de Ratzinger, je doive de plus en plus défendre mon caractère catholique, répéter que je suis catholique et entends le rester. C'est ainsi que je donne ces jours-là une grande interview dans le journal *Die Zeit*.

« Ce que redoutent beaucoup de catholiques : ce discrédit de ma crédibilité de catholique et de mon intégrité théologique et morale a provoqué une campagne de diffamation qui s'exprime en premier lieu dans de nombreuses lettres de lecteurs adressées à tous les journaux, mais aussi directement à moi-même. » Il y a même eu un professeur de la Grégorienne, mon Alma Mater, Jean Galot, s.j., professeur de dogmatique ultra-conservateur, qui s'est permis sans aucune gêne d'attaquer la façon dont Schillebeeckx et moi-même comprenons la personne de Jésus-Christ en nous imputant d'être tous deux « hérétiques » et « ariens ».

En ce qui concerne mon caractère catholique, je réponds pour la énième fois : « Le catholique n'est pas celui qui se déclare sur tous les points d'accord avec la hiérarchie. C'est prétention exorbitante que de demander une identification aussi totale. Il y a dans le monde quantité de bons catholiques qui se posent des questions fort justifiées sur le ministère ecclésiastique et la discipline morale, et on ne peut les régler simplement en discréditant ceux qui les formulent.

Non ! Le catholique, c'est celui qui se considère comme un membre de l'Église catholique. Celui qui se réclame de la “catholicité”, c’est-à-dire de l’Église totale, universelle, englobante. C’est en ce sens que, en tant que théologien, je tiens à enseigner la vérité catholique dans toute sa largeur et dans toute sa profondeur. C’est ainsi que, dans tous mes livres, je me suis efforcé de maintenir la continuité de la foi et de la communauté de foi : la catholicité dans le temps (la tradition) aussi bien que la catholicité dans l’espace. »

En quoi me suis-je trompé ?

Du fait de la lettre conciliatrice du cardinal Ratzinger et du fait que je pouvais continuer mon activité de conférencier dans l’Allemagne du Sud, en Suisse et en Autriche, je pensais que les vagues s’apaisaient. Amoureux du latin et admirateur du droit romain, je me disais que la curie fonctionnait bien sûr d’une façon légaliste en accordant sans doute trop d’importance au droit et en l’utilisant à son propre profit, mais que tout au moins elle le respecterait. Erreur !

Bien sûr, je restais sur mes gardes, car ni en Allemagne ni à Rome on n’avait mis fin à mon procès contre mes livres *L’Église* (1967), *Infaillible ?* (1970) ou *Être chrétien* (1974) : toutes les procédures avaient échoué parce que les conditions nécessaires n’étaient pas réunies, en particulier l’obligation de me communiquer les pièces. Mais les évêques allemands et Rome ne cessaient d’émettre des déclarations contre ma théologie. Ne devais-je cependant pas admettre qu’on avait suffisamment énoncé, répété et propagé dans le monde ce qu’on avait à m’opposer ?

Le mardi 11 décembre, je me trouve face à un important public dont plusieurs académiciens et autres personnages éminents, dans la grande salle du groupe Siemens, à Munich. C’est ma dernière conférence de l’année. Elle a pour thème : « Les managers doivent-ils croire en Dieu ? ». Wolfhart Pannenberg, cet intelligent et perspicace théologien protestant de Munich auquel je suis très lié, me présente. Il fait un plaidoyer de presque une demi-heure en partant de mes publications pour prouver que, en dépit de toutes les critiques, je suis un bon catholique.

Je me trouve face au public, et je revois défiler devant mes yeux le film de ma vie ; tout ce que j’ai vécu au cours des quarante dernières années, mon travail, mes combats, mes souffrances, depuis ma thèse de doctorat *La Justification* en 1957 jusqu’à *Dieu existe-t-il ?* en passant par *L'Église*, *L'Incarnation de Dieu* et *Être chrétien* : des ouvrages qui ont été traduits dans de nombreuses langues, lus par d'innombrables personnes qu'ils ont aidées à vivre, mais qui malheureusement n'ont suscité aucune joie chez les évêques marquants de mon Église, et ont au contraire suscité soupçons et calomnies. Pas un seul mot de reconnaissance durant toutes ces décennies. Sans cesse de nouvelles lettres, des avertissements, des plaintes. Et tout d'un coup, à Munich, c'est comme un éclair : théologien catholique, voilà à quoi tu en es arrivé : c'est un théologien protestant qui doit expliquer à un public de dominance catholique pourquoi, en dépit de tout, tu es vraiment catholique !

Mais maintenant c'est à moi de monter au pupitre, et, d'une voix relativement ferme, je sors une première phrase pour remercier chaleureusement mon confrère Pannenberg pour son intervention sur mon caractère catholique. Mais, soudain, l'émotion me submerge. J'en perds presque ma contenance et la voix me fait défaut. Je dois faire une pause, psychologiquement longue, et qui reste pour moi effroyable ; face à ce public qui compatit sans le vouloir, je cherche à retrouver mon calme, jusqu'à ce que je puisse finalement reprendre mon exposé d'une voix tranquille. Était-ce un pressentiment inconscient que je me refusais à entendre ?

Je fus très heureux d'arriver au bout de ma conférence. Albert von Schirnding, le publiciste bien connu, la commenta de façon très positive dans le *Süddeutsche Zeitung* en terminant par ces mots : « On ne peut prouver la foi en Dieu, mais on peut en porter publiquement témoignage, et avec quelle force de conviction ! C'est ce qu'une fois de plus vient de nous faire voir de façon impressionnante ce théologien qu'on critique à si mauvais titre » (13 décembre 1979). Si au moins un évêque pouvait lire cela ! Hélas, ils brillent par leur absence à toutes mes conférences.

Rencontre secrète à l'étranger.

Non, je ne peux pas savoir que la veille de ma conférence à Munich, donc le 10 décembre 1979, Mgr Josef Homeyer a envoyé à Mgr Georg Moser, évêque de Rottenburg, la déclaration élaborée par la Congrégation de la foi : la *Declaratio de quibusdam capitibus doctrinae theologicae Professoris Ioannis Küng*, qui leur a été transmise avec la notation : « Cette déclaration, déjà approuvée par le Saint-Père le... (11 décembre 1979) ne sera transmise au public que le 18 décembre 1979. » Son contenu : « le retrait de l'habilitation de l'Église ».

Malheureusement, dans ce cas précis, Mgr Moser n'a pris contact ni avec l'intéressé ni non plus avec aucun expert de la politique romaine, comme je l'en avais si instamment prié. Au lieu de quoi, au lieu d'appeler à un front commun entre Rottenburg et Tübingen, il se lance dans une tentative de médiation entre Tübingen et Rome, mais sans faire le poids. Dès le 12 décembre, il écrit en tant qu'*ordinarius loci*, donc « le premier intéressé », au cardinal Franjo Šeper, préfet de la Congrégation de la foi, une lettre en trois points dont j'ai pris le premier comme exergue de ce chapitre, celui qui commence par ces mots : « La publication de cette déclaration provoquera sûrement des réactions houleuses dans l'opinion publique. » Je ne prendrai connaissance de la lettre de ce message qu'après sa mort.

Cette lettre est tout à l'honneur de Mgr Moser. Elle montre combien il prenait au sérieux la situation et entendait tout faire pour éviter le pire ou tout au moins pour le différer. Réponse de Rome ? Comme si le Vatican s'attendait à un attentat terroriste, l'évêque de Rottenburg-Stuttgart est convoqué sur-le-champ à Bruxelles à une réunion secrète de hauts personnages ecclésiastiques allemands et romains. Les entretiens secrets doivent se tenir à l'étranger : l'Inquisition craint la lumière.

Le vendredi 14 décembre, Mgr Jérôme Hamer, secrétaire de la Congrégation romaine de la foi et représentant de son préfet, le cardinal Šeper, Mgr Guido Del Mestri, ancien archevêque, nonce apostolique à Bonn, le cardinal Joseph Höffner, président de la Conférence épiscopale allemande, Josef Homeyer, secrétaire de la Conférence épiscopale allemande, et Mgr Georg Moser, accompagné de son chef de cabinet personnel, Hubert Bour, se retrouvent donc à Bruxelles. Objectif de cette réunion des représentants de la hiérarchie : coordonner les opérations en vue du retrait imminent de l'habilitation du théologien Hans Küng. Dehors, l'orage gronde. Le cardinal Höffner est en retard. L'ambiance est nerveuse, car on ne peut commencer sans lui.

Mgr Georg Moser en situation fâcheuse.

Mgr Moser n'est pas seulement l'« *ordinarius loci* immédiatement concerné », comme il l'a écrit au cardinal Šeper, mais en outre, selon le concordat, il est la seule personne compétente pour décider le « retrait d'habilitation » ecclésiastique. Autrement dit Rome a besoin de lui. Au départ, je le considérais comme un allié, lui à qui j'avais fait passer son examen de doctorat de théologie. Dès le départ, j'avais éprouvé de la sympathie pour lui, déjà du fait de son abord direct, à la souabe, mais aussi à cause de la façon passionnée avec laquelle il s'engageait. Intellectuellement et humainement, il avait la carrure d'un grand évêque. Il était tout comme moi profondément pénétré de l'esprit de Vatican II et, dès son sacre, il s'était affirmé comme un artisan de la solidarité étroite entre les évêques allemands, et après le concile, il tendait plutôt vers la droite par rapport à l'ensemble.

Nous avions donc eu d'emblée de bons rapports. Et si quelque plainte de Rome arrivait à l'évêché de Rottenburg, nous en discutions ouvertement et amicalement en cherchant ensemble une solution. Nous ne parlions d'ailleurs pas que de cela, mais de la situation générale sur l'évolution de l'Église au lendemain du concile, à commencer par la situation catastrophique du clergé qui se dessinait déjà clairement dès son entrée en fonction, avec toutes les conséquences pastorales que cela entraînait. Je me rappelle cette parole autocritique qu'il me dira après sa consécration : « Si je devais vous dire ce qui va se passer, je vous dirais que je n'en sais rien. »

Il n'y avait donc jamais eu de dissensions entre nous, bien au contraire. Nous étions sur la même longueur d'onde. Après son retour d'un voyage en Chine, au cours d'une conférence de presse, le 15 novembre 1979, parlant du conflit entre le cardinal Ratzinger et moi-même, il avait déclaré : « Le professeur de Tübingen provoque et la forme de ses propos dépasse parfois la mesure, et il ne doit donc pas s'étonner des critiques. » Mais il avait en même temps bien insisté : « Les critiques et les interpellations, même adressées au pape, sont choses possibles. Celui qui pose des questions n'est pas moins catholique que les autres. Dans l'Église, on ne doit pas avoir peur de la liberté. Personne, et sûrement pas non plus le cardinal Ratzinger, n'entend dénier personnellement à Küng sa foi catholique. » Et maintenant ?

Maintenant à Bruxelles, l'évêque de Rottenburg est confronté aux « poids lourds » tels que le dominicain Jérôme Hamer. Et avec le cardinal Höffner, un homme dogmatique, juriste froid mais peu expert en théologie, mais président de la Conférence épiscopale allemande. Ce sont les deux durs qui, lorsqu'il n'y a rien d'urgent, entendent pousser au plus vite les choses pour qu'on en finisse enfin avec le cas Küng avant Noël 1979. Car on ne pourra garder le secret plus longtemps, et c'est en janvier que doit démarrer l'explosif concile pastoral hollandais. À l'objection de Mgr Moser : « Pourquoi faut-il que ce soit avant Noël ? », Höffner répond : « Küng ne croit ni à Noël ni à la naissance virginale. »

Mgr Moser est soumis au grave devoir du silence, sous le *sigillum* de la Congrégation de la foi (le secret du Saint-Office). Par la suite, il se réclamera de ce secret devant une délégation de la faculté de théologie de Tübingen. Sa faute initiale fut peut-être de se le laisser imposer. Mais, suivant le droit canon (CIC c. 1623, § 1) un manquement à ce devoir de silence entraîne *ipso facto* une excommunication *specialissimo modo reservata* : c'est-à-dire que seul le pape en personne peut en relever (c. 2245, § 3) : en dehors du péril de mort, personne, pas même le grand pénitencier, n'a le pouvoir d'abolir une telle censure (voir Heribert Jone, *Gesetzbuch der Lateinichen Kirche*, t. III, p. 510). On peut alors comprendre pourquoi les évêques ont si peur de parler ouvertement. Ils vivent dans un système totalitaire qui leur demande de s'identifier totalement au pape.

Mais Mgr Moser est aussi bien conscient que, selon la morale catholique, il peut s'appuyer sur ce solennel devoir de silence pour couvrir une injustice ou un manque d'amour. Dans sa lettre du 12 décembre au préfet de la Congrégation de la foi, il déclare dans le deuxième point :

> Compte tenu de la procédure postconciliaire concernant la résolution des conflits dans l'Église, je considère comme indiqué et indispensable que, avant la publication des mesures prises contre lui, le professeur Küng soit entendu personnellement ou tout au moins qu'il soit invité une fois de plus à désavouer les doctrines en question dans un laps de temps convenable, en lui laissant entendre les conséquences auxquelles il doit s'attendre autrement. Une telle attitude de prévenance serait propre à écarter les reproches auxquels on peut s'attendre. Le manque d'amour fraternel envers des théologiens gênants.

La pierre d'achoppement.

L'évêque de Rottenburg sait fort bien qu'il lui faudra avaler la soupe mijotée par Rome et par son acolyte allemand. Par la suite, dans une lettre à la Faculté de théologie catholique, il décrira comme suit le cours des événements :

Quand on m'a transmis là-bas la décision de la Congrégation de la foi, cela m'a conduit à m'adresser au cardinal Šeper. Dans ma lettre, je lui faisais remarquer que la procédure employée contre le professeur Küng devait éviter toute apparence de dureté injuste et gratuite. Je le pressais en outre vivement d'entendre encore une fois le professeur Küng ou de lui donner la possibilité de s'exprimer par écrit avant de rendre publiques les mesures prises contre lui. Je lui faisais aussi valoir que je tenais pour inappropriée et impensable une telle publication juste avant Noël.

Et quel fut selon lui le résultat de la réunion secrète de Bruxelles ?

J'ai protesté contre le refus d'accorder le moindre délai, et, pendant les tractations, j'ai réussi à téléphoner mes arguments au cardinal Šeper. Celui-ci les a écoutés, mais a maintenu les décisions prises, y compris la date prévue.

En disant cela en dépit de la promesse de silence, l'évêque devait s'attendre à avoir affaire en très haut lieu.

Il ressort clairement de tout cela (et c'est chose extrêmement importante pour apprécier les choses du point de vue concordataire) que, dans mon cas, l'évêque du lieu, celui qui était compétent, a dû s'exprimer contre sa propre conviction. C'est pourquoi sa lettre au cardinal Šeper ne sera pas publiée. Comme je l'ai dit, je n'ai réussi à la voir qu'après sa mort. Personne, pas même le cardinal Ratzinger, ne peut aller à l'encontre de sa conviction qu'on ne pouvait me dénier ma foi catholique, même si par la suite, soumis à une pression extrême, il a dû souscrire aux mesures prises contre moi et les appliquer. Faute grave d'un évêque, et il faudra la payer cher, lui et moi.

Avais-je une alternative ? Parfaitement ! Mgr Moser avait dès le début clairement dit qu'il comprenait certes les objections romaines contre mon enseignement en tant que pasteur du diocèse ; mais, du fait du concordat, il était le seul à pouvoir priver quelqu'un de sa *missio*. Pour des raisons théologiques, juridiques ou pastorales, il ne pouvait en aucun cas prendre la responsabilité de... Oui : de quoi ? Cela aurait évidemment chez ses collègues évêques déclenché la fureur et des protestations violentes : il doit le faire, il doit obéir. Mais même si on lui avait dit que c'était le désir personnel du Saint-Père, il aurait dû répondre que la morale catholique ne lui permettait en aucun cas d'aller contre sa conscience. Et, dans son intervention, il aurait eu la justice et l'amour de son côté, même à l'encontre du « représentant » de Notre Seigneur Jésus.

Bien des gens diront : est-ce qu'on ne l'aurait pas déposé de sa charge épiscopale ? C'est peu probable. Déposer en même temps un évêque populaire et un théologien connu, cela aurait trop fait monter le prix aux yeux des froids calculateurs de Rome. Les autoritaires seigneurs du Vatican auraient bien vu qu'ils encouraient trop le risque de se mettre à dos l'Allemagne démocratique, qu'elle soit catholique, protestante ou laïque. Les expériences historiques font bien voir le résultat de la déposition d'un évêque (comme dans le cas de Mgr Lefebvre). J'en reste donc convaincu : dans ce cas Rome aurait calé au dernier moment (comme cela avait déjà été le cas avec le cardinal Döpfner et comme cela sera le cas par la suite avec certains théologiens latino-américains de la libération). Bien sûr, tout cela aurait été ensuite extrêmement désagréable pour Mgr Moser, pierre d'achoppement. Mais, si à ce moment il avait su faire preuve de « courage apostolique », sa stature y aurait sûrement gagné en Allemagne et à l'étranger. Pour lui, c'était le cas grave. Pour moi aussi naturellement.

Était-ce le cas grave ? J'y ai beaucoup repensé. La pierre d'achoppement, ce n'est pas d'avoir à écrire une lettre importante, d'avoir à supporter une rencontre difficile, ou d'avoir à résister à une pression d'en haut. Non ! C'est d'avoir *à risquer sa peau*. Si on est prêt à supporter des blessures douloureuses, voire à risquer sa carrière et sa vie, « à payer de sa peau ».

Pas de doute : pour Mgr Moser, il en allait de son existence d'évêque, pour moi de mon existence de théologien et de professeur d'université. Et alors ? Dans cette situation décisive, dans ce cas vraiment grave, cet évêque n'a pas risqué sa peau, il a livré la mienne à l'Inquisition. Il s'est incliné sous la pression de la curie romaine et, à l'heure décisive, il a craqué. Quelle tristesse ! Cet évêque, parfaitement conscient des problèmes, tout disposé aux réformes, a calé au dernier moment : il n'était pas prêt à opposer une résistance à tout prix et à se battre en toutes circonstances, comme Paul l'avait fait face à Pierre, « en lui résistant en face » (Ga 2, 11-14). Mais dans l'ambiance de l'avent, je n'ai perçu tout cela que peu à peu et après coup. Comment devait se dérouler l'entreprise romaine qui, au jugement de l'évêque, devait déboucher sur une grande confrontation ? D'abord de façon hautement secrète. Mgr Moser refusa de se prononcer personnellement sur le verdict. Ce fut au nonce de Bonn d'entrer en scène.

Une veillée de Noël de nuit et de brouillard.

La difficile année 1979 tire à sa fin. J'ai l'impression d'avoir rendu des services considérables à mon Église au cours des mois écoulés. Ils ne m'ont valu ni ordre papal ni prélature, ce qui aurait d'ailleurs été malvenu, mais pas même un mot de remerciement d'un évêque. Je n'en attendais pas, mais cela m'aurait fait plaisir. On me laisse simplement en paix. Je revois tout ce qui s'est passé, ma conférence sur la religion à l'Académie des sciences sociales de Pékin, puis celle sur la médecine humaine au congrès des radiologues, à Hambourg, celle sur le sens de l'art au congrès des artistes, à Stuttgart, pour ne pas parler de toutes ces manifestations et de tous ces exposés en Allemagne, en Suisse, en Autriche, en France. Je crois avoir bien accompli mon devoir de théologien. Je n'ai pratiquement pas pris de vacances d'été. Je suis fatigué. J'aspire au calme et au repos.

Je laisse donc mes derniers cours d'avant Noël à la charge de notre conseiller académique, le Dr Hermann Häring, et mon dernier séminaire au Dr Urs Baumann, mon assistant, qui le dirige d'ailleurs avec moi. Après la dernière session de la faculté, le 15 décembre, je suis tout heureux de tout laisser tomber et de me rendre à Lech, en Arlberg. Lech, un village tyrolien heureusement oublié, à trois heures d'auto de Tübingen, en plein milieu d'un magnifique domaine de ski parfaitement aménagé, plus proche que les stations de ski des Grisons ou du Valais que je connais aussi très bien. S'y reforme le quartette habituel, ma sœur Rita, mon beau-frère Bruno, Marianne Saur et moi-même. J'espère enfin faire une pause et reprendre mon souffle au milieu de ma vie de fou. Quelle joie de pouvoir glisser dans la neige, dans l'air pur, loin au-dessus de la vallée embrumée. Ni le temps ni l'envie de penser à la théologie, à l'Église, aux évêques, au pape.

Le mardi 18 décembre, je suis sur la piste de ski, à 2000 mètres d'altitude. Il est 10h30. Comme d'habitude, je montre mon passe au remonte-pente. « Professeur Küng ? Toutes les stations vous appellent. Vous devez redescendre tout de suite dans la vallée. » Normalement, on n'appelle quelqu'un qu'en cas de décès ou de malheur similaire. Que se passe-t-il ? Rita, Bruno, qui sont dans un autre groupe ? Leur serait-il arrivé quelque chose ? Ma mère ? Mon père ?... Je redescends à Lech aussi vite que possible. En ski, on fait en quelques minutes un trajet qui demande une heure à pied.

On m'attend à l'hôtel. « Téléphonez tout de suite à Tübingen. C'est une question de vie ou de mort ! » Je le sais tout de suite, c'est Rome ! D'une voix étouffée, haletante, le Dr Häring qui souffre manifestement de devoir me l'annoncer : « On vous a retiré votre habilitation à enseigner ! » Qui aurait pu soupçonner une telle vacherie ? Et cela de la hiérarchie de mon Église ? Choc ! Mais cela ne me prend pas de court. Je vais me battre. Tout de suite, je demande au Dr Häring d'appeler Mgr Moser : je l'en supplie, qu'il ne fasse aucune déclaration irréversible avant que nous ayons pu en parler ensemble.

Pas de capitulation devant l'Inquisition.

Mgr Moser, me fera-t-on savoir par la suite, refuse lâchement de répondre au téléphone. Il est en train d'organiser secrètement avec tout son état-major la campagne contre moi. À son évêché, les employés travaillent, de bon ou de mauvais gré. Immédiatement avant Noël, ils préparent l'offensive. Sous le sceau du secret, ils font de gros paquets de la déclaration de Rome qu'on doit envoyer d'urgence aux centaines de paroisses du diocèse. Car il faut étouffer dans l'œuf toute tentative de rébellion de prêtres en faveur de leur ancien professeur qu'ils ne sont pas sans aimer. Les agences de presse et les journaux catholiques fonctionnent à plein régime. Est-ce une façon de préparer la fête de l'amour, se demandent beaucoup de cadres catholiques parmi lesquels je compte de nombreux amis.

C'est exactement ce qu'avait prédit Mgr Moser dans le troisième point de sa lettre du 12 décembre au cardinal Šeper : « Il me semble en tout cas que la date retenue pour la publication de cette déclaration, juste avant les fêtes de Noël, est très défavorable.

En dépit de la laïcisation très poussée de la vie publique, l'époque de Noël est encore perçue comme une période de paix et d'humanité. Même les tribunaux des finances publiques se sentent moralement obligés de protéger autant que possible contre toute notification désagréable les gens négligents ou coupables. On ne comprendra sûrement pas que justement l'Église, la porteuse de la Bonne Nouvelle, se mette en travers de cette habitude. »

« L'Église, porteuse de la Bonne Nouvelle de Noël ? » En dépit des avertissements de l'évêque du lieu, la Congrégation de la foi, qui n'est certainement pas pénétrée de l'esprit d'amour, tient à l'annonce de son menaçant message de Noël. Et, contre sa conscience, l'évêque marche. Quant à moi, il faut que j'agisse vite. Rita et Bruno resteront à Lech avec tous mes bagages, y compris les livres que j'avais emmenés. Casse-croûte rapide, et je fonce en auto avec Marianne. Mille pensées me tournent dans la tête pendant que j'avale les tournants de la descente de l'Arlberg, puis les routes du Bodensee et des Alpes souabes, attrapant au passage Martha Walz, ma fidèle gouvernante, pour filer vers Tübingen.

J'exprime tout haut une de mes pensées : « Rien ne sera plus comme avant. » Celui qui a été ainsi publiquement stigmatisé par Rome n'aura plus jamais la même place dans l'Église et dans l'Université. Le calcul de la curie est transparent : on veut me régler mon compte comme théologien catholique. Je resterai certes catholique et prêtre, mais finies l'habilitation ecclésiastique à enseigner, à faire passer leur examen aux étudiants, ma faculté ! « Sans habilitation à enseigner, fait déjà passer un de mes collègues catholiques, Küng passe par la fenêtre dans moins de quinze jours, et il le sait bien. » Je n'en suis pas si sûr que cela. Mais la situation est grave : on ne veut pas seulement me liquider académiquement, mais aussi me paralyser dans l'Église.

Une seconde chose m'est également claire : pas de capitulation devant l'Inquisition. Résister par tous les moyens légitimes ! Finalement, aucun de mes livres n'a jamais été condamné ! On ne m'a jamais communiqué les actes, on ne m'a jamais donné la moindre chance de me justifier, on m'a seulement demandé de capituler humblement. Mais l'Allemagne est-elle donc un pays totalitaire ? Ce pays n'est tout de même pas une Église d'État, mais un État de droit, démocratique. Il y a trois ans, la DDR communiste a déclaré ennemi de l'État l'acteur si populaire Armin Mueller-Stahl (qui figurera par la suite Thomas

Mann) et lui a interdit d'exercer son métier, parce qu'il avait signé une protestation contre la déchéance de nationalité de Wolf Biermann, le chanteur satirique. Il avait osé dire : « Mieux vaut un pli dans la carrière qu'un pli dans l'échine ! » Cela vaut pour moi : quel que soit ce qui m'arrive maintenant, je ne me laisserai pas casser l'échine et je ne renoncerai pas à suivre mon chemin. Je me battrai.

Tard dans l'après-midi de ce sombre 18 décembre, je rentre chez moi. Presse, radio, télévision sont là, dans l'attente de mes déclarations. Au rez-de-chaussée, la chaîne ARD ; au premier étage, une seconde télévision allemande ; au second, chez Marianne Saur, une espèce d'état-major de crise : Urs Baumann, Norbert Greinacher, Hermann Häring, Inge et Walter Jens, Karl-Josef Kuschel. Avant de prendre position, je dois voir les documents. Je ne peux tout d'abord pas tout lire : il y en a trop. Mais il ne s'agit pas comme avant d'un simple document récusant ma théologie. Il s'agit d'une attaque contre ma personne, en tant que professeur de théologie et en tant que chrétien : on doit désormais me considérer comme « non personne », comme n'existant plus, ni dans l'Église, ni en théologie, ni dans le public.

L'attaque générale : une complicité troublante.

C'est clair : au terme des vaines tentatives d'une petite guerre, il s'agit maintenant d'une attaque générale bien planifiée par l'état-major de la curie et l'épiscopat. Dès le lendemain de la réunion secrète de Bruxelles, un court compte rendu chiffré courait déjà dans les nonciatures du monde entier. En Allemagne, sur tous les fronts, on avait mobilisé les médias contre moi. Et qui donc était le compétent complice de cette complexe logistique théologique ? À mon grand désarroi, et de son propre aveu, Karl Lehmann.

Après s'être tourné de *Concilium* vers *Communio*, il avait de plus en plus adhéré à la ligne officielle. Il aspirait manifestement à devenir évêque. Il ne s'était pas attelé à une grande œuvre, comme d'autres aspirants à l'épiscopat, mais s'était contenté d'articles et d'écrits occasionnels. Après avoir vu passer sous son nez la chaire de Fribourg, il avait écrit une lettre circulaire au nonce et à ses amis, en expliquant qu'il n'était désormais plus disponible. J'avais de bonnes relations avec lui, mais il ne m'informa absolument pas de ce qui se tramait contre moi ni des opérations en cours. Il travaillait au contraire avec le cardinal Döpfner, dans la ligne de la hiérarchie.

Il faudra sa biographie, écrite en 2002 par Daniel Deckers, le rédacteur du *Frankfurter Allgemeine Zeitung*, pour que je découvre ce qu'il en était. L'auteur présente la vie de ce théologien sous le titre fort évocateur *Le Cardinal*[1] (ce qu'il était devenu peu avant après bien des difficultés), en racontant toutes les machinations contre moi dans lesquelles il avait été impliqué. Je ne veux pas me taire, quand ce ne serait que par amour de la vérité historique.

Pour juger des pénibles mesquineries que Deckers rapporte dans son chapitre « Le cas Hans Küng », il est important de savoir comment Lehmann s'était honteusement construit aux dépens de son grand professeur, Karl Rahner († 1984) en qui il voit un patron incompréhensible, toujours agité mais qui perd son temps (voir les chapitres « Vacances avec Karl Rahner » et « Descente aux enfers à Rome »). Il lui reprochait, comme à moi, « ses formulations provocantes, ses compromissions pénibles, ses esclandres, sa mise en scène fort efficace dans les médias des conflits et des controverses » (p. 212). Car, le jour de sa fête, le 18 mars 1970, Rahner avait osé décrire comme « féodale, malpolie et paternaliste » « la mentalité institutionnalisée » des évêques (à deux exceptions près, ceux-ci n'avaient même pas honoré d'un accusé de réception son mémorandum confidentiel concernant la discussion sur le célibat que d'autres théologiens avaient signé). Les cardinaux Döpfner et Volk, et d'autres évêques présents, avaient été furieux et outrés. Et Karl Lehmann ? Pour lui, « il devint clair ce jour-là que son chemin dans l'Église ne serait pas celui de son maître, Rahner » (p. 212). Depuis, des questions aussi essentielles pour l'Église que celle du célibat ou celle du manque de prêtres sont devenues taboues et, sous sa présidence de la Conférence épiscopale, elles le sont restées jusqu'à aujourd'hui encore.

En ce qui me concerne dans cette biographie, où Lehmann est toujours nommé « le cardinal », je trouve bien des choses tordues et déformées, quelques-unes carrément inventées (c'est ainsi que, au début de 1976, le cardinal Döpfner m'aurait convoqué à Munich et m'aurait « secoué », comme si je me laissais « secouer » par quelqu'un !). Mais il résulte clairement de tout le

1. D. DECKERS, *Der Kardinal. Karl Lehmann. Eine Biographie*, Munich, 2002.

récit que Lehmann n'a jamais rien expliqué à Döpfner concernant la précarité des bases de la doctrine de l'infaillibilité, alors qu'il l'avait lui-même reconnue lors du séminaire de Tübingen, mais qu'il s'était au contraire présenté comme un « nègre » avant tout soucieux, non pas de la vérité, mais de me forcer au compromis et à la soumission.

Oui, dans sa biographie Lehmann dévoile avec fierté comment il est intervenu contre moi dans cette action nuit et brouillard : quel honneur pour lui, ce samedi matin, de recevoir de 2 heures à 4 heures le secrétaire de la Conférence épiscopale, Homeyer, qui arrive directement de la rencontre secrète de Bruxelles pour lui demander d'établir un dossier de presse et de bâtir sur lui une stratégie contre moi ! Sans dire un mot sur les arguments pour ou contre, il est d'accord sur un point avec ces messieurs : « Il faut battre Küng avec ses propres armes » (p. 223). Il faut faire voir avec évidence aux gens de la presse que la hiérarchie a totalement raison et que Küng, cet orgueilleux, ce têtu, ce buté, a totalement tort.

Toujours de nuit, à Bonn, au secrétariat de l'épiscopat, et, dès le lundi matin, 17 décembre, il fait venir les principaux responsables des médias commis aux déclarations ecclésiastiques pour leur donner confidentiellement une orientation : ils reçoivent tous un dossier remontant jusqu'en 1968 sur tous les conflits et sur toute la documentation, présentée de façon partiale, de mes échanges de lettres avec la Conférence épiscopale et Rome. Triomphe de l'homme de l'ombre : « La facture monte... Pour la première fois, le théologien de Tübingen ne peut plus accaparer l'opinion à coups d'informations bien ajustées » (p. 224). Mais les paroles de Lehmann et de Homeyer ne sont ni les paroles de l'Écriture ni le consensus exégétique, pas plus que la vieille tradition catholique ou les découvertes des historiens de l'Église, pas non plus des arguments de raison, mais uniquement des documents tout neufs de la Conférence épiscopale et de Rome qui n'ont rien à voir avec moi. Déjà ces faux-monnayeurs rigolent à l'idée de réussir enfin à refiler leur fausse monnaie à la place de la vraie : « Hans Küng n'est pas le théologien qui ne lutte que pour la vérité. C'est un provocateur et un tacticien. » C'est encore ce qu'on imprime en 2002.

Le 18 décembre, le professeur Lehmann fait courir le mot : « Hans Küng a sans aucun doute exaspéré l'autorité. » C'est un péché mortel. Après le Nouvel An 1980, un texte manuscrit de ce même Lehmann m'arrive, avec une datation étonnamment précise : 28 décembre, 18 heures. Il commence de façon pathétique : « C'est l'heure où la délégation de la Conférence épiscopale allemande est chez le pape pour trancher de ton problème. » 18 heures ? C'est exactement l'heure à laquelle cette rencontre se termine à Castel Gandolfo. Ne faut-il pas supposer que, dans sa hâte d'en connaître l'issue, Lehmann est directement entré en communication téléphonique avec la délégation pour savoir ce qu'il en est. Il est en tout cas certain que, si le résultat avait été positif, sa lettre aurait été rédigée de façon très différente. Lehmann se compare au vieillard de la fin du roman de Hemingway, *Le Vieil Homme et la Mer* : « Tristesse et vanité, amertume et déception. Tout aurait pu se passer autrement. » Cependant il ne veut maintenant « me faire aucun reproche », tout en enfilant reproche sur reproche ; d'avoir pris « le premier prétexte venu pour provoquer », d'avoir « détruit de façon flagrante les préalables de paix péniblement posés en 1975 », de n'avoir fait montre « d'aucune bonne disposition en dépit des courageux efforts de médiation de Mgr Moser et d'autres » ; oui, il y aurait eu chez moi *« ein Umschlag von der Entschiedenheit in fehlende Einsicht »*. Je connais déjà le résultat négatif de la réunion, son appel final à la réflexion et à une réaction mesurée me le confirme : « Comme j'ai beaucoup fait et beaucoup risqué pour toi, je te demande instamment ta collaboration en cette dernière minute. »

Ainsi le complice se fait-il victime en faisant de sa victime un complice. En réalité, Lehmann, le médiateur, était *a priori* du côté de Rome et des évêques, et il le restera toute sa vie. Et moi ? Je dois faire preuve de « bonne volonté », de « discernement », de « bon sens », de « collaboration ». Bref, je dois enfin capituler. Pour lui, il s'agit de diplomatie et de politique. Pour moi de vérité. Aujourd'hui encore, aux yeux de Lehmann, « "le cas Küng" n'a rien à voir avec un conflit sur des questions doctrinales. Il s'agit uniquement d'un échec d'une tentative pour susciter un dialogue irénique entre la théologie et le magistère. » Et comme je ne peux pas prendre la responsabilité de cette trahison de la vérité en pratiquant le mensonge, voici que mon « inflexibilité » me rend « coresponsable d'une éventuelle détérioration du climat entre la théologie et le magistère » (p. 224). À la fin de sa lettre du 28 décembre 1979, il me dit en plus : « Je voudrais rester en lien avec toi et je souhaite de tout mon cœur que Dieu te bénisse. »

Je peux parfaitement répondre à ce vœu : je suis des plus intéressés à ces bonnes relations.

Le verdict.

Par crainte d'une publication prématurée et d'une réaction rapide de ma part, tout se passe au dernier moment. Comme Mgr Moser est contraint à la discrétion jusqu'à la conférence de presse du cardinal Höffner du 18 décembre, il ne met au courant le chapitre de la cathédrale que le 18 au matin. C'est la consternation générale. Il envoie un courrier apporter le document au doyen de la faculté de théologie catholique de Tübingen, lequel ne sera cependant informé que plus tard. Il charge son évêque auxiliaire, Mgr Franz Josef Kuhnle, de porter le même document à la Wilhelmstift pour « informer » la direction de la maison et les étudiants de théologie catholique qui y résident. Tout l'appareil ecclésiastique tourne à plein régime. Et tout cela pour un seul professeur de théologie !

Le secrétariat de la Conférence épiscopale allemande a convoqué au dernier moment une conférence de presse à Cologne pour ce mardi 18 décembre, à 11 h 30, sous la présidence du cardinal Höffner, sans en préciser la teneur. À 10 heures, juste avant pour que je ne puisse pas réagir, un courrier de la nonciature se présente chez moi, d'où je suis absent, avec le texte latin de la déclaration et une lettre d'accompagnement du cardinal Franjo Šeper. On pourrait s'en sentir honoré s'il ne s'agissait pas de messages à Job. Mais le bombardement touche maintenant le public : les documents, souvent de plusieurs pages, tombent à longueur de journée :

– la déclaration de la Congrégation de la foi sur certains points de la doctrine théologique du professeur Hans Küng et la lettre d'accompagnement du cardinal Šeper ;
– la prise de position du président de la Conférence épiscopale allemande sur le retrait de l'habilitation ecclésiastique d'enseignement du professeur Dr Hans Küng ;
– une déclaration de Mgr Moser ;
– un communiqué de la Conférence épiscopale suisse ;
– des remarques de l'ordinariat épiscopal de Rottenburg sur la déclaration de la Congrégation de la foi.

Dans la lettre d'accompagnement du cardinal Šeper, préfet de la Congrégation de la foi, émise le 15 décembre 1979 et enregistrée sous le n° 399/57/i, celui qui m'est attribué depuis ma thèse de doctorat de 1957 (i = section de l'*Index des livres interdits*), je peux lire :

C'est avec un déplaisir que la Congrégation de la foi prend connaissance de vos deux dernières publications sur la question de l'infaillibilité, à savoir *L'Église assurée dans la vérité ?* et l'avant-propos du livre de A. B. Hasler, *Comment le pape est devenu infaillible*. Par sa déclaration du 15 février 1975, la Congrégation avait déjà averti Küng de ne plus enseigner de telles opinions. Du fait de la publication des deux susdits ouvrages, la Congrégation doit considérer que les conditions mentionnées dans ce monitum n'ont pas été respectées. Elle se voit donc obligée de prendre en compte la nouvelle situation que vous avez créée et d'émettre une nouvelle déclaration dont une copie vous est jointe.

Question : qu'y a-t-il donc de si mauvais dans mon mot d'accompagnement sur le nouvel état du débat sur l'infaillibilité ? Au fond rien, pas plus que dans mon bilan du débat sur l'infaillibilité de 1973. Six ans plus tard, je n'avais fait que reprendre de façon plus compacte et plus précise ce dont Rome n'avait pas voulu prendre connaissance. En guise d'introduction, je demandais : « Peut-on laisser tomber une grande question que se pose le public tant qu'il n'y a pas été répondu ? Puis, brièvement : 1) justesse de la question ; 2) le consensus catholique actuel ; 3) la question essentielle ; 4) des constatations inattendues. Et qu'est-ce que le livre de Hasler apporte de nouveau en matière d'infaillibilité ? » Cela aussi, je l'ai résumé : il raconte avec art l'histoire, comment on en est arrivé à la définition de l'infaillibilité et il renforce donc la question de la solidité de ses fondements. Le concile Vatican I était-il vraiment livre ? Était-il vraiment œcuménique ? Le coût en valait-il la peine ? Et finalement, faut-il canoniser Pie IX ? Ne faut-il donc pas poser ces questions fort fondées ?

La déclaration de la Congrégation de la foi n'y répond d'ailleurs pas, malgré le nombre de ses pages. Elle commence dans le style pompeux, celui de la curie, en en appelant à Dieu et en se réclamant de Jésus-Christ que le « magistère » récupère sans scrupule pour justifier son action. L'Église du Christ a reçu de Dieu la mission de garder et de protéger le trésor de la foi sous la direction du magistère à travers lequel c'est la personne même du Christ qui enseigne, et de maintenir l'impérissable foi qui lui a été transmise en ne cessant de l'approfondir avec un jugement sûr et d'en garantir l'usage parfait. Pour assumer la tâche difficile qui lui a été confiée, et à elle seule, le magistère de l'Église entend bien contrôler les théologiens, surtout ceux dont l'Église a officialisé le ministère et qui sont donc pour leur part devenus d'une certaine manière des enseignants de la vérité. Les théologiens, laquais d'un magistère qui agit de façon monopolistique ? Qu'aurait dit Jésus de ce magistère infaillible et incapable de rien apprendre, lui qui avait jadis fustigé les grands prêtres et les scribes de l'establishment de son époque ? De ce magistère qui, dans ce cas, récupère minutieusement l'autorité de la personne du Christ, et même de Dieu ? Qu'est donc cette Église qui, à l'aide d'un magistère approprié, a reçu de Dieu la charge de liquider un enseignant gênant ?

Mais telle doit être la raison théologique sur laquelle se fondent les mesures coercitives, car « certaines opinions doctrinales du professeur Hans Küng sont à certains degrés en opposition manifeste avec la doctrine de l'Église qui est obligatoire pour tous les fidèles... [Elles s'opposent] au dogme de l'infaillibilité de l'Église ainsi qu'à la charge d'interpréter authentiquement le trésor un et sacré de la parole de Dieu, celui qui a été confié au magistère ecclésial vivant de l'Église, ainsi qu'à ces façons de voir qui trouvent leur accomplissement valide dans l'eucharistie. »

Ce magistère exige la soumission immédiate à ces doctrines que beaucoup de catholiques, avec la meilleure volonté du monde, ne peuvent plus comprendre :

En 1975, dans le susdit document, la Congrégation avait renoncé à poursuivre le procès contre les opinions du professeur Küng mentionnées ci-dessus à condition que le professeur se distanciât de ces thèses. Étant donné que ces conditions n'ont pas été respectées, la Congrégation pense en conséquence de son devoir de déclarer maintenant les choses suivantes : Dans ses écrits, le professeur Hans Küng s'est écarté de la plénitude de la vérité de la foi catholique. C'est pourquoi il a cessé de savoir comme théologien catholique et il ne peut plus enseigner en tant que tel.

Au cours de l'audience qu'il a accordée au susdit préfet de la Congrégation, le pape Jean-Paul II a approuvé cette déclaration décidée au cours de la session ordinaire de la Congrégation, et a ordonné qu'elle soit publiée.

Donné à Rome, Congrégation de la doctrine de la foi, le 15 décembre 1975.

Franciscus, cardinal Šeper, préfet ; Jérôme Hamer, secrétaire.

Président de la Conférence épiscopale allemande, le cardinal Höffner s'identifie évidemment totalement à la Congrégation de la foi et présente lui-même une longue déclaration qui reprend pratiquement mot pour mot celle de la curie, mais dans laquelle il faut aussi lire l'ordre de marche lancé à Mgr Moser, de par le concordat le seul évêque compétent en la matière. On peut lire :

Dans sa déclaration du 15 décembre, la Congrégation de la foi a constaté que le professeur Hans Küng s'est écarté de la plénitude de la foi catholique, qu'on ne peut donc plus le considérer comme un enseignant catholique, et qu'il ne peut donc plus enseigner comme tel. En conséquence, Mgr Georg Moser, l'évêque diocésain compétent du lieu, fera savoir au ministre des Sciences du Land de Bade-Wurtemberg que les conditions du nihil obstat n'existent plus et que la mission canonique confiée au professeur Küng lors de sa nomination à l'université de Tübingen, il y a dix-neuf ans, lui a été retirée. En vertu de quoi, au terme de dix ans d'efforts sans cesse remis en cause par le professeur Küng pour l'amener à clarifier ses positions théologiques, nous devons en tirer les conséquences inévitables, et la Conférence épiscopale regrette de devoir prendre cette décision. Elle appuie sans réserve la position de la Congrégation de la foi et demande à Mgr Moser de faire la démarche qui en découle. Du fait de l'évolution globale de la situation il n'y avait pas d'autre issue.

Vraiment ? « Le regret » ne devrait pas outrepasser les bornes !

Car le cardinal Höffner procède en même temps à un infâme déplacement d'accent. Dans sa prise de position, il inverse la question de la filiation divine de Jésus, et, par la suite, chose particulièrement importante pour la partie protestante de la population allemande, cela déplacera le point névralgique de l'attaque lancée contre moi : ce ne sera plus la question de l'infaillibilité, doctrine d'ailleurs peu populaire, même chez beaucoup de catholiques. D'ailleurs si la documentation épiscopale reproduit bien ma préface critique au livre de Hasler, *Comment le pape est devenu infaillible*, elle se garde bien de fournir au lecteur la formulation positive de ma « méditation théologique » : *L'Église assurée dans la vérité ?*

Et vient alors le verdict prononcé « au nom de l'Église » : « De par la dénonciation de l'habilitation ecclésiastique à enseigner, le professeur Küng perd sa charge d'enseigner la théologie catholique au nom de l'Église. » Cependant « il n'est pas exclu de l'Église et il reste prêtre ». Quelle est l'Église qui parle ainsi à « l'Église » ? Uniquement l'Église officielle qui s'adresse à la communauté ecclésiale, au « peuple de Dieu » ?

Fait aussi partie de l'offensive générale déclenchée contre moi un communiqué de la Conférence épiscopale de ma patrie suisse qui reproduit mot à mot la déclaration de la Congrégation de la foi en faisant sien son contenu. On ne pouvait pas faire autrement, me dira-t-on par la suite. Je dois amèrement constater qu'Otto Wüst, évêque de Bâle, mon vieux camarade d'école de Sursee et mon ami d'études, n'a pas osé refuser sa signature. Dans un système autoritaire, l'épiscopat réussit à gâter le caractère même des meilleurs.

On ne saura que par la suite que Mgr Moser n'a pas encore envoyé la lettre fatale au ministre, et que, dans l'attente prudente de la déclaration publique toute proche, il ne l'a rédigée qu'au futur, sans la dater :

1) J'informerai le ministre de la Science du Land de Bade-Wurtemberg que, au terme du concordat, il existe de sérieuses objections à l'enseignement du professeur Hans Küng et je le prierai d'envisager avec moi le remplaçant susceptible de répondre aux besoins de la faculté de théologie catholique de Tübingen.

2) Je ferai savoir au professeur Hans Küng qu'en raison de la déclaration qui lui a été transmise par l'autorité supérieure de l'Église, il ne peut plus exercer la charge de professeur de théologie au nom de l'Église et que je suis donc conduit à lui retirer son habilitation ecclésiastique d'enseignement *(missio canonica)*.

Et comme la lettre n'avait pas encore été envoyée, Moser garde encore un espace de manœuvre, ainsi que nous le verrons. Ou tout au moins il croit en disposer.

J'ai honte de mon Église.

Le 18 décembre même, la faculté catholique de l'université de Tübingen se réunit en session de crise. De façon heureusement unanime – le dernier semestre s'était déroulé dans une harmonie parfaite – elle exprime *sa consternation* au sujet de cette action totalement inattendue de Rome et des évêques.

Nous avons appris par la radio que, à la suite d'une déclaration conjointe de la nonciature et de la Conférence épiscopale allemande, et en raison d'une décision de la Congrégation pontificale de la foi du 15 décembre 1979, l'évêque de Rottenburg a retiré à notre collègue, le professeur Hans Küng, son habilitation ecclésiastique d'enseignement. Nous sommes profondément consternés et par cette décision tranchante de la Congrégation de la foi et par la façon concertée dont cette action a été menée. Nous sommes effarés à la pensée de toutes ses conséquences encore imprévisibles. Nous constatons que l'Église est en danger de perdre sa crédibilité dans la société actuelle et que la théologie risque de perdre sa liberté de recherche et d'enseignement.

Le doyen, professeur Dr Wolfgang Bartholomäus, le vice-doyen, Prof. Dr Gerhard Lohfink et les professeurs Alfons Auer, Norbert Greinacher, Bernardt Lang, Rudolf Reinhardt, Max Seckler, Hermann Josef Vogt, Ludger Oeing-Hanhoff, Walter Kasper, Herbert Haag.

Au milieu de toute l'excitation, je me donne le mal d'étudier de près au moins les principaux documents. Car je suis prêt à donner ma position aux nouvelles du soir à la télévision, sans y cacher mon indignation: « J'ai honte de mon Église qui continue encore au XXe siècle ses procès secrets d'inquisition. Pour beaucoup de gens, il est scandaleux de voir qu'une Église qui se réclame de Jésus-Christ et qui entend défendre les droits de l'homme puisse discréditer et diffamer ses propres théologiens avec de telles méthodes. »

Et sur le fond: dans mon nouveau petit écrit consacré au problème de l'infaillibilité, continué-je, j'ai répété la vieille question à laquelle on n'a pas encore répondu et j'ai demandé au pape de nommer une commission de gens de compétence internationale reconnue. Les objections contre mon livre *Être chrétien* n'ont jamais été l'objet d'aucune procédure romaine. J'ai finalement fourni dans mon dernier livre, *Dieu existe-t-il ?*, des précisions christologiques auxquelles on ne m'a jusqu'à présent opposé aucune objection. Mais tous ces reproches ne sont manifestement que des prétextes pour réduire au silence un critique gênant. Et tandis que le cardinal Willebrands est intervenu auprès du pape pour défendre personnellement son théologien, Edward Schillebeeckx, certains cardinaux et évêques allemands bien précis ont collaboré avec l'Inquisition romaine pour priver un théologien de toute crédibilité dans sa propre Église, et cela par une opération nuit et brouillard conduite juste avant Noël. Après qu'un pape eut finalement concédé au bout de trois cent cinquante ans que la Congrégation romaine de la foi avait commis une erreur fondamentale contre Galilée, cette même congrégation de l'Inquisition romaine continue à abuser de son pouvoir non seulement contre moi, mais aussi contre beaucoup d'autres théologiens.

Dans toutes ces protestations contre l'Inquisition romaine, je n'en continue pas moins à écarter tout doute sur ma loyauté envers la communauté catholique chrétienne et je conclus par ces mots : « Mais, en tant que théologien catholique dans l'Église catholique, je pense représenter la cause catholique d'innombrables catholiques, et je me sens en cela solidaire d'innombrables théologiens, pasteurs, enseignants religieux et laïcs de notre Église. En même temps je continuerai à me battre dans mon Église pour qu'on mette fin à toute forme de mesures disciplinaires, tout comme le pape Jean XXIII a autrefois cassé les jugements de certains théologiens français éminents tels que Teilhard de Chardin, Congar, de Lubac, et d'autres. J'espère trouver un soutien dans l'Église et en dehors d'elle. Je suis sûr que, à la longue, le combat de tant de gens pour une Église plus chrétienne ne restera pas vain. »

Une vague de protestation.

Les organismes d'État procèdent avec prudence, mais la société civile se révolte. Au Vatican, où, du fait de l'orientation unilatérale de l'information, on connaît si peu la mentalité des différentes Églises et des différents pays, on croit que cette attaque générale contre Küng, lancée juste avant Noël, a définitivement réglé le cas. Mais c'est le contraire ! Une grande partie du public allemand se lance passionnément dans la bagarre entre la superpuissance de l'appareil ecclésiastique et un unique théologien. La situation atteint son paroxysme. Le jour suivant, le cardinal Höffner tente en vain de calmer le jeu. Ce mercredi 19 décembre se caractérise par un flot de protestations et par les premières démarches de médiation dans le conflit. Dès le soir du 18 décembre, Walter Jens le disait : « Le pape, la Congrégation et la Conférence épiscopale sont publiquement défigurés. On ne reconnaît les droits de l'homme que du bout des lèvres[1]. »

Le lendemain, le mercredi 19 décembre, Wolfgang Bartholomäus, doyen de la faculté de théologie catholique, annonce que Mgr Moser prie instamment et cordialement les fidèles de respecter la décision du Saint-Père et, dans ce contexte,

1. *Südwestpresse* du 19 décembre 1979.

d'éviter toute réaction prématurée et malsaine, mais, devant ce qui s'est passé, l'appel de l'évêque à la prière, à l'unité et à la paix est ressenti comme du pur cynisme. En signe de protestation contre la décision du Vatican et de l'épiscopat, le doyen de Stuttgart, Mgr Sommer, un homme très estimé de l'ensemble du clergé, démissionne de son mandat au conseil presbytéral du diocèse et de sa charge de porte-parole de ce groupe.

L'après-midi du même mercredi 19, je suis présent à mon cours normal à l'université sur « La confession de foi apostolique ». La salle est bourrée : quelque deux mille étudiants. Applaudissements. On m'apporte un bouquet d'œillets. L'auditoire émet une résolution : on ne perçoit dans les arguments de la Congrégation de la foi que de purs prétextes « pour réduire au silence un théologien engagé ».

Une fois le calme revenu, je reprends en détail les reproches qui me sont adressés. Contre la principale accusation de la Congrégation de la foi, celle selon laquelle je me serais encore « exprimé sous une forme explicite » sur le thème de l'infaillibilité, je cite la fin du texte incriminé : *L'Église assurée dans la vérité ?* Comme je l'ai déjà dit, il se termine par la proposition d'une commission de spécialistes de différentes disciplines mondialement reconnus, capables de clarifier la question.

En ce qui concerne ma position juridique à l'université, je déclare :

1. En ce qui concerne la procédure, la validité et l'effet du retrait de mon habilitation ecclésiastique, le dernier mot n'est pas encore dit, car il reste encore beaucoup d'ombres dans tout cela, y compris d'ordre juridique.

2. En ce qui concerne mon poste de professeur à l'université de Tübingen, je maintiens que je me considère toujours comme professeur de théologie catholique, que je le suis et que je le resterai. Sans doute les autorités ecclésiastiques ne veulent-elles plus reconnaître mon habilitation, mais au terme de l'accord signé lors de ma nomination avec le Land de Bade-Wurtemberg, je détiens toujours la chaire de théologie dogmatique et de théologie œcuménique, et je reste directeur de l'Institut de recherches œcuméniques dans le cadre de la faculté de théologie catholique. Le respect des devoirs qui y sont liés n'a de sens et de but qu'à l'intérieur de celle-ci, et je refuse dès le départ toute idée de transfert dans une autre faculté, d'où que vienne la proposition. La solidarité que m'ont manifestée mes collègues de la faculté

catholique aussi bien que de la faculté de théologie protestante me renforce dans cette position ; je compte fermement que je pourrai trouver dans l'État l'appui juridique qu'on se refuse à m'accorder dans l'Église, et que les autorités du pays, seules compétentes en matière d'organisation de l'Université, sauront résister à toute pression venant de l'Église.

3. Je poursuivrai toujours mon travail sous le signe de la véracité scientifique et de la responsabilité libre. Comme théologien catholique, je réclamerai toujours au moins dans le domaine officiel la possibilité d'une recherche et d'un enseignement libres. Pour cela, je me battrai par tous les moyens légitimes.

4. Je suis fermement convaincu que mes collègues et mes étudiants ne seront pas les seuls à me soutenir de toutes leurs forces, mais que des collègues d'autres facultés, le Sénat et le président interviendront à leurs côtés dans l'intérêt de la réputation de toute l'Université.

Le *Schwabisches Tagblatt* rapporte :

> Hier après-midi, dans la grande salle de l'université bourrée de monde, Küng a accueilli les longues ovations de façon très calme et sans la moindre apparence de vouloir jouer au martyr messianique. Il s'est au contraire comporté de façon très modeste, s'est exprimé clairement et sans aucune agressivité, mais fermement, trouvant même des paroles de compréhension pour l'évêque de Rottenburg qui se trouve manifestement sous haute pression (mais qui l'a laissé tomber du jour au lendemain). À l'inverse de ses adversaires, Küng s'est dit prêt à tout moment à poursuivre le dialogue – il veut être entendu, mais non pas comparaître.

Une solidarité grandiose.

Dès ce 19 décembre, l'École catholique des hautes études réagit aussi très rapidement. Elle appelle à une retraite aux flambeaux de la vieille ville au Holzmarkt. Mille étudiants y viennent, munis de banderoles et de haut-parleurs, évidemment moins cool : *« Errare Romanum est ! »*, « Le pape n'a rien pigé au Christ », « Solidarité avec Küng », « Contre le retour de l'Inquisition », « D'abord un, puis deux, puis trois, puis quatre », « Küng doit rester », « Un ayatollah, ça suffit ». Dans son allocution, le professeur Norbert Greinacher, mon collègue en théologie pastorale, déclare : « Si on compare la Bonne Nouvelle libératrice du Christ au comportement du Vatican, on ne peut qu'être profondément scandalisé. Celui qui, du côté chrétien, s'engage pour le respect des droits de l'homme dans la société et les foule en même temps aux pieds dans l'Église n'est plus crédible. En dépit de toutes les critiques qu'on peut faire à Küng sur des questions de détail, on ne peut pas oublier le rôle absolument capital qu'il a joué au cours de ces dernières années pour la diffusion de l'Évangile dans le monde. » « Küng a su disposer massivement les gens à accueillir la foi, ce que les évêques ne savent pas faire avec toutes leurs lettres pastorales. » « Dans un acte d'auto-flagellation, l'Église a laissé tomber un de ses meilleurs missionnaires. » « Le pire service que nous pourrions lui rendre, ce serait de succomber à la résignation. » « Nous ne laisserons jamais quelqu'un être mis à la porte de l'Église. Nous sommes aussi l'Église. »

Moi-même n'ai pas défilé. Comme en Suisse, lors de la protestation de masse de 1974, je veux non pas jouer au tribun populaire, mais rester professeur.

À la suite de la prise de position de Greinacher, je reçois une masse d'expressions de solidarité : de l'École catholique des hautes études de Tübingen, du séminaire universitaire de la Wilhelmstift, de la fondation protestante et d'un groupe d'enseignants catholiques. Pour me défendre, mes amis Eberhard Jüngel et Jürgen Moltmann mettent au point une déclaration de la faculté de théologie protestante qu'ils portent le soir même au *Schwabisches Tagblatt*[1].

Le jour suivant, Christoph Müller, le rédacteur en chef de ce journal, commente :

> Hans Küng est beaucoup plus qu'un dissident catholique. Rebelle et hérétique, à en croire le sévère verdict de la sainte Église catholique romaine, il est devenu la figure symbolique de la résistance et de l'opposition. Car, au XXe siècle, on ne peut plus sauter par-dessus des façons de penser qu'on trouve gênantes parce que différentes, comme le font les maîtres romains de la doctrine, surtout quand ceux qui défendent ces idées sont manifestement fidèles à la même foi et ne font que demander que, dans le cadre de leur confession officielle, on cesse de refuser avec entêtement les questions les plus pressantes de notre temps et de ne consentir que du bout des lèvres à une confession de foi œcuménique. Une Église qui ne se pose plus ou ne se laisse plus poser aucune question sur la façon dont elle se comprend elle-même peut abdiquer.

1. *Schwäbisches Tagblatt* du 20 décembre 1979.

Les professeurs de la faculté de théologie catholique écrivent à Mgr Moser une lettre où ils ne font que reprendre et renforcer la première partie de leur déclaration de la veille :

Nous avons appris par la radio que, à la suite d'une déclaration conjointe de la nonciature et de la Conférence épiscopale allemande, et en raison d'une décision de la Congrégation pontificale de la foi du 15 décembre 1979, l'évêque de Rottenburg a retiré à notre collègue, le professeur Hans Küng, son habilitation ecclésiastique d'enseignement. Nous sommes profondément consternés et par cette décision tranchante de la Congrégation de la foi et par la façon concertée dont cette action a été menée. Nous avons déjà fait hier, le 18 décembre, une déclaration à ce sujet.

Ce qu'ils trouvent extrêmement étrange, c'est que, dans une déclaration officielle à la presse, l'évêque ait livré ses intentions concernant des faits presque accomplis sans en avoir auparavant donné connaissance à la faculté, comme cela eût été normal.

Ce qui est révoltant, c'est cette façon de procéder secrètement et à un moment précis, juste avant Noël. Il est inconcevable qu'on n'ait pas entendu l'intéressé avant de prononcer la sentence et de la publier. Dans son ensemble, cette façon de procéder est pleine de fautes qui vont à l'encontre de la sensibilité moderne du droit et de l'éthique chrétienne.

Il est bien connu que tous les collègues de Küng n'approuvent pas toutes ses idées théologiques ni le style qu'il a adopté dans ses conflits intra-ecclésiastiques, mais aucun d'eux ne doute qu'il entendait et entend demeurer dans la foi catholique. Même vous (l'évêque) l'avez encore récemment confirmé ? M. Küng a atteint beaucoup de gens que vous n'atteignez pas. Le procès contre lui est décourageant. Nous y voyons un grave danger pour la crédibilité de l'Église dans la société actuelle.

La lettre se termine par une invite à l'évêque :

En raison des conséquences prévisibles pour l'Église, pour les relations de l'Église et de l'État, pour notre faculté, nous vous demandons instamment de ne pas faire la démarche suivante, en dépit de l'annonce officielle qui en a été faite.

Prof. Dr Wolfgang Bartholomäus, doyen
Prof. Dr Gerhard Lohfink, vice-doyen
Prof. Dr Herbert Haag, porte-parole des professeurs

Des prises de position à remettre dans les mains du pape.

Mgr Moser ne trouve pratiquement aucun appui de l'opinion publique pour son action contre moi. Jusqu'ici, il a toujours refusé de répondre au téléphone. Mais, devant les démonstrations de protestations et les proclamations de solidarité, il se décide à m'appeler ce même jour, 19 décembre. C'est maintenant seulement qu'il me propose une rencontre le plus tôt possible. Je suis bien entendu d'accord. Cette entrevue a lieu chez moi, le soir même. Mgr Moser est accompagné de son vicaire général, le Dr Karl Knaupp, et du doyen de la cathédrale, Alfred Weitmann. De mon côté, j'ai invité deux de mes collègues, le professeur Norbert Greinacher et le professeur Walter Kasper.

L'entretien dure quelque trois heures. Mgr Moser propose de s'entremettre personnellement auprès du pape si je rédige un texte à remettre entre ses mains, où une fois de plus je décrirais clairement ma position sur les questions théologiques disputées. Il ajoute que je dois le faire en lien avec la déclaration de la Conférence épiscopale allemande du 4 février 1971 sur *Infaillible ?*, qui avait éludé la notion d'infaillibilité. Je ressens comme une impudence cette demande d'ajouter encore cette explication à toutes celles que j'ai déjà données. Mais je n'entends pas la refuser.

Le jour suivant, je téléphone mon accord à l'évêque, toutefois avec une condition capitale : en cas d'une éventuelle publication de mon texte, on publiera conjointement sa lettre du 12 décembre au cardinal Šeper, celle où il exprime ses réserves contre le procès. En dépit de sa promesse, Mgr Moser se refusera par la suite à me la montrer. Cependant, le 19 décembre au soir, nous nous sommes mis d'accord sur un communiqué de presse rendant compte de notre rencontre : « Face à une situation difficile, des démarches ont été entreprises pour parvenir à un accord. »

Le jeudi 20 décembre, je travaille toute la journée avec mon équipe au texte à remettre entre les mains du pape. Je consulte aussi mon collègue, Walter Kasper, qui constitue en quelque sorte une garantie d'orthodoxie devant Mgr Moser. Après plusieurs échanges téléphoniques avec lui, il est parfaitement d'accord. « Tu ne peux pas aller plus loin », me dit-il. Les autres ont entendu aussi. L'équipe est soulagée. Si même Kasper est d'accord, il y a peut-être encore espoir. Vers minuit, le texte, plusieurs fois retravaillé, rediscuté, est enfin au point. Il est transmis la nuit même à Rottenburg, à Mgr Moser.

Dans une lettre d'accompagnement, j'explique à celui-ci que, par ma prise de position, je souhaite contribuer « à faciliter la résolution de cette situation apparemment sans issue. En cette période de surcharge intense, il m'a été extrêmement difficile d'expliquer dans un texte aussi bref et en plus de mes tâches habituelles ce dont je puis théologiquement répondre. Je souhaite de tout cœur que mes explications pourront servir à éviter à l'Église tant de dommages incalculables. Que l'Esprit de Dieu et de Jésus-Christ vous accompagne sur votre dure route vers Rome. »

Dans cette prise de position sur la déclaration de la Congrégation de la foi, qui doit être remise dans les mains du pape, j'explique tout d'abord comment je comprends mon travail de théologien catholique, et je redresse quelques *idées fausses* de la toute récente déclaration.

Pour moi, il ne s'agit pas d'accuser, mais d'interroger, et je suis prêt à soumettre mes idées à un nouvel examen. Je ne traite pas avec dédain le magistère de l'Église : je dois énergiquement repousser ce reproche ; mon travail théologique a au contraire toujours visé à le rendre crédible à l'Église et au monde. Je n'ai jamais cherché non plus à ériger mon jugement en règle de vérité, voire à l'opposer au sens de l'Église, mais, dans tout mon travail, j'ai au contraire cherché à me guider sur l'Évangile et sur la tradition catholique.

J'émets alors quelques réserves importantes sur la procédure de la Congrégation de la foi, surtout du fait qu'elle a lancé quelques graves accusations sur mes idées concernant des éléments importants de la foi catholique (christologie, mariologie) alors que ces questions n'ont jamais donné lieu à aucun procès romain contre moi. Je recentre alors tout mon exposé sur la question centrale : mes idées sur le magistère et sur l'infaillibilité, que la Congrégation de la foi n'a considérées que de façon partiale et négative.

En ce qui concerne le premier concile du Vatican, mon intention n'a jamais été d'en renier les dogmes en remettant en question l'autorité du ministère pétrinien, ou de faire de mon idée le critère de la foi chrétienne, en troublant ainsi la foi du peuple catholique. Tout au contraire, je n'ai fait que demander comment, étant donné les difficultés théologiques bien connues, on pouvait fonder solidement sur l'Écriture et la tradition la croyance en l'infaillibilité de certaines propositions du concile.

C'est pour moi une vraie question, et le débat sur l'infaillibilité qui s'est ensuivi à un niveau international aura au moins eu un résultat : beaucoup de théologiens, dont on n'a jamais songé à contester le caractère catholique, ont reconnu la nécessité et la justesse de cette interpellation.

Ma demande finale :

Je vous prie donc instamment de me croire, quand, parfaitement conscient du risque que je prends, je dis vouloir rendre service à l'Église en lui demandant de clarifier dans un esprit chrétien ce point sur lequel tant de gens achoppent dans l'Église catholique ou en dehors. Cette question est essentielle, précisément en regard de l'entente avec l'Église orientale à laquelle le pape vient de donner une nouvelle impulsion riche d'espérance en instituant à cet effet une nouvelle commission. Cette déclaration est portée par l'espoir que nous pourrons trouver dans un esprit catholique une solution positive au conflit présent et aux innombrables conséquences qui en découlent.

Dr Hans Küng, professeur de dogmatique et de théologie œcuménique de la faculté de théologie catholique et directeur de l'Institut de recherches œcuméniques de l'université de Tübingen.

Tout comme le professeur Walter Kasper, Mgr Moser a été entièrement d'accord avec ce texte. Il reconnaît en outre que je me suis montré extrêmement disposé à admettre un compromis sur les questions théologiques. L'ensemble de mon exposé paraît pour le moment parfaitement satisfaisant même à mes collègues conservateurs de la faculté de théologie catholique de Tübingen. J'exprime par ailleurs à plusieurs reprises à Mgr Moser mon souhait de pouvoir avoir avec le pape un entretien qui clarifierait les choses, ce qu'on m'a jusqu'à présent toujours refusé. Je ne le demande pas par vanité mais parce que je pense que, dans cette situation de crise qui préoccupe l'ensemble de l'Église catholique, mais aussi des gens en dehors d'elle, une conversation personnelle aiderait puissamment tout le monde tant elle irait de soi entre chrétiens.

L'Université prend position.

Jeudi matin, 20 décembre : une délégation des professeurs de la faculté (le doyen Bartholomäus, le vice-doyen Lohfink et le porte-parole des professeurs, Haag) se présente à l'évêché, chez

Mgr Moser. De façon très formelle, à ce que l'on rapporte, le doyen lui lit la lettre des professeurs du 19 décembre qu'il tend ensuite à l'évêque. De son côté, celui-ci explique les circonstances malheureuses auxquelles est dû le retard de la lettre au doyen et parle de la pression à laquelle il a été soumis à Bruxelles.

Le lendemain, dans une lettre au doyen Bartholomäus, il résume l'entretien de la veille et, répondant à la prière instante de l'Université de ne pas révoquer la *missio canonica* du professeur Küng, il déclare :

> Dans les circonstances présentes, je ne puis dire ni dans un sens positif, ni dans un sens négatif. Le 19 décembre 1979, je me suis arrangé pour avoir un entretien avec le professeur Küng. En raison des résultats auxquels nous en sommes arrivés, je veux maintenant me tourner vers le siège apostolique et chercher à lui ouvrir à nouveau la possibilité d'un entretien lui permettant de se situer. Tout au long de ces négociations délicates et difficiles, tout le monde me presse de chercher un terrain d'entente. J'ai personnellement pris le risque de différer les mesures qu'on attend que je prenne. Je dois demander à la faculté de comprendre que je ne puis prendre sur moi d'aller plus loin et de fixer les choses.
>
> Finalement, je voudrais encore demander au doyen de la faculté de maintenir comme moi une base de confiance. C'est uniquement ainsi que nous pourrons trouver un moyen de régler le conflit en cours.

Mais désormais l'Université s'engage aussi dans l'affaire. En accord avec un vote des professeurs de la faculté de théologie catholique, Adolf Theis, président de l'Université, et les autres membres du présidium publient une longue déclaration : « L'Université de Tübingen détermine que le professeur Hans Küng reste toujours professeur ordinaire de dogmatique et de théologie œcuménique de la faculté catholique et, à ce titre, dispose sans aucune limite de toute la capacité d'enseigner. » En annexe, il rappelle les dispositions du droit concordataire concernant le retrait d'une habilitation d'enseignement, chose qui ne s'était encore jamais produite dans l'Université.

Le retrait de cette habilitation ne prive pas le professeur concerné de son droit de liberté de recherche et d'enseignement. « L'Université n'ignore pas qu'il y a vraiment des tensions entre certaines dispositions du concordat d'Empire, du fait de l'art. 4, 140 de la loi fondamentale, et le droit fondamental de liberté de recherche et d'enseignement. Elles tiennent cependant avant tout à ce que le droit de l'évêque du diocèse de révoquer l'habilitation ecclésiastique d'enseignement ne touche pas le droit corporatif statutaire d'un professeur, de telle sorte que le professeur Küng peut poursuivre sa recherche et son enseignement à l'Université, même si l'Église ne reconnaît plus dans son activité les conditions qu'elle pose à la formation de ses prêtres et de ses ministres ecclésiastiques. »

En fin de compte, le présidium de l'Université constate une détérioration globale des relations entre l'Université et les autorités ecclésiastiques : « L'Université constate avec inquiétude les conflits croissants entre les membres de la faculté de théologie catholique et les autorités ecclésiastiques. Déjà du simple fait de sa prétention de garantie de son statut en tant que corporation autonome, elle représente sans aucune limite son professeur Hans Küng, sans prétendre pour autant influencer le procès ecclésiastique ou s'y opposer face à l'Église ou à l'opinion publique. Tel est le point de vue qu'elle défendra fermement devant le gouvernement de Bade-Wurtemberg. »

Tractations entre le Vatican et Tübingen.

Le 21 décembre 1979, Mgr Moser s'envole vers Rome avec mon texte du 20 décembre en main. Le pape lui a accordé une audience le jour même. Pour les initiés, il n'est cependant pas étonnant que le Vatican ne tienne pas sa parole : Mgr Moser ne sera pas reçu par le pape. Il doit une fois de plus se débrouiller pour parler au cardinal Šeper, le peu judicieux président de la Congrégation de la foi, et avec le cardinal secrétaire d'État, Mgr Casaroli, un homme prudent. Qu'en ressort-il ? Il lui promet simplement de transmettre mon texte au pape. L'évêque n'a naturellement aucune possibilité de contrôler la chose. Le voyage à Rome en valait-il la peine ? Il obtient tout au moins l'assurance que le pape invitera à Rome le représentant de l'épiscopat allemand avant le Nouvel An. Bon signe ou mauvais signe ?

Dès son retour de Rome, le 22 décembre, Mgr Moser m'informe téléphoniquement du résultat. Nous nous mettons en même temps d'accord pour nous rencontrer chez moi le samedi 23 décembre. Cet entretien dure également presque trois heures. Outre les informations sur sa visite à Rome, nous discutons en premier lieu des tentatives de médiation.

Je peux faire voir clairement à l'évêque qu'il serait impensable et irresponsable de faire le jour suivant, 24 décembre, veille de Noël, une nouvelle déclaration. Il me demande donc de rassembler mes écrits théologiques sur les questions disputées : cela pourrait lui servir d'arguments lors des prochaines tractations. J'ai déjà ce matériau tout prêt chez moi, et je le transmets à l'évêque dès le 24 décembre.

Dans ces circonstances, je pense avoir fait tout ce que je pouvais à Tübingen. Il est entendu avec l'évêque que je peux donc retourner passer la veillée de Noël à Lech où j'ai laissé tout mon fourniment, et que je pourrai passer Noël en toute tranquillité, contribuant ainsi à calmer la presse. Nous envoyons à celle-ci le communiqué suivant : « Après l'entretien du 19 décembre entre Mgr Moser et le professeur Küng consacré à la recherche d'un accord, Mgr Moser a pu se rendre à Rome pour présenter sa position dans cette affaire. Il disposait aussi d'une prise de position du professeur Küng. Après Noël, le pape recevra un représentant de la Conférence épiscopale allemande pour traiter de l'affaire. Mgr Moser sera invité. » Tout semble bien réglé. Mais que se passe-t-il ?

La lettre de l'évêque de la veillée de Noël.

Bien que, lors de notre rencontre du 23 décembre, nous nous soyons mis d'accord, l'évêque et moi, sur le fait que je ne fasse aucune nouvelle déclaration théologique et qu'il ait su mon départ, le 24 décembre au soir, pendant la veillée même de Noël, en dépit de ses promesses, il m'écrit une lettre dont le ton et le contenu diffèrent profondément de ceux de nos entretiens précédents. Il est possible qu'on (Rome ? Höffner ? La Conférence épiscopale ?) l'ait forcé de tenter de m'arracher encore plus de concessions. Quand un évêque a montré qu'on pouvait le faire chanter, on continue à le faire.

Joli cadeau de Noël ! Comme je ne suis plus à Tübingen, Mgr Moser appelle personnellement le Dr Hermann Häring, représentant de l'Institut de recherches œcuméniques, père de famille. Häring se rend à Rottenburg pour prendre la lettre. Il l'ouvre et m'en transmet téléphoniquement le contenu. Il est ici sans importance de redire ces « questions de Noël » formulées de façon parfaitement inquisitoriale. En fait, rien de neuf :

il s'agit toujours des éternels problèmes d'infaillibilité et de christologie. Nous trouvons parfaitement affligeant d'entendre l'évêque conclure d'un ton menaçant : « À la lumière de Noël, je vous prie une fois de plus du fond du cœur de consentir enfin à contribuer à une solution du conflit. Autrement, pour reprendre les mots du cardinal Döpfner le 6 mai 1975, je ne saurais plus guère comment vous aider. Lors de l'entretien à Rome qui aura vraisemblablement lieu le 28 décembre, je souhaite vraiment pouvoir le faire, si toutefois j'ai en main des rétractations écrites, au plus tard jeudi 27 décembre 1979 à 20 heures. Je ne puis que vous prier de m'envoyer une réponse, en dépit de ces jours de fête. »

Mais Mgr Moser fait aussi savoir à Häring qu'il se contenterait d'avoir une réponse de lui au nom de Küng. Ce qui se passe. Le lendemain de Noël, 26 décembre, le professeur Norbert Greinacher va lui-même porter et commenter la lettre à l'évêque. Il le prie instamment de m'emmener avec lui à Rome « afin que, en cet instant critique, le pape, qui a l'habitude de prendre personnellement en main beaucoup d'affaires, ait l'opportunité de discuter avec un théologien de notre Église qui a passé des décennies à travailler en toute conscience et en toute honnêteté pour le bien de cette Église, à l'intérieur et à l'extérieur ». Cette prière sera-t-elle exaucée ?

Après Noël, on apprend la composition de la délégation des évêques allemands : à côté de Mgr Moser et de l'archevêque métropolitain de Fribourg, les trois cardinaux, Höffner, Ratzinger et Volk. Pas un seul porte-parole, au contraire. Dans une interview à l'agence de presse catholique qui a lieu immédiatement avant son départ, le cardinal Höffner exprime ses préventions de façon coupante. Étant donné la composition de cette délégation, on ne peut guère douter de l'issue de cette « médiation ». Ou bien Mgr Moser réussira-t-il à obtenir quelque chose ?

Une fois de plus, je cherche à prendre un peu de distance de tous ces événements accablants des semaines passées et à trouver un peu de repos après ces mois épuisants, en allant skier dans l'air pur et froid des Alpes. Pendant toute la période qui a précédé et suivi Noël, « le cas Küng » a été le centre d'intérêt des médias. Symptomatique à cet égard, un petit épisode amusant un jour de poudreuse, à 2000 mètres d'altitude. Nous sommes à trois dans une cabine de remonte-pente. Mon accompagnatrice demande à un garçon de peut-être douze ans d'où il vient.

« De Würzburg. Et vous ?

– De Tübingen. Tu sais bien par où passe le Neckar ?

– Non, je ne sais pas, mais je sais que c'est là qu'habite Küng, celui qui a affaire au pape.

– D'où sais-tu ça ? Par tes parents ?

– Ah non ! Ils ne lisent que *Öl*.

– D'où, alors ?

– Du journal.

– Là, à ta droite, c'est Küng.

– Vous rigolez peut-être ? »

Je lève mes lunettes et le regarde amicalement. Il est visiblement épouvanté : « C'est vrai ! » Nous sommes arrivés. Il se précipite tout excité vers ses parents...

Öl (pétrole). L'intérêt que les médias portent à la menace qui pèse sans trêve, même à Noël, sur les intérêts pétroliers occidentaux du fait de la brutale invasion de l'Afghanistan par les Soviétiques, dépasse de beaucoup celui qu'ils portent à la démonstration de force romaine contre moi. Le 26 décembre, l'URSS a envoyé ses parachutistes et ses blindés jusqu'en Hindu Kush et, en dépit d'une violente résistance, s'est emparée des villes les plus importantes du pays en déclenchant ainsi une guérilla au terme de laquelle elle devra cependant retirer honteusement ses troupes. Une victoire à la Pyrrhus !

Le vendredi 28 décembre 1979, je reviens de Lech à Tübingen ; notre état-major de crise se réunit à 18 heures. Car c'est ce même jour que le pape Jean-Paul II reçoit la délégation allemande ainsi que les dirigeants de la Congrégation de la foi dans sa résidence bien protégée de Castel Gandolfo. L'entretien dure cinq heures. Vers 19 heures j'apprends par des gens de la presse qui suivent chaque pas des évêques à Rome que la rencontre est terminée. Quand mon évêque va-t-il me parler ? À tout instant, je suppose. Il ne peut pourtant pas se mettre à ma place.

Trente-six heures d'angoisse. Décision papale négative.

Après ces journées d'avant Noël au cours desquelles j'ai loyalement discuté avec Mgr Moser, et après avoir obtenu sa promesse que je pouvais compter sur lui, je suis en droit d'escompter qu'il me mettra immédiatement au courant du résultat de l'entrevue avec le pape, et, avec mes amis, nous attendons d'heure en heure son appel. Il en va de mon sort de théologien catholique, de professeur d'université, de chrétien. Je suis persuadé qu'il m'informera dès son retour à Rottenburg. Je finis par attendre seul, tard dans la nuit. Mais rien ! Rien ne se passe.

Le samedi 29 décembre, j'apprends que Mgr Moser est de retour. Je tente à plusieurs reprises de l'atteindre au téléphone. Mais c'est toujours la même maudite tactique, celle dont il a usé après l'intervention romaine : il se fait constamment absent et son vicaire général lui-même ne peut ou ne veut pas me renseigner. Ni parole ni écrit : pendant trente-six heures, Mgr Moser me laisse dans l'incertitude sur mon destin.

Ce n'est que le dimanche matin, 30 décembre 1979, que j'apprends enfin l'issue de « la médiation ». Par téléphone ! Non pas de ça de Mgr Moser ni d'un de nos dignes seigneurs de Rottenburg ! Mais d'un Italien quelconque de la nonciature à Bonn, qui me fait connaître d'une voix sèche et impersonnelle *la décision du pape* : *négative*. Aucune possibilité d'entretien avec le pape. Il s'en tient au retrait de mon habilitation ecclésiastique.

Je n'oublierai sans doute jamais ces heures affreuses. Mon évêque non plus, de son point de vue. Il ne cherchera plus jamais à reprendre contact avec moi et il ne se montrera plus jamais à l'université de Tübingen. Plus d'une fois au cours des années suivantes, je lui ferai savoir que je suis toujours disposé à le revoir. Mon signal reste sans écho. Je puis l'affirmer hautement : l'échec de la médiation ne tient pas à mon intransigeance. Tout au contraire : je soutenais la médiation de Mgr Moser à Rome, et c'est elle qui a échoué.

Mais poussé par-derrière, réduit à la défensive, Moser a tenté de faire retomber la faute sur moi. On a par tous les moyens répandu dans le public la nouvelle que c'était moi le coupable. Beaucoup y ont cru : tout était dû à mon « orgueil » et à mon « entêtement ». Celui qu'on frappe devient celui qui frappe. Dans le clergé en particulier, l'appel à « l'humilité » a toujours été un argument frappant. Dans les organismes diocésains, je ne dispose évidemment d'aucun moyen de me défendre. Tout au contraire, je suis désormais barré de la liste d'adresses de l'ordinariat pour tout imprimé envoyé au clergé ou à l'Académie catholique de Stuttgart, où on accueille pourtant chaleureusement même des athées et des gens de toutes sortes qui n'ont rien à voir avec l'Église, tout comme dans d'autres lieux de formation du clergé. Entrée interdite ! Dans maints cercles ecclésiastiques, le bruit continue à courir que Küng était parti faire du ski pendant que le pauvre Mgr Moser se battait sans relâche pour obtenir un compromis. Ainsi travestit-on la vérité.

Comme évêque, Mgr Moser a sûrement fait de bonnes choses et il s'est courageusement engagé pour moi tant que cela ne lui a personnellement rien coûté. La presse n'a rien exagéré en parlant de ses mérites. Mais, comme beaucoup de théologiens de Tübingen, du diocèse et d'Allemagne, je regrette que, après tous ces événements, cet évêque plein de bonne volonté, extrêmement capable, qui avait si bien commencé, n'ait plus été ce qu'il avait été. Sa carrière ecclésiastique en avait pris un coup. Ce ne fut pas lui qui succéda à Ratzinger comme cardinal archevêque de Munich, comme on s'y attendait. Son image libérale lui avait fait perdre sa crédibilité et, à l'aune romaine, ce ne sont pas ses idées réformistes qui lui auraient valu de l'avancement. Psychiquement, le conflit pesa lourd sur lui jusqu'à ce qu'une maladie des reins l'emporte prématurément en 1988.

« Dans la peine et l'incompréhension ».

Je réponds au retrait de ma *missio* désormais juridiquement décidé par la déclaration suivante (que j'abrège un peu) :

C'est dans la peine et l'incompréhension que j'ai pris connaissance des négociations romaines. Le pape condamne quelqu'un qu'il n'a pas entendu. La devise romaine : *« Audiatur et altera pars »* (« On doit aussi écouter l'autre partie ») n'a pas cours dans la Rome papale. Bien que je lui aie plusieurs fois écrit, et encore tout récemment par l'intermédiaire de l'évêque de Rottenburg, en le pressant de m'accorder une audience, le pape n'a pas jugé nécessaire d'écouter personnellement un théologien catholique qui a cherché pendant des décennies à servir l'Église au mieux de sa conscience et de son entendement. On a oublié Jean XXIII et le concile Vatican II. Rome ne supporte manifestement aucune « correction fraternelle », aucune critique loyale, aucun appui fraternel, aucune interpellation lancée dans un esprit de solidarité. On prêche à l'extérieur les droits de l'homme et l'amour chrétien, mais, à l'intérieur, on les méprise, en dépit de toutes les belles paroles.

Les autorités romaines et les dirigeants de l'Église allemande ne se sont pas rendu compte que, dans le conflit présent, il ne s'agissait pas seulement du « cas Küng », mais de l'Église qui, depuis le concile Vatican II, a raté sa chance d'un renouveau ;

Non pas du cas d'un théologien isolé, mais de tous ceux, connus ou non, passés ou à venir, que les autorités obligeront à s'aligner;

Non pas du cas de quelques fidèles, mais de l'unité de l'ensemble de l'Église et de la crédibilité de la hiérarchie de l'Église;

Non pas seulement de l'infaillibilité du pape, mais de son autorité morale à l'intérieur et à l'extérieur;

Non pas seulement d'un conflit intérieur, mais de la réussite de l'entente œcuménique.

Mon bilan: en dépit des mesures disciplinaires contre lesquelles je n'ai cessé de m'insurger, je reste non seulement membre et prêtre de l'Église catholique, mais professeur ordinaire de dogmatique et de théologie œcuménique. Ma préoccupation essentielle, c'est toujours de transmettre de façon compréhensible le message de Jésus-Christ à nos contemporains, ainsi que je l'ai fait jusqu'à présent. Chaque fois qu'il est possible d'échanger sur un pied d'égalité, je suis prêt à dialoguer et à apprendre de l'autre. Je ne cesserai de lutter contre la résignation avec tous ceux qui se sont battus à mes côtés, ce dont je les remercie de tout cœur. Nous voulons continuer à travailler ensemble pour une Église vraiment chrétienne.

Mais qu'est-ce qui va se passer maintenant? Personne ne le sait. Une chose est en tout cas sûre: le cas n'est pas réglé, contrairement à ce qu'espérait Rome.

XII

« Roma locuta – causa non finita »

> *« Là où le lecteur est aussi sûr, qu'il poursuive avec moi ; Là où il hésite, qu'il m'interroge ; Là où il découvre une erreur chez lui, qu'il s'en tienne à moi ; Là où il en voit une chez moi, qu'il me reprenne. »*
>
> AUGUSTIN[1]

Depuis *Infaillible ? Une interpellation*, ce propos autocritique de l'évêque Aurelius Augustin (354-430) ne cesse de me courir dans la tête. Il l'a écrit au début de son génial *Traité de la Trinité* où, au lieu de répéter le dogme, il ose essayer de le penser à neuf. Il va de soi que, pour ma part, je me corrige dès qu'on me signale une erreur.

En revanche, la parole qu'on cite aussi souvent de lui, *« Roma locuta, causa finita »*, « Rome a parlé, la cause est réglée », celle qu'il aurait, dit-on, prononcée au cours d'un sermon contre les pélagiens, ne remonte pas à cette époque. La citation originale (*Sermo 131*, 10, 10) le montre bien : il s'agit d'un raccourci, ce qui fausse son sens. Chez Augustin, ce n'est pas Rome qui a le dernier mot, mais ce sont les deux synodes africains qui ont condamné Pélage et qui n'attendent de Rome qu'un renfort bienvenu. Or ce propos ne vaut pas plus après le concile Vatican II.

En 1967, Rome publie l'encyclique sur le célibat et provoque carrément la mise en discussion de cette règle ecclésiastique médiévale.

En 1968, en dépit de la propagande et des moyens de pression auxquels on a eu recours, l'encyclique sur la régulation des naissances n'est pas reçue par le peuple catholique.

En 1979, en dépit de l'Inquisition et des dénonciations, le retrait de mon habilitation d'enseignement n'a pas réussi à me marginaliser ni à m'éliminer comme théologien catholique, car...

1. *De Trinitate*, I, 3, 5.

Le combat continue.

Dès le 30 décembre, l'Université publie une déclaration. Elle y dit regretter la décision romaine. Elle remercie Mgr Moser pour son intervention médiatrice et elle espère qu'on reprendra le dialogue dans un temps prévisible. « L'Université se propose une fois de plus comme médiatrice. Elle souhaite que les deux côtés marquent leur volonté de parvenir à un accord et reprennent le dialogue. Tous doivent être conscients de la tension qui existe entre la liberté religieuse et la liberté de la recherche et de l'enseignement... L'Université l'a bien fait remarquer dans sa déclaration du 21 décembre 1979 : il faudra beaucoup de temps pour examiner toutes les conséquences juridiques de ce retrait d'habilitation ecclésiastique d'enseignement. Pendant ce temps, le statut de droit corporatif du professeur Hans Küng ne sera pas modifié[1]. »

Le même jour, le cardinal Höffner et Mgr Moser donnent un communiqué sur la déclaration du Saint-Siège. Maints collaborateurs et secrétaires de l'évêque sont furieux du supplément de travail qui leur tombe dessus en cette période de Noël, d'autant que dans les diocèses, dans les journaux, dans les groupes, beaucoup d'entre eux font montre de sympathie pour ma cause. Si celle du magistère était si claire, y aurait-il besoin de tant de déclarations et d'explications de la déclaration ?

Il ne sert à rien de répéter ici tous ces propos. J'ai déjà bien montré comment le cardinal Höffner a tort de s'appuyer sur le cas Schillebeeckx. Son affirmation selon laquelle il ne pouvait être question que le pape me reçoive en audience n'est pas moins fallacieux. Dès les premiers mots de son propos, cela sonne faux : « La déclaration du professeur Hans Küng selon laquelle il faut bien réduire au silence des critiques gênants est de mauvaise foi. » La mauvaise foi, c'est au contraire de faire silence sur les appels à la réforme, ceux dont se plaignait la Conférence épiscopale en prenant position contre mon livre *Être chrétien*, mais qu'on ne mentionne désormais même plus, tant la grande majorité du peuple chrétien les fait siens : en haut lieu, on les a remplacés par des mises en accusation de ma christologie qui échappent à la plupart des fidèles.

1. Pour les développements qui suivent, voir Dokumentation III, n° 2.26. à 2.34.

Quoi qu'il en soit, les dés sont jetés. Le 31 décembre, à la fin de 1979, cette année si néfaste pour moi, au moment où les gens se préparent à fêter l'année nouvelle, Mgr Moser envoie la lettre qu'il avait jusque-là gardée sous le coude au professeur Helmut Engler, ministre des Sciences du Bade-Wurtemberg :

> Avec le consentement du pape, j'ai fait mienne la décision de la Congrégation de la foi. En raison de ma responsabilité d'évêque, je vous demande donc de mettre fin à l'enseignement du professeur Hans Küng et je révoque son Nihil obstat. En outre, conformément à l'article 19 du concordat d'Empire – en lien avec l'article 3 du concordat bavarois, l'article 12 du concordat prussien et l'article 10 du concordat badois ainsi qu'aux protocoles qui leur sont afférents – je vous demande de me fournir l'appui nécessaire pour trouver un remplaçant capable de répondre aux besoins de la faculté de théologie catholique de Tübingen. Si le professeur Hans Küng ne renonce pas de lui-même à la position juridique qui est la sienne en tant que membre de la faculté de théologie catholique, je dois vous prier d'ordonner son exclusion de cette faculté.

On aurait pu s'attendre à ce que, après avoir été si bien préparé par le couple Homeyer-Lehmann, un tel bombardement à coups de solennelles déclarations romaines et épiscopales suffise pour régler publiquement et définitivement le cas de ce théologien plusieurs fois désavoué. Mais non ! En Allemagne, l'incompréhension et le découragement sont grands. Pris de panique, le cardinal Höffner et les évêques se décident donc à se lancer dans une action à longue portée très inhabituelle. On peut penser que la nouvelle tactique offensive a été coordonnée par le même duo qu'avant et peut-être exécutée par les mêmes nègres.

Un prêche en 3,5 millions d'exemplaires.

Le retrait définitif de mon habilitation d'enseignement a provoqué des réactions hostiles, et parfois violentes dans toutes les couches de la population, catholique ou non, y compris dans le clergé. À ce qu'on entend dire, la plus grande partie des milliers de lettres envoyées au cardinal Höffner et aux évêques critiquent ou même refusent les mesures officielles. En Allemagne, trop nombreux sont les gens qui savent fort bien qui a pris leur parti contre une hiérarchie figée et coupée du peuple. Ils n'ont que trop de raisons de penser que la gigantesque manœuvre déclenchée contre un théologien isolé ne va pas dans leur sens.

Comme ni les proclamations ni les actions lancées n'ont d'effet, la Conférence épiscopale se décide donc à recourir à une arme qu'elle n'a même pas eu l'audace d'employer contre Hitler, le criminel, ni contre le national-socialisme. Maintenant, face à un théologien unique, il n'y a plus besoin de beaucoup de courage, donc on ose : on imprime donc à 3,5 millions d'exemplaires une lettre pastorale signée nommément par tous les évêques allemands, bien qu'elle n'ait pas été soumise à leur discussion. On devra lire en chaire cette fort peu « bonne nouvelle » le 7 janvier, jour où on célèbre solennellement l'épiphanie du Seigneur dans toutes les églises catholiques, depuis Flensburg jusqu'au lac de Constance.

Le chancelier Konrad Adenauer était convaincu que « si les évêques allemands avaient d'un commun accord dénoncé du haut de la chaire les crimes, déjà bien connus, de Hitler en prenant clairement position contre le national-socialisme, cela aurait changé bien des choses. Cela ne fut pas le cas, et c'est impardonnable[1]. » Il va de soi que, en disant cela, je n'entends pas mettre en balance ces deux situations fort différentes, et je ne peux comparer ma condamnation par la hiérarchie romaine aux persécutions nazies ; mais la question n'en demeure pas moins : devant l'histoire, est-il pardonnable que, le 7 janvier 1980, les évêques allemands aient pu faire lire dans toutes les églises allemandes une lettre pastorale contre un unique théologien qui s'était engagé « à temps et à contretemps » pour son Église ?

Ce 7 janvier, beaucoup de pasteurs se sont refusés à lire au cours de la messe cette lettre pastorale contre moi. D'autres ne l'ont lue qu'en partie, et d'autres en ont fait la critique. On entend partout dire que mes livres ont beaucoup plus aidé en catéchèse, en pastorale ou en formation des adultes que toutes les lettres pastorales des évêques. Quoi qu'il en soit, on considère la démarche de la Conférence épiscopale comme injuste, et même comme non chrétienne. Le cardinal Ratzinger est si furieux contre la résistance de son clergé que, plusieurs semaines plus tard, à l'occasion des fêtes pascales de 1980, il enverra à tous ses

1. K. ADENAUER, « Brief an den Bonner Pastor Dr Bernhard Custodis » du 23 février 1946, cit. dans : G. DENZLER – V. FABRICIUS, *Die Kirchen im Dritten Reich*, t. II, Francfort, 1984, p. 255.

prêtres une lettre circulaire les avertissant qu'ils devaient redire aux gens ce qu'il leur demandait de dire « sous peine de manquer à la promesse d'obéissance qu'ils avaient faite à leur évêque le jour de leur ordination[1] ». Idée sublime, mais tordue.

Dans l'Église catholique, on voit donc à quoi peut conduire l'obéissance, non pas à Dieu ou à sa conscience, mais à « Monseigneur » l'évêque. En 1981 encore, au cours d'une session de pastorale du diocèse de Munich, un pasteur bien connu défendra devant le cardinal Ratzinger son refus de lire en public sa lettre pastorale contre Hans Küng. Il qualifiera de mensonge le prétexte avancé pour lui retirer son habilitation d'enseignement : « Il ne croirait plus à la divinité du Christ ? La véritable raison, c'est la remise en question de l'infaillibilité et de l'encyclique *Humanae vitae.* » Mgr Gregor von Scherr, le lointain prédécesseur de Ratzinger à l'archevêché de Munich, avait déjà combattu cette infaillibilité au concile Vatican I, mais Rome l'avait finalement forcé à donner son accord et à se défaire de Ignaz von Döllinger, le grand historien munichois de l'Église, qui était également contre cette définition.

Maintenant, cent ans après ces événements, les évêques en sont toujours au même point : ils se contentent de répondre sèchement au clergé et aux gens qui les « interpellent » sur le problème : Dieu a garanti au pape et aux évêques une assistance de l'Esprit Saint qui les protège de toute erreur, dès lors qu'ils traitent de foi ou de morale – par exemple de contraception. Quant à savoir comment on justifie cette assurance à partir de l'Écriture et de la tradition ?... C'était pourtant devant cette absence de fondement du dogme que la plupart des évêques allemands avaient quitté le concile en 1870. Mais les prêches en chaire ne répondent toujours pas à la question et les « explications » qu'on propose ne disent toujours rien : on se contente de déplacer la question en la voilant sous un prétexte « christologique ».

Au fond, les catholiques n'ont qu'à accepter. Vatican I a raison parce qu'il a dit qu'il avait raison. Dans sa définition de l'infaillibilité, le concile dispose du Saint-Esprit parce qu'il prétend agir selon cet Esprit. Cela justifie donc parfaitement un procès contre un théologien, puisque le magistère ne peut avoir tort. J'entends simplement le noter : on est constamment dans un cercle vicieux puisqu'on argumente toujours en partant de ce qu'on veut

1. *Süddeutsche Zeitung* des 5 et 6 avril 1980.

prouver. Ce n'est pas pour rien que les Églises réformées et les orthodoxes refusent *a priori* le dogme de l'infaillibilité. Rien d'étonnant non plus que ce conflit s'éternise et que les arguments épiscopaux se répètent, tandis qu'il y a de moins en moins de catholiques à admettre cette vérité de foi.

Contre les falsifications et les mensonges.

Le 11 janvier 1980, trois jours après cette action nationale, j'y réponds par une brève prise de position : « Je regrette profondément qu'on ait porté le débat en chaire. On a déclenché tout l'appareil de l'Église contre une unique personne, en dépensant pour cela des centaines de milliers de marks de l'impôt d'Église, plus des millions pour l'édition de documents, de brochures, de lettres pastorales, le tout pour ne communiquer qu'une information incomplète et partiale. La justice et la fraternité auraient demandé qu'on offrît à l'intéressé la possibilité d'exposer sa position théologique au peuple catholique. »

Non : dans la presse d'Église, il n'existe nulle possibilité de se défendre. C'est pourquoi c'est vers les médias publics que je me tourne pour protester contre toutes ces allégations fausses :

1. Je suis toujours resté ouvert à la discussion et aux corrections, ceci au cours des innombrables entretiens avec l'évêque local, la Conférence épiscopale allemande et la Congrégation romaine de la foi, et j'ai continuellement demandé à m'entretenir avec le pape.

2. Je n'ai fait que refuser un procès d'inquisition où l'enquêteur est en même temps l'accusateur et le juge, où on refuse de me communiquer les actes, où je ne peux pas choisir mon défenseur, où on délibère en mon absence et où il n'existe aucune possibilité d'appel. Tout cela en parfaite contradiction avec l'article 6 de la Déclaration européenne des droits de l'homme[1].

3. Ni en Allemagne ni à Rome, on n'a instruit de procès contre mes dernières publications. Cela vaut aussi bien pour *Être chrétien* que pour mes textes les plus récents sur l'infaillibilité. La documentation de la Conférence épiscopale allemande à ce sujet

1. On pourrait encore le dire du Vatican actuel, mais non le signer, car cela supposerait de nombreuses modifications d'un code de droit canon moderne, mais en fait encore très médiéval.

est incomplète. Je ressens en particulier les présentations officielles de ma christologie comme totalement à côté de la plaque.

4. J'en appelle une fois de plus à tous les cercles de l'Église catholique, en particulier au niveau des paroisses, à discuter sans préjugé des développements les plus récents et à se procurer une description exhaustive de mes visions des choses.

Beaucoup de membres du clergé se rendent d'ailleurs parfaitement compte du caractère mensonger des allégations officielles et en souffrent. En 2006 encore, j'ai reçu d'un parent la lettre écrite par un curé de Munich décédé depuis quelque dix ans. Peu avant sa mort, il avait écrit une lettre au cardinal Ratzinger, un « cri de plainte et d'accusation que je n'ai cessé de refouler depuis des années ». Et, sur plusieurs pages, ce prêtre, un doyen, exprime à son archevêque la frustration qui est la sienne. Sa lettre culmine dans cette accusation :

> En 1938, au lycée, notre professeur principal me menaça de renvoi de l'école parce que, dans une rédaction, j'avais traité du sujet « votre idéal de vie » en expliquant que, « à une époque dominée par le mensonge et la propagande, je rêvais de devenir prêtre du Christ pour rendre témoignage de la vérité ». À cette époque, je n'aurais pu imaginer que mon Église se comporterait de façon pire encore du fait qu'elle étoufferait toute interrogation sur le chemin de la vérité et de l'authenticité sous la chimère de l'infaillibilité au point que des gens comme vous ou comme vos confrères dans l'épiscopat, tous ceux qui, lors du synode de Würzburg, n'ont pas voulu aborder la question des divorcés remariés et trouver un moyen de mettre fin à leur exclusion, finissent par en perdre toute crédibilité. Qui se souvient ici de la parole du Christ à la hiérarchie de son temps : « Malheur à vous, scribes et pharisiens, hypocrites ! » C'est ce mensonge, drapé dans la chimère de l'infaillibilité, qui est vraiment aujourd'hui le péché capital de notre Église. C'est cela qui crie vers le ciel. Je ne sais pas s'il faut dire que le premier responsable en est Karol Wojtyla, le pape de cette époque ; car je ne le connais que pour l'avoir vu figurer à la télévision. Mais je vous rends responsable de ce mensonge, vous.

Ce cri d'accusation, je l'ai entendu des centaines de fois, et le cas que je cite n'en est qu'un parmi beaucoup d'autres. Sur son lit de mort, ce prêtre ne reçut de réponse de son archevêque que sous forme de carte de Noël avec sa bénédiction pour l'année à venir. Deux semaines plus tard, il était mort.

Une chaire à Zurich ?

Immédiatement après cette proclamation en chaire du message de la Conférence épiscopale allemande, je reçois, en date du 8 janvier 1980, une importante lettre de Suisse. Son auteur se présente comme le « président du parti populaire suisse » du canton de Zurich, conseiller national et protestant. Il s'agit en fait d'un politicien zurichois bien connu, le Dr Christoph Blocher, juriste riche et très influent, fils d'un pasteur et homme politique zurichois, qui jouera un rôle central dans la politique suisse à partir de 2004 en tant que ministre de la Justice. Sur certains points, il a des visions de droite qui ne sont pas du tout les miennes (contre l'ONU et l'Europe). Mais cela ne doit pas m'empêcher de parler de cette lettre qui reste encore aujourd'hui à son honneur.

Il ne me connaissait qu'à partir de mes livres et par la presse. « Ce que vous avez écrit m'a beaucoup impressionné. Les controverses dans l'Église catholique sont beaucoup plus importantes que les tentatives d'amélioration actuelles dans l'Église protestante. »

Il considère ma situation de façon réaliste : « Le retrait de votre habilitation pourrait signifier que vous ne disposerez plus d'aucune faculté pour lancer votre message. Ce serait fatal. C'est pourquoi j'ai réfléchi à ce que je peux faire pour vous dans cette situation – quand ce ne serait que parce que nous sommes tous les deux suisses. J'en suis arrivé à l'idée qu'il serait peut-être bon pour vous d'accepter à la faculté de théologie de Zurich une chaire que l'on créerait *ad personam.* » Mais il veut me demander mon avis avant de rien entreprendre. « Sans doute une telle proposition venant d'une faculté de théologie suisse réformée vous nuirait-elle plus qu'elle ne vous servirait. »

Le Dr Blocher n'entend créer aucun malentendu : « Il ne s'agit absolument pas pour moi d'une affaire politique, dimension qui n'entre pas en ligne de compte dans cette dispute. Il ne s'agit pas non plus de vous arracher à Tübingen au profit de Zurich (même si notre ville aurait tout à y gagner), mais uniquement de vous donner la possibilité de poursuivre votre "recherche de la vérité" dans l'Église et dans le monde à partir d'un lieu précis. Au cours des difficiles jours à venir, je vous souhaite la force de prendre les bonnes décisions et je vous salue amicalement. Christoph Blocher. »

Voici donc qu'on m'ouvre doucement une porte de sortie : *l'émigration... dans ma patrie !* À cette heure, ce signal est important pour moi. Si je ne peux plus continuer en toute liberté à Tübingen mon travail de recherche et d'enseignement, ce serait possible à Zurich, la grande cité suisse connue pour sa qualité de vie ! Cela suivant l'exemple de Karl Barth, l'inspirateur de l'Église confessante qui s'était dressée contre le nazisme : il avait dû renoncer à sa chaire de Bonn pour prendre celle que l'université de Bâle avait créée *ad personam* pour lui. La Suisse : comme pour beaucoup d'émigrants, un havre de liberté !

Du fait des milliers de lettres en attente, je ne puis répondre que le 28 janvier. Je remercie vivement le Dr Blocher pour son engagement en ma faveur. Mais « heureusement, à Tübingen, les organes universitaires sont de mentalité démocratique, et on m'assure qu'on s'attelle à une solution acceptable pour les deux côtés ». Je retiens toutefois cette option : « Si je vois se dessiner un quelconque développement extraordinaire, je vous le ferai savoir tout de suite. »

Un écho international

Dès le 10 janvier, avant même ma réponse à la lettre pastorale des évêques, ma faculté a, en mon absence, voté par neuf voix et une abstention une adresse aux évêques et à moi-même demandant une révision des conclusions : « La faculté prie le Sénat de la faculté d'envisager toutes les hypothèses possibles pour que le professeur Hans Küng reste membre de la faculté de théologie catholique. Elle appelle à une rapide clarification des questions juridiques litigieuses[1]. » Le 18 janvier, l'hebdomadaire *Die Zeit* publie un dossier qui comporte deux articles, l'un du professeur Herbert Haag, (« Hans Küng et son Église : chronologie d'une inquisition[2] »), l'autre de moi-même (« Pourquoi je reste catholique »). Je marque une fois de plus clairement que j'entends toujours exercer mon ministère dans le cadre de la faculté de théologie catholique.

L'attaque romaine du 18 décembre 1979 a déclenché des réactions tout autour du globe. On ne peut compter les commentaires

1. Dokumentation III, n° 2.32.
2. Dokumentation III, n° 2.34.

qui se multiplient partout. Je peux en consulter quelques-uns. Chaque semaine, je reçois quelque dix mille lettres, dont 10 % seulement négatives. Les archives des actes des événements allant du 18 janvier 1979 à la mi-avril 1980 occupent quelque 40 classeurs de l'université.

La nouvelle documentation « Le cas Küng » publiée par Norbert Greinacher et Herbert Haag regroupe 50 prises de position de groupes et d'organisations importants. Onze déclarations de solidarité de théologiens me réjouissent tout particulièrement : les télégrammes de 70 théologiens nord-américains, les déclarations de 50 théologiens espagnols, les lettres de 145 professeurs de facultés de théologie de la République fédérale au cardinal Höffner, la déclaration de 50 professeurs de théologie catholique de Suisse et une autre déclaration de théologiens d'une faculté protestante ; une résolution de la Society of Christian Ethics, ainsi que beaucoup d'autres.

Des organisations de jeunesse catholique se prononcent aussi clairement en ma faveur : une lettre ouverte de la Direction des communautés de jeunes catholiques ; une prise de position des jeunes travailleurs, des étudiants et des paroisses de grandes écoles, du Haut Comité de la jeunesse catholique allemande.

Je dois tout particulièrement mentionner les prises de position très nettes venant de ma patrie suisse : à la Hofkirche de Lucerne, lieu de ma première activité pastorale, grand rassemblement avec 25 banderoles : « Dialogue, et non pas pouvoir », « C'est ainsi que l'Église devient une secte » ; « Droits de l'homme ? OUI – Inquisition ? NON » ; « Église officielle ou Küng : quel est le perturbateur ? » « Pohier, Schillebeeckx, Mgr Iniesta Jiménez, Küng... À qui le tour ? » « Croyant ou soumis ? » « Après le concile, la glaciation » ; « Après le concile, l'exil ».

Une lettre ouverte envoyée aux évêques de Suisse, *Action pour les droits de l'homme dans l'Église*, recueille 15 500 signatures. Suit un écrit détaillé faisant des propositions concrètes aux évêques[1]. Non seulement les étudiants suisses de théologie catholique envoient une lettre ouverte au pape Jean-Paul II, mais l'Union des écrivains suisses et des artistes suisses prennent la parole. Tout cela montre à quel point l'affaire éveille de l'intérêt bien au-delà des cercles de l'Église.

1. Au sujet de ces développements, voir Dokumentation III, n° 3.1-50.

Inversement les réactions de l'œcuménisme sont marquées de distance et de prudence. Bien sûr, le Conseil mondial des Églises publie le 19 décembre « une prise de position concernant l'action contre le professeur Hans Küng » et, le 18 février 1980, le secrétaire général du Conseil mondial, le Dr Philip Potter, communique une prise de position du comité exécutif de Strasbourg. De même l'Église vieille-catholique. De façon frappante, en Allemagne, pas de déclaration du Conseil des Églises protestantes du pays, pourtant si ouvertes à toutes les questions possibles. Cela confirme la critique que je leur avais faite : la légèreté et l'opportunisme dont elles font preuve en se moulant sur la hiérarchie catholique.

L'honneur du protestantisme allemand est cependant sauvé surtout du fait de la faculté de théologie protestante de Tübingen qui, dès le 19 décembre, a envoyé une lettre de solidarité et en a appelé au ministre compétent pour qu'il cherche un accord avec l'évêque afin que le professeur Hans Küng puisse poursuivre son enseignement à la faculté de théologie catholique de Tübingen. Ont entre autres signé ce texte : Otto Betz, Klaus Scholder, Luise Abramowski, Martin Hengel, Oswald Bayer, Peter Stuhlmacher, Dietrich Rössler, Heiko Oberman, Jürgen Moltmann, Karl Ernst Nipkow, Ernst Käsemann, Eberhard Jüngel[1]. Il est caractéristique de voir que Peter Beyerhaus, le meneur évangélique, l'ami de Ratzinger, n'en est pas.

Le même soir, je reçois la visite des professeurs Martin Hengel et Eberhard Jüngel. Ils m'expriment leur compassion et leur solidarité et me déclarent clairement que, au cas où il n'y aurait pas d'autre solution, je serais le bienvenu dans leur faculté. C'est tout à l'honneur de la faculté protestante. Cependant, comme il ne s'agirait pas d'une simple invitation d'hôte semestrielle, mais bien d'un poste permanent, ils comprennent fort bien que cela reviendrait à donner raison à mes adversaires ; ceux-ci l'interpréteraient comme une capitulation et comme un passage au protestantisme. Les facultés de théologie protestantes de Marbourg, Hambourg et Strasbourg m'expriment aussi leur solidarité, ainsi que la Harvard Divinity School et les facultés catholiques de Nimègue, Münster, Mayence et Paderdorn, tandis que celles de Bonn, Fribourg et Munich éludent le problème.

Je dois aussi ma reconnaissance à presque toutes les associations catholiques du diocèse de Rottenburg-Stuttgart qui ont

1. Voir Dokumentation III, n° 4.1 à 9.

pris position en ma faveur ; évidemment à l'École des hautes études de Tübingen, mais aussi aux séminaristes diocésains, à la communauté sacerdotale de Rottenburg, aux enseignants religieux du diocèse, à la jeunesse catholique, et finalement même au conseil diocésain qui siège sous la présidence de l'évêque. Presque personne ne se prononce pour celui-ci. Mais, dans le système ecclésiastique allemand, lié à l'État par le concordat et l'impôt d'Église, l'évêque n'a nul besoin de tenir compte ni du clergé ni du peuple, au grand dam de beaucoup de contribuables qui déplorent l'absence d'un contrôle efficace et démocratique et le refus de toute intervention de leur part.

Mais celui qui est très déçu, c'est Alfons Auer, professeur de morale, ce collègue de faculté dont j'ai déjà parlé. C'est lui qui avait déclaré à un de ses amis, professeur d'allemand, que, privé de ma mission, je serais jeté par la fenêtre avant quinze jours. Il se tourne maintenant contre moi avec six autres collègues. Cependant, plus déçue encore : la Congrégation de la foi : elle s'était convaincue que, du fait du retrait de ma *missio*, le cas Küng serait définitivement réglé avant Noël. Or l'affaire continue à occuper la presse nationale et internationale, ce qui vaut à Rome un Noël et des vœux de Nouvel An assez moroses.

La solidarité des théologiens.

Il n'y a à peu près aucun théologien important à s'être abstenu de dire son mot dans la bagarre. La documentation comporte quelque 40 prises de position imprimées[1]. On pouvait certes s'attendre à ce que certains d'entre eux, qui avaient déjà écrit contre moi et travaillaient leur carrière romaine – Hans Urs von Balthasar, Walter Kasper, Karl Lehmann, Joseph Ratzinger, prissent position en faveur de la Congrégation romaine de la foi. Se joignent aussi à eux Alexander Hollerbach, le juriste de l'Église d'État, et Axel von Campenhausen (à la différence d'Ernst Gottfried Mahrenholz et Klaus Scholder). De façon étonnante, Karl Rahner, qui avait lancé l'hallali contre moi en me traitant de « protestant libéral », déclare n'avoir rien trouvé à redire à *Être chrétien* : « J'ai vraiment lu le livre de Küng de A à Z. Peut-être n'y en a-t-il pas beaucoup à l'avoir fait (en

1. Voir Dokumentation III, n° 5.1 – 40.

cela il se trompe). Mais je dois dire que je n'ai pu y découvrir aucun affront à l'encontre d'un dogme précis de la christologie. » Formulation restrictive... mais quand même !

Particulièrement attendue, la déclaration de Heinrich Fries (Munich), qui paraît sous le titre : « Hans Küng – Un témoin de la foi chrétienne ». Elle se conclut par ces mots : « En 1979, l'Église catholique est-elle devenue étroite et peureuse au point de ne plus pouvoir reconnaître comme théologien Hans Küng, même si on peut lui faire quelques critiques justifiées ? Et cette même Église est-elle si prodigieusement riche de théologiens doués dont la voix porte dans le monde entier pour qu'elle puisse sans façon se débarrasser de lui[1] ? »

Mes collègues et amis de Tübingen s'expriment naturellement de façon positive : les catholiques, Norbert Greinacher, Hermann Häring, Karl-Josef Kuschel, Hans Nagel, Johannes Neumann[2]. Mais les théologiens protestants marquants : Eberhard Jüngel (« Quelle doit être la liberté de la théologie ? ») et Jürgen Moltmann (« Hans Küng, Rome et l'Évangile ») prennent aussi position en ma faveur. D'autres se joignent à eux. Heinrich Ott (« Danger pour l'espérance œcuménique »), Wolfhart Pannenberg (« Une impudence »), Heinz Zahrnt (« 30 décembre 1979 : rien de nouveau à Rome ») et Peter Højen (« Épines sur le chemin de l'unité : une décision infaillible dans la perspective œcuménique »).

Andrew Greeley, le théologien et sociologue catholique de Chicago, est clair, comme toujours : « Cette atteinte aux droits de l'homme, telle qu'on peut l'observer dans les cas de Schillebeeckx et de Küng, leur vaut à tous deux une immense sympathie et une grande popularité, tandis qu'elle ne vaut qu'hostilité au pape. Quand les caricaturistes le décrivent comme un ayatollah catholique, pas un fidèle ne proteste. Le pape

1. Dokumentation III, n° 5.5.

2. Ces manchettes sont similaires à celles de beaucoup d'autres théologiens catholiques. Voir Dietrich WIEDERKEHR : *Fall Küng oder Fall Glaubenskongregation ?* Peter STOCKMEIER : *Im Gespräch mit anderen Konfessionen will Küng das Trennende abbauene.* Ludwig KAUFMANN : *Pohier, Schillebeeckx, Küng und das Recht der Gläubigen.* Josef BLANK : *Die Schlinge um den Hals.* Stephan PFIRTNER : *Auf der Suche nach Irrlehren.* Gerhard DAUTZENBERG : *Der Sache des Glaubens nicht angemessen.* Wolfgang SEIBEL : *Folgen eines Lehrverfahrens.* Finalement aussi celle de l'historien catholique Friedrich HEER : *Hans Küng : ein Königsopfer.*

n'est sûrement pas un ayatollah, mais en cédant à la vindicte de la hiérarchie allemande dans le cas Küng et à la malveillance de la Congrégation de la foi dans le cas Schillebeeckx, il a provoqué de graves dégâts, dans l'Église, mais aussi à soi-même[1]. »

Dès le 20 décembre se forme à Tübingen un Comité pour la défense des droits de l'homme dans l'Église. Inge et Walter Jens y joueront un grand rôle. On est choqué de voir combien ces mesures inquisitoriales contredisent le commandement d'amour et de réconciliation de Jésus. [...] Au lieu d'appliquer les droits fondamentaux de tout homme, ces acquis de la Révolution française en y voyant des modèles des droits chrétiens, ce qui serait de son devoir, l'Église d'aujourd'hui se contente de les proclamer, mais est encore loin de les appliquer chez elle. C'est pourquoi nous refusons tout recul de ces droits démocratiques qu'ont reconnus les Lumières, en particulier celui de la liberté de pensée et d'opinion libre de toute entrave. Finies les mises au pas des penseurs critiques. Finies ces procédures qui donnent tous les droits aux accusateurs, mais à peu près aucun à l'accusé. Finies ces relations de dépendance obligée qui ignorent tout de la collégialité, de la fraternité, mais reposent sur l'autorité, la discipline et l'obéissance. Finies ces atteintes à la tolérance et à l'attention aux autres[2].

Suivent les signatures de Heinrich Albertz (Berlin), Josef Blank (Saarbrück), Walter Dirks (Fribourg), Otto Herbert Hajek (Stuttgart), Ernst Käsemann (Tübingen), Johann Baptist Metz (Münster), Jürgen Moltmann (Tübingen), Rolf-Michael Schulze au nom des lecteurs de *Publik*. Cette déclaration réunit finalement 7000 signataires.

Mais ce qui me touche le plus, c'est la conclusion d'Yves Congar à la fin de son long article dans *Le Monde*.

En 1964 ou 1965, un cardinal me racontait que Paul VI lui aurait dit : « Je cherche des jeunes théologiens qui puissent assurer la suite des anciens. » J'ai pensé à Hans Küng, mais il me semble qu'il n'a pas assez d'amour. Je ne veux pas dire qu'il manque d'amour pour le Christ et l'Église. Il les aime même passionnément, mais pas de la même manière que Paul VI, ni non plus, qu'il me soit permis de le dire, pas de la même manière que moi. L'amour de Küng pour le Christ et l'Église s'exprime

1. Dokumentation III, n° 5.33.
2. Dokumentation III, n° 3.8.

en premier lieu par sa loyauté absolue envers l'histoire et les besoins de son temps. C'est cet amour qui porte son travail. Il le pousse à formuler les attentes et les espoirs de la base et à entendre les pénibles questions de la Réforme et de la critique moderne. Église de Dieu, ma mère, qu'as-tu fait de cet enfant difficile, mon frère[1] ?

Un cas politique : l'accord des partis.

Tandis que Helmut Kohl, avec lequel j'ai eu tant d'entretiens amicaux, garde diplomatiquement le silence, Hans-Dietrich Genscher, président du FDP et ministre des Affaires étrangères, le déclare carrément au cours d'une rencontre de son parti, le 6 janvier 1980, à Stuttgart : « Le ministre des Sciences de ce pays, patrie de Schiller, de Hegel, de Kepler, de Melanchthon et de Hölderlin, peut tout clarifier d'un mot. Il lui suffit de dire que, quoi que décide le Vatican en ce qui concerne la formation des prêtres, le professeur Hans Küng reste à Tübingen. La République fédérale allemande est un État libre. Ici, c'est la liberté de la science qui compte, pas le dogme de l'Église. En matière de croyances, nous donnons la parole, non pas au conflit, mais au respect réciproque. Avec tout le respect qu'on doit au droit qu'a l'Église de déterminer elle-même le critère doctrinal et moral de ses exigences envers ses serviteurs et ses membres, l'État ne peut ni ne doit se laisser imposer les critères de l'Église catholique dans ses rapports avec les professeurs de l'Université[2]. »

Au départ, Lothar Späth, ministre-président du Bade-Wurtemberg, ne sait pas très bien ce qu'il en est et adopte spontanément la position de l'évêque. Mais Erwin Teufel, président de la fraction CDU du Parlement du Bade-Wurtemberg, est un catholique qui a une formation théologique d'esprit Vatican II et se montre *a priori* critique vis-à-vis de la décision vaticane. Accompagné du porte-parole auprès de la presse, Hans Georg Koch, il vient me rendre visite le 18 janvier 1980. Au cours d'un repas de travail, nous discutons à fond de tous les aspects du problème : théologiques, juridiques et politiques. À la fin, il m'assure que, en tant que représentant de la fraction majoritaire

1. Dokumentation III, n° 5.7.
2. Dokumentation III, n° 3.50.

du Parlement, la solution ne sera pas politique, mais de droit d'État. C'est seulement alors que je réalise le sens second que peut prendre le mot « politique ». La veille, le 17 janvier, j'avais enfin rencontré à Stuttgart Helmut Engler, le ministre des Sciences du Bade-Wurtemberg : un entretien que l'Université m'avait garanti et que lui-même souhaitait, mais dont je n'avais pas pu conclure s'il n'aspirait pas à une solution « politique ». Au terme de celle-ci, j'avais été heureux de pouvoir prendre un verre de vin avec Mgr Sommer, le doyen catholique de Stuttgart, qui avait manifestement pris courageusement parti pour moi.

Le 30 janvier 1980, sur la proposition de la fraction CDU, le Parlement du Bade-Wurtemberg débat du problème, car, explique la fraction, l'intervention romaine met en danger la délicate relation de l'État et de l'Église. Roland Hahn, porte-parole du SPD, déclare : « Si Hans Küng s'en va, ce ne sera pas seulement une perte inestimable pour le corps professoral, pour les élèves et pour la science de cette faculté, mais cela signifiera aussi la soumission totale de l'État aux prétentions du Saint-Siège d'avoir non seulement le premier mot, celui de la nomination, mais aussi le dernier, celui de la révocation[1]. Les facultés catholiques seraient alors réduites à la fonction d'annexes des séminaires diocésains. Elles perdraient leur double charge, celle d'institution ministérielle et celle d'institution de théologie scientifique. Le travail d'enseignement de la faculté de théologie catholique doit se poursuivre – avec Hans Küng. »

Erwin Teufel, président de la fraction CDU, marque avec force que l'on doit maintenir tant le principe de la liberté religieuse (art. 4 de la Constitution), donc la neutralité de l'État, que celui de la liberté de recherche et d'enseignement (art. 5). « Ce dont on discute, c'est de savoir si, au terme du concordat, le départ de Hans Küng est nécessaire, ou s'il est possible de le garder avec un statut particulier. Nous soutenons la proposition du SPD en demandant au gouvernement du Land de faire connaître en temps opportun à la commission permanente son jugement sur la situation juridique et sur les mesures envisagées. » Heinrich Enderlein, porte-parole du FDP, s'exprime dans le même sens, de telle sorte qu'il existe clairement un étonnant consensus de tous les partis à mon sujet.

1. Dokumentation III, n° 3.49.

Les pieux juristes des relations Église-État.

Après s'être entretenu avec moi, avec Mgr Moser et avec Theis, président de l'Université, Engler, ministre des Sciences, assure qu'il chargera un juriste de l'extérieur, spécialiste des relations Église-État, de rédiger un mémoire sur lequel toutes les personnes concernées pourraient s'exprimer. La proposition semble convaincante. L'inconvénient de ce mémoire me saute vite aux yeux. Le juriste de l'extérieur est Ulrich Scheuner, professeur de droit constitutionnel. Il est bien connu pour avoir fidèlement servi les nazis sous le IIIe Reich : dès 1934, il avait rédigé un grand article où il justifiait la prise de pouvoir par les nationaux-socialistes et l'abandon des principes de l'État de droit libéral. En tant que membre fidèle du parti nazi, il défendait la suprématie de la communauté et du peuple sur la personne. Après la guerre, il avait donc toutes les raisons de se mettre au service du pouvoir et de la hiérarchie de l'Église, et tous ses mémoires abondaient dans son sens. On me dit très vite qu'il ne fallait m'attendre à rien de bon de sa part. Ceci d'autant plus que le mémoire fut finalement rédigé, non pas par lui, car il était déjà en retraite, mais pas un jésuite au nom prédestiné, le père Listl[1], qui avait déjà rédigé plusieurs mémoires de ce genre pour la nonciature et la Conférence épiscopale. Je ne peux donc pas compter sur un rapport impartial.

Je sais que la hiérarchie catholique romaine peut disposer de tous les avocats, de l'argent et des moyens juridiques qu'elle désire, et je me suis donc assuré moi-même de l'appui d'un spécialiste du droit concordataire et universitaire, le Dr Dietrich Bahls, de Heidelberg, spécialiste aux formulations précises. Il me conseillera par la suite dans toutes mes démarches juridiques et vérifiera mes lettres importantes au ministère. Cela me coûtera une coquette somme, mais je considère que ma survie à l'université de Tübingen vaut bien cela. Nous nous retrouvons plusieurs fois à Tübingen ou bien nous nous téléphonons.

Je me rends aussi à Spire voir le professeur Helmut Quaritsch qui enseigne à la célèbre École des hautes études de droit administratif, et qui est presque le seul spécialiste vraiment critique en matière de relations juridiques Église-État. Il me fait remarquer

1. *Listl* signifie « rusé » *(NdT)*.

la précarité de ma situation. Je n'ai que rarement eu affaire à des experts de cette discipline. Tout comme les rares représentants du droit énergétique n'ont à écrire que pour des compagnies d'électricité, ainsi en est-il de la plupart des représentants du droit Église-État : ils sont au service de l'institution ecclésiastique. Je ne peux donc pas m'attendre à ce que des collègues, dont la plupart travaillent pour la hiérarchie catholique en cherchant constamment à se faire bien voir d'elle, viennent s'engager en faveur d'un théologien que cette hiérarchie considère comme un « rebelle » et a donc pris en grippe.

Cette description de la situation de cette discipline tournera tellement au noir que le juriste des relations Église-État protestera avec fureur quand j'oserai en faire état lors de la session du Sénat de l'université où on traite de mon cas ; ce en quoi il ne fera que confirmer involontairement que je ne disposerai jamais de l'appui des juristes ordinaires spécialistes en la matière. Le fait que le juriste en question n'hésite pas à diffamer le professeur Quaritsch, un homme que tout le monde respecte (il habiterait au bord de la forêt et se ferait garder par des chiens...) me fait bien voir par quels moyens « juridiques » les experts du droit savent opérer dans les cas de non-droit.

Maintenant, avant le débat au Parlement, je peux exposer par écrit et en détail au ministre des Sciences ma vision de ma situation juridique[1]. Avec citations et documents à l'appui, je peux prouver que :

– le décret romain du 15 décembre 1979 n'a été précédé d'aucun procès conforme à la règle ;

– on ne m'a donné aucune possibilité de m'exprimer sur le nouveau procès ;

– Mgr Moser a d'ailleurs lui-même fait remarquer toutes les graves carences de procédure au préfet de la Congrégation de la foi, téléphoniquement, de Bruxelles, puis par écrit, dans une lettre qu'on continue à cacher au public ;

– Mgr Moser n'a finalement pas procédé au retrait de la *missio* en toute liberté, mais seulement sur injonction de Rome.

Je conclus de tout cela qu'il s'agit d'une « manipulation malhonnête des clauses du concordat ». Dans le cas précis, « l'évêque n'a été qu'un organe d'exécution de la curie romaine. Le concordat part pourtant du principe que les évêques doivent

1. Dokumentation III, n° 6.1.

agir de plein droit sous leur propre responsabilité. » C'est pourquoi je prie le ministre de vérifier la légalité du procès. « Une clarification me paraît la condition *sine qua non* pour savoir si la demande de l'évêque de Rottenburg-Stuttgart est recevable par l'État. » On ne peut absolument pas considérer comme droit d'État ce que la hiérarchie catholique romaine considère comme « justifié » dans son cercle intérieur.

Un court résumé de cette lettre, sans tous les détails juridiques, parvient aussi à tous les députés du Parlement du Bade-Wurtemberg[1]. Je suis satisfait du débat qui s'ensuit. Mais je ne m'attends pas au fatal développement de l'affaire à Tübingen.

La trahison des sept.

Jusqu'ici, la solidarité de mes collègues avait été sans faille. Elle s'était manifestée dès le 18 décembre, et elle s'était confirmée lors de la décision du 10 janvier 1980, en dépit de toutes les pressions ecclésiastiques. Je ne sais bien sûr pas ce qui s'est passé dans les coulisses, entre Tübingen et Rottenburg. Toujours est-il que le matin du 1er février, deux jours après le débat au Parlement, les professeurs Auer, Lohfink et Reinhardt se présentent chez moi et me font part de l'intention de quelques-uns de leurs collègues de faire leur propre déclaration publique. En raison des tractations en cours et du travail que me demande la rédaction d'une longue lettre à Mgr Moser, je leur demande instamment de la différer.

L'après-midi, il y a session de la faculté, puis un dîner d'adieu chez Haag, qui prend sa retraite. L'ambiance est extrêmement tendue. Chez certains collègues (la majorité ?), je flaire de la froideur, de l'animosité, de l'hostilité. On se sent fort, et on me fait sentir mes faiblesses, à moi, la « star » de la faculté à laquelle on ne peut pas toucher. N'a-t-on pas derrière soi l'évêque, « Rome », « l'Église » ? La question la plus impudente est celle d'un collègue qui, bien qu'ordonné prêtre, n'a jamais exercé la moindre fonction sacerdotale, prédication, célébration eucharistique : il me demande pourquoi j'accorde tant d'importance au fait d'être théologien catholique. Au bord de la colère, je lui réponds que c'est parce que j'ai agi dans cette université catholique bien avant qu'il ne soit là. Une soirée sinistre.

1. Dokumentation III, n° 6.2.

Cette séance ne me laisse rien augurer de bon. Cela ne m'empêche pas de me rendre le lendemain matin à Ulm où on m'accueille avec enthousiasme dans une grande réunion d'enseignants religieux. Ceux-ci ont continuellement recours à mes livres pour leurs cours de religion, chose souvent bien difficile aujourd'hui, et pour lesquels ils ont besoin d'informations fondamentales, honnêtes et compréhensibles. Ah, si ces professeurs, leurs élèves et les gens de leur paroisse pouvaient voter ! Mais, dans une hiérarchie qui se tient pour « l'Église », on ne parle plus guère du « peuple de Dieu ».

On avait retenu depuis longtemps la date du 4 février pour le dernier cours de Herbert Haag, notre collègue et ami, professeur d'exégèse vétérotestamentaire, qui, à soixante-cinq ans, prenait sa retraite. Sa conférence portait sur « La valeur originale de l'Ancien Testament ». Juste avant le début des festivités, Adolf Theis, président de l'Université, me fait savoir téléphoniquement que je dois d'abord me présenter au rectorat car il a une importante communication à me faire. Le professeur Walter Kasper et deux autres collègues de la faculté sortent de chez lui.

À mon arrivée dans le bureau du recteur, celui-ci me fait savoir sans détour qu'il a une triste information à me transmettre : le lendemain matin paraîtra dans le *Frankfurter Allgemeine Zeitung* et dans le *Schwäbisches Tagblatt* une longue prise de position de sept de mes collègues de la faculté. De façon voilée, certes, mais cependant bien claire, ils se disent partisans de mon exclusion de la faculté de théologie catholique[1]. Une *trahison* qui me laisse atterré. Ils avaient tous les sept été élus à l'université avec ma voix. Or, dans une faculté de douze membres, ils forment désormais la majorité. La photo prise immédiatement après, où je suis dans la salle à côté du professeur Haag, me montre avec un visage consterné. Le professeur Greinacher, qui, face aux sept autres, fait partie de la minorité des cinq avec le doyen Bartholomäus, le professeur Haag, le professeur Lang et moi-même, avait encore parié quelques semaines plus tôt : « Si on en vient au serment, tu auras tes onze collègues derrière toi. »

Effectivement, pourquoi n'aurais-je pas dû compter sur ces sept-là ? (Taire leur nom ne ferait que provoquer de fausses spéculations) :

– sur Gerhard Lohfink, le professeur de Nouveau Testament, lui aussi défenseur de l'exégèse historico-critique, qui sait

1. Dokumentation III, n° 3.31.

toujours parler avec conviction de Jésus et de son annonce du Royaume de Dieu ?

– sur Hermann Josef Vogt, le professeur de l'histoire de l'Antiquité chrétienne qui connaît tant de cas d'« hérétiques » faussement condamnés ?

– sur Rudolf Reinhardt, le professeur de l'histoire la plus récente de l'Église qui a admirablement décrit la façon dont, au XIXe siècle, la faculté a déplacé l'accent des Lumières à l'école de Tübingen, plus orientée vers Rome ?

– sur Ludger Oeing-Hanhoff, le philosophe qui a parlé de façon si pathétique de l'histoire de la liberté moderne ?

– sur Max Seckler, le théologien fondamental qui a rédigé un petit écrit sur Wilhelm Koch, dogmaticien de Tübingen au début du XXe siècle, que l'on a remis au pas de façon injustifiée ?

– sur Alfons Auer, le moraliste qui, en théologie morale traditionnelle, a ouvert la voie à une éthique autonome ?

– sur Walter Kasper, le théologien dogmatique, qui a été mon assistant et à l'habilitation et à la nomination duquel j'ai tant contribué, avec qui j'ai travaillé tant d'années la main dans la main ?

À l'heure du danger, pourquoi m'ont-ils fait défaut ?

Mais « un ami à l'heure du malheur, il faut chercher profond », dit le proverbe. Manifestement, la pression de la hiérarchie – quatre d'entre eux sont du diocèse de Rottenburg et sont à tu et à toi avec l'évêque – est devenue si forte qu'ils ont dû se résoudre à faire ce pas. Dans quelle mesure a pu jouer aussi un certain ressentiment, l'envie surtout ? Je ne puis que le supposer. Après le retrait définitif de ma *missio* par l'évêque, ces théologiens font donc preuve d'un étonnant revirement et la presse étale maintenant leur déclaration. Et quel document !

Flagorneries, obséquiosités, dissimulations vaseuses.

Il n'y a guère eu de déclaration de professeurs à avoir déclenché une telle fureur à l'université de Tübingen. Ce texte tordu et plein de restrictions, parsemé de compliments, n'est d'un bout à l'autre que mensonge. Bien entendu, aucun des sept ne fournit lui-même aucune preuve de l'infaillibilité du pape et des évêques. Les sous-titres de leur texte auraient pu être les miens, donc parler en ma faveur, mais mes collègues les retournent contre moi : « Comment les chrétiens se comportent entre eux», «Seule la question de la vérité confère à la lutte dignité et honneur», «Il s'agit vraiment de la vérité en théologie», «Les facultés de théologie en danger». Comme si, pour ne reprendre que ce dernier sous-titre, c'était moi qui discréditais les Universités d'État, et non l'intervention romaine et ses exécuteurs épiscopaux !

Quoi qu'il en soit, chez ces collègues, finis les doutes d'hier. Désormais, ils interprètent au contraire les mesures coercitives romaines comme «un appel magistériel à l'objectivité». Ils reprennent textuellement les accusations de l'autorité en insinuant que, théologien, je prends comme critère de la vérité, non pas le sens de l'Église, mais mon seul jugement propre (voir la déclaration du 15 décembre 1979), que je m'arroge «le magistère suprême de l'Église». Un énorme mensonge ! Politiquement et juridiquement, cela m'est fatal. Les sept tranchent de façon négative ce que la décision de la faculté avait encore laissé ouvert le 10 janvier 1980 : «Qui pourrait consentir ou souhaiter qu'une faculté catholique admette en son sein et de façon permanente un théologien sans mission canonique ? Cela ne ferait que saper le statut scientifique et les garanties constitutionnelles et concordataires qui sont les siennes.» Qui «sape» quoi ?

Mais cela saute aux yeux : cette déclaration de la majorité des professeurs catholiques m'ôte toute possibilité de rester dans cette faculté[1]. Elle étouffe dès le départ tout le processus engagé pour me procurer un statut de mission libre en son sein. Les sept m'ont étranglé, sans m'accorder aucune chance. Aujourd'hui encore, on colporte dans les cercles catholiques le propos qu'ils ont fait courir partout : si j'étais resté, Rome aurait «fermé» ou «dissous» la faculté, ce sont donc eux qui l'ont sauvée. Quelle bêtise ! Comme si Rome disposait d'un tel pouvoir sur une faculté universitaire d'État et se serait laissé entraîner dans une épreuve de force généralisée entre l'Église et l'État !

Mais l'opinion publique perçoit tout de suite la manœuvre. Le jour même, 5 février 1980, le *Schwäbisches Tagblatt* écrit : «La défense de Küng à l'Université tombe en miettes ; sans *missio*, il n'est plus rien dans la faculté. Majorité écrasante pour l'exclusion du théologien.» Et la *Presse du Sud-Ouest* du 6 février écrit : «Sept collègues de Küng lancent un ostracisme théologique. Profonde déchirure à l'intérieur de la faculté – le

1. Dokumentation III, n° 6.6.

doyen dépassé – les tractations avec le Land sont torpillées. » Sous le titre : « Un coup dans le dos », le *Schwäbisches Tagblatt* du 6 février commente : « Quand une majorité des professeurs ordinaires d'une faculté, ce que dans un autre contexte on appellerait une "majorité qualifiée", tombe sur le dos d'un collègue avec une déclaration aussi énorme, on ne comprend plus très bien ce qui se passe, car un tel jeu d'intrigues ne répond sûrement pas à leur mission. Le texte de leur prise de position montre clairement qu'ils considèrent comme de leur devoir de manipuler les mots. Ces sept professeurs sont assez scribes pour formuler en termes ambigus des pensées claires. »

Puis, en termes généraux (ou plutôt tarabiscotés), on laisse entendre que, pour équilibrer les choses, il faut aussi voir que... et viennent quelques infâmes coups de côté donnés de manière telle que, après coup, on pourra dire que ce n'était pas ce qu'on voulait dire... et des formules banales que n'importe quelle personne sensée pourrait signer mais qui n'ont pas grand-chose à voir avec le cas concret ni avec le nerf de l'affaire, et qui laissent indirectement voir où on veut en venir. Quand l'Église officielle a retiré sa *missio* à Küng, rappelle-t-on à plusieurs reprises, il ne faut pas confondre cette Église officielle et l'Église, pas plus qu'il ne faut confondre les sept signataires de la déclaration et la faculté, même si les auteurs du mauvais coup semblent faire la même chose[1].

Comment continuer ? Le doyen convoque la faculté, rappelle la décision prise le 10 janvier et se plaint qu'on ne l'ait pas consulté, ni lui ni ses autres collègues. Une lettre des étudiants, du conseil académique et des assistants de la faculté de théologie catholique prend position contre les sept. Le 7 février 1980, le Sénat de l'université de Tübingen rédige une résolution où il demande à la présidence d'entreprendre toutes les démarches possibles et juridiquement valables pour trouver entre les deux parties un compromis permettant au professeur Küng de rester à la longue membre à part entière de la faculté de théologie catholique... Le Sénat demande à tous les membres de l'institution et à tous les protagonistes de s'abstenir de toute prise de position publique (sauf au cas où il serait nécessaire de répondre tout de suite à une intervention publique venant de l'extérieur), afin de ne pas compromettre le succès des efforts entrepris[2].

1. Dokumentation III, n° 3.31.
2. Dokumentation III, n° 2.35.

Pour n'avoir pas à discuter à ce niveau avec mes collègues, je laisse tomber mon dernier cours de ce semestre d'hiver si riche en événements. Ça suffit ! Le professeur Christophe Weber, historien de Düsseldorf, pense la même chose que moi : un des sept, le professeur d'histoire contemporaine de l'Église, l'avait invité à donner des cours à la faculté de théologie catholique de Tübingen. Le 6 février, il envoie le télégramme suivant au doyen de la faculté : « Parmi tous les documents de l'histoire de l'Église allemande des XIXe et XXe siècles que je connais, la déclaration que les sept ont faite aujourd'hui est un des plus honteux. En fait de flagorneries, d'obséquiosités, de dissimulations vaseuses, je n'ai encore jamais rien vu de tel. Cette atroce façon de marcher obséquieusement sur les œufs ne témoigne que d'une chose : lâcheté et hypocrisie. Je ne pourrai donc naturellement pas faire cette conférence[1]. »

En dépit de toutes ces désillusions, une chose me redonne courage : l'engagement des étudiants : sous la direction de Norbert Kunze, le Mentorat théologique publie une documentation exhaustive sous le titre : « Réflexions, informations et incitations en vue d'une discussion objective », et elle l'envoie le 11 février à Josef Homeyer, secrétaire de la Conférence épiscopale à Bonn. Elle comporte entre autres une comparaison entre la documentation de la Conférence épiscopale et celle de Walter Jens, parue entre-temps. Homeyer ne réagira que le 14 avril. Il répondra avec irritation aux reproches qu'on lui fait et se lancera dans des contre-attaques violentes. Mais il invitera cependant une délégation du cercle de direction à venir discuter à Bonn. L'échange aura effectivement lieu le 11 juin 1980, mais sans aucun résultat positif. Résultat négatif, si : parmi les étudiants membres de cette équipe de direction, on n'en admettra qu'un au service de l'Église, et tous les autres seront récusés pour des raisons cousues de fil blanc.

Pression sur la presse.

La hiérarchie catholique romaine de la République fédérale allemande dispose d'un pouvoir considérable, ceci d'un triple point de vue : 1) *juridique* en raison du concordat avec Hitler, toujours

1. Dokumentation III, n° 3.31.

valable, et qu'on interprète toujours en sa faveur ; 2) *financier*, en raison des milliards d'impôts perçus chaque année par l'État pour elle ; 3) *politique* : en raison des nombreuses relations avec des personnalités de l'État, des partis, de l'économie. Que peut une personne isolée contre cela ?

Les personnes concernées font fort sagement silence sur les pressions de l'évêque de Rottenburg sur plusieurs membres de la faculté de Tübingen, en particulier sur ses amis du diocèse. Mais je sais parfaitement ce qu'il en est par exemple du journal local de Rottenburg et de Tübingen, le *Schwäbisches Tagblatt*. En janvier 1980, je suis frappé de le constater : jusqu'à présent, tout en rendant fidèlement compte des prises de position de l'évêque, ses commentaires soutenaient manifestement la liberté académique de la recherche et de l'enseignement. Mais soudain son ton et sa tendance changent. On se garde manifestement de prendre directement parti pour moi, et on répand la version épiscopale des faits. Que s'est-il passé ? C'est seulement deux décennies plus tard que Christoph Müller, éditeur et rédacteur en chef du journal, un homme notoirement non conformiste, me racontera comment il avait reçu alors un coup de téléphone de l'évêque de Rottenburg qui l'avait brutalement menacé : il appellerait à un boycott du *Schwäbisches Tagblatt* s'il ne changeait pas la tendance de ses communiqués. Cela fut suffisant : il changea.

Pour ne prendre qu'un autre exemple, je n'ai jamais découvert pourquoi, du jour au lendemain, je n'ai plus vu ni à peine eu un signe de vie du correspondant de presse tübingois de la Deutsche Press Agentur de l'époque (il habitait dans la campagne de Rottenburg). Or, pendant longtemps, il s'était montré reconnaissant de la moindre nouvelle que je lui communiquais et il venait même souvent chez moi pour en avoir. Même les réclamations auprès de la rédaction centrale de Hambourg pour avoir retenu des communiqués sous le coude restent sans effet. Je ne puis que le supposer : le « Saint Empire », la « hiérarchie », a le bras long.

Même l'orientation du *Frankfurter Allgemeine Zeitung*, ce journal si longtemps bien disposé à mon égard auquel j'avais envoyé plusieurs articles de plusieurs pages, change de façon étonnante. Pendant les semaines décisives, j'avais eu le plaisir douteux de devoir lire tous les matins ce que disaient de mon affaire les quatre journaux supra-régionaux : le *Frankfurter Allgemeine Zeitung*, le *Süddeutsche Zeitung*, *Die Welt* et le *Frankfurter Rundschau*. Je suis surpris de voir comment le premier adopte tout d'un coup une attitude négative à mon égard. Cela commence par des titres dont la simple formulation joue en ma défaveur, cela continue par la place accordée à la hiérarchie, et cela se termine par des jugements qui reprennent les positions des évêques sans plus les critiquer.

Il ne me sera pas donné de savoir qu'un chercheur aura examiné ce qui a pu se passer dans les coulisses du *Frankfurter Allgemeine Zeitung* : quelle instance épiscopale ou romaine a joué de son influence sur l'éditeur ou le rédacteur ? Quel éditeur (on parle d'un « trio catholique » qui fera de plus en plus de ce journal originellement fondamentalement libéral un organe catholique camouflé) y réduira l'influence protestante au point que, les années suivantes, les pages littéraires deviendront un nid de sympathisants de l'Opus Dei ? Désormais, on y attaquera toutes mes publications avec hargne et hostilité, à moins de les ignorer complètement ou, dans certains cas, de les minimiser en ma défaveur. Est-ce aussi ce que le *Spiegel* va faire ?

Pas du côté de l'avalanche.

Après la discussion au Parlement de Stuttgart, l'intérêt du public pour l'issue de la lutte ne fléchit pas. J'entends dire par la rédaction du *Spiegel* qu'on songe à une *personality story* sur Hans Küng, ce qui pourrait être chose assez ambiguë, étant donné le rédacteur prévu, celui qui m'avait consacré un article méchant et tendancieux à la sortie de mon ouvrage *Dieu existe-t-il ?* Il ne me manquerait plus que cela !

Je me décide sur-le-champ. Le 7 février 1980, j'appelle Rudolf Augstein, l'éditeur du journal. Il n'est sûrement pas du côté catholique romain : c'est un « ex ». Au moment de la première phase du conflit, il avait rédigé un texte où il défendait un point de vue très simple – pratiquement une auto-justification : ou bien on reste dans l'Église, et on doit alors admettre ce qu'elle prescrit et ce qu'elle pratique ; ou bien on n'en fait rien, et on la quitte. Ce n'était donc pas à moi seul qu'il demandait d'en sortir, mais aux millions de catholiques du monde entier qui n'étaient pas d'accord avec la doctrine et la politique romaine actuelle sans pour autant vouloir s'en aller. Pourtant Rudolf Augstein, qui n'avait pas été d'accord avec le gouvernement d'Adenauer, n'avait pas pour autant quitté la République fédérale ; il avait mené une opposition loyale au sein de la République. Il pouvait bien sûr m'objecter que la République fédérale était un pays démocratique avec des élections régulières, tandis que l'Église catholique était un système quasi totalitaire sans correctif démocratique possible.

Mais, pour le moment, ce n'est pas sur ce point que j'entends discuter avec lui. Au téléphone, je lui explique simplement que j'ai déjà assez à faire dans mon conflit avec le colosse romain et que je ne trouverais pas juste que le *Spiegel*, qui se veut libéral, vienne me tirer dans le dos. Augstein comprend et me répond : « Quand une avalanche menace d'engloutir quelqu'un, on ne doit pas se mettre du côté de l'avalanche. » Bref, il envoie promener la *personality story*. Qu'il en soit remercié, lui dont le magazine hebdomadaire avait longtemps soutenu mes appels à la réforme dans l'Église catholique, mais qui avait été (comme moi) très déçu de certaines évolutions réactionnaires de Vatican II sous Paul VI et avait alors redonné à sa publication une tendance carrément anticatholique. Mais c'est indubitable, privé du soutien du *Frankfurter Allgemeine Zeitung* à droite et du *Spiegel* à gauche, ma situation dans le paysage de la presse allemande devient inconfortable.

Un « roman vrai » ?

Les choses se passent tout différemment à propos d'une autre *personality story* de nature particulière. Le 6 février, je reçois un appel téléphonique de Morris West, un auteur australien. Son roman sur le pape, *Les Souliers de saint Pierre* (1963) avait été un best-seller traduit en de multiples langues. Il avait suscité l'enthousiasme de ses lecteurs et avait fourni le scénario d'un film avec pour principal acteur Antony Quinn. Il veut me voir. Au cours d'un dîner à l'hôtel de la Couronne, il m'expose son projet : dans mon conflit, j'en suis arrivé à un point où on a déjà dit tout ce qu'il y avait à dire pour ma défense, et je ne peux plus rien avancer à mon avantage. Lui serait prêt à faire quelque chose pour cela en écrivant un « roman vrai[1] ».

Offre fort noble, et je le remercie cordialement pour l'aide qu'il me propose. Je dois bien lui avouer que j'ai de plus en plus de

1. En français dans le texte *(NdT)*.

mal à me défendre en ressassant toujours les mêmes arguments. Entre-temps, le combat s'est généralisé : il se déroule à plusieurs niveaux, avec un armement diversifié :

– Au niveau théologique : comment recourir sans fin aux mêmes interpellations concernant Vatican I et affirmer que je suis et veux rester théologien catholique ?

– Au niveau juridique : j'ai déjà suffisamment établi les incontestables carences du procès romain !

– Au niveau politique : j'ai déjà mobilisé toutes les forces disponibles en ma faveur, et l'institution ecclésiastique ne fait que multiplier tous ses moyens de pression possibles.

Mais par ailleurs, comment fournir à Morris West, si intelligent et si littérairement doué fût-il, toutes les pièces qu'il lui faudrait décortiquer et comprendre, ces malheureux documents théologiques et juridiques écrits, non pas en anglais, mais en latin ou en allemand, même s'il les fait traduire comme il en a l'intention ? Même pour moi, il est déjà difficile de me faire une vue d'ensemble de l'histoire des mois et des années passés. Même pour des théologiens, ce serait presque impossible de percevoir toute la problématique. Bien que le projet soit séduisant, un « roman vrai », tel que le pense Morris West, ne me semble pas le meilleur moyen de me défendre, moi et mon point de vue. Il est naturellement déçu de ne pouvoir réaliser le rêve qu'il poursuivait avec les meilleures intentions du monde. Il écrira par la suite un roman où il mettra en scène un théologien de Tübingen, mais dans un tout autre contexte.

Cependant qui peut m'aider dans cette malheureuse situation ? Ne me reste-t-il plus aucun ami dans la hiérarchie ?

Des évêques amis, mais faibles.

On en attend plus de certains que d'autres. Aucune signature apposée à ma condamnation par des évêques suisses ne m'a causé plus de peine que celle d'Otto Wüst, évêque auxiliaire de Bâle, mon ami de jeunesse à Sursee, celui avec lequel j'avais collaboré pendant des années dans notre groupe de jeunes avant de passer sept ans à ses côtés au Germanicum, lui pour lequel je m'étais entremis auprès du recteur pour sa réintégration dans le collège après son séjour d'un an en sanatorium suisse, lui avec qui j'avais même voulu faire mon second tour du monde. Tout comme les généraux allemands avaient dû jurer solennellement fidélité au Führer, les évêques doivent encore prêter solennellement serment au pape le jour de leur consécration – dans les deux cas sans limitations et nonobstant leur savoir et leur conscience. Il en coûte de refuser d'obéir.

Pourtant que faire quand notre mentor commun, le curé Franz Xaver Kaufmann, m'appelle de Suisse et me dit qu'il aimerait beaucoup venir me rendre visite à Tübingen avec Otto Wüst. J'accepte, bien entendu. Ils viennent le samedi 12 janvier. Otto me demande de lui pardonner et cherche à m'expliquer sa trahison de notre amitié. Mais je ne peux entendre plus longtemps ce qu'il me dit, car cela ne me convainc pas et cela m'est extrêmement pénible. Je l'interromps : « Otto, ça va. Maintenant tout va bien. » Le pardon ne consiste pas à comprendre psychologiquement ce qui s'est passé, ce que je ne comprends que trop dans le cas d'un évêque qui doit se conformer au système. Il ne consiste pas non plus à oublier : on n'oublie jamais, c'est impossible. Pardonner, bibliquement parlant, c'est « ne pas imputer une faute » : « Allez ! Ouste ! On tire un trait et on repart. Nous sommes de nouveau bons amis. » Otto deviendra évêque de Bâle, puis prendra sa retraite. Frappé par la maladie, et souvent déprimé (surtout quand il revient de Rome), il se retirera à Sursee, notre ville natale. Nous nous rencontrerons souvent chez moi, comme autrefois, autour d'un bon repas de poisson et d'un bon vin blanc, en bavardant des *tempi passati* jusqu'à ce qu'il prenne définitivement congé de nous le 19 août 2002 à l'hôpital, pour ainsi dire à portée de regard de moi.

Autre cas : le cardinal Johannes Willebrands, du Secrétariat romain pour l'unité. Dès la fin des années 1950, à Warmond, en Hollande, il m'avait proposé, à moi, jeune docteur en théologie, de nous tutoyer, et il m'avait introduit dans la Conférence catholique pour les questions œcuméniques qu'il avait instituée, celle où, comme je l'ai raconté dans le premier tome de ces *Mémoires*, j'avais fait la connaissance de tous les théologiens catholiques importants de l'œcuménisme. C'est dc ce cercle que provinrent la plupart des membres et des conseillers du Secrétariat romain pour l'unité.

Je n'avais à aucun moment pris à mal qu'il se soit passé de moi. J'aurais pu faire sauter en l'air toutes les commissions, m'avait fait remarquer Johannes Feiner, membre du Secrétariat suisse, un bon théologien et également un bon diplomate, mais qui quittera la commission théologique papale en même temps que Karl Rahner quand il constatera qu'elle est manipulée par la Congrégation de la foi. En fait, je peux me montrer diplomate quand il s'agit de stratégie et de tactique, mais je ne le suis absolument pas quand il s'agit de la vérité : là, je suis plutôt direct. Et, au Secrétariat de l'unité, je n'aurais sûrement pas manqué de plaider énergiquement pour qu'on en vienne enfin droit au cœur du problème en mettant à l'ordre du jour du concile la reconnaissance des ministères non catholiques et des célébrations de la Cène. Est-ce que la commission aurait « sauté » ? Cependant, quand le cardinal Johannes Willebrands m'avait alors invité à déjeuner à Rome, je lui avais dit que je comprenais fort bien qu'il aimerait en faire plus qu'il ne le pouvait, ce qu'il avait entendu en m'en remerciant. On ne peut demander tout à tout le monde.

Maintenant, dans mon malheur, je me demande à quel cardinal de mes amis je pourrais faire appel pour intervenir en ma faveur. Il n'est pas question du cardinal Volk : il s'est depuis longtemps rangé dans le camp opposé. Le cardinal Döpfner, ancien du Germanicum, est mort, et le cardinal Höffner est mon principal adversaire. Encore moins question d'en appeler au cardinal Ratzinger, mon ancien collègue. Peut-être au cardinal König, un ancien du Germanicum, qui avait déclaré un jour : « Pie XII avait notre respect, Jean XXIII notre amour, Paul VI avait besoin de notre compréhension, et maintenant Jean-Paul II ? Peut-être de notre obéissance. » Mais il préfère éviter tout conflit direct avec le pape. Peut-être le cardinal Suenens qui, dix ans auparavant, avait parlé du « long chemin de croix de nos meilleurs théologiens », ceux que, sous le pape précédent, on avait soupçonnés et même condamnés (Rahner, Congar, Murray, de Lubac), en demandant qu'on ne refasse pas aujourd'hui les fautes commises hier. Mais il a maintenant « remisé » les réformes de l'Église ainsi que les « théologiens réformistes ».

Alors peut-être mon vieil ami Johannes Willebrands ? Aucun membre du Collège cardinalice ou de l'épiscopat ne m'avait donné signe de vie. Il est probable que la plupart d'entre eux pensaient que j'étais le seul coupable, ou bien ils n'osaient pas affronter le pape ou la curie. Il ne m'était bien sûr pas facile d'en appeler un à l'aide tout simplement au téléphone. Je me décidai cependant pour lui : comme cardinal de curie, il était tout proche du pape et, en tant que président du Secrétariat romain pour l'unité, il était directement concerné. Je lui demandai donc d'intervenir personnellement après du pape en ma faveur.

Mais que fit-il ? Il n'eut pas le courage (ou la possibilité ?) d'appeler lui-même le pape ou d'aller le voir. Au lieu de quoi il appela mon adversaire, l'évêque de Rottenburg, en lui disant qu'un « ancien ami », Hans Küng, l'avait appelé à l'aide. Que pouvait-il faire ? Küng devait se débrouiller tout seul. C'était clair. Tout réjoui, Mgr Moser transmit immédiatement la nouvelle sensationnelle au journal : même un « ancien ami » comme le cardinal Willebrands laissait tomber Küng. Victoire ponctuelle pour l'évêque. Et moi ? Profondément troublé, je ne peux me décider à faire appel à un autre cardinal. Ce sont tous les mêmes, me disais-je, des « créatures » du système romain. Toujours est-il qu'aucun des évêques qui avaient fait leurs études à Rome avec moi ou que j'avais rencontrés au concile ne me faisait quelque avance que ce soit, aucun des cardinaux que j'ai connus.

Alors que tout semblait fini, le cardinal Willebrands m'écrit qu'il aimerait bien me voir à Tübingen. J'accepte évidemment et je lui ménage une chambre chez moi pour la nuit. Il me demande de le comprendre et de lui pardonner. Au cours d'un long entretien le soir, il m'explique qu'on a pris à contresens son expression « ancien ami ». Or, depuis notre toute première rencontre de 1957, j'ai appris assez le hollandais pour savoir la différence capitale qu'il y a entre un « ancien *(vroeger)* ami » et un « vieil *(oude)* ami ». La première expression désigne une amitié à laquelle on a mis fin, la seconde une fidèle amitié. Mais que faire ? Dans ce cas non plus, je n'entends pas écouter ses longues excuses ni ses explications : « C'est bon, Jean, nous restons amis. » Nous ne nous sommes pas revus depuis.

Willebrands restera président du Secrétariat romain pour l'unité jusqu'en 1989 tout en fonctionnant en même temps comme archevêque d'Utrecht de 1975 à 1983, ceci afin d'épargner au cardinal Alfrink un successeur réactionnaire. À Rome, il obtiendra encore la création d'une commission pour les relations religieuses avec le judaïsme (1984). Lorsque j'ai un petit souhait, je peux évidemment lui écrire, par exemple pour lui demander d'obtenir une audience papale pour mon ami Jürgen Moltmann. Mais notre amitié se résume désormais au souvenir que nous gardons l'un de l'autre. Un de ses anciens étudiants qui avait lu le premier volume de mes *Mémoires* me racontera qu'il en avait parlé au cardinal, désormais âgé de quatre-vingt-treize ans.

Celui-ci lui répondit : « Küng n'était pas pour moi une simple connaissance, mais c'est un bon ami. J'ai été chez lui, en suisse » (20 avril 2004). Doyen d'âge du Collège cardinalice, il mourra le 2 août 2006, à quatre-vingt-seize ans, dans un petit couvent hollandais, à Denekamp.

Je garde le meilleur souvenir de tout ce qu'il a fait pour l'œcuménisme, en particulier de la façon dont il a complètement changé la relation de l'Église catholique au judaïsme dès avant et après Vatican II. Mais ce que je me demande souvent, c'est ce que cet homme tranquille et amical aurait pu réaliser s'il n'avait pas eu affaire aux durs de la Congrégation de la foi. Son cas montre bien que le meilleur des hommes ne peut pas grand-chose quand il est lié à ce système romain. Inversement : il n'est pas simple de se refuser à ses honneurs et à ses contraintes.

Une ambiance de Vendredi saint.

Je finis par prendre mon conflit quasi historique avec le Vatican de façon plus détendue que celui qui se déroule dans mon cercle immédiat, dans ma propre faculté. Comme le professeur Haag, qui vient de prendre sa retraite, ne peut plus jouer le rôle d'hôte au grand cœur qui nous recevait chez lui pour passer une soirée à boire un coup ensemble, je m'étais proposé de prendre en charge ce service et j'avais acheté une douzaine de chaises de salle à manger pour ma nouvelle maison. Mais je n'en ai maintenant plus besoin. Signe de la triste rupture de notre relation collégiale de plus d'une décennie.

Car tous ces événements me pèsent beaucoup, même si je suis par nature doté d'une bonne santé physique et psychique. Les discussions et les tractations continuelles, l'étude, fort pénible, de tous les documents et articles publiés contre moi, les coups de téléphone, les lettres, l'incertitude totale : tout s'ajoute. Sans doute notre état-major de crise se retrouve-t-il presque tous les jours autour d'une joyeuse table, et nous buvons de ce beaujolais primeur dont j'ai commandé 36 bouteilles un jour où, peu avant Noël, je passais par hasard devant mon marchand de vin de la Neckargasse et que celui-ci, d'un clin d'œil, m'avait fait signe d'entrer. Mais toute cette procédure en cours tournait de plus en plus à la torture et, au long des semaines, finissait par me paralyser.

Ce qui me fatiguait en particulier, c'étaient évidemment les conflits à la faculté. Walter Jens avait élaboré un brouillon de compromis que les sept rejettent le 11 février. Nouvelles discussions au sujet d'une lettre à Mgr Moser décidée le 13 février. L'après-midi, il doit encore y avoir une réunion de la faculté, et on doit s'y attendre à des scènes pénibles : la lutte se poursuit : d'un côté mes quatre collègues et moi-même, de l'autre le front des sept. Une heure avant le début de cette session, brusque douleur inhabituelle dans la zone du cœur. On appelle un ami médecin. Il me conseille carrément et sagement de me porter malade, mais c'est une chose que je ne puis me permettre dans la situation « politique » qui est la mienne. Il me prescrit des médicaments en conséquence.

Et puis il y a les médias : j'ai un pressant besoin de leur appui contre l'appareil ecclésiastique. J'ai vraiment parlé avec assez de journalistes, aidé toutes les agences de presse possibles et donné assez d'interviews dans le monde : Mgr Moser avait raison quand il prévoyait les conséquences internationales de l'intervention romaine. Mais quand on me demande ce qu'il en est, je ne sais toujours rien de ce qui m'attend. Puis-je compter sur l'Université, ou me faudra-t-il intenter un procès devant la Cour constitutionnelle de Karlsruhe ? Me faut-il tout simplement émigrer ? Je peux encore me remettre rapidement au travail, mais aucune ergothérapie ne peut m'aider.

Et, malheur ! je n'ai même plus envie de retrouver de la compagnie pour raconter une fois de plus la même chienlit. Je fuis donc même le Rotary club. Et le soir où un de mes meilleurs amis de Tübingen, Dieter, le frère de Marianne Saur, m'invite à passer un bon moment à six au restaurant de Bebenhausen, moi qui ne suis jamais embarrassé pour parler dans quelque occasion que ce soit, je n'ouvre pas la bouche. Pendant toute la soirée, je reste assis là, en silence, replié sur moi-même.

Je suis manifestement à bout, moralement et psychiquement. Sinon abandonné de tous les hommes, peut-être de Dieu ? Même avec des pilules, je n'arrive pas à dormir. S'ils pouvaient me voir, mes adversaires seraient bien contents. Enfin on m'avait eu ! Je ne saurais le nier : je suis épuisé, totalement épuisé. Incapable de rien créer de neuf. J'ai fait tout ce que je pouvais, j'ai donné tout ce que j'avais, je ne pouvais plus prétendre à aucune charge. Avait-on fini par briser ma résistance ?

Le hasard veut que j'aie à corriger pour la dernière fois ces pages le Vendredi saint 2007. Non, je ne voudrais pas avoir à revivre cette époque de cauchemar, de délabrement, d'asthénie. Et je me répète en moi-même : « Ils ne savent pas ce qu'ils font. » Ou peut-être le savent-ils bien ? Quelques années plus tard, Alfons Auer, le moraliste, un des sept, m'enverra une carte postale d'un vitrail du Moyen Âge tardif de l'abbatiale de Tübingen, presque en demande de pardon : j'étais bien souvent passé devant cette figuration d'un homme au rouet : après qu'on lui eut arraché tous les membres, il gisait sur la roue. Oui, c'était vraiment une époque atroce. Mais je ne dois pas exagérer : je n'étais abandonné ni des hommes ni de Dieu, comme je m'en rendrais compte plus tard.

Ce n'est pas fini.

Ce qui m'a aidé à reprendre pied après cet échec ? Ce que furent mes ressources spirituelles ? Je n'avais pas désappris de prier. Mais j'étais désespéré et je me sentais intérieurement vide. Ce qui m'a remis debout, ce sont les milliers de personnes qui ont pris parti pour moi, de façon visible, criante, évidente. Quand, avec mes amis Walter Jens, Herbert Haag, Norbert Greinacher, Hermann Häring et Karl-Josef Kuschel, je me décidai à lire les centaines de lettres de soutien et de prises de position en ma faveur, afin de rédiger une documentation, je repris peu à peu mes forces : non, tu ne peux pourtant pas tout laisser tomber ! Tu ne peux pas caler ! Reprends-toi et nous verrons bien. J'ai perdu une bataille, mais pas la guerre.

Je me suis remis au travail à cause de cette documentation que l'on peut à présent consulter : en gros 500 pages de documents de l'histoire antérieure et du retrait d'habilitation d'enseignement, des prises de position des groupes, des institutions, des facultés de théologie et des instituts spécialisés ou de personnalités importantes. Norbert Greinacher et Herbert Haag en seront les éditeurs[1].

À partir de là, tout va de l'avant. Du reste, même au pire moment d'abattement, je n'ai jamais douté de la vérité que je devais défendre ; oui, je sais bien que je puis me tromper ; mais je sais aussi que mes adversaires ne m'ont pas prouvé mon erreur : ils n'ont fait qu'user de leur pouvoir. Et si déjà le Pierre

1. Je remercie tous ceux qui m'ont aidé à traiter l'énorme documentation en langue étrangère : Dr Urs Baumann, Dr Margret Gentner, Eleonore Henn, Dr Karl-Josef Kuschel et Michael Stemmeler.

de l'histoire a fait voir qu'il n'était pas infaillible et qu'il ne se comportait pas « selon la vérité de l'Évangile », il était permis, c'était même obligatoire de lui « résister en face », comme le fit Paul dans la scène d'Antioche sur laquelle la liturgie romaine fait silence (Ga 2, 11-14). Toujours est-il qu'on ne trouve plus aucun Paul dans l'épiscopat.

En ce qui me concerne, il ne s'agit pas là de réflexion *ad hoc*, d'ordre tactique, mais bien de considérations fondamentales telles que je les avais déjà développées au cours du concile et dans le tout dernier chapitre de mon livre *L'Église* sous le titre « La force de Paul et le service de Pierre ». J'avais été frappé de voir que les phrases de la Bible qu'on cite sans cesse, celles où Rome voit la preuve de la « primauté » de Pierre, s'accompagnent toujours d'un propos de Jésus venant remettre les choses en place. Après Mt 16, 18, vient 16, 23 : « Arrière de moi, Satan ! Tu m'es un scandale. Car tes pensées ne viennent pas de Dieu, mais de l'homme. » Après Lc 22, 32, il y a Lc 22, 34 : « Je te le dis, Pierre, avant même que le coq ait chanté, tu m'auras renié trois fois. » Et après Jn 21, 15 vient Jn 21, 20 s. : « Qu'est-ce que cela peut te faire. Toi, suis-moi. »

Ainsi avais-je écrit alors ce qui prend maintenant un poids existentiel pour moi :

> On peut se demander si le véritable Pierre se serait reconnu dans l'image qu'on s'est donnée de lui. Non seulement parce qu'il n'était pas un prince des apôtres, mais bien plutôt jusqu'à la fin de sa vie il est resté un humble pêcheur, désormais un pêcheur d'hommes qui voulait servir à la suite de son Seigneur ; mais en outre parce que tous les évangiles s'accordent pour ajouter un second côté qui le présente toujours en train de se tromper, de faillir, de craquer, qui présente donc le vrai Pierre. Il est presque scandaleux de constater cet extraordinaire contraste, continuellement présent dans tous les textes classiques sur la primauté de Pierre, au point que la tonalité sombre et dure l'emporte presque sur la tonalité claire qui domine, ou tout au moins la contrebalance. Aux trois grandes promesses viennent répondre les trois grandes défaillances qui sont en tout cas pour lui trois tentations de ne se fier qu'à lui-même. Et si aujourd'hui ces trois grandes promesses sont écrites en caractères noirs sur la frise dorée de Saint-Pierre, il faudrait à vrai dire y ajouter les trois antithèses en or sur fond noir afin qu'on ne se méprenne pas. Grégoire le Grand, qui est enterré dans cette église, n'en a-t-il pas tout autant compris le sens que Jean XXIII[1] ?

1. H. KÜNG, *L'Église*, DDB, t. II.

La confrontation dure maintenant depuis deux mois, et l'issue en demeure encore incertaine. À la fin du semestre, après tout ce qui s'est passé, je suis néanmoins encore capable de me lancer entre le 15 février et le 1er mars dans le voyage en Égypte que notre faculté avait prévu depuis des mois sous la conduite de Helmut Brunner, éminent égyptologue. On me demanda auparavant si je ne voulais pas y renoncer, étant donné que quelques-uns des sept devaient y prendre part. Ma réponse fut claire : si quelqu'un avait des raisons de rester chez lui, ce pouvait être les sept, mais pas moi. Après avoir acquis une bonne connaissance de la culture gréco-romaine, je souhaitais depuis des années découvrir de plus près la grandiose culture du pays du Nil qui lui était antérieure.

En fait, deux des sept seulement se joignent au voyage. Bien sûr, à peine arrivé au Caire et après avoir juste pu voir les pyramides et le magnifique musée, je dois me mettre au lit. Il me faut renoncer au vol pour Abou Simbel et à son grand temple de Ramsès II. Mais je peux rejoindre Assouan et repartir de là en autobus pour Thèbes, Louxor et Karnak, puis pour Denderah et Abydos, enfin revenir au Caire. Moments inoubliables sur lesquels je ne puis m'attarder ici. Le 1er mars, nous sommes de retour à Tübingen. Entre-temps m'est parvenue une lettre de l'évêque de Rottenburg. Une fois de plus se repose la question : comment sortir de tout ce foutoir ?

Dernière médiation.

Même après le retournement des sept, les efforts de médiation quadrangulaire, entre Adolf Theis, président de l'Université, Mgr Moser, le ministre Engler et moi-même, se sont poursuivis. Theis, en particulier, fait vraiment tout son possible pour aboutir à une solution. Il me persuade d'écrire encore une fois à Mgr Moser. Comme celui-ci ne m'a donné aucun signe de vie au cours des semaines qui ont suivi son retour de Rome, on comprend que je n'y prenne pas grand plaisir. Mais le président pense qu'une reprise de contact pourrait relancer la base d'un accord.

Je consens donc à sauter par-dessus mon ombre, et, le 12 février, je lui envoie un écrit de 26 pages correspondant à un projet du diocèse de Rottenburg. Je me dis prêt, « en vue d'une clarification objective de ma position théologique concernant l'infaillibilité et la christologie, à collaborer au procès qui m'a été intenté par la Conférence épiscopale allemande, ainsi que le prévoit l'ordonnance du 1er janvier 1973 de ladite conférence sur la contestation d'un enseignement. Jusqu'à l'issue de ce procès, le retrait de ma *missio*, avec toutes ses conséquences juridiques, sera suspendu. Pour permettre une situation claire et pour détendre la situation à l'université, je serais prêt à demander au ministre des Sciences et de l'Art de m'accorder un semestre de recherche. »

Devant Theis, la réaction de Mgr Moser à cette lettre est positive. Mais l'assemblée générale de printemps de la Conférence épiscopale allemande se réunit du 24 au 28 février à Vierzehnheiligen. Et je revis une fois de plus la même chose : sous la pression de cardinal Höffner, et d'autres évêques qui se réclament de Rome, Mgr Moser cale. Le 29 février, dès la fin de la conférence, avant même que j'aie reçu une réponse de l'évêque, le cardinal Höffner déclare à Cologne devant des journalistes que ma lettre n'apporte aucune lumière sur « l'essentiel ». Donc toujours la même attitude têtue. Il fait remarquer que le procès romain « n'est pas si mauvais que cela » même si on peut l'améliorer. Mais la Conférence épiscopale ne peut elle-même ouvrir un procès étant donné que l'affaire est entre les mains de Rome. Donc tous les efforts du président de l'Université ont été aussi vains que les miens.

Après notre retour d'Égypte, les choses sont claires : même les dernières tentatives de médiation ont échoué. Le 1er mars, Mgr Moser m'adresse une lettre très formelle dont le contenu recoupe les déclarations de Höffner[1]. Le rapport du professeur Scheuner (ou de son adjoint Listl), cet ancien partisan du nazisme, devenu entre-temps un pieux spécialiste du droit Église-État dont le ministre avait sollicité l'expertise, a sûrement joué un rôle dans cette inflexibilité de l'épiscopat allemand, comme me le laisse entendre Mgr Moser : comme on pouvait s'y attendre, il demande mon exclusion de la faculté de théologie catholique et mon transfert à un autre poste universitaire. Ainsi adossée au « droit », pourquoi la hiérarchie ferait-elle un pas vers moi ne fût-ce que d'un millimètre ? Le droit lui confère le pouvoir de se débarrasser de moi.

Dans ma réponse du 13 mars à Mgr Moser, je lui exprime ma déception devant cette réponse négative, et je m'efforce une fois de plus de répondre aux questions théologiques et juridiques

1. Pour ces développements, voir Dokumentation III, n° 6.4. à 6.8.

qu'on m'oppose. Mais c'est vraiment la dernière fois que je tente de lui écrire aussi longuement, car cela n'avance à rien. Du reste mes sept collègues restent impassibles devant tous ces efforts de médiation même du doyen Bartholomäus et du professeur Greinacher, et ils en restent à leur déclaration du 5 février de telle sorte que, à la longue, je vois s'effriter complètement le socle solide qui aurait pu permettre mon maintien à l'Université : je ne dois plus songer à récupérer mon habilitation d'enseignement dans un temps prévisible. Je dois faire face à la réalité : il me faut changer de stratégie. Qu'est-ce à dire ?

Au lieu d'être jeté à la porte, me retirer de moi-même.

Plusieurs entretiens constructifs avec Adolf Theis et ses collaborateurs me permettent d'élaborer une solution. Au lieu de me laisser chasser de l'Université ou de me rabattre sur une autre faculté, je proposerai à l'Université de désenclaver de la faculté de théologie catholique et ma chaire et l'Institut de recherches œcuméniques ! Jusqu'à un éventuel octroi d'une *missio canonica*, cette chaire et cet institut dépendraient directement du président et du Sénat de l'université.

Nouveauté inouïe dans le système universitaire allemand bi-confessionel, une chaire de théologie chrétienne qui ne serait plus subordonnée à une faculté catholique ou protestante ! Juridiquement, ce ne serait que « provisoire ». Bien sûr, en politique, on sait combien le provisoire peut durer. Quoi qu'il en soit, ce serait une façon d'assurer constitutionnellement ma liberté de recherche et d'enseignement en disposant de la garantie universitaire nécessaire à l'Institut de recherches œcuméniques.

Le 19 mars 1980 – par hasard le jour de mes cinquante-deux ans – le président Theis m'envoie la lettre avec les quatre dispositions dont nous avions discuté. Il m'y propose un nouveau modèle de fonctionnement qui doit servir de base pour les tractations à venir, en particulier en ce qui concerne la promotion et l'habilitation de mes étudiants et de mes collaborateurs ainsi que la liberté de recherche et d'enseignement. Le 24 mars, je lui envoie une réponse détaillée avec une rétrospective de mon évolution dans le cadre de la faculté. La déclaration des sept, celle du 5 février, et le rejet par l'évêque de ma proposition de compromis du 12 février me contraignent à en tirer des conclusions que je déplore profondément, mais qui sont inévitables. « Car, publiquement, je n'ai jamais laissé planer aucun doute que je me veux théologien catholique et que, en ce sens, je continuerai à travailler au renouveau de mon Église catholique. Très honoré Président, je vous ai toujours assuré que j'étais prêt à tout accord dans le cadre de l'Université. » Je pose toutefois une condition indispensable : « la garantie que je garde un droit illimité de promotion et d'habilitation de mes étudiants et de mes collaborateurs ». La faculté devrait donc reconnaître comme auparavant toutes les attestations de séminaire acquises à l'Institut de recherches œcuméniques.

Avant toute démarche définitive de l'Université, on doit bien sûr s'assurer que l'évêque aura une autre attitude que celle qu'il avait prise lors de ma lettre du 13 mars. Dans une lettre qu'il me fait porter à domicile par un envoyé de l'évêché, il ne montre cependant pas la moindre disposition à faire un pas vers moi. Toujours les mêmes reproches, toujours les mêmes protestations orales ou publiques de sa bonne volonté de « jeter un pont », expression plutôt ironique venant d'un évêque qui n'a cessé de couper lui-même tous les ponts.

Il y a presque exactement vingt ans que j'appartiens à la faculté de théologie catholique de Tübingen. J'ai pris part à toutes ses joies et à tous ses malheurs, je me suis prononcé sur toutes les candidatures et toutes les nominations, et on doit maintenant décider du sort qui m'y est réservé. Le temps presse car, si l'on ne veut pas risquer des manifestations d'étudiants en ma faveur, il faut avoir tranché de mon statut avant la reprise des cours à la mi-avril. C'est pour cette raison que la hiérarchie a le plus grand intérêt à mettre fin au conflit qui dure maintenant depuis un trimestre – les trois mois les plus sombres de mon existence. Walter Jens cherche à m'encourager : « Sors de la faculté, va dans les bois. » Je dois davantage profiter de la nature en allant comme lui et sa femme me promener dans la belle forêt qui s'étend sur une douzaine de kilomètres à partir de Tübingen. On m'achète effectivement une belle veste de chasse que j'étrenne au cours d'une balade à quatre le 25 mars, puis que je porte encore à deux reprises. Cependant, si j'aime le soleil et la nature qui entoure ma terrasse, je suis skieur et marin, mais pas forestier pour un sou.

Le 25 mars 1980, à 10 h 15, sur invitation du doyen, le conseil élargi de la faculté (avec les assistants et la représentation des étudiants) se réunit dans le bureau du président. Les tractations se déroulent donc en présence d'Adolf Theis. Elles ne portent que sur mon cas. Le président explique la situation juridique qui résulte de l'inflexibilité de la hiérarchie catholique. À leur grande surprise, les sept opposants, qui espéraient déjà voir leur prise de position majoritaire provoquer mon éviction de la faculté, se voient confrontés à ma décision de faire savoir à l'Université que *je quitte la faculté de mon propre chef...* en emmenant avec moi ma chaire et l'institut.

Le président fait remarquer à la faculté les graves conséquences de cette décision : bien sûr, l'État veillera au remplacement du titulaire de cette chaire de théologie œcuménique, mais la faculté va perdre cet institut – le seul de la faculté – qui a désormais atteint une telle célébrité dans le monde qu'il ne manquera pas de puissants appuis extérieurs à la faculté (sur ce point, je pense que le président bluffe, mais, en fait, il a raison). Complètement pris par surprise, mes sept collègues demandent une interruption de séance jusqu'à 14 heures.

Une mise à pied ratée.

Mes adversaires, qui opèrent continuellement en vase clos, se sont fourrés dans une impasse. Ils sont débarrassés de moi, comme ils le souhaitaient, mais en même temps ils ne sont pas quittes, comme cela sera bientôt manifeste. Ils voulaient me « jeter par la fenêtre » et ils n'ont fait que me mettre en vitrine. Leur projet était de m'obliger à faire tapisserie universitaire, comme tous ceux qui avaient perdu leur *missio* avant moi (quand ce ne serait qu'à cause de leur renonciation au célibat), et en dernier lieu Fridolin Stier, professeur ordinaire de l'Ancien Testament, prêtre diocésain de Rottenburg, qui avait dû reconnaître la paternité d'une fille déjà grande et que l'on avait de ce fait déplacé en le nommant professeur honoraire à la faculté de philosophie. Mais, au lieu de me voir voué aux gémonies, mes adversaires constatent que je dispose d'un nouveau terrain d'action. Du fait du retrait de mon habilitation ecclésiastique d'enseignement, mes cours perdent tout intérêt et toute valeur pour ceux qui en attendaient la reconnaissance de l'Église et de l'État et leur admission à des postes ecclésiastiques (de curé, d'enseignant religieux). Mais, je l'espère, cela me vaudra un tout nouvel auditoire.

Au cours de cette session de la faculté, on espérait donc me porter le coup décisif et mettre ainsi fin au conflit en me jetant au rancart. Or voici que, du fait de la pression exercée par l'autorité, je suis prêt à renoncer à mon droit de donner des cours, de faire passer des examens et de prendre part aux nominations. Mais je ne suis pas du tout prêt à renoncer à celui de proposer la promotion et l'habilitation de mes élèves présents ou à venir. C'est là un élément essentiel de la liberté de recherche et d'enseignement qui m'était garantie par l'article 5 de la Constitution fondamentale de la République fédérale allemande. Sans ce droit de promotion et d'habilitation, je n'aurais à la longue plus eu de collaborateurs ou de collaboratrices académiques. Au cas où ce droit ne m'aurait pas été reconnu, je me serais donc vu forcé de m'engager sur la voie juridique avec l'appui de l'Université qui aurait eu à engager ce procès. Cela aurait eu pour conséquence le dépôt d'une plainte auprès de la cour constitutionnelle allemande de Karlsruhe.

Au bout de cinq heures de discussions épuisantes, nous en sommes au bout : en dépit des réticences de certains, le conseil de la faculté décide d'un commun accord que, en ma qualité de directeur de l'Institut de recherches œcuméniques, je disposerai du droit de partenariat dans la commission des promotions et des habilitations de la faculté concernant les travaux que je garantis. Mais la décision n'est prise qu'à une condition : l'obtention d'un accord entre l'évêque, le ministre et moi-même. Ainsi s'achève cette mémorable session de la faculté de théologie catholique qui sera pour moi la dernière.

Deux jours plus tard, le ministère des Sciences donne son accord. L'évêque demande le temps de réfléchir. Il s'est tellement laissé emberlificoter dans la chaîne romaine de la curie que, même si le concordat lui accorde toute la latitude nécessaire, il ne peut plus prendre aucune décision sans l'aval de la nonciature de Bonn, autrement dit du Vatican. Au terme de ce conflit, il est indubitablement très difficile à la curie de renoncer à une « destitution » parfaitement académique. L'attente dure encore quatre jours. Que va répondre Rome ?

Rome cède.

Je suis parfaitement conscient que la voie juridique de l'appel à la Cour constitutionnelle de Karlsruhe m'aurait pris des années et m'aurait coûté fort cher, financièrement, psychologiquement et politiquement, en m'empêchant tout travail de recherche savante, sans compter le caractère aléatoire de son résultat étant donné les moyens illimités, les avocats de premier plan et les influences, même malheureusement sur la justice, dont dispose l'Église. Je ne me serais résolu à y recourir qu'en dernière extrémité, et j'espérais de tout cœur que je n'aurais pas à le faire. Et si les pronostics de succès avaient été négatifs, je me serais résolu à émigrer.

Quelques jours plus tard, la réponse de Rome arrive. Les évêques, autrement dit le Vatican, acceptent le protocole d'accord à condition que je sois simplement membre « conseiller » du comité de promotion et d'habilitation, à moins d'y être appelé comme expert. *Deo gratias !* Maintenant, tout va très vite. Je signe tout de suite l'accord et, le 8 avril, j'envoie au président de l'Université ma proposition de détacher de la faculté de théologie catholique ma chaire et l'Institut de recherches œcuméniques, en formulant une fois de plus clairement mon orientation de fond et les conditions concrètes de mon travail. Le jour suivant, 9 avril, le président prend une décision d'urgence que le ministère des Sciences et des Arts valide le 10.

Tout le monde se demande pourquoi Rome a cédé au dernier moment sur un point aussi crucial pour mon avenir. Personne n'arrive à le savoir et je ne peux que le supposer. Car il existe à ce sujet une hypothèse bien fondée : dès qu'il a été question d'une voie juridique, je n'ai jamais cessé d'insister sur le fait que, en cas de procès, j'userais de tous les moyens à ma disposition et que je ne remettrais pas seulement en question l'article 19 du concordat d'Empire qui reconnaît à l'évêque (et non à Rome) le droit de conférer l'habilitation ecclésiastique d'enseignement, mais aussi le concordat conclu avec Hitler. On sait que, après la guerre, même des juristes compétents avaient déclaré que celui-ci restait valide, et on l'avait habilement combiné avec les concordats locaux et des décisions de justice antérieures en renforçant ainsi la forteresse juridique du « Saint Empire » dans le cadre de la législation de l'État. Or Mgr Moser aurait alors dû fonder son retrait de mon habilitation du 31 décembre 1979 devant le ministre des Sciences non seulement sur l'article 19 du concordat d'Empire, mais en même temps sur l'article 3 du concordat bavarois, l'article 12 du concordat prussien et l'article 10 du concordat badois (ainsi que sur les protocoles afférents). Mais, à mon avis, le caractère artificiel de ce renfort n'aurait pas tenu devant les juges[1].

Aussi bien Rome que l'épiscopat allemand avaient mauvaise conscience vis-à-vis de ce contrat de droit international conclu immédiatement après la prise de pouvoir par Hitler le 20 juillet 1933, entre le nonce Eugenio Pacelli (plus tard Pie XII) et le IIIe Reich. Pour des profits intra-ecclésiastiques problématiques, le Vatican avait été le premier État étranger à conférer au régime nazi crédit et prestige. De plus, jusqu'en 1945, il s'était abstenu de toute condamnation explicite du national-socialisme et il avait même évité toute protestation publique contre l'holocauste, pourtant le pire des crimes jamais commis contre l'humanité. Après la conclusion du concordat de 1933, l'épiscopat allemand avait bien fait voir aux catholiques que, en dépit du programme nationaliste et raciste et du début du recours à la terreur, il avait capitulé devant le régime qu'il avait commencé par combattre violemment. On s'était finalement arrangé du régime totalitaire et l'on avait de ce fait brisé l'échine de la résistance du clergé et du peuple catholique. Tout au long de la guerre, l'épiscopat allemand n'avait pas dit un mot en public en faveur des juifs (pas plus d'ailleurs que pour les rares prêtres et laïcs catholiques emprisonnés). En 1945, peu de temps avant la fin de la guerre, le président de l'épiscopat allemand, le cardinal Bertram, avait encore envoyé obséquieusement « ses cordiales félicitations » à Hitler à l'occasion de son anniversaire[2].

Rome et l'épiscopat tremblaient donc devant toute nouvelle discussion touchant le concordat. Car cela aurait aussi reposé la question de l'impôt d'Église que celui-ci garantissait, donc d'un revenu que, à mon avis, il serait préférable de verser directement aux paroisses plutôt qu'à la caisse des évêques, ce qui confère à ceux-ci un pouvoir indu sur les curés et les paroisses qui dépendent financièrement d'eux. Non, Dieu nous en garde ! se disait-on à Bonn où l'archevêque de Cologne dispose chaque année de milliards de marks de revenus de l'impôt d'Église, ce qui lui a permis d'acheter l'hebdomadaire *Rheinischer Merkur* après avoir torpillé *Publik*.

1. Ernst Gottfried Mahrenholz a été un éminent avocat de ma cause (contre U. Scheuner) : « Staat und staatliches katholisch-theologisches Lehramt », dans *Der Staat 25* (1986) cahier 1, p. 79-102.

2. Sur les données, voir H. KÜNG, *Le Judaïsme*, Paris, Éd. du Seuil, II. A, 11.5 et A, 11, 7.

Non ! Nous ne voulons pas voir remettre en discussion cet impôt, pas plus que les millions des autres privilèges (subventions aux évêques et aux institutions ecclésiastiques). La hiérarchie en a aussi peur que le diable de l'eau bénite. C'est pourquoi, tout en grinçant des dents, on a accepté ma « condition *sine qua non* ». C'est bien ce qui a finalement permis au perdant apparent d'être en réalité le vainqueur. Dieu merci, au sens propre du terme.

Rire de Pâques.

Merci aussi au Land de Bade-Wurtemberg. Bien sûr, certaines autorités officielles avaient admis la décision vaticane de mon retrait de mission alors même qu'elle était anticoncordataire, et elles n'avaient pas eu le courage d'en contester la validité. Mais par ailleurs, face aux prétentions ecclésiastiques, les autorités de l'État ont protégé ma personne de professeur dans une mesure impensable dans beaucoup d'autres pays. Jamais on n'a touché à ma vie matérielle, et mon travail scientifique est resté intact : même désormais limité sur certains points, mon champ d'action s'est en fait considérablement élargi et m'offre de nouvelles possibilités parfaitement inattendues.

Je n'ai jamais revu Georg Moser, l'évêque de Rottenburg. Il évite de me rencontrer et il ne paraît plus à aucune manifestation universitaire. Certes, au cours des années suivantes, il tentera bien d'améliorer sa position, au moins dans son diocèse, en lançant un synode diocésain. Mais tout le monde sait bien que, en dépit de l'immense engagement du clergé et du laïcat, de l'argent et des moyens matériels mis en œuvre, des innombrables discours et papiers, il ne peut rien se produire d'essentiel susceptible de changer fondamentalement la situation pastorale du diocèse. Chaque année, les paroisses sans prêtres se multiplient, et les pseudo-réformes (les liquidations) qui consistent à les regrouper en « unités pastorales » n'y changent rien. Chaque fois que la question de réformes structurelles décisives vient sur le tapis, Mgr Moser, ou bien fuit *a priori* la discussion, ou bien la bloque, ou bien la renvoie à Rome dont tout le monde sait bien que c'est la dernière instance dont on puisse attendre de l'aide. J'aurais vraiment souhaité une meilleure fin à mon évêque. Mais je n'y pouvais rien.

Dans mes rapports avec mes sept collègues qui portent la responsabilité immédiate de mon départ de la faculté de théologie catholique, j'observe les règles de la politesse académique. Pas plus que les six autres, celui qui m'a envoyé sa carte avec l'homme à la roue n'a voulu s'excuser, ni en public ni en privé. En 2007, trois d'entre eux sont décédés, deux ont quitté Tübingen, un a fait carrière dans l'Église, un a pris sa retraite à Tübingen. Mgr Moser est lui-même mort d'une maladie rénale, huit ans après la grande confrontation, à l'âge de soixante-cinq ans. J'avais demandé à son auxiliaire, Mgr Kuhnle, de lui rendre visite sur son lit de malade pour me réconcilier si possible avec lui, comme je l'avais fait pour Oeing-Hanhoff, le philosophe, un des sept. Mais je n'ai pas eu de réponse.

Je suis bien sûr que certains lecteurs et lectrices se sentiront physiquement presque malades à la lecture de ce dernier chapitre, en voyant comment une institution qui se réclame continuellement de l'amour a pu faire tout cela à quelqu'un. Moi aussi, je trouve difficile de le raconter, scène après scène. Mais, par amour de la vérité, il faut bien fixer les choses telles que les a vécues l'intéressé, même si cela fait mal. J'espère que ceux qui liront ce chapitre n'y verront ni règlement de comptes ni mépris, mais uniquement déception et tristesse. En prenant clairement mes distances de toutes les magouilles de certains « Seigneurs » et en dénonçant leur responsabilité, je n'entends en tout cas pas attaquer les personnes ni régler mes comptes avec elles.

Et, en guise de consolation, j'ajoute aussitôt : je suis fort heureux que la révision de ce chapitre m'incombe juste à Pâques 2007. Pour moi, l'année 1980 n'a pas été une fin. Tout au contraire, elle a marqué un nouveau départ. Après le Vendredi saint, il y a eu Pâques. Je n'entends pas reprendre le proverbe banal : « Rira bien qui rira le dernier » sous prétexte que, finalement, on voit bien qui a gagné dans l'histoire. Je préfère parler du « sourire libéré » de Pâques, celui qui m'a été accordé, celui qui est à la base d'une foi joyeuse et qui s'accompagne d'espérance. C'est à ce sourire de Pâques qu'invitait le prédicateur du Moyen Âge dont les plaisanteries, au terme du fort strict jeûne du carême et de la semaine de la Passion, faisaient rire ses auditeurs[1]. Pour ma part, moi qui avais tout un temps cessé de rire, je l'ai retrouvé. Mais il faut maintenant aller de l'avant.

1. Détails dans K. J. KUSCHEL, *Lachen. Gottes und der Menschen Kunst*, Tübingen, 1998.

XIII

Perspective

« Je vous suis tout particulièrement reconnaissant d'avoir souligné ce qui nous est resté en commun et notre respect mutuel tout au long de ces controverses, ce qui devrait toujours aller de soi pour tout chrétien. Bien entendu je suis toujours disposé à un entretien avec vous. »

BENOÎT XVI[1]

Qui aurait pu le prévoir ? L'année 1980 marque pour moi le début d'une période pleine d'espérance avec, en son centre, le projet d'éthique mondiale. Bien sûr, avant cela, il y aura encore beaucoup de chemin à parcourir. Après trois mois de ténèbres, le semestre d'été 1980 s'ouvre enfin dans la lumière. Les étudiants qui reviennent vers la mi-avril témoignent des pressions qu'ils ont subies de la part des instances ecclésiastiques allemandes ou romaines, désormais indécises. Le 10 avril 1980, vendredi de la semaine pascale, Adolf Theis, président de l'Université, et Walter Jens tiennent une conférence de presse à Radio Sud-Ouest (SWR). Ils annoncent le « compromis de Tübingen » avec l'Église officielle, donc mon salut. Je peux garder mon poste, mais les questions demeurent.

Le recul romain et la suite de la confrontation œcuménique.

La première solution « provisoire » du conflit entre moi-même et l'Église officielle, c'est que je peux continuer ma tâche de professeur de théologie et de directeur de l'Institut de recherches œcuméniques de l'université de Tübingen. Je peux donner des cours et tenir des séminaires, poursuivre mes recherches,

1. En réponse à la lettre de Hans Küng du 15 juin 2005.

enseigner, et publier. Théologien catholique, je peux continuer à me battre pour un christianisme plus centré sur le message de Jésus, pour l'entente œcuménique et pour une Église à laquelle je reste toujours lié comme prêtre, pasteur et savant. Mais le second point important, c'est que je suis bien décidé à poursuivre la révision d'un procès d'« inquisition » totalement malhonnête et dépourvu de tout esprit fraternel[1].

Je décris alors le compromis obtenu et je le commente, puis j'annonce la parution le mois suivant, chez Piper Verlag, de la documentation complète qui est déjà sous presse grâce au travail de Norbert Greinacher et de Herbert Haag : elle retrace l'arrière-plan, dénonce les responsabilités et analyse les effets du « cas Küng », lequel est en réalité « le cas de l'Église officielle ».

Indépendamment de la solution universitaire, ma conclusion est que les problèmes de fond restent les mêmes :

> Ni Rome ni les évêques n'ont répondu à ma question sur leur infaillibilité. Reste aussi celle d'une annonce crédible de la foi chrétienne dans l'Église et à l'école, mais encore celle de l'entente entre nos différentes confessions et de la reconnaissance réciproque de nos ministères et de nos célébrations de la Cène ; et celle des réformes urgentes concernant la régulation des naissances, les mariages mixtes, les divorcés, l'ordination des femmes, l'obligation du célibat et le catastrophique manque de prêtres qui en résulte. Reste surtout celle de la direction de l'Église catholique. Où va celle-ci ? Sur le chemin de Jean XXIII et du concile Vatican II, donc celui d'une ouverture accrue, celui de plus d'humanité, de plus de christianisme ? Ou vers l'arrière, vers un retour à Vatican I, au ghetto autoritaire des papes Pie. Je veux toujours espérer que l'esprit de la véritable catholicité œcuménique l'emportera sur la mentalité d'un catholicisme juridiquement rétréci, figé dans son doctrinarisme à la fois triomphaliste et peureux[2].

À voir l'ensemble, pas de doute possible : la mise en procès d'un théologien qui a tant fait pour sa cause constitue un recul, ainsi que le concluent les éditeurs de la documentation quand ils décrivent les dimensions 1) pastorale ; 2) théologique ; 3) œcuménique ; 4) politique ; 5) d'histoire de l'Église ; 6) canonique et procéduriale du « cas Küng ».

1. Dokumentation III, n° 6.9.
2. *Ibid.*

Au cours du quart de siècle écoulé, tout le monde a pu voir les conséquences négatives de la marche arrière enclenchée en 1979 par la politique ecclésiastique romaine tant dans l'Église catholique elle-même que dans l'univers chrétien en général. Inutile d'insister une fois de plus sur l'état lamentable de l'Église et du clergé derrière la façade de brillantes manifestations papales. C'est la conséquence fâcheuse du fait qu'on a étouffé la critique des théologiens à coups d'interdits, d'appels, de sanctions, de contraintes et de menaces, ainsi que du fait qu'on ne choisisse pour évêques ou cardinaux que des gens conformes au système. C'est ce qui a conduit au bout d'un quart de siècle à élire pour pape le chef de la Congrégation de la foi.

Lors de l'élection inattendue de Joseph Ratzinger à la papauté, en 2005, je me suis démené pour lui donner une chance. Il en a profité et, très vite après son sacre et contrairement à son prédécesseur, il m'a invité à aller le voir à Castel Gandolfo. Nous y avons eu un entretien ouvert et amical qui a duré quatre heures, et je lui en suis très reconnaissant. Mais, au cours des premières années de son pontificat, il n'a absolument répondu ni à mon espoir de le voir adopter des mesures constructives sur la rencontre des religions (ce dont il avait été question lors de notre entretien), ni à mon rêve de le voir faire siennes au moins une ou deux des autres demandes de réforme (que notre entretien avait consciemment mises entre parenthèses). Tout au contraire : le discours de Benoît XVI à Ratisbonne, en 2006, celui au cours duquel, sous le signe d'une franchise mal comprise, il a dit des choses erronées sur l'islam et discrédité la Réforme et les Lumières pour avoir déshellénisé son christianisme (hellénistique et romain) n'était malheureusement pas qu'un lapsus. Et la condamnation du livre sur Jésus de Jon Sobrino, un théologien de la libération, dont on refuse toute discussion publique, à l'inverse de celui de Benoît XVI, n'est pas non plus un hasard.

En 2007, la Congrégation de la foi a publié de façon abrupte et sans aucun motif extérieur une déclaration remettant en valeur l'obligation d'identifier totalement Église du Christ et Église catholique romaine telle qu'elle existe, chose que Vatican II avait explicitement refusé de faire. Dans ses cinq « réponses », elle a repris les problèmes conflictuels auxquels elle n'a toujours pas donné de réponse en affirmant une fois de plus et de façon totalement anachronique la primauté juridictionnelle absolue de l'évêque de Rome sur la totalité de l'Église : l'Église catholique romaine serait donc la seule véritable Église du Christ tandis que les Églises orthodoxes orientales ne seraient que des Églises déficientes, et que les Églises protestantes ne seraient plus du tout Églises. Refus tranquille de l'orthodoxie, fureur du protestantisme, incompréhension de la base catholique devant tant d'assurance dominatrice de Rome et tant de méconnaissance du monde, ce qui sépare les chrétiens au lieu de les unir. Et voilà que, en juillet 2007, on ouvre la possibilité de reprendre la messe latine tridentine d'avant le concile ! Encore une façon de scinder l'Église. Qui a lu ce livre ne saurait s'étonner de ce nouveau document romain, car on peut mieux en comprendre la genèse à partir du parcours de Benoît XVI et de la façon dont il comprend le système romain. Mais, dans l'Église catholique, et bien au-delà, on s'interroge : que faire, face à une conduite romaine de l'Église aussi ruineuse qui fait saigner nos paroisses, qui met souvent les diocèses dans les mains d'évêques incapables, qui formate et isole l'Église catholique aux dépens de l'œcuménisme ? Tous ces développements les plus récents confirment expressément la permanence des problèmes urgents pour la solution desquels je m'étais engagé bien avant la grande confrontation de 1979-1980[1].

Une victoire en dépit de la défaite.

En ce qui me concerne, cette confrontation ne m'a pas bloqué : elle m'a relancé d'une façon que je n'aurais encore jamais crue possible lors de ce compromis de Tübingen. Quand à ce moment-là je considérais mes vingt années déjà consacrées à la théologie, je me disais que j'en avais encore vingt à vivre avant de me trouver en retraite – *Deo bene volente*, s'il plaît à Dieu, comme je l'ajoute toujours. J'avais déjà eu une vie extraordinairement riche, riche de conflits et de succès – ce dont rendent témoignage mes deux présents volumes de *Mémoires*. Une vie de théologien entièrement vouée au service de la liberté de la vérité.

Cependant c'est bien ce service qui m'avait conduit à des conflits que je ne souhaitais pas, mais que je ne pouvais éviter

1. En ce qui conscerne l'état actuel de l'Église catholique du point de vue allemand, voir M. DROBINSKI, *Oh Gott, die Kirche*, Düsseldorf, 2006, et du point de vue américain, R. BLAIR KAISER, *A Church in Search of Itself*, New York, 2006.

dès lors qu'ils m'étaient imposés. Ils avaient accaparé toutes mes forces, au point de m'épuiser totalement, physiquement et psychiquement. Tout ce que j'avais péniblement construit me paraissait perdu. Jusque-là, je me sentais porté, et subitement je me sentais abandonné. Je n'ai sans doute jamais douté de Dieu, mais, dans l'épreuve, je n'avais plus rien sur lequel j'aurais pu fonder un espoir raisonnable.

Mais ma vie n'était-elle pas « guidée par Dieu », suivant l'expression dont se gargarisent certains théologiens ? Je ne saurais prétendre à cette pieuse immédiateté. Bien sûr, formé spirituellement à Rome, j'ai toujours cherché à faire « la volonté de Dieu ». Devant des décisions difficiles, je réfléchissais beaucoup à ce qu'il attendait de moi. Mes recherches exégétiques ultérieures sur la personne de Jésus m'ont fait voir que, à en croire son message, sa volonté vise toujours le bien de l'homme. C'est dans cet esprit que je me suis efforcé de vivre et de penser théologiquement. Mais devais-je pour autant affirmer que mes actes et mes passions étaient « conduits par Dieu », de telle sorte que je pourrais en quelque sorte mettre au compte de Dieu un livre tel que le *Infaillible ?* qui m'a valu tant d'ennuis ?

Non. Je dois me contenter de croire que Dieu m'a *accompagné et porté*. Dans la situation où je me trouvais, cette confiance était déjà difficile : étais-je vraiment accompagné et porté ? Cela me rappelle le songe d'un vieil homme qui chemine le long de la mer avec un mystérieux compagnon. Il revoit comme en flash sa vie défiler devant lui. Après avoir vu glisser la dernière image, il se retourne pour réfléchir au chemin qu'il vient de parcourir, et il constate que, aux moments les plus difficiles de sa vie, il n'y a sur le sable qu'une seule trace de pas. Désarçonné, il se retourne vers son accompagnateur : « Quand je m'étais tourné vers toi, tu m'avais assuré que tu serais toujours avec moi. Pourquoi m'as-tu abandonné quand j'avais si désespérément besoin de toi ? » Et son compagnon lui répond : « Je ne t'ai jamais abandonné, même en ces périodes de trouble et de frayeur. Là où tu ne vois plus qu'une trace de pas dans le sable, sois-en certain : c'est que je te portais. »

Effectivement, je ne pouvais m'en apercevoir aux heures de ténèbres, mais c'est bien à ce moment-là que Dieu m'a porté de façon cachée. Et, sans que je le remarque, il m'a donné au cœur de ma crise ce dont j'avais besoin pour chercher *la vérité suprême dans une liberté nouvelle*. Depuis longtemps, la surcharge de mon travail universitaire m'avait fait rêver d'un institut œcuménique sur le modèle de l'institut Max-Planck, d'un lieu où je pourrais en toute tranquillité coordonner mes cours et mon travail de recherche et d'enseignement sans me sentir coincé dans un cycle rigide. Mais ce n'est qu'un beau rêve, pensais-je alors. Et quand tout à coup on me gratifia de cet institut, je ne le remarquais même pas. Voilà que soudain, au moment où mes adversaires pensaient m'avoir réglé mon compte, en ces heures de défaite et d'obscurité, on me l'offrait, dégagé de toute contrainte de la faculté, *hominum confusione, Dei providentia.* Je ne le percevrai et ne le comprendrai que plus tard : sans toutes ces défaites, je n'aurais connu :

– ni le travail interdisciplinaire avec des spécialistes de littérature et de religion, des physiciens, des psychologues, des politologues, des économistes ;

– ni la pratique sérieuse du dialogue des religions et des cultures ;

– ni la découverte de l'élémentaire éthique commune à tous les hommes, d'une éthique planétaire.

La nouvelle liberté.

Ainsi que ce deuxième volume de mes *Mémoires* le montre bien, j'ai fini par acquérir pour les deux décennies à venir cette liberté dont j'ai parlé dans mon premier volume et pour laquelle je m'étais battu pendant quatre décennies. De quel poids l'issue de ce conflit ne m'a-t-elle pas débarrassé ! Un des sept qui s'étaient prononcés contre mon maintien à la faculté de théologie catholique fit bientôt remarquer avec envie aux six autres : « Küng a obtenu tout ce dont un professeur a absolument besoin, et il s'est débarrassé de tout ce dont un professeur n'a pas besoin. » Effectivement ! Comment pourrais-je regretter toutes ces commissions de faculté ou d'université où on gaspille tellement de temps et où ceux qui parlent sont le plus souvent ceux qui n'ont rien à dire ? Ou comment pourrais-je souhaiter avoir à faire passer des examens alors que, dans mes cours et dans mes séminaires où ils sont dégagés de cette menace, mes étudiants peuvent me parler en toute liberté ?

De fait, maintenant que je n'ai plus à endosser à mon tour la charge à la longue fort ennuyeuse de faire passer les examens de dogmatique en tenant compte de la sensibilité des différents professeurs de la faculté, je puis donner libre cours à l'aventure de l'esprit. Klaus Scholder, titulaire de la chaire de droit ecclésiastique à la faculté protestante, s'en est aperçu bien avant les autres : « [...] et qui connaît Hans Küng sait bien qu'il saura user de cette liberté professorale[1]. » Et je ne raconte pas cela pour fournir après coup une ombre de justification à l'Inquisition, mais pour bien faire voir que le calcul de cette Inquisition ne réussit pas toujours.

J'ai sûrement mieux fait de ne pas écouter mes collègues protestants, Eberhard Jüngel et Jürgen Moltmann, quand ils me proposaient d'enseigner carrément la dogmatique. Car pourquoi des étudiants catholiques qui doivent suivre les cours de mon quasi-successeur (surnommé le « prof-sanction ») pour pouvoir passer leurs examens devraient-ils aussi venir écouter les miens ? Et cela, du fait de mon exclusion ecclésiastique officielle, a été poussé au point que les hiérarques et le second professeur de dogmatique de la faculté, Walter Kasper, ont tout fait pour que je sois débouté de ma chaire de « théologie dogmatique et œcuménique » et que je reste uniquement en charge de la théologie œcuménique. Tant mieux[2] ! Fini le « dogmaticien ». Depuis Kant, ce titre n'est-il pas tombé dans le discrédit ? Le dictionnaire Duden lui donne comme premier sens : « défenseur obstiné et non critique d'une idéologie », ce que je ne veux justement pas être, et ne met qu'au second rang la définition : « celui qui enseigne le dogme ».

Mais c'est avec enthousiasme que j'ai accepté la fantastique proposition de mon collègue et ami Walter Jens. Au terme de controverses pénibles, celui-ci avait décliné l'offre de la chaire Lessing, à Hambourg, et s'était décidé à rester à Tübingen. Il était désormais intéressé à l'idée que nous pourrions redonner vie au *Studium generale*, maintenant quelque peu assoupi. Dans un contexte élargi, je pourrais ainsi développer une théologie œcuménique universelle qui engloberait non seulement les autres confessions chrétiennes, mais aussi les religions du monde.

Ce sera effectivement le programme de la première grande leçon du *Studium generale* du semestre d'hiver 1980-1981. Celle-ci se tiendra dans la grande salle de l'université, comble

1. Dokumentation III, n° 5.12.
2. En français dans le texte *(NdT)*.

ce jour-là. Cependant je vois déjà plus loin : ne me faudra-t-il pas par la suite entrer en dialogue très pratique avec les représentants de haut niveau scientifique du judaïsme et de l'islam, mais aussi de l'hindouisme, du bouddhisme, et finalement des religions chinoises, confucianisme et taoïsme ? Avec Walter Jens, n'est-il pas pensable d'englober également la littérature mondiale, des grands penseurs tels que Pascal, Lessing, Hölderlin, Kierkegaard, Dostoïevski et Kafka, ou même Thomas Mann, Hermann Hesse et Heinrich Böll auquel je suis si lié ? Effectivement, au cours du premier semestre d'été 1981, je donnerai chaque lundi soir, de 20 heures à 22 heures, un cours commun avec Walter Jens sur la littérature mondiale et la religion, avec chaque fois un millier d'auditeurs.

Je peux donc jouir d'une liberté académique telle qu'il n'en est accordé à aucun autre professeur. Je dois également passer un quatrième trimestre en Amérique pour améliorer mes connaissances du monde, de ses cultures et de ses religions.

« Tout va bien ! »

Juillet 1983, Bad Adelholzen près du Chiemsee : lors de cette première rencontre depuis des années, je le vois descendre les larges escaliers d'une maison de religieuses, vêtu d'une simple soutane noire. Il est maintenant préfet de la Congrégation de la foi où il succède au cardinal Šeper : le cardinal Joseph Ratzinger ! « Tout va bien, Monsieur Küng ! » Je souris : « Oui, en effet, tout va bien. Mais n'était-ce pas ce que souhaitait la Congrégation de la foi ? » Lui, amicalement fuyant : « Je ne sais pas quelles étaient les intentions de mon prédécesseur. »

Oui, ma nouvelle liberté universitaire a pu s'épanouir de façon inattendue dans l'Église et dans le monde. Quand je repense à mon ancienne place à la faculté de théologie catholique, je n'éprouve plus aucune nostalgie. Cependant, soucieux de réconciliation, mes amis protestants, Eberhard Jüngel et Jürgen Moltmann sont intervenus auprès de la curie romaine pour me ménager une entrevue avec le cardinal Ratzinger. J'avais donné mon accord, bien que, dans l'état des choses, je n'attendisse pas grand-chose de positif du pape polonais.

Ainsi donc, ce samedi 30 juillet 1983, trois ans et demi après le retrait de mon habilitation, on en était là : Joseph Ratzinger m'avait invité à déjeuner dans sa résidence d'été bavaroise, une grande maison de religieuses. Dès 8 heures, j'étais parti dans ma BMW, que l'imagination des journalistes a longtemps confondue avec une Alfa Romeo. Mais c'est justement en Bavière que ce produit de l'usine locale m'avait lâchement laissé en plan. Sur l'autoroute, en plein été et dans la poussière, mon moteur à injection avait calé, et j'avais dû me mettre en quête d'un garage d'où je téléphonai ma panne à Bad Adelholzen.

Avec un retard d'une heure et demie je finis par arriver. Il va de soi qu'on m'apporta un déjeuner. Il allait moins de soi que le cardinal, fort au courant de mes mœurs, m'offrit de faire une sieste sur son lit. Un signe de plus que, en dépit de nos dures controverses, la relation humaine n'était pas encore totalement rompue.

Mais, allant droit au fait, l'entretien qui suivit montra bien vite que nous vivions dans deux mondes totalement différents, dans deux paradigmes étrangers l'un à l'autre. Il se trouva par hasard que, comme je revenais depuis peu d'un voyage au Canada, notre conversation porta d'abord sur le grand nombre de religieuses du Québec qui quittaient leur couvent. Je pensais qu'on aurait dû leur accorder plus de liberté dans le choix de leur vêtement et de leur style de vie. Il me reprocha d'avoir favorisé le relâchement de la discipline par mes propos sur l'Église et sur la liberté. Et cela continua de même. Nous envisagions tous les problèmes de l'Église de façon aussi différente que jadis, lors du passage du Moyen Âge à la modernité, un partisan de Ptolémée et un copernicien voyaient la voûte céleste. Je m'étonnais tout particulièrement de ne pas entendre la moindre critique du pape, quand ce ne serait que de son abus des voyages et des médias. Nous ne parlâmes absolument pas de problèmes essentiels tels que l'infaillibilité.

Nous ne parvînmes donc à aucun accord. Nous étions tous deux en forme. Nous parlâmes clairement, et nous nous séparâmes amicalement. Je fus tout heureux de pouvoir repartir directement en auto vers mon Sempachsee en Suisse. Il devait s'écouler vingt-deux ans avant que nous ne nous revoyions, en septembre 2005, à Castel Gandolfo, au bord du lac Albano.

Mais quel est à présent mon rôle dans l'Église et dans la société ? Ce n'est pas simple à définir.

Mission et trahison des intellectuels.

En ce mois de septembre 2005, voici que je me trouve à côté de Jürgen Habermas et de Joseph Ratzinger, seuls représentants de la langue allemande, sur la liste des « cent plus importants intellectuels du monde » des deux revues *Foreign Policy* (États-Unis) et *Spectator* (Grande-Bretagne). À bon droit ? Sûrement comme Ratzinger, je me suis toujours considéré comme un théologien, un érudit, un savant, donc comme un « intellectuel ». Si on entend par ce mot quelqu'un qui a une formation scientifique, quelqu'un qui fait travailler son esprit, je le suis sûrement. Toutefois je ne le suis sûrement pas si on entend par là un surdoué, quelqu'un de très supérieur. Mais il se peut que, pour la plupart des gens, l'intellectuel soit sous une forme ou sous une autre celui qui remet en question la société et les institutions existantes. Non pas une intelligence qui plane en toute liberté, mais dans le meilleur des cas une espèce d'instance morale.

Or puis-je comparer mon interpellation *Infaillible ?* avec le *J'accuse* (1898) d'Émile Zola, dans cette affaire Dreyfus qui fut elle aussi une affaire de vérité, celle où on a justement vu la naissance de l'intellectuel moderne ? Je n'ai écrit aucun manifeste à la manière de cet écrivain français, mais uniquement un ouvrage où j'argumente en historien, en philosophe et en théologien, donc un livre contestable, mais qui est lui aussi porté par une disposition morale critique : non pas contre une force étatique hypocrite, mais contre un pouvoir d'Église sans contrôle. Dans l'affaire Dreyfus, ni Zola, ni Clemenceau, ni Jaurès n'avaient au premier regard grand-chose à gagner, car l'opinion publique était largement contre Dreyfus ; dans certaines circonstances, il faut parfois se battre des années pour la vérité. Pourtant, il se peut que cela vaille la peine de se lancer ainsi à corps perdu pour la défendre en assumant toutes les conséquences de son acte, même si on doit attendre des années la réhabilitation.

Je n'ai jamais organisé de « tribunal » (contre les crimes des États-Unis au Viêtnam, comme l'a fait dans les années 1960 l'écrivain anglais Bertrand Russell), et je ne me suis jamais fait remarquer comme le philosophe français Jean-Paul Sartre en lançant des actions spectaculaires ou en opérant des retournements intellectuels sidérants (passant de l'existentialisme au marxisme). Je préférerais donc me situer dans la lignée d'une Shirin Ebadi, juriste iranienne, prix Nobel de la paix, notre cinquième conférencière de Weltethos à Tübingen, elle aussi sur la liste des cent; ou de mon contemporain, Noam Chomsky (adversaire de la guerre du Viêtnam) qui avait obtenu en même temps que moi un doctorat d'honneur à Chicago, en 1970; ou encore de Mstislav Rostropovitch († 24 juillet 2007), membre avec moi de l'Académie européenne de Yuste, en Espagne, violoncelliste et chef d'orchestre, combattant de la liberté en Union soviétique: il avait été déchu de sa nationalité en 1978 pour avoir accueilli Soljenitsyne dans sa datcha. «Au cours de ma vie, je n'ai rien fait de meilleur que, dans cette situation, de m'engager pour Soljenitsyne», expliquera-t-il une fois réhabilité.

Je ne voudrais bien sûr pas oublier non plus cet intellectuel américain mort en décembre 2005, à l'âge de quatre-vingt-neuf ans, donc j'avais été l'hôte en 1963, lors de ma première tournée de conférence aux États-Unis: le sénateur Eugene McCarthy, démocrate catholique du Minnesota. Il avait mené la révolte politique contre la guerre du Viêtnam et forcé le président Johnson, qui avait été élu à la présidence du pays avec une immense majorité de voix, à renoncer à se représenter une seconde fois. Il avait malheureusement raté l'investiture démocrate de 1968 contre Hubert Humphrey, qui perdit lui-même les élections contre Richard Nixon, ce qui coûtera aux États-Unis six ans de guerre supplémentaires au Viêtnam et des dizaines de milliers de morts. On pourrait facilement appliquer un mot de McCarthy au pape et à l'Église: *«We do not need presidents who are bigger than the country, but rather ones who speak for it and support it»*, «Nous n'avons pas besoin de présidents plus grands que le pays, mais plutôt qui parlent pour lui et le soutiennent.»

Mais, à cette époque, les États-Unis n'ont guère cherché à mater les intellectuels critiques du régime à coups de mesures disciplinaires. Et, pendant les troubles de mai 1968, le président Charles de Gaulle lança cette réponse célèbre, quand on demanda de faire arrêter Jean-Paul Sartre, «chef des étudiants»: «On n'arrête pas un Voltaire.» Au Vatican, on l'aurait sûrement arrêté si on avait pu mettre la main sur lui.

Bien sûr, il y a aussi des intellectuels qui trahissent leur mission. Dans son essai de critique de la culture, le mémorable *La Trahison des clercs* (Paris, 1927), Julien Benda s'est à cet égard montré prophétique. Il y a des intellectuels qui, au lieu de défendre les valeurs spirituelles et humanistes contre les pouvoirs régnants, se mettent à leur service, comme ce fut le cas de certains catholiques nationalistes de l'Action française ou de ceux qui soutinrent le fascisme italien ou espagnol, ou encore l'extrême droite radicale antidémocratique en Allemagne, ou bien encore ces théologiens et ces journalistes qui s'aplatissent devant l'Opus Dei et le « wojtylisme ». Cependant il y en a aussi beaucoup d'autres, connus ou inconnus, qui jamais ne trahissent la vérité et la liberté, mais se dressent et tiennent bon.

Un « intellectuel public ».

Ce fut le professeur Tu Weiming, un Chinois, professeur de sciences religieuses, qui lança l'expression *« public intellectual »* au cours d'une de nos discussions dans le Eminent Persons Group que Kofi Annan, le président de l'ONU, avait convoqué pour élaborer un manifeste sur le « dialogue des civilisations[1] ». Selon Tu Weiming, les intellectuels publics ont pour caractéristiques trois qualités : la sensibilité culturelle *(culturally sensitive)*, la vigilance politique *(politically concerned)* et l'engagement social *(socially committed)*. En raison de sa compétence d'expert, il peut s'engager en public dans les questions d'intérêt commun et lancer des débats sur ce qui ne va pas, et cela en s'appuyant sur des convictions, des valeurs et des critères précis.

Cela rejoint la façon dont je me comprends moi-même : je ne suis pas un professeur en chambre, qui vit et fait ses recherches en étant coupé de la vie et de la pratique. Je ne suis pas non plus quelqu'un qui s'adapte, évite l'engagement en menant sa petite vie tranquille. Je n'ai rien non plus d'un agitateur, d'un marginal vociférant. Je suis un *scholar*, un homme de science qui va au fond des choses, quelqu'un qui entend secouer par sa parole, un *mover*, un *shaker*. Pas simplement quelqu'un qui pose des problèmes, mais quelqu'un qui les résout. Un esprit non pas seulement analyste, mais aussi synthétique. Non pas de ces *one issue person*, de ces gens qui vouent leur vie à un unique problème (l'émancipation de la femme, l'environnement, la paix), aussi important soit-il, mais quelqu'un qui cherche à voir plus loin que le petit horizon de sa spécialité et de son petit champ.

1. G. PICCO, H. KÜNG, R. Y. WEIZECKER (éd.), *Crossing the Divide. Dialogue among Civilizations*, South Orange/NY, 2001.

Un « intellectuel public » est en ce sens beaucoup plus qu'un observateur engagé. Observateur engagé ? C'est l'idéal de Ralf Dahrendorf[1], un sociologue que j'estime énormément, qui fut jadis mon collègue à Tübingen, puis directeur de la London School of Economics, du St. Anthony College et est maintenant membre de la Chambre des lords britannique. Bien sûr, je respecte tous ceux dont Lord Dahrendorf a lui-même tracé le portrait, Karl Popper, Isaiah Berlin, Raymond Aron et Norberto Bobbio, qui, au temps du totalitarisme et de la « tentation de la soumission », se sont refusés à se joindre au camp soit du nazisme (comme Heidegger ou Jünger), soit du communisme (Sartre ou Louis Aragon), mais, dans l'ensemble, ils n'ont pas résisté activement. À vrai dire, c'est une question d'éthique politique.

Plus qu'un « observateur engagé ».

Le personnage dominant de Dahrendorf est Érasme de Rotterdam, le prototype de ces intellectuels qu'il appelle les « érasmiens ». Il entend désigner par là les intellectuels libéraux qui, face au totalitarisme, restent dans les faux-fuyants : ils ne vont pas jusqu'à fuir dans l'émigration intérieure, mais ils ne se lancent pas non plus dans la résistance. Ce sont des « observateurs engagés », des personnes qui, pleines de bon sens, gardent comme boussole intérieure la sagesse et une raison passionnée. C'est bien, mais c'est trop peu.

Pour moi, la question que pose l'attitude d'Érasme, tout au long du conflit entre Luther et Rome, a cessé d'être uniquement théorique et historique : elle est devenue existentielle. J'y ai consacré une étude il y a vingt ans[2]. Je me demandais alors si le chemin médian qu'il avait pris, lui, le réformateur humaniste, entre Léon X, le pape Médicis fermé à toute réforme, et Martin Luther, le révolutionnaire, n'était pas le meilleur. Bien avant Luther, il avait déjà lutté pour une meilleure connaissance de la Bible, pour une autre théologie, un autre clergé, une autre piété populaire.

1. Voir R. DAHRENDORF, *Versuchungen der Unfreiheit. Die Intellektuellen in Zeiten der Prüfung*, Munich, 2006.

2. Voir H. KÜNG, « Ökumenische Theologie zwischen den Fronten. Konsequenzen aus dem Streit zwischen Rom, Luther und Erasmus », dans *Theologie im Aufbruch. Eine ökumenische Grundlegung*, Munich, 1987, p. 31-66.

Bien sûr, il faut toujours faire appel au bon sens. Mais, pour Érasme, Martin Luther, avec toutes ses exigences de réforme radicale qui se réclamaient de l'Évangile, fut vraiment la pierre de touche. Or il préféra rester un « observateur engagé », et il se refusa autant à juger Luther qu'à s'identifier à lui en risquant sa peau. Cet érudit, toujours en train de réfléchir, de soupeser, de critiquer, a manifestement commis là une faute tactique et stratégique. Ses paroles ne furent pas suivies d'actes et il rata ainsi l'occasion de jeter son autorité dans la balance, alors qu'il était le seul à pouvoir peser sur le cours des choses, par exemple lors de la rencontre des trois monarques à Calais, en 1520, ou trois ans plus tard à la diète de Worms. Avec tous ceux qui constituaient une troisième force, il aurait pu éviter le schisme entre Rome et Wittenberg. En cette heure de vérité, il s'abstint de dénoncer haut et clair le caractère scandaleux du système autoritaire romain, ce que Luther fit, malgré les étroitesses et les limites de sa personne et de sa théologie. Mais il y a longtemps que le *casus disputationis* est devenu le *status confessionis* : on ne peut alors plus rester neutre. Dans une situation aussi décisive, les mots doivent se faire actes.

Typique de la position des érasmiens : celle du cardinal Reginald Pole, le grand humaniste anglais, cousin de Henri VIII et ami d'Érasme. Lors du conclave romain des 3 et 4 décembre 1549, trois ans après la mort de Luther, son indécision tua ses chances d'accéder sur la chaire de Pierre. Alors que le Collège des cardinaux l'avait élu par acclamation, il recula devant cette forme de vote et fraya ainsi la voie à son adversaire, l'arrogant Gian Pietro Carafa, un « zélé » défenseur d'une restauration conservatrice, un homme qui avait dès 1542 créé l'Inquisition romaine centralisée *(Sacrum Officium Sanctissimae Inquisitionis)*. Élu pape à quatre-vingts ans sous le nom de Paul IV, celui-ci s'appuya sur des neveux et devint bien vite un dictateur. Auteur d'une bulle antijuive, il fut aussi l'initiateur de l'*Index des livres interdits*, mais ne montra aucun intérêt à la poursuite des réformes du concile de Trente. Cela marqua la déroute de la troisième force érasmienne, et la victoire absolue de la Contre-Réforme.

Pour moi, 1979 fut l'année cruciale. Entre la « tentation de la soumission » et le risque de déchirure, que choisir ? Me conformer à Rome, capituler, comme on me le demandait, c'était aller à l'encontre des données de l'Écriture et de ma conscience. Il n'en était pas plus question que pour Luther. Mais je me refusais aussi à faire preuve de cette agressivité luthérienne – ô combien compréhensible – qui, débridée, conduisit à l'escalade, à la révolte et au schisme. Alors peut-être le *retrait d'un Érasme* qui préféra rester observateur engagé entre les deux ? Mais c'est cela qui conduit à la résignation, sinon au conformisme. Bien sûr, comme spectateur engagé, on peut parfaitement terminer sa vie comme membre du Collège cardinalice (ce que refusa Érasme), de la Chambre des lords anglaise, de l'Académie française ou de l'ordre prussien « Pour le mérite ». Mais quand on commence ainsi à distinguer, à soupeser les choses, à les harmoniser académiquement, on est réduit à l'impuissance, alors que ce qu'il faut, c'est résister, se défendre et tenir bon.

Que faire donc ? Théologien chrétien, plutôt que de suivre l'exemple d'Érasme, je préfère suivre celui de Paul, l'apôtre qui sut résister en face à celui que beaucoup considèrent (faussement) comme le premier pape, Pierre, en lui reprochant de ne pas « marcher selon la vérité de l'Évangile ». « Comment peux-tu... ? » (Ga 2, 11-14). En clair, s'opposer et tenir bon ! S'affirmer, et non pas s'en aller. En espérant que cela pourra conduire à un renouveau et à une mutation interne, sans rupture avec la communauté ecclésiale.

Celui à qui échoit ce rôle de « conscience publique » ne se fait guère aimer. Il doit s'attendre à des réactions dures, à des sanctions. Plus qu'aux grands « observateurs libéraux », je voue mon admiration aux intellectuels de la résistance : à ceux qui se sont dressés contre le national-socialisme par exemple, comme Karl Barth, Dietrich Bonhoeffer, Alfred Delp ; ou contre le communisme, comme Alexandre Soljenitsyne, Lev Kopelev, Mstislav Rostropovitch, Andreï Sakharov. Ils entendaient tous affirmer la vérité, dévoiler l'inhumanité du système, et ils étaient prêts à risquer leur peau pour cela.

Eux, et beaucoup d'autres, ont comme moi fait l'expérience dont parle l'apôtre Paul dans sa seconde lettre aux Corinthiens, celle que je citais dans mon livre *Être chrétien* (sans en soupçonner alors la portée pour moi) :

> Nous sommes pressés de toutes parts, mais non pas écrasés ;
> Ne sachant qu'espérer, mais non désespérés ;
> Persécutés, mais non abandonnés ;
> Terrassés, mais non annihilés [...]

On nous tient pour mourants, et nous voilà vivants;
Pour châtiés, mais non mis à mort;
Pour tristes, nous qui sommes toujours joyeux,
Pour pauvres, nous qui faisons tans de riches;
Pour des gens qui n'ont rien, nous qui possédons tout
[2 Co 4, 8-9; 6, 9-10].

La passion pour la vérité.

Küng en conflit: c'est sous ce titre que le professeur Leonard Swidler (Temple University, Philadelphie), avec lequel je m'étais lié lors de mes premiers cours aux États-Unis, s'est efforcé de sélectionner les documents les plus importants des trois grandes sommes documentaires allemandes et de les traduire en anglais: 627 pages, par ordre chronologique, dont 137 documents officiels[1]. Historien de la théologie, il en tire quelques conclusions. Je n'en reprends que deux:

La plus grande raison pour laquelle Küng a eu des difficultés avec l'autorité ecclésiastique, c'est probablement qu'il prend au sérieux la méthode historico-critique et en tire les conséquences en théologie. Une autre raison de ses problèmes, c'est son honnêteté absolue. Pour lui, c'est une vertu dont aucune considération ne saurait le dispenser: exactement ce qu'il dit dans son livre *Être vrai. Sur l'avenir de l'Église*. Bon nombre de théologiens catholiques connaissent certes les résultats de la recherche historique, mais sur certains points critiques, ils sont saisis de vertige en pensant à la façon dont la doctrine chrétienne les a utilisés (p. 610).

Une passion pour la vérité: c'est sous ce beau titre que Robert Nowell[2], écrivain catholique anglais, a placé son livre fort bien documenté *Hans Küng, une biographie*, paru à Londres en 1981, peu après la grande confrontation. Il n'éclaire pas seulement mon arrière-plan suisse, romain et allemand, et ne se contente pas d'analyser en détail mes ouvrages. Il souligne aussi les motivations profondes de ma vie intellectuelle et étudie mes travaux

1. L. SWIDLER (éd.), *Küng in Conflict*, New York, 1981.
2. R. NOWELL, *A Passion for Truth. Hans Küng : A Biography*, Londres, 1981.

et mes controverses à partir d'elles. Sous le titre « What is at stake ? », « Qu'est-ce qui est en jeu ? », il conclut :

Si, parmi ses théologiens, l'Église n'a pas de place à accorder à Küng donc à un penseur si passionné de la vérité et pénétré d'un tel amour de l'Église qu'il lui en devient difficile de s'accorder à lui-même la tolérance dont il fait montre envers les autres, il y aura alors bien des gens qui, ayant puisé dans ses livres, ses écrits et ses conférences un courage et une espérance neuve dans leur combat quotidien, dans leur être chrétien, en tireront la conclusion qu'il n'y a plus de place pour eux non plus en elle. Une telle Église serait alors en danger de se réduire à une secte, à un groupe de gens dont la vision de l'Évangile serait purement antique et romantique, et de cesser d'être la communauté universelle des croyants toujours capable d'accueillir toutes les expressions authentiques de l'esprit humain.

Hans im Glück : c'est par ce conte des frères Grimm que Joseph Ratzinger termine son *Introduction au christianisme* de Tübingen. Il a répété à plusieurs reprises que, sous ce titre, il ne fait absolument pas allusion à moi. Effectivement, je suis l'exact opposé de cette espèce de béat cinglé qui se laisse prendre par un Évangile simpliste et bon marché et se considère alors comme le vainqueur. Tout au contraire, je travaille et je lutte pour la vérité chrétienne sur laquelle j'ai travaillé pendant des décennies, mais qui n'a pas été sans provoquer en moi certains conflits internes, lorsque j'ai dû admettre à mon corps défendant que certaines « vérités de foi » n'étaient pas fondées. La comparaison de Robert Nowell est sûrement plus juste quand il recourt à un autre conte, d'Andersen celui-là, l'histoire du nouvel habit de l'empereur (ou du pape). « En tout cela, Kung se retrouve plutôt dans le rôle du jeune Hans du conte de H. Christian Andersen. Le lecteur se rappelle que la force apparente de l'empereur réside dans son nouvel habit, mais celui-ci était invisible à tous ceux qui ne sont pas à son service, et à tous ceux qui sont irrémédiablement idiots. Il suffit de ce jeune pour que la vérité éclate : l'empereur est nu ! Ce que, en son for intérieur, chacun savait déjà avec malaise. Et la première réaction des supérieurs et des anciens est de lui fermer la bouche » (p. 361).

Effectivement : je ne me suis pas battu seulement pour ma liberté, mais en même temps pour la *vérité*, et j'espère ne pas l'avoir trahie. Qu'il aurait cependant été facile de détourner pieusement les yeux de la doctrine romaine de l'infaillibilité, de réprimer la question et de faire carrière. Qu'il aurait été facile aussi de répéter les formules traditionnelles de la christologie au lieu de se mettre en recherche du message chrétien pour l'homme d'aujourd'hui.

Ni « dictature du relativisme »,
ni « dictature de l'absolutisme ».

De quelle vérité s'agit-il pour moi ? En tant que savant, je me préoccupe de la vérité en général, de l'accord de notre pensée avec la réalité *(adaequatio rei et intellectus)* : donc d'une authenticité intellectuelle normale, d'une rationalité critique. En tant que théologien, de la vérité divine, de la vérité de Dieu seul infaillible. Ce Dieu vérité, nous ne pouvons que l'approcher, mais finalement jamais le saisir. En tant que chrétien, il s'agit concrètement de la vérité divine telle qu'elle s'est révélée en Jésus-Christ, dans son message, son attitude, sa destinée : pour le croyant, c'est lui « le chemin, la vérité, la vie » (Jn 14, 6).

À notre époque, un théologien chrétien doit se frayer la voie entre le relativisme de la vérité, pour lequel il n'y a pas de vérité définitive, et un absolutisme de la vérité, qui identifie sa position et celle de la vérité. Il n'y a donc pas seulement une « dictature du relativisme », comme le disait le cardinal Ratzinger lors de son élection à la papauté : il y a aussi une « dictature de l'absolutisme ». Nombreux sont ceux qui la décèlent dans le culte de la personnalité papale. Or ni l'une ni l'autre ne correspondent à la vérité chrétienne.

Dans la bible hébraïque, *emet* en hébreu, *aletheia* en grec, « vérité » désigne beaucoup plus qu'un propos exact, vrai. Pris dans son sens biblique, il évoque fidélité, confiance, fermeté. Il renvoie à la fidélité de Dieu, à sa parole et à sa promesse telle qu'elle s'est à nouveau manifestée en Jésus-Christ. Pour le chrétien, parler de vérité, c'est parler donc de Jésus-Christ.

L'Église demeure dans la vérité là où Jésus lui-même reste « la vérité » (= le Christ) pour les personnes ou pour la communauté. Et il reste la vérité non seulement du fait qu'on reconnaît en lui « la vérité », mais qu'il est aussi « chemin » et « vie » ; autrement dit quand on vit la vérité qu'il est, de telle sorte que ce Jésus – son message, son attitude, sa destinée, son esprit – demeure ce qui décide de la totalité de la vie des personnes aussi bien que de la communauté de foi en déterminant la relation des hommes entre eux et avec Dieu. Car « Dieu est unique. Et unique est aussi le médiateur entre Dieu et les hommes : l'homme Jésus-Christ » (1 Tm 2, 5).

J'aurais vendu mon âme.

Quinze ans après, je regrette encore moins qu'en 1965 – après mon audience privée accordée par Paul VI – d'avoir refusé de me mettre au service d'un système romain qui s'identifie tout simplement à l'Église. C'est ce qu'ont fait certains théologiens et amis devenus par la suite cardinaux : Dulles, Lehmann, Mejía, Kasper, Ratzinger, Tucci ou d'autres. Il m'est aujourd'hui plus évident que jamais qu'il m'aurait alors fallu acquiescer, dire globalement oui et amen au faillible comme à l'infaillible, au vrai comme au faux, du moment qu'on m'aurait demandé de l'admettre. Je dois répéter ici, à la fin de ce *Mon combat pour la vérité* la phrase que j'ai énoncée à la fin de mon cours d'adieu à Tübingen, le jour où j'ai pris ma retraite, en 1996, et que j'ai déjà citée à la fin de mon premier volume, *Mon combat pour la liberté* :

> Ce n'est pas seulement pour l'amour de *la liberté*, qui m'a toujours été chère, mais pour l'amour de la vérité, qui est encore plus importante que ma liberté, qu'il m'a été impossible de prendre un chemin différent. Tel que je le voyais alors et comme je le vois aujourd'hui, si j'avais choisi l'autre chemin, *j'aurais vendu mon âme* en échange d'un pouvoir au sein de l'Église.

Cela ne veut évidemment absolument pas dire que la théologie que je fais plane en toute liberté, mais que j'en suis responsable. Pour reprendre une comparaison de David Tracy[1], mon collègue et ami de Chicago, mon activité s'est toujours insérée dans un triple cadre :

– *l'Université*, qui m'a garanti la liberté de travail et de recherche. Ma quête de vérité et mon enseignement en ont toujours admis la règle de base, l'objectivité du savoir ;

1. Voir D. TRACY, *The Analogical Imagination. Christian Theology and the Culture of Pluralism*, New York, 1981, chap. 11.

– *l'Église* : pour moi, théologien, elle est la communauté de foi qui, en dépit de ses erreurs et de ses déviations, continue à témoigner du Christ et qui demeure de ce fait dans la vérité ;

– *la société*, pour laquelle je dois ici et maintenant formuler de façon claire et compréhensible la vérité sur Dieu.

C'est donc devant le public de l'Université, de l'Église et du monde que je me comprends comme théologien systématique et pratique, lié à la fois par l'exégèse de l'Ancien et du Nouveau Testament et par l'histoire de l'Église et du dogme. C'est chose possible, ainsi que je l'ai montré, mais cela suppose efforts et fatigues. À l'avenir, j'aurai à déplacer l'accent de mon travail, mais mon orientation fondamentale restera la même : la science, l'Église et le monde ne sont pas pour moi des choses incompatibles.

La vie continue.

En me lançant dans ce second volume de mes *Mémoires*, je comptais en finir avec la seconde partie de ma vie (1968-2007). Mais celle-ci a été si compliquée et en même temps si passionnante que je me suis refusé à la condenser, ce qui lui aurait fait perdre son caractère précis et concret. C'est pourquoi je me suis décidé à couper mon récit en 1980, date d'une modification radicale de mon périple.

Pour comprendre une vie, il ne suffit pas de regarder en arrière, il faut aussi se tourner vers l'avant. C'est sa cohérence, son ensemble, qui me permet d'y déceler un sens. Dieu merci ! Ma vie continue. En 1980, je n'ai encore que cinquante-deux ans, et Joseph Ratzinger, dont j'ai montré dans mon introduction combien son destin était parallèle au mien, n'en a que cinquante-trois. Un an plus tard, il deviendra préfet de la Congrégation de la foi à Rome. Curieusement, il arrête ses Mémoires (1998) en 1977, avec son entrée dans la hiérarchie, en les concluant par ces paroles difficiles à comprendre : « Quels détails ajouterai-je sur mes années d'épiscopat ? » Mais qu'est-ce qui l'en empêche ? Il est déconcertant de voir qu'il évite de nous parler de toutes ces années au cours desquelles il a été le second personnage de l'Église catholique, celui sous la férule duquel des douzaines de théologiens et d'innombrables catholiques ont eu à souffrir. Peut-être y en aurait-il un peu plus à comprendre...

C'est justement sur ces vingt-quatre ans au palais du Saint-Office qu'on aimerait l'entendre parler de façon plus précise et non pas de la légende médiévale dont il propose une interprétation à la fin de ses *Souvenirs*, celle de saint Corbinien ; un ours, qui avait tué son cheval de trait, doit porter le fardeau du saint à Rome. La légende masque plus qu'elle ne révèle. Dans la fable de La Fontaine, l'ours, qui a jusqu'alors été fidèle à son jardinier, lui donne un coup de patte pour chasser une mouche qui s'est posée sur son nez, et le maître meurt en même temps que la mouche. Ce n'est sûrement pas ce « service de l'ours », comme on dit en allemand, que Joseph Ratzinger entend rendre au lecteur en racontant cette légende. Bref, quand quelqu'un raconte déjà sa vie comme il le fait, on aimerait en savoir plus sur lui.

Qu'en sera-t-il de moi ? Je continuerai mon combat de résistance pour la liberté, je poursuivrai ma recherche et je me battrai pour une Église qui ne se tiendra plus pour infaillible, qui cessera donc de voiler et de trahir la vérité, donc pour une Église qui, en dépit de ses erreurs éventuelles, rendra témoignage de l'Évangile. Pour une Église ouverte à l'intérieur à un débat loyal sur les questions disputées, et par là bien préparée à engager un dialogue authentique avec les autres religions, les autres cultures, les autres philosophies.

Au cours des années à venir, je ne me promènerai sûrement pas en cardinal de curie dans les rues de la Ville éternelle, mais bien dans les rues du monde. Cela ne m'empêchera pas d'écrire, je n'ai rien à cacher, et je n'ai aucun cadavre dans le placard. C'est pourquoi j'espère, si Dieu le veut, que je pourrai vivre encore un peu et raconter un jour le troisième tiers de mon existence, ce temps au cours duquel j'ai été entraîné de façon inattendue au grand large, porté par la réalité de ce Tout-Autre qui a dit : « Jusqu'à votre vieillesse je reste le même, et je vous porterai et je vous sauverai » (Is 46, 4).

Index des noms

A

B

C

D

K

L

M

P

Q

R

S

T

Table des matières

DU MÊME AUTEUR

AUX ÉDITIONS DU CERF

L'Islam, Paris, coll. « Patrimoine », à paraître.

Mon combat pour la liberté. Mémoires, en coédition avec les Éd. Novalis au Canada, 2006.

Garder espoir. Écrits sur la réforme de l'Église, coll. « Théologies », 1991.

Qu'est-ce que l'Église ?, coll. « Foi vivante », 1990.

Liberté du chrétien, coll. « Foi vivante », 1967 ; 1991.

Prêtre, pour quoi faire ?, 1971.

Pour que le monde croie. Lettre à un jeune homme, 1964.

CHEZ D'AUTRES ÉDITEURS

Petit traité du commencement de toutes choses, Paris, Éd. du Seuil, 2008.

Le Christianisme. Ce qu'il est et ce qu'il est devenu dans l'histoire, Paris, Éd. du Seuil, 1999.

Credo. La confession de foi des apôtres expliquée aux hommes d'aujourd'hui, Paris, Éd. du Seuil, 1996.

L'Islam. Un défi pour le christianisme, sous la dir. de Hans Küng et Jürgen Moltmann, Paris, Beauchesne, 1994.

Le Fondamentalisme dans les religions et les droits de l'homme, sous la dir. de Hans Küng et Jürgen Moltmann, Paris, Beauchesne, 1992.

Projet d'éthique planétaire. La paix mondiale par la paix entre les religions, Paris, Éd. du Seuil, 1991.

L'Éthique des grandes religions et les droits de l'homme, sous la dir. de Hans Küng et Jürgen Moltmann, Paris, Beauchesne, 1990.

Une théologie pour le troisième millénaire. Pour un nouveau départ œcuménique, Paris, Éd. du Seuil, 1989.

Pourquoi suis-je toujours chrétien ?, Paris, Éd. du Centurion, 1988.

Le Christianisme et les religions du monde : islam, hindouisme, bouddhisme, (dir.), Paris, Éd. du Seuil, 1986.

Le Christianisme parmi les religions du monde, sous la dir. de Hans Küng et Jürgen Moltmann, Paris, Beauchesne, 1986.

Vie éternelle, Paris, Éd. du Seuil, 1985.

Marie dans les Églises, sous la dir. de Hans Küng et Jürgen Moltmann, Paris, Beauchesne, 1983.

L'Église assurée dans la vérité, Paris, Éd. du Seuil, 1980; 1995.

Le Judaïsme, Paris, Éd. du Seuil, 1980.

Jésus en débat : dialogue entre Hans Küng et Pinchas Lapida, Invitation au débat par Joseph Doré, Paris, Beauchesne, 1979.

Vingt propositions de « Être chrétien », Paris, Éd. du Seuil, 1979.

Être chrétien, Paris, Éd. du Seuil, 1978; 1994.

Incarnation de Dieu. Introduction à la pensée théologique de Hegel comme prolégomènes à une christologie future, Paris, Éd. Desclée de Brouwer, 1973.

Infaillible ? Une interpellation, Paris, Éd. Desclée de Brouwer, 1971.

L'Homme, la souffrance et Dieu, Paris, Éd. Desclée de Brouwer, 1971.

Être vrai. L'avenir de l'Église, Paris, Éd. Desclée de Brouwer, 1968.

L'Église, Paris, Éd. Desclée de Brouwer, 1968.

Méditations théologiques (dir.), Paris, Éd. Desclée de Brouwer, 1967-1972.

Concile et retour à l'unité. Se rénover pour susciter l'unité, Paris, Éd. Desclée de Brouwer, 1965.

Structure de l'Église, Paris, Éd. Desclée de Brouwer, 1964.

Le Concile, épreuves de l'Église, Paris, Éd. du Seuil, 1963.

Mis en page par DV Arts Graphiques à La Rochelle,
cet ouvrage a été achevé d'imprimer
en février 2010
pour le compte des Éditions du Cerf

Achevé d'imprimer par Corlet, Imprimeur, S.A. - 14110 Condé-sur-Noireau
N° d'Éditeur : 14607 - N° d'Imprimeur : 126459 - Dépôt légal : février 2010 - *Imprimé en France*